夏商周起源考證

張肇麟 著

科學出版社
北京

内 容 簡 介

本書内容分爲兩個部分。第一部分是研究我國古代的基本族群。本書在考古文化以及語言學的基礎上研究了基本族群的問題。結論是我國古代的基本族群爲夏族、戎族與胡族。同時論證了商朝出自戎族，而周朝出自胡族。第二部分在基本族群的基礎上研究夏、商、周的起源。結論是夏族起自黄帝、炎帝，其起源地在甘肅東部的隴山地區，然後向東移殖到黄河中下游；商族起自契，其起源地在吉林哈達嶺一帶，然後向南移殖到太行山東麓；周族則起自后稷，其起源地在内蒙古、寧夏交界處的黄河沿岸，然後向南移殖到涇河中上游。

本書適合中國古代史領域的學者、學生及對中國先秦史感興趣的讀者閲讀與參考。

圖書在版編目（CIP）數據

夏商周起源考證 / 張肇麟著. —北京：科學出版社，2018.9

ISBN 978-7-03-058829-6

Ⅰ. ①夏…　Ⅱ. ①張…　Ⅲ. ①中國歷史－研究－三代時期　Ⅳ. ①K221.07

中國版本圖書館 CIP 數據核字（2018）第 213615 號

責任編輯：范鵬偉/責任校對：李　影
責任印製：張　偉/封面設計：黄華斌
編輯部電話：010-64011837
E-mail:yangjing@mail.sciencep.com

科 学 出 版 社 出版
北京东黄城根北街 16 号
邮政编码：100717
http://www.sciencep.com
北京建宏印刷有限公司 印刷
科學出版社發行　各地新華書店經銷
*
2018 年 9 月第　一　版　開本：720 × 1000　1/16
2022 年 1 月第三次印刷　印張：37　3/4
字數：460 000
定價：167.00 元

作者簡介

張肇麟先生（1892—1956 年），浙江温州人。1904 年考取秀才，科舉廢除後，就讀新式師範學堂。畢業後創辦永嘉縣立第二高等小學，任校長。

张肇麟先生出身書香門第，其曾祖父張振夔有《介軒集》行世。其父爲晚清秀才，去世時，張肇麟先生僅十三歲。作爲長子，張肇麟先生承擔了大家庭的責任。這個時期對於他來説，是極爲困難的。他除從事教育工作外，還曾從事工商業及其他工作，使得三個弟弟以及他的子女都受到良好的教育，在學術上都有了一定的成就。其弟張肇騫是生物學家（中國科學院院士）。

張肇麟先生從不放弃自己的學術追求，從青年時代起就在業餘進行上古史的研究。由於他具有深厚的古典文獻功底，又努力掌握了金文與甲骨文，於是在現代考古學的基礎上，在幾十年的時間裏逐步形成了自己有關上古史的系統觀點。因條件的限制，他的著述在生前從未發表。他的第一部著作《姓氏與宗社考證》於 2015 年出版，本書是他的第二部著作，其他遺稿將陸續發表。

前　言

本書是張肇麟先生（1892—1956 年）關於夏、商、周三族及其起源的遺著。

夏、商、周三族的起源問題一直存在争議，這是由於部族起源時總是力量較小而地點偏僻，不容易引起注意，有關的文獻資料比較欠缺，因此研究工作進展缓慢。如商族，其起源地學説現在有幾十種之多，意見分歧。有學者把這些學説作了歸納，分爲西方説、晋南説、中原説、東方説、北方説、東北説、東南説、夏商周三族同源説，等等。西方説又有關中東部、中部、西部之别，可謂議論紛紛，莫衷一是。

本書把起源地問題分成兩步來解決，第一步研究夏、商、周的民族屬性，第二步再研究其起源地。根據本書的研究，我國古代之部族分屬三個基本族群，稱爲“夏族”“戎族”“胡族”。[①]戎族包括夫餘、高句驪、濊貊等，還有商族。胡族則包括匈奴、蒙古、鮮卑等，還有周族。有了這個結果，那麼夏、商、周三族的起源地問題就有了基本綫索，不會漫無目標，例如商族起源地的西方説、山西説、三族同源説基本上就可以排除了。

爲了解決一個部族的起源地問題，本書不限於研究這個部族及其起源，而是研究整個基本族群的分布及其遷徙情况。就商族來説，本書研究了戎族的整體情况，確定他們古代的分布地域爲我國東北第二松花江

① 本書所言“夏族”“戎族”“胡族”及“夷族”“異族”等衹是對古代部族的族群劃分，無歧視義項。

流域以及渤海、黄海沿岸與山東半島，同時確定他們在很長一段時間内，不斷向朝鮮半島以及燕山南北遷徙。在這個基礎上，根據各種文獻記載，本書得到結論：商族起源於“吉林哈達嶺”一帶。

因此本書的研究有兩個特點，以商族來説，研究商族，但注意力不局限於商族，而是考慮整個戎族的全局情況；研究起源地，但注意力不局限於起源地，而是同時考慮商族初期的遷徙情況。因此本書實際上有兩個方面的内容：第一，確定夏、商、周三族的起源地及其初期的遷徙；第二，説明我國古代的基本族群爲夏族、戎族、胡族，並闡明夏、商、周與基本族群的關係。與起源地比較，這是一個更爲重大的課題，希望讀者留意。

一、中國古代的基本族群

（一）基本族群

以往不少學者研究過中國古代的基本族群，結論各不相同。本書用兩種方法來辨識基本族群，結論是我國古代的基本族群應該是夏族、戎族、胡族。

1. 利用考古文化來識别基本族群

20 世紀二三十年代，考古學家在全國各地發現了彩陶、黑陶及細石器。他們發現彩陶出現在中原的西部地區，與夏族有關；黑陶出現在中原的東部地區，與夷族（或東夷）有關；而細石器則出現在長城以北，當與北方部族（如匈奴、東胡等）有關。因此，陶器、細石器可以用來識别古代的部族。這個發現有重大的意義。本書把依靠彩陶所識别的族群稱爲夏族，把依靠黑陶所識别的族群稱爲戎族，而依靠細石器所識別的稱爲胡族。因此中國古代有三個基本族群：夏族、戎族、胡族。

在 20 世紀下半葉，考古工作有了很大的進展。在全國許多地方都發現了黑陶遺址，其分布地區如下：①東北松遼平原的東部、西部；②燕山南、北；③山東半島；④杭州灣與太湖地區；⑤江漢平原、洞庭湖地區。特別是浙江的河姆渡遺址與跨湖橋遺址，非但黑陶多，而且年代早於山東。這些發現大大推進了對戎族的識別與研究（見論文［01］以及論文［02］的［補注二］）。

在 20 世紀下半葉，除内蒙古以外，在陝西、山西、山東等省也發現了細石器，既然細石器並不限於長城以北，那麼用細石器來識別胡族就成了問題。但是研究發現，長城以南的細石器都是一兩萬年以前的，與内蒙古的情況不同。因此在新石器時代，細石器對於識別胡族來説，仍是有效的。長城是南北文化的界綫，這個結論還是對的（見論文［01］的［補注二］）。

2. 利用語言學來識别基本族群

識別民族最有效的工具是語言學。近代語言學把語言劃分爲語系與語族，因此可以利用語系、語族的劃分來識別中國古代的基本族群。

語言相同或接近的部族可以叫作一個語言集團。例如蒙古、鮮卑、突厥等族所使用的語言都屬於近代語言學中的阿爾泰語系，因此他們構成一個語言集團，這個語言集團可以稱之爲北方集團。漢族（使用漢語及其各種方言的部族）所使用的語言屬於漢藏語系，因此他們也是一個語言集團，這個語言集團可以稱之爲中原集團或夏族集團。

此外，夫餘、高句驪、穢貊、馬韓、朝鮮等族的地理位置接近，相互關係密切，也應該構成一個語言集團。從現有的語言學知識來看，這些部族的語言不屬於漢藏語系，也不屬於阿爾泰語系，那麼它們屬於什麼語系？語言學家回答不了這個問題。在世界各地的語言中，有一些語言的語系到現在還無法確定，其中最著名的就是日語與韓語，它們是語系未定的語言。夫餘語、高句驪語、馬韓語等都是古代語言，也是無法確定語系的，因此它們也屬於一個語言集團，我們不妨稱其爲沿海集團。沿海集團所使用的語言語系未定。

因此根據語言學我們可以得到下列結論：中國古代有三個基本族群，即中原集團、沿海集團以及北方集團，實際上就是夏族、戎族與胡族。這同考古文化的結論一致。

20 世紀下半葉以來，語言學與考古學一樣，也有很大的進展。在原先的語言學理論中，漢藏語系包括四個語族，即漢語族、壯侗語族、苗瑶語族、藏緬語族。到 20 世紀下半葉，語言學家逐步認識到，漢藏語系應該只包括漢語族與藏緬語族，壯侗語族與苗瑶語族應該被分出去，它們與南亞語族、南島語族一起組成“澳泰語系”。

南亞語族與南島語族覆蓋東南亞以及太平洋上的某些島嶼，壯侗語族與苗瑶語族則覆蓋長江以南地區，因此“澳泰語系”覆蓋了長江以南的廣大地區、東南亞以及一些太平洋島嶼。有研究者認爲古代人類曾從東南亞島嶼向北方遷移到琉球、日本、朝鮮，那麼“澳泰語系”也可能包括韓語、日語。因此可以猜測，中國沿海集團的語言當屬於“澳泰語系”。因此“澳泰語系”給未定語系的解決提供了綫索，也給戎族的識别提供了基礎，這些結果反過來也促進了“澳泰語系”的深入研究（見論文［02］的［補注二］、［補注三］）。

因此從一百年來的考古學以及語言學的研究來看，中國上古的基本族群應該有三個，亦即夏族、戎族、胡族。

（二）夏、商、周的民族屬性

中國古代的基本族群爲夏族、戎族、胡族，本書在這個基礎上，進一步討論商、周的民族屬性。結論是：商族屬於戎族，而周族屬於胡族，他們與夏族有不同的民族屬性。

1. 商族屬於戎族

在衣飾、生活習俗、鬼神卜筮、嚴刑、殉葬以及誕生神話等方面，商族與夫餘、高句驪等戎族有許多共同點。再有箕子流亡朝鮮。所有這些可以説明商族當屬於戎族（見論文［11］）。

2. 周族屬於胡族

從風俗、語言以及婚俗等各個方面來看，周族保留了胡俗的殘餘，更重要的是周族具有胡族的驍勇習性。這一些可以説明周族當屬於胡族（見論文［14］）。

（三）主幹族群

1. 夏族爲主幹族群

儘管三個基本族群（夏族、戎族、胡族）都是成員衆多，分布地域遼闊，看似三足鼎立，其實三族中夏族是主幹族群，而戎族、胡族爲非主幹族群。因此當商族、周族與夏族密切接觸時，他們都融入了夏族。

當兩個部族互相接觸並融合時，其趨勢是非主幹部族融入主幹部族。所謂融入，是指非主幹部族采用了主幹部族的語言文字、姓氏制度、社會政治制度以及價值觀等，而幾乎完全放棄了自己原有的語言文字、姓氏制度、社會政治制度以及價值觀等。

由於幾千年的融合作用，中國形成了一個極其龐大的漢族，這樣龐大的部族在全世界是唯一的，而戎族、胡族以及其他許多部族則逐步消失了，這是中國歷史的一個主要内容，不過以往没有得到應有的注意。其實在魏晋之後，曾出現一個融合高潮，大量胡族（如拓跋氏、慕容氏、宇文氏等）都在黄河流域建立了地方政權，但是很快就融入了漢族。蒙古族、滿族建立了元、清這兩個全國性政權，最後也都發生了融合。不過蒙古族有北方的廣闊腹地，力量在那裏還保存下來。本書將討論商族（屬於戎族）與周族（屬於胡族）融入夏族的問題（見論文［03］）。

2. 蠻夷戎狄

戎族或胡族融入夏族的過程，往往長達幾百年。在這幾百年中，他們不是夏族，也不完全是戎族或胡族，這時候他們就成爲“蠻夷戎狄”。所謂“蠻夷戎狄”，其實就是融入過程中的戎族或胡族。由於古代一些夏族部族遷移到“蠻夷戎狄”地區，因此在“蠻夷戎狄”中也包含夏族，如堯舜時期的“四凶”。古代特别强調華夷之别，但是夷（即“蠻夷戎狄”）並不代表夏、戎、胡之外的一個新的族群。

由於“蠻夷戎狄”的形成，出現了五服、九服以及九州、四海、四荒等重要概念。九州實際上就是夏族地區，四荒則是戎族與胡族的地區，而四海則是“蠻夷戎狄”地區，亦即过渡中的戎族或胡族的地區（見論文［04］）。

二、夏、商、周三族的起源地

本書將説明，夏族的起源地在隴山地區，商族的起源地在“東遼河—松花江”上游或“吉林哈達嶺”一帶，而周族的起源地則在“河套—寧夏”地區。

（一）夏族起源於隴山地區

夏族分布的地域非常遼闊，因此要確定其起源地有很大的困難。但是有關夏族的資料比較多，可以從下列不同的角度來解決其起源地問題。

1. 基本傳説

夏族的起點是炎帝與黄帝，故夏族自稱炎黄子孫，因此研究夏族起源地要追溯到炎黄。有些研究夏族的學者研究夏族起源時衹追溯到禹，但禹是夏后氏的始祖，不是夏族的始祖。在禹之前，夏族早已存在，例如舜説“蠻夷猾夏”①。我們現在講“夏、商、周”，實際上在經典文獻中，往往總是講“夏后、殷、周”，例如“夏后氏以松，殷人以柏，周人以栗”②，孟子講“夏后、殷、周之盛”③。《禮記》中更是出現了大量例證，如“有虞氏官五十，夏后氏官百，殷二百，周三百”④。夏后氏比有虞氏晚，因此要追溯夏族的起源地，就要追溯有虞氏的起源地，最終就要追溯到炎帝、黄帝。

因此炎帝、黄帝出生地的傳説，就特别值得注意。關於炎帝、黄帝的出生地，最重要的傳説莫過於《晋語》説的“黄帝以姬水成，炎帝以姜水成”⑤。因此，姬水、姜水成爲確定夏族起源地的最重要的綫索。《五帝本紀》又説黄帝之子“降居”江水、若水，其一娶蜀山氏。⑥雖然“降居”的含義不明確，但是江水、若水、蜀山氏等與黄帝出生地

① 《尚書正義・舜典》,《十三經注疏》，第130頁。
② （清）劉寶楠:《論語正義・八佾》,《諸子集成》，第64頁。
③ （清）焦循:《孟子正義・公孫丑上》,《諸子集成》，第109頁。
④ 《禮記正義・明堂位》,《十三經注疏》，第1492頁。
⑤ 徐元誥:《國語集解・晋語四》，北京：中華書局，2002年，第337頁。
⑥ 《史記・五帝本紀》，第10頁。

必有一定的聯繫，不會相距非常遥遠，因此也是一條重要綫索。

在全國不難找到姜水，也不難找到姬水，但不容易在同一個地區找到姜水與姬水，更不容易在附近地區又找到江水、若水與蜀山氏。本書把所有這些地名一起考慮，就可以看到，隴山地區很可能就是夏族的起源地。

2. 古代交通地理

利用交通地理，可以發現當時的中心地區。通過分析《禹貢》，我們可以看到隴山地區應是古代的中心。

3. 夏族的特點

夏族在當時是最先進的。在社會制度方面，它有了姓氏制度；在物質生活方面，它有了彩陶，這是夏族的兩個基本特點。根據彩陶在全國的分布情况，可以看到彩陶的起源地當在隴山一帶，因此夏族的起源地也當在隴山一帶。至於姓氏制度，根據安特生對甘肅地質的考察，可以看到，在萬年以前，隴東地區正好具備産生姓氏制度的地質條件。[①]

綜合以上各點，本書認爲夏族的起源地當是隴山地區。

（二）商族起源於“吉林哈達嶺”一帶

1. 基本文献資料

《殷本紀》給出商族的始祖爲帝嚳、契、昭明，由於帝嚳與契屬於神話傳説時期，因此商族最重要的歷史人物是昭明。《荀子》：“契玄王，生昭明，居于砥石遷于商。”[②]《淮南子·墬形訓》：“遼出砥石。”[③]

① 關於姓氏制度的起源問題，見張肇麟：《姓氏與宗社考證》，北京：社會科學文獻出版社，2015 年。又見本書論文［05］。

②《荀子集解·成相篇》，《諸子集成》，第 308 頁。

③《淮南子》，《諸子集成》，第 65 頁。

這是大家熟知的比較重要且可靠的綫索。

看起来“砥石”是關鍵的地方。砥石在何處？楊倞説：“砥石，地名。未詳所在。或曰即砥柱也。”[①] 楊倞説砥石未詳所在，却又説了一個砥柱。但從砥柱的具體情况來看，它不可能是砥石。有人認爲砥石即河北的泜水，也是不合理的。本書利用“遼出砥石”並對“遼水”進行分析。在各條可能的“遼水”中，今遼河的支流渾河，古稱“遼水”或“小遼水”（今遼河古稱“大遼水”）。無論從名稱來看或從周圍環境來看，渾河應該就是“遼出砥石”之遼。因此砥石就是渾河之起源地。

遼河的支流很多，但在遼西衹有西遼河（古稱西拉木倫河或潢水，在内蒙古），其餘都在遼東。在遼西，“遼”字罕見，而在遼東，有很多地方以遼命名，如遼源、遼河源、東遼、遼中、遼陽、遼隊等。在遼東，遼河有很多支流，值得注意的是那些支流的起源地基本上都在吉林哈達嶺之南北麓。因此即使“遼”不是渾河而是遼河的其他支流（如東遼河），但其起源地仍然在吉林哈達嶺一帶。

再從戎族在全國的分布來看，最集中的地方就是夫餘、高句驪、沃沮、朝鮮等族所在的地方，即第二松花江之中上游（今尚有扶餘縣）。這更加强了砥石位於“吉林哈达嶺”一帶的可能性。

2. 箕子東遷

當商朝滅亡時，箕子率領數千人流亡到朝鮮，建立了箕氏朝鮮。當時戎族國家夫餘、高句驪等已經由松花江上游南遷進入朝鮮半島，箕子流亡朝鮮實際上是向戎族的原始部落靠攏。正如元朝滅亡時，元朝王族向蒙古撤退；而清朝滅亡後，清朝統治者皇族期望在東北復辟，情况是類似的。因此箕子流亡朝鮮對商族起源地给出了重要的啓示。

---

①《荀子集解・成相篇》,《諸子集成》, 第 308 頁。

戎族除夫餘、高句驪、沃沮以外，還有山戎、令支、孤竹等，他們分布在遼西及燕山南北；此外還有有易氏、宿沙氏等，他們分布在易水—滹沱河流域以及渤海沿岸地方。箕子正是通過這些戎族地區從華北流亡到朝鮮的，這個流亡路綫上現在還有箕子的遺迹。

3. 商侯冥

《竹書紀年》説夏帝少康時，“使商矦冥治河”[①]。所謂“河”當指河水下游（古黄河稱“河水”。河水在鄭州轉而北流，在天津入海。）冥既然爲夏朝的商侯，而且負責治河，因此在夏朝，商族在冀北就已經有强大的勢力，何况《竹書紀年》還有其他關於商侯冥、殷侯子亥、殷侯微與有易氏、河伯等相互密切来往的記載。

許多學者都認爲商湯打敗夏桀，控制了鄭州、洛陽一帶，然後北上，通過豫北，由冀南以至冀北。但實際上在夏朝少康時，商族已經據有易水、滹沱河流域的领地。因此商族的力量不是由豫中往北發展到冀北，而是自冀北往南推進到豫中的。也就是説，商族最初當是沿着與箕子相反的方向南遷，從東北來到冀北。因此《竹書紀年》對商侯冥、殷侯子亥、殷侯微的記載正是商族起源於東北的一個旁證（見論文［12］）。

（三）周族起源於河套—寧夏地區

1. 對周族起源地的分析

關於周族的起源地，傳統的説法是周族起源於陝西。《周本纪》給出周族的世系爲：弃（后稷）—不窋—公劉—……高圉—……古公—王季—文王—武王。《周本紀》説：“周后稷，名弃。其母有邰氏女，曰姜

① （清）徐文靖：《竹書紀年統箋》，《二十二子》，上海：上海古籍出版社，1986年，第1058頁。

原。……（帝舜）封弃於邰。”而《正義》引《括地志》云“不窋故城在慶州弘化縣南三里”[①]，因此起源地實際上衹牽涉到一個“邰”，弃的封地在邰，弃的母家也在邰。邰即今陝西武功。除邰以外，周族史中的另一個重要地點是慶州（不窋所在地，今甘肅慶陽），此外還有豳（或邠，高圉所在地，今陝西彬縣）、岐山（古公所在地，其南有周原）。所有的地點基本上都在陝西中部，相距不遠。因此大家都認爲周族的起源地就在陝西中部，具體説就是陝西武功一帶。

但錢穆認爲周族起源地在山西的聞喜、新絳一帶。他認爲周族從山西西南部出發，向北發展，然後往西越過黄河，進入陝北，到達甘肅，再往南來到涇水流域，即來到邠、岐山。錢穆研究的基礎是地名考證，他認爲邰、邠等地都在山西。他的説法説服力不足，雖然許多人赞成，不過也都提出各種各樣的修正。因此對於周族的起源地的分歧，雖然没有商族那麽嚴重，但同樣没有結論。

根據基本文獻的記載，可以看到在周族的原始時期，最值得注意的就是農業與牧業的問題。周族本是胡族，牧業是其本分，可是根據《周本紀》，周族始祖從事的是農業，後來“犇戎狄之間”，來到了畜牧區。後來又恢復農業，但一直到古公，纔“貶戎狄之俗”[②]，完全脱離戎狄的生活。因此周族最初從事農業，後來轉到牧業，一千多年後又回到農業。在什麽地方周族能够在農業與牧業之間這樣來回轉换呢？

《山海經・大荒西經》講到“西北海之外……有西周之國，姬姓，食穀”，則周族的祖先最初必在西北務農。後來不窋進入牧區。牧區在何處？上述《周本紀》注謂不窋故城在慶州弘化縣（即今甘肅慶陽），那麽周族祖先大概生活在慶陽西北。慶陽西北的農業區在何處？可以推

① 《史記・周本紀》，第 111—113 頁。

② 《史記・周本紀》，第 112、114 頁。

測這個農業區當在河套、寧夏一帶。那裏古代的確是農業區（漢代，在寧夏北部就有典農都尉治所），雖附近東西兩側都是沙漠地，但有傳說的弱水。

因此，周族起源地很可能就在河套—寧夏一帶的農業區。後來不窋進入牧區。該牧區就在寧夏以南的慶陽、平凉一帶，“後漢至晉，戎虜所侵，不立郡縣”[①]。西自鞏昌府，東至慶陽府，是一個著名的牧區，到唐代這裏還是國家的“監牧地，東西約六百里，南北約四百里”[②]，群牧監就設在平凉。因此所謂不窋“犇戎狄之間”，當即進入該牧區。後來公劉、高圉離開牧區進入農業區，一定就是離開這個牧區南下進入陝西，因此高圉成爲商朝的“邠侯”（在今陝西彬縣）。以上就是周族早期的發展過程。因此周族的起源地當在河套—寧夏地區（見論文［15］）。

胡族歷史可以佐證以上結論。胡族曾對中國歷史産生重大的影響，他們除了建立北魏、北周以及衆多其他地方政權之外，還建立了遼、金等，二十五史中胡族政權占三分之一。在戰國以後的七八百年中，大量的匈奴與鮮卑族從西伯利亞、蒙古南下。除了慕容氏南下在今河北省建立燕（即前燕），拓跋氏南下在山西建立魏（即北魏），宇文氏在陝西建立周（即北周）之外，還有很多胡族部族，其中最著名的爲乞伏氏、秃髮氏，他們從河套沿黄河南下，到達甘肅東部，最後進入陝西。在中國史書中有很多胡族活動的詳細記載。這些記載對研究周族有很大的啓發，實際上周族的整個發展過程與那些胡族部族如出一轍。

①（宋）樂史:《太平寰宇記・關西道九・慶州》，北京：中華書局，2007年，第706頁。

②（唐）李吉甫:《元和郡縣圖志・關内道三・原州》，北京：中華書局，1983年，第59頁。

2. 考古學的證據

周族從弃到周武王的歷史，也就是周族從起源到西周的歷史，文獻記載簡單模糊，因此對於這個所謂的先周時期，大家試圖從考古文化中尋找答案。

近幾十年來我們已經發現了大量的考古文化，積累了豐富的研究資料，但是對考古文化的解讀，衆説紛紜，争論激烈，没有得到滿意的結果。許多人没有意識到在先周時期，戎狄生活對周族的深刻影響，因此一直到現在，還是無法把考古發掘的結果與周族的歷史很好地聯繫起來。其實近幾十年的考古研究所積累的豐富材料，已經可以對周族的起源問題给出初步的回答。根據本書的研究，下列考古學文化序列可能正好反映了周族從河套—寧夏起源地的整個南遷過程：

朱開溝文化→寺窪文化→劉家文化→碾子坡文化→鄭家坡文化→西周文化。

也就是説，近幾十年來考古學的發展，在一定程度上支持了本書的結論，朱開溝文化是西周文化的源頭。

三、文集的整理

本書由張肇麟先生的遺稿整理而成。本書包括 16 篇論文，分别記爲［01］至［16］。

遺稿是在 20 世紀 50 年代中期之前完成的。近幾十年來發表了許多與本書内容有關的論著，特别是發表了許多考古學發掘報告，我根據這些結果在本書的論文正文之後加上一些“補注”。本文是小四號字，“補注”用五號字，以示区别。

参考文獻也都是我加的，爲了讀者方便，我采用比較常見的版本，作爲各頁的脚注。“五經”采用 1987 年的北京中華書局的“十三經注疏”本，“二十四史”采用 1997 年的北京中華書局縮印本，而“諸子”采用 1988 年的北京中華書局“諸子集成”本，這些在脚注中不再一一説明。引用到其他歷史文獻，此文獻在第一次出現時注明作者朝代、作者名字、書名、出版地點、出版社、出版時間，重復出現時，一般衹注明作者朝代、作者名字、書名、頁碼。

整理工作中的缺點與問題，熱切期望讀者批評指正。

張鳴華　2017 年 1 月於清華大學

目　録

第一部分　基本族群

第二部分　夏族

第三部分　商族

第四部分　周族

第一部分　基本族群

［01］考古文化與基本族群

一、中國上古之基本族群

（一）基本族群

1. 中國上古之族群

典籍中記載了古代的大量族群。如《逸周書》有伊尹四方令，講述伊尹時各族之貢獻，其中記載的國家有二三十個。《逸周書》還記載成周之會，孔晁注："王城既成，大會諸侯及四夷也。"[①]所記載的四夷數量很大，有稷慎、穢人、良夷等近百個。但《爾雅》將所有部族區分爲蠻、夷、戎、狄，謂之"九夷、八狄、七戎、六蠻"[②]。而《周禮·職方氏》則區分爲蠻、夷、戎、狄、閩、貉，謂之"四夷、八蠻、七閩、九貉、五戎、六狄"[③]。

後來的史書對此做過各種的分析與總結，如《史記》把夏族周圍所有的部族總結爲匈奴、南越、東越、朝鮮、西南夷、大宛等六個族群，《漢書》匯總爲匈奴、西南夷、兩粵、朝鮮、西域等五個族群，《後漢書》則匯總爲東夷、南蠻、西南夷、西羌、西域、匈奴、烏桓鮮卑等七

① 黄懷信、張懋鎔、田旭東：《逸周書彙校集注·王會解》，上海：上海古籍出版社，1995年，第970、851頁。

② 《爾雅注疏》，《十三經注疏》，第2616頁。

③ 《周禮注疏·夏官下·職方氏》，《十三經注疏》，第861頁。

個族群。所有這些歸納大體上還是以地理爲基礎，是在東夷、南蠻、西戎、北狄的基礎上形成的。

林惠祥曾匯列諸家所作之分析，最後將我國的古代部族定爲華夏、東夷、荆吴、百越、東胡、肅慎、匈奴、突厥、蒙古、氐羌、藏、苗瑶、羅緬、僰撣，再加上白種、黑種等共 16 系。林惠祥將以上 16 系稱爲“歷史上之民族”。在此基礎上，他提出另一種劃分，共 8 族，即：漢族、滿族、回族、蒙古族、藏族、苗瑶族、羅緬族、僰撣族，稱爲“現代之民族”。同時又在其《中國民族系統表》中列出古代民族與現代民族之間分分合合的複雜關係。[①] 但中國古代究竟有哪些部族，現在尚不明確。

2. 基本族群

文獻中對大量部族的分析，一般都失之瑣碎。近代之研究，雖然已有不少著作發表，亦缺少扼要之分析。究竟中國人應該劃分爲多少族群？究竟中國古代有哪些基本族群？近代研究者甚衆，但有關的學説都存在許多問題，如吕思勉區分爲十二族，歸納爲三系：“匈奴、鮮卑、丁零、貉、肅慎爲北系；羌、藏、苗、越、濮爲南系；而漢語居其中。”此三系是根據地理位置劃分的，因此吕思勉又將貉與其他北系部族區分開來，認爲貉與北系其他各族有所不同。[②] 貉本屬於東夷，置之北系似乎不大合理。其他東夷部族是否亦屬於北系？氐羌之主要活動地域在秦隴一帶，何以置之南系？

今天看來，爲了分析古代部族之複雜情況，其實可以考察古代所謂的“五位”之説，這個學説見於《淮南子》：

① 林惠祥：《中國民族史》，上海：上海書店出版社，2012 年，第 8 頁。

② 吕思勉：《中國民族史》，上海：東方出版中心，1987 年，第 5 頁。

五位。東方之極，自碣石山過朝鮮，貫大人之國，東至日出之次，榑木之地，青土樹木之野，太皞句芒之所司者，萬二千里。……南方之極，自北户孫之外，貫顓頊之國，南至委火炎風之野，赤帝祝融之所司者，萬二千里。……中央之極，自崑崙東絕兩恒山。日月之所道，江漢之所出，衆民之野，五穀之所宜。龍門河濟相貫，以息壤堙洪水之州，東至於碣石，黄帝后土之所司者，萬二千里。……西方之極，自崑崙絶流沙沈羽，西至三危之國，石城金室，飲氣之民，不死之野，少皞蓐收之所司者，萬二千里。……北方之極，自九澤窮夏晦之極，北至令正之谷，有凍寒積冰，雪雹霜霰，漂潤群水之野，顓頊玄冥之所司者萬二千里。①

在“五位”之中，南方的概念最爲空洞，除“北户孫”之外，沒有任何其他的具體地名，雖提到“顓頊之國”，但顓頊是北方之統治者，其國何以在南方？因此南方之極不過是“委火炎風之野”。其次是北方，所謂九澤、夏晦、令正也都是無法考查的。因此北方之極不過是“凍寒積冰”之野。因此“五位”之中，實際可考的衹有東方、中央與西方。

東方是伏羲氏的統治區，西起碣石（碣石在今河北昌黎、山海關一帶），經朝鮮，東至日出之地，東西横跨一萬二千里。中央是黄帝的統治區，具體西起昆侖，經恒山、江漢、河濟、龍門，東至碣石，東西横跨一萬二千里。而西方則是少皞的統治區，東起昆侖，經流沙，西至三危，東西横跨也有一萬二千里。

①《淮南子·時則訓》,《諸子集成》, 第83—85頁。

三者自東而西以碣石與流沙爲界，都是一萬二千里。因此所謂“中央之極”大體上就是中原地區，所謂“東方之極”即中國之沿海地區，還包括夫餘、高句驪和“三韓”，並包括日本、琉球和太平洋中部分島嶼。而所謂“西方之極”即從六盤山、隴山一帶，經河西走廊到達玉門關外，在此範圍内有氐羌、匈奴以及西域諸國。

雖然《淮南子》的“北方之極”很空洞，但是在現實中北方包括蒙古、鮮卑等大量族群，這些族群與氐羌、匈奴等有很多共同的地方，若將空洞的北方歸併於西方之極，就得到一個很大的具有共同特點的部族集團。同樣，“南方之極”也很空洞，但是南方地區瀕臨南海，如果將空洞的南方歸併於東方之極，就得到一個具有共同特點的面向海洋的部族集團。因此“五位”很自然地演化爲“三位”，從而得到一種很有意義的部族劃分。

《淮南子》既非歷史書，亦非地理書，它在五方及五德終始等玄學觀念上立論，却相當清楚地描述了三個部族集團。因此《淮南子》的“五位”之説，實際上提出了分析中國古代部族的基本框架。但我們現在不知道此“五位”的劃分是如何形成的，該書對每個“位”均有一個“令”來進行説明，本來應該通過“令”描述各方部族的特點，那麼“東方（伏羲之國）”“中央（黄帝之國）”以及“西方（少皞之國）”的劃分就可能有其科學基礎，可惜《淮南子》中的“令”缺少明確的含義。

3. 本書的分析

如何從衆多之族群中推溯到基本族群，至今没有明確的途徑，本書將利用兩種途徑來辨認中國古代的基本族群。一種是語言學的途徑。語言是辨識部族最有力的工具，基本族群的主要特點就是具有大體上相同的語言，因此利用語言學可以確定中國古代的基本族群。雖然古代語言都已經消失了，但是在許多情況下，根據文獻記載，現在還是有可能判斷兩個古代部族是否使用共同的語言。有關的說明見本書論文［02］。

另一種是考古學的途徑。考古發掘使得現代人看到了幾千年前的遺物，但是考古的遺物發現的地點有限，而且能保留下来的主要是墓葬及房屋遺址，如何利用其中的遺物來辨認基本族群，是一個很複雜的問題。在所有的遺物中，陶器是最重要的，但是陶器有陶質、器形的區別，有燒製過程的區別，尤其在器形方面，有五花八門的各種類型。那麼應該利用陶器的哪個方面來辨認族群呢？在 20 世紀二三十年代，考古學家發現彩陶與黑陶構成華、夷之間的分區。這個發現有重大的意義。此即本書論文［01］所要說明的。

（二）中國之考古文化

在原始社會，人類最早的用具是石器，到了新石器時代，人類開始有了陶器。陶器與石器不同，陶器有各種不同之陶質，有不同之器形與用途，有不同的燒制技術，有不同的紋飾，内容豐富多采，較之石器或金屬器物，陶器的成分、火候、形狀是製作者容易加以改變的，故陶器更能反映出製作者之特點。陶器能直接反映人類文化活動，可以成爲區別族群以及人類文明的標志。實際上，中國近代的考古文化也正是圍繞陶器展開的。

1921 年，安特生（J. G. Andersson）在河南澠池仰韶村發現了彩陶，這是中國近代考古學的開端。安特生隨即又在甘肅發現了大量彩陶。接着梁思永、吴金鼎在山東濟南以東龍山發掘城子崖遺址時發現了黑陶，他們把該地的下層文化稱爲“龍山文化”，也稱黑陶文化。

最需注意者爲 1931 年梁思永在河南安陽後岡發現了三文化層，因而他得到下列結論："彩陶文化在黄河流域分佈的中心偏西，伸展的方向由西而東是已成立的事實，它的勢力先達仰韶村然後到後岡是自然的程序。""龍山文化在黄河流域的分佈的中心偏東，伸展的方向由東而西。它的勢力先達到後岡然後到仰韶村也是自然的程序。"[①]先後更迭關係暗示了彩陶與黑陶之界綫所在。據李濟《安陽最近發掘報告及六次工作之總估計》説："小屯的周境及淇水兩岸，出現了好幾處彩陶與黑陶兩重文化的遺址，都是彩陶在下，黑陶在上；可見彩陶文化東行到淇水、洹水的區域，遠在黑陶文化西行到此區域之前。"[②]然推求這個彩陶文化之讓位於黑陶並非彩陶臨了絶滅時期，乃因此地已是彩陶前綫之末梢，有了某種關係遂起更迭，故可視爲界綫分劃之暗示。這樣便可從彩陶、黑陶兩文化分布地域裏推求出發生的方位與展開的路綫。

與此同時，1923 年桑志華（E. Licent）及德日進（P. Teilhard de Chardin）在河套發現了"河套文化"。"河套文化"之代表工業是細小精製的石器，所以屬於細石器文化。

在我國東北，早期的細石器是在哈爾濱附近的顧鄉屯以及滿洲里附近的札賚諾爾發現的，這種細石器在松花江流域繼續發展演變。鳥居龍藏、桑志華在内蒙古西拉木倫河以北之林西所發現之石器與細石器，其技術已有進步，最主要的器物爲農業用具，如石犁、石磨等，約當新石器時代之中期，可見當地當時曾經營農業，估計由漁獵生活已逐漸發展爲漁農生活，這一些約當新石器時代之中期。

細石器文化的傳播受到彩陶文化巨大的影響。當細石器文化從顧鄉屯、札賚諾爾更沿戈壁沙漠之邊緣向南、向西傳布時，在南邊受到彩陶

---

① 中國科學院考古研究所編輯：《小屯、龍山與仰韶》，《梁思永考古論文集》，北京：科學出版社，1959 年，第 94 頁。

② 李濟著，張光直主編：《安陽最近發掘報告及六次工作之總估計》，《李濟文集》卷二，上海：上海人民出版社，2006 年，第 290 頁。

文化的阻止，於是細石器文化在長城以北只能繼續向西推移。於是在內蒙、河套等地，細石器文化之遺址甚多。

裴文中在分析我國新石器時代之文化系統時説，中國北部有兩種文化，一種與西伯利亞連接，而另一種則與太平洋連接。他説：

> 就吾人現時所知，當舊石器時代末期至新石器時代之時，在中國北部似有兩種不同系統之文化存在：一即所謂之細石器文化，似由西伯利亞，與歐洲相連結，爲一系統；其他之系統，似與太平洋沿岸所分佈者爲一系統，代表此系統者，爲黄河流域之彩陶文化。兩種不同系統之文化，在不同之區域中，繼續移動及演變，各有其獨立性質。①

其中與西伯利亞連接的爲細石器文化，而另一與太平洋連接的“其他之系統”則指彩陶文化。裴文中説：“至就細石器工業而論，在中國本部，其地域之分佈，甚爲明晰，即只限於長城以北。南則爲彩陶文化。二種文化。一南一北，各自發展，互不侵犯。”②

從安特生以後，考古學家在全國許多地方進行了發掘，於是發現了彩陶、黑陶與細石器等三個不同的文化區。彩陶分布在中原地區的西部，黑陶分布在中原地區的東部，而細石器分布在中原地區以北。因此存在兩條界綫：一條在河南東部，是彩陶文化區與黑陶文化區的界綫；另一條在長城一帶，是彩陶文化區與細石器文化區的界綫。

① 裴文中:《中國史前時期之研究》，上海：商務印書館，1948 年，第 136 頁。

② 裴文中:《中國史前時期之研究》，第 195 頁。

（三）從考古文化到基本族群

王國維在其《殷周制度論》中提出了有關東方與西方之考察："自五帝以來，政治文物所自出之都邑，皆在東方，惟周獨崛起西土。""虞、夏、商皆居東土，周獨起於西方，故夏、商二代文化畧同……政治亦然。……故夏、殷間政治與文物之變革，不似殷、周間之劇烈矣。"[①]這種東方、西方的分析，又發展爲傅斯年的《夷夏東西説》。傅斯年以鄭州一帶爲中心將中國分爲兩部分，夏、周爲西方，稱爲諸夏，而夷、商爲東方，稱爲諸夷。他又説："西至今河南之中心，東盡東海，北達濟水，南則所謂淮夷徐舒者皆是。這個分佈在東南的一大片部族，和分佈在偏於西方的一大片部族名諸夏者，恰恰成對峙的形勢。"他又説："東西對峙，而相争相滅，便是中國的三代史。在夏代爲夷夏之争，夷東而夏西。在商代爲夏商之争，商東而夏西。"[②]因此傅斯年以地理爲基礎劃分了民族界綫：一個爲諸夷，在東邊，包括太昊、少昊、夷羿、商族、夷方、淮夷等；一個爲諸夏，在西邊，包括夏族、周族（夏、周亦分爲東西，東爲夏而西爲周）。但是以地理方位劃分族群是不確切的，東、西方的劃分不是族群劃分的堅實基礎。

當彩陶文化與黑陶文化的兩個相鄰文化區的觀念出現以後，大家很快就認識到，這正是兩個相鄰族群的體現。西邊的可以稱之爲彩陶族群，而東邊的可以稱之爲黑陶族群。於是彩陶與黑陶成了族群的劃分基礎。同樣，大家從彩陶文化與細石器文化所形成的南北兩個文化系統中，認識到兩個相鄰族群。南邊是彩陶族群，而北邊可稱之爲細石器族群，於是彩陶、黑陶與細石器成了族群的劃分基礎。考古學家所發現的

① 王國維：《殷周制度論》，《觀堂集林》，北京：中華書局，1959年，第452—453頁。

② 傅斯年：《夷夏東西説》，《民族與古代中國史》，石家莊：河北教育出版社，2002年，第52、56頁。

三個文化系统，即彩陶文化、黑陶文化以及細石器文化，正好能够體現中國古代三個基本族群，可稱之爲彩陶族群、黑陶族群以及細石器族群。這是近代考古學的重大成就，考古遺物代替東西南北的方位，成了劃分族群的界綫。

二、彩陶族群及細石器族群

（一）彩陶族群

1. 彩陶地域及彩陶族群

自 1921 年安特生發現彩陶以來，全國發現了很多彩陶文化遺址。已發現的彩陶地域如下：

第一，中原地區，包括今河南北部及西部、今山西南部及中部諸地。

第二，河套及晋陝北部，它通過汾河流域與河南西部聯接起來。

第三，甘肅之洮河流域，它通過渭河流域與河南西部連接起來。

上述地區包括了渭水流域以及黄河中游，亦即長城以南之陝西，山西、河南、甘肅、河北等地，西至蘭州，東至河南東部，南至河南南部，北邊以長城爲界。

彩陶地域實際上就是上古時代夏族之領地。《五帝本紀》謂顓頊時全國的地域是“北至于幽陵，南至于交阯，西至于流沙，東至于蟠木”[①]，而《爾雅》則説：“東至於泰遠，西至於邠國，南至於濮鉛，北至於祝栗，謂之四極。”[②] 這些就是夏族地域的四界，大體上北至長城，南至今河南南部，西自隴東，東至今河南東部（關於夏族地域的進一步討

① 《史記・五帝本紀》，第 11 頁。

② 《爾雅注疏》，《十三經注疏》，第 2616 頁。

論，見論文［06］）。

既然彩陶區域基本上是夏族分布的地區，因此彩陶族群當即夏族。

2. 彩陶之起源地

在安特生發現彩陶之後，就產生了彩陶的起源問題，這個問題與夏族的起源有關。裴文中在《中國之彩陶文化》中說："安氏最初以爲中國之彩陶文化，由中央亞細亞傳佈而來，先至甘肅，後至河南。最後（一九四三年）安氏……視爲彩陶文化起源於甘肅，亦屬可能。李濟及梁思永諸人，皆以爲中國之彩陶文化，爲中國境内之土著文化，起源於豫北……吾人就現時所知，新疆之彩陶文化，實較黄河流域爲晚，故由中央亞細亞傳佈而來之説，似有修正之必要。豫北之彩陶文化，吾人亦認爲晚期者，且有退化之象徵，故起源於豫北之説，似亦當再加考慮。"① 這可視爲對於族群來源之來自巴比侖、埃及、中亞細亞、我國新疆諸説作一總回答。

其實彩陶起源於中央亞細亞之説甚爲可疑，蓋新疆所見之彩陶較黄河流域爲晚。雖新疆之發掘工作遠未充分展開，但從大夏河流域與洮河流域以西之甘肅、青海、新疆之廣大領域中從未發現任何早期彩陶的綫索，因此彩陶西來説不可信。

李濟、梁思永謂彩陶起於豫北，裴文中認爲起於豫北之説須再考慮。但甘肅齊家坪之彩陶甚古似乎無可否認，如起源豫北似亦不會迅速傳到齊家坪。而且豫北與彩陶之東界相距咫尺，因此起源於豫北之可能性不大。

但彩陶發源地的真實遺址至今仍未發現，彩陶之發源地究竟何在，並無確切的結論。安特生曾謂彩陶可能起於甘肅，從種種迹象來看，安

① 裴文中：《中國之彩陶文化》，見《中國史前時期之研究》，第166頁。

特生這個意見是很合理的，彩陶似當發源於隴山或其附近。這個問題將在論文[06]中討論（見本文的[補注一]）。

（二）細石器族群

1. 細石器地域

桑志華與德日進在河套發現細石器文化之後，在長城以北地區多處發現了細石器，東自黑龍江、松花江流域的昂昂溪、札賚諾爾等處，西至遼河流域赤峰、林西，再沿長城、陰山至河套，形成了一個以細石器爲標志的文化區。

在中國北部，長城成了中原彩陶文化與內蒙古細石器文化的界綫（見本文的[補注二]）。

在這個細石器地域的南界，亦即長城附近，則出現了細石器與彩陶之混合文化。在赤峰所形成的混合文化中，細石器還占主要成分，被日本學者濱田耕作等稱這種文化爲“赤峯第一期文化”或“赤峯文化”①，在張家口以及內蒙古與山西、陝西的交界地區，這種文化廣泛存在。裴文中說：“與赤峯文化相似之混合文化，亦曾發見於張家口附近之高家營子，再西可至綏晉及綏陝等邊區。至在甘肅境內，此種混合文化亦有之，如安特生氏所謂之齊家、辛店、寺窪等期之彩陶文化。以余觀之，安氏所言之上述三期彩陶文化，實爲細石器與彩陶之混合文化。”② 在大夏河流域與洮河流域形成的細石器文化與彩陶文化之混合文化，究竟往西延伸至何處？還有待進一步的考古發掘來回答。

新疆存在廣泛之細石器分布，裴文中說：“吾人可確知所謂‘細石器

① 裴文中：《中國史前時期之研究》，第141頁。
② 裴文中：《中國史前時期之研究》，第141頁。

時代’之文化，向西展至天山南北：一支由哈密西北行至迪化；再一支由哈密西南行，經羅布諾爾附近，至且末附近。”如且末所發現的遺址中，“其石器均爲細小之石片所製，與東北内蒙之細石器相同”①。但是他又說：“在新疆，若布格曼氏之觀察無誤，則細石器工業與彩陶文化，分佈之地域，似大致略同。”②如果細石器與彩陶文化之分布區域大致略同，這個情況並不表示所有的地方都是混合文化。由於彩陶的年代比細石器晚，因此在彩陶文化來到之前，原來可能是細石器文化區。

2. 細石器族群

從細石器地域不難看到，細石器族群必包括肅慎、鮮卑、烏桓、匈奴、突厥、蒙古等部族。還可能包括甘肅、青海以至新疆等地的許多部族，因此細石器族群與彩陶族群一樣，也是一個非常龐大的族群。

三、黑陶及黑陶族群

（一）黑陶地域

1921 年安特生在河南澠池仰韶村發現了彩陶，1928 年吴金鼎、梁思永在山東章丘龍山鎮發現了黑陶，1930 年、1931 年進行了發掘，在龍山城子崖遺址發現的不僅是大量黑陶，而且還有一座城址。此後全國發現了大量的黑陶文化遺址，主要的分布地域如下：

① 裴文中：《中國史前時期之研究》，第 193、192 頁。

② 裴文中：《中國史前時期之研究》，第 195 頁。

1. 山東半島及相鄰地域

山東半島爲黑陶文化最發達之區域，許多地方都有黑陶出土。與其相鄰的地區也有黑陶出土，如河南安陽後崗、浚縣大賚店。後崗就發現了三文化層，最下層含彩陶，中層含黑陶，最上層爲商殷文化。[①]

此外與山東半島相鄰之遼東半島，也發現了黑陶。

2. 杭州灣

杭州灣之杭縣良渚出現了大量黑陶，後來在太湖南岸錢山漾、金山之金山衛等地，亦有黑陶出土。

在1936、1937年，何天行（1913—1986年）與施昕更（1912？—1939年）各自在良渚發現一批石器及黑陶片。當時何天行即說："杭縣所出黑陶雖與城子崖所出相仿，但與近年山東日照縣所出的却不一樣，前者雖已出於輪制，然較山東日照的還遠覺不及。但杭縣及城子崖黑陶的胎質是完全一致的……至色澤與製作，有與城子崖相似的亮黑陶，作漆黑色且有光澤，但與日照所出的相比，後者細而薄，便覺得遜色了。"[②]

何天行還特別提出良渚出土的黑陶文字，這些文字刻在一件橢圓形器的口緣四周。他說："這次杭縣所發見的黑陶，其中最使人驚喜的，除有記號文字……以外，還發見一只有象形文字的陶器。……在南方發見有這樣原始形的圖像文字，謂爲考古學上的創見，亦無不可吧？……由這些象形文字的形體觀察……當在甲骨文字之先。至於這些文字是否是鳥篆等所導源，抑竟是甲骨金文的先驅，暫不能斷定而已。"[③]

① 裴文中：《中國史前時期之研究》，第174頁。

② 何天行：《杭縣良渚鎮之石器與黑陶》，周膺、何寶康編：《良渚文化與中國早期文化研究（何天行學術文集）》，天津：天津社會科學院出版社，2008年，第12頁。

③ 周膺、何寶康編：《良渚文化與中國早期文化研究（何天行學術文集）》，第13頁。

當時學者都認爲良渚的遺存是山東龍山文化的一個地域性類型，他們稱之爲龍山文化杭州灣區或浙江龍山文化等。而且杭州灣地區的黑陶遺址範圍比較小，不能與山東半島並比，裴文中說："浙江之黑陶文化，或與山東半島同時，或晚至周漢。"①

但何天行不同意此類觀點，他說："從前年發見古蕩的石器與最近發見黑陶後……不但可見遠古時吴越一帶的文化幾與中原並駕齊驅，而且可見……棲止邊陬的吴越民族，在遠古時已有超過黄河流域文化的傾向。"他進一步説："古代東南沿海一帶區域，爲孕育中國文化的重要源流，而與西來的彩陶文化相對峙，不啻與吾人一顯明的啓示。"②因此何天行認爲黑陶可能由杭州灣傳播到山東，並傳播到河南等中原地區，因而杭州灣的黑陶文化是與中原的彩陶文化相抗衡的。但他的研究成果一直没有受到重視。

（二）黑陶族群

黑陶文化區域中之族群不妨稱之爲黑陶族群，已知有下列黑陶族群（随着黑陶的不斷發現，黑陶族群也不斷增加，見論文［02］的［補注二］）：

1. 伏羲氏後裔、商族

根據黑陶文化的分布情況，伏羲氏後裔與商族當爲黑陶族群。

（1）伏羲氏後裔

伏羲氏後裔與山東半島有密切的關係，《左氏僖二十一年傳》："任、宿、須句、顓臾，風姓也。實司太皞與有濟之祀。"杜預注："太皞，伏羲。四國，伏羲之後。"③任、宿、須句、顓臾之位置如下：

① 裴文中：《中國史前時期之研究》，第132頁。
② 周膺、何寶康編：《良渚文化與中國早期文化研究（何天行學術文集）》，第15頁。
③《春秋左傳正義·僖二十一年》，《十三經注疏》，第1811頁。

須句，《地理志》(《漢書・地理志》简称）東郡須昌，班固自注：“故須句國，大昊後，風姓。”[①]

宿，《春秋大事表》：“今山東泰安府東平州東二十里無鹽城是。太昊後，風姓。”[②]

任，《地理志》東平國任城，班固自注：“故任國，太昊後，風姓。”[③]

顓臾，《論語・季氏篇》：“季氏將伐顓臾……夫顓臾，昔者先王以爲東蒙主。”何晏引孔安國曰：“顓臾，伏羲之後，風姓之國，本魯之附庸。”又：“使主祭蒙山。”[④]

《讀史方輿紀要》對任、宿、須句、顓臾之説明如下：兖州府東平州，“須城廢縣，今州治。古須句國地”。兖州府東平州，“無鹽城，州東二十里。春秋時宿國也”。須句爲州治，而宿在州東二十里，即宿在須句東二十里。又兖州府濟寧州，“任城廢縣，今州治。春秋時任國”。兖州府沂州費縣，“顓臾城，縣西北八十里，在蒙山之陽”。以此推之，顓臾當在今費縣之西北而蒙陰縣之西南。[⑤] 故伏羲氏後裔由西而東爲須句、宿、任、顓臾，其所在的地域爲山東半島南部西起東平附近而東至平邑附近，相距約三百里。

山東半島爲黑陶文化的核心區，因此伏羲氏後裔當屬於黑陶族群。

（2）商族

商朝之晚期都城在安陽，正是梁思永發現“三文化層”之所在，因此商族當屬於黑陶族群。

① 《漢書・地理志上》，第 1557 頁。

② （清）顧棟高輯：《春秋大事表・春秋列國爵姓及存滅表》，北京：中華書局，1993 年，第 571 頁。

③ 《漢書・地理志下》，第 1637 頁。

④ 《論語正義・季氏》，《諸子集成》，第 350 頁。

⑤ （清）顧祖禹：《讀史方輿紀要・山東四》，北京：中華書局，1993 年，第 1552、1553、1544、1587 頁。

但商族之地域不限於豫北，還包括冀南、冀北。《竹書紀年》：“(帝少康)十一月(年？)，使商侯冥治河。”“(帝杼)十三年，商侯冥死于河。”又：“(帝芒)三十三年，商侯遷于殷。”[①]所謂治河，必與河水有關，當時河水在今之天津入海，故治河當亦在今河北境。又《竹書紀年》：“(帝泄)十二年，殷侯子亥賓于有易，有易殺而放之。十六年，殷侯微以河伯之師伐有易，殺其君綿臣。”[②]故早在殷侯子亥(即王亥)、殷侯微(即上甲微)時，商族之地域在易水一帶(當爲有易氏之所在地)。有易、河伯當亦在河水下游滹沱河、易水流域，可見得在夏代中期商族已控制了滹沱河、易水一帶，當時商族之地域當涉及冀中、冀南。關於這個問題將在本書論文［12］中進一步討論。

商族在夏代晚期已經控制了豫北與豫東，因此商湯纔得以推翻夏朝。《詩·長發》：“韋顧既伐，昆吾夏桀。”陳奂疏：“今河南衛輝府滑縣東南五十里有廢韋城。……今山東曹州府范縣東南有顧城。昆吾國即衛帝邱。”[③]儘管對地名有不同之解釋，但在夏代晚期商族控制了豫東是没有疑義的。因此在夏商時期，商族的地域在今河北往南到達河南東部，亦即與山東相鄰的河北、河南部分地區，這些地區當屬於黑陶區域。

2. 越族

良渚文化黑陶的發現，使杭州灣成了重要的黑陶區域，因此古代杭州灣之居民當爲黑陶族群。

吕思勉説：“沿海之族見於古籍者，自淮以北皆稱夷，自江以南則

① (清)徐文靖：《竹書紀年統箋》，《二十二子》，第1057—1058頁。
② (清)徐文靖：《竹書紀年統箋》，《二十二子》，第1058頁。
③ (清)王先謙：《詩三家義集疏·商頌·長發》，北京：中華書局，1987年，第1114頁。

曰越。”[①]因此古代杭州灣之居民當爲越族。越或稱爲粵，《地理志》顏師古注：“臣瓚曰：自交趾至會稽七八千里，百越雜處，各有種姓，不得盡云少康之後也。”[②]百越或百粵，種姓繁多，其地域包括長江以南之南蠻，與沿海之東夷相接。因此越族當爲黑陶族群。

（三）黑陶之起源

1. 黑陶由山東傳播到河南

1921 年，安特生在遼寧錦西沙鍋屯洞穴中進行發掘，已經發現了包括紅陶與黑陶之遺存。幾個月後，他在澠池仰韶村的著名發現中也看到了黑陶，他得到的結論是：“（1）红陶、黑陶、灰陶，於仰韶村之任何地層中，皆共生，且産量相等；（2）三種陶器之形制，頗行固定，即红陶之器形爲一種（如尖底縮口罐），鼎、鬲等三足器，皆爲黑陶。”[③]因此當城子崖的黑陶出土以後，他認爲黑陶本來就與彩陶混合共處，頗不以黑陶另立系統爲然。裴文中認爲仰韶村所發現的黑陶與城子崖出土的黑陶不同，他將仰韶村出土之黑陶稱爲“黑色陶”，以與城子崖之“黑陶”相區别。[④]現在大家討論黑陶，一般都指表裏皆黑的陶器，不考慮那些因使用而表面變黑的所謂“黑色陶”。因此黑陶實應自成一個系統，這一點是比較明顯的。

因此黑陶當由山東傳播於河南，但也有人認爲黑陶可能是由河南傳播於山東以及杭州灣等地區。鑒於安徽、江蘇等地並未發現黑陶，謂黑陶突然由河南越過安徽、江蘇而傳播於杭州灣，理據不足。而且黑陶當

---

① 吕思勉：《中國民族史》，第 186 頁。

② 《漢書・地理志下》，第 1669 頁。

③ 裴文中：《中國史前時期之研究》，第 176 頁。

④ 裴文中：《中國史前時期之研究》，第 168、184 頁。

由山東傳播於河南，還有一個證據。

2. 從“畄”看山東之黑陶

先提一個饒有趣味的字，即“畄”字。

《説文》:“缶，瓦器，所以盛酒漿。秦人鼓之以節歌。象形。”又《説文》:“甾（即畄），東楚名缶曰由（畄），象形也。……𠙹，古文𠙹。”段注：“太史公曰：‘自彭城以東，東海、吴、廣陵，此東楚也’。……然則缶既象形矣，𠙹復象形，實一物而語言不同，且實一字而書法少異耳。《玉篇》作𠙹，近之。若《廣韻》謂即艸部之畄字，風馬牛不相及也。”[①]按《説文》，此物在陝西、河南一帶稱缶，而在山東南部至江蘇北部一帶稱畄。段玉裁謂畄、缶均爲象形，實是同一字，但書法少異，亦表示同一物，但發音不同。段玉裁謂畄爲側詞切，而缶爲方九切（《廣韻》同）。

畄又爲淄之本字，《説文》無淄字，段注引《禹貢》“濰淄其道”作畄。[②]《地理志》淄水亦作畄。[③]金文《齊侯鎛鐘》“師于淄陲”，淄作畄[④]，都無水旁。孫星衍謂淄爲俗字。[⑤]

淄爲黑色，如《詩》“緇衣之宜兮”[⑥]與《論語》“涅而不緇（《孔子世家》緇作淄）”[⑦]之類。如淄爲俗體則正體當作畄，故畄表示黑色。因而缶之所以稱畄，豈不是由於缶爲黑色？故東楚呼之爲畄即表明缶由黑陶製成。

① （汉）許慎撰，（清）段玉裁注：《説文解字注》，上海：上海古籍出版社，1988年，第224、637頁。

② （汉）許慎撰，（清）段玉裁注：《説文解字注》，第539頁。

③ 《漢書・地理志上》，第1582頁。“萊蕪”班固自注：“原山，畄水所出。”

④ （宋）薛尚功：《歷代鐘鼎彝器款識法帖》，北京：中華書局，1986年，第33頁。又見（清）孫詒讓：《古籀拾遺・齊侯鎛鐘》，北京：中華書局，1989年，第3頁。

⑤ （清）孫星衍：《尚書今古文注疏・禹貢上》，北京：中華書局，1986年，第151頁。

⑥ 《毛詩正義・鄭風・緇衣》，《十三經注疏》，第336頁。

⑦ 《論語正義・陽貨》，《諸子集成》，第372頁。

笔者以爲黑色之淄本自有其字，《説文》：“玆，黑也，从二玄。《春秋傅》曰：‘何故使吾水玆。（與从艸之兹音同而形不同）’”[①]玆之字音本从玄，由舌上音變爲舌齒音，讀爲兹。這是方音上一個普遍成例。東楚確是以甾爲黑陶，蓋甾字從𠙹取形，從玆取音。

甲骨文字殷虛卜辭（以下簡稱卜辭）也有這個字，見《戬壽堂所藏殷虛文字考釋》第二十六葉之七甲。王國維考釋爲“貞乎咢于西”[②]，那是誤釋，應釋爲“貞：呼雩於甾”。此甾是商族一個地名。古書上別無甾地，當即臨淄。而臨淄離龍山不遠，可能還在黑陶中心區域之内。因此黑陶器稱爲淄，表明黑陶器最初當與臨淄有關，並非從河南傳來。《廣韻》謂即艸部之甾字，蓋由於陶色取音，亦非風馬牛不相及也。段玉裁但及器形，未顧及陶色。

故黑陶當由山東傳播於河南。那麼山東的黑陶又是從哪裏來的？這個問題難以回答。

四、考古文化與基本族群

（一）考古文化所揭示的基本族群

中國的近代考古發掘揭示中國古代廣泛地存在彩陶文化、黑陶文化與細石器文化。通過考古文化我們可以辨識出彩陶族群、黑陶族群以及細石器族群，現在總結一下這三個族群所包含的具體部族。

（1）彩陶族群。中原地區的彩陶文化是彩陶族群的標志，彩陶族群應即夏族。

① （漢）許慎撰，（清）段玉裁注：《説文解字注》，第159頁。

② 王國維：《戬壽堂所藏殷虛文字考釋》，《王國維全集》第五卷，杭州：浙江教育出版社，2009年，第396頁。

（2）細石器族群。長城以北地區的細石器文化是細石器族群的標志，細石器族群即肅慎、鮮卑、烏桓、突厥、蒙古、匈奴等族；

（3）黑陶族群。山東半島以及相鄰的河北、河南東部以及杭州灣等地的黑陶文化，是黑陶族群的標志。那麼黑陶族群包括山東伏羲氏後裔，河北、河南一帶之商族，還有杭州灣的越族。

三個族群可以表列如下：

彩陶族群	夏族
細石器族群	肅慎、鮮卑、烏桓、突厥、蒙古、匈奴
黑陶族群	須句、顓臾、商族、越族

上述這三個族群具備下列特點：

第一，上述族群所包括的部族並不太多，但是三個族群占據的地域都比較廣闊，幾乎遍布全國各地。因此這三個族群可能足以代表我國古代的全部族群。

第二，上述族群有比較明確的界限，彩陶族群在秦隴、中原一帶，黑陶族群在沿海地帶，而細石器族群在長城以北，因此三族當是三支來源不同的種族，不能再合併。

第三，上述族群的劃分延續了很長時間，是比較穩定的，因此我們可以從其遺迹中推求各自的發展綫索。

由於這些特點，那麼上述三個族群可能正是我國古代的基本族群。因此我國古代當有三個基本族群：一爲彩陶族群，不妨稱之爲夏族；二爲細石器族群，不妨稱之爲胡族；三爲黑陶族群，不妨稱之爲戎族。

因此我國古代的基本族群可以表列如下：

夏族　夏族

戎族　須句、顓臾、商族、越族

胡族　肅慎、鮮卑、烏桓、突厥、蒙古、匈奴

（二）胡族及戎族

1. 胡族

爲便於使用，我稱細石器族群爲胡族，蓋古人往往將北方一切異族通稱爲胡。名稱本不關重要，然如任舉其後裔之肅慎、突厥、匈奴這類名稱之一以賅其餘，恐於整理史料易起淆惑，自有暫先定名之必要。我以爲應暫稱爲胡族。這個稱呼衹是借用胡這個名稱。實際上此集團之部族在當時並不一定都稱爲胡，而以胡命名之部族不一定都包括在本文所討論的胡族之内。

不管胡之語源如何，在古人概念裏已把胡當作一個部族集團之公名。但在夏族的史籍中，以胡作爲國名或種族之稱呼，爲時甚晚。甲骨文未見胡字。《説文》："胡，牛顧𡍮也，从肉古聲。"①《玉篇》："胡，何也。《書》曰：'弗慮胡獲。'"②胡的這一類解釋都與北方部族無關。春秋時期胡爲歸姓之國，爲楚之屬國，如前 545 年，"齊侯、陳侯……杞伯、胡子、沈子、白狄，朝于晋"③，前 495 年，"楚滅胡"④。

戰國以後，胡纔經常用來表示北方之異族，如趙武靈王"變服騎射，以備燕、三胡、秦、韓之邊"，《索隱》："林胡、樓煩、東胡，是三

① （漢）許慎撰，（清）段玉裁注：《説文解字注》，第 173 頁。

② （梁）顧野王：《大廣益會玉篇》，北京：中華書局，1987 年，第 36 頁。

③ 《春秋左傳正義·襄二十八年》，《十三經注疏》，第 1999 頁。

④ 《春秋左傳正義·定十五年》，《十三經注疏》，第 2152 頁。

胡也。”又說：武靈王“西略胡地，至榆中”。[①]《集解》：“樓煩，胡也。今樓煩縣。”[②]林胡在今鄂爾多斯，樓煩在今大同、呼和浩特一帶，而東胡則在承德以北之西遼河流域。因此長城以北自東而西大體上均爲胡族之地域。

雖然胡族越來越爲大家所熟悉，但族群之稱呼不統一而且經常改變，故文獻記載非常混亂，如王國維說：“我國古時，有一彊梁之外族，其族西自汧隴，環中國而北，東及太行常山間，中間或分或合，時入侵暴中國。其俗尚武力，而文化之度不及諸夏遠甚。又本無文字，或雖有而不與中國同。……其見於商周間者，曰鬼方，曰混夷，曰獯鬻；其在宗周之季，則曰玁狁；入春秋後則始謂之戎，繼號曰狄；戰國以降，又稱之曰胡，曰匈奴。”[③]王國維說，這個强梁之外族有不同之名稱：商周時期的名稱是鬼方、混夷、獯鬻；春秋時期是戎，後來稱爲狄；戰國時期則稱爲胡、匈奴。但是所謂鬼方、混夷、玁狁，還有戎、狄、胡、匈奴等，未必指同一部族，戎與狄也未必指同一“彊梁之外族”，胡與匈奴也未必指同一“彊梁之外族”。

雖然“胡”字含義很隨意、混亂，但本文所使用的“胡”字有明確的含義與範圍，指細石器族群，不能把它與通常使用的“胡”字混淆。

2. 戎族

戎是蠻夷戎狄之一，通常用戎表示西方的異族，即所谓西戎。但戎不一定是西戎，東方就有很多戎，他們與齊、魯、曹諸國對抗，如周惠王元年（前 676 年），“公追戎于濟西”[④]。還有徐戎，《魯周公世家》說：

① 《史記・趙世家》，第 1809—1811 頁。
② 《史記・項羽本紀》，第 329 頁。
③ 王國維：《鬼方昆夷玁狁考》，《觀堂集林》，第 583 頁。
④ 《春秋左傳正義・莊十八年》，《十三經注疏》，第 1773 頁。

“伯禽即位之後，有管、蔡等反也，淮夷、徐戎亦並興反。”[①]

本書的戎有明確的範圍，不包括西戎，但包括伏羲氏後裔、商族、越族等。爲何將此等部族稱爲戎呢？因爲這些部族原来也和戎相關。如伏羲氏，《左氏昭十七年傳》：“大皡氏以龍紀，故爲龍師而龍名。”[②]故伏羲氏與龍有關。又《周官・庾人》：“馬八尺以上爲龍，七尺以上爲騋，六尺以上爲馬。”[③]《爾雅》：“馬八尺爲駥”。郭璞注：“《周禮》曰：‘馬八尺已上爲駥。’”《釋文》：“駥音戎。”[④]孫詒讓引惠士奇云：“龍與駥古音同。龍爲天駟，故馬以龍名。”[⑤]因此龍就是駥，亦即戎。

又商族与戎亦有密切關聯。《殷本紀》謂契母爲有娀氏之女，有娀氏即有戎氏，因此用戎表示與商族有密切關係的族群，還是比較恰當的（見論文［11］）。

因此這三個考古文化系統奠定了探求上古族群系别之基礎。利用考古文化將古代的部族劃分爲夏、戎、胡等三個基本族群，其優點是利用考古文化所提供的客觀標準比較明確。爲了區别基本族群，應該采用比較根本的特徵作爲劃分的基礎。實際上，彩陶、黑陶提供了很好的劃分基礎。這種方法考慮陶色而不考慮陶器的鼎、鬲的種類，也不考慮器形的高矮、肥瘦，比較容易識别，又能概括我國古代兩種基本部族。因此它是我國初期考古研究得到的重要成就。

雖然彩陶、黑陶、細石器能够爲基本族群的劃分提供比較明確完整的框架，但由於器物與族群之間並没有固定不變的聯繫，當生産技

① 《史記・魯周公世家》，第1524頁。
② 《春秋左傳正義・昭十七年》，《十三經注疏》，第2083頁。
③ 《周禮注疏・夏官・庾人》，《十三經注疏》，第861頁。
④ 《爾雅注疏》，《十三經注疏》，第2653頁。
⑤ （清）孫詒讓：《周禮正義・夏官・庾人》，北京：中華書局，1987年，第2630頁。

術傳播時，界綫就混亂了。當黑陶技術從山東傳播到河南地區，不能因此就將河南當地的夏族看作黑陶族群。因此用生産技術來刻畫族群，是有缺陷的，會受到技术傳播的影響。其實無論采用什麼因素作爲部族識别的基礎，都會有類似的問題。因此最好采用生活中比較穩定的因素作爲部族識别的基礎。在各種因素中，語言相對來説較爲穩定，在本書論文［02］中將用語言來辨認部族，用語言學來分析中國上古之基本族群。

［補注一］彩 陶 遺 址

從安特生發現仰韶村的彩陶以來，陸續在全國許多地方發現了彩陶。從彩陶遺址中不僅可以看到彩陶的分布，而且可以大約看出彩陶的起源地。

（一）隴山地區的彩陶遺址

最早出現彩陶的地方，也是彩陶最豐富的地方——隴山地區。如隴山西側的甘肅秦安大地灣一期遺址，公元前五六千年已出現彩陶，張朋川說："大地灣一期遺址共出土完整而可以復原的陶器近二百件，彩陶約占四分之一。……年代在距今七、八千年間。"又說："甘肅、陝西一帶的仰韶文化是以彩陶爲特徵的。隴山東、西兩側的仰韶文化……兩者之間的共性較多，後來一支向東發展，一支向西發展，發展的道路不同。向東的一支，文化中心逐漸移向關中平原和陝、豫、晉三省鄰接地區，與中原地區的文化交流頻繁，因此發展較快。而向西的一支，向甘肅中部高原發展……與向東的一支的差別愈來愈大，仍保持着彩陶工藝的傳統……其中的一支發展爲馬家窑文化。"①

向西的一支發展到馬家窑類型中期，約公元前三千年，"圖案的構成複雜巧妙……具有奔放動人的風姿，進入了彩陶發展的盛期"。接着半山類型公元前二千多年，"絢麗多彩的半山類型彩陶，展現了彩陶藝術新的繁榮時期"。"從半山二期墓葬中所出的隨葬陶器來看，彩陶約占陶器的百分之九十，從遺址中出土的陶片觀之，彩陶也占過半的比例，這表明了彩陶發展到半山類型已進入空前的繁榮時期"。"馬廠類型是半山類型的繼續和發展。馬廠類型的年代爲距今四千年左右。……馬廠類型的彩陶又有許多變化和創新……還以蘭州一帶爲中心

① 張朋川：《中國彩陶圖譜》，北京：文物出版社，2005年，第45、46頁。

發展成兩支：一支西往河西走廊，一支南去青海東北部”。因此“甘、青、寧地區的彩陶自七千年前發展到二千多年前的春秋時期……是我國彩陶發源最早、發展時間最長而構成系列的地區，這個地區對我國的彩陶藝術作出了最突出的貢獻”。①

（二）河南中部的彩陶遺址

河南中部年代最早的考古文化是裴李崗文化，約公元前五六千年。“但裴李崗文化至今没有發現彩陶”②。

到仰韶文化中期，以秦王寨類型爲例，“秦王寨類型主要分佈在河南中部，西至洛陽，北以黄河爲界。……秦王寨類型的年代距今約五千年左右。……秦王寨類型早期是這一地區彩陶最繁盛的時期。彩陶幾乎占陶器的一半。……總的來説，河南中部的彩陶發展到秦王寨類型晚期已經衰落，至河南龍山文化時，彩陶已十分罕見”③。

（三）西遼河流域的彩陶遺址

紅山文化約公元前三四千年。“這類遺存的彩陶在陶器中占的比例較大”。遼東半島土珠子遺址，“土珠子下層文化没有發現彩陶，其中層則有彩陶……這一層出土的陶器與大汶口文化中期的器形相似……因此含有彩陶的土珠子中層的年代可能與大汶口中期相當”。④

（四）山東半島的彩陶遺址

滕縣北辛遺址年代爲前 5350—前 4350 年（經校正），“北辛陶器中没有彩陶”。大汶口文化早期，彩陶片“偶見”。“在大汶口文化中期，彩陶突然興盛起

① 張朋川：《中國彩陶圖譜》，第 55、59、60、62、76 頁。

② 張朋川：《中國彩陶圖譜》，第 92 頁。

③ 張朋川：《中國彩陶圖譜》，第 92、97、99 頁。

④ 張朋川：《中國彩陶圖譜》，第 109、111 頁。

來。……以山東的泰安大汶口中期、鄒縣野店下層、兗州王因中層和江蘇邳縣大墩子中層爲代表”。“大汶口晚期的彩陶已處於衰退階段”。[①] 山東半島陶器的特點在於黑陶。

（五）長江中游的彩陶遺址

鄂中、鄂東一帶，屈家嶺文化早、中期爲公元前三四千年，晚期的年代爲前 2500 年。“屈家嶺文化中期（如京山朱家嘴下層遺址，武昌放鷹臺遺址）彩陶的陶胎有厚、薄兩種，有米黄和褐紅色陶。……此外屈家嶺文化中期還以朱繪黑陶爲特徵，其胎壁薄如蛋殼”[②]。長江中游陶器的特點也在於黑陶，與山東半島類似。

（六）長江下游的彩陶遺址

特別值得注意的是長江下游的情況。浦陽江發源於浙江浦江縣，流經浦江、諸暨、蕭山，入錢塘江。在這個區域陸續發現了浦江上山遺址（前 9000—前 6600 年），蕭山跨湖橋遺址（前 6200—前 5000 年），餘姚河姆渡遺址（前 5000—前 3300 年）。“跨湖橋陶器開創了錢塘江流域延續數千年的夾炭陶系。它的黑光陶可與幾千年後的光亮的龍山文化黑陶、良渚文化的黑皮陶媲美”[③]。

河姆渡遺址第一期（前 5000—前 4500 年）出土陶片約 35000 片，其中夾炭黑陶占 79.9%，夾砂黑陶占 20.1%，至於彩陶，“數量極少”。總的來看，陶器“全爲手製，造型不規整，常見歪、斜、扭、偏現象。器壁厚薄不勻，製作粗劣……但也發現有薄如蛋殼的黑陶片”[④]。長江流域不是中國彩陶最發達的地區，但黑陶却很發達。

① 張朋川：《中國彩陶圖譜》，第 113、114、116 頁。

② 張朋川：《中國彩陶圖譜》，第 128 頁。

③ 曾騏：《跨湖橋—上山與浦陽江文化》，杭州市蕭山跨湖橋遺址博物館編：《跨湖橋文化國際學術研討會論文集》，北京：文物出版社，2012 年，第 39 頁。

④ 浙江省文物考古研究所編：《河姆渡：新石器時代遺址考古發掘報告》，北京：文物出版社，2003 年，第 30 頁。

因此，隴東雖然現在是中國欠發達的地區，但是就當時的彩陶製造技术來説，隴東却是最先進的，它的彩陶生産發展得最早，持續的時間很長，彩陶的工藝發展得最快、最繁榮。彩陶是夏族的特徵之一，因此彩陶的這種情况，反映了隴山地區對於夏族的重要意義。彩陶的分布情况表明隴山地區當爲彩陶的起源地，因此隴山地區亦當是夏族的起源地。不過當夏族遷徙到黄河中下游以後，隴山地區就逐步退出了歷史舞臺的前沿。

[補注二] 關於細石器的説明

在 20 世紀下半葉，學界對南、北兩個文化系統的分析，産生了争論。大家對彩陶文化區域没有不同的意見，但對北部的細石器文化有争議。因爲最初大家認爲細石器文化有一定的地域性，它是長城以北地區的考古文化，然而從 20 世紀五六十年代以來，在全國許多地方都發現了細石器，特别是長城以南的中原地區也發現了很多細石器。那麼究竟能不能用細石器作爲長城以北地區的標志？所謂南、北兩個文化系統的説法是否站得住脚呢？

中原地區發現的細石器遺址有：①山西朔縣峙峪遺址（1963 年發掘，其年代爲距今約 29000 年）；②山西沁水下川遺址（1970 年發現，其上層距今約 20000 年）；③河南許昌靈井遺址（1965 年發現，其年代爲中石器時代早期）；④陝西大荔沙苑遺址（1956 年發現，其年代爲新石器時代早期）。

山東半島的細石器遺址有：①山東臨沂鳳凰嶺（在 20 世紀 80 年代，起初在山東臨沂鳳凰嶺遺址發現了細石器，這批細石器的製作年代應不晚於距今 10000 年）。接着在沂河、沭河流域（包括江蘇最北部）又多次發現，共有一百多處。② 山東汶上東櫃柏，接着在汶水、泗水流域，多次發現細石器。

因此逄振鎬説："海岱地區與黄河中下游其他地區、北方草原乃至西伯利亞、北美等地同時，在一萬年以前曾流行過製作細石器的工藝技術。"[①] 這樣看來，説彩陶與細石器一南一北各自發展，互不侵犯，似乎是説不通的。但是要注意，上述黄河中下游的陝西、山西、河南、山東等地的細石器都是公元前 8000 年以前，基本上屬於舊石器時代晚期至新石器時代早期，而在長城以北的細石器則屬於新石器時代早期至商周或商周以後。[②] 因此到了仰韶時代（前 5000—前 3000 年），

① 逄振鎬：《山東細石器文化概論》，《華夏考古》2000 年第 2 期，第 65—73、102 頁。

② 裴文中：《中國史前時期之研究》，第 128 頁。

在長城以南已經是彩陶的時代，但在長城以北，細石器仍占有突出地位，因此在仰韶時期，細石器就成了長城以北地區的標志，於是彩陶與細石器就成了南北兩種各自發展的地域文化的代表了。因此 20 世紀五六十年代在中原地區發現細石器，並不影響對兩種文化系統的分析。

中原地區的細石器文化代表一個早得多的年代，例如在裴李崗文化的研究中發現："對河南省舞陽縣大崗遺址的發掘表明，裴李崗文化遺存疊壓在細石器文化層次之上；另據在長葛石固遺址和汝州中山寨遺址的發掘表明，它又被疊壓在仰韶文化層次之下，可知裴李崗文化應是一種晚於細石器文化而又早於中原仰韶文化的新石器時代文化遺存，這個相對年代是明確無誤的。"①也就是說，在細石器文化與仰韶文化之間，還夾着一個延續時間很長的裴李崗文化。

對中國北方細石器文化的地域，幾十年來有過許多研究。童恩正分析了這些細石器的出土地點後，認爲細石器分布的區域是有限制的，大體上位於一個從東北到西南的半月形地帶，他稱之爲"邊地半月形文化傳播帶"。②中國的細石器地域東起烏蘇里江，由黑龍江省北部到大興安嶺，由內蒙古沿長城至河套地區，然後至河西走廊，考古發現的新石器時代的細石器文化遺址分布基本上符合這個結論。

① 鄭傑祥：《新石器文化與夏代文明》，南京：江蘇教育出版社，2005 年，第 8 頁。

② 童恩正：《試論我國從東北至西南的邊地半月形文化傳播帶》，文物出版社編輯部編：《文物與考古論集》，北京：文物出版社，1986 年，第 17—43 頁。

[補注三] 關於三個基本族群

不少學者都研究了我國古代的基本族群，其中最著名的是蒙文通、丁山及徐旭生。這裹簡單地討論一下他們的學説。

(一) 蒙文通的三民族説

蒙文通提出“江漢、河洛、海岱三民族説”，他是以古典文獻（包括緯書）爲基礎上進行研究的，他認爲最初的民族爲泰族，也叫海岱民族（遂人、伏羲），再由泰族分出炎族與黄族。

什麼是炎族？他説：“神農、炎帝、大庭、葛天、宿沙、朱襄、共工、蚩尤、九黎、三苗、伊耆、厲山、赫胥、祝融，皆一族也。”又説：炎族“代表南方農稼民族”，而敵對的黄族“代表北方游獵民族”。蒙文通以炎、黄兩族爲兩個對立之西北、西南民族，分别稱爲游獵與農業民族。①

這個學説存在許多問題。根據文獻記載，炎、黄兩族並非兩個對立的農業與游獵民族。蒙文通完全没有考慮文獻中關於炎帝、黄帝同源之記載，也忽視了《五帝本紀》謂黄帝“時播百穀草木”，“蓺五種（即五穀），撫萬民”之記載，而只引用“遷徙往來無常處，以師兵爲營衛”，那是指師兵征伐之時，所謂“天下有不順者，黄帝從而征之”，這些例子並不能説明黄帝過游獵生活，故其三民族之説是有缺陷的。另一方面，大庭、葛天、宿沙、朱襄、伊耆、赫胥等都是遥遠時代的傳説，爲何將他們與炎帝歸於同一個族？根據什麼原則來確定兩個部族是否屬於同一個族？

至於風姓之泰族，蒙説：“風姓之族先於炎、黄二族居於中國，當即爲中國舊

① 蒙文通：《古史甄微》，成都：巴蜀書社，1999年，第46、50頁。

來土著之民，自東而西，九州之土，皆其所長。及其後世，炎族起於西南，黃族起於西北，而風姓之國、夷滅殆盡。逮於春秋，惟任、宿、須句、顓臾四國而已。”[①]如果如此，則所謂三族者實際上衹是炎、黃二族，再加上一個垂死之泰族。另一方面在基本族群中未提匈奴、鮮卑等强悍的北方部族，因此將江漢、海岱、河洛作爲中國古代之基本族群，是根據不足的。

（二）丁山的三民族説

丁山則從上古的夏、商、周三代出發，認爲三代的典章制度不同，因此當屬於三個不同的民族。他説："徐中舒先生……以爲殷周似屬兩種民族（《清華國學論叢》一卷一期），自是確切不移之論。由吾説而測之，夏與殷周，實亦非同族類。故其制度文物，生活習慣，頗多不同。”[②]丁山認爲應該以典章制度來區分基本族群，但是從丁山所舉的“制度文物，生活習慣”來看，似乎難以説明夏、殷、周是三種民族。

實際上丁山是根據夏、商、周三代的活動地域不同，其都邑的位置不同而斷定他們是三個不同的民族。他的學説的基礎是地理學，是都邑的位置，而不是“制度文物，生活習慣”，也不是血緣關係。他考定“夏后氏都邑十遷”“殷商都邑十六遷”“周都十餘遷”。[③]他説：

> 夏后氏起自今山西省西南隅……踪迹所至，不越黄河兩岸，其方向則自西徂東，顯然中原固有之民族也。殷人起自今河北省泜水流域，其游牧所至，北抵燕薊、易水，南抵商邱，東抵鄒魯，西抵河内武涉（陟？），其踪迹大抵沿衡漳、黄河兩故瀆，逐漸南下，顯然東北民族燕亳、山戎之類也。周人起自隴右，輾轉而至栒邑、岐下，入於豐鎬……其踪迹初沿涇渭而達於河，繼沿河東進……顯然西北民族戎狄之類也。[④]

① 蒙文通：《古史甄微》，第57頁。
② 丁山：《古代神話與民族》，北京：商務印書館，2005年，第38頁。
③ 丁山：《古代神話與民族》，第2、10、22頁。
④ 丁山：《古代神話與民族》，第38頁。

這裏分析的是不同民族分布的地域範圍。至於殷人起自泜水，與東北相距很遠，怎麼顯然東北民族燕亳、山戎之類?

丁山說禹起自山西陽城、晉陽，可是夏族的歷史應該上溯至堯、舜，所謂“蠻夷猾夏”而根據文獻記載堯初起河北之唐縣。傳說禹起於西羌，丁山又引用《孟子》，說舜是“東夷之人”，那麼夏族是否起自山西之西南隅？還有，夏族是否還應該上溯到黃帝、炎帝？究竟應該怎樣用地理學來區分夏、商、周三族?

（三）徐旭生的三集團説

徐旭生提出“華夏、東夷、苗蠻”的三集團説，這三集團接近蒙文通所說的三族。但徐旭生又説苗蠻包括南下的祝融，這就產生了混亂。他又說如果三集團不方便，“即使分作五集團或六集團也未始不可”[①]，也說明他的三集團說缺乏可靠的劃分基礎。這也是蒙文通、丁山學說存在的問題。

徐旭生曾説：他後來發現蒙文通、傅斯年也有與他類似的説法。“暗中摸索，大致相合，足以證明所得各條並非一人的私見”[②]。但是由於他對族群的劃分缺少可靠的基礎，有很大的隨意性，所謂“即便分作五集團或六集團，也未嘗不可”，就説明了問題。而且上述三種學説，都没有把北方的部族（戎狄）包括在内，因此“大致相合”，並不能彌補他們學説的缺陷。

以上三種學説與本書都是研究我國古代的基本族群問題，但本書和他們的方法與結論有很大的區別。

① 徐旭生：《中國古史的傳説時代（增訂本）》，北京：文物出版社，1985年，第125頁。

② 徐旭生：《中國古史的傳説時代（增訂本）》，第121頁。

[02] 語言與基本族群

就一個部族而言，語言比之服飾、建築、葬俗、文字等都更爲保守，較難改變。如果一個部族喪失其語言，則此部族已真正消亡了。因此從語言出發來分析我國上古之基本族群是比較合理的。如果將語言相同或相似的部族看作一個語言集團，那麼就可以在語言集團的基礎上找到基本族群（見本文的［補注二］）。

由於語言是不斷變化的，相鄰部族會互相影響，一個部族内部也會產生許多方言，而且古代語言都已經消失，因此確定古代部族的語言集團是很困難的工作。但是根據古代文獻的記載，從一些重要的語言出發，還是可以找到古代的基本語言集團之影迹。

那麼中國古代有哪些語言集團呢？首先，在中原地區主要是夏族，夏族的語言（包括各種方言）可以稱之爲“中原語言集團”或者簡稱“中原集團”，也可以稱爲“夏族語言集團”。其次，在中原地區之外則有“北方語言集團”與“沿海語言集團”，這兩個語言集團的情況比較複雜，需要仔細探討。接下來我們就着重分析“北方語言集團”和“沿海語言集團”。

一、北方語言集團

（一）肅慎語言集團（契丹語言集團）

一個部族在不同的時期往往有不同的名稱。例如肅慎，肅慎是北方最早、最重要的部族，最初見於《五帝本紀》：“北山戎、發、息慎。”《集解》引鄭玄曰：“息慎，或謂之肅慎，東北夷。”①

肅慎在漢代稱爲挹婁，《後漢書》：“挹婁，古肅慎之國也。在夫餘東北千餘里，東濱大海，南與北沃沮接，不知其北所極。”②在南北朝被稱爲“勿吉”，如《魏書》說：“勿吉國，在高句麗北，舊肅慎國也……其人勁悍，於東夷最强。”③

肅慎在隋唐稱爲靺鞨。隋時靺鞨發展爲七部：粟末、白山、伯咄、安車骨、拂涅、號室、黑水。其中黑水靺鞨後來稱爲女真，其後建立金，《金史》：“金之先，出靺鞨氏。”④後來又形成滿族。滿族與金族有相同的語言，《滿洲源流考》說：“金朝語言本與滿洲相同，故其官名尤可證據。……如孛極烈之即貝勒，烏克遜之爲宗室，古倫乃邦國之稱，參佐有章京之目，約略相仿矣。又如明安穆昆，髣髴我朝八旗佐領之制。……至於語言則無弗相同，雖各書之譯對多訛，而音義具可尋究。”⑤

因此肅慎在五六千年中有不同之稱呼，即肅慎、挹婁、勿吉、靺鞨、女真、金族、滿族等，實際上可以認爲是同一個部族。在這五六千年中，他们的語言當有所變化，但基本因素應該是相同的。

與肅慎有相同語言的部族組成“肅慎語言集團”，或簡單地稱之爲“肅慎集團”。根據文獻記載，肅慎語言集團應包括下列部族。

1. 肅慎、室韋

《新唐書》：“室韋，契丹別種……蓋丁零苗裔也。……東黑水靺

① 《史記・五帝本紀》，第 43 頁。

② 《後漢書・東夷列傳》，第 2812 頁。

③ 《魏書・勿吉列傳》，第 2219 頁。

④ 《金史・世紀本紀》，第 1 頁。

⑤（清）阿桂等：《滿洲源流考》，瀋陽：遼寧民族出版社，1988 年，第 358 頁。

鞨，西突厥，南契丹，北瀕海。……其語言，靺鞨也。”[①]則室韋之語言與靺鞨同。由於靺鞨與肅慎爲同一部族，因此室韋之語言與肅慎相同，故室韋與肅慎應屬於同一個語言集團，即室韋應屬於肅慎集團。

2. 契丹、庫莫奚、豆莫婁

《魏書》説失韋：“語與庫莫奚、契丹、豆莫婁國同。”[②]

失韋通常作室韋，因此室韋與庫莫奚、契丹、豆莫婁屬於同一個語言集團，因此契丹、庫莫奚、豆莫婁都屬於肅慎語言集團。

因此肅慎、室韋、契丹、庫莫奚、豆莫婁都屬於肅慎語言集團，此集團亦可稱之爲契丹語言集團。

（二）蒙古語言集團

1. 蒙古、鮮卑

沈曾植説：“鮮卑語殆與蒙古語相去無幾。”[③]故鮮卑與蒙古當屬於同一個語言集團，可稱之爲蒙古語言集團。

2. 烏桓

從漢朝歷魏晋到南北朝，東胡是最强盛的異族。東胡包括鮮卑與烏桓，曾建立了燕、魏、周等大批地方政權，因此在史書中有很多記載。

烏桓與鮮卑有相同的語言，《三國志》裴松之注：“《魏書》曰：‘鮮卑亦東胡之餘也，别保鮮卑山，因號焉。其言語習俗與烏丸同。其地東接遼水，西當西城。’”[④]因此烏桓亦屬於蒙古集團。

---

① 《新唐書·北狄列傳》，第6176頁。

② 《魏書·失韋列傳》，第2221頁。

③ （清）沈曾植：《海日樓劄叢》卷一，瀋陽：遼寧教育出版社，1998年，第76頁。

④ 《三國志·魏書·烏丸鮮卑東夷傳》，第836頁。

因此蒙古、烏桓、鮮卑屬於蒙古語言集團。

（三）匈奴語言集團

首先看回紇在不同場合下的稱呼。

《新唐書》："回紇，其先匈奴也，俗多乘高輪車，元魏時亦號高車部，或曰敕勒，訛爲鐵勒。其部落曰袁紇、薛延陀……僕骨、拔野古、同羅……白霫，凡十有五種，皆散處磧北。袁紇者……至隋曰韋紇。"[①] 故回紇、高車、鐵勒（敕勒）、袁紇、韋紇是同一個部族在不同場合之稱呼。又《魏書》："高車，蓋古赤狄之餘種也，初號爲狄歷，北方以爲勑勒，諸夏以爲高車、丁零。"[②] 故高車、鐵勒（或勑勒、敕勒、狄歷、丁零）、回紇（或袁紇、韋紇）實爲同一個部族在不同場合下的稱呼。現在來看爲匈奴語言集團或匈奴集團。

1. 匈奴、高車、悦般

《魏書》："（高車）其語略與匈奴同而時有小異，或云其先匈奴之甥也。"[③] 故高車與匈奴當屬於同一個語言集團，即匈奴集團。《魏書》："悦般國，在烏孫西北……其先，匈奴北單于之部落也。……其風俗言語與高車同。"[④] 則悦般亦屬於匈奴集團。

2. 突厥

《隋書》："突厥之先，平凉雜胡也，姓阿史那氏。"[⑤]《北史》："突

① 《新唐書·回鶻列傳上》，第 6111 頁。
② 《魏書·高車列傳》，第 2307 頁。
③ 《魏書·高車列傳》，第 2307 頁。
④ 《魏書·悦般列傳》，第 2268 頁。
⑤ 《隋書·北狄列傳》，第 1863 頁。

厥者，其先居西海之右，獨爲部落，蓋匈奴之别種也，姓阿史那氏。”①

《北史》：“鐵勒之先，匈奴之苗裔也。種類最多……雖姓氏各别，總謂爲鐵勒。並無君長，分屬東西兩突厥。居無恒所，隨水草流移。……自突厥有國，東西征討，皆資其用，以制北荒。……其俗大抵與突厥同，唯丈夫婚畢，便就妻家……此其異也。”②

因此有下列事實：第一，突厥爲匈奴之别種，而鐵勒爲匈奴之苗裔；第二，鐵勒之俗，除婚後住處之外，“大抵與突厥同”；第三，鐵勒諸部最初“分屬東、西兩突厥”，爾後突厥依靠鐵勒諸部進行擴張，“東西征討，皆資其用，以制北荒”。也就是説，鐵勒與突厥均爲匈奴後裔，習俗大體上相同，而且鐵勒始終參与突厥的行動，突厥東西征討都依靠鐵勒，因此鐵勒諸部與突厥應該已完全融合，二者應該有相同的語言。因此鐵勒、突厥當屬於同一個語言集團，即匈奴集團。

（四）北方語言集團

前面研究了契丹語言集團、蒙古語言集團以及匈奴語言集團，各個集團内部的部族都有大體上相同的語言。可是各個集團之間，是否存在共同點呢？

上述部族大體上就是通常所謂的北狄，《隋書》：“四夷之爲中國患也久矣，北狄尤甚焉。……五帝之世，則有獯粥焉；其在三代，則玁狁焉；逮乎兩漢，則匈奴焉；當塗（指魏）、典午（指司馬），則烏丸、鮮卑焉；後魏及周，則蠕蠕、突厥焉。”③隋唐之世，北狄爲患者爲突厥、回紇，《唐書》：“太宗初興，嘗用突厥矣……肅宗用回紇矣……德

① 《北史·突厥鐵勒列傳》，第3285頁。

② 《北史·突厥鐵勒列傳》，第3303—3304頁。

③ 《隋書·北狄列傳》，第1883頁。

宗又用吐蕃矣……所謂引外禍平内亂者也。"[①] 因此自秦漢至隋唐，北方最强大之部族爲匈奴、烏桓、鮮卑、突厥、回紇，在隋唐以後，則爲蒙古。

前面所分析的三個語言集團（契丹集團、蒙古集團與匈奴集團），基本上囊括了諸北狄部族。並且這三個語言集團之間是有密切關聯的。

契丹與蒙古有密切關係，如《讀史方輿紀要》説："《四裔考》：'……蒙古，契丹别部也。契丹部落之小者曰蒙古，曰泰赤烏，曰塔塔兒，曰克列，各據分地，既而蒙古皆兼有之。'或曰蒙古即韃靼也。《續通典》：'韃靼本東北方之靺鞨别部。'"[②] 既然蒙古爲契丹之别部，則契丹集團與蒙古集團之間必有密切的關係。

又如《北史》説："奚本曰庫莫奚，其先東部胡宇文之别種也（《魏書》作"東部宇文之别種也"）。"[③] 奚屬於契丹集團而"東部胡宇文氏"屬於鮮卑，即屬於蒙古集團，從這裏也可以看到，契丹集團與蒙古集團有密切的聯繫。

再看匈奴集團與蒙古集團。鮮卑宇文氏屬於蒙古集團，但《唐書·宰相世系表》："宇文氏出自匈奴南單于之裔。有葛烏兔爲鮮卑君長，世襲大人。"[④]《讀史方輿紀要》説："《晋書·載記》：'秦、漢之間東胡邑於紫蒙川。晋時南匈奴别部宇文氏國於此……'"[⑤]則鮮卑宇文氏爲匈奴之裔，那麼蒙古集團可以併入匈奴集團。因此《晋書》説："慕容廆……邑於紫蒙之野，號曰東胡。其後與匈奴並盛……風俗官號

① 《新唐書·回鶻列傳下》，第 6151 頁。
② （清）顧祖禹：《讀史方輿紀要·山西七》，第 2055 頁。
③ 《北史·奚列傳》，第 3126 頁。
④ 《新唐書·宰相世系表一下》，第 2403 頁。
⑤ （清）顧祖禹：《讀史方輿紀要·北直九》，第 845 頁。

與匈奴略同。”[1]

實際上從生活習俗來看，或者從血緣方面來看，契丹語言集團、蒙古語言集團、匈奴語言集團互相之間有許多聯繫與共同點，因此可以認爲他們全體組成一個語言集團。三個集團合併之後，不妨稱之爲北方語言集團或者簡稱爲“北方集團”。根據以上的討論，北方語言集團組成如下：

契丹語言集團　肅慎、室韋、契丹、奚（庫莫奚）、豆莫婁
蒙古語言集團　蒙古、鮮卑、烏桓
匈奴語言集團　匈奴、丁零、回紇、悦般、突厥、鐵勒

北方語言集團之成員爲：肅慎、室韋、契丹、奚、豆莫婁；蒙古、鮮卑、烏桓；匈奴、丁零、悦般、突厥、鐵勒、回紇。不難看到，北方語言集團與細石器族群是一致的（見論文［01］）。

二、沿海語言集團

中國東部有很多部族，如史書上所謂之東夷。《後漢書》有《東夷列傳》，其中講到夫餘、挹婁、高句驪、沃沮、濊、馬韓、辰韓、弁辰、倭（日本）。這些部族按地理位置可以分爲三組：第一爲夫餘、高句驪、沃沮、濊等，可稱爲濊貉組；第二爲馬韓、辰韓、弁辰，可稱爲三國或三韓；第三爲倭及其相關部族。因此這些東夷部族可總稱爲“濊貉、倭、韓”。東漢初年，當漢朝控制了全部東夷時，就説“濊貊、

①《晋書·慕容氏載記》，第2803頁。

倭、韓，萬里朝獻”[①]。濊貊、倭、韓分布於朝鮮半島及其鄰接地區。

中國東部地區除東夷外，還有山東半島的古族，還有九夷、徐戎、淮夷以及長江以南之百越等。我們現在研究这些東部沿海地區的部族及其語言集團。

（一）伏羲語言集團

伏羲氏之後裔在春秋時期仍然在山東，《左氏僖二十一年傳》：“任、宿、須句、顓臾，風姓也。實司大皞與有濟之祀。以服事諸夏。”杜預注：“大皞，伏羲。四國，伏羲之後。”又注：“與諸夏同服王事。”[②]故任、宿、須句、顓臾不同於諸夏，亦即不屬於夏族。

但伏羲氏離開春秋時期已經很遠，春秋時期這四國的位置能否顯示伏羲後裔在山東半島原來之地域？《論語》謂顓臾“昔者先王以爲東蒙主”[③]，雖先王不必推斷爲伏羲氏，但顓臾主祭蒙山必爲長遠之傳統，至少起自夏商時代。今顓臾正在“蒙山之陽”，故夏商以來顓臾之位置可能並無重大變化。

另一方面，《左氏僖二十一年傳》謂任、宿、須句、顓臾“實司太皞與有濟之祀”[④]，有濟即指古濟水。古代濟水自鄭州以東，經定陶、濟南，在今博興東北入海，與今黄河之走向相仿。古代以濟東爲太皞，濟西爲少皞，合稱則爲有濟。現在任、宿、須句、顓臾都在古濟水以東，即在太皞。故從濟水的位置來看，任、宿、須句、顓臾的位置似乎没有重大變化。

故自東平至平邑一帶當爲伏羲氏後裔長期之聚居地。如此長期的聚

---

① 《後漢書·東夷列傳》，第 2809 頁。

② 《春秋左傳正義·僖二十一年》，《十三經注疏》，第 1811 頁。

③ 《論語正義·季氏》，《諸子集成》，第 350 頁。

④ 《春秋左傳正義·僖二十一年》，《十三經注疏》，第 1811 頁。

居地，東西不過三百里，範圍很小，因此任、宿、須句、顓臾應該有共同的語言，亦即構成一個語言集團，不妨稱之爲伏羲語言集團，或簡稱爲伏羲集團。

（二）山戎語言集團

《管子》："北伐山戎，制泠支，斬孤竹，而九夷始聽，海濱諸侯莫不來服。"[①] 山戎包括許多族群，除了燕山南北地區的族群以外，從這個地區往東的渤海沿岸、從這個地區往北以至內蒙古東部，都有許多山戎部族。

根據《水經注》，令支與孤竹即位於濡水及玄水之會合處。濡水即今灤河[②]；而玄水即今青龍河[③]。二水會合處即今河北之盧龍。《讀史方輿紀要》永平府盧龍縣孤竹城："府西十五里。《世記》：'湯十有八祀，封墨胎氏孤竹國，後九葉孤竹君二子伯夷、叔齊以讓國逃去。'"[④] 伯夷、叔齊爲商之遺老，因此孤竹與商族有密切的聯繫。

《國語》："（桓公）遂北伐山戎。剸令支，斬孤竹而南歸。"韋昭注："二國，山戎之與也。……令支，今爲縣，屬遼西，孤竹之城存焉。"[⑤]孤竹與令支之地域密邇，而且都是山戎之與國，因此令支與孤竹等當有共同的語言，這些部族所構成的語言集團可稱之爲山戎語言集團或山戎集團。

（三）濊貊語言集團

夫餘爲我國東北地方的一個重要部族，《三國志》："夫餘在長城之

① 《管子校正・小匡》，《諸子集成》，第 126 頁。
② （清）胡渭：《禹貢錐指》，上海：上海古籍出版社，2013 年，第 62 頁。
③ （後魏）酈道元注，（清）楊守敬、熊會貞疏：《水經注疏》，南京：江蘇古籍出版社，1999 年，第 1252 頁。
④ （清）顧祖禹：《讀史方輿紀要・北直八》，第 752 頁。
⑤ 徐元誥：《國語集解・齊語》，第 233 頁。

北，去玄菟千里，南與高句驪，東與挹婁，西與鮮卑接，北有弱水（當即今黑龍江或松花江），方可二千里。”又“漢時，夫餘王葬用玉匣……公孫淵伏誅，玄菟庫猶有玉匣一具。今夫餘庫有玉璧……傳世以爲寳，耆老言先代之所賜也。其印文言‘濊王之印’，國有故城名濊城，蓋本濊貊之地，而夫餘王其中，自謂‘亡人’，抑有[以]也”①。簡言之，夫餘之南側爲高句驪，西側爲鮮卑，東、北兩側爲肅慎。尤其值得注意的是夫餘之地原爲濊貉（濊王之地），可見得濊貉有重要的歷史地位，因此包含夫餘之部族集團亦可稱之爲濊貉語言集團。古代濊貉、夫餘在玄菟之北千里，到達今黑龍江省，但後來逐步南遷，進入朝鮮半島。晋武帝時夫餘爲鮮卑慕容廆所破。

現在研究有關的語言集團。

1. 夫餘、高句驪

《三國志》説："高句麗在遼東之東千里，南與朝鮮、濊貊，東與沃沮，北與夫餘接。"《三國志》又説高句驪與夫餘有相同的語言："東夷舊語以（高句驪）爲夫餘别種，言語諸事，多與夫餘同，其性氣衣服有異。"②《後漢書》亦謂高句驪爲“夫餘别種”，“言語法則多同”。③故高句驪與夫餘屬於同一個語言集團。

2. 東沃沮、北沃沮

《後漢書》謂東沃沮“在高句驪蓋馬大山之東，東濱大海；北與挹婁、夫餘，南與濊貊接。其地東西夾，南北長，可折方千里。……言語、食飲、居處、衣服有似句驪”。《後漢書》又説："又有北沃

① 《三國志·東夷傳》，第 841、842 頁。

② 《三國志·魏書·東夷傳》，第 843 頁。

③ 《後漢書·東夷列傳》，第 2813 頁。

沮……去南沃沮八百餘里。其俗皆與南同。”[①]

因此沃沮（東沃沮、北沃沮）語言與高句驪同，故沃沮與高句驪屬於同一個語言集團。

3. 濊

歷史上濊貉是一個重要的部族。濊貉（即濊貊），亦單稱濊或貉（即貊），當爲極爲古老之族群。《孟子》：“子之道，貉道也。……夫貉，五穀不生，惟黍生之；無城郭、宮室、宗廟、祭祀之禮，無諸侯幣帛饔飧，無百官有司，故二十取一而足也。”[②]故《周禮·職方氏》稱“四夷、八蠻、七閩、九貉、五戎、六狄”。

《説文》：“貉，北方貉。……从豸各聲。”段注：“俗作貊。”[③]《論語》：“言忠信，行篤敬，雖蠻貊之邦，行矣。”《正義》：“《説文》云：‘蠻，南蠻蛇種。貉，北方豸種’。……此貉作貊，係別體，《説文》所無也。”[④]故古代亦以貉作爲蠻夷戎狄之代用語。

《三國志》：“濊南與辰韓，北與高句麗、沃沮接，東窮大海，今朝鮮之東皆其地也。户二萬。”《三國志》又説：“（濊）其耆老舊自謂與句麗同種。……言語法俗大抵與句麗同，衣服有異。”[⑤]《後漢書》亦説：“（濊）耆舊自謂與句驪同種，言語法俗大抵相類。其人性愚愨。”[⑥]此濊當爲濊貉之發展較爲落後的部分，但他們與高句驪有相同的語言。因此濊貉與高句驪屬於同一個語言集團。

因此夫餘、高句驪、沃沮、濊屬於同一個語言集團，可稱爲濊貉語

---

① 《後漢書·東夷列傳》，第2816頁。

② 《孟子正義·告子下》，《諸子集成》，第505頁。

③ （漢）許慎撰，（清）段玉裁注：《説文解字注》，第458頁。

④ 《論語正義·衛靈公》，《諸子集成》，第334頁。

⑤ 《三國志·魏書·東夷傳》，第848頁。

⑥ 《後漢書·東夷列傳》，第2818頁。

言集團或濊貊集團。

需要説明一下，濊貊集團中不包括挹婁。《後漢書》在講述東夷時雖然提到挹婁，但又説："挹婁，古肅慎之國也。在夫餘東北千餘里。東濱大海，南與北沃沮接。……人形似夫餘，而言語各異。……自漢興已後，臣屬夫餘。"[①] 故挹婁儘管是夫餘與北沃沮的鄰國，而且曾臣屬於夫餘，但挹婁"人形似夫餘，而言語各異"，即言語與夫餘不同，因此挹婁與夫餘、高句驪、沃沮、濊等不屬於同一個語言集團，挹婁不屬於濊貊集團。

（四）韓語言集團

1. 馬韓、弁辰

秦漢以後，朝鮮半島之北部屬於夫餘集團，而南部爲韓國，有馬韓、辰韓、弁辰，稱爲三韓或"前三國"。

《後漢書》："韓有三種：一曰馬韓，二曰辰韓，三曰弁辰。馬韓在西，有五十四國，其北與樂浪，南與倭接。辰韓在東，十有二國，其北與濊貊接。弁辰在辰韓之南，亦十有二國，其南亦與倭接。（三韓）凡七十八國……大者萬餘户，小者數千家，各在山海閒，地合方四千餘里，東西以海爲限，皆古之辰國也。"[②]

現在看前三國的語言關係。《後漢書》："馬韓最大，共立其種爲辰王，都目支國，盡王三韓之地。其諸國王先皆是馬韓種人焉。"[③]《三國志》説："馬韓在西。其民土著。"[④] 馬韓當爲最初的韓族，但馬韓是否

①《後漢書·東夷列傳》，第2812頁。
②《後漢書·東夷列傳》，第2818頁。
③《後漢書·東夷列傳》，第2818頁。
④《三國志·東夷傳》，第849頁。

屬於濊貉語言集團，則不得而知。

《後漢書》説："辰韓，耆老自言秦之亡人避苦役，適韓國，馬韓割東界地與之。其名國爲邦，弓爲弧，賊爲寇，行酒爲行觴，相呼爲徒，有似秦語（即漢語），故或名之曰秦韓。"[①] 既然辰韓"有似秦語"，則辰韓屬於夏族語言集團。《三國志》也説："辰韓在馬韓之東，其耆老傳世，自言古之亡人……其言語不與馬韓同，名國爲邦……行酒爲行觴。"[②] 那麽馬韓與辰韓屬於不同的語言集團，辰韓似當屬於夏族集團，馬韓則不屬於夏族集團。

至於弁辰，《後漢書》："弁辰與辰韓雜居，城郭衣服皆同，言語風俗有異。"[③]弁辰受到辰韓的影響，因此弁辰的城郭衣服與辰韓相同，但語言與辰韓"有異"，因此弁辰之語言當與馬韓相同。[④]

還有一個部族稱爲州胡，《三國志》説："又有州胡，在馬韓之西海中大島上……言語不與韓同，皆髡頭如鮮卑。"[⑤] 州胡雖然生活在馬韓之西的海島上，而語言不同於馬韓，則當自遠處遷來。但其習俗有類鮮卑，而且自稱爲"州胡"，則州胡當屬於包含鮮卑的語言集團，即屬於契丹集團。故馬韓不屬於夏族集團，也不屬於契丹集團。

因此從語言關係來看，在前三國中，辰韓屬於夏族集團，而馬韓、弁辰則不屬於夏族集團，亦不屬於契丹集團，是否屬於夫餘集團則不得而知，但總屬於一個語言集團，姑稱之爲韓語言集團。

---

① 《後漢書・東夷列傳》，第 2819 頁。

② 《三國志・東夷傳》，第 852 頁。

③ 《後漢書・東夷列傳》，第 2820 頁。

④ 《三國志》説："弁辰與辰韓雜居，亦有城郭。衣服居處與辰韓同。言語法俗相似，祠祭鬼神有異。……法俗特嚴峻。"（《三國志・東夷傳》，第 853 頁）這裏説"言語法俗相似"，可是從《三國志》上下文來看，前云"同"，後云"有異"，中間"相似"二字似應删去。而且從内容來看，弁辰"法俗特嚴峻"，與辰韓（屬夏族）並不相似。故從内容來看，"相似"二字亦當删去，則弁辰與辰韓當言語有異，而與馬韓相同。

⑤ 《三國志・東夷傳》，第 852 頁。

2. 後三國

在南北朝的時候，朝鮮半島的形勢有了大的變化，其北部爲高句麗所有，而南部爲百濟（在西）、新羅（在東）所有。高句驪、百濟、新羅等三個部族亦稱爲“三國”或“後三國”。《梁書》稱高句驪爲句驪，其記載如下：

高句驪者，其先出自東明。……其後支別爲句驪種也。其國，漢之玄菟郡也，在遼東之東，去遼東千里。……句驪地方可二千里，中有遼山，遼水所出。其王都於丸都之下（今吉林集安），多大山深谷，無原澤……雖土著，無良田……於所居之左立大屋，祭鬼神，又祠零星、社稷。人性凶急……尊卑各有等级。言語諸事，多與夫餘同；其性氣、衣服有異。①

由於“言語諸事，多與夫餘同”，故句驪屬於夫餘集團。

但此句驪之地域與最初高句驪已大不相同。原先夫餘、高句驪在第二松花江之中上游，而句驪已向南擴充到朝鮮半島的北部，後來又遷都平壤。《舊唐書》:“高麗者，出自扶餘之别種也。其國都於平壤城，即漢樂浪郡之故地。……東西三千一百里，南北二千里。”②

至於百濟，《舊唐書》:“百濟國，本亦扶餘之别種，嘗爲馬韓故地。”③《梁書》説百濟，“其國近倭，頗有文身者。今言語服章略與高驪同”④。故百濟國王向北魏孝文帝上表（在延興二年，472 年），謂“臣與

① 《梁書・諸夷列傳》，第 801 頁。
② 《舊唐書・東夷列傳》，第 5319 頁。
③ 《舊唐書・東夷列傳》，第 5328 頁。
④ 《梁書・諸夷列傳》，第 805 頁。

高句麗源出夫餘”[①]。故百濟當屬於濊貉集團。

但是新羅的情況不同。《北史》:“新羅者，其先本辰韓種也。……其言語名物，有似中國人……其文字、甲兵，同於中國。……風俗、刑政、衣服略與高麗、百濟同。”[②]故從語言來看，新羅與夏族相似；而從風俗、衣服來看，則與夫餘、高句驪同。因語言更能反映部族的劃分，故新羅屬於夏族集團。

因此從語言關係來看，在後三國中，高麗、百濟當屬於濊貉語言集團，新羅屬於夏族語言集團。

（五）倭語言集團

倭當即日本，位於朝鮮半島東南之海島上。《後漢書》講述其位置如下:“倭在韓東南大海中，依山㠀爲居，凡百餘國。自武帝滅朝鮮，使驛通於漢者三十許國，國皆稱王。……其大倭王居邪馬臺國。樂浪郡徼，去其國萬二千里，去其西北界拘邪韓國七千餘里。”[③]倭可以通過朝鮮半島由陸地通往中國，因此倭與百濟聯繫緊密，如《宋史》謂其“始於百濟得中國文字”[④]。

漢代曾在朝鮮半島設置帶方郡以管轄對倭的事務，《三國志》:“建安中，公孫康分屯有縣以南荒地爲帶方郡……是後倭、韓遂屬帶方。”故景初二年（238 年）魏明帝報女王卑彌呼詔書:“今以汝爲親魏倭王，假金印紫綬，裝封付帶方太守假授汝。”《三國志》又説:“倭人在帶方東南大海之中，依山島爲國邑。……從郡至倭，循海岸水行，歷韓國，乍南乍東……千餘里至對馬國。”[⑤]

① 《魏書・百濟列傳》，第 2217 頁。
② 《北史・新羅列傳》，第 3122 頁。
③ 《後漢書・東夷列傳》，第 2820 頁。
④ 《宋史・外國列傳七》，第 14132 頁。
⑤ 《三國志・魏書・東夷傳》，第 851、854 頁。

但陸地交通路程遥遠，而且在朝鮮半島上可能遇到其他部族的阻擾，如宋昇明二年（478 年）倭王上表，譴责“句驪無道……壅塞天路”[①]。後來倭往往由海路直達，如宋太宗朝，日僧回國後奉表致謝，説“季夏解台州（在今浙江）之纜，孟秋達本國之郊”[②]。

從日本由海路到達中國，雖然由於航海技術的限制而難以發展，但已經逐步開拓了多條通道。因此在明代，幾乎處處有倭寇登陸騷擾，如“浙東、西，江南、北，濱海數千里，同時告警”，後來“其患盡移於福建，而潮、廣間亦紛紛以倭警聞矣”。[③]

1. 倭之歷史

倭有悠久之歷史，但是與中國似乎没有多大聯繫。《宋史》：“其《年代紀》所記云：初主號天御中主，次曰天村雲尊，其後皆以‘尊’爲號。次天八重雲尊……次彦瀲尊，凡二十三世，並都於築紫日向宫。彦瀲第四子號神武天皇，自築紫宫入居大和州橿原宫，即位元年甲寅，當周僖王時也。次绥靖天皇……次守平天皇，即今王也，凡六十四世。”[④] 周僖王在前 681 年與前 677 年之間在位，倭在此之前已有二十三世，則所謂天御中主的時代當在商代中期，距今已三千多年。

非但如此，倭自稱“國王以王爲姓，傳襲至今王六十四世，文武僚吏皆世官”[⑤]。不過這決非事實，故《舊唐書》：“其人入朝者，多自矜大，不以實對，故中國疑焉。”[⑥]

① 《宋書・夷蠻列傳》，第 2395 頁。

② 《宋史・外國列傳七》，第 14135 頁。

③ 《明史・外國三》，第 8352、8356 頁。

④ 《宋史・外國列傳七》，第 14131—14133 頁。

⑤ 《宋史・外國列傳七》，第 14131 頁。

⑥ 《舊唐書・東夷列傳》，第 5340 頁。

2. 與倭人有關之地域

倭是島嶼部族，但是與其有關之地域極其遼闊。《三國志》説："女王國（即日本，當時爲女王卑彌呼）東渡海千餘里，復有國，皆倭種。""絕在海中洲島之上，或絕或連，周旋可五千餘里。"①《後漢書》："自女王國東度海千餘里至拘奴國，雖皆倭種，而不屬女王。自女王國南四千餘里至朱儒國……自朱儒東南行船一年，至裸國、黑齒國，使驛所傳，極於此矣。"②《隋書》説："新羅、百濟皆以倭爲大國，多珍物，並敬仰之，恒通使往來。""自竹斯國以東，皆附庸於倭。"③

與日本有關之地域如此遼闊，因此日本與中國就不可避免發生接觸，最值得注意的是會稽與儋耳。

（1）會稽之東

討論倭人就經常會提到"會稽之東"（即今浙江之東方），並聯繫到周代的太伯。《梁書》："倭者，自云太伯之後。俗皆文身。去帶方萬二千餘里，大抵在會稽之東，相去絕遠。"④還聯繫到夏代的少康，《三國志》："男子無大小皆黥面文身。……夏後少康之子封於會稽，斷髮文身以避蛟龍之害。今倭水人好沈没捕魚蛤，文身亦以厭大魚水禽，後稍以爲飾。諸國文身各異……尊卑有差。計其道里，當在會稽、東冶（即今福州）之東。"⑤那麼在夏商時代日本人就在浙江、福建的外海活動，而且形成了某些與中國東部地區相同的習俗，《梁書》甚至説那些倭人自稱是中國吴太伯的後裔。

會稽之東又聯繫到夷洲（即今臺灣省）與亶洲。《後漢書》："又有夷洲

① 《三國志·東夷傳》，第856頁。
② 《後漢書·東夷列傳》，第2822頁。
③ 《隋書·東夷列傳》，第1827頁。
④ 《梁書·諸夷列傳》，第806頁。
⑤ 《三國志·東夷傳》，第855頁。

及澶洲。傳言秦始皇遣方士徐福將童男女數千人入海……遂止此洲。……會稽東冶縣人有入海行遭風，流移至澶洲者。所在絶遠，不可往來。”章懷太子注引《臨海水土志》曰：“夷洲在臨海（在今浙江）東南，去郡二千里。”① 夷洲及澶洲當爲夷洲與亶洲。《秦始皇本紀》注引《括地志》云：“亶洲在東海中，秦始皇使徐福將童男女入海求仙人，止在此洲，共數萬家，至今洲上人有至會稽市易者。吴人《外國圖》云亶洲去琅邪萬里。”②前面説過，在朝鮮半島曾出現“秦韓”，故徐福的傳説當有其真實背景。

（2）儋耳

有關倭地的記載也牽涉南海，如《後漢書》：“其地大較在會稽東冶之東，與朱崖、儋耳相近，故其法俗多同。”③《隋書》：“古云去樂浪郡境及帶方郡並一萬二千里，在會稽之東，與儋耳相近。”④儋耳在今海南島，而朱崖在今雷州半島。這些記載是否可靠，有待進一步考察，但倭與中國的接觸地點遠遠不止朝鮮半島，亦不止渤海、黄海，實際上倭還通過東海、南海與中國接觸。

（六）百越語言集團

中國太湖地區以及杭州灣一帶爲古越地。寧波、福州一帶即與日本隔海相望之會稽、東冶所在。

《地理志》顔師古注引臣瓚曰：“自交阯至會稽七八千里，百越雜處，各有種姓。”⑤但百越不止分布於浙江、閩、粤沿海，還包括鄱陽

① 《後漢書・東夷列傳》，第 2822 頁。
② 《史記・秦始皇本紀》，第 248 頁。
③ 《後漢書・東夷列傳》，第 2820 頁。
④ 《隋書・東夷列傳》，第 1825 頁。
⑤ 《漢書・地理志下》，第 1669 頁。

湖、洞庭湖及其以南地區。因此西周時，楚興兵伐“楊粵”（即“楊越”）。春秋時周王對楚成王説：“鎮爾南方夷越之亂，無侵中國。”[①]因此在楚國南部就有楊越、夷越，故楚國“南平百越”。

以後秦始皇“南取百越之地，以爲桂林、象郡，百越之君俛首繫頸，委命下吏”[②]。而《太平御覽》：“《晋中興書》曰：漢武時，南平百越，始置交阯、九真、日南、合浦、南海、鬱林、蒼梧，凡七郡。立交趾刺史。”[③]則百越之地域包括今兩廣及越南北部。

因此百越幾乎遍布於東南沿海以及長江中下游以南至南海的廣闊地域。百越究竟包括哪些部族，還有待進一步探索。

在語言方面，著名的“越人歌”説明越語與夏族語言屬於不同的系統。

（七）沿海語言集團

以上説明了伏羲語言集團、山戎語言集團、濊貉語言集團、韓語言集團、倭語言集團、百越語言集團。各個集團内部的部族有共同的語言，而各集團之間則具有下列共同點。

1. 創始神話

我國有創始神話，即伏羲、女媧的神話與槃瓠的神話。

伏羲、女媧的神話流行於我國東部沿海。這種神話還可能向東方傳播，例如朝鮮半島上祭祀伏羲，在高句驪古墓葬中有伏羲、女媧像之壁畫等。

槃瓠的神話流行於長江以南。如《後漢書》説：武陵蠻的始祖是槃瓠，李賢注引干寶《晋紀》曰：“武陵、長沙、廬江郡夷，槃瓠之後

① 《史記·楚世家》，第1692、1697頁。

② 《史記·秦始皇本紀》，第280頁。

③ （宋）李昉等：《太平御覽》卷五六七，北京：中華書局，1960年，第2562頁。

也。”[①] 許多民族都自認爲槃瓠之後，例如：“南郡、夷陵、竟陵、沔陽、沅陵、清江、襄陽、舂陵、漢東、安陸、永安、義陽、九江、江夏諸郡……諸蠻……承槃瓠之後。”[②]

在神話中槃瓠也與伏羲有聯繫，因此沿海語言集團各部族的創始神話共通。

關於沿海集團的起源神話，將在論文［11］中進一步説明。

2. 鬼神與卜筮

伏羲氏之重要特點爲八卦與卜筮。《易・繫辭》：“古者包犧氏之王天下也，仰則觀象於天，俯則觀法於地。……於是始作八卦，以通神明之德，以類萬物之情。”[③]八卦的目的是要預言吉凶禍福，即所謂“通神明之德，類萬物之情”，故伏羲氏的貢獻還在於卜筮。在文獻中，對黄帝、少昊、顓頊、堯、舜等，并不强調他們在卜筮方面的成就。又《古史考》：“庖犧氏作卦，始有筮。其後殷時巫咸善筮。”[④] 則伏羲氏的鬼神與占卜信仰爲商族所繼承，《表記》：“子曰：‘夏道尊命，事鬼敬神而遠之，近人而忠焉。先禄而後威，先賞而後罰，親而不尊。……殷人尊神，率民以事神，先鬼而後禮，先罰而後賞，尊而不親。……周人尊禮尚施，事鬼敬神而遠之，近人而忠焉。其賞罰用爵列，親而不尊。”[⑤] 因此雖然卜筮在原始社會中廣泛存在，但是與夏族、周族比較起來，商族是最重視卜筮的。商族使用龜卜，卜骨與甲骨文就成了商族的一個特徵。

---

①《後漢書・南蠻西南夷列傳》，第 2830 頁。

②《隋書・地理志》，第 897 頁。

③《周易正義・繫辭下》，《十三經注疏》，第 86 頁。

④ 馬驌：《繹史・太皞紀》，第 17 頁。

⑤《禮記正義・表記》，《十三經注疏》，第 1641—1642 頁。

對於濊貉集團，史書上說高句驪“敬鬼神，多淫祠”[①]，“於所居之左右立大屋，祭鬼神，又祀靈星、社稷”[②]，“好祠鬼神、社稷、靈星，以十月祭天大會，名曰‘東盟’。其國東有大穴，號禭神，亦以十月迎而祭之”[③]。夫餘“以殷正月祭天，國中大會，連日飲食歌舞，名曰迎鼓”。濊則“常用十月節祭天，晝夜飲酒歌舞，名之曰舞天，又祭虎以爲神”[④]。夫餘集團使用“殷正月”，那麼夫馀集團與商族（山戎集團）可能是有關聯的。

又如馬韓：“常以五月下種訖，祭鬼神，羣聚歌舞，飲酒晝夜無休。其舞，數十人俱起相隨……十月農功畢，亦復如之。信鬼神，國邑各立一人主祭天神，名之天君。又諸國各有别邑，名之爲蘇塗。立大木，縣鈴鼓，事鬼神。”[⑤]

倭則“（卑彌呼）事鬼神道，能以妖惑衆，於是共立爲王”[⑥]。又“知卜筮，尤信巫覡”[⑦]。“其俗舉事行來，有所云爲，輒灼骨而卜，用占吉凶，先告所卜，其辭如令龜法，視火坼占兆”[⑧]。

《封禪書》：“是時既滅兩越，越人勇之乃言‘越人俗鬼，而其祠皆見鬼……’乃令越巫立越祝祠……亦祠天神上帝百鬼，而以雞卜。”[⑨]

因此在卜筮方面，夏族與沿海語言集團是不同的，《荀子》說得最透徹：“善爲《易》者不占。”[⑩]《王制》甚至說：“假於鬼神、時日、

① 《隋書・東夷列傳》，第 1815 頁。
② 《三國志・東夷傳》，第 843 頁。但《梁書》第 801 頁無“右”字。
③ 《後漢書・東夷列傳》，第 2813 頁。但《梁書》第 802 頁作“東明”。
④ 《三國志・東夷傳》，第 836、849 頁。
⑤ 《三國志・東夷傳》，第 852 頁。
⑥ 《後漢書・東夷列傳》，第 2821 頁。
⑦ 《隋書・東夷列傳》，第 1827 頁。
⑧ 《三國志・東夷傳》，第 856 頁。
⑨ 《史記・封禪書》，第 1399 頁。
⑩ 《荀子集解・大略篇》，《諸子集成》，第 333 頁。

卜筮，以疑衆，殺。”[①]關於《易》對夏族的影響，將在其他地方進一步討論。

3. 嚴刑峻法

沿海语言集團部族刑罰嚴酷，與此有關聯的是殺人殉葬。如“(夫餘)其俗用刑嚴急，被誅者皆没其家人爲奴婢。……殺人殉葬，多者以百數”，高句驪“無牢獄，有罪，諸加評議便殺之，没入妻子爲奴婢”，而弁辰“刑法嚴峻”。[②]

《舊唐書》：“高麗者，出自扶餘之别種也。……其法：有謀反叛者，則集衆持火炬競燒灼之，燋爛備體，然後斬首，家悉籍没。……大體用法嚴峻，少有犯者，乃至路不拾遺。”[③]可見歷史上所謂路不拾遺的現象，往往與嚴刑峻法聯繫在一起。關於倭的記載有：“其俗殺人强盗及姦皆死，盗者計贓酬物，無財者没身爲奴。自餘輕重，或流或杖。每訊究獄訟，不承引者，以木壓膝。……或置小石於沸湯中……云理曲者即手爛。……人頗恬静，罕争訟，少盗賊。”[④]商族也嚴刑酷法，因此有所謂“刑名從商，爵名從周”的説法。《韓非子》：“殷之法，刑棄灰於街者，子貢以爲重。……一曰：殷之法，棄灰於公道者，斷其手。”[⑤]從嚴刑峻法的記載來看，沿海語言集團與夏族有所區别。

4. 被髮文身、顱骨枕部變形和拔除上頜門齒

文獻中有許多關於被髮文身的記載，其中以越族最爲著名。《史記》：“夫翦髮文身，錯臂左衽，甌越之民也。黑齒雕題……大吴之國

① 《禮記正義·王制》，《十三經注疏》，第 1344 頁。
② 《後漢書·東夷列傳》，第 2811、2813、2820 頁。
③ 《舊唐書·東夷列傳》，第 5319、5320 頁。
④ 《隋書·東夷列傳》，第 1826 頁。
⑤ 《韓非子集解·内儲説上七術》，《諸子集成》，第 166 頁。

也。”[①] 因此當太伯、仲雍來到吴越以後，就斷髮文身：“於是太伯、仲雍二人乃犇荆蠻，文身斷髮。”[②]

在吴越的外海，也有斷髮文身之俗。《三國志》：“夏后少康之子封於會稽，斷髮文身以避蛟龍之害。今倭水人好沈没捕魚蛤，文身亦以厭大魚水禽。”[③]《梁書》説：“倭者，自云太伯之後。俗皆文身。去帶方萬二千餘里，大抵在會稽之東，相去絕遠。”又説百濟“其國近倭，頗有文身者”。“文身國，在倭國東北七千餘里”。又有“大漢國，在文身國東五千餘里。……風俗並與文身國同而言語異”[④]。《後漢書》：日本“男子皆黥面文身，以其文左右大小别尊卑之差”。又説弁辰“其國近倭，故頗有文身者”。[⑤]

吕思勉云百粤散居東南沿海之地，古有文身之俗。“《小戴記・王制》：‘東方曰夷，被髮文身。’‘南方曰蠻，雕題交趾。’《正義》釋雕題謂‘以丹青彫刻其額’。又曰：‘非惟彫額，亦文身也。’可見古代所謂夷與蠻者，吾國人雖因其所居之方位而異其稱，在彼則實爲同族。……此可見文身之俗，自滇、緬，經閩、粵以至朝鮮、日本皆有之”[⑥]。

在伏羲氏之族地還有其他風俗習慣，其中最突出的有顱骨枕部變形和拔除兩側上頜門齒的習俗。如弁辰“兒生，便以石厭其頭，欲其褊。今辰韓人皆褊頭”[⑦]。《晋書》：“（辰韓）其風俗可類馬韓，兵器亦與之

---

① 《史記・趙世家》，第 1808 頁。
② 《史記・吴太伯世家》，第 1445 頁。
③ 《三國志・東夷傳》，第 855 頁。
④ 《梁書・諸夷列傳》，第 806、805、807 頁。
⑤ 《後漢書・東夷列傳》，第 2821、2820 頁。
⑥ 吕思勉：《中國民族史》，第 184 頁。
⑦ 《三國志・東夷傳》，第 853 頁。

同。初生子，便以石押其頭使扁。”①

由於以上各語言集團具有共同的特點，那麼也可以看作一個獨立的集團，不妨稱之爲沿海語言集團或者簡稱爲“沿海集團”，其組成如下：

伏羲語言集團	須句、顓臾
山戎語言集團	令支、孤竹、商族
夫餘語言集團	夫餘、高句驪、沃沮、濊貉
韓語言集團	馬韓、弁辰
倭語言集團	倭
百越語言集團	百越

沿海語言集團的成員爲：須句、顓臾；令支、孤竹、商族；夫餘、高句驪；馬韓、弁辰、倭、越族等，與黑陶族群有密切的關聯（見本文的［補注一］）。

三、古代之基本族群

（一）三個基本族群

根據前邊關於語言集團的討論，中國書傳所載之古代部族，根據其語言，可以歸納爲下列三個語言集團：

中原語言集團

（夏語言集團）　夏族

① 《晉書・四夷列傳》，第2534頁。

沿海語言集團

（伏羲語言集團） 須句、顓臾

（山戎語言集團） 山戎、孤竹、商族

（夫餘語言集團） 夫餘、高句驪、東沃沮、濊貉

（韓語言集團） 馬韓、弁辰

（倭語言集團） 倭

（百越語言集團） 百越

北方語言集團

（契丹語言集團） 契丹、肅慎、挹婁、室韋、奚、豆莫婁

（蒙古語言集團） 蒙古、烏桓、鮮卑

（匈奴語言集團） 匈奴、丁零、回紇、悦般、突厥、鐵勒

因此以語言爲基礎，可以得到三個基本族群（中原集團、沿海集團、北方集團），亦即夏族、戎族、胡族。

上述表列衹是語言集團的初步結果，有關的分析很粗糙，而且談到的部族還很少，很不完全。由於古民族都已消失，他們的語言也已經消失，因此根據文獻中的只言片语，無法進一步深入分析各種語言集團之間的語言關係。

本来僅僅依靠語言，並不能對一個部族做出清晰的辨認，何況現在衹有文獻中有關语言的簡略記載，更不可能藉以辨識古代部族之間的複雜關係。因此，爲了分析我國古代的基本族群，還必須利用語言之外的其他因素來進一步分析各個語言集團之間的關係。

(二)考古文化與語言學的比較

上面利用考古文化得到如下三個族群:

彩陶族群	夏族
黑陶族群	須句、顓臾、商族、越族
細石器族群	肅慎、鮮卑、烏桓、突厥、蒙古、匈奴

這三個族群(彩陶族群、黑陶族群、細石器族群)亦即夏族、戎族、胡族。

雖然“彩陶族群、黑陶族群、細石器族群”與“中原集團、北方集團、沿海集團”二者基本上一致,但是也可以看到有許多不同之處。從考古文化來看,戎族不包括夫餘、高句驪、沃沮、濊貉等部族。這表明考古文化對於基本族群的研究有其不足之處。

四、氐、羌語言集團

前面討論了很多部族及其與基本族群的關係,但是没有提到氐羌。其實氐羌對中國歷史有很大的影響,在周秦之際,對夏族威脅最大者爲匈奴。匈奴之東方爲濊貉、朝鮮,匈奴之西方則爲氐羌。西汉以後匈奴衰落,對夏族造成威脅者主要爲鮮卑與氐羌:“周秦之際,戎狄爲害,中興以來,羌寇最盛。”[①]因此東漢設置使匈奴中郎將一人,主護南單于;護烏桓校尉一人,主烏桓胡(應劭曰:并領鮮卑);護羌校尉一

①《後漢書·段熲列傳》,第 2151 頁。

人，主西羌。各比二千石。[1]可見當時外患主要就是匈奴、鮮卑、西羌。實際上整個漢代，外患的形勢都是“北攻強胡，南攘勁越，西侵羌戎，東摘濊貊”[2]。現在就來討論氐羌究竟屬于哪个基本族群。

（一）氐與羌

氐羌是很古老之部族，最初見於《五帝本紀》：“南撫交阯、北發，西戎、析支、渠廋、氐羌，北山戎、發、息慎，東長、鳥夷，四海之內，咸戴帝舜之功。”[3]則氐羌爲西方異族，西方還有析支、渠廋。

析支、渠搜在歷史上很少出現。《大戴禮·五帝德》作“鮮枝、渠廋”，王聘珍注：“‘鮮’讀曰‘析’。馬注《禹貢》云：‘析支在河關西。’《通典》云：‘黨項羌在古析支之地。’”[4]故析支原爲地名。

河曲一帶有析支之名，《水經》河水“過敦煌、酒泉、張掖郡南”，《水經注》：“《禹貢》所謂導河自積石也。山在西羌之中，燒當所居也。……司馬彪曰：西羌者，自析支以西濱于河首左右居也。河水屈而東北流，逕析支之地，是爲河曲矣。應劭曰：《禹貢》析支，屬雍州，在河關之西。東去河關千餘里，羌人所居，謂之河曲羌也。”[5]所謂“河關”當指甘肅臨夏一帶，漢代曾在此置河關縣。《地理志》金城郡河關，班固自注：“積石山在西南羌中。河水行塞外，東北入塞内，至章武入海，過郡十六，行九千四百里。”[6]故河關在積石山一帶。古代將積石山視爲國内黄河之源。析支在河關以西千餘里，當在今青海東南部黄河作 S 形流動之地區，

① 《後漢書·百官志五》，第 3626 頁。
② 《後漢書·隗囂列傳》，第 517 頁。
③ 《史記·五帝本紀》，第 43 頁。
④ （清）王聘珍：《大戴禮記解詁·五帝德》，北京：中華書局，1983 年，第 123 頁。
⑤ （後魏）酈道元注，（清）楊守敬、熊會貞疏：《水經注疏·河水二》，第 122—125 頁。
⑥ 《漢書·地理志下》，第 1611 頁。

亦即河曲所在。因此析支可能亦表示析支之居民，實際上羌族當包括析支。

至於渠搜，《漢書・武帝紀》元光元年（前 134 年）詔書，颜师古注引應劭說："《禹貢》析支、渠搜屬雍州，在金城河關之西，西戎也。"[①]金城郡河關縣今爲甘肅省臨夏縣，屬於大夏河流域（大夏河發源於青海循化東南，東北流入甘肅臨夏，然後入黄河，即古漓水）。但《地理志》朔方郡有渠搜縣，位於今河套以東，與金城河關相距很遠，不得謂之西方。故渠搜當以河關爲是，則渠搜與析支位於同一個地域，實際上後代之羌族亦當包括渠搜。

因此氐羌之早期地域當在今青海東部與相鄰的甘肅一帶。《淮南子・齊俗訓》："三苗髽首，羌人括領，中國冠笄，越人劗鬋，其於服，一也。"越人當爲長江下游之部族，三苗當爲長江中游洞庭湖一帶之部族，羌人則爲黄河上游之部族，均位於中原邊缘地帶。又說："羌、氐、僰、翟，嬰儿生皆同声，及其長也，虽重象狄騠，不能通其言，教俗殊也。"[②]氐羌與僰、翟絶不相同。僰在西南，翟在北方，則氐羌當在西北。

當商代則《詩・殷武》："維女荆楚，居國南鄉。昔有成湯，自彼氐羌。莫敢不來享，莫敢不來王，曰商是常。"鄭箋："氐羌，夷狄國在西方者也。"[③]因此荆楚在南方一帶，而氐羌仍然在西方一帶。

（二）氐羌爲胡族

1. 氐羌屬於胡族

在魏晋以後，出現了北方游牧民族内遷，所謂"五胡"即匈奴、

① 《漢書・武帝紀》，第 161 頁。

② 《淮南子・齊俗訓》，《諸子集成》，第 174、172 頁。

③ 《毛詩正義・商頌・殷武》，《十三經注疏》，第 627 頁。

鮮卑、氐、羌、羯。因此氐羌與匈奴、鮮卑、羯一起被稱爲胡。其中匈奴、鮮卑是胡族，没有問題。羯也是胡，如石勒爲羯人，《晋書》："石勒……上黨武鄉羯人也。其先匈奴別部羌渠之冑。"羯人是匈奴別部，又是羌渠之冑，可見得羯、羌都是匈奴的一部分。石勒小時，王衍謂之"胡雛"，長大後，人謂"此胡狀貌奇異"，俱稱之爲胡。[1]又《晋書》："石勒亦競取百姓禾，時人謂之'胡蝗'。"[2]石不是石勒的姓。最初劉淵稱漢王時，公孫藩自稱將軍，石勒隨汲桑投奔公孫藩，"桑始命勒以石爲姓，勒爲名焉"。[3]那麽石勒原來並沒有姓，不是漢族，是胡族。

羯屬於胡族。苻堅是氐，亦屬於胡族，因此謂其"寵育鮮卑、羌、羯，布諸畿甸"。最後羌人姚萇逼苻堅交出傳國璽時，苻堅罵他："小羌乃敢干逼天子……五胡次序，無汝羌名。"[4]苻堅作爲氐人，爲五胡之一，並不是説五胡中不包括羌人，而是説姚萇是不够格的羌人。羌與氐一樣爲五胡之一，都屬於胡族。

在史傳記載中，氐、羌經常與其他胡族一起作戰或一起投降，如《後漢書》"使匈奴中郎將張耽大破烏桓、羌胡於天山"，"使匈奴中郎將馬寔擊南匈奴左部，破之，於是胡羌、烏桓悉詣寔降"。[5]又如《晋書》講到晋代隴東的情況："（劉）曜署劉胤爲大司馬，進封南陽王，以漢陽諸郡十三爲國；置單于臺于渭城，拜大單于，置左右賢王已下，皆以胡、羯、鮮卑、氐、羌豪桀爲之。"[6]

---

① 《晋書・石勒載記上》，第 2707 頁。

② 《晋書・孝愍帝紀》，第 131 頁。

③ 《晋書・石勒載記上》，第 2709 頁。

④ 《晋書・苻堅載記下》，第 2913、2928 頁。

⑤ 《後漢書・孝順帝紀》，第 271、274 頁。

⑥ 《晋書・劉曜載記》，第 2698 頁。

因此氐羌應該屬於基本族群胡族。實際上氐羌族具有許多胡族之習俗，如《荀子》説："氐羌之虜也，不憂其係壘也，而憂其不焚也"，王先謙注："壘讀爲纍。氐羌之俗，死則焚其屍。今不憂虜獲而憂不焚，是愚也。"[①]《吕氏春秋》："氐、羌之民，其虜也，不憂其係纍，而憂其死不焚也。"[②]火葬當爲胡族的習俗。

2. 氐羌並非夏族

不少學者認爲羌族是炎黄子孫。有學者將"羌"字解説爲牧羊人，於是將"羌"與羊等同，又將羊與姜等同，又進一步與炎帝等同，於是將羌族看作炎黄子孫，成爲夏族的一部分。這種推理是站不住脚的。

也有人引用《説文》："羌，西戎，羊種也。从羊儿，羊亦聲。南方蠻閩从虫，北方狄从犬，東方貉从豸，西方羌从羊，此六種也。"對於"羊種也"，段玉裁作了一個長注："各本作'从羊人也'，《廣韵》、《韵會》、《史記·索隱》作'牧羊人也'。學者多言'牧羊人'爲是，其實非也。……許謂爲羊種，與蛇種、犬種、豸種一例。各本作'牧羊人'，似取《風俗通》竄改。……按應氏《風俗通》，其語有襲用《説文》者，有竄改《説文》者，其説貉不从豸種之説，亦見《御覽》，則説羌不从羊種正同。今正。"[③]段玉裁的觀點是對的，應該從整體來看《説文》，不能衹抓住一個"羊"字來發揮。

又《後漢書·西羌傳》説："西羌之本，出自三苗，姜姓之别也。其國近南岳。及舜流四凶，徙之三危，河關之西南羌地是也。"[④]有人就以

① 《荀子集解·大略篇》，《諸子集成》，第330頁。

② 许维遹：《吕氏春秋集释·孝行覽·義賞》，北京：中華書局，2009年，第328頁。

③ （漢）許慎撰，（清）段玉裁注：《説文解字注》，第146頁。

④ 《後漢書·西羌傳》，第2869頁。

爲西羌爲姜姓。其實此處所説之史實乃南岳附近之一部分苗族（苗族當爲夏族姜姓）遷於三危（三危當爲西羌之河關領地），這部分苗族被稱爲三苗（這“三”字可能與三危有關），故三苗爲“姜姓之别”。他們在舜時由南岳附近遷入甘肅河關西南之羌族領地（在今臨夏與同仁之間）。在舜時，羌爲河關之土著，而三苗（姜姓）爲來自南岳之移民。三苗遷到西羌領地之後，當爲西羌所同化，成爲西羌的一部分。衹有這一部分同化的羌人可以説出自三苗，其他羌人與三苗無關。因此《西羌傳》説“西羌之本，出自三苗”是不對的，衹能説“西羌之一部分，出自三苗”，這個“本”字引起了誤解，以爲西羌屬於夏族。

3. 氐羌語言集團

關於羌族之語言，《後漢書》載班彪上言：“羌胡被髮左衽，而與漢人雜處。習俗既異，言語不通。”[①] 因此羌語與漢語（即夏族語言）不同，則羌非夏族。

至於氐族，魚豢《魏略 · 西戎傳》説：“其俗，語不與中國同，及羌雜胡同，各自有姓，姓如中國之姓矣。……多知中國語，由與中國錯居故也。其自還種落間，則自氐語。”其習俗也受到漢族的很大影響。“其婦人嫁時著衽露，其緣飾之制有似羌，衽露有似中國袍。皆編髪。……其嫁娶有似於羌。”[②] 因此氐語與羌語同，但與“中國語”（即夏語或漢語）不同。因此氐與羌構成一個語言集團。

但氐與羌也有不同，《魏略 · 西戎傳》謂前者近“中國”，后者近西域：“近去建安中，興國氐王阿貴、白項氐王千萬各有部落萬餘，至十六年，從馬超爲亂。超破之後，阿貴爲夏侯淵所攻滅，千萬西南入

① 《後漢書 · 西羌傳》，第 2878 頁。

② 《三國志 · 烏丸鮮卑東夷傳》，第 858 頁。

蜀，其部落不能去，皆降。國家分徙其前後兩端者，置扶風、美陽，今之安夷、撫夷二部護軍所典是也。”至於羌，“燉煌西域之南山中，從婼羌西致葱領數千里，有月氏餘種葱茈羌、白馬、黄牛羌，各有酋豪，北與諸國接，不知其道里廣狭”[①]。故氐比較接近“中國”，較早融入夏族。

①《三國志·烏丸鮮卑東夷傳》，第858、859頁。

［補注一］ 基本族群的考古學研究

論文［01］説明，通過考古文化可以辨識古代的三個基本族群，即夏族、戎族、胡族，其結果如下：

夏（彩陶族群）	夏族
戎（黑陶族群）	須句、顓臾、商族、越族
胡（細石器族群）	肅慎、東胡、匈奴、蒙古、突厥

其中提到的部族相當有限。因爲考古發掘有許多困難，而且由於生産技術的傳播，僅僅依靠考古文化，也不能準確地辨識出基本族群來。儘管如此，由於 20 世紀下半葉以來，考古學研究取得了重大的成就，因此對基本族群的研究也取得了重大進展。

最突出的進展是對於戎族的識别。幾十年來，考古學家在松遼平原、西遼河流域、杭州灣、江漢平原—洞庭湖地區，發現了大量的黑陶遺址。這就大大改變了對戎族的認識。現在就來説明一下相關的情况。

（一）東北地區的黑陶遺址

東北最早發現的黑陶遺址在遼東半島，這種黑陶可能是從山東半島傳播而來的。後來在松遼平原與西遼河—燕山地區發現了許多黑陶遺址，它們比遼東半島早，也重要得多。

1. 松遼平原

在第二松花江中上游以及東遼河一帶，特别是吉林省農安—黑龍江省雙城地區，是一個重要的黑陶區域。這裏是我國已發現的最北的一個黑陶區域，區域内有一些早期的黑陶遺址。雖然黑陶的數量並不很多，但它有重要意義。

（1）吉林農安左家山遺址

1985 年發掘，遺址“第一期陶器以砂質灰褐陶爲主……還有極少量的黑、紅陶。……時間距今約七千年”[①]。雖然出土的黑陶不多，但在東北地區是年代最早的，其年代相當於山東北辛文化中晚期或大汶口文化早期，其重要意義就在這裏。

（2）吉林通榆敖包山遺址

年代爲公元前約三千年，遺址面積達一百萬平方米，“遺物豊富”，有少量黑陶。

（3）黑龍江南部五常南土城遺址、亞力山遺址

这三個遺址也有黑陶發現。[②]

第二松花江流域正是古代夫餘、高句驪、濊貊等部族的所在地。因此上述黑陶遺址的發現就證實夫餘集團屬於黑陶集團，因此説明了夫餘、高句驪、濊貊等部族屬於戎族。

2. 西遼河地區與燕山南北

西遼河地區的地理位置十分重要，它是我國東北地區與華北地區的連結點。南以燕山爲界。在燕山之北，考古文化比較密集的地區分爲西部（老哈河流域）與東部（大凌河流域），二者之間爲努魯兒虎山。

（1）紅山文化

紅山文化是西遼河流域很重要的考古文化，它傳播的範圍相當大，延續的年代也比較長。重要的遺址有内蒙古赤峰紅山文化遺址（約前 4500—前 3000 年），“有少量泥質灰陶和泥質磨光黑陶”。還有敖漢小河沿文化遺址（約前 3000—前 2300 年）。[③]

（2）夏家店下層文化

更重要的是夏家店下層文化。

① 孫進己、王綿厚主編：《東北歷史地理》第一卷，哈爾濱：黑龍江人民出版社，1989 年，第 80 頁。

② 孫進己、王綿厚主編：《東北歷史地理》第一卷，第 95、104 頁。

③ 孫進己、王綿厚主編：《東北歷史地理》第一卷，第 77、78 頁。

赤峰夏家店遺址（前 2300—前 1500 年），“夏家店下層的陶器制造技术較以前有了很大的提高。……一部分泥質黑陶器，器形十分規整，器壁薄而且厚度均匀，無接口，……可知爲快輪製成”[①]。而夏家店上層的陶器“均爲夾砂陶……質地粗糙，火候較低。夾砂紅褐陶陶色不匀……夾砂紅陶……製法皆爲手製。……製作較爲粗糙”[②]。

夏家店下層文化比較先進，而夏家店上層文化反而相對比較落後。爲什麽會出現這種反常現象？現在根据基本族群的分析，夏家店下層文化的部族當屬於黑陶族群，亦即戎族。而夏家店上層文化的部族當不屬於黑陶族群，當爲胡族。那麽上層文化的落後倒退就可以理解了，因爲上層文化是胡族文化。由於胡族侵入戎族的地域，因而出現“反常现象”就很自然了。

這個地區是古代山戎、孤竹、令支等部族的所在地，因此這個地區的夏家店下層文化正説明山戎、孤竹、令支等部族屬於戎族。文獻記載中説孤竹、令支是商的諸侯國，那就説明商族也當屬於戎族。因此燕山南北黑陶遺址的發現，可以澄清商族史研究中的不少問題。

（3）上宅文化與雪山文化

1984 年發現並開始試掘上宅文化遺址。遺址位於北京平谷縣城東北 17 千米的上宅村，南臨泃河，北靠燕山。“推斷上宅遺址的年代，大約爲公元前 5400—前 4300 年前後”[③]。遺址未見黑陶。但是泃河可能與伏羲氏有關，因此上宅文化是值得注意的（見本書論文［09］）。

實際上在北京地區發現過黑陶。1960 年考古學家發現並初步發掘了雪山遺址。遺址位於北京昌平縣城西 4 千米的雪山村。雪山文化分爲两期。據推測，雪山一期文化大约爲红山文化晚期，而二期文化當早於夏家店下層文化。二期文化之陶器，“以夹砂和泥質褐陶爲主，其次是泥質黑陶、灰陶和红陶。泥質黑陶的内外面是黑色的，陶胎是红色或灰色，只有極少數薄胎陶是纯正黑陶，另外還有數

① 郭大順、張星德：《東北文化與幽燕文明》。南京：江蘇教育出版社，2005 年，第 304 頁。
② 田廣鑫、郭素新：《北方文化與匈奴文明》，南京：江蘇教育出版社，2005 年，第 346 頁。
③ 北京市文物研究所編：《北京考古四十年》，北京：北京燕山出版社，1990 年，第 18 頁。

片薄胎白陶”。[①]

此外，北京房山鎮江營遺址的新石器第三期當屬於雪山一期，發現了少量黑陶。在新石器第四期有較大數量的黑陶，例如可以作爲代表的 FZH1012 中，褐陶約占 30%，黑陶約占 20%。[②]

（二）山東半島的黑陶遺址

山東是主要出土黑陶的地方，其中最重要的是魯中地區（即泰沂地區）。據研究，在舊石器時代晚期，渤海曾經是陸地。因此山東半島曾與遼東半島連在一起。根據丁驌的研究，在前 5500 年的時候，今天的山東半島原是兩個海島，二島之間的海峽就是今膠萊河的位置。丁驌又説：在仰韶時期中（前 3000 年左右），兩個島嶼與華北平原重新連接在一起，形成現在的山東半島。但是山東半島還是分爲東西兩個部分，西邊是泰沂地區（汶泗流域），東邊是膠東地區。[③] 這兩個地區的考古文化還是有比較大的區別。

1. 魯中地區

魯中地區是極爲重要的黑陶區域，黑陶最初就是在這裏發現的。魯中地區有下列考古文化：

第一，後李文化（前 6500—前 5500 年），1965 年發現。已經有陶器，但未見黑陶。

第二，北辛文化（前 5300—前 4100 年，遺址分布於兖州、滕縣一帶），仍然未見黑陶。

杭州灣的黑陶在公元前五六千年的時候就出現了，至今已經有七八千年的歷史，因此北辛文化似乎也應該有黑陶的。有的學者説，北辛文化可能是中原文化的一部分，而不是山東的土著文化，因此在泰沂地區還没有找到前 5000 年的黑

① 北京市文物研究所編：《北京考古四十年》，第 24 頁。

② 北京市文物研究所：《鎮江營與塔照》，北京：中國大百科全書出版社，1999 年，第 113、119 頁。

③ 丁驌：《中國地形》，1954 年，臺北。轉引自巫鴻：《從地形變化和地理分布觀察山東地區古文化的發展》，蘇秉琦主編：《考古學文化論集（一）》，北京：文物出版社，1987 年，第 167 頁。

陶。但山東半島的地理環境與寧紹平原有類似的地方，杭州灣的黑陶已經有七八千年的歷史，因此有學者猜側：在距今七八千年時北辛文化也可能有黑陶，但正因爲山東半島與寧紹平原的地理環境類似，距今七八千年的黑陶文化可能埋在海底之下了。

第三，大汶口文化（前4194—前1905年）。

山東最早的、也可以説是全國曾經最受重視的黑陶遺址當爲大汶口墓葬，大汶口初期（"劉林期"，約前4000—前3500年）早期墓葬中紅陶約占60%，灰陶占28%，黑陶占11%。

大汶口中期（"花廳期"，大約前3500—前3000年）有大汶口、西夏侯、陵陽河、花廳等遺址，出現了白陶鬹、薄胎磨光黑陶杯、玉鉞、象牙透雕工藝品，中心聚落崛起。

大汶口晚期（大約前3000—前1600年），距今約5000年，黑陶的燒制邁上了一個新臺階，出現了胎薄、黑亮、造型輕巧、裝飾精緻的細柄杯。在泰安大汶口遺址、曲阜西夏侯遺址都出土了薄胎黑陶高柄杯。不過真正表裏透黑的陶器，僅有數件。

第四，龍山文化時期（城子崖類型，前2600—前2000年），許多遺址都出現了蛋殼黑陶。這是黑陶文化最爲繁榮的時期。

第五，岳石文化（約前2000—前1600年），製陶技術下降。

根據考古資料，山東地區的黑陶遺址幾乎遍布全省，其中有兩個核心地帶：一個在山東北部泰沂山脉北麓，即自濟南至濰坊一綫；另一個在山東南部從梁山經兖州、泗水至臨沂一帶。現在任、宿、須句、顓臾的地域爲東平至平邑一綫，正好位於山東南部的黑陶遺址地帶，即梁山、兖州、泗水、臨沂一帶的黑陶區域内。這種情况也許更可以説明，任、宿、須句、顓臾都是戎族，伏羲氏也是戎族。

2. 魯東地區

魯東地區也是一個極爲重要的黑陶區域，但是與魯中地區的情况有很大的不同，它有下列考古文化：

（1）白石村一期

未見黑陶。白石村一期相當於前大汶口文化，但是與北辛文化的關係還有待深入的研究。“已經很難説白石村一期同北辛類型是否還屬於一個文化了”，“白石村一期同遼東半島的原始文化之間幾乎看不出有什麼聯繫”。因此嚴文明認爲：“膠東地區……並不是一開始就處在派生的次級文化區的地位，而是自有起源和自己的發展譜系，衹是後來同魯中南等地的文化聯繫越來越密切，相互影響越來越深，纔逐漸融合爲一個較大的大汶口—龍山文化體系。即使到那時，膠東地區原始文化的若干地方特性，仍是不應當忽視的。”①

（2）福山邱家莊遺址

邱家莊遺址分爲兩期。邱家莊一期（下層）的“相對年代大約相當於大汶口一期（大汶口遺址第六、七層），二者有不少相同之處”，也有明顯的差别。“邱家莊一期同周圍原始文化的關係不如紫荊山一期時那麼密切，而自身的相對獨立性表現得比較明顯”，“第二期（第二層）基本上屬紫荊山一期，第一期則是另一種較早的遺存”。②

（3）蓬萊紫荊山遺址

紫荊山遺址分爲兩期。遺址的下文化層（一期）以紅陶、彩陶爲主，占94.2%，屬於福山文化，而上文化層（二期）中黑陶占96.1%，並有蛋殼陶片。這兩個文化層難以找到任何直接繼承的關係。③巫鴻説：“很明顯，這個沿海遺址並沒有長期沿襲使用，兩個文化層是兩種不同文化的居民（航海者？）遺留下來的。”④

（4）日照兩城鎮遺址

“姚官莊有一整套以黑陶爲主、工藝技術高超、造型規整複雜的器物群，一般是素面光亮或衹施有凸凹弦紋……而胎薄至 0.1 釐米以下的刻花鏤空蛋殼陶器

① 嚴文明：《膠東原始文化初論》，《史前考古論集》，北京：科學出版社，1998 年，第 235、236 頁。

② 嚴文明：《膠東原始文化初論》，《史前考古論集》，第 233、235 頁。

③ 山東省博物館：《山東蓬萊紫荊山遺址試掘簡報》，《考古》1973 年第 1 期，第 11—15 頁。

④ 巫鴻：《從地形變化和地理分布觀察山東地區古文化的發展》，蘇秉琦主編：《考古學文化論集（一）》，第 177 頁。

爲當時並存諸文化中所僅見，代表了這一文化製陶工藝的頂峰。”[①]

“兩城鎮類型的蛋殼陶杯，在遺址内也很少發現，完整器一般都出於大、中型墓葬中。其製作技術代表了龍山文化兩城鎮類型製陶技術的最高水平……比三里河類型的黑陶高柄杯艱難得多。我們把三里河遺址發現的二十多件蛋殼陶杯，一一進行比較，未見器形有完全相同的，這就排斥了模制的可能性。……‘由於特殊的質料，難度極高的製作技術，它没有能走出山東龍山文化的圈子’”[②]。

（三）杭州灣—太湖地區的黑陶遺址

杭州灣—太湖地區有三個重要的黑陶遺址，即跨湖橋遺址、河姆渡遺址、良渚遺址。跨湖橋遺址在蕭山，在跨湖橋以東約一百千米爲河姆渡遺址，而在跨湖桥以北不到五十千米則爲良渚遺址。

跨湖橋遺址、河姆渡遺址、良渚遺址的自然環境都非常特殊。在公元前13000 年前後，我國東部沿海的海平面下降到現今水深 150—160 米附近，因此部分東海大陸架裸露成爲陸地。在前 9000 年前後，海平面上升，到前 7000 年前後，海平面可能上升到接近目前海平面的位置。在前 6000 多年至前 4000 多年，海平面仍在波動，河姆渡遺址和跨湖橋遺址當海平面上升時，就被海水淹没。因此在考古發掘中，這些地方的古文化遺址上部都有三、四米的海泥相疊壓。正是這些海泥的掩埋，使遺址中的許多木結構保存到現在，同時也使得考古學家認爲跨湖橋文明是被海洋摧毁的。[③]

良渚遺址也有其歷史地理特點，前 5000 年時，良渚一帶淪爲一片淺海，大約前 3000 年時，海平面基本上達到了現代的高程。前 2000—前 500 年，溝通太湖與錢塘江的古河道（東苕溪大體位於這古河道上）逐漸淤淺。“約在距今 2000 年前，現今的杭州市一帶淤淺成陸，此湖海通道便完全與海隔絶，並發育成淡水湖

① 吴秉楠、高平:《對姚官莊與青堌堆兩類遺存的分析》,《考古》1978 年第 6 期。

② 吴汝祚:《膠萊地區的大汶口—龍山文化》，蘇秉琦主編《考古學文化論集（一）》，第 162 頁。

③ 黄渭金:《簡論河姆渡遺址與跨湖橋遺址的關係》，林華東、任關甫主編:《跨湖橋文化論集》，北京：人民出版社，2009 年，第 119 頁。

沼平原"[①]。

因此跨湖橋、河姆渡遺址可以說是海洋文化，跨湖橋遺址還發現了一隻完整的獨木舟以及船槳等相關的遺物，年代爲前 6000 年。這是國內發現的最早的獨木舟。但是河姆渡遺址面積只有約 4 萬平方米，而在黃河流域，已發現許多面積超過 100 萬平方米的大型遺址，10 萬平方米以上的遺址不計其數。

從保存下來的爲數不多的遺物來看，在公元前五六千年的時候，跨湖橋、河姆渡已經有十分發達的黑陶文化。因此長江下游大量的黑陶遺址應該不是山東上古文化的附屬文化，其重要性甚至可能在山東上古文化之上。它與長江中游的黑陶文化有密切的聯繫。一些學者說："跨湖橋的面貌與洞庭湖地區的皂市下層文化或湯家崗、丁家崗下層類型類似，因而它有較多接近長江中游地區文化的特徵。從這個意義上講，跨湖橋遺址的發現，第一次把長江中下游地區的考古學問題聯繫起來。"[②]"湘中的北部，不排除會成爲跨湖橋人西遷落脚點的可能"[③]。而且它與魯東地區的黑陶文化可能有直接的聯繫。

1. 杭州灣地區

（1）浦江上山遺址（前 9000—前 6600 年）

浦江上山遺址發現了夾炭陶片和栽培稻。

（2）蕭山跨湖橋遺址（前 6200—前 5000 年）

遺址在 1990 年發現並開始發掘。出現黑陶，其年代早於山東半島，早於松花江中游。"跨湖橋陶器開創了錢塘江流域延續數千年的夾炭陶系。它的黑光陶可與幾千年後的光亮的龍山文化黑陶、良渚文化的黑皮陶媲美"[④]。

① 嚴欽尚、黃山、何越教，等：《杭嘉湖平原全新世沉積環境的演變》，嚴欽尚、許世遠等著：《長江三角洲現代沉積研究》，上海：華東師範大學出版社，1987 年，第 156 頁。

② 高萍：《跨湖橋遺址與河姆渡遺址文化差異性探微》，杭州市蕭山跨湖橋遺址博物館編：《跨湖橋文化國際學術研討會論文集》，北京：文物出版社，2012 年，第 73 頁。

③ 曾騏：《跨湖橋—上山與浦陽江文化》，杭州市蕭山跨湖橋遺址博物館編：《跨湖橋文化國際學術研討會論文集》，第 43 頁。

④ 曾騏：《跨湖橋—上山與浦陽江文化》，杭州市蕭山跨湖橋遺址博物館編：《跨湖橋文化國際學術研討會論文集》，第 39 頁。

（3）餘姚河姆渡遺址（前 5000—前 3300 年）

第一期（前 5000—前 4500 年）出土陶片約 35000 片，其中夾炭黑陶占 79.9%，夾砂黑陶占 20.1%，至於彩陶，“數量極少”。總的來看，陶器“全爲手制，造型不規整，常見歪、斜、扭、偏現象。器壁厚薄不匀，製作粗劣……但也發現有薄如蛋殼的黑陶片”[①]。自上而下第二、三（前 4100 年）、四（前 4800 年）期有泥質及夾炭黑陶。

前面講過，山東蓬萊紫荆山遺址（二期）上文化層黑陶占 96.1%，並有蛋殼陶片。可以與河姆渡遺址對比。

（4）杭州良渚遺址（前 3200—前 2300 年左右）

比跨湖橋、河姆渡晚兩三千年，但其黑陶在長江流域是最早發現的。早在 20 世紀 30 年代就已經發現，發現者何天行認爲良渚文化具有自己的重要特徵，因此認爲黑陶可能由杭州灣傳播於山東半島，但是另一位發現者施昕更則認爲“浙江黑陶文化”是在山東文化傳播影響下産生的。[②]後來發現了河姆渡文化，尤其又發現了跨湖橋文化，大家纔認識到杭州灣—太湖地區可能是全國最值得注意的黑陶地區。

2. 太湖地區

馬家浜文化（約前 5000—前 4000 年）是太湖地區所發現的年代最早的新石器時代文化。

新發現的這些黑陶遺址更加説明，百越應該屬於戎族。但是百越作爲部族的名稱太含糊。《地理志》顔師古注引臣瓚曰：“自交阯至會稽，七八千里，百越雜處，各有種姓。”[③]這些“種姓”包括東甌、閩越、南越、西甌、駱越等，但是“七八千里”的區域内一定還有更多的“種姓”。下面再討論這個問題。

① 浙江省文物考古研究所編：《河姆渡——新石器時代遺址考古發掘報告》，北京：文物出版社，2003 年，第 30 頁。

② 楊楠：《施昕更與〈良渚〉》，浙江省文物考古研究所編：《良渚文化研究——紀念良渚文化發現六十周年國際學術討論會文集》，北京：科學出版社，1999 年，第 302 頁。

③《漢書・地理志下》，第 1669 頁。

（四）江漢—洞庭湖地區的黑陶遺址

1. 江漢平原

在長江中游的江漢平原，最早的考古文化是城背溪文化（前 7000—前 5000 年），最值得注意的黑陶文化是大溪文化（前 5000—前 3500 年）。大溪文化時期相當於仰韶文化，在陶器中，開始時紅陶占有優勢，灰陶、黑陶其次，後來紅陶的比例減小，而灰陶、黑陶的比例增大。同時出現薄胎陶、蛋殼陶。晚期，仍以紅陶爲主，但灰陶、黑陶比例增大，有一定數量的薄胎黑陶。值得注意的是："大溪文化……製作業歷經了一個從粗泥紅陶爲主到細泥紅陶爲主、再到黑陶爲主的階段。……大溪文化的薄胎彩陶、淺浮雕式白陶最能反映其工藝特色與水平"①。

江漢平原有下列重要的黑陶遺址：

（1）枝江關廟山遺址

"關廟山大溪文化遺存能進行分期，從陶器變化上表現得比較顯著。……早期，以夾植物的紅陶爲最多……中期，泥質紅陶增加，彩陶鼎盛，出現蛋殼彩陶……晚期，仍以紅陶爲主，但灰陶、黑陶比例增大，有一定數量的薄胎黑陶和橙黃陶"②。

（2）京山屈家嶺遺址（前 3500—前 2000 年）

京山屈家嶺遺址面積據説達 50 萬平方米以上。有大溪文化、屈家嶺文化與石家河文化的堆積。屈家嶺文化早期"黑陶多，灰陶次之"，後期陶器中"灰陶較多，黑陶次之，餘爲黄陶和紅陶"，"通常厚度爲 0.5—2 毫米的薄胎陶器，高 40 餘厘米的大件缸形器，以及口徑達 86 厘米的厚胎大陶鍋，也都反映了燒陶技術進步的一個側面"。"仍有少量彩陶，特别是薄胎近乎蛋殼的彩陶碗、杯和圈足壺等，是屈家嶺文化中特徵性的陶器"。③

① 劉彬徽：《江漢文化與荆楚文明》，南京：江蘇教育出版社，2008 年，第 37 頁。

② 中國社會科學院考古研究所編：《新中國的考古發現和研究》，北京：文物出版社，1984 年，第 129 頁。

③ 中國社會科學院考古研究所編：《新中國的考古發現和研究》，第 131、134 頁。

漢東地區出現的黑陶系遺存是值得特别注意的。屈家嶺第二次發掘所發現的早期遺存，其中細泥黑陶占 61.32%，泥質灰陶占 19.87%，另有少量的红陶、黄陶、粗黑陶、粗灰陶和夾砂红陶。不過第三次發掘所發現的第二期遺存，其中泥質黑陶占 35.9%，泥質灰陶 26.2%，泥質红陶 5.5%。[①]

（3）天門石家河遺址

面積近 800 萬平方米，是長江中游地區面積最大的新石器時代遺址。

在肖家屋脊遺址出土的石家河文化早期五座墓出土的陶器中，灰陶爲主，其次是红陶，黑陶地位降低，衹占 5%。[②]

2. 澧陽平原

在洞庭湖地區的澧陽平原，其考古文化從早到晚有彭頭山文化（前 8000—前 5800 年）、皂市下層文化、湯家崗文化、大溪文化、屈家嶺文化。重要的黑陶文化遺址有：

（1）湖南臨澧胡家屋場遺址

面積 4 萬平方米，距今約 7000 年，爲皂市下層文化（石門皂市下層年代爲前 5200—前 4920 年）[③]。“夾碳陶爲絶大部分……夹砂陶較少，泥質黑陶與泥質红陶最少”。[④]

（2）湖南澧縣城頭山遺址

城頭山遺址（前 4500—前 3000 年），連續 11 年的發掘，證實其由一個環壕聚落演變爲城址，環壕過渡到城壕，城址不斷向平原區擴展，面積擴展到 8 萬平方米。[⑤]

從城頭山遺址第六區的陶片統計來看，在湯家崗文化遺存中，泥質黑陶占

---

① 郭偉民：《新石器時代澧陽平原與漢東地區的文化和社會》，北京：文物出版社，2010 年，第 79—80 頁。

② 湖北省荊州博物館，湖北省文物考古所，北京大學考古學系，等編著：《肖家屋脊：天門石家河考古發掘報告之一》，北京：文物出版社，1999 年，第 302 頁。

③ 湖南省文物考古研究所：《湖南臨澧縣胡家屋場新石器時代遺址》，《考古學報》1993 年第 2 期。

④ 郭偉民：《城頭山遺址與洞庭湖區新石器時代文化》，長沙：岳麓書社，2012 年，第 198 頁。

⑤ 湖南省文物考古研究所：《澧縣城頭山古城址 1997～1998 年度發掘簡報》，《文物》1999 年 6 第期，第 4—17 頁。

6.5%，泥質白陶不超過 2%。[①] 到大溪文化一期，陶器以夾砂陶爲主，在泥質陶中醬黑陶較多，其次爲红陶、黑陶。到大溪文化三期，“陶質有了顯著變化，即泥質陶占了主導地位，達到 44.9%……在泥質陶中……黑陶和灰陶的比例上升”。“城頭山大溪文化第四期陶器……表現出與前三期很大的差别……泥質陶占主導地位，比例超過 60%。泥質陶中，黑、紅、灰陶爲主”。在一組大溪文化四期前段的墓葬中，“以泥質灰陶和泥質黑陶爲主要隨葬物”。[②]

（五）河南地區的黑陶遺址

在上古時代，由於湖北與山東都有黑陶區域，這就可以解釋在豫南的淅川下王崗、方城大張莊、舞陽賈湖爲何都出現了早期的黑陶區域。在豫東，新鄭裴李崗、鄭州大河村、新鄉李大召、安陽後崗都有比較重要的黑陶遺址。

現在簡單地討論一下江漢平原與洞庭湖地區的古代居民。

江漢平原與洞庭湖地區的大量黑陶，説明其大量居民當爲戎族。他們的部族主要是苗族、壯侗族、百越。

首先看苗族。根據傳説與流行的歌謠，苗族的歷史可以追述到蚩尤，他們生活在黄河流域，那是炎黄時代。苗族在五帝初期從黄河流域南遷到“句吴的水鄉”（即在今長江中下游以及太湖地區）。接着又經歷了三次大的遷徙，按十二宗支從“句吴水鄉”南遷到洞庭湖、鄱陽湖流域的朗州、潭州等地區。朗州治所在武陵（今常德），潭州治所在長沙。再進入湘西。在湘西仍按十二宗支遷徙，於是分布於湖南西部、貴州東部、四川東南部。從此以後，苗族基本上不再遷徙，衹有一小部分還繼續向西、向南擴張。[③]

再看壯侗族（包括壯族、傣族、侗族、黎族等）。壯族、傣族的祖先也往往被稱爲百越。例如《隋書・南蠻列傳》：“南蠻雜類，與華人錯居，曰蜒，曰獽，曰俚，曰獠，曰㐌，俱無君長。隨山洞而居，古先所謂百越是也。其俗斷髮文身，好相攻討，浸以微弱，稍屬於中國，皆列爲郡縣，同之齊人，不復詳載。大業中，南

① 郭偉民：《城頭山遺址與洞庭湖區新石器時代文化》，第 217 頁。

② 郭偉民：《城頭山遺址與洞庭湖區新石器時代文化》，第 249、274、278 頁。

③ 伍新福：《苗族史研究》，北京：中國文史出版社，2006 年，第 97、111 頁。

荒朝貢者十餘國，其事迹多湮滅而無聞。今所存録，四國而已。”[①] 所説的四國是林邑、赤土、真臘、婆利。林邑即占城，在今越南中部。赤土，即馬來半島之吉打。真臘即吉蔑王國，明代改稱柬埔寨。婆利亦作馬禮，在加里曼丹島。因此隋代的“南蠻”是被迫南遷到東南亞各地的百越。黄興球説：“中國嶺南地區的古代民族是越人的後裔——烏滸、俚人、僚人。烏滸、俚人、僚人是壯泰族群更爲接近的祖先。”[②]

范宏貴説：“學者多年來的研究認爲，壯族是嶺南地區的土著民族。那麽，傣族是從嶺南一帶遷移出去的，這個結論是可以成立的。”[③] 其實這個結論不完全成立。傣族從嶺南遷移到雲南，這一點可以肯定，但是壯族未必是嶺南的土著，壯族可能是從其他地方遷移到嶺南來的，傣族也一樣。

關於泰族的起源問題，“在西方影響最大的是來自杜德（W. C. Dodd）的觀點”。他在 1923 年出版的《漢人：泰族的兄長》一書中認爲：“泰族原來的居住地在中國黄河流域中部的河南、湖北一帶，後來從甘肅來的漢人逐步將他們向南擠壓，致使他們南遷、西遷進入雲南、越南北部，後來又陸續向老撾、泰國遷徙。”[④]照杜德的説法，壯侗族最初生活在河南、湖北一帶，後來在甘肅漢人的擠壓下纔南遷到雲南、越南北部，最後纔遷徙到老撾、泰國。1926 年吴迪（W. A. R. Wood）在《暹羅史》中也説壯侗族原來生活在長江以南的江南諸地，他説：“中國之原本疆域，誠非至廣。”“公元前 585 年之中華帝國版圖，尚未逾越揚子江而南。其時江南諸地乃屬蠻夷百越之地。蠻夷百越者何？其系包括諸多各異之部落，固無疑意；然而其中泰半殆爲泰族，皆系今日之暹羅人、佬撾人與乎撣人諸民族之鼻祖也。”[⑤] 1938 年艾思德（E. F. von Eickstedt）説：“在揚子江下游的湖北，我們剛剛説過的地方，當北方的古華人光顧時，無疑的早已住着泰（族）。我們從古老的言語中所知的東西很少，然而很少的一點點中却是泰或大

① 《隋書·南蠻列傳》，第 1831 頁。

② 黄興球：《壯泰族群分化時間考》，北京：民族出版社，2008 年，第 237 頁。

③ 范宏貴：《同根生的民族——壯泰各族淵源與文化》，北京：民族出版社，2007 年，第 41 頁。

④ 轉引自黄興球：《壯泰族群分化時間考》，第 23—24 頁。

⑤ 轉引自黄興球：《壯泰族群分化時間考》，第 24 頁。

部分是泰。”徐松石也説“泰人祖先乃三代時自江漢以南的土著”，虞舜時代的“蒼梧國遺民的一部分，則爲今日所謂僮人、黎人、僰人、佬人、撣人、和小泰人”。[①]

把這些早期的研究工作綜合起來，可以看到壯侗族的歷史可分爲三個階段：

第一階段，在堯舜時期之前，壯侗族生活在長江中游的兩湖（洞庭湖、鄱陽湖）一帶，他们當時的名稱是越人，或百越。“關於侗族來源和形成問題……侗族源於百越民族系統，已成爲大多數學者的共識，但具體源自百越的哪一部分（支系），則看法不一致”[②]。當時夏族生活在黃淮流域。

第二階段，到堯舜時期夏族向南方擴張，於是壯侗族逐步南遷到五嶺南北。在壯侗族生活在五嶺南北的階段，他們的族稱是烏滸、俚人、僚人。黃興球説：“‘越人’在中國南部的分布範圍是有變動的……而‘越人’的南移是因爲漢武帝統一了‘東越’，致使江蘇、浙江、福建、江西等地的‘越人’漢化的漢化，向南遷徙的向南遷徙，致使‘越人’的分布區從西漢以後就集中到了嶺南地區。到 6—7 世紀，中國嶺南地區的古代民族是越人的後裔——烏滸、俚人、僚人。烏滸、俚人、僚人是壯泰族群更爲接近的祖先。”[③]

照這種説法，壯侗族南遷到五嶺與漢武帝時期漢族的擴張有關，但壯侗族南遷五嶺可能要早得多。當堯舜時代，夏族就已經向南方大力擴張，如《帝王世紀》説：“諸侯有苗氏處南蠻而不服，堯征而克之于丹水之浦”。又説：“有苗氏叛，（舜）南征，崩于鳴條。”[④]《淮南子》則説：“（舜）南征三苗，道死蒼梧。”[⑤]《墨子》説堯、舜、禹最後都死於對戎狄的戰争：“昔者堯北教乎八狄，道死，葬蛩山之陰。……（舜）西教乎七戎，道死，葬南已之市。……禹東教乎九夷，道死，葬會稽之山。”[⑥]《五帝本紀》説：“（舜）南巡狩，崩於蒼梧之

① 徐松石：《泰族僮族粵族考》。轉引自黃興球：《壯泰族群分化時間考》，第 26 頁。

② 廖君湘：《南部侗族——傳統文化特點研究》，北京：民族出版社，2007 年，第 38 頁。

③ 黃興球：《壯泰族群分化時間考》，第 237 頁。

④（晋）皇甫謐撰，（清）宋翔鳳、錢寶塘輯：《帝王世紀》，瀋陽：遼寧教育出版社，1997 年，第 10、15 頁。

⑤《淮南子・修務訓》，《諸子集成》，第 331 頁。

⑥《墨子閒詁・節葬下》，《諸子集成》，第 112—113 頁。

野，葬於江南九疑，是爲零陵。"《集解》引《皇覽》曰："《山海經》曰：'蒼梧山，帝舜葬于陽，丹朱葬于陰。'"又引皇甫謐曰："或曰二妃葬衡山。"① 一直傳説舜、禹在長江之南討伐蠻夷。不管他們究竟葬在何處，在他們的時代，夏族與南蠻的戰爭不斷則是肯定無疑的。所以早在堯舜時代，壯侗族大概就南遷五嶺了。

第三階段，從春秋戰國時期起，壯侗族逐步往南往西遷到廣西、雲南以及貴州、廣東部分地區，以至越南、老撾、泰國、以及緬甸、印度部分地區。范宏貴説："綜合上述各個學科的論述和考證，可以得出這樣的結論，在春秋時代以前……壯族與傣族、泰族、佬族同一起源，共同生活在嶺南和嶺北一帶。春秋到漢代以前……已進入以農業爲主的社會，傣族的祖先從嶺南和嶺北向南遷徙，定居在現在的居住地。"②

既然如此，則在堯舜時代，壯族與傣族當生活於長江流域，因此壯族與傣族當屬於黑陶族群。根據上述討論，中國古代部族可以分爲下列三個族群：

夏（彩陶族群）	夏族
戎（黑陶族群）	商族、夫餘、高句驪、越族、苗族、壯族
胡（細石器族群）	肅慎、鮮卑、烏桓、匈奴、突厥、蒙古

從前面的簡單説明，不難看到考古文化的發展對辨認基本族群的重大作用。但僅僅依靠黑陶是遠遠不够的。實際上除了黑陶之外，還有其他考古文化遺物也有可能用來識别戎族，如有段石錛、鉞或玉器等，例如陳國强等説："有段石錛是中國東南區，也即百越民族主要分布地區的新石器文化特徵之一。在華北東部還略有少數發現，在華北西部便未曾發現過。因此，中外考古學者都承認是一種特殊器物，也即承認是越族的文化遺物。"③

有段石錛的分布範圍遠遠超過中國東南地區。首先，山東半島出現了有段石

① 《史記・五帝本紀》，第 44—45 頁。
② 范宏貴：《同根生的民族——壯泰各族淵源與文化》，第 47 頁。
③ 陳國强、蔣炳釗、吴綿吉，等：《百越民族史》，北京：中國社會科學出版社，1988 年，第 338 頁。

錛："大汶口後期……又出現了有段石錛、石錘以及有特殊用途的帶槽石器。"①在遼東半島也出現了有段石錛，"小珠山上層文化出土的三足盆形鼎……尤其是蛋殼黑陶和有段石錛等又具有濃厚的山東龍山文化特點"②。此外還有單面起脊的斧狀器，上宅文化"以盤狀器和單面起脊的斧狀器數量最多"。③上宅遺址位於北京平谷東北，南臨洵河。

值锝注意的還有玉器與鉞。玉器與鉞都是良渚文化的特徵，在大汶口文化中也很突出，甚至還有玉鉞與有段玉錛："大汶口文化玉業的發展，在技藝上受到來自北方紅山文化的和來自南方良渚文化玉業的影響。""在花廳北區的……隨葬的玉器中有鉞、璧、琮……以及有段錛等。"④

因此可以利用黑陶以外的考古遺物來對戎族進行辨認。

---

① 高廣仁、邵望平：《海岱文化與齊魯文明》，南京：江蘇教育出版社，2005年，第68頁。

② 郭大順、張星德：《東北文化與幽燕文明》，南京：江蘇教育出版社，2005年，第276頁。

③ 郭大順、張星德：《東北文化與幽燕文明》，第125頁。

④ 高廣仁、邵望平：《海岱文化與齊魯文明》，第89、106頁。

［補注二］基本族群的語言學研究

論文［02］説明，通過語言學的途徑也可以辨識古代的三個基本族群，即夏族、戎族、胡族，結果如下：

夏族（中原語言集團）	夏族
戎族（沿海語言集團）	須句、顓臾
	山戎、孤竹、商族
	夫餘、高句驪、沃沮、濊貉
	馬韓、弁辰
	倭
	百越
胡族（北方語言集團）	肅慎、室韋、契丹、奚、豆莫婁
	蒙古、烏桓、鮮卑
	突厥、丁零、鐵勒、回紇、匈奴

這裏的語言集團是根據歷史記載確定的，例如史書上説肅慎、室韋、契丹等部族的語言相同，這樣我們纔能夠将他們歸入一個語言集團。但是史書中關於語言的記載十分疏略，因此對語言集團的分析就難以深入進行。現代語言學的發展可以推進對語言集團的研究。

（一）語系、語族與語言集團

1. 語系、語族、語支

在現代的語言學中，把所有的語言劃分爲語系、語族、語支。這樣做是爲了説明各個語言之間的接近程度，如果兩個語言非常接近，就屬於同一個語支；如果比較接近，則屬於同一個語族；如果在某些方面接近，則屬於同一個語系。

語言集團就是以語言是否接近來劃分的，因此語系、語族的研究正好給語言集團的分析提供良好的基礎。爲此先介紹一下語系與語族。

起初大家把中國境内的衆多語言劃分爲五個語系，即：漢藏語系、阿爾泰語系、南島語系、南亞語系以及印歐語系。李方桂將漢藏語系分爲四個語族，即：漢語族、壯侗語族、苗瑤語族、藏緬語族。這個觀點爲國内外的語言學家所接受。因此五個語系可開列如下[①]：

漢藏語系

1. 漢語族：漢語

2. 壯侗語族：仡佬語、（普標語）

3. 苗瑤語族：苗語、布努語、佘語、勉語

4. 藏緬語族：藏語、彝語、納西語、羌語、景頗語、阿昌語

阿爾泰語系

1. 突厥語族：突厥語、維吾爾語、哈薩克語、烏孜別克語

2. 蒙古語族：蒙古語、達斡爾語、東鄉語

3. 滿—通古斯語族：滿語、鄂倫春語、鄂温克語

南亞語系

孟高棉語族：佤語、布朗語、德昂語、克木語

南島語系

印尼語族：高山諸語言

印歐語系

1. 斯拉夫語族：俄羅斯語

2. 伊朗語族：塔吉克語

（未定語系）京語

① 孫宏開：《語言識别與民族》，《民族語文》1988年第2期。

上述語族中加括弧的表示未定，如“（普標語）”，表示普標語雖然列爲壯侗語族，但還没有定論。又如“（未定語系）”表示京語究竟屬於哪個語系，還未能確定。

2. 阿爾泰語系

先看阿爾泰語系。阿爾泰語系有三個語族：突厥語族、蒙古語族、滿—通古斯語族。再看胡族，胡族爲“北方語言集團”或“北方集團”，包含三個語言集團：肅慎語言集團、蒙古語言集團、突厥語言集團。

語言學的“語族”表示語言比較接近的部族，如突厥語族表示與突厥語言比較接近的部族。同樣，“語言集團”也表示語言比較接近的部族，“突厥語言集團”就包括與突厥語言比較接近的部族。因此從概念來看，“突厥語族”與“突厥語言集團”應該是一回事。同樣，“蒙古語族”與“蒙古語言集團”應該是一回事，“滿—通古斯語族”與“肅慎語言集團”也應該是一回事。

這樣一來，阿爾泰語系的部族實際上就是“北方集團”的部族，因此阿爾泰語系就可以用来識别胡族，同時阿爾泰語系的三個語族正好可以用來區别北方集团三個語言集團。類似地，語言學的漢語族可以用来辨認“中原集團”，亦即“夏族語言集團”。

那麼哪個語系或語族可以用來辨認“沿海集團”或戎族呢？回答是：没有。但是在 20 世紀下半葉，語言學出現了一個重大的進展，正好給這個問題提供瞭解答。後面將討論這個問題。

3. 氐羌語與阿爾泰語系

許多語言學家都把羌語列爲漢藏語系藏緬語族羌語支，但是這個結論是有争議的。通常把漢藏語系分爲四個語族，每個語族又分爲若干個語支。至於是否存在一個“羌語支”，那是有争議的，到 20 世紀八九十年代，“羌語支”纔逐漸被一些語言學家所接受。黄成龍説：

> 在上世紀 80 年代之前，羌語的系屬問題一直有争議，有人認爲羌語屬

> 於藏語支，有人認爲其語支未定。孫宏開早在《羌語概况》（《中國語文》1962 年 12 月號，第 561—571 頁）一文中曾提出將羌語與普米語劃爲羌語支。直到上世紀 80 年代，孫宏開《羌語支屬問題初探》（《民族語文研究問題》，民族語文編輯部編，第 189—224 頁，青海民族出版社 1982 年版）……和劉光坤在《麻窩羌語》（民族出版社 1998 年版，第 21—22 頁）中都認爲羌語屬於漢藏語系藏緬語族羌語支……羌語支也逐漸被國内外學者認同。[①]

因此“羌語支”本身就不很明確。孫宏開説，關於羌語支是否可以成爲一個獨立語支，目前在語言學界尚存在一定分歧和爭議。[②] 其實到 20 世紀八九十年代，漢藏語系本身是否包含四個語族已經成爲問題。

而且問題還不止是羌語是否屬於羌語支，有的學者懷疑羌語是否屬於藏緬語族，甚至懷疑羌語是否屬於漢藏語系。例如莫正琨認爲古羌語的語法結構屬於阿爾泰語系，他説：

> 古漢語有複輔音，是典型的單音節語，多聲調語，是孤立語。有少量主賓謂的語句（大都是疑問句）。古羌語與現代漢語差别很大。古羌語是多音節語，是無聲調語，爲黏著語。由古羌語演化來的現代藏語，仍屬於多音節語，是無聲調語，爲黏著語。漢語與藏語之所以歸入漢藏語系，不是因爲語法結構相同，而是因爲同源詞對應。古羌語語法結構屬於阿勒泰語系類型。阿勒泰語系是以語法結構相似爲前提，阿勒泰語系各語族之間本缺乏同源詞。[③]

如果古羌語語法結構屬於阿勒泰語系類型，那麽由於“語法是語言的基礎，是語言特點的本質，它比語音和一般詞彙變化緩慢得多”，羌語就當屬於阿爾泰語系，

---

① 黄成龍：《羌語研究回顧與展望》，張曦主編：《持顛扶危》，北京：中央民族大學出版社，2009 年，第 199 頁。

② 孫宏開：《藏緬語族羌語支語言及語言學研討會述評》，《當代語言學》2000 年第 2 期。

③ 莫正琨：《上古漢語屬於什麽語系？》。

因此羌族當屬於胡族。當然這個結論有待進一步核實。

魚豢《魏略·西戎傳》語及氐族之語言風俗:“其俗，語不與中國同，及羌雜胡同，各自有姓，姓如中國之姓矣。……多知中國語，由與中國錯居故也。其自還種落間，則自氐語。”其習俗也受到漢族的很大影響，“其婦人嫁時著袵露，其緣飾之制有似羌，袵露有似中國袍。皆編髮。……其嫁娶有似於羌”。①

因此氐語與羌及雜胡相同，與漢語不同，當屬於阿爾泰語系。但是《通典》説“其（指氐）俗，語不與中國及羌、胡同”②，與《魏略》不一樣。馬長壽同意《通典》的説法，認爲《魏略》是錯的:“《魏略》上引文前一‘同’字爲衍文。……換言之，則氐語與羌語是有區別的了。”③如果《魏略》删去“同”字，則氐語不同於漢語、羌語、胡語，則氐語是第四種語言。但馬長壽之説没有根據，恐怕《魏略》是對的，而《通典》少一“同”字。因此氐語與漢語不同，而與羌語、胡語同。

（二）澳泰語系

在 20 世紀下半葉，語言學也有了重大的發展，其中值得特别注意的是澳泰語系的發現。

1. 澳泰語系

李方桂將漢藏語系分爲四個語族，即漢語族、壯侗語族、苗瑶語族、藏緬語族。起初這個觀點爲大家一致接受。在 20 世紀中葉以後，由於白保羅（Paul K. Benedict，P.本尼迪克特）等的研究工作，大家對漢藏語系發生了懷疑。孫宏開在《第 40 届國際漢藏語言暨語言學會議論文集》的序言中，甚至把漢藏語系稱爲一個“假設”，他説:“漢藏語系假設是一個歷史概念，是一樁公案，一個學術熱點。”之所以會出現這個現象，是“由於漢藏語系語言文獻大大少於印歐語系……直至今天，漢藏語系仍然是一個没有解開的謎團。這主要表現在，漢藏語系究竟

① 《三國志·烏丸鮮卑東夷傳》，第 858 頁。
② （唐）杜佑:《通典·邊防五·氐》，北京：中華書局，1988 年，第 5142 頁。
③ 馬長壽:《氐與羌》，上海：上海人民出版社，1984 年，第 17 頁。

包括哪些語族，學術界仍然意見不一致”。①

最後對漢藏語系進行修改，並提出了“澳泰語系”的概念。孫宏開説：“70年代美國學者白保羅、馬提索夫等提出漢藏語系僅包括漢、藏緬兩個語族，把李方桂劃分在漢藏語系中的侗台、苗瑤兩個語族歸入澳泰語系，這一觀點得到歐美多數語言學家的贊同，在中國也得到部分學者的支持。”②

由於“澳泰語系”概念的出現，於是語言學家把中國境内的衆多語言劃分爲下列四個語系，即漢藏語系、阿爾泰語系、澳泰語系以及印歐語系。開列如下：

漢藏語系

1. 漢語族：漢語

2. 藏緬語族：藏語、彝語、納西語、羌語、景頗語、阿昌語

阿爾泰語系

1. 突厥語族：突厥語、維吾爾語、哈薩克語、烏孜别克語

2. 蒙古語族：蒙古語、達斡爾語、東鄉語

3. 滿—通古斯語族：滿語、鄂倫春語、鄂温克語

澳泰語系

1. 壯侗語族：仡佬語、（普標語）

2. 苗瑤語族：苗語、布努語、佘語、勉語

3. 孟高棉語族：佤語、布朗語、德昂語、克木語

4. 印尼語族：回輝語、高山諸語言

印歐語系

① 孫宏開：《漢藏語研究四十年・序一》戴昭銘，（美）J. A. 馬提索夫主編：《漢藏語研究四十年：第 40 屆國際漢藏語言暨語言學議編文集》，哈尔濱：黑龍江大學出版社，2010 年，第 1 頁。

② 孫宏開：《漢藏語研究四十年・序一》戴昭銘，（美）J. A. 馬提索夫主編：《漢藏語研究四十年：第 40 屆國際漢藏語言暨語言學議編文集》，第 1 頁。

其中漢藏語系減去了兩個語族，新的澳泰語系包括四個語族：壯侗語族、苗瑶語族、孟高棉語族和印尼語族。

語系的這種改變意義在哪里？從基本族群的研究來説，這種改變爲辨認戎族創造了條件。前面説過，阿爾泰语系可以用來辨認胡族，漢藏語系可以用來辨認夏族，而澳泰語系正好可以用來辨認戎族。下面我們就來分析這一點。

2. “獨立”語言

卡兹納（K. Katzner）曾製作了一個圖表，列舉世界上比較重要的語言。表中所包括的語言總共約有五百種。但他認爲，其中一些語言的語系無法確定，他稱這些語言的語系未定，或屬於“獨立語系”，在圖表中注明“獨立語系”的語言共七個：巴斯克語、布魯沙斯基語、日語、朝鮮語、阿伊努語、越南語、猛語。[①] 原來在全世界七個“獨立”的語言中，中國的近鄰就占了五個，即日語、朝鮮語、阿伊努語、越南語、猛語。

許多學者企圖解决“獨立語言”的問題，如著名的阿爾泰語學者蘭司鐵（G. J. Ramstedt）認爲阿爾泰語有以下四個語族：突厥語族、蒙古语族、通古斯語族（包括滿语）、朝鮮語族。把“朝鮮語族”作爲阿爾泰語系的第四個語族。也就是説，朝鮮語屬於阿爾泰語系。

爲什麽朝鮮語屬於阿爾泰語系呢？蘭司鐵説：“朝鮮人的祖先大概原来作爲‘阿爾泰’民族的一個最東的集團，居於現今滿洲的東部，而在現今的朝鮮所居住的民族，至少有一部分是阿伊努人和日本人的祖先。因此，現今的朝鮮民族乃由阿爾泰移民和原始居民融合而成。”[②] 蘭司鐵説朝鮮人是“阿爾泰”民族的一個最東的集團，這個説法是不成立的，“阿爾泰”民族最東的集團應該是肅慎。他又説，現今朝鮮的居民是“阿爾泰移民和原始居民融合而成”，這個説法也是不對的。在上古時代，來到朝鮮的移民主要是夫餘人與高句驪人，他们不是“阿爾泰”民族，他们的語言與“阿爾泰”不同。至於朝鮮的原始居民則可能與阿伊努人（或日本人）有關。因此現今的朝鮮民族可能是由夫餘、高句驪移民與阿伊努

① 〔美〕肯尼思·卡兹納著，黄長著、林書武譯：《世界的語言》，北京：北京出版社，1980年，第6頁。

② 〔芬〕G.J. 蘭司鐵著，周建奇譯：《阿爾泰語言學導論》，呼和浩特：内蒙古教育出版社，2004年，第18頁。

人、日本人融合而成。(至於夫餘、高句驪移民與阿伊努人、日本人是否有某種血緣關係，還需要進一步研究。)因此把日本—朝鮮語列爲一個語族，可能是有道理的，這兩種語言可能有某種共同點，但認爲這個語族屬於阿爾泰語系，則是靠不住的。

也有人將朝鮮語與日本語合爲一個語族，如巴斯卡科夫將阿爾泰語系分爲突厥—蒙古語支，滿—通古斯語支和日本—朝鮮語支(此處所謂語支就是語族)①，也把朝鮮語歸屬阿爾泰語系。這是靠不住的，還有一些其他的説法，也都是站不住的。

卡兹納説，由於現有的語系不能解決問題，有人就提出一個“古亞細亞語系”，這個語系的語言都是人數很少又很難歸類的語言。“有些權威把愛斯基摩語和阿留申語也歸入這個語系，另外一些權威則把日本的阿伊努語也歸入這個語系。由於它们没有什麽親缘關係，所以歸類的問題，純粹是個人的偏愛”。因此“有人做出努力，試圖把這些語言和其他一種語系聯繫起來，但都失敗了”。②

因此所謂“獨立”語言，實際上是指這種語言不屬於任何語系，也就是與任何語系都缺少共同點。那麽日语、韓語爲什麽會出現這種情况？其實這可能並不是由於這兩種語言太特别，而是語系設置的問題。當語言學家設置的語系是“漢藏、阿爾泰、南亞、南島、印歐”時，日語、韓語可能與哪個語系都没有共同點，因而没有語系；但是如果語言學家設置的語系是“漢藏、阿爾泰、澳泰、印歐”時，日語、韓語可能與某個語系(如澳泰語系)就具有某種共同點，那麽他們就不是“獨立”語言了。

(三)澳泰語系與沿海集團

“澳泰語系”包括四個語族，如下：

① [蘇] H. A. 巴斯卡科夫著，陳偉、周建奇譯：《阿爾泰語系語言及其研究》，呼和浩特：内蒙古教育出版社，2004年，第15頁。

② [美] 肯尼思·卡兹納著，黄長著、林書武譯：《世界的語言》，第34、45頁。

澳泰語系

壯侗語族

壯傣語支：壯語、傣語、布依語、（臨高語）

侗水語支：侗語、水語、毛南語、拉珈語、沐佬語

黎語支：黎語、（村語）

苗瑶語族

苗語支：苗語、布努語、佘語

瑶語支：勉語

南亞語族

南島語族

在論文［02］中得到的沿海集團如下：

沿海語團

（伏羲語言集團） 須句、顓臾

（山戎語言集團） 山戎、孤竹、商族

（夫餘語言集團） 夫餘、高句驪、沃沮、濊貉

（韓語言集團） 辰韓、弁辰

（倭語言集團） 倭

（百越語言集團） 百越

澳泰語系與沿海集團是否互相關聯呢？下面就來説明。

1. 澳泰語系與百越

在《説苑》中講到一首“越人歌”①，當時楚人把這首“越歌”用 29 個漢字

①（漢）劉向撰：《説苑校証》，北京：中華書局，1987 年，第 279 頁。

記載下來，也就是用漢語的發音把這首“越歌”的歌詞記下來。但是即使勉强加上標點，也無法理解。好在當時又有人將它翻譯成古詩，共 54 個字。翻譯是否準確不得而知，但不少人通過這個例子來分析越語的性質。水族學者韋慶穩研究之後，認爲古越語與現代壯語是有關聯的：“歌中大部分詞語能在現代壯語中找到。……歌中詞語的意義和詞性與現代壯語相同，只有個別詞……有變化。”“現代壯語語法的基本結構與二千年前《越人歌》差異是不大的。”① 根據韋慶穩的解釋，那麽古越語當屬於壯侗語。因此古代百越當包括壯族、傣族的祖先。

2. 澳泰語系與伏羲、夫餘、韓、倭語言集團

韓集團與倭集團的語言就是卡兹納所謂的“獨立”語言，那麽在有了澳泰語系以後，他們是否還是“獨立”語言？這一點很難從語言學來回答，但可以從人類學的角度来看。其實伏羲、山戎、夫餘、韓族、倭族與百越、南亞語族、南島語族有密切的聯繫，因此他們當屬於澳泰語系，不再是“獨立”語言了。

史祿國（S. M. Shirokogoroff）曾把中國及周邊若干人種的體質特徵大致區分爲 A 型、B 型、Γ 型、Δ 型和 E 型等五大型。浙江人以 B 型爲基本類型，江蘇人以 B 型爲主兼有 Δ 型，安徽人以 Δ 型爲主兼有 B 型，廣東人以 E 型爲主兼有 B 型，而山東人和直隸人則爲 A 型。朝鮮半島人也以 B 型爲主，與浙江人體質最相近。日本人像朝鮮半島人也以 B 型爲主。費孝通曾是史祿國的學生，他説：“值得提到的是這些公元前的東夷，在史老師的設想中是以 B 型爲主體的古亞細亞人。……史老師看到這也是個以 B 型爲主的地區。這是東亞古代人口遷移論的一個重要論證。我回想起六十年前……他要我分析一位日本人類學者所測量朝鮮人的體質資料，現在纔明白他的用意，是要用來論證他對東亞歷史上人口移動的設想。我現在還記得的，曾費了整整一個學年分析的結果……就是朝鮮人體質主體類型是 B 型。可惜我的論文已經淪陷在長江底下，具體數字的根據我已無法追憶

① 韋慶穩：《試論百越民族的語言》，百越民族史研究會編：《百越民族史論集》，北京：中國社會科學出版社，1982 年，第 299、300 頁。

了。”[①]朝鮮半島人以B型爲主，那麽夫餘、濊貉、高句驪、東沃沮、馬韓等濊貉族群當以B型爲主，因此史禄國所設想的以B型爲主體的古亞細亞人，當包括沿海集團，特别是包括朝鮮人與日本人。

再看另一項人類學的研究。對殷商王族的研究中得到了下列結果：“據體質人類學和考古學的資料指出，殷商王族來自黑龍江以北的東北地區，甚至與東北亞沿海的民族也有血緣關係。語言學亦旁證殷人與愛斯基摩人的關係。……至於祭祀坑中所見太平洋人種，則源自太平洋沿海的文化交流路綫。研究河姆渡及良渚文化的學者早已論及這一問題，從新石器時代以來，這條路綫往南可到達南洋地區，向北通往楚科奇半島，現今在山東、遼東、朝鮮、黑龍江省、哈巴罗夫斯克邊疆區等北方沿海地區，均留下了來自南方海岸的文化遺迹。……位於黑龍江流域和殷墟之間的遼西大甸子夏家店下層的青銅早期文化，亦可證明殷商王族是從東北進入河北平原。”[②]

因此古代文化可能不僅往南傳播到我國臺灣地區及菲律賓以至太平洋島嶼，同時可能往北傳播到黄海、渤海沿岸，最後到達東北，此外還可能沿琉球群島往北到達日本與朝鮮半島。因此東北與朝鮮半島的濊貉、夫餘、東沃沮、馬韓等族群，與渤海沿岸的遼西、山東與河南的伏羲後裔、商族，還有長江口以南沿海的百越、臺灣高山族及菲律賓、某些太平洋島嶼的居民，他們的語言可能都屬於同一個語系，也許就是澳泰語系。因此像日語、韓語那樣的“獨立”語言就屬於澳泰語系，不再是“獨立”的了。

3. 澳泰語系的共同點

（1）起源神話

一些學者認爲槃瓠神話是由伏羲、女媧的神話演變來的，因此他們認爲南方許多少數民族也都出於伏羲、女媧。如馬長壽説：“夫苗于諸神之中，獨祀女媧、

① 費孝通：《從史禄國老師學體質人類學》，《北京大學學報（哲學社會科學版）》，1994年第5期。

② 郭静雲：《夏商周：從神話到史實》，上海：上海古籍出版社，2013年，第257—258頁。

伏羲而臘祭之，則女媧、伏羲爲苗族創世之祖，又得一佐證矣。”[①] 又如董楚平説伏羲氏是太湖流域的祖神。[②] 另外一些學者認爲伏羲氏也屬於南方，如徐旭生説：“伏羲與女媧同一氏族，在南方，屬於苗蠻集團。”他認爲“苗蠻集團，三苗、伏羲、女媧、驩兜均屬之”。[③]《繫辭》説：“包犧氏没，神農氏作。”[④]神農氏比伏羲氏晚，伏羲、神農不是並立的。因此神農氏可能是從伏羲氏中派生出來的（見論文［09］）。

（2）卜骨

在考古發掘中，也可以看到古代占卜的情況，例如山東地區有不少的龜甲與卜骨出土。最早的卜骨出現於龍山文化層，1975 年茌平尚莊遺址，發現了 5 塊卜骨。[⑤] 1979 年又在曹縣莘家集遺址發現 1 塊卜骨，“牛肩胛骨，有灼有鑽。”[⑥] 在岳石文化時期，在牟平照格莊遺址、泗水尹家城遺址都發現了卜骨。但還没有發現大汶口文化時期的卜骨。

在山東桓台史家岳石文化遺址中 1996 年發掘，又發現了祭祀坑，“骨卜已較海岱龍山文化興盛……如果再就遺址發掘數與卜骨出土數相比，岳石文化的卜骨數量就更多，在牟平照格莊發現了 12 塊，爲經過修治的鹿、羊、猪的肩胛骨。……占卜的方法也較前複雜，卜骨上有鑽有灼，有的是三連鑽……前述桓台史家那座祭祀（窖藏）坑中放置的兩件卜骨，正反兩面都有刻字，‘是迄今所見卜骨上最早的文字……距今 3700—3500 年’”。[⑦]

在燕山南北，“夏家店下層文化遺址普遍發現有卜骨，其特點是在牛、鹿的肩胛骨或動物長條形骨片上，先鑽成圓穴，然後灼炙，背面呈現裂紋。在赤峰香爐山一座房址内發現了 20 枚經過切鋸、規格一致的條形骨料，這在一定程度上反映

---

① 馬長壽：《苗瑶起源神話》，轉引自石宗仁：《荆楚與支那》，北京：民族出版社，2008 年，第 31 頁。

② 董楚平：《伏羲：良渚文化的祖宗神》，轉引自周膺：《良渚文化與中國文明的起源》，杭州：浙江大學出版社，2010 年，第 96 頁。

③ 徐旭生：《中國古史的傳説時代（增訂本）》，第 49、5 頁。

④《周易正義・繫辭下》，《十三經注疏》，第 86 頁。

⑤ 山東省文物考古研究所：《茌平尚莊新石器時代遺址》，《考古學報》1985 年第 4 期。

⑥ 荷澤地區文物工作隊：《山東曹縣莘冢集遺址試掘簡報》，《考古》1980 年第 5 期。

⑦ 高廣仁、邵望平：《海岱文化與齊魯文明》，第 196—197 頁。

當時流行的占卜習俗已趨於專門化”。[①]

（3）拔牙

根據考古發掘，許多地方存在拔牙的習俗。“明確存在拔牙風俗的遺址以山東、蘇北一帶最多，有山東泰安大汶口、曲阜西夏侯、兖州王因……及江蘇邳縣大墩子等；此外還有蘇南的常州圩墩、上海崧澤、福建閩侯曇石山、珠江三角洲的佛山河宕和增城金蘭寺；漢水流域的河南淅川和湖北房縣七里河等處。這種風俗所涉及的新石器文化，包括黄河下游、長江中下游的大汶口文化、屈家嶺文化、馬家浜文化和良渚文化，還有華南一些幾何印紋陶分布的地區。……這一風俗由大陸沿海傳到臺灣”[②]。因此嚴文明總結説，拔牙風俗流行於四個族系：“除了以大汶口文化居民爲代表的古夷人族系以外，至少還有三個族系流行拔牙風俗，那就是長江中游的古荆蠻族系及其部分後裔、東南地區的古越人族系及其部分後裔，以及雲南邊境大約屬於孟高棉語族的濮人。”[③]那麼從拔牙的習俗來看，山東沿海的伏羲後裔（須句、顓臾等）與長江中下游的越、苗族、壯侗族有密切的聯繫。

關於顱骨枕部變形，“這種習俗也以山東蘇北一帶的大汶口文化居民最爲普遍，在出現的時間和地理上大致與拔牙風俗平行”[④]。此外還有文身的習俗。

總起来看，各部族最突出的共同特徵還是語言。從語言來看，夏族屬於漢藏語系、胡族屬於阿爾泰語系，戎族則可能屬於澳泰語系。因此，雖然許多問題還有待進一步探討，但中國的居民的基本族群是夏族、胡族與戎族，這個結論有愈加堅實的基礎了。

當然，民族識别是很困难的工作，因爲語言的識别本身往往非常困难。但是語言有語法結構、詞彙結構等不同因素，有章可循，相對來説，識别起來還是比較容易一點。而且語言是團體的，有一個團體的前提，其他社會習俗與宗教信

① 郭大順、張星德：《東北文化與幽燕文明》，第308頁。

② 中國社科院：《新中國的考古發現和研究》，第192頁。

③ 嚴文明：《大汶口文化居民的拔牙風俗和族屬問題》，山東大學歷史系考古教研室編：《大汶口文化討論文集》，濟南：齊魯書社，1979年，第260頁。

④ 中國社科院：《新中國的考古發現和研究》，第192頁。

仰，往往與個人的爱好或信念有關，因此比較容易改變。其他如陶器類型或生產技術等，也是如此。因此都難以成爲部族的界綫。特别是生産技術往往依賴地理条件，而部族是不斷遷移的，因此也難以成爲部族的特徵。語言是團體的屬性，因此用語言來刻畫部族是很合理的。

在 20 世紀 50 年代，中國進行了大量的民族識别工作。1953 年全國第一次人口普查，自報登記的民族名稱有 400 多，經過識别歸併，“確認了 38 個單一的少數民族”。1964 年第二次全國人口普查，登記的民族名稱有 183 個，“新確認了 15 個單一少數民族”。“到 1982 年全國第三次人口普查，國家正式認定少數民族爲 55 個”。①據費孝通説：“中國各民族基本上都有自己固有的獨立語言，以語言作爲中國民族識别的標志是符合實際情况的，也是行之有效的。”②

語言成爲民族最突出的區别特徵，在實際生活中也有實例。如元代忽必烈南征，在雲南留下一批士兵，他們一直生活於彝族與納西族中間，現在他們已經失去了蒙古語，他們使用卡卓語。卡卓語“是屬於（漢藏語系藏緬語族）彝語支的一種獨立語言”，“與屬於阿勒泰語系蒙古語毫不相干”。但是在 20 世紀 50 年代他們被認定爲蒙古族，於是在這些蒙古人當中推行蒙古文。“少數人前幾年用了很大的力氣學習蒙古語文，收效甚微”。③如果語言改變了，那麽要恢復是很困難的。實際上這些蒙古人還是根據他們的語言而歸屬彝族比較恰當。如果每個人都追溯融合之前的部族，那麽許多漢人都應該改爲蒙古族。而且從前的蒙古人最初也未必是蒙古族，在更早的時侯，他們還可能屬於其他部族，後來纔融合於蒙古族的，追溯他們更早的部族没有多大意義。

也有另一種實例。唐玄奘西行時，從突厥可汗避暑處“千泉”西行一百五十多里，見到了流落該地的中國人：“有小孤城，三百餘户，本中國人也，昔爲突厥所掠，後遂鳩集同國，共保此城，於中宅居。衣服去就，遂同突厥；言辭儀範，猶存本國。”④可見語言比之宅居衣服更難改變。如果語言能够保持，那麽民族性

① 施聯朱：《民族識别與民族研究文集》，北京：中央民族大學出版社，2009 年，第 19—20 頁。

② 費孝通：《關於我國民族的識别問題》，《中國社會科學》1980 年第 1 期。

③ 孫宏開：《語言識别與民族》，《民族語文》1988 年第 2 期。

④（唐）玄奘，辯機：《大唐西域記匯校》卷一，上海：上海古籍出版社，2011 年，第 27 頁。

就仍然存在。

最後要做一點説明，確定中國古代基本族群是不容易的事。語言集團的分析有很多困難，例如語言學家關於阿爾泰語系的語族劃分還有各種争論。有人認爲匈奴語屬於突厥語族，白鳥庫吉認爲："烏桓鮮卑，皆爲之苗裔……不獨其語言與匈奴相同，而其事物亦有互相類似之處。"[①]但有人認爲它屬於蒙古語族，還有人認爲匈奴語屬於一個單獨的語族。麥高文（W. M. McGovern）説："19世紀時，有少數學者，主張匈奴人所説的是一種芬語或芬烏格里安語。……此一主張，現已爲衆所弃。所有學者皆同意匈奴人所説的是一種阿爾泰語，即或爲突厥語，或爲蒙古語，或爲通古斯語。但有少數學者，認爲匈奴人所説的，既非突厥語，也非蒙古語，也非通古斯語。"[②]由於匈奴語是一個已經死亡的語言，所以確定匈奴語的語族成爲一個有待解決的難題。但匈奴語與突厥語比較接近，因此把匈奴語歸屬於阿爾泰語系突厥語族，還是比較合理的。

由于語言學的語系、語族、語支的劃分還有許多問題，因此對夏、戎、胡的劃分還面臨許多困難。尤其是語言學的研究對象是現代語言，而歷史學所研究的是已經消失的古代語言，語言學的理論是不能简单搬用的。因此利用語言學來研究基本族群，其中許多問題都有待進一步的深入。

① 〔日〕白鳥庫吉著，方壯猷譯：《東胡民族考》，太原：山西人民出版社，2015年，第55頁。
② 麥高文：《中亞古國史》，北京：中華書局，2004年，第281頁。

[03] 中國之主幹族群

一、夏　族

根據歷史記載，在兩千年前，中國人口曾超過五千萬，《地理志》謂漢平帝時，“口五千九百五十九萬四千九百七十八。漢極盛矣。”[①]到清代道光時，人口超過四億。在全部人口中，夏族（即漢族）又占絕大多數。像夏族這樣龐大的族群是如何形成的，又是如何維持下來的，實值得認真地研究（見本文的［補注一］）。

（一）夏族的名稱

1. 夏、諸夏

夏指夏族，亦即指“中國”，這個名稱在五帝時代即已出現。《舜典》“蠻夷猾夏”，鄭玄注：“猾夏，侵亂中國也。”[②]

古代將今河南以西稱西夏，如《三國志·鍾會傳》謂會平定四川爲“拓平西夏，方隅清晏”[③]。另一方面，山西、河南以東稱東夏。如公元前 553 年晋國主持晋、齊、魯、衛、宋、鄭、曹等國的澶淵之盟，以

① 《漢書·地理志》，第 1640 頁。

② （清）孫星衍：《尚書今古文注疏·堯典下》，第 64 頁。

③ 《三國志·鍾會傳》，第 791 頁。

解决與齊國的矛盾，鄭公孫僑對晋國説：“聞君將靖東夏。”[①] 所謂“靖東夏”就是使晋、齊、魯、衛、宋、鄭、曹等國的關係平静下來。

所有夏族的國家稱爲諸夏，《左氏襄二十四年傳》“晋主夏盟”，杜注：“晋爲諸夏盟主”。[②] 當時“諸夏”即指以晋國爲盟主之中原各夏族國家。

2. 華、諸華、華夏

夏也稱華，如孔子説：“裔不謀夏，夷不亂華。”孔穎達疏：“夏，大也。中國有禮儀之大，故稱夏；有服章之美，謂之華。華、夏，一也。”[③] 華夏之稱呼，在西周初年即已出現，如《尚書·武成》：“華夏蠻貊，罔不率俾。”孔穎達疏：“華夏謂中國也。”[④]

至春秋時期，諸夏、諸華、華夏等稱呼已經廣泛流行，這些稱呼之含義相同，指“中國”。在古代文獻中就使用“諸夏”“諸華”以及“華夏”以表示中華族群或夏族國家。

（二）夏族歷史之起點

炎帝、黄帝爲夏族歷史之起點。

1. 炎帝、黄帝爲始祖

將夏族之始祖稱爲“帝”，本身就有疑問，因此先加以討論。

卜辭未見祖字。卜辭中有 、、、，釋爲祖。[⑤]

金文與祖有關之字有三，即祖、俎、且。祖字《欒書缶》作 ，俎

---

① 《春秋左傳正義·襄二十二年》，《十三經注疏》，第 1974 頁。

② 《春秋左傳正義·襄二十四年》，《十三經注疏》，第 1979 頁。

③ 《春秋左傳正義·定十年》，《十三經注疏》，第 2148 頁。

④ 《尚書正義·武成》，《十三經注疏》，第 185 頁。

⑤ 徐中舒主編：《甲骨文字典》，成都：四川辭書出版社，1989 年，第 21 頁。

字《三年瘨壺》作[illegible]，而且字《盂鼎》作[illegible]。且字出現最多，形式不一。古金文祖字大都作且[1]。故古籍如《莊子·庚桑楚》“與物且者”，《釋文》：“且，始也”。[2]則亦以且爲祖。

《説文》：“且，所吕薦也（依段校）。从几，足有二横。一，其下地也。……[illegible]，古文吕爲且，又吕爲几字。”段注：“且，古音爼，所以承藉進物者。”[3]朱駿聲曰：“且者，疑即爼字之古文。”[4]則且之本義爲爼，即所謂承藉進物者，亦即物品之襯墊物或托盤。段玉裁舉經注中之“且字”來解釋，如《士喪禮》“爲其父某甫筮宅”，鄭玄注：“某甫，且字也。”[5]則“伯庸”“伯糾”“仲尼”之庸、糾、尼等字即爲“且字”，蓋用以襯托伯、仲、叔、季等字。“尼甫”中之尼即爲“且字”，蓋用以襯托甫字。同樣，“王札子”之札爲“且字”，蓋用以襯托王子。此即所謂之“所以薦也”或所謂“所以承籍進物者”。故祖並無始祖之義。

我疑周代以前稱始祖爲帝。

吴大澂《古籀補附録》“▼己且丁父癸鼎”之▼字注：“疑古帝字本作▼。如花之有蒂。果之所自出也。後人增益之作[illegible]。象根枝形。从艸。俗字也。”[6]故金文帝字《井侯簋》作[illegible]，但《秦公簋》作[illegible][7]，其上又加一。

[illegible]與[illegible]有無區别？羅振玉《殷虚書契考釋》：“《説文解字》：帝，古文作[illegible]。注：古文諸丄字皆从一，篆文皆从二。二，古文上字。……

---

① 可參見容庚編著：《金文編》，北京：中華書局，1985年，第12、925、924頁。

② （清）郭慶藩：《莊子集釋·庚桑楚》，《諸子集成》第三册，第346頁。

③ （漢）許慎撰，（清）段玉裁注：《説文解字注》，第716頁。

④ （清）朱駿聲編著：《説文通訓定聲》，北京：中華書局，1984年，第438頁。

⑤ 《儀禮注疏·士喪禮》，《十三經注疏》，第1142頁。

⑥ （清）吴大澂：《説文古籀補》，李圃、鄭明主編：《古文字釋要》，上海：上海教育出版社，2010年，第7頁。

⑦ 容庚編著：《金文編》，第6頁。

今觀卜辭，或从一、或从二，殆無定形。古金文亦多从二，不如許説也。”[①]羅振玉認爲加一、不加一没有區别，並非古文與篆文之不同。其後王國維謂加一爲指事，王國維據《小雅·常棣》“鄂（即萼）不韡韡”之鄭玄詩箋“不當作柎。柎，鄂足也”，以爲“帝者，蒂也，不者，柎也。古文或作[illegible]、[illegible]，但象花萼全形，未爲審諦，故多於其首加一，作[illegible]、[illegible]諸形以别之。[illegible]字於[illegible]上加一，正以識其在人之首，與上諸字同例。此蓋古六書中之指事也”[②]。補足吴、羅二氏之説。帝爲花蒂之説，可謂已告確定。

王氏引“天字於大上加一”以釋帝字加一。然大字加一纔成爲天字，而[illegible]即不加一，亦已成其爲蒂字，似不能認爲[illegible]與天同爲指事字。我以爲[illegible]爲花蒂之本字，加一爲[illegible]，乃人帝之本字。人帝取象於花蒂，顯然是祖先之名稱。

從文獻記載來看。《説文》：“帝，諦也。”又：“諦，審也。”[③]《獨斷》：“能行天道，事天審諦。”[④]《説苑·修文篇》云：“禘者，諦也。……諦其德而差優劣也。”[⑤]所以帝與禘是一樣的。禘是禘祭，當即對帝的祭祀。《後漢書·張純傳》：“《禮》，三年一祫，五年一禘。《春秋傳》曰：‘大祫者何？合祭也。’毁廟及未毁廟之主皆登，合食乎太祖。……禘之爲言諦，諦定昭穆尊卑之義也。”[⑥]宗廟之禮，所以序昭穆也。所以禘與祫一樣，都是祭祖。究竟所禘者爲何人，可以從展禽的下列説法來看。展禽説：“有虞氏禘黄帝而祖顓頊，郊堯而宗

① 羅振玉：《增訂殷虚書契考釋》卷中，羅繼祖主編：《羅振玉學術論著集》第一集，上海：上海古籍出版社，2010年，第171頁。

② 王國維：《釋天》，《觀堂集林》，第283頁。

③（漢）許慎撰，（清）段玉裁注：《説文解字注》，第2、92頁。

④（漢）蔡邕：《獨斷》，程榮纂輯：《漢魏叢書》，長春：吉林大學出版社，1992年，第180頁。

⑤（漢）劉向：《説苑校證·修文》，北京：中華書局，1987年，第496頁。

⑥《後漢書·張曹鄭列傳》，第1195頁。

舜。夏后氏禘黄帝而祖顓頊，郊鯀而宗禹。商人禘譽而祖契，郊冥而宗湯。周人禘譽而郊稷，祖文王而宗武王。”[①]《説文》：“祖，始廟也。”“宗，尊祖廟也。”“郊，岠國百里爲郊。”[②]禘的對象與祖、宗是一類的，不過其年代更爲久遠。因此原來帝字並不是王朝元首之名稱，帝亦即遠祖。

然則黄帝、炎帝殆即“黄祖”“炎祖”之謂，則炎、黄爲始祖。在中國的經典中，三皇並没有確實的地位，五帝比三皇更爲真實，故《史記》就以五帝爲開篇，五帝時期爲華夏族群的開端。由於華夏族傳説中之祖先爲炎、黄，故中國人自稱炎黄子孫，至今已有六七千年以上。

其後由於帝字用作元首的名稱，古帝如少昊、顓頊之類，纔以帝字在上，稱帝少昊、帝顓頊，而改稱祖先爲祖。按史籍上獨有黄帝與炎帝從來不稱之爲“帝黄”或“帝炎”，即表明炎、黄爲祖而非王朝元首（黄、炎之變爲王朝元首當起於緯書，與帝之字義是完全不合的）。因此帝字在後還是在前，驟看過去好像這何足置意，其實這中間有研究的必要。炎帝、黄帝之稱呼即表明炎帝、黄帝爲夏族歷史之起點，並非兩個王朝元首。

2. 炎帝與黄帝構成兩分組織

對於炎帝與黄帝，典籍中有許多記載，如《帝王世紀》：“神農氏，姜姓也。母曰任姒，有喬氏之女，名女登，爲少典妃。游于華陽，有神農首感女登于尚羊，生炎帝，人身牛首，長于姜水，因以氏焉。”又：“黄帝有熊氏，少典之子，姬姓也。母曰附寶，其先即炎帝。母家有嬌氏之女，世與少典氏婚，故《國語》兼稱焉。及神農氏之末，少典氏又取附

① 徐元誥：《國語集解・魯語上》，第159—160頁。
② （漢）許慎撰，（清）段玉裁注：《説文解字注》，第4、342、284頁。

實……生黄帝于壽丘。長于姬水，因以爲姓。”① 但這一類記載忽略了炎帝與黄帝構成一個兩分組織這個基本性質。

炎、黄起始於姓氏制度産生的初期，他們構成一個兩分組織。故書傳甚至説炎帝、黄帝是兄弟，如《晋語》:“昔少典娶於有蟜氏，生黄帝、炎帝。黄帝以姬水成，炎帝以姜水成。成而異德，故黄帝爲姬，炎帝爲姜。二帝用師以相濟也，異德之故也。異姓則異德，異德則異類。異類雖近，男女相及，以生民也。”②

因此炎黄子孫起初僅是黄河上游之一個兩分組織。這個族群在五帝時期逐步擴張到黄河中下游。炎帝與黄帝同稱爲帝（同爲始祖），實當同屬一個時代。其後争奪天下，演繹成一部五帝時代之歷史（見本文的［補注二］）。

（三）三皇與中國之遠古史

1. 三皇

中國歷史傳説中最早的帝王是三皇，雖然學界對三皇有各種不同的説法，但都包括伏羲氏與神農氏，而且没有稱帝的。這裏談一下神農氏的問題。

通常把神農氏等同於炎帝，例如《左氏昭十七年傳》杜注：“炎帝神農氏，姜姓之祖也。”孔疏：“《帝系》、《世本》皆爲炎帝即神農氏。”③ 其實炎帝不能與神農氏等同。

稱號即顯示神農氏與炎帝屬於兩個不同的歷史時代，炎帝稱帝，而神農稱氏，有關神農氏有種種傳説，但都帶有原始性，即三皇時代之特

① （晋）皇甫謐撰，（清）宋翔鳳、錢寶塘輯:《帝王世紀》，第 3、4、5 頁。

② 徐元誥:《國語集解・晋語四》，第 336—337 頁。

③ 《春秋左傳正義・昭十七年》，《十三經注疏》，第 2083 頁。

徵。如《白虎通》:“謂之神農何?古之人民，皆食禽獸肉。至於神農，人民眾多，禽獸不足。於是神農……教民農作。……故謂之神農也。”[①]神農之社會雖已人民衆多，但還很原始，衹能依靠漁獵生活。故神農發明農業，開始擺脱食禽獸肉的茹毛飲血之時代。而炎帝的時代與這種經濟生活不可同日而語。

所以神農與炎帝應該屬於兩個完全不同之時代。例如《列子》:“庖犧氏、女媧氏、神農氏、夏后氏，蛇身人面，牛首虎鼻……黄帝與炎帝戰於阪泉之野，帥熊羆狼豹貙虎爲前驅……”[②]其中将神農氏與伏羲氏相提並論，“蛇身人面”，而炎帝則與黄帝進行戰鬥。又如《史記》中神農氏與炎帝亦顯然不同，它説:“軒轅之時，神農氏世衰。諸侯相侵伐……而神農氏弗能征。”這表明神農氏是黄帝之前的統治者，黄帝時神農氏已經衰落，故《索隱》:“謂神農氏後代子孫道德衰薄，非指炎帝之身。”而炎帝却不同，他在黄帝時還處於權力頂峰:“炎帝欲侵陵諸侯，諸侯咸歸軒轅。軒轅乃修德振兵……以與炎帝戰於阪泉之野。三戰，然後得其志。”[③]故神農氏與炎帝顯然不同，是不能合而爲一的，不能將炎帝理解爲神農氏。

實際上三皇的傳説代表一個很長的歷史時期，三皇並非是相連的三個世代。孔穎達説:“《六藝論》云:‘燧人至伏犧一百八十七代。’宋均注《文耀鈎》云:‘女媧以下至神農，七十二姓。’譙周以爲伏犧以次有三姓始至女媧，女媧之後五十姓至神農，神農至炎帝一百三十三姓，是不當身相接。”[④]因此史書中亦謂炎帝爲神農之遠代子孫，如《路

---

①（清）陳立:《白虎通疏證·號》，北京:中華書局，1994年，第51頁。

②《列子注·黄帝》,《諸子集成》，第27頁。

③《史記·五帝本紀》，第3、4頁。

④《禮記正義·曲禮上》,《十三經注疏》，第1232頁。

史》所謂“炎帝柱，神農子也”，但神農氏與炎帝各自都有很長的世系，二者各自延續幾百年甚至幾千年之久。《路史》所給之炎帝世系爲炎帝柱、炎帝慶甲、炎帝臨、炎帝承、一直到炎帝參盧，共有一二十世。此名單仍不完全。[①]故炎帝與神農氏即使有血緣上之聯繫，亦不可合而爲一（關於炎帝與神農氏的問題，見論文［09］）。

但是三皇的説法在普遍流傳。中國歷史似乎承認一個共同的進程，都不否認三皇五帝這樣一個主幹。儒家經典如此，其他諸子百家也是如此，例如《商君書》講到史實時也説：“伏羲、神農，教而不誅；黄帝、堯舜，誅而不怒。”[②]《商君書》偶而也提到其他人物，例如：“昔者昊英之世，以伐木殺獸，人民少而木獸多；黄帝之世……；神農之世，男耕而食，婦織而衣，刑政不用而治，甲兵不起而王。”[③]這個所謂“昊英之世”無非是“黄帝之前”的意思，實際上即爲三皇時代。《史記》略去三皇是對的，因爲司馬遷着重的是夏族之歷史。不過三皇中的伏羲氏和神農氏很重要，他們與中國歷史有密切的關係，這一點在本書論文［09］中將進一步説明。

黄帝、炎帝的稱號包含帝字，這種稱號所表示的並不是人名也不是王朝元首，乃是姬、姜兩姓一切遠祖之公名，所以其年代非常長，而各古族的史實都綜合於這個公名的標幟之下。如少皞與蚩尤之戰即稱黄炎之戰。

黄帝、炎帝之看作人名，是作爲夏族始祖之名。與帝少昊、帝顓頊之類的稱呼有別。從《國語》《説文》諸書所謂“黄帝以姬水成，炎帝以姜水成”[④]，與《史記・五帝本紀》所謂“（黄帝）與蚩尤戰於涿鹿之

① （宋）羅泌撰：《路史・炎帝紀下》，《四部備要》本，上海：中華書局，1936年，第75頁。
② 《商君書・更法》，《諸子集成》，第2頁。
③ 《商君書・畫策》，《諸子集成》，第30—31頁。
④ 徐元誥：《國語集解・晉語四》，第337頁。又見（漢）許慎撰，（清）段玉裁注：《説文解字注》，第612頁。

野”[①]，《吕氏春秋·古樂篇》高誘注所謂“朱襄氏，古天子炎帝之别號”[②]，以這些記載作爲起訖，則黄帝所占之時間，爲夏族起於隴山的年代，以迄夏族進展至濟水流域與淮水流域的年代[③]，其年數當以千計。然則黄帝、炎帝並不是人名，而是包括少昊氏、朱襄氏在内之一段系譜上祖先的公名。

2. 三皇之前

關於炎黄以前的歷史，除了三皇之外，大體上衹是一些零散模糊的傳説。例如《韓非子·五蠹》及《莊子·盜蹠》都提到有巢氏，他宣導構木爲巢，應該屬於更早、更爲原始的時代。《韓非子·五蠹》提到燧人氏，他發明用火，也屬於原始的時代。《莊子·胠篋》提到“至德之世”的容成氏、大庭氏、伯皇氏、中央氏、栗陸氏、驪畜氏、軒轅氏、赫胥氏、尊盧氏、祝融氏、伏羲氏、神農氏。這個名單現在看來並無多大意義，並沒有比“至德之世”四個字提供更多的具體内容。

傳説中的古帝當然遠遠不止這一些，宋代羅泌編寫了《路史》，他給出的古帝名單，比《莊子·胠篋》還長幾十倍。他説在原始混沌之後到近代可以分爲十個紀，其中第八紀爲“因提紀”，他列舉了辰放氏、蜀山氏、蜃傀氏、混沌氏等，還有有巢氏、遂人氏。第九紀爲“禪通紀”，他列舉了史皇氏、栢皇氏、中皇氏、大庭氏、栗陸氏、昆連氏、軒轅氏、赫蘇氏、葛天氏、尊盧氏、祝誦氏、昊英氏，等等。最後第十紀爲“疏仡紀”，其中有黄帝、小昊、高陽、高辛、唐堯、虞舜以及夏禹等。所以《路史》所記述的時代比通常傳説的三皇五帝要長幾十倍。這一些當然不是羅泌杜撰的，《春秋命曆序》就有與《路史》相同的十

① 《史記·五帝本紀》，第 3 頁。

② 《吕氏春秋·仲夏紀·古樂》，《諸子集成》，第 50 頁。

③ 《後漢書·郡國二》注，第 3429 頁。《郡國志》注謂“陳有株邑，蓋朱襄之地”。其地在今淮陽縣。

紀，並且說："自開闢至獲麟二百二十七萬六千歲，分爲十紀。每紀爲二十六萬七千年。凡世七萬六百年。一曰九頭紀，二曰五龍紀……八曰回（或因）提紀，九曰禪通紀，十曰疏訖（成紇）紀。"[①] 在疏紇紀中纔出現黃帝，距今不到一萬年。

所有這一些都忽視了族群、時代、地域的區别，無法構築炎黃之前的歷史。對這些記載現在無法進行認真的討論，它的主要意義在於提示，中國族群在有史時期之前，應該經歷過極悠久的史前時期。所有的人物都稱爲氏而非帝，因此從稱謂上，可以看到炎帝、黃帝纔是夏族歷史的開端。

二、夏族爲主幹族群

中國之基本族群雖爲夏、戎、胡，但在夏、戎、胡之中，夏爲主幹。所謂主幹，首先表示人口衆多，地域遼闊，因而在各個族群中占有絕對的優勢；其次表示其他族群最終往往融入夏族而失去自己之族群特性。因此夏最後也就成了中國的代名詞：夏即中國，中國即夏。自歷史開幕以來，無論族群史上經過幾許演變，則始終以夏族爲其主幹，這是大家所公認的。不過所謂主幹，在族際上呈現怎樣的形勢，還缺少具體的研究。

主幹族群不斷吸收其他族群，因此主幹族群不具有單一的血緣，其血緣關係極爲混雜。夏族的血緣包括商族的、周族的以及許多其他族群的。其實商族與周族在其發展中也都融合了其他的族群，因此他們的血緣亦不簡單。故族群的區分不在於血緣，而在於文化，在於語言，在於用具、生活習俗以及思想意識方面。

---

① 黃奭編：《春秋緯·春秋命曆序》，上海：上海古籍出版社，1993年，第200頁。

（一）從歷史記載中看夏族的主幹地位

“夏即中國”，此概念即顯示秦漢以後，“中國”之擴展始終以夏族爲原動力。從史書來看，夏族歷史即中國之歷史，而商族與周族則不然。

《夏本紀》説：“夏禹，名曰文命。禹之父曰鯀，鯀之父曰帝顓頊，顓頊之父曰昌意，昌意之父曰黃帝。”[①] 這是一個簡單的父系世譜，而且各書所講都一致。《五帝本紀》又説：“自黃帝至舜、禹，皆同姓而異其國號，以章明德。故黃帝爲有熊……帝舜爲有虞。帝禹爲夏后而別氏，姓姒氏。”[②]

前人對舊史有一個很大的疑問，即《世本》《大戴禮・五帝德》《史記》，以及《帝王世紀》都説顓頊生鯀，鯀生禹，何以以鯀爲古帝之子？其實這是前人誤解，而適以見舊史的真實處。蓋在古代社會裏個人影響力較小，因此其所傳説之名大都爲氏族名而非個人名。這系起於姬姓，所謂顓頊姬姓，其後分化出姒姓（即禹的祖先）。姬、姒之間没有經過其他姓氏，而傳説上又無謊造，所以舊史衹能説顓頊生鯀，無非表示姒姓是由姬姓直接派生而來的。又如舊史説顓頊五傳而生舜，舜爲姚姓，這種説法當表明姚姓的分化比較晚，姚姓可能起於姒姓之後。衹要將之前的個人理解爲部族，則《夏本紀》的上述記載可能是完全準確的。這個記載值得注意之處是從夏禹能一直追溯到黃帝，而且完全爲父系。

不僅禹衹有父系，而且没有出生神話，連夏族之祖先五帝亦是如此。《史記》對黃帝有比較多的説明：“黃帝者，少典之子，姓公孫，名

---

① 《史記・夏本紀》，第 49 頁。

② 《史記・五帝本紀》，第 45 頁。

曰軒轅。生而神靈，弱而能言，幼而徇齊，長而敦敏，成而聰明。”[①] 雖然講“生而神靈”，但並無神迹。至於其他人，根據《五帝本紀》，“帝顓頊高陽者，黄帝之孫而昌意之子也”，“帝嚳高辛者，黄帝之曾孫也。高辛父曰蟜極，蟜極父曰玄囂，玄囂父曰黄帝”。堯爲帝嚳之子，《五帝本紀》提到堯之母爲陳鋒氏，但僅此而已。《五帝本紀》給出舜之父系，一直到昌意，也就是一直到黄帝，共八世。母族不見於記載，衹説“舜母死”，其父更娶妻，但未提舜母之姓氏。[②] 所有這些人物都衹記載父系，《帝王世紀》還特别指出：“帝嚳高辛氏，姬姓也。其母不見。”[③]《帝王世紀》喜歡記載神話，如：“（瞽瞍）妻曰握登，見大虹意感而生舜于姚墟。”[④]但《五帝本紀》把這一些神話都捨弃了。實際上夏族在五帝時期，母族就已無重大作用。

商族、周族則不然。《殷本紀》説：“殷契，母曰簡狄，有娀氏之女，爲帝嚳次妃。三人行浴，見玄鳥墮其卵，簡狄取吞之，因孕生契。”又説“契興於唐、虞、大禹之際”。[⑤] 故契與禹同時代，但禹衹是政治領袖而契有神迹，《殷本紀》記載了神話故事。《周本紀》則説：“周后稷，名弃。其母有邰氏女，曰姜原。姜原爲帝嚳元妃。姜原出野，見巨人迹，心忻然説……踐之而身動如孕者。居期而生子，以爲不祥，弃之隘巷，馬牛過者皆辟不踐……姜原以爲神，遂收養長之。”又説：“后稷之興，在陶唐、虞、夏之際。”[⑥] 那麽弃的時代也並不比禹更原始，但神迹比契更多。爲何司馬遷對契、弃不叙述其父系世譜，而講述其荒誕不經之起源神話？

---

①《史記・五帝本紀》，第1頁。

②《史記・五帝本紀》，第1、11、13、14、32頁。

③（晋）皇甫謐撰，（清）宋翔鳳、錢寶塘輯：《帝王世紀》，第9頁。

④（晋）皇甫謐撰，（清）宋翔鳳、錢寶塘輯：《帝王世紀》，第13頁。

⑤《史記・殷本紀》，第91頁。

⑥《史記・周本紀》，第111、112頁。

司馬遷衹敘述禹的父系世譜，未提及禹之母族，亦未講述禹之起源神話。這種神話並非没有，《帝王世紀》説："顓頊生鯀，堯封爲崇伯，納有莘氏女，曰志，是爲修己。山行，見流星貫昴，夢接意感，又吞神珠薏苡，胸坼而生禹于石紐。"[①] 禹與契、弃之起源神話一樣荒誕無稽，但司馬遷把這種神話捨弃了，這表明司馬遷認爲夏與商、周兩代不同，夏代有更高的發展水平。

在歷史記載中，商族、周族融入夏族後，即自稱夏族以繼承禹的傳統。如《商頌・殷武》"設都于禹之績"，《商頌・長發》"禹敷下土方"，《周頌・時邁》"肆于時夏"，《周頌・思文》"陳常于時夏"，而《魯頌・閟宫》"纘禹之緒"，《大雅・文王有聲》"維禹之績"，《小雅・信南山》"維禹甸之"。這一點許多人都注意到了，傅斯年説："商雖來夏，然以取夏文化之故，或者也以諸夏自居……。周人入了中國……而文化的中國之名仍泛用夏。《周頌》中……説到夏者兩處。……夏一個字在商周千多年中的命運，仿佛像漢一個字在魏晋以後以至於現在的命運一樣。"[②] 因此商族、周族在契、弃之前，唯有神話傳説，而融入夏族以後，即以諸夏自居，繼承夏禹的傳統。此正是夏族作爲主幹族群的表現。

（二）夏族與異族的融合

1. 融合的歷史

在上古時期，中國形成了夏、戎、胡三個基本族群。但是三代以來，戎族與胡族就不斷地融入夏族。

最早的例子是商族與周族，不過没有受到大家的注意。商族屬於

---

① （晋）皇甫謐撰，（清）宋翔鳳、錢寶塘輯：《帝王世紀》，第 17 頁。

② 傅斯年著，董希平箋注：《傅斯年詩經講義稿箋注》，北京：當代世界出版社，2009 年，第 118 頁。

戎族，而周族屬於胡族。商族與周族分別建立了商朝與周朝，但他們隨即融入了夏族（關於商族、周族與戎族、胡族的關係，是本書後半部所要着重討論的問題）。雖然商族與周族的先人都曾發展出自己的文化，如周公曾對商族百姓説："惟殷先人有册有典。"孔安國傳謂："殷先世有册書典籍。"[①] 雖然後人看不到商族先世的册書典籍，但商族必定有許多獨特文化，語言及姓氏制度等。由於商族、周族都融入了夏族，他們的獨特文化停止發展並逐步消失，於是留下了一個統一的夏族文化。歷史上燦爛的三代文化，其實就是夏文化。夏、商、周三代是我國族群融合的第一個高潮。

到了戰國以後，匈奴勢力高漲，經過漢武帝多年的討伐，匈奴分裂，大部分敗退漠北，小部分進入内地，逐步融入了漢族。接着東胡興起，他們不斷南下，越過長城。在魏晋時期，由於漢族的統治削弱，大量的胡族就稱王稱帝。特别是東晋以後，鮮卑族慕容氏、拓跋氏、宇文氏等在黄河流域建立了魏、齊、周等王朝。雖然這些王朝都短命，但都效法漢族，以正統自居。魏晋南北朝時期五胡十六國的出現，是又一次的融合高潮。

隋唐以後，族群融合的過程没有停止。"五代十國"混亂了幾十年之後，各族統一於宋朝。但是北方族群没有安定下來，金族南下滅了北宋，蒙古南下滅了南宋。但不到一百年，漢族又推翻了蒙古族的統治，南下的金人、蒙古人最後或者向北方撤退，或者融入了漢族。因此五代宋元時期又是一次融合的高潮。此後滿族南下，建立了清朝。雖然滿族統治近三百年之久，結果無論是南下的滿人或是留在東北的滿人，都與漢族發生了融合。這就是中國歷史中最近的一次民族大融合（見本文的［補注三］）。

① 《尚書正義·多士》，《十三經注疏》，第220頁。

這一些族群的融合可説是整體融入，此外還有大量的零散融入。如《晋書》記載西晋初期的情況：“武帝踐阼後，塞外匈奴大水，塞泥、黑難等二萬餘落歸化，帝復納之，使居河西故宜陽城下。後復與晋人雜居，由是平陽、西河、太原、新興、上黨、樂平諸郡靡不有焉。……至太康五年，復有匈奴胡太阿厚率其部落二萬九千三百人歸化。七年，又有……十萬餘口……降附。明年，匈奴都督……萬一千五百口，牛二萬二千頭，羊十萬五千口，車廬什物不可勝紀，來降，并貢其方物，帝並撫納之。”[①] 此即蠻夷零散進入中原之例子。

雖然這種融合過程會帶來混亂，《舜典》講到“蠻夷猾夏”，《正字通》：“猾，海獸名。猾無骨，入虎口，虎不能噬，處虎腹中，自內嚙之。《書・舜典》‘蠻夷猾夏’取此義。”[②] 故在堯舜時代，在中國內部就有蠻夷力量，其中一部分成爲中國內部之敵對勢力，“處虎腹中，自內嚙之”，但最終都融合於夏族。

2. 融合衹能是異族融入夏族

族群融合是一個含糊的説法，中國歷史上所謂的族群融合，事實上是異族融入夏族。因此雖然有夏、戎、胡三族，但中國境內之戎族與胡族，最終都融入了夏族，於是形成了“中國即夏，夏即中國”的局面。但這並不是把中國的族群合併在一起稱之爲“華夏族”，正如不能把印度的全部族群合併在一起構成一個“印度族”一樣。在民國以後，並不是滿、漢融合爲一個新的華夏族，而是滿族放弃了自己的語言、姓氏，改用漢族的語言、姓氏，與漢族發生融合。因此在民國以後，衹有一個漢文化而不是新的滿漢共同文化。

① 《晋書・四夷列傳》，第 2549 頁。

② （明）張自烈、（清）廖文英編：《正字通》，北京：中國工人出版社，1996 年，第 664 頁。

夏族的先進文化是他們融合其他部族的基礎。但是在融合過程中，夏族往往是戰爭中失敗的一方。在西晋的四個皇帝中，後兩個懷帝、愍帝，先後都當了匈奴族的俘虜；北宋的最後兩個皇帝徽宗、欽宗，在金兵占領汴京（今開封）時都當了俘虜。金消滅了北宋，元消滅了南宋；滿族又消滅了明朝。但是留居漢族聚居區的匈奴、女真族、蒙古族、滿族等最後都與漢族發生了融合。戰争的勝敗並不能説明先進與落後。例如十六國、南北朝時期，漢族失去了對中原的控制，北方游牧民族内遷，全國一片混亂。《晋書》有一個部分稱爲“載記”，專門記載晋代“利我艱虞，分鑣起亂”的胡人。從載記可以看到，那些給中原帶來巨大混亂的胡人，其實已開始融入漢族。

第一個稱帝的胡人是劉元海，《晋書・劉元海載記》説：“其爲戰國者一百三十六載，抑元海爲之禍首云。”又説：“劉元海，新興匈奴人……幼好學，師事上黨崔游，習《毛詩》、《京氏易》、《馬氏尚書》，尤好《春秋左氏傳》、《孫吴兵法》，略皆誦之，《史》、《漢》、諸子，無不綜覽。”[①] 他的兒子劉聰滅掉西晋，先後俘虜了懷帝、愍帝，但《晋書・劉聰載記》説：“年十四，究通經史，兼綜百家之言，《孫吴兵法》靡不誦之。工草隸，善屬文，著述懷詩百餘篇、賦頌五十餘篇。”[②] 魏晋南北朝的匈奴、鮮卑、氐羌首領，他們對儒學的理解已經相當深入，這正是漢族先進的重要標志。所以魏晋南北朝的一二百年大亂，最終結果是中原地區的匈奴、鮮卑等完全融入了漢族，終於出現了唐朝的“太平盛世”。

下一節將分析鮮卑族融入夏族的過程，這個過程有代表性，胡族的許多其他部族都是以類似的過程融入夏族的。周族也是，商族（屬於戎

① 《晋書・劉元海載記》，第 2644—2645 頁。

② 《晋書・劉聰載記》，第 2657 頁。

族）也是經歷類似的過程融入夏族的（見本文的［補注三］）。

（二）夏族之特質

從地域與人口來看，夏族具有優越的條件，其農業發達，社會富裕。夏族之所以能有此成就者，總起來看，蓋由於其具有兩方面之特點。

1. 具有優良之社會制度

夏族在原始時期就發展了姓氏制度，而且在姓氏之基礎上發展出宗社之制度。宗與社爲中國古代最基本之社會組織，它使得成員之間有極其密切的聯繫，因此成員之間能積極合作，在遇到自然灾害時相互救濟，在大型的狩獵或水利建設中可以相互支援。《管子》中講到百姓之所以能够守戰至死，其原因之一爲“州縣鄉黨與宗族足懷樂也”①。州縣鄉黨即地域組織，亦即社之組織；宗族即宗之組織。因此宗、社組織使得一個社會産生强大的凝聚力。

人類學家對美洲、大洋洲及亞洲落後族群有很多調查報告。從各種報告來看，雖然那些原始社會裏也具有某種宗、社組織，但是没有一個社會具有强大的宗與社之雙重組織（關於這個問題的分析，見張肇麟：《姓氏與宗社考證》）。

中國歷史中的衆多其他族群與夏族不同，那些族群往往局限於極小的地區之内，其族員人數有限。如果族員增多，便不够容納而須移殖於不相聯繫之另一新地區。由於他們缺乏有力之姓氏制度，這種移殖不僅使社組織分裂，而且由於没有百世不變之姓，也會使宗組織分裂，於是在發展中宗社制度就受到削弱。因此在發展中群體難以保持統一，難以

① 《管子校正・九變》,《諸子集成》, 第 255 頁。

一直向前發展。如《匈奴列傳》説："故自隴以西有緜諸、緄戎、翟、獂之戎，岐、梁山、涇、漆之北有義渠、大荔、烏氏、朐衍之戎，而晋北有林胡、樓煩之戎，燕北有東胡、山戎。各分散居溪谷，自有君長，往往而聚者百有餘戎，然莫能相一。"[①] 由於莫能相一，就容易受到排擠和打擊，這種形勢與夏族殆不可同日而語。

因此，古代戎族與胡族雖然也有其寬廣的地域與悠久的文化，但較之夏族，則猶不能望其項背。以社會組織典型著稱之羅馬人，僅有一百個氏族，而夏族則有萬邦之傳説。又世界上以文化最古著稱之埃及人，其古文明起始於距今五千年前，但是那個古文明在距今兩千多年前時即已滅亡。巴比倫文明的情況也類似。反觀夏族，有史年代雖然祇能追溯至距今三千多年前，但其文明從未中斷。在距今兩千年前時，人口已達五千萬之多，到清代，漢族人口已達四億，與中東、印度之民族林立之局面，迥然不同（見本文的［補注一］）。

2. 具有先進的文化

夏族具有統一之語言與文字，還有共同之文化與價值觀。孔子講到天下統一時説："非天子不議禮，不制度，不考文。今天下車同軌、書同文、行同倫。"鄭注："此天下所共行，天子乃能一之也。"[②] 在距今2500 年前，中國已經形成了夏族那樣一個"車同軌、書同文、行同倫"的統一族群。孔子説帝舜是"好學孝友，聞于四海"，可見在五帝時期，好學已經成爲統治者標榜之品德。[③]

因此從堯舜時代起，夏族就已經具有超過周圍異族之先進文化，而其地域已包括整個黄河中下游與淮河上游，因此夏族很早就具備了主幹

① 《史記·匈奴列傳》，第 2883 頁。
② 《禮記正義·中庸》，《十三經注疏》，第 1634 頁。
③ （清）王聘珍：《大戴禮記解詁·五帝德》，第 122 頁。

族群的條件。

三、胡族融入夏族

幾千年來，胡族一直是夏族北方的敵對鄰族。其地域北鄰西伯利亞的廣闊腹地，這種地理背景有利於其生存。因此幾千年來時起時落，不斷南下。《隋書》："四夷之爲中國患也久矣，北狄尤甚焉。……五帝之世，則有獯粥焉；其在三代，則獫狁焉；逮乎兩漢，則匈奴焉；當塗（魏）、典午（晋），則烏丸、鮮卑焉；後魏及周，則蠕蠕、突厥焉。"① 隋唐之世，北狄爲患者爲突厥、回紇，《新唐書》："太宗初興，嘗用突厥矣……肅宗用回紇矣……德宗又用吐蕃矣……所謂引外禍平内亂者也。"② 因此在五帝三代，北方最强大之北方異族爲獯粥、獫狁，自秦漢至隋唐爲匈奴、鮮卑與突厥，在隋唐以後，則爲遼、金、蒙古、滿洲。

魏晋南北朝時期，胡族曾在黄河流域建立了燕、北魏、北周等地方政權。隋唐之後，胡族又建立了遼、金、元、清等强大的全國政權。"二十五史"中的《魏書》《周書》《北史》《五代史》《遼史》《金史》《元史》《清史》等集中反映了有關的情况。這些書占全部"二十五史"的三分之一，因此，胡族與夏族的鬥争與融合是中國歷史的核心部分之一。

但是大家一直没有重視秦漢之前異族的鬥争與融合問題，没有注意到商朝與周朝也是異族政權。商族與周族從起源到取得全國政權，是一個漫長而複雜的過程，然歷史記載極其疏略。爲了能够對商族與周族的歷史有準確的理解，有必要分析一下秦漢以後的異族發展史。

秦漢以來，大部分胡族從北部進入中原地區，如鮮卑族最初生活於

---

①《隋書·北狄列傳》，第 1883 頁。

②《新唐書·回鶻列傳下》，第 6151 頁。

西伯利亞貝加爾湖一帶，後來逐步南下越過大漠，遷徙到陰山，魏晋以後其中一部分繼續南下越過長城進入中原地區（如拓跋氏），一部分往東到興安嶺，然後通過遼西走廊南下進入中原地區（如慕容氏），還有一部分則往西到達河套地區，然後通過寧夏走廊沿西部黄河南下，到達隴東，然後進入中原地區（如乞伏氏、秃髮氏）。

兩漢是中國歷史中强盛的朝代，夏族也就改稱爲漢族。但在兩漢以後，從三國、西晋、東晋到隋朝的三百年中，中國的社會却異常混亂，漢族失去了對全國的控制。在此少有的混亂年代中，却出現了北方族群融入漢族的高潮，乃漢族爲中國主幹族群之最鮮明的體現。

所有鮮卑部族似乎有一個大致相同的發展過程，可以分爲如下之六個時期，這些時期正好完整地反映了異族（特别是胡族）完全融入夏族之一般過程（見本文的［補注三］）。

（一）神話傳説時期

各部族都有一個神話傳説時期，《魏書》對拓跋氏的神話傳説時期紀録得最清楚。鮮卑拓跋氏的神話傳説時期長達“六十七世”，約一兩千年，到拓跋氏的成皇帝爲止。

據説拓跋氏是黄帝之子昌意之後，這個説法難以證實，但是這一類説法在異族中非常普遍。例如鮮卑慕容氏自稱“其先有熊氏之苗裔，世居北夷”[①]，鮮卑宇文氏自稱炎帝之後：“其先出自炎帝神農氏，爲黄帝所滅，子孫遯居朔野。”[②]當然也有一些自稱最初遇到神物，如鮮卑乞伏氏自稱“自漠北南出大陰山，遇一巨蟲於路，狀若神龜，大如陵

①《晋書·慕容廆載記》，第2803頁。

②《周書·文帝紀上》，第1頁。

卑”[①]。所有這一些很可能根本都不是事實，衹不過由於夏族是强大的主幹族群，因而他們冒稱夏族。其實他們即使的確是炎黄子孫，但他們在離開夏族之後，在北方異族中生活了一兩千年，也必然完全被同化，因此鮮卑族是北方異族，與夏族没有什麽關係。

他們都有長期的在北方原野中的發展史，有的還曾經非常强大，如《魏書·序紀》説："其後，（拓跋氏）世爲君長，統幽都之北、廣漠之野，畜牧遷徙，射獵爲業。……不爲文字，刻木紀契而已。"雖然過游牧生活，但是與夏族還有一定的聯繫，如拓跋氏説，他們的祖先在堯舜時曾從事農業："其裔始均，入仕堯世，逐女魃於弱水之北，民賴其勤，帝舜嘉之，命爲田祖。"[②]那麽在原始時期，拓跋氏曾從事農業，甚至被堯舜封爲田祖。

然而《魏書·序紀》説，拓跋氏雖被堯舜封爲田祖，却没有與夏族接觸："爰歷三代，以及秦漢，獯鬻、獫狁、山戎、匈奴之屬，累代殘暴，作害中州，而始均之裔，不交南夏，是以載籍無聞焉。"[③]既然他們"不交南夏，載籍無聞"，則所謂"其裔始均，入仕堯時"的説法，就完全靠不住了。即使他們確是黄帝之後，則已被鮮卑族所同化，已不能稱爲夏族。因此拓跋氏在原始時期當爲鮮卑族之游牧部落。在傳説時期，拓跋氏"統幽都之北"，"有大鮮卑山"，其地域究竟位於何處，現在難以確定。

（二）北方强國時期

鮮卑的這些部落都有一個强國的歷史。

①《晋書·乞伏國仁載記》，第3113頁。
②《魏書·序紀》，第1頁。
③《魏書·序紀》，第1頁。

1. 拓跋氏

拓跋氏强國時期的第一個首領名毛，後來被追稱爲“成皇帝”，他“聰明武略，遠近所推，統國三十六，大姓九十九，威振北方”。[①] 拓跋氏遠離夏族，威振北方，比獯鬻、獫狁、山戎、匈奴之屬更爲遥遠。

毛是拓跋氏的第一個皇帝，統國三十六，那麽他當有都城，可以猜測其都城當即“幽都”。故《序紀》以幽都爲準，説成皇帝之前拓跋氏“統幽都之北”。

關於幽都，《魏書》有下列記載：“魏先之居幽都也，鑿石爲祖宗之廟於烏洛侯國西北。自後南遷，其地隔遠。……石室南距代京可四千餘里。”[②] 那麽幽都在烏洛侯國西北，距代京四千里。代京未見記載。北魏以盛樂爲北都，平城爲南都。[③] 平城屬代郡，《魏書》謂徙吏民二千家於“代都”[④]，故平城(代都)當可謂之代京，則幽都及石廟即在大同之北四千里，當即今黑龍江以北，或西伯利亞貝加爾湖一綫。

此地點是真實的，北魏還曾派使者去石廟祭拜，“世祖遣中書侍郎李敞告祭焉，刊祝文於室之壁而還”[⑤]。李敞詣訪祖宗石廟是在“真君”中（“太平真君”是北魏世祖拓跋燾的年號，從公元 440 年到 451 年）。但是這個地點的準確位置以及拓跋氏當時的領地，還有待進一步考證。大致在黑龍江與貝加爾湖一帶是不會錯的（見本文的［補注四］）。

2. 宇文氏、乞伏氏

宇文氏説自己有祖先葛烏菟：“有葛烏菟者，雄武多算略，鮮卑慕

---

① 《魏書・序紀》，第 1 頁。

② 《魏書・禮志一》，第 2738、2739 頁。

③ 《魏書・序紀》，第 8 頁。

④ 《魏書・太祖紀》，第 34 頁。

⑤ 《魏書・烏洛侯列傳》，第 2224 頁。

之，奉以爲主，遂總十二部落，世爲大人。”[①]

乞伏氏說有祖先紇干：“紇干者……年十歲，驍勇善騎射……四部服其雄武，推爲統主，號之曰乞伏可汗託鐸莫何。託鐸者，言非神非人之稱也。”[②]

3. 慕容氏

慕容氏“邑于紫蒙之野”是否爲慕容氏歷史的第二個時期？何處爲紫蒙之野？有關的記載很模糊，大致是秦漢之前慕容氏“與匈奴並盛，控弦之士二十餘萬，風俗官號與匈奴略同”[③]。慕容氏曾經是北方强大的部族，與夏族没有聯繫。

（三）南遷接近中原地區

1. 拓跋氏

拓跋氏在成皇帝之後第六世宣皇帝推寅時開始南遷，到第十三世獻皇帝隣，還在遷徙中。《魏書》說：“時有神人言於國曰：‘此土荒遐，未足以建都邑，宜復徙居。’”[④]本來拓跋氏是“畜牧遷徙，射獵爲業”，後來追求都邑，這就説明拓跋氏已經逐步脱離了游牧生活。

按照《魏書》記載，從宣皇帝推寅至第十四世聖武皇帝詰汾，拓跋氏脱離北國，“始居匈奴之故地”，大約來到今蒙古境内。此時期之特點爲離開游牧地區而接近中原地區。

① 《周書·文帝紀上》，第1頁。
② 《晋書·乞伏國仁載記》，第3113頁。
③ 《晋書·慕容廆載記》，第2803頁。
④ 《魏書·序紀》，第2頁。

2. 宇文氏

宇文氏則已到了陰山。①

3. 慕容氏

秦漢之際爲匈奴所敗，分保鮮卑山，慕容氏進入了鮮卑時期。鮮卑時期長達三四百年，這期間慕容氏與夏族有了直接的接觸。

4. 乞伏氏

乞伏氏祐鄰出大陰山，率户五千遷於夏緣（可能在河套一帶），後來打敗鮮卑鹿結部，合併了七萬餘落，並占領了高平川（高平即今寧夏固原）。故祐鄰沿陰山、長城西行至河套，然後南下占據了固原，來到了中原地區的邊緣地帶。

在乞伏氏之前到達寧夏的鮮卑鹿結部，則被迫沿中原地區的邊緣地帶南奔略陽（今甘肅秦安）。②

（四）建都中原地區邊緣

1. 拓跋氏建都盛樂

至第十五世神元皇帝力微時，拓跋氏的歷史進入一個新時期，開始定居於中原地區的邊緣地帶，建都盛樂（今内蒙古之和林格爾），並有了準確的紀年。神元皇帝力微與魏文帝曹丕都是在公元 220 年即位的。公元 258 年，力微與曹魏建立了友好關係，開始效法中原王朝的制度。

① 《周書・文帝紀上》，第 1 頁

② 《晋書・乞伏國仁載記》，第 3113 頁。

2. 宇文氏居遼西

宇文氏則“自陰山南徙，始居遼西，是曰獻侯，爲魏舅生之國。”①

3. 慕容氏

當三國曹魏時期，莫護跋“從宣帝伐公孫氏有功，拜率義王，始建國於棘城之北”②，因此慕容氏以棘城（今遼寧義縣）爲都，建立了當時中國的一個地方政權。

4. 乞伏氏

當乞伏氏司繁來到隴東時，當時中國北方政權掌握於前秦苻堅之手。苻堅力量强盛，司繁戰敗，投降於秦。由於鮮卑勃寒“侵斥隴右”，苻堅任命司繁爲“使持節、都督討西胡諸軍事、鎮西將軍”。勃寒向司繁投降，於是司繁控制了勇士川（即苑川，今甘肅榆中），因此乞伏氏在中原地區邊緣建立了一個地方政權。

5. 秃髮氏控制蘭州、武威一帶

秃髮氏是從拓跋氏中分離出來的。秃髮氏匹孤從塞北遷於“河西”，他們控制了甘肅中部的蘭州、武威一帶。聚居在蘭州附近黄河以西地區，建立了中原地區邊緣的一個地方政權。

（五）建都中原地區

1. 拓跋氏建都平城

拓跋氏開始在中原地區建立地方政權。公元 398 年（東晋安帝隆安二年），太祖道武皇帝拓跋珪平定中山，統一了北方諸部，於是由盛樂

①《周書・文帝紀上》，第 1 頁。

②《晋書・慕容廆載記》，第 2803 頁。

遷都平城（今山西大同），定國號爲魏，年號“登國”。七月，“始營宫室，建宗廟，立社稷”。十一月，“典官制，立爵品，定律吕，協音樂”。十二月，“帝臨天文殿，太尉、司徒進璽綬，百官咸稱萬歲。……追尊成帝已下及后號謚。樂用皇始之舞。詔百司議定行次，尚書崔玄伯等奏從土德，服色尚黄。……敬授民時，行夏之正。徙六州二十二郡守宰、豪傑、吏民二千家於代都”。[①] 完全采用了漢族的政治與禮儀制度。拓跋珪將毛以來的祖先追封爲皇帝，其中力微追封爲始祖神元皇帝，他本人後來稱爲太祖道武皇帝。

拓跋珪將平城建成爲一個模仿洛陽、長安的都城。原來鮮卑各族組成各個大小部落，《魏書》説：“凡此諸部，其渠長皆自統衆。……登國初，太祖散諸部落，始同爲編民。”[②] 拓跋珪解散了内部的部落組織，建立了漢族的社會制度，於是拓跋珪成爲中國境内的一個諸侯。

《魏書》又説：“太祖初定中原……便以經術爲先，立太學，置五經博士生員千有餘人。天興二年春，增國子太學生員至三千。”[③] 太祖之子太宗“禮愛儒生，好覽史傳，以劉向所撰《新序》、《説苑》於經典正義多有所闕，乃撰《新集》三十篇，採諸經史，該洽古義，兼資文武焉。”[④] 太宗之孫恭宗（曾以太子監國，二十四歲時去世，未曾繼位）“好讀經史，皆通大義”[⑤]。皇族中還有暉（太祖之侄輩），“暉頗愛文學，招集儒士崔鴻等撰録百家要事，以類相從，名爲《科録》，凡二百七十卷，上起伏羲，迄於晋、宋，凡十四代”[⑥]。

① 《魏書·太祖紀》，第 33、34 頁。
② 《魏書·官氏志》，第 3013、3014 頁。
③ 《魏書·儒林列傳》，第 1841 頁。
④ 《魏書·太宗紀》，第 64 頁。
⑤ 《魏書·世祖紀下》，第 107 頁。
⑥ 《魏書·昭成子孫列傳》，第 380 頁。

2. 宇文氏成爲燕、魏之貴族

宇文氏没有建國，但成爲慕容氏燕國的貴族，其後裔陵“仕燕，拜駙馬都尉，封玄菟公”。後來陵歸拓跋氏魏國，“拜都牧主，賜爵安定侯。天興初，徙豪傑於代郡，陵隨例遷武川焉”[①]。武川在今呼和浩特附近，實際上宇文氏也成爲中原地區邊緣地帶的一支地方勢力。這支地方勢力隨後就進入中原地區，建立了地方政權。

3. 慕容氏

正當西晋滅亡的年代，慕容廆“勤王”，用“敷宣帝命，以伐有罪”的口號，控制了遼東、遼西。因此東晋朝廷封他爲“燕王”，此時慕容廆卒，年六十五。公元 337 年，其子慕容皝稱燕王。慕容皝遷都龍城（或和龍城，即柳城，今遼寧朝陽），史稱前燕。[②]

慕容廆“推舉賢才，委以庶政……平原劉讚儒學該通，引爲東庠祭酒，其世子皝率國胄束脩受業焉。廆覽政之暇，親臨聽之，於是路有頌聲，禮讓興矣。”[③] 其子慕容皝“尚經學，善天文”[④]，“立東庠于舊宫，以行鄉射之禮，每月臨觀，考試優劣。皝雅好文籍，勤於講授，學徒甚盛，至千餘人。親造《太上章》以代《急就》，又著《典誡》十五篇，以教胄子”[⑤]。

4. 乞伏氏在苑川建立西秦

司繁死，國仁代之。苻堅敗於淮南，後爲姚萇所殺。前秦承認國仁之地位，任命他爲“使持節、大都督、都督雜夷諸軍事、大將軍、大單

①《周書・文帝紀上》，第 1 頁。

②《晋書・慕容廆載記》，第 2805、2806 頁。

③《晋書・慕容廆載記》，第 2806 頁。

④《晋書・慕容皝載記》，第 2815 頁。

⑤《晋書・慕容皝載記》，第 2826 頁。

于、苑川王”[①]。公元385年，國仁稱王，年號建義元年，史稱西秦。

5. 秃髮氏成爲南凉

烏孤成爲鮮卑大都統。《晋書》説：“及嗣位，務農桑，修鄰好。吕光（後凉）遣使署爲假節、冠軍大將軍、河西鮮卑大都統、廣武縣侯。”[②]《晋書》記載：“烏孤討乙弗、折掘二部，大破之，遣其將石亦干築廉川堡以都之。……烏孤從之，大破諸部。吕光封烏孤廣武郡公。又討意云鮮卑，大破之。”[③]秃髮氏成爲後凉屬下的一個諸侯，公元397年稱王，年號太初元年，史稱南凉。

（六）建立最高政權

1. 拓跋氏在洛陽建立北魏

公元495年，高祖孝文帝從平城（山西大同）遷都洛陽，從此拓跋氏進入了最後的時期。孝文帝要求所有官員在洛陽入籍，成爲洛陽人，不得遷回平城。而且要求所有的拓跋族人都采用漢式的姓氏，甚至規定朝廷中用漢語，不得使用拓跋語。

同時建立了各種制度，如建立鄉里組織，因此有了所謂三長：隣長、里長、黨長。“魏初不立三長……（太和）十年，給事中李沖上言：‘宜準古，五家立一隣長，五隣立一里長，五里立一黨長。……’書奏，諸官通議，稱善者衆。高祖從之。”[④]《李沖列傳》説“舊無三長，惟立宗主督護”，因此部落是以血緣爲主，爲一種宗之組織，故謂其“惟立宗主督護”。[⑤]現在部落之外，百姓又進入鄉里組織，亦即社之組

① 《晋書・乞伏國仁載記》，第3115頁。
② 《晋書・秃髮烏孤載記》，第3141頁。
③ 《晋書・秃髮烏孤載記》，第3142頁。
④ 《魏書・食貨志》，第2855頁。
⑤ 《魏書・李沖列傳》，第1180頁。

織（其成員即謂之編民）。故建立三長就是建立宗、社組織。

至此，拓跋氏完全融入了漢族。他們自己亦以漢族自居，而稱其他北方族群爲夷狄，如《魏書》説：“（肅宗）熙平中，蠕蠕主醜奴遣使來朝，抗敵國之書，不修臣敬。朝議將依漢答匈奴故事，遣使報之。”北魏以漢朝自居，將蠕蠕比之匈奴，稱之爲虜、稱之爲夷狄，如張倫上表説：“且虜雖慕德，亦來觀我……小人難近，夷狄無親。”[①]

拓跋氏從公元258年始祖建都於盛樂，公元398年太祖遷都平城，最後公元495年高祖遷都洛陽，拓跋氏完全融入了漢族。公元557年，拓跋氏禪位於宇文氏，失去政權。歷時整整三百年。

2. 宇文氏在長安建立北周

最初宇文泰作爲拓跋魏的部屬討伐關中叛亂，最後魏帝任命宇文泰爲“關西大都督、略陽縣公”[②]。後來魏孝武帝失去政權，從洛陽逃奔宇文泰。拓跋魏在長安建立的朝廷，史稱西魏。他任命宇文泰爲大將軍、尚書令、略陽郡公，控制了軍國大政。公元535年，魏孝武帝崩，宇文泰立魏文帝，拓跋氏政權名義上繼續存在。一直到公元557年，拓跋氏禪位於宇文泰的兒子宇文覺，百官奏議：“今魏曆告終，周室受命，以木承水，實當行録，正用夏時，式遵聖道。”[③]宇文氏正式取得了政權，國號爲周，通常稱之爲北周。

3. 慕容氏在中山建立前燕

慕容儁南伐，占領中山。公元352年（晋穆帝永和八年），慕容儁稱帝，署置百官，年號元璽元年，慕容氏也就融入了漢族，史稱前燕。

---

①《魏書·張袞列傳》，第617、618頁。

②《周書·文帝紀上》，第10頁。

③《周書·孝閔帝紀》，第46頁。

4. 乞伏氏遷都金城（蘭州）

公元 388 年，西秦乞伏國仁死後，弟乾歸繼位，稱“大都督、大將軍、大單于、河南王……改元曰太初”。置丞相、御史大夫，並遷都金城（今蘭州）。[①] 這就是乞伏氏發展的最後一步。不久被夏赫連定消滅。

5. 禿髮氏在樂都建立南凉

公元 397 年（晋安帝隆安元年）烏孤自稱大都督、大將軍、大單于、西平王，年號太初，後遷於樂都。署弟利鹿孤爲驃騎大將軍，鎮安夷（在今青海平安縣）；弟傉檀爲車騎大將軍，鎮西平（在今青海西寧）。烏孤在王位三年，卒。弟利鹿孤繼位，年號建和，三年，卒。弟傉檀繼位，年號弘昌，在位十三年，卒，國滅。史稱南凉，史書謂其“開疆河右，抗衡强國”[②]。

從鮮卑各個部落的歷史來看，他們都有類似的六個時期，而且都可以分爲兩個階段。如拓跋氏，前三個時期長達兩千多年，爲獨立之北方部族；後三個時期長達三百年，逐步融入了漢族。這個過程很典型，秦漢以來許多族群都以類似的過程融入了漢族（見本文的［補注三］）。

① 《晋書・乞伏國仁載記》，第 3116 頁。

② 《晋書・禿髮烏孤載記》，第 3142、3158 頁。

［補注一］夏族之人口

（一）漢族與少數民族人口比例

據 1%人口抽樣調查數據，2005 年 11 月 1 日，全國漢族人口爲 118295 萬人。占總人口的 90.56%；各少數民族人口爲 12333 萬，占 9.44%。與 2000 年第五次人口普查時相比，漢族和少數民族人口比重分别減小和增大了 1.03%。

（二）漢族與世界其他民族人口比較

全世界八個最大的民族爲漢人、印度斯坦人、美利堅人、俄羅斯人、孟加拉人、日本人、巴西人、德意志人。但漢人數量爲印度斯坦人的 5 倍，等於其餘 7 個民族的總和。[①]

（三）漢族人口的增長

《帝王世紀》謂夏朝初年的人口爲一千三百多萬。[②]許多人認爲這個數字太大，有學者認爲實際數字可能衹有其十分之一，但張善餘説："把夏初時期中國的總人口估計爲 1000 萬人左右，或稍多一點，是較爲合理的。"[③]《漢書》謂西漢末，人口爲六千萬，"漢極盛矣"[④]。《宣宗實録》清道光十四年（1834 年）的人口達到四億。[⑤]

① 張善餘：《中國人口地理》，北京：科學出版社，2003 年，第 34 頁。

② 徐宗元輯：《帝王世紀輯存》，北京：中華書局，1964 年，第 118 頁。

③ 張善餘：《中國人口地理》，第 3 頁。

④《漢書・地理志下》，第 1640 頁。

⑤《宣宗實録》卷二百六十一，轉引自袁祖亮：《中國古代人口史專題研究》，鄭州：中州古籍出版社，1994 年，第 28 頁。

［補注二］炎黄與兩分結構

（一）兩分組織

夏族自稱炎黄子孫，實際上是由炎帝與黄帝這兩個兄弟部族組成的，因此夏族是一個典型的兩分組織。由於近代民族學的發展，大家認識到兩分組織在原始社會中廣泛存在。甚至現代的凉山羅彝的社會還是一個兩分組織，馬長壽説："凉山所有的黑彝推其原始，不屬孤紇則屬曲聶，總不出此兩個系統，一切羅族都初由此二部族繁殖下來……羅彝叙述他們的系譜時無不由此二人物叙起。"[①] 一直到現在，所有凉山羅彝都自認爲孤紇、曲聶之後，而且孤紇與曲聶代表兩個互相通婚的部族，馬長壽説："羅族婚姻初時以孤紇、曲聶二分族爲界，實行其族外婚。現在羅彝婚姻大體尚是如此。不過因爲諸氏族間的家族關係太疏遠了，彼此之間亦有互婚。"[②]

雖然大家都承認夏族是炎黄子孫，但並不是所有的人都認識到炎黄是"一氏兩姓"或者説是一個兩分組織。如章太炎説："中國人種，本起秦嶺以南隴西蜀滇之邊。比於北者，本西羌之種；比於南者，本髳濮之種；合種而爲夏人。《後漢書・西羌傳》云，西羌本姜姓之別（謂本在南嶽則非）。《春秋》所謂姜、戎，亦其類也。其實姜姓出於西羌，非西羌出於姜姓。"[③] 章太炎以爲炎、黄原屬於兩個不同的族群，合在一起形成夏族。但他没有分析究竟炎、黄屬於哪兩個族群，也没有解釋炎、黄同出於有蟜氏的這種傳説。

---

① 馬長壽：《凉山羅彝考察報告》，成都：巴蜀書社，2006年，第208頁。

② 馬長壽：《凉山羅彝考察報告》，第209頁。

③《章太炎先生學術論著手迹選》，轉引自何永斌：《西川羌族特殊載體档案史料研究》，成都：巴蜀書社，2009年，第5頁。

關於兩分組織，見張肇麟的《姓氏與宗社考證》論文 [03]。

（二）兩分社會的特點

特別值得注意的是，馬長壽的下列報告，他説他們兩族之間的矛盾是涼山羅彝戰争的主要根源，"同一分族所衍生的氏族之間固然不能没有戰争，但彼等間的戰争機會絶對没有發生於孤紇、曲聶二分族間者爲多。譬如涼山東部的戰争，除漢彝戰争外，十之七八的戰事乃由阿禄諸胞族與甘爾蒲田十二族交惡而起。反之阿禄諸胞族，如吴奇、尼區、磨石、補支諸族之間或甘爾蒲田諸族，如吼補、峨烈、爾圖、木抛、甘家等族之間，則很少有戰争發生"。除戰争外，婚姻、立嗣等也都圍繞系譜展開。"不特戰争、婚姻、立嗣等重要社會制度與系譜有關，即日常之語言、態度與行爲，亦莫不因系譜關係而表示不同" ①。

"現時之戰争、婚姻，以及其他社會行爲再不復以孤紇、曲聶部族爲其對象。……古時部族的地位已由今日的宗族取而代之矣。然亦不能謂今日之孤紇、曲聶二族疆界盡泯。……畢摩於招魂及送葬之際，常用大聲在警覺魂魄：孤紇、曲聶二族，來路既爲不同，去路亦各有異。今時涼山中的黑彝都明白他自己是孤紇的子孫，抑是曲聶的後裔。在歌謡上與諺語内常有二部族交相詈厲的語句。例如……作者在涼山考察時，一夜，宿……素格馬馬家，素格爲孤紇系之宗族。與吾等同行者爲尼區足實，尼區爲曲聶系……。然夜時吾以一戲言相詢，（吾問馬：孤紇與曲聶二族，孰富强？）……幾釀成命案。" ②

夏族的情況也是如此。雖然夏族都自稱爲炎黄子孫，但是炎黄之間的戰争却是夏族歷史的主要内容。黄帝是在同炎帝的幾次大戰之後纔成爲天子的。

① 馬長壽:《涼山羅彝考察報告》，第 208 頁。

② 馬長壽:《涼山羅彝考察報告》，第 260 頁。

［補注三］融 入 夏 族

（一）融入夏族

在夏文化與其他文化融合時，夏文化與其他文化不是處於同等的地位。但許多人把夏族與其他部族同等看待，因此他們不同意夏即中國的説法，不同意中國文化就是夏文化，他們也不同意其他文化融入夏文化的説法。

例如，李龍海認爲在夏商之間，夏文化融入了商文化，他説："有學者也指出：'商族在伐夏滅夏過程中……吸收了大量夏文化因素，並與之逐步融合成爲商文化的有機組成部分'……正是在此基礎上，有商一代，夏文化最終融合進商文化之中。"① 李龍海説商族"吸收了大量夏文化因素"，吸收的是什麼文化因素？又什麼叫大量？爲了看得更清楚，不妨看明、清兩代的關係。模仿前邊的説法，就可以講："滿族在伐明滅明過程中，吸收了大量明文化因素，明文化最終融合進滿文化之中。"這樣能説得通嗎？康熙皇帝的政治、經濟、文化政策更像崇禎皇帝還是更像努爾哈赤—皇太極？是明文化融合了滿文化，還是滿文化融合了明文化？這個部族使用漢語和漢文，使用漢族的姓氏制度，宣揚漢族的仁義道德……那麼這個部族的文化是滿文化還是明文化？實際上滿族在消滅明朝的過程中，用明文化替換了滿文化，也就是大量漢文化代換了滿文化，因此滿文化逐步衰微了。在滿族入主中原之後，漢文化仍然存在而且擴張到滿族。因此衹能説滿文化一定程度上融入漢文化。

又如在民國時期，北京金姓的居民中有許多實際上是滿人而不是漢人，儘管北京金姓滿人可能保留某些滿族的習俗，但他們的語言、姓氏、生活方式等等都

① 李龍海：《漢民族形成之研究》，北京：科學出版社，2010 年，第 88 頁。

與金姓的漢人無異。因此在清代的滿漢融合中，就是滿族一定程度上融入了漢族，這一點非常清楚。滿族曾經統治漢族，而且曾經極力防範漢化，但最後却迅速漢化，一定程度上失去了他們的原有特性。

同樣，商族滅夏的過程中，商文化消失了，夏文化代換商文化，這是説商文化融入了夏文化。爲什麼會出現這種現象？根本的原因是明文化比滿文化先進，夏文化比商文化先進。不能把夏文化與周圍其他文化等同看待，否則是無法理解中國幾千年的族群融合過程的。關於夏文化先進的問題，將在其他地方進一步討論。

（二）語言的融入

在論文 [02] 中利用語言學的語系、語族的概念來分析基本族群，可以看到三個基本族群對應了三個語系，因此這三個基本族群可以稱爲夏系、戎系、胡系。這個稱呼似乎比夏族、戎族、胡族更爲合適。語言學不僅提供“系”字，利用語言學還可以更好地理解部族的演變。

語言是不斷變化的，當不同的語言互相接觸時，就會互相産生影響。當滿族統治全中國時，滿語與漢語發生接觸。結果是滿語逐漸消失了，最後滿族也使用漢語。在中國幾千年的歷史中，許多部族與漢族發生衝突與融合，結果衹留下漢語，其他語言先後都消失了。當兩種語言接觸時，總是衹留下其中的一種語言，而不是産生一種混合語言，這是很普遍的情況。至於留下的是哪一種，那要具體分析。在中國的漢語地區，五千年來，留下的總是夏族（即漢族）的語言，這是一個基本現象。

在中國，當一個異族與夏族發生接觸以後，這個異族必然融入夏族，因此我們將夏族稱爲中國的主幹部族。異族的語言消失了，異族的特殊文化也逐步消失了，異族的基本社會制度（如姓氏制度）也逐步消失，也就是説異族逐步融入了漢族。因此所謂融合過程就是異族離開戎系或胡系而進入夏系。本書將着重説明這個問題。

爲什麼夏族能成爲主幹部族？爲什麼夏族能够在幾千年中不斷吸收相鄰的異族而變成如此龐大？實際上這樣龐大的部族在世界上是唯一的。在 [補注一] 中已經看到，漢族人數爲世界上第二大的印度斯坦人的 5 倍。夏族怎麽能够做到這一點？夏族具備什麽條件纔使得他做到這一點？關於這些問題將在其他地方進一步討論。

（三）姓氏制度的融入

由於采用漢族的姓，因此拓跋氏與漢族就無法區别了。源志藩説，鮮卑族改姓之後，“大多已與其他民族（主要是漢族）之相同姓氏混合以致無法分辨其源，當然包括北魏宗室之拓跋氏。……其所改用之元姓，漢族亦有”。他説，衹有源姓的來源是單一的，“其他民族也没有以源爲姓氏者”，“源氏從鮮卑姓氏改爲單字漢姓後，千多年來一脈相承”。①

如果源姓真的是唯一的與其他民族完全分開，那麽“源”就是北魏時特别製定的一個新姓。據《魏書・源賀列傳》謂賀爲禿髮傉檀之子。傉檀爲乞伏熾磐所滅，賀自樂都來奔。世祖燾謂賀曰：“卿與朕源同，因事分姓，今可爲源氏。”②因此“源”是拓跋燾的賜姓，也不是漢姓。凡是漢姓，必定有同姓的漢人。儘管如此，源其實應該算是漢姓，而不是拓跋族的姓。

源志藩説：“源氏是唯一在……千多年來一脈相承，從没有再次更易姓氏……没有像其他鮮卑族民姓氏的反復更易（主要在南北朝時期），更没有與其他不同族裔（族群）混合（所指的當然不是婚姻的混合，而是在姓氏上的混合），産生出多個源頭，以致無法分辨其源。”③其實這裏所説的情况，正好説明“源氏”比其他拓跋姓氏更像漢姓。因爲漢姓與拓跋姓的最大區别就在於：漢姓是不能更易的。所謂“雖百世而昏姻不通者，周道然也”④。

拓跋姓可以更易，也是經常會改的，實際上對於拓跋氏來説，改姓不是什麽大問題，如《魏書・官氏志》説：“獻帝以兄爲紇骨氏，後改爲胡氏。次兄……後改爲周氏。次兄……後改爲長孫氏。弟……後改爲奚氏。次弟……後改爲伊

---

① 源志藩：《鮮卑遺民源氏源流：北方民族的生活變遷》，香港：科華圖書出版公司，2011 年，第 109 頁。

② 《魏書・源賀列傳》，第 919 頁。

③ 源志藩：《鮮卑遺民源氏源流：北方民族的生活變遷》序，第Ⅱ頁。

④ 《禮記正義・大傳》，《十三經注疏》，第 1507 頁。

氏。”[①]因此獻帝的兄弟得到了胡、周、長孫、奚等姓，這種現象在漢族是不可想像的。照源志藩所説，雖然“源”不是漢姓，但“源”這個姓是在魏高祖孝文帝改革之後很多年纔産生的，因此與其他拓跋氏的姓比較，“源”是一個真正的拓跋氏的姓（没有漢人姓源），也是一個真正的漢姓（他們永遠姓源而不改易）。因此源姓正表明拓跋氏采用了漢族的姓氏制度。

（四）融入的過程

由於生活地域不同，或者由於所處的時代不同，各個族群的發展過程也不會完全相同，但是它們融入夏族的過程却很相似。在中國歷史中，拓跋氏的融入過程最有代表性。表 3-1 可以大致表達出拓跋氏與商、周兩族發展過程的對比。其中第二、第三、第四列是拓跋氏、周族、商族在六個時期的標志人物，加引號的稱號來自《竹書紀年》。第一列中之四荒、四海、九州、王畿的含義可參看本書論文［04］的説明。

表 3-1　拓跋氏與商、周兩族發展過程

	拓跋氏	周族	商族
神話傳説時期	昌意少子、始均	弃（后稷）、始均	契
四荒時期	成皇帝毛	不窋	昭明
四海時期	聖武皇帝詰汾	公劉	相土
九州時期	始祖神元皇帝力微（盛樂）	高圉（“邠侯”）	冥（“商侯”）
王畿時期	太祖道武皇帝珪（平城）	古公（“周公”）	上甲微（“殷侯”）
完全融入時期	高祖孝文皇帝宏（洛陽）	文王、武王（周王）	湯（商王）

① 《魏書 · 官氏志》，第 3006 頁。

［補注四］拓跋氏的起源地

《魏書》所記載的石室已經在考古中發現，稱爲嘎仙洞，是一個天然石洞，面積約 2000 平方米。其中有石刻，其內容正是《魏書》所記載的祝文。嘎仙洞位於大興安嶺北端之東麓，嫩江支流甘河之上源（今鄂倫春自治旗境内）。[①]

嘎仙洞的碳 14 測定年代爲距今 2450 ± 80 年、2380 ± 80 年[②]，即約公元前 500 年，即春秋戰國時期。

因此成皇帝生活在春秋戰國之際，活動地域在貝加爾湖一綫。那麼在成皇帝之前一兩千年的傳説時期，拓跋氏的活動地域當在貝加爾湖以北。

① 參見佟柱臣：《嘎仙洞拓跋燾祝文石刻考》，《歷史研究》1981 年第 6 期；米文平：《鮮卑石室的發現與初步研究》，《文物》1981 年第 2 期。

② 中國社會科學院考古研究所編：《中國考古學中碳十四年代數據集（1965—1991）》，北京：文物出版社，1992 年，第 65 頁。

[04] 夏族與蠻夷戎狄

在文獻中有九州、四海、四荒以及五服、九服等政治地理學觀念，它們雖然有非現實的因素，其中許多整齊劃一的數字，似乎是主觀的、或理想的編造，其實這些地理觀念反映了夏族與周圍異族間的關係，是十分重要的。

一、九州、四海與四荒

（一）九州、四極、四海、四荒

《爾雅·釋地》講到九州、四極、四荒和四海。[①]《列子》亦説："知四海、四荒、四極之不異是也。"[②] 故九州以及四極、四海、四荒等觀念在古代是很流行的。

但究竟何謂四極、四海與四荒？郭璞謂四極"皆四方極遠之國"，而四荒"皆四方昏荒之國，次四極者"，即四荒比四極稍爲近一點。故邢昺疏謂四荒"在土四極之内"，而四海是"次四荒者"，比四荒更近一點。在四海之内則是九州了。按照注疏的解釋，則自内而外爲九州、四海、四荒、四極，與《列子》一致。但這個次序是錯誤的。

---

① 《爾雅注疏·釋地》，《十三經注疏》，第 2614、2616 頁。

② 《列子注·湯問》，《諸子集成》，第 51 頁。

1. 何謂四極？

《爾雅》："東至於泰遠，西至於邠國，南至於濮鈆，北至於祝栗，謂之四極。"郭璞注："皆四方極遠之國。"① 郭璞注不合理，《爾雅》謂西極爲邠國。邠當即豳，豳爲今涇水中游之陝西彬縣，在雍州，爲中原之邊沿，離開西安不過三四百里地，比西王母近得多，何以成爲四極之一？而東方泰遠當即今山東之東原，在兗州；南方濮鈆當即汾胡，今河南郾城縣，在豫州；北方之祝栗當即今河北之涿鹿，在幽州。無論對邠國、祝栗等作何解釋，這些地方決不會比西王母、日下更爲遥遠。因此郭璞謂四極爲比四荒更遠的"極遠之國"，爲誤釋（關於泰遠、濮鈆、祝栗的位置，見論文［06］）。

實際上四極位於九州，四極指九州之内的極遠之地，可以用來刻畫九州之範圍，故稱之爲四極。因此正確的次序當爲"四極、四海、四荒"。

2. 四海

何謂"四海"？《爾雅・釋地》："九夷、八狄、七戎、六蠻，謂之四海。"郭璞注："九夷在東，八狄在北，七戎在西，六蠻在南，次四荒者。"邢昺疏："此在四荒之内、九州之外。"② 按《爾雅》，則"四海"表示地域，此地域爲蠻夷戎狄之所在，處於九州之外而在四荒之内。《五帝德》謂顓頊"乘龍而至四海，北至於幽陵，南至于交趾，西濟于流沙，東至于蟠木"。③ 故四海爲具體地域，如幽陵、交趾、流沙、蟠木。

① 《爾雅注疏・釋地》，《十三經注疏》，第2616頁。
② 《爾雅注疏・釋地》，《十三經注疏》，第2616頁。
③ （清）王聘珍：《大戴禮記解詁・五帝德》，第120頁。

四海與海洋没有關係。如《祭義》："曾子曰：'夫孝……推而放諸東海而準，推而放諸西海而準，推而放諸南海而準，推而放諸北海而準。'"①又《史記》春申君對秦昭王說："王之地一經兩海。"《索隱》："謂西海至東海皆是秦地。"②此等東海、西海當然指陸地，必非海洋。但過去往往有誤解。

歷史上曾經以四海爲地名，例如東海郡、東海縣、西海郡、西海縣，還有南海、北海郡縣。這些地名是何含意？《釋名》："北海，海在其北也。""東海，海在其東也。""西海，海在其西也。"但解釋不通，東海、北海還勉强可説，如果西海指"海在其西"，所指爲何海？有以青海當之，或以居延澤、博斯騰泊，甚至以里海、地中海當之，故王先謙說："西境絶無池澤可以當西海之目者，然則興平中立西海郡，亦衹借以爲名，并無實指。"③其實這些四海都是有實指的，是指蠻夷所在之地域，如西海則指青海湖一帶，東海則指山東郯城一帶，漢代之南海則指今廣州沿海一帶。

蠻夷戎狄之地域何以稱之爲海？《説文》："海，天池也，吕納百川者。"段注："《爾雅》：九夷、八狄、七戎、六蠻，謂之四海。此引申之義也。凡地大物博者，皆得謂之海。"④段注並未給出四海之確切含義。《釋名》："海，晦也。主承穢濁，其色黑而晦也。"⑤又《爾雅》邢昺疏引孫炎云："海之言晦。晦，闇於禮義也。"⑥則海表示黑暗、暗於禮義，故《吕氏春秋》記載鄙人謂野人曰："子不耕於東海，

① 《禮記正義·祭義》，《十三經注疏》，第1598頁。
② 《史記·春申君列傳》，第2393頁。
③ （東漢）劉熙撰，（清）畢沅疏證，（清）王先謙補：《釋名疏證補·釋州國》，北京：中華書局，2008年，第56、57頁。
④ （漢）許慎撰，（清）段玉裁注：《説文解字注》，第545頁。
⑤ （東漢）劉熙撰，（清）畢沅疏證，（清）王先謙補：《釋名疏證補·釋水》，第36頁。
⑥ 《爾雅注疏·釋地》，《十三經注疏》，第2616頁。

吾不耕於西海”。[①] 因此四海並非東、西、南、北四個海洋，也不是東、西、南、北四個廣博之大地，而是指東、西、南、北四個文化落後之地區。

但文化落後的地方並非一定爲“海”，四海雖然“闇於禮義”，却受到王朝控制，因此《周禮》：“職方氏掌天下之圖，以掌天下之地，辨其邦國、都、鄙、四夷、八蠻、七閩、九貉、五戎、六狄之人民，與其財用。”[②] 既然蠻夷戎狄與邦國、都鄙一起屬於職方氏管轄，顯然蠻夷戎狄在周天子控制之下。《白虎通》：“故《曾子問》曰：‘九夷八蠻，六戎五狄，百姓之難至者也。’”[③] 可見得蠻夷戎狄雖然距離遥遠，但仍然屬於百姓之列。《大禹謨》：“皇天眷命，奄有四海，爲天下君。”[④] 故天下（即夏族之控制地域）包括九州與四海。因此王朝控制下的蠻夷之地纔稱爲“海”。

因此海的位置不是固定的，以南海爲例。《夏本紀》：“道黑水，至于三危，入于南海”。《正義》解釋説：“南海即揚州東大海，岷江下至揚州東入海也。”這個解釋是講不通的，所以《正義》又補充説，原文“南海”一定是講錯了，“古文故有疏略也”[⑤]。有關這個“南海”的解釋很多，大體上都認爲“南海”是與廣東、越南相接之海，甚至是與泰國、緬甸等國相接之海，因此對黑水的解釋就更多了，兩千年來争辯不休，至今得不出“導黑水，至于三危，入于南海”的確切含義。其實此處之“南海”是指四川中部以南的廣大蠻夷之地（見論文［07］）。

---

① 《吕氏春秋・孝行覽・必己》，《諸子集成》第六册，第 157 頁。

② 《周禮注疏・夏官・職方氏》，《十三經注疏》，第 861 頁。

③ （清）陳立：《白虎通疏證・禮樂》，第 112 頁。

④ 《尚書正義・大禹謨》，《十三經注疏》，第 134 頁。

⑤ 《史記・夏本紀》，第 69、71 頁。

當子囊説明楚共王的謚號時説："撫有蠻夷，奄征南海，以屬諸夏，而知其過，可不謂共乎！"①則"南海"爲楚共王所征服的蠻夷之地。吴起曾對魏武侯説："昔三苗氏左洞庭，右彭蠡，德義不修，禹滅之。"②那麼距今四千年以前洞庭湖、鄱陽湖一綫爲三苗所在，當即南海所在。《孟子》"孫叔敖舉於海"，趙岐注謂孫叔敖隱處耕於海濱。這個説法受到反駁。因爲歷來都説孫叔敖是期思鄙人，期思在今河南固始。閻若璩就指出，趙注"事實無所徵。莊王時楚南境、東境去海尚遠"。③但期思本蓼國地，蓼爲楚所滅，則正屬於楚國"奄征南海"的範圍。故所謂"舉於海"當即舉於南海，即楚國南部蠻夷地區。因此當夏族向南推進時，則南海亦當隨之南移。

秦始皇"上會稽，祭大禹，望于南海，而立石刻"④。此南海决非廣東、泰國、緬甸南邊之大海，亦非四川、湖廣的蠻荒之地，而是指浙江、江西南部的蠻夷地區。

在先秦文獻中的四海，都應如此理解。如《荀子》："北海則有走馬吠犬焉……南海則有羽翮齒革曾青丹干焉……東海則有紫紶魚鹽焉……西海則有皮革文旄焉，然而中國得而用之。"楊倞注："海謂荒晦絕遠之地，不必至海水也。"⑤《荀子》的北海出犬馬，南海則出飛禽，西海出牛羊，都與海洋無關。只有東海出魚鹽，真與大海有關。正如《韓詩外傳》説"東海之魚……北方有獸……南方有鳥……西方有獸……"⑥，所以《荀子》的北海、南海、東海、西海實際上與北方、南方、東方、

① 《春秋左傳正義 · 襄十三年》，《十三經注疏》，第 1955 頁。
② 《史記 · 孫子吴起列傳》，第 2166 頁。
③ 《孟子正義 · 告子下》，《諸子集成》，第 510 頁。
④ 《史記 · 秦始皇本紀》，第 260 頁。
⑤ 《荀子集解 · 王制篇》，《諸子集成》，第 102—103 頁。
⑥ （漢）韓嬰撰：《韓詩外傳集釋》卷五，北京：中華書局，1980 年，第 192、193 頁。

西方是類似的含意。《周禮》“四海山川”，鄭注：“四海猶四方也。”[①]但四海與四方並不完全一樣。四海指四方的蠻荒之地，是指蠻荒之地，因此與四方不同。

雖然四海並不是指真正的海洋，但九州之外環以四海，這個觀念却流行起來了。騶衍謂“赤縣神州内自有九州……於是有裨海環之……如此者九，乃有大瀛海環其外，天地之際焉”[②]。這種地理形象可能就是從“九州、四海”演化而來的。

3. 四荒

《爾雅》謂四海之外爲四荒：“觚竹、北户、西王母、日下，謂之四荒。”郭璞注：“觚竹在北，北户在南，西王母在西，日下在東，皆四方昏荒之國。”[③]《爾雅》對四荒之解説雖然具體，但觚竹、北户、西王母、日下究竟在哪里，許多人探究過，都没有得到明確的結論。郝懿行謂西王母爲國名，並引《竹書紀年》“帝舜九年，西王母來朝”，《大戴禮·少閒篇》“西王母來獻其白琯”爲證。又引《淮南子·墬形篇》“西王母在流沙之瀕”，以説明西王母所在。郝懿行又説：“日下者，鄭樵以爲即今日本國也”。[④]雖各家之解釋或實或虚，或近或遠，都未必可靠，然而所謂四荒當指四鄰之異族。這批異族地域遥遠，相對落後，並不受王朝之控制，故稱之爲“昏荒之國”。“昏荒”之含義不明，當表示不受控制，故郝懿行以日本國來解釋“日下”。

四海與四荒都是指異族地區，四海是受王朝控制的異族，而四荒則是獨立、不受控制的異族。因此四海包括在“中國”之内，四荒則非

---

① 《周禮注疏·夏官·校人》，《十三經注疏》，第861頁。

② 《史記·孟子荀卿列傳》，第2344頁。

③ 《爾雅注疏·釋地》，《十三經注疏》，第2616頁。

④ （清）郝懿行：《爾雅義疏·釋地》，《郝懿行集》，濟南：齊魯書社，2010年，第3387頁。

"中國"，是遠處之異國。《王制》"凡九州，千七百七十三國"，鄭玄注："《春秋傳》云：'禹會諸侯於塗山，執玉帛者萬國。'言執玉帛則是惟謂中國耳。"[①]這里所説的"千七百七十三國"當指九州之内的諸侯國，而所説的"萬國"，當包括九州之諸侯國以及四海之蠻夷戎狄。至於四荒，則指獨立的戎族與胡族國家，他們不會執玉帛參與塗山之會。

二、《禹貢》之五服

（一）五服與九服

古代有"五服""九服"，它們與四海、四荒一樣，不是自然地理而是政治地理。"五服""九服"的基礎是服，鄭玄《周禮·職方氏》注："服，服事天子也。《詩》云'侯服于周'。"[②]《説文》："服，用也。"段注："《關雎》箋曰：服，事也。"[③]又《廣雅》："何服，能任也。"[④]故"服"爲對國家之負擔與任務，實反映了國家對地方的控制。

《禹貢》講五服，《周禮》講七服與九服，大體上是一樣的。

1.《禹貢》五服

根據《禹貢》，全國以王畿爲中心，按照距離王畿的遠近自内而外分爲五服，即：甸服、侯服、綏服、要服、荒服。《禹貢》説：

> 五百里甸服（孔傳："規方千里之内謂之甸服，爲天子服治田，去王城面五百里。"）……；五百里侯服（孔傳："侯，候也，斥候而服事。"）……；五

① 《禮記正義·王制》，《十三經注疏》，第1324頁。
② 《周禮注疏·夏官·職方氏》，《十三經注疏》，第863頁。
③ （漢）許慎撰，（清）段玉裁注：《説文解字注》，第404頁。
④ （清）王念孫：《廣雅疏證·釋詁上》，南京：江蘇古籍出版社，2000年，第43頁。

百里綏服（孔傳："綏，安也……安服王者之政教。"）……；五百里要服（孔傳："要，束以文教。"）……；五百里荒服（孔傳："言荒，又簡略。"）。①

這説明了甸服、侯服、綏服、要服、荒服的布局。

甸服是一個方千里的地域（所謂"方千里"即邊長千里之正方形，其面積爲一百萬平方里），是王之直接統治區。周襄王對晋文公説："昔我先王之有天下也，規方千里以爲甸服。"② 也就是説，甸服是從中心點出發，東、西、南、北各外推五百里所得到的正方形地域，因此也可以説"五百里甸服"，或"方千里甸服"。至於"五百里侯服"，意思是從甸服出發，再東、西、南、北各外推五百里得到一個正方形地域，去掉中間的甸服就是侯服。

同樣理解"五百里綏服""五百里要服""五百里荒服"，每一次都再東、西、南、北各外推五百里。最後甸服、侯服、綏服、要服與荒服一起總共外推五次，東、西、南、北各外推二千五百里，結果是方五千里（即邊長五千里之正方形），此即整個五服之面積。

2.《周禮》之七服與九服

《周禮·大行人》講七服，即侯服、甸服、男服、采服、衛服、要服、蕃國。七個服之貢賦與朝見之義務不同，有如下之解釋：

邦畿方千里，其外方五百里，謂之侯服，歲壹見，其貢祀物；又其外方五百里，謂之甸服，二歲壹見，其貢嬪物；又其外方五百

① 《尚書正義·禹貢》,《十三經注疏》, 第153頁。

② 徐元誥:《國語集解·周語中》, 第51頁。

里，謂之男服，三歲壹見，其貢器物；又其外方五百里，謂之采服，四歲壹見，其貢服物；又其外方五百里，謂之衛服，五歲壹見，其貢材物；又其外方五百里，謂之要服，六歲壹見，其貢貨物。九州之外謂之蕃國，世壹見，各以其所貴寶爲摯。[①]

在《周禮·職方氏》則講九服，全國以王畿爲中心，自内而外分爲九服，即：侯服、甸服、男服、采服、衛服、蠻服、夷服、鎮服、藩服。九服的意思與七服差不多。九服之蠻服、夷服相當於七服之要服，而九服之鎮服、藩服相當於七服之蕃國，九服的其他五個服與七服中對應的服相當。

（二）服與九州、四海、四荒的對應

《爾雅》之九州、四海、四荒與《禹貢》之五服、《周禮·大行人》之七服、《周禮·職方氏》之九服，可以對比如下：

《爾雅》	《禹貢》	《周禮·大行人》	《周禮·職方氏》
九州	甸服	邦畿	王畿
	侯服	侯服、甸服、男服	侯服、甸服、男服
	綏服	采服、衛服	采服、衛服
四海	要服	要服	蠻服、夷服
四荒	荒服	蕃國	鎮服、藩服

① 《周禮注疏·秋官·大行人》，《十三經注疏》，第892頁。

1. 甸服、侯服、綏服

《禹贡》之甸服即《周禮》之王畿。王畿爲什麼叫甸服?

何謂甸服?《禹貢》:“五百里甸服。(百里賦納總,二百里納銍,三百里納秸服,四百里粟,五百里米)”孔安國傳:“爲天子服治田。”[①]即百里之内的百姓納總,百里至二百里的百姓納銍,等等。故甸服(即千里王畿)爲貢賦區,亦即天子之直接管轄區。故韋昭《周語》注説:“甸,王田也。服,服其職業也。”[②]故甸服之百姓服王田之職務,即納王田之赋税。

何謂侯服、綏服?孔安國《禹貢》傳:“侯,候也。”“綏,安也。”[③]故侯服、綏服非天子之直接管轄區,並不直接向天子貢獻賦役,侯服、綏服百姓之任務爲服侍天子、保衛王國之安全。當然其任務亦按遠近有所不同,故侯服、綏服實爲大小諸侯國,對王國的安全負有責任,但不直接向王國納税。

千里王畿加上諸侯國就構成九州,故甸服、侯服、綏服實即九州。

2. 要服

何謂要服?《禹貢》:“五百里要服。(三百里夷,二百里蔡)”馬融注:“夷,易也。”“蔡,法也。受王者刑法而已。”[④]孔安國傳:“要,束以文教。”即要服必須受文教之約束。孔安國又解釋説,所謂夷則是“守平常之教事王者而已”,而蔡是指“法也……差簡”,孔穎達疏謂其“去京師彌遠,差復簡易。”因此夷“守平常之教”,而蔡守更简

① 《尚書正義·禹貢》,《十三經注疏》,第 153 頁。
② 徐元誥:《國語集解·周語上》,第 6 頁。
③ 《尚書正義·禹貢》,《十三經注疏》,第 153 頁。
④ (清)孫星衍:《尚書今古文注疏·禹貢下》,第 204 頁。

易之教。[①] 蔡與夷之差别在於其法之較爲簡易。但再簡易也還是法，因此對蔡的百姓也有一定的文教與法律之約束，即孔安國所謂“要，束以文教”之意。

要服與前三服（甸服、侯服、綏服）有根本的不同。前三服的百姓要供賦役，還有保衛王室的責任，而要服則非王朝管轄區，但爲王朝文教所及，只需要遵守簡單的法令或文教即可。因此《禹貢》之要服實即爲受控制之異族。故要服相當於蠻夷戎狄區域，即四海。這一點還可以從《禹貢》來説明。

《禹貢》:“東漸于海，西被于流沙，朔、南暨聲教，訖于四海。”因此四海之範圍爲東至於海，西至於流沙，流沙當在今寧夏一帶（見論文［07］）。但何謂“朔、南暨聲教”？“朔南暨聲教”應是四海之南北界。孫星衍説：“《漢書・賈捐之傳》云：‘……朔南暨聲教，迄于四海，欲與聲教則治之，不欲與者不彊治也。’《漢紀》引作‘北盡朔裔，南暨聲教，欲豫聲教者則治之，不欲豫者不彊治也’，是亦訓暨爲與也。與，讀爲豫。”[②]按照《漢紀》，“朔”字前後當有缺字，則《禹貢》四海之北界爲朔裔（朔方），南界爲聲教所到之處，而《禹貢》四海之東界爲海，西界爲秦隴地區，北界爲朔方，而南界爲聲教所及之處。其實“朔、南暨聲教”亦可理解爲“北方、南方均到達聲教所及之處”。故四海即聲教所及之範圍，當即要服。

3. 荒服

何謂荒服？《禹貢》:“五百里荒服（三百里蠻，二百里流）”。馬融注：“政教荒忽，因其故俗而治之。”又：“蠻，慢也。禮簡怠慢，來不

① 《尚書正義・禹貢》,《十三經注疏》, 第153頁。

② （清）孫星衍:《尚書今古文注疏・禹貢下》, 第207頁

距，去不禁，流行無城郭常居。”[①]孔安國傳：“言荒，又簡略。”[②]孔傳用“又簡略”來説明，則荒服與要服只有程度的不同，不如馬説之確切。馬説“來不距，去不禁”，且“無城郭常居”，則荒服爲獨立之異族，故與要服截然不同。漢代學者對此有清楚的理解，如蕭望之説：“戎狄荒服，言其來服荒忽無常，時至時去，宜待以客禮，讓而不臣。如其後嗣遯逃竄伏，使於中國不爲叛臣。”[③]

聯繫四海來看，四海爲蠻夷戎狄，即近夷，而四荒則爲遠夷。

因此，五服以及九州、四海、四荒、四極不過是以地理名詞表達族群之政治地位，即以地理距離來隱喻族群之文化水準以及與王朝關係之親疏。這衹是比喻的意義，實際上蠻夷戎狄可能遍布於全國，並非真的分布於九州之外。同樣五服也衹是表示政治地位與義務，各種五百里之説，也衹是一種比喻。當然在現實中，地理距離的因素也是有的，但不是絶對的。

實際上無論九州四海之理論，抑或五服九服之區分，都是對夏族與異族關係之刻劃。當戎族和胡族與夏族發生接觸以後，從開始接觸到最後融入，有一個過渡階段，此即“四海”（或“要服”）。大體説來，夏族生活於九州，異族生活於四荒，而过渡階段的異族則生活於四海（或要服）。

但是由於夏族内部的冲突，不少失敗的夏族也被迫來到四海（此即“流放”）。如堯舜時期的“四凶”。因此在華夷嚴格區别的時代，許多蠻夷戎狄其實是夏族。因此蠻夷戎狄的情況比較複雜，也成了中國古代社會的一個特殊問題。以下對蠻夷戎狄作進一步之分析。

---

① （清）孫星衍：《尚書今古文注疏·禹貢下》，第205頁。

② 《尚書正義·禹貢》，《十三經注疏》，第153頁。

③ 《漢書·匈奴傳下》，第3833頁。

三、九州之蠻夷戎狄

通常將蠻夷戎狄稱爲東夷、南蠻、西戎、北狄，連同“中國”，合稱爲“五方之民”。其實蠻夷戎狄往往也稱爲夷狄，或曰蠻夷，或曰戎狄。或簡單地稱之爲夷，孟子說：“吾聞用夏變夷者，未聞變於夷者也。”[①] 實際上既有東夷，又有西夷、南夷、北夷，《後漢書》就有《南蠻西南夷列傳》。因此將蠻夷戎狄稱爲四夷。“中國”亦稱華，故“中國”與蠻夷戎狄也合稱爲華夷。戎非但在西方活動，也在東方活動，如《春秋隱二年經》“公會戎于潛。”杜預注：“陳留濟陽縣東南有戎城。”[②] 南方也有戎，如《春秋文十六年傳》：“楚大饑，戎伐其西南，至于阜山，師于大林；又伐其東南，至于陽丘，以侵訾枝。”杜預注：“戎，山夷也。”[③] 阜山，在湖北房縣南一百五十里。[④]

蠻夷戎狄部族不僅不能以東西南北來劃分，也不能以遠近來劃分。孔子說：“裔不謀夏，夷不亂華。”孔穎達疏：“華、夏，一也。”[⑤]《正字通》：“遠方蠻夷屬曰裔。裔，邊也，猶衣有邊也。……《左傳》投諸四裔……通作夷。《禮・王制》迸諸四夷，與裔同。”[⑥] 但是，蠻夷戎狄不一定分布在四裔，實際上在九州之内也是星羅棋布的。

（一）魯國周圍之蠻夷戎狄

1. 狄

雖然講北狄，但東方也有狄，經傳中有魯、宋等國打敗狄的記載，

① 《孟子正義・滕文公上》，《諸子集成》，第 230 頁。
② 《春秋左傳正義・隱二年》，《十三經注疏》，第 1718 頁。
③ 《春秋左傳正義・文十六年》，《十三經注疏》，第 1859 頁。
④ （清）顧祖禹：《讀史方輿紀要・湖廣五》，第 3734 頁。
⑤ 《春秋左傳正義・定十年》，《十三經注疏》，第 2148 頁。
⑥ （明）張自烈、（清）廖文英編：《正字通》，北京：中國工人出版社，1996 年，第 1028 頁。

如魯敗狄於鹹（魯地）、宋敗狄於長丘（宋地）[①]。但另一方面，也有大量狄侵略齊、魯、宋的記載，如“狄侵我（指魯）西鄙”“狄侵齊”“狄侵宋”等。[②]狄與秦、齊、楚相提並論，相當於一個東方强國。范文子說：“秦、狄、齊、楚皆彊。……今三彊服矣（杜預注：齊、秦、狄），敵楚而已。”[③]因此狄是一個强國。

2. 戎

戎在東方活動也非常頻繁，戎與齊、魯、曹諸國對抗，如“公追戎于濟西”“齊人伐戎”“戎侵曹”“齊侯來獻戎捷”等。[④]

3. 淮夷、徐戎

當時在東方還有更强大的力量，即淮夷與徐戎。

淮夷是在西周初年受到注意的。《魯周公世家》說：“管、蔡、武庚等果率淮夷而反。周公乃奉成王命，興師東伐…… 寧淮夷東土，二年而畢定。”[⑤]故《周本紀》：“既絀殷命，襲淮夷，歸在豐，作《周官》。”[⑥]但淮夷在西周時一直非常强大，《東夷列傳》說：“厲王無道，淮夷入寇，王命虢仲征之，不克，宣王復命召公伐而平之。”[⑦]

與淮夷一起的有徐戎。《魯周公世家》說：“伯禽即位之後，有管、蔡等反也，淮夷、徐戎亦並興反。”[⑧]《書・費誓》：“徂茲淮夷、徐戎

①《春秋左傳正義・文十一年》，《十三經注疏》，第1850頁。
②《春秋左傳正義》，《十三經注疏》，第1846、1847、1848頁。
③《春秋左傳正義・成十六年》，《十三經注疏》，第1918頁。
④《春秋左傳正義》，《十三經注疏》，第1773、1779、1783頁。
⑤《史記・魯周公世家》，第1518頁。
⑥《史記・周本紀》，第133頁。
⑦《後漢書・東夷列傳》，第2808頁。
⑧《史記・魯周公世家》，第1524頁。

並興。”孔傳：“淮浦之夷，徐州之戎。”[①] 雖然西周初徐曾受到很大的打擊，但徐在西周時仍有很大的發展，《後漢書・東夷列傳》説：“後徐夷僭號，乃率九夷以伐宗周，西至河上。穆王畏其方熾，乃分東方諸侯，命徐偃王主之。偃王處潢池東，地方五百里，行仁義，陸地而朝者三十有六國。”[②]

徐稱戎，也稱夷，如《竹書紀年》稱穆王十三年，“徐戎侵洛”。[③] 爲何徐在文獻中有不同的稱呼？羅泌提出一種解釋，謂稱呼反映力量之盛衰：“徐之初也稱戎（羅苹注：隱元以徠），盛而稱徐（羅苹注：莊二十六秋），又盛而人之（羅苹注：僖三），又盛而子之（羅苹注：昭四）。”後來還稱王。[④]

徐在東周以後一直還很强大，如周惠王二十年（前 657 年），“徐人取舒”。周襄王九年（前 643 年），“齊人、徐人伐英氏”。又周襄王三十二年（前 620 年），“徐伐莒”。故趙文子曰：“虞有三苗，夏有觀扈，商有姺邳，周有徐奄。”[⑤]

但徐偃王的名聲不錯，韓非子説：“古者文王處豐鎬之間，地方百里，行仁義而懷西戎，遂亡天下。徐偃王處漢東，地方五百里，行仁義，割地而朝者三十有六國。荆文王恐其害己也，舉兵伐徐，遂滅之。故文王行仁義而王天下，偃王行仁義而喪其國。是仁義用於古而不用於今也。”[⑥]《淮南子》也説“徐偃王爲義而滅”[⑦]，可謂異口同聲。《漢書》：“《詩》云‘徐方既徠’……許其慕諸夏也。”[⑧]

① 《尚書正義・費誓》，《十三經注疏》，第 255 頁。
② 《後漢書・東夷列傳》，第 2808 頁。
③ （清）徐文靖：《竹書紀年統箋》，《二十二子》，第 1079 頁。
④ （宋）羅泌：《路史・國名記丙》，《四部備要》本，第 339 頁。
⑤ 《春秋左傳正義》，《十三經注疏》，第 1792、1809、1845、2021 頁。
⑥ 《韓非子集解・五蠹》，《諸子集成》，第 341 頁。
⑦ 《淮南子・人間訓》，《諸子集成》，第 324 頁。
⑧ 《漢書・景武昭宣元成功臣表》，第 635 頁。

（二）晋國與蠻夷戎狄

1. 山西的戎狄

晋國是周朝所封建的魯衛之外的最重要的國家，《左傳》："分唐叔以……懷姓九宗……而封於夏虚，啓以夏政，疆以戎索。"[①] 但《左氏昭十五年傳》説："晋居深山，戎狄之與鄰，而遠於王室。王靈不及，拜戎不暇。"[②]

當時晋國周圍的戎狄情况如何？《史記》曾講到西戎的情况："當是之時，秦晋爲彊國。晋文公攘戎翟，居于河西圁、洛之間，號曰赤翟、白翟。秦穆公得由余，西戎八國服於秦。故自隴以西有緜諸、緄戎、翟、獂之戎，岐、梁山、涇、漆之北有義渠、大荔、烏氏、朐衍之戎。而晋北有林胡、樓煩之戎，燕北有東胡、山戎。各分散居溪谷，自有君長，往往而聚者百有餘戎，然莫能相一。"[③] 這里提到的戎還只是晋陝一帶戎狄的一部分，可見得戎狄分布之廣與力量之强大。

與晋國相鄰的還有赤狄、白狄。如《左氏昭元年傳》"晋中行穆子敗無終及羣狄于大原"，杜預注："無終，山戎。"孔疏："大原即大原郡晋陽縣是也。計無終在大原東北二千許里，遠就大原來與晋戰，不知其何故也？蓋與諸戎近晋者相率而共來也。襄四年無終子遣使如晋請和諸戎，則無終是其大者，故顯言其國名也。"[④] 故在長城内外，在晋北、陝北有戎、狄，在太行山沿綫則有赤狄，當時晋國的領地局限於晋南。

當時晋的國都在絳，由於驪姬的計謀，"使大子居曲沃，重耳居蒲

① 《春秋左傳正義・定四年》，《十三經注疏》，第 2135 頁。
② 《春秋左傳正義・昭十五年》，《十三經注疏》，第 2078 頁。
③ 《史記・匈奴列傳》，第 2883 頁。
④ 《春秋左傳正義・昭元年》，《十三經注疏》，第 2023 頁。

城，夷吾居屈，群公子皆鄙。唯二姬之子在絳”。曲沃是晋國的宗邑，蒲城與屈是邊境，杜預注：“蒲，今平陽蒲子縣。二屈，今平陽北屈縣，或云二當爲北。”[①]那麽晋的邊境在今山西臨汾一帶。所以晋國實際上僻處晋南，所謂“戎狄之與鄰而遠於王室”，此話是實在情况。

2. 戎狄與夏族

實際上蠻夷戎狄來到九州往往還是夏族引進來的，如姜戎氏。“姜戎氏”就是“允姓之姦”，是一個蠻夷部族，他们本處於瓜州，是四海的範圍。周大夫詹桓伯對晋平公説：“先王居檮杌（指四海之蠻夷族群）于四裔，以禦螭魅（指四荒之異族），故允姓之姦，居于瓜州。”[②]這裏“檮杌”指“允姓之姦”，“螭魅”指四荒的異族。詹桓伯的意思是先王把“允姓之姦”安排在瓜州，目的是要他們抵禦遠方之異族。但後來由于秦之逼迫，他們離開了瓜州，而晋惠公把他们引進山西，最後引進河南。

戎子駒支對范宣子説：“惠公蠲其大德……賜我南鄙之田。狐狸所居，豺狼所嗥。我諸戎除翦其荆棘……以爲先君不侵不叛之臣，至于今不貳。”[③]所以姜戎氏是受到夏族控制的，他們從陝西北部最後遷到河南，是晋惠公的安排。周大夫詹桓伯也對晋平公説：“伯父惠公歸自秦，而誘以來，使偪我諸姬，入我郊甸……戎有中國，誰之咎也？”[④]晋惠公把姜戎氏調遣到周朝王都附近，以參與王朝的政治鬥争，這就是晋惠公爲加强自己的力量而安排的。

在這個過程中，姜戎氏不斷遷徙，由遠處進入四海（瓜州），又進入、九州，以至郊甸，逐步融入夏族。戎子駒支曾對范宣子説：“我

① 《春秋左傳正義・莊二十八年》，《十三經注疏》，第 1781 頁。
② 《春秋左傳正義・昭九年》，《十三經注疏》，第 2056 頁。
③ 《春秋左傳正義・襄十四年》，《十三經注疏》，第 1955—1956 頁。
④ 《春秋左傳正義・昭九年》，《十三經注疏》，第 2057 頁。

諸戎飲食衣服不與華同，贄幣不通，言語不達，何惡之能爲？不與於會，亦無瞢焉。賦《青蠅》而退。”杜預注：“《青蠅》，《詩·小雅》，取其‘愷悌君子，無信讒言’。”① 戎子駒支强調自己的異族身份，强調自己與夏族之不同，語言、習俗都不相同，但他能利用《小雅》來表達自己之意願，最清楚地説明了他已處於夏族的聲教之下，已經開始融入夏族了。

蠻夷戎狄經常被安排到九州，這種情況一直延續到秦漢以後，江統曾回顧了三代以來的四夷之患。他認爲無論何種原因，讓四夷進入中原地區是錯誤的，“天子有道，守在四夷”，應該禦夷狄於中原地區外。於是著《徙戎論》，其中説：

> 建武中，以馬援領隴西太守，討叛羌，徙其餘種於關中，居馮翊、河東空地，而與華人雜處。……永初之元，騎都尉王弘使西域，發調羌氐，以爲行衛。……魏武皇帝令將軍夏侯妙才討叛氐阿貴、千萬等，後因拔棄漢中，遂徙武都之種於秦川，欲以弱寇强國，扞禦蜀虜。……今者當之，已受其弊矣。②

據説當時氐羌廣泛侵入陝西、隴東、川北，“關中之人百餘萬口，率其少多，戎狄居半”，他要氐羌“各附本種，反其舊土”，但這是行不通的。實際上西羌領域不斷擴大，在西羌之外，又出現了東羌、南羌、北羌等名目。

① 《春秋左傳正義·襄十四年》，《十三經注疏》，第1956頁。
② 《晋書·江統列傳》，第1531頁。

（三）西周王室與蠻夷戎狄

1.“戎有中國”

周代最强調華、夷之别，但西周時在都城附近就有戎。周室東遷時，在伊川可見到戎狄之俗：“初，平王之東遷也，辛有適伊川，見被髮而祭於野者，曰：‘不及百年，此其戎乎，其禮先亡矣！’”[①]故無論西周之宗周，或東周之成周，戎狄都緊逼周王室。

其實將戎狄力量引入王室鬥争的還是周王自己，如周襄王十六年（前 636 年），周襄王利用戎狄來討伐鄭國，於是以狄女爲后。“狄伐鄭，取櫟，王德狄人，將以其女爲后”[②]，富辰再諫，襄王不聽。於是戎狄進入洛陽，最後發動政變，驅逐了襄王：

> 初，周襄王欲伐鄭，故娶戎狄女爲后，與戎狄兵共伐鄭。已而黜狄后，狄后怨，而襄王後母曰惠后，有子子帶，欲立之。於是惠后與狄后、子帶爲内應，開戎狄，戎狄以故得入，破逐周襄王，而立子帶爲天子。於是戎狄或居于陸渾，東至於衛，侵盗暴虐中國。[③]

這種情况不是偶然的，犬戎曾與申侯合作攻殺周幽王，西周就是這樣滅亡的。

宗周、成周附近尚且如此，全國其他地方可想而知。蠻夷戎狄幾乎到處活動，如周襄王二年（前 650 年），狄滅温。温是蘇國的都城，“蘇

---

①《春秋左傳正義·僖二十二年》，《十三經注疏》，第 1813 頁。

②《春秋左傳正義·僖二十四年》，《十三經注疏》，第 1818 頁。

③《史記·匈奴列傳》，第 2881 頁。

子叛王即狄，又不能於狄。狄人伐之，王不救，故滅。蘇子奔衛。”[①] 周襄王五年，狄侵衛。同時淮夷侵鄫。且看周襄王八年（前 644 年）的形勢。當時狄侵晋，“取狐廚、受鐸、涉汾及昆都，因晋敗也”。而戎正在威脅周，“王以戎難告于齊，齊徵諸侯而戍周”。同時淮夷侵鄫，齊與魯、宋、陳、衛等會於淮以救鄫。“城鄫，役人病，有夜登丘而呼曰：‘齊有亂。’不果城而還”[②]。第二年管仲、齊桓公都死了，齊國真的陷入了混亂。宋、曹、衛、邾“伐齊”，“狄救齊”，“邢人、狄人伐衛”等。當時齊、晋是最强大的諸侯，同樣處於各國的相互矛盾之中，又受困於戎狄。

不過在春秋時期，許多戎狄與夏族的界綫已經模糊。最明顯的標志是戎狄與夏族締結婚姻，《左氏莊二十八年傳》：“晋獻公娶于賈……又娶二女於戎。大戎狐姬生重耳，小戎子生夷吾。”“晋伐驪戎，驪戎男女以驪姬（杜預注：其君姬姓，其爵男也）。歸，生奚齊，其娣生卓子。驪姬嬖，欲立其子。”[③] 晋獻公娶了大戎、小戎之女，又娶了驪戎之二女。其中大戎狐姬之子重耳就是著名的晋文公，是春秋五霸之一，是當時夏文化的代表。當時晋侯之女也嫁戎狄，如晋景公之姊爲赤狄潞子嬰兒之夫人[④]，而周襄王則娶狄女爲后。

2. 蠻夷國家

蠻夷戎狄融入夏族的另一個重要標志是蠻夷國家的建立。蠻夷戎狄與夏族的長期共處，也逐步建立了夏族模式的國家，可稱爲蠻夷國家。歷史記載中蠻夷國家很多，《國語》記載史伯對鄭桓公評論成周的政治

① 《春秋左傳正義·僖十年》，《十三經注疏》，第 1801 頁。
② 《春秋左傳正義·僖十六年》，《十三經注疏》，第 1809 頁。
③ 《春秋左傳正義·莊二十八年》，《十三經注疏》，第 1781 頁。
④ 《春秋左傳正義·宣十五年》，《十三經注疏》，第 1887 頁。

形勢，他列舉了東西南北四方的國家，如下：

> 當成周者，南有荆蠻、申、吕、應、鄧、陳、蔡、隨、唐，北有衛、燕、狄、鮮虞、潞、洛、泉、徐蒲，西有虞、虢、晋、隗、霍、楊、魏、芮，東有齊、魯、曹、宋、滕、薛、鄒、莒，是非王之支子母弟甥舅也，則皆蠻夷戎狄之人也。[①]

所謂“王之支子母弟甥舅”即血緣姻親，那麽除了姻亲之外就是蠻夷戎狄。因此蠻夷戎狄在周代都城四方到處存在，决不限於國家的邊境地區。

從周代開始，九州内部出現了大量的蠻夷國家，因此對於九州、四海、四荒以及五服、九服等概念，應該有正確的理解。許多人看到它們與現實的政治形勢不符，就忽略了它們的重要意義。其實它們是非常重要的，反映了夏族同化異族的基本方式。當周襄王要娶狄女爲后時，富辰極力勸止，他説蠻夷戎狄是姦，親親是德，“今周德既衰，於是乎又渝周召（杜預注：變周召親兄弟之道），以從諸姦，無乃不可乎！”何謂姦？富辰説：“即聾從昧，與頑用嚚，姦之大者也。”[②] 如果“即聾從昧，與頑用嚚”是蠻夷戎狄，那麽什麽是異族？富辰將蠻夷戎狄與異族混而爲一，以親親的名義排斥蠻夷戎狄，實際上背離了周道。從九州、四海、四荒以及五服、九服等概念來看，蠻夷戎狄是過渡中之異族。這一點在周代的流放制度中也有所體現。

① 徐元誥：《國語集解·鄭語》，第461頁。
② 《春秋左傳正義·僖二十四年》，《十三經注疏》，第1818頁。

四、夏族之流放

（一）夏變於夷

孟子説："吾聞用夏變夷者，未聞變於夷者也。"[①]其實夏是可以變爲夷的，杞就是夏變於夷的一個例子。

《周本紀》説：周武王打敗紂王之後，就封大禹之後於杞，因此杞當然屬於華夏。孔子也説過："我欲觀夏道，是故之杞，而不足徵也，吾得夏時焉。"[②]可是《春秋僖二十三年經》："杞子卒。"《左傳》："杞成公卒，書曰子。杞，夷也。"杜預注："成公始行夷禮以終其身，故於卒貶之，杞實稱伯。"[③]又説："杞，夏餘也，而即東夷。"[④]成公爲何行夷禮？杞究竟何時開始實行夷禮？

《周本紀》有下列注解："《括地志》云：'汴州雍丘縣，古杞國。《地理志》云古杞國理此城。周武王封禹後於杞，號東樓公，二十一代爲楚所滅。'"[⑤]《正義》的這一條注解把史實搞亂了。周武王封禹後於杞，此杞在今河南杞縣，但楚所滅的杞在山東濰坊東南。杞何時東遷？東遷的過程如何，不見明文記載（見論文［06］），但東遷是無疑的。據《路史》説："僖十四遷緣陵（羅苹注：《地志》云北海營陵亦謂營丘），後復遷淳于（羅苹注：今高密）。"[⑥]由於杞東遷到邊遠地區，如鄭襄公所説的"以實海濵"，不管杞究竟實行了哪些"夷禮"，它還是成了蠻夷戎狄。

---

① 《孟子正義・滕文公上》，《諸子集成》，第 230 頁。

② 《禮記正義・禮運》，《十三經注疏》，第 1415 頁。

③ 《春秋左傳正義・僖二十三年》，《十三經注疏》，第 1814—1815 頁。

④ 《春秋左傳正義・襄二十九年》，《十三經注疏》，第 2006 頁。

⑤ 《史記・周本紀》，第 128 頁。

⑥ （宋）羅泌：《路史・國名記丁》，《四部備要》本，第 353 頁。

杞爲夏禹之後裔，却進入了蠻夷國家之列。這種國家位於邊緣地帶，即四海。西周初年，許多商代的諸侯國被遷往邊緣地帶，實際上就是“變於夷者”。這種情況很多，實際就是流放，因此在蠻夷戎狄中包括很多夏族。

（二）流放

1. 流放

在原始社會裏就有流放，當時將違反族群生活條規者驅逐出族群。《王制》：司徒“命鄉簡不帥教者以告。……不變，命國之右鄉，簡不帥教者移至左；命國之左鄉，簡不帥教者移至右（鄭注：亦復習禮於鄉學）。……不變，移至郊（鄭注：習禮於郊學）。……不變，移至遂（鄭注：習禮於遂之學）。……不變，屏之遠方，終身不齒。”① 此即流放之遺俗。

在夏族之法制中，流放是一種懲罰措施，早在堯舜時期就曾發生一次著名的流放，《舜典》說：“流共工于幽州，放驩兜于崇山，竄三苗于三危，殛鯀于羽山。”孔傳：“殛、竄、放、流，皆誅也。異其文，述作之體。”② 如此說來，殛、竄、放、流都是同一個意思，只是修辭學的需要纔産生各種不同之説法。《祭法》疏引鄭答趙商云：“鯀非誅死，鯀放居東裔，至死不得反於朝。”③ 故殛、誅與竄、放、流同樣都是流放之義（見本文的［補注］）。

《舜典》說到“流宥五刑”，孔傳：“宥，寬也。以流放之法寬五刑。”④ 即以流放代替五刑。特別是對士大夫，一般以流放作爲懲罰，

① 《禮記正義·王制》，《十三經注疏》，第1342頁。

② 《尚書正義·舜典》，《十三經注疏》，第128頁。

③ 《禮記正義·祭法》疏，《十三經注疏》，第1590頁。

④ 《尚書正義·舜典》，《十三經注疏》，第128頁。

何休注《公羊》:“古者，刑不上大夫……故有罪，放之而已。”[①]

刑有不同，則流亦有不同，故對比五刑則有五流。不同之流，有遠近不同的三種流放地域，即四荒、四海與九州。《舜典》説：“五流有宅，五宅三居。”孔傳：“五刑之流各有所居，五居之差有三等之居：大罪四裔，次九州之外，次千里之外。”[②]《五帝本紀》則説“五度三居”，《集解》:“馬融曰：‘大罪投四裔，次九州之外，次中國之外。’”[③]孔安國與馬融之説法一致，犯大罪者流放到四裔（即四荒，在四海之外），罪輕一點就流放到四海（即九州之外），再輕就流放到九州（即千里王畿之外，此處馬融將王畿釋爲中國）。因此由於流放，夏族可以來到四海，還可能來到四荒（即四裔）。《周禮·調人》:“父之讎，辟諸海外。”[④]即辟在四海之外，即指四荒。《禮記·檀弓》引孔子曰：“弗與共天下也。”[⑤]故“弗與共天下”即所謂不共戴天，天下指九州與四海。

2. 統治者之流放

政治鬥爭中往往采用流放的手段。由於流放不是個人的行動，而是整族流放，因此流放會形成蠻夷戎狄中新的部族。共工、驩兜、三苗、鯀的流放，就壯大了蠻夷戎狄的力量。

歷史記載中有許多統治者被流放。例如堯子丹朱被流放。《竹書紀年》:“帝使后稷放帝子朱于丹水。”徐文靖注箋：“《漢志》曰：‘陶唐氏讓天下于虞，使子朱處于丹淵爲諸侯。’”[⑥]丹水爲漢水支流，源出陝西商州之冢嶺山。秦漢時丹水縣在今河南淅川。《吕氏春秋》“堯戰於丹

① 《春秋公羊傳注疏·宣元年》,《十三經注疏》, 第 2277 頁。
② 《尚書正義·舜典》,《十三經注疏》, 第 130 頁。
③ 《史記·五帝本紀》, 第 39、41 頁。
④ 《周禮注疏·地官下·調人》,《十三經注疏》, 第 732 頁。
⑤ 《禮記正義·檀弓上》,《十三經注疏》, 第 1284 頁。
⑥ （清）徐文靖:《竹書紀年統箋》,《二十二子》, 第 1051 頁。

水之浦，以服南蠻。”[①]故在堯時，丹水是南蠻所在。《史記》説，堯死後，舜讓辟丹朱，但朝覲者、獄訟者、謳歌者都不找丹朱而找舜，因此舜不得不繼帝位。不過《正義》：“《竹書》云舜囚堯，復偃塞丹朱，使不與父相見也。”[②]那麽丹朱是鬥争失敗而被流放於丹水，就是流放到邊境，即當時之四海（當即“南海”）。但也有記載丹朱流放於房陵，《竹書紀年》沈約注：“帝子丹朱避舜于房陵，舜讓不克。朱遂封于房爲虞賓。”徐文靖箋：“按《地理志》，房陵縣屬漢中郡。”[③]由於這種流放不是針對個人，而是一個族群，因此書傳説丹朱在丹水爲諸侯。

舜之弟象也被流放。《孟子》説舜封其弟象於有庳（鼻），據説“象日以殺舜爲事”，弟子問：把如此不仁之人封於有庳，豈非對有庳之人施暴嗎？孟子回答説：“封之也，或曰放焉。”萬章就問怎麽將封稱爲放？孟子説：“象不得有爲於其國。天子使吏治其國，而納其貢税焉，故謂之放。豈得暴彼民哉。”[④]照孟子的説法，將象封於有庳，只是讓其享受有庳之貢税收入，象並没有治民的權力。有庳在今湖南南部之道縣或永州一帶，顯然是當時的南部邊境，也可説是一個諸侯。

照此看來，所謂流放衹是剥奪其統治權力，但他們仍然還是自己族群的封君或首領。因此所謂“流共工于幽州，放驩兜于崇山，竄三苗于三危，殛鯀于羽山”，衹不過剥奪共工等在“中國”的勢力，並將其遷移至蠻荒之地，但並没有剥奪他們在自己族群的權力。

因此《周本紀》“周公奉成王命，伐誅武庚、管叔，放蔡叔”[⑤]，而《管蔡世家》描述“放”爲“遷之，與車十乘，徒七十人從”。遷後，蔡

---

①《吕氏春秋・召類》，《諸子集成》，第262頁。

②《史記・五帝本紀》，第31頁。

③（清）徐文靖：《竹書紀年統箋》，《二十二子》，第1052頁。

④ 焦循：《孟子正義・萬章上》，《諸子集成》，第370—371頁。

⑤《史記・周本紀》，第132頁。

叔死，其子胡行爲良好，於是周公“舉胡以爲魯卿士……復封胡於蔡，以奉蔡叔之祀”①。以後蔡國又維持了四五百年。

前 597 年（魯宣公十二年）楚國占領了鄭國，鄭襄公肉袒牽羊，對楚王説：“孤不天，不能事君，使君懷怒，以及敝邑，孤之罪也。敢不唯命是聽。其俘諸江南，以實海濱，亦唯命。其翦以賜諸侯，使臣妾之，亦唯命。若惠顧前好……不泯其社稷，使改事君，夷於九縣，君之惠也，孤之願也，非所敢望也。”② 鄭伯提到的三種前途，其中第一種就是整族流放到海濱，第二種是成爲奴隸，第三種是成爲楚的屬國，最後一種自然是最好的出路。

3. 卿大夫的流放

古代卿大夫的流放，也有類似的情況。貴族流放，也叫出奔，在流放地還有一定規格的待遇。在春秋時期，對大夫這種流放之記載很多。流放的通常是整個宗族，如魯襄公二十八年（前 545 年）《春秋經》：“冬，齊慶封來奔”，慶封先奔魯，又轉奔吴，《左傳》記載如下：“奔吴。吴句餘（杜注：吴子夷末也）予之朱方（杜注：吴邑），聚其族焉而居之。富於其舊。子服惠伯謂叔孫曰：‘天殆富淫人，慶封又富矣。’”③ 原來慶封出奔是帶着他的族人走的，吴國提供朱方給他們居住，生活條件甚至比原來齊國的還好，因此魯國子服惠伯（子服氏，慶父之後）説那番話。

又如昭元年，《春秋經》：“秦伯之弟鍼出奔晉。”《左傳》：“秦后子有寵於桓，如二君於景（杜預注：后子，秦桓公子，景公母弟鍼也）。其母曰：‘弗去懼選（杜預注：選，數也。恐景公數其罪而加戮）。’……鍼適晉，其車千

① 《史記·管蔡世家》，第 1565 頁。
② 《春秋左傳正義·宣十二年》，《十三經注疏》，第 1878 頁。
③ 《春秋左傳正義·襄二十八年》，《十三經注疏》，第 1998、2001 頁。

乘。書曰：‘秦伯之弟鍼出奔晉。’罪秦伯也。”[①]同時楚公子比也出奔晉。《春秋經》：“公子比出奔晉。”《左傳》：“子干奔晉，從車五乘。叔向使與秦公子同食（杜預注：食禄同），皆百人之餼。”[②]《晉語》：“秦后子來仕，其車千乘。楚公子干來仕，其車五乘。叔向爲大傅，實賦禄，韓宣子問二公子之禄焉，對曰：‘大國之卿，一旅之田，上大夫，一卒之田。夫二公子者，上大夫也，皆一卒可也。’”[③]秦公子鍼與楚公子比都是上大夫，因此叔向給他們相同的待遇“一卒之田”。

又如魯僖公五年（前 655 年）晉假道於虞以滅虢，宮之奇諫虞公不聽，於是“宮之奇以其族行”。[④]宮之奇帶族人一起離開了虞國，可謂自我流放。

這種傳統延續了很長時間，到漢昭帝時，“羣臣奏言：‘古者廢放之人屏於遠方，不及以政，請徙王賀漢中房陵縣。’太后詔歸賀昌邑，賜湯沐邑二千户”[⑤]，而這一類流放的結果衹是失去在華夏的地位。

（三）流放的作用

流放是夏族所實行的一種懲罰措施，但是在懲罰的同時却有另一種目的，就是加强夏族在邊疆之力量以鞏固夏族的統治。《五帝本紀》說：“流共工於幽陵，以變北狄；放驩兜於崇山，以變南蠻；遷三苗於三危，以變西戎；殛鯀於羽山，以變東夷。四罪而天下咸服。”《索隱》：“變謂變其形及衣服，同於夷狄也。”但《正義》：“言四凶流四裔，各於四夷放共工等爲中國之風俗也。”[⑥]《索隱》以爲流放之後，共工等

① 《春秋左傳正義·昭元年》，《十三經注疏》，第 2019、2022 頁。
② 《春秋左傳正義·昭元年》，《十三經注疏》，第 2019、2025 頁。
③ 徐元誥：《國語集解·晉語八》，第 435 頁。
④ 《春秋左傳正義·僖五年》，《十三經注疏》，第 1795 頁。
⑤ 《漢書·霍光傳》，第 2946 頁。
⑥ 《史記·五帝本紀》，第 28—29 頁。

將變爲夷狄，但《正義》以爲流放之後，夷狄要仿效共工等而采用“中國”之風俗，故要夷狄改變而非共工改變。從實際情況來看，兩種作用都是有的。

漢代經常招募犯人去鎮壓蠻夷的叛亂。如元鼎五年（前 112 年），伏波將軍出桂陽、樓船將軍出豫章、歸義越侯出零陵、下瀨將軍下蒼梧，“皆將罪人，江淮以南樓船十萬人。越馳義侯遺别將巴蜀罪人，發夜郎兵，下牂柯江，咸會番禺”。[①] 元封二年（前 109 年），“朝鮮王攻殺遼東都尉，乃募天下死罪擊朝鮮。”遣樓船將軍、左將軍“將應募罪人擊朝鮮”。又“發巴蜀兵平西南夷未服者”，以爲益州郡。”元封六年，“益州、昆明反，赦京師亡命令從軍，遣拔胡將軍郭昌將以擊之”。[②] 昭帝元鳳五年（前 76 年），“發三輔及郡國惡少年吏有告劾亡者，屯遼東”。[③] 這種措施之目的並非懲罰犯人，而是利用犯人以加强對邊疆的控制，並利用犯人以改造蠻夷。

《三國志》説：“漢武帝誅吕嘉，開九郡，設交阯刺史以鎮監之。山川長遠，習俗不齊，言語同異，重譯乃通，民如禽獸，長幼無别，椎結徒跣，貫頭左衽，長吏之設，雖有若無。自斯以來，頗徙中國罪人雜居其間，稍使學書，粗知言語，使驛往來，觀見禮化。及後錫光爲交阯，任延爲九真太守，乃教其耕犁，使之冠履；爲設媒官，始知聘娶；建立學校，導之經義。由此已降，四百餘年，頗有似類。”[④]

《三國志》講到虞翻得罪孫權，“權積怒非一，遂徙翻交州。雖處罪放，而講學不倦，門徒常數百人。又爲《老子》、《論語》、《國語》訓

---

① 《漢書·武帝紀》，第 187 頁。

② 《漢書·武帝紀》，第 193、194、198 頁。

③ 《漢書·昭帝紀》，第 231 頁。

④ 《三國志·吴書·薛綜傳》，第 1251 頁。

注，皆傳於世"[①]。虞翻在流放中在交州傳播夏族文化，雖非孫權之本意，但可見政治流放之寬容環境，故吴之王族孫綝被捕時就懇求説："願徙交州。"[②] 因此上古之流放不僅僅是懲罰，它還爲了加强邊境的安全，而且是夏族融合蠻夷戎狄之重要手段。

因此蠻夷戎狄不是簡單的異族，他們是處於過渡階段之異族，而且其中還包括大量的夏族。

①《三國志·吴書·虞翻傳》，第 1321—1322 頁。

②《三國志·吴書·孫綝傳》，第 1451 頁。

[補注] 流　放

流放是古代一種很重要而常見的懲罰措施，但流放除稱爲“流”“放”之外，往往還稱爲“奔”、稱爲“竄”，甚至稱爲“殛”“誅”“殺”，因此引起誤會。實際上衹是爲了修辭的需要纔出現各種不同的説法，“殛”未必致命，“誅”也未必致命，實際上《説文》：“誅，討也。”段玉裁注：“凡殺戮、糾責皆是。”[①] 因此“誅”並不是一定同“死”連在一起的，糾責也是誅。《祭法》疏引鄭答趙商云：“鯀非誅死，鯀放居東裔，至死不得反於朝。”[②]

其實中國古代政治犯的流放，與一般罪犯是不同的，一直到清代還是如此。林則徐在道光二十二年（1842 年）被流放到新疆（鄧廷禎也已流放在那里），他到達流放地伊犁城的當天，在日記中寫道：“辰刻喫麪行，城中文武皆遣人迎接。……又數里，鄧嶰翁（鄧廷楨）來，坐談片刻。遂入城，見布將軍（伊犁將軍布彦泰）、慶參贊（慶昌）。即至新寓（在南街鼓樓前東邊第二條巷，亦名寬巷），略爲布置。又拜領隊四人……俱先後即來，晤談而散。”第二天，伊犁將軍立即向清庭奏報，林已到達戍所，並派林掌管糧餉處事。林則徐日記：“早晨封第十四號家信，託將軍遞至富海驪轉寄陝寓（當時林則徐家屬在西安）。將軍饋米、麪、羊、豕、雞、鴨等物，四領隊……皆受之。”第三天，“早晨至將軍、參贊處，復赴各處拜客。將軍來，余未回寓，與兩兒談，及余歸，則已去矣”。第四天，“余頗感冒，兼患鼻衄，將軍送膏藥來。參贊來，未晤”。第五天，“將軍招晚飯，赴之。鄧嶰翁、文一飛（文沖，正紅旗，曾任東河總督，道光二十一年革職）、福澤軒（福珠洪阿，綏定城總兵）俱在座”。幾天來林則徐與將軍以下應酬往來不斷，與外界的通信聯繫都是托伊犁將軍轉遞。第六天（十一月十四）看到

---

① （漢）許慎撰，（清）段玉裁注：《説文解字注》，第 101 頁。

② 《禮記正義・祭法》疏，《十三經注疏》，第 1590 頁。

邸抄，知兩江總督牛鏡堂（牛鑒）“拏問進京，爲之一嘆”。又十二月十三，“將軍處送邸抄來，知揚威、靖逆兩將軍及文露軒（文蔚，正藍旗，參贊）均以失誤軍機，問擬斬候”。[①] 當然他不能參與國家政治，但流放中他繼續維持了他的聲望，還有一定的公事。（當林則徐在十一月初四進入伊犁地界，就有伊犁將軍所派遣的戈什哈前來迎接，“聞此舉前所未有也”。他於十一月初九到達伊犁城，所以先期五天，就有將軍的戈什哈前往伊犁邊境迎候。伊犁將軍是清代新疆地區最高級别的軍政長官）

①（清）林則徐：《林則徐集·日記》，北京：中華書局，1962年，第438、441頁。

第二部分　夏　　族

[05] 夏族之起源地

一、夏族之始祖及起源地

(一) 夏族之始祖及起源地

1. 夏族之始祖

夏族的始祖爲炎帝、黄帝，夏族一直自稱炎黄子孫，因此夏族起源地的研究就要追溯到五帝時期。夏族與商族、周族不同，研究商族、周族之起源地衹要追溯到契、弃，而研究夏族不能衹追溯到禹，因爲禹是夏后氏的始祖，不是夏族的始祖。《夏本紀》:“禹於是遂即天子位，南面朝天下，國號曰夏后，姓姒氏。”①

夏后氏衹是夏族建立的一個朝代，在夏后氏之前，夏族早已存在，《虞書》就講到“蠻夷猾夏”②。因此研究夏族的起源，就一定要追溯到炎黄，但講朝代的時候衹能講夏后。在先秦的經典文獻中，不講“夏、殷、周”，而是講“夏后、殷、周”，如“夏后氏以松，殷人以柏，周人以栗”③。《孟子》中説道:“夏后、殷、周之盛，地未有過千

---

①《史記·夏本紀》，第82頁。

②《尚書正義·舜典》，《十三經注疏》，第130頁。

③《論語正義·八佾》，《諸子集成》，第64頁。

里者也。”①《墨子》也説：“夏后、殷、周之相受也，数百岁矣。”②。《禮記》中更是大量出現，如：“有虞氏官五十，夏后氏官百，殷二百，周三百。”③夏后氏比有虞氏晚，因此要追溯夏族的起源地，就要追溯有虞氏的起源地，最終就要追溯到炎帝、黄帝。有的學者研究夏族起源地的時候衹追溯到禹，那是不合適的。

《五帝本紀》提供了黄帝後裔之世系如下图 5-1：

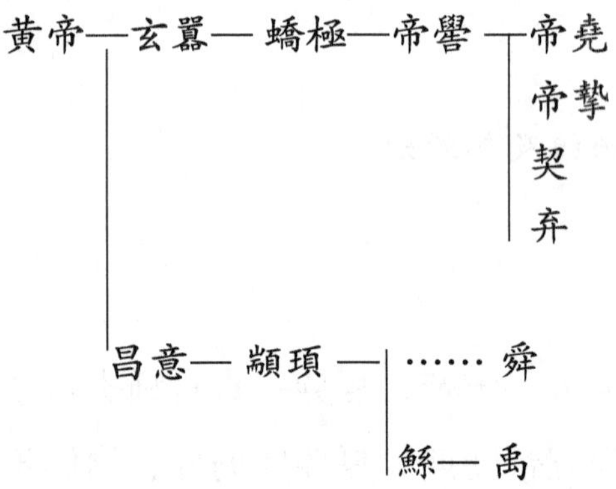

图 5-1　黄帝後裔之世系

必須注意，從黄帝到禹、弃至少幾百年，甚至上千年，如此簡單之系譜必定與實際情況相距甚遠。實際上其中每個名字都可能代表一個部族而非個人，可能還有許多遺漏。

非但如此，從《殷本紀》與《周本紀》來看，契、弃還處於神話傳説時期，因此這個包含黄帝、堯、舜、禹、契、弃的歷史必定經過後代的許多修飾，必須加以仔細的分析與甄别。不過對於起源地的研究來説，也衹要有最籠統的初期世系就可以了。因此作爲研究的出發點，下

① 《孟子正義 · 公孫丑上》,《諸子集成》, 第 109 頁。

② 《墨子閒詁 · 耕柱》,《諸子集成》, 第 256 頁。

③ 《禮記正義 · 明堂位》,《十三經注疏》, 第 1492 頁。

列段落是最重要的：

黄帝二十五子，其得姓者十四人。黄帝居軒轅之丘，而娶於西陵之女，是爲嫘祖。嫘祖爲黄帝正妃，生二子，其後皆有天下，其一曰玄囂，是爲青陽，青陽降居江水；其二曰昌意，降居若水。昌意娶蜀山氏女，曰昌僕，生高陽，高陽有聖德焉。黄帝崩，葬橋山。其孫昌意之子高陽立，是爲帝顓頊也。①

但是，要特别注意，作爲夏族的歷史，這個段落有一個根本的缺陷，它没有提到炎帝。據《路史》説，炎帝"年百六十有八。……納承桑氏之子。子十有三人"②。《帝王世紀》説，炎帝"在位一百二十年而崩。納奔水氏女，曰聽談，生帝臨魁，次帝承，次帝明，次帝直，次帝釐，次帝哀，次帝榆罔，凡八代，及軒轅氏也"③。但《史記》中没有這一類重要記載。連下邊這樣更重要的記載，《史記》中也没有。司空季子還曾講述夏族起源於姬、姜二姓，他説：

昔少典娶於有蟜氏，生黄帝、炎帝。黄帝以姬水成，炎帝以姜水成。成而異德，故黄帝爲姬，炎帝爲姜。二帝用師以相濟也，異德之故也。④

則炎帝、黄帝構成"一氏兩姓"。由於姓氏制度是夏族創造的，因此在起源的初期具有"一氏兩姓"結構，是不奇怪的（請參看張肇麟的《姓氏與宗

---

①《史記・五帝本紀》，第9頁。

②（宋）羅泌：《路史・炎帝紀》，第72頁。

③ 徐宗元輯：《帝王世紀輯存》，第10頁。

④ 徐元誥：《國語集解・晋語四》，第336頁。

社考證》的論文［03］）。

2．夏族之起源地

從歷史書中可以找到與夏族起源地有關的各種記載，但是要將起源地確定下來却十分困難。例如從《史記》《國語》《帝王世紀》等基本文獻中可以看到，與炎帝、黃帝有關的地名首先是姬水與姜水，其次是江水與若水，還可以找到其他一些相關的地名。但是地名的情況極其複雜，幾千年中地名在不斷變化，而且由於部族在不斷地遷徙，地名也往往隨部族而搬遷，因而同一個地名會在全國不同的地方出現。現在全國不止一處水道稱爲姜水，究竟哪一處是古代的姜水？原來稱爲姜水的地方是不是現在還叫姜水？這一些都是無法回答的問題。因此炎帝的出生地姜水變成一個空名，無法確定它的實際位置。而且文獻記載是否可靠，炎帝的生長地究竟是不是姜水，也不得而知。

因此，幾千年來一直不能確定，炎帝、黃帝的起源地究竟在哪里。面對這種複雜的情況，一個基本的辦法是避免孤立地一個一個地名來研究，而是幾個有聯繫的地名一起來分析，這樣一來，可以減少誤判的可能性。如果在一個地點找到姜水，意義往往不大，如果在一個地方同時找到姬水與姜水，情況就比較好了。如果再在不遠處又找到江水與若水，那就更好了。本文就采用這個辦法。

此外，僅利用起源地的名稱來確定起源地的位置，未必能够成功，還應該再利用其他方法。比方說，由於起源地是初期社會的統治中心，因此也必定成爲水陸交通的中心。於是從當時的交通形勢就可以大致確定起源地的位置。又比方說，由於起源地也是初期社會的工業生產中心，在夏族初期，主要的工業生產是陶器的燒製，因此可以由陶器的產地分布來尋找起源地的位置。再比如說，由於起源地是政治中心，其社會組織的發展必定會比較迅速，在夏族初年，主要的社會組織就是姓氏以及有關的宗社制度。因此根據社會組織的産生與發展，也可以確定起源地的位置。

本文將通過不同角度來説明，夏族的起源地當爲隴山地區。

（二）由彩陶看夏族之起源地

在論文［01］中曾討論了彩陶的起源地問題。據裴文中説，最初有兩種觀點。一種是安特生的觀點，認爲彩陶起源於中央亞細亞，然後通過新疆、河西走廊往東傳播到甘肅，再傳播到河南；另一種是李濟、梁思永的觀點，認爲彩陶起源於豫北，然後往西傳播到甘肅、新疆。裴文中認爲這兩種觀點都未必成立。安特生後來認爲彩陶文化可能起源於甘肅。對於這一點目前雖未能完全證實，然而甘肅齊家坪之彩陶甚古似乎無可否認。因此，認爲彩陶生産起源於隴山地區，這種推定是比較合理的。由於彩陶是夏族的特徵，而彩陶起於隴山，則隴山地區當爲夏族的起源地（關於彩陶起源地問題，見本文的［補注二］）。

（三）由姓氏制度看夏族之起源地

1. 姓氏制度

姓氏制度是一個極其重要的社會制度，它是宗社制度的基礎。姓氏制度是夏族的特徵，其他民族雖然都有某種姓、氏，但是他們都不具備夏族那樣的姓氏制度。因此在他们的社會裏，雖然也都有某種宗、社，但是他们的宗社組織都没有像夏族那樣得到充分的發展，特别是不具備夏族那樣强大的宗。這個特點對夏族的發展産生巨大的影響，從遠古時代起，在衆多族群中，唯有夏族得以迅速壯大。因此在文明的曙光來到時，夏族已經以黄河流域爲中心，成爲當時亞洲大陸上最强大的一個族群，這種地位歷經七八千年，一直維持到現在。

那麼姓氏制度是在什麼地方産生的？其實姓氏制度的産生與隴山有密切的聯繫。《説文》："氏，巴蜀名山岸脅之自旁箸欲落墒者曰氏①。氏崩，聲聞數百里。象形，乀聲。……楊雄賦'響若氏隤'。"段玉裁注："姓氏之字本當作是，叚借氏字爲之。……姓者，統於上者也；氏者，别於下者也；是者，分别之詞也。其字本作是，漢碑尚有云姓某是者。"② 段氏爲《世本》"姓統於上，氏别於下"之説所誤，未能理解氏之本義。

姓、氏是平行的，並無上下之别。一個氏中可以有不同之姓；一個姓内亦可有不同之氏。姓反映人類之血緣關係，而氏則反映人類住居之所在。氏爲象形字，象人所居的地域。但氏之産生年代過久，口耳相傳，意義逐漸模糊，兼之有關之地文背景在漢代只能見之於巴蜀一帶，故《説文》引揚雄《解嘲賦》爲根據，不知有關現象最集中的地區在隴山。而且解釋中以"響若氏隤"爲要點，反而把氏之取義於厓岩可居的本義忽略了。

這不能不説是許氏的疏忽，原來隴山的河谷正保存有氏的大量遺迹。《尚書・禹貢》："西傾因桓是來。"前人都以"桓是"本爲"桓氏"。鄭玄注："桓是，隴阪名。"孫星衍疏："讀是爲氏。"然桓氏爲古隴氏遺迹之一，當即《禹貢》"和夷底績"之和夷。鄭注"和讀曰桓"可證。③ 桓氏是氐名，自漢人誤以桓氏爲隴阪名，又誤以阺作阺，而隴山之氏的概念遂被淹没。

① 段玉裁注："十六字爲一句。此謂巴蜀方語也。自……小徐作堆，俗字耳。……自，小𠂤也。……小𠂤之旁、箸於山岸脅、而狀欲落墮者曰氏。"按段注，則此十六字應作："巴蜀名，箸（於）山岸脅之自旁、（狀）欲落墒者曰氏。"《説文解字注》，628頁。

② （漢）許慎撰，（清）段玉裁注：《説文解字注》，第628頁。

③ （清）孫星衍：《尚書今古文注疏・禹貢中》，第175、174頁。

《郡國志》漢陽郡隴，“刺史治。有大坂名隴坻。豲坻聚有秦亭”。[①]《説文》：“坻，小渚也。从土氐聲。《詩》曰：‘宛在水中坻。’”段注：“坻者，水中可居之最小者也。”[②]但《説文》：“坡者曰阪……一曰澤障也，一曰山脅也。”[③]《集韻》：“阪、坂同。”[④]因此“大阪”非水中可居之最小者，故《郡國志》所謂隴坻、豲坻之坻當爲坻。《説文》：坻“从土氐聲”，段注：“坻行而坻廢矣。”[⑤]而坻即氐，因此隴坻、豲坻當即隴氐、豲氐，它們可能是鄰近的兩個氐。這隴氐或桓氐當然早已崩坼，衹有名稱遺留了下來。但氐普遍存在，不止於隴氐、桓氐。

2．姓氏制度的産生

在 20 世紀 20 年代，安特生在甘肅發現了一種地質結構，它正適合遠古人類之居住，而這種地質結構與氏的形成有密切的聯繫。因此中國的姓氏制度可能就是在那種地質條件下産生的。《説文》認爲四川存在這種地質結構，其實更典型的當在隴山地區（見《姓氏與宗社考證》的論文［01］）。

安特生推斷，甘肅一帶地層古代曾經過一次垂直的侵蝕。[⑥]這所謂垂直的侵蝕當即包括《説文》所謂“岸脅之自旁箸欲落墮者”的現象在内。安特生又説明，上述地質結構因此在萬年以前就消失了，所以隴山之氐，因了侵蝕已久，非但影迹消失，其傳説亦歸淹没。因此安特生的地質學發現非但揭示了中國姓氏制度産生的地點，而且還揭示了姓氏制度誕生的時間。就是説，中國的姓氏制度是在萬年以前（即有關的地質結構崩坍以前），起源於甘肅的隴山地區。

---

①《後漢書・郡國五》，第 3517 頁。

②（漢）許慎撰，（清）段玉裁注：《説文解字注》，第 689 頁。

③（漢）許慎撰，（清）段玉裁注：《説文解字注》，第 731 頁。

④（宋）丁度等編：《集韻》，上海：上海古籍出版社，1985 年，第 362 頁。

⑤（漢）許慎撰，（清）段玉裁注：《説文解字注》，第 687 頁。

⑥〔瑞典〕安特生：《甘肅考古記》，農商部地質調查所印行，1925 年。又見北京：文物出版社，2011 年，第 30 頁。

據裴文中《甘肅考古》說，渭河上游“有地理上的特性，即是河谷，河的兩旁是山，不宜於人類生活。渭河經流日久，兩岸造成河岸‘台地’。大概的情形是河灘上，是秦漢以後至現代人住的地方；二十公尺至三十公尺及三十公尺至四十公尺兩台地，是史前人類住的地方。在渭河兩岸的低台地及各支流的低台地上，均有史前人類居住”。[①] 著者没有地質學知識而竊有所疑。我疑這兩台地還是垂直侵蝕所堆積起來的層次，而氏的遺迹當於兩台地的下層探測。未知考古學家以爲怎樣。

既然姓氏制度是夏族的特徵，而姓氏制度最初可能是在隴山地區出現的，那麼夏族也可能就是在隴山地區形成的。

二、炎、黄與姜水、姬水

由於夏族是炎黄子孫，因此爲了説明夏族之起源地，最直接的途徑是考察炎帝、黄帝之出生地。但夏族有幾千年之歷史，積累了無數的神話與傳説，往往彼此矛盾。因此需要從互相矛盾的衆多傳説中，得出比較可信的結論。

在討論之前，要説明一下炎帝與神農氏的關係。書傳中經常將炎帝與神農氏合而爲一，並稱之爲“炎帝神農氏”，但是炎帝與神農氏是完全不同的。其實《五帝本紀》已經説得很清楚：“軒轅之時，神農氏世衰，諸侯相侵伐……而神農氏弗能征。於是軒轅乃習用干戈，以征不享，諸侯咸來賓從。”那麼黄帝在進行征服戰爭時，神農氏已是强弩之末，是一個“世衰”之前朝，不是黄帝的對手。《五帝本紀》接着又説，在諸侯咸來賓從黄帝之後，“炎帝欲侵陵諸侯，諸侯咸歸軒轅。軒

---

① 裴文中：《中國史前時期之研究》，第 201 頁。

轅乃修德振兵……以與炎帝戰於阪泉之野”。[①] 因此炎帝是黄帝興起後所面臨的强大勢力。神農氏與炎帝代表兩個不同的時代，這一點是清楚的。（關於炎帝與神農氏的區别，在論文［09］中有較詳細的説明。）

炎帝與神農氏代表兩個時代，而炎帝與黄帝却代表兩個不可分離的族群，他們是上古時代“一氏兩姓”的遺迹。《國語》：“昔少典娶於有蟜氏，生黄帝、炎帝。黄帝以姬水成，炎帝以姜水成。……故黄帝爲姬，炎帝爲姜。”[②] 炎帝與黄帝是夏族的始祖，因此夏族稱爲“炎黄子孫”。他們的起源地在姬水與姜水。

《五帝本紀》又説：“嫘祖爲黄帝正妃，生二子……其一曰玄囂，是爲青陽，青陽降居江水；其二曰昌意，降居若水。昌意娶蜀山氏女。”[③] 因此夏族之起源地應該鄰近姬水與姜水，而在不遠處還應該有江水與若水。

（一）姜水與姬水

1. 姜水、姬水

姜水、姬水與炎帝、黄帝的關係最爲密切，許多記載都提到，如《説文》：“黄帝凥姬水，因水爲姓。”又：“神農凥姜水，因目爲姓。”[④] 因此炎帝、黄帝的姓就是由姜水、姬水確定的。可見得姜水、姬水對夏族關係之重大。

對於姜水、姬水的確切位置，學者曾多方探討，但至今没有一致的意見。黄帝、炎帝是代表夏族最初互相通婚的姬、姜兩姓，因此姬、姜兩族群之領地當相距不遠。姜水與姬水之具體位置何在？我們從一般史

① 《史記·五帝本紀》，第 3 頁。
② 徐元誥：《國語集解·晋語四》，第 336 頁。
③ 《史記·五帝本紀》，第 10 頁。
④（漢）許慎撰，（清）段玉裁注：《説文解字注》，第 612 頁。

料反復推求而斷定其在隴山地區。

禹、啓時代距今約四千年，姓氏制度産生之年代距今萬年以上，而炎、黄之世距今至少七八千年。現在要確定炎帝、黄帝的生活地點是不可能的，也不可能確定他們生活據點周圍的山川名稱。因爲炎帝、黄帝並不是兩個人，而是代表兩個族群，又因爲這兩個族群有較大之流動性，並非世代定居於姜水、姬水，其子孫後來遍布於黄河中下游。因此我們頂多衹能確定其族群最初生活之大致地域。

在文獻記載中有許多關於姜水或姬水的傳説，但如何指認爲炎黄相關的姜水、姬水呢？我認爲最重要的是需要將姜水與姬水一起考慮。雖然全國姜水（或羌水）很多，姬水（或養水）也不少，但是很難在一個地域中同時出現姜水與姬水。在隴山地區却有下列成對出現姜水與姬水的情況：漢代天水郡東部（即今甘肅天水東北），出現了姜水與姬水；在漢代武都郡（即今甘肅武都地區）也出現了。

以下分别加以説明。

2．姜水、姬水的名稱

姜水，《説文》：“姜，神農居姜水，因㠯爲姓。从女羊聲。”段玉裁注：“按姜、姬字，蓋後所製。”[1]按段注，女旁爲後人所加，故姜水原當爲羊水，又名羌水。

姬水，《説文》：“姬，黄帝居姬水，因水爲姓。从女𦣞聲。”[2]女旁是後人所加，按姜姓之例，則姬蓋本當爲𦣝（頤），故姬水原本爲𦣝水。但姬水比姜水更難考證。雖然有關黄帝的傳説很多，一個地名往往在許多不同的地方出現，但有關姬水的記載與傳説却很少。《水經注》

① （漢）許慎撰，（清）段玉裁注：《説文解字注》，第612頁。

② （漢）許慎撰，（清）段玉裁注：《説文解字注》，第612頁。

未提到姬水。

《易・序卦傳》及《釋名》諸書都説："頤者，養也。"[①]《説文》謂𦣝"象形"，段玉裁注引鄭玄易注説："因輔嚼物以養人，故謂之頤。頤，養也。"又説："此文當横視之…… 則口上、口下、口中之形俱見矣。"[②]其字横視之則作[illegible]，象口動嚼物以養人，然則𦣝實與養爲一字。𦣝爲古字，古人初造養字以無形可象，乃取象於嚼物。養爲後起的形聲字，古未有養字，所以稱𦣝水。

《説文》：漾，"古文从養"。[③]故孔壁古文諸經及《史記》，漾水都作瀁水。如《禹貢》："嶓冢導漾，東流爲漢。"[④]而《夏本紀》作"嶓冢道瀁，東流爲漢"，而《漢書》則作養水，可爲明證。故漾水或瀁水、養水，當即姬水。

（二）天水東北之姜水與姬水

1. 姜水

在天水東北，姜水有三。

有説姜水在陝西岐山縣，據《水經注》："岐水又東，逕姜氏城南爲姜水。按《世本》，炎帝姜姓。《帝王世紀》曰：炎帝……長於姜水。"[⑤]則姜水爲岐水之下游。岐水爲漆水之支流，《水經注》："東南流入漆，即故岐水也。"[⑥]《讀史方輿紀要》謂岐水"在（岐山）縣西北四

---

① 《周易正義・序卦》，《十三經注疏》，第96頁；（東漢）劉熙撰，（清）畢沅疏證，（清）王先謙補：《釋名疏證補・釋形體》，第66頁。

② （漢）許慎撰，（清）段玉裁注：《説文解字注》，第593頁。

③ （漢）許慎撰，（清）段玉裁注：《説文解字注》，第522頁。

④ 《尚書正義・禹貢》，《十三經注疏》，第152頁。

⑤ （後魏）酈道元注，（清）楊守敬、熊會貞疏：《水經注疏・渭水中》，第1538—1539頁。

⑥ （後魏）酈道元注，（清）楊守敬、熊會貞疏：《水經注疏・渭水中》，第1536頁。

十五里。自麟游縣西南流經縣界……東南至扶風縣界入於漆水。”①

有説姜水在陝西寶雞縣（今陈仓區），如《明一統志》謂姜氏城在寶雞縣南七里，城南有姜水。

有説姜水在甘肅清水縣，即羌水。《水經注》：“（羌）水北出羌谷……羌水又南入清水。清水又西南，得綿諸（綿諸在今清水縣西南）水口……清水東南注渭。”② 此羌水在甘肅東部，爲清水之支流。有多條河流稱爲清水，上述羌水所注之清水即秦川，《水經注》：“清水上下，咸謂之秦川。又西，羌水注焉。”③ 故羌水當在今清水縣。

2．姬水

在天水東北，未見姬水。

但在清水縣與羌水相鄰的有軒轅谷水，有人認爲軒轅谷水即姬水。根據《水經注》，羌水注入清水，然後入渭。軒轅谷水則注入涇谷水，而涇谷水在清水東南入渭。④故羌水與軒轅谷水相距不遠。有關之清水、綿諸等地俱在隴山東側，則軒轅谷水及羌水之位置亦當在隴山東側。《水經注》曾謂黄帝出生於天水，那麼軒轅谷水可能即姬水，而軒轅谷水與羌水可能就是炎、黄兩族之姬水與姜水。因此黄帝與炎帝可能出生於天水或隴山東側。

（三）武都郡之姜水與姬水

1. 姜水

《地理志》隴西郡羌道（今甘肅舟曲縣西北），班固自注：“羌水出

---

①（清）顧祖禹：《讀史方輿紀要・陝西四》，第 2641 頁。

②（後魏）酈道元注，（清）楊守敬、熊會貞疏：《水經注疏・渭水上》，第 1497—1498 頁。

③（後魏）酈道元注，（清）楊守敬、熊會貞疏：《水經注疏・渭水上》，第 1497 頁。

④（後魏）酈道元注，（清）楊守敬、熊會貞疏：《水經注疏・渭水上》，第 1497 頁。

塞外，南至陰平（今甘肅文縣西北）入白水（即今白龍江）。過郡三，行六百里。”[①]《水經》“羌水出羌中參狼谷”，《水經注》：“《地理志》曰：出隴西羌道。東南流逕宕昌城東。”[②]因此羌水當在甘肅南部舟曲、宕昌一帶。但《水經注》又說：“白水又與羌水合，自下羌水又得其通稱矣。”[③]白水的一個河段可能也稱爲羌水。故在舟曲、宕昌一帶有羌水，即姜水。

2．姬水

在武都郡西部未見姬水，但有漾水。

《禹貢》：“嶓冢導漾，東流爲漢。”[④]《夏本紀》“嶓冢道瀁，東流爲漢”，《集解》引鄭玄曰：“《地理志》瀁水出隴西氐道，至武都爲漢。”[⑤]又《水經》：“漾水出隴西氐道縣嶓冢山，東至武都沮縣爲漢水。”[⑥]則漾水（瀁水）當即源出嶓冢山之西漢水。

西漢水與舟曲、宕昌一帶相距不遠，因此這一帶既有羌水（姜水）又有漾水（姬水）。

（四）關於漢水與西漢水

在討論漾水的時候，就會涉及漾水與漢水的關係問題。《禹貢》說：“嶓冢導漾，東流爲漢，又東爲滄浪之水。過三澨，至于大别，南入于江，東匯澤爲彭蠡。”孔安國傳：“漾水東南流爲沔水，至漢中東流爲漢

① 《漢書·地理志》，第1610頁。
② （後魏）酈道元注，（清）楊守敬、熊會貞疏：《水經注疏·羌水》，第2712頁。
③ （後魏）酈道元注，（清）楊守敬、熊會貞疏：《水經注疏·漾水》，第1714頁。
④ 《尚書正義·禹貢》，《十三經注疏》，第152頁。
⑤ 《史記·夏本紀》，第70頁。
⑥ （後魏）酈道元注，（清）楊守敬、熊會貞疏：《水經注疏·漾水》，第1679頁。

水。”“大别，山名。”[①]因此“嶓冢導漾，東流爲漢”的漢是指漢水。如果漾水是西漢水，怎麽東流爲漢水呢？

西漢水入嘉陵江，與漢水無關。西漢水與漢水屬於兩個水系，並不貫通，但《水經注》用潛流來辯解，説兩條水道在地下相通。“然川流隱伏，卒難詳照，地理潛閟，變通無方”[②]，所謂之潛，亦出現於其他地方。潛流的解釋是不合理的，這裏不去進一步討論。

1．兩座嶓冢山

這裏牽涉到漢水的發源地問題。按《禹貢》，漢水之源爲出自嶓冢山之漾水。但《括地志》對漢水之源有下列説明：“漢水源出梁州金牛縣東二十八里嶓冢山，至荆州與大江合爲夏水。”又：“嶓冢山水，始出山如沮洳，故曰沮水。東南爲漾水，又爲沔水。至漢中爲漢水，至均州爲滄浪水。始欲出大江爲夏口，又爲沔口。漢江，一名沔江也。”[③]金牛縣爲唐初所置，《元和郡縣志》興元府（即漢中郡或梁州地）金牛縣，“本漢葭萌縣地……武德二年，分緜谷縣通谷鎮置金牛縣”。“嶓冢山，縣東二十八里。漢水所出”[④]。《讀史方輿紀要》：“漢水出陝西寧羌州嶓冢山。”[⑤]因此漢水之源爲金牛縣之嶓冢山。

《禹貢》講到嶓冢山，《括地志》《元和郡縣志》《讀史方輿紀要》也都講到嶓冢山，其實這是兩個顯然不同的地方。學者早已認識到有兩個嶓冢山，如《通典》説：嶓冢山有二：一在天水上邽，一在漢中金牛。天水郡上邽“嶓冢山，西漢水所出，今經嘉陵曰嘉陵江，

---

① 《尚書正義・禹貢》，《十三經注疏》，第152頁。
② （後魏）酈道元注，（清）楊守敬、熊會貞疏：《水經注疏・漾水》，第1684頁。
③ （唐）李泰等：《括地志輯校》，北京：中華書局，1980年，第199頁。
④ （唐）李吉甫：《元和郡縣圖志・山南道三》，北京：中華書局，1983年，第559—560頁。
⑤ （清）顧祖禹：《讀史方輿紀要・川瀆異同四》，第5439頁。

經閬中曰閬中江"[①]。

漢中郡金牛"有嶓冢山，禹導漾水，至此爲漢水，亦曰沔水"[②]。對於漢中郡的嶓冢山，許多人都曾特别加以注意，如《禹貢錐指》說："（王士禛）典試四川，撰《蜀道驛程記》，其言嶓漢最爲詳覈。……西涉沮水，抵大安驛，有土城廢址……沔、沮之間，闊者未丈許……自大安西南，亂山益稠，至金牛驛，北望見嶓冢山，峨然雲表，一小水自西東流，即所謂'嶓冢導漾'者也。……合五丁峽水，東流爲沔，其流始大。金牛驛西三里，稍南入五丁峽，一名金牛峽（在寧羌州北三十里）。……知嶓冢有二，則東西二漢源流，各自瞭然。"[③]兩座嶓冢山的位置完全不同。

2. 兩條漾水

現在有兩座嶓冢山，其一在在天水東南，在禮縣、西和縣之東北。其西麓有西漢水（即犀牛江），《水經注》："今西縣嶓冢山，西漢水所導也。"[④]西漢水至略陽注入嘉陵江。嘉陵江南下至昭化，有白水江（即葭萌水）、青川溪注入，然後南下至閬中、合川至重慶入長江。

另一座嶓冢山在金牛縣，這樣也就有了另一條漾水，它是漢水之源。但是這條水既短又小，不過幾十里長，王士禛謂其"一小水自西東流"，因此與西漢水完全不同。漢水之上源不僅有漾水，還有沮水，《水經》："沔水出武都沮縣東狼谷中。"《水經注》："沔水一名沮水。"[⑤]漾水在勉縣匯合沮水後，即稱漢水。至南鄭，合褒水。

歷史中所謂漾水當指今西漢水。

① （唐）杜佑：《通典・州郡四》，第4545頁。
② （唐）杜佑：《通典・州郡五》，第4577頁。
③ （清）胡渭：《禹貢錐指》，第533頁。
④ （後魏）酈道元注，（清）楊守敬、熊會貞疏：《水經注疏・漾水》，第1684頁。
⑤ （後魏）酈道元注，（清）楊守敬、熊會貞疏：《水經注疏・沔水》，第2295頁。

因此根據對姬水、姜水的討論，可以得到下列初步的結論：夏族起源地在天水一帶或武都一帶，亦即在隴東。

三、炎黃後裔與江水、若水

（一）炎黃後裔之降居

1. 炎黃後裔降居江水、若水

傳記中有關於黃帝後裔降居之記載。《史記》謂黃帝之子玄囂降居江水而昌意降居若水，又謂昌意娶蜀山氏女，曰昌僕，生高陽。《索隱》："降，下也。言帝子爲諸侯，降居江水、[若水]。江水、若水皆在蜀，即所封國也。《水經》曰'水出旄牛徼外，東南至故關爲若水，南過邛都，又東北至朱提縣爲盧江水'，是蜀有此二水也。"[①] 類似的記載也見之於他書。因此黃帝之子降居江水、若水，而且與蜀山氏聯姻。

炎帝之後裔如何？文獻中對炎帝後裔的記載極少，《山海經》曾提到炎帝後裔與江水的關係："炎帝之妻，赤水之子聽訞，生炎居。炎居生節並，節並生戲器，戲器生祝融。祝融降處於江水，生共工。"[②] 那麼炎帝後裔亦可能"降居"江水。

無論對降居作如何解釋，江水、若水、蜀山氏當與姬水、姜水相距不遠。

2. 降居當是移殖

對於所謂的降居，書傳中没有很多解釋。有謂降居乃懲罰或流放。

① 《史記·五帝本紀》，第 11 頁。

② （清）郝懿行：《山海經箋疏·海内經》，《四部備要》本，上海：中華書局，出版年不詳，第 118 頁。郝懿行疏："老童生祝融，見《大荒西經》，與此又異。"

但黄帝二十五子中，只有正妃之子二人得到降居，顯然不是懲罰。而且昌意之子，雖然“安處西土”，但仍然能够繼承帝位。且降居之地點與炎帝、黄帝的起源地很近，因此降居當非流放。

由於炎黄後裔最後分布到整個黄河中下游，那是一次歷史性的遷移。因此江水、若水只是他們遷移的第一步。謂其封爲諸侯，乃是後世的附會，其實當爲開拓新地域。移殖是不斷進行的，何以稱爲“降居”？從地理環境來看，隴山地區處於高原地帶，處於各水道之上源，無論哪個方向均爲向低地遷移，一直擴展到大海，始終是降居。因此玄囂、昌意的降居，實際上可能是炎帝、黄帝在起源地之外所進行的重大遷移行動。

（二）江水

1. 江水的問題

《説文》：“江，江水，出蜀湔氐徼外岷（崏）山，入海。从水，工聲。”[①] 故江不是泛指江河，而是一條具體的水道，即從蜀湔氐徼外岷山東流入海的那條大水道。然而《説文》只講到江的起點是岷山，終點是海，而没有講到中間流經的地方，《地理志》對此有所補充。《地理志》蜀郡湔氐道，班固自注：“《禹貢》：崏山在西徼外，江水所出，東南至江都入海，過郡七，行二千六百六十里。”[②] 因此江水爲源出蜀湔氐徼外岷山，流經七郡之後，在江都（揚州）入海（東海）。

故江水並非現在之長江。蓋長江源出青海，與岷山相距遥遠，源出蜀湔氐徼外岷山的大水只有今岷江，然而岷江雖源出岷山，但從岷山到東海中間經過的不是七郡，而是九郡。故江水亦非岷江。

① （漢）許慎撰，（清）段玉裁注：《説文解字注》，第 517 頁。
② 《漢書・地理志上》，第 1598 頁。

段玉裁認爲江水必定是岷江，因此將《地理志》班固自注加以修改，改爲“過郡九，行七千二百六十里”，並注明“過郡九者蜀郡、犍爲、巴郡、南郡、長沙、江夏、廬江、丹陽、廣陵國也”。[①] 過郡較多，路程較長。這樣修改後似與岷江符合，然而班固自注爲七郡而非九郡，爲二千六百里而非七千二百里，是很明確的，因此段玉裁之修改没有根據，將江解釋爲岷江是没有根據的。

在上古史中，“江”（即長江）的重要性遠低於“河”（即黄河）。長江在較晚時纔進入中國歷史。丹水、漢水在堯舜時代仍處於中國之南疆。丹水並非大水，然而丹江在上古時代有很大的作用，丹水流域是長江流域中開化最早的地方。堯之子爲丹朱，其領地在丹，即在丹江流域。舜之子商均，其領地在商，亦在丹江流域。至商周時代，長江纔進入中國的範圍，但一直到春秋時代，長江流域仍屬於楚及吴、越，實爲南蠻之地。

2. 對江水的解釋

其實文獻中最初之“江水”既非今之長江，亦非岷江，實指漢水。《禹貢》：“嶓冢導漾，東流爲漢，又東爲滄浪之水。過三澨，至于大别，南入于江。”[②] 故漢水流經漢中郡、南郡、長沙郡、江夏郡、廬江郡、丹陽郡、廣陵郡，正好七郡。

在中國文明的發展中，起主要作用的水道爲“河水”，因此在遠古時代，對“江水”的認識非常模糊。《山海經·中次九經》：“又東北三百里曰岷山，江水出焉，東北流注于海。……又東北一百四十里曰崍山，江水出焉，東流注大江。……又東一百五十里曰崌山，江水出焉，

① （漢）許慎撰，（清）段玉裁注：《説文解字注》，第517頁。又見《漢書·地理志上》，第1598頁。

② 《尚書正義·禹貢》，《十三經注疏》，第152頁。

東流注于大江。"[①] 又《山海經・海内東經》"岷三江，首大江出汶山，北江出曼山，南江出高山"，郝懿行謂曼山即崌山，高山即崍山。[②]《山海經》所説的出自岷山、崍山、崌山的江水顯然不是同一條水，出自岷山的"江水"東北流注於海，與出自崍山、崌山的"江水"是不同的水，與"大江"更是不同的水。

故從發源地以及流經的地域來看，《禹貢》及《地理志》所謂的江水當爲漢水。作爲青陽降居地之江亦當指漢水。

（三）若水

1．對若水的解釋

《山海經》："南海之内，黑水青水之閒，有木名曰若木，若水出焉。"[③] 如果《山海經》的話有一定的現實基礎，那麼若水與南海之内的黑水有關。《禹貢》説："導黑水，至于三危，入于南海。"[④] 則《山海經》的黑水可能就是《禹貢》所説的黑水。但《禹貢》的話一直没有得到確切的理解，我認爲黑水當指白水（即白龍江）上游的一個河段。有關的討論見本書論文 [07]。

因此《山海經》之若水當在武都郡之西南部，當即今之岷江或嘉陵江，故若水當在今四川。前邊説過，江水當即漢水，在武都郡之東南，那麼玄囂、昌意所下降之江水、若水就在武都郡與漢中郡一帶。

在這種解釋下，"昌意娶蜀山氏女"也就順理成章了。

2．對若水的其他解釋

對若水也有其他解釋，認爲若水即今雅礱江。《地理志》蜀郡旄

① （清）郝懿行：《山海經箋疏・中山經》，第 56—57 頁。
② （清）郝懿行：《山海經箋疏・海内東經》，第 93 頁。
③ 《山海經・海内經》，《二十二子》，第 1386 頁。
④ 《尚書正義・禹貢》，《十三經注疏》，第 151 頁。

牛，班固自注："鮮水出徼外，南入若水（今雅礱江）。若水亦出徼外，南至大莋（今渡口）入繩（今金沙江）。過郡二，行千六百里"。[①] 鮮水今仍原名，在四川雅江匯入雅礱江。又《水經》："若水出蜀郡旄牛徼外，東南至故關爲若水也。"《水經注》："若水東南流，鮮水注之……（鮮水）出徼外，至旄牛道，南流入于若水。（若水）又逕越嶲大莋縣入繩。"[②]

如果若水在漢代蜀郡與越嶲一帶，那裏與隴山距離很遠，非夏族勢力範圍，故不大可能成爲昌意降居之地。

上述討論的結論是：江水與若水可能在武都、漢中一帶，而夏族之起源地則可能在天水一帶，也可能在武都一帶。

四、從《禹貢》看起源地

在《史記》所記載的《禹貢》中，有"道九山"與"道九川"，並説"九山栞（《尚書》作刊）旅，九川滌原（《尚書》作源）"，《索隱》列出了所謂之九山與九川，並説："（九山）古分爲三條……馬融以汧爲北條，西傾爲中條，嶓冢爲南條。鄭玄分四列，汧爲陰列，西傾次陰列，嶓冢爲陽列，岷山次陽列。"[③] 這是完全從山川的自然形勢爲説。但《尚書》所載的《禹貢》，孔安國傳："更理説所治山川首尾所在。治山通水，故以山名之。"孔穎達疏："其實通水，而文稱導山者，導山本爲治水，故以導山名之。"[④] 如此説來，《禹貢》講九山、九川是爲了説明大禹治水的經過。

其實看《禹貢》之文本，所謂九山九川是説明當時之交通要道，並

① 《漢書·地理志》，第1598頁。

② （後魏）酈道元注，（清）楊守敬、熊會貞疏：《水經注疏·若水》，第2944—2946頁。

③ 《史記·夏本紀》，第67、69、75頁。

④ 《尚書正義·禹貢》，《十三經注疏》，第151頁。

非治水，亦非解説山川形勢。《説文》：“栞，槎識也。”段玉裁注：“槎，衺斫也。槎識者，衺斫以爲表志也。……然刀部曰：刊，剟也。……刊者，除去之意，與栞訓槎識不同。蓋壁中古文作栞，今文尚書作栞，則未知何時改爲刊也。”[①] 故“九山栞旅”之含義爲依山標志行旅路徑，而“九川滌原”則是九川之源流。二者雖與治水有關，但並非説明治水。其實整個《禹貢》是記載全國各地之物產、貢賦及其運輸通道，並非記述治水。故《夏本紀》：“禹乃行相地宜所有以貢，及山川之便利。”[②] 即禹之任務是瞭解各地可能的貢品以及最方便的水陸運輸通道，並非治水。

因此研究《禹貢》，即能瞭解上古時期夏族的交通路徑，這種路徑能反映出夏族當時之中心區域，亦能反映出夏族初期之遷徙路綫，對於研究夏族之起源地有重要的意義。

以下所引爲《史記·夏本紀》之原文，其中與《禹貢》不同之處則略作説明。道字《禹貢》作導，胡渭曰：“導者，循行之謂。”[③] 方括弧中爲《禹貢》所增加之字。先看“道九山”。

（一）“道九山”

1. “［導］汧及岐至于荆山，踰于河”

這是從隴東出發，沿渭水北經岐山往東到荆山之路綫。汧一作岍，《括地志》：“汧山在隴州汧源縣西六十里。其山東鄰岐岫，西接隴岡，汧水出焉。”[④]《索隱》：“岐山在右扶風美陽縣西北，荆山在左馮翊懷

① （漢）許慎撰，（清）段玉裁注：《説文解字注》，第249頁。

② 《史記·夏本紀》，第51頁。

③ （清）胡渭：《禹貢錐指》，第339頁。

④ （唐）李泰等：《括地志輯校》，第39頁。

德縣南也。”[①] 此荆山在漢代爲左馮翊懷德縣，即今陝西大荔東南。《後漢書》左馮翊雲陽，劉昭補注：“有荆山。《帝王世記》曰：‘禹鑄鼎於荆山，在馮翊懷德之南，今其下荆渠也。’”[②]《太平寰宇記》同州朝邑縣，“地即古大荔戎國。……懷德城，漢縣，在今縣西南三十二里懷德故城是也”[③]。

在今陝西富平縣西北亦有懷德故城，故不少人認爲荆山在富平，但《太平寰宇記》説得很清楚，耀州富平縣“本漢舊縣，屬北地郡。……晋又移于今縣西南懷德城，後魏大統五年自懷德城移于今理。……懷德故城，在今縣西南十一里。非漢懷德縣也，蓋後漢末及三國時，因漢舊名，於此立縣，今有廢城存”[④]。《禹貢》所謂荆山鄰近西河，因此所謂“[導]汧及岐，至于荆山，逾于河”，指從隴山沿渭水北岸經岍山、岐山而到達荆山，然後過河。倘在富平，則距離河水（西河）甚遠，不得講“逾于河”。

《地理志》“逾于河”，顔師古注：“即梁山龍門。”[⑤] 又《地理志》左馮翊夏陽，班固自注：“故少梁。……《禹貢》梁山在西北，龍門山在北。”[⑥] 則所謂“逾于河”當指由今陝西韓城東渡黄河。

2.“壺口、雷首，至于太嶽”

壺口指壺口山，從韓城過黄河之後，就到壺口山，然後經雷首山而到達太岳。

太岳即霍太山，雷首則指山西西南部綿亘幾百里之山脉，《括地

---

① 《史記·夏本紀》，第67—68頁。
② 《後漢書·郡國一》，第3405頁。
③ （宋）樂史：《太平寰宇記·關西道四》，第601頁。
④ （宋）樂史：《太平寰宇記·關西道七》，第660—661頁。
⑤ 《漢書·地理志》，第1533頁。
⑥ 《漢書·地理志》，第1545頁。

志》："蒲州河東縣雷首山，一名中條山，亦名歷山，亦名首陽山……亦名吴山。此山西起雷首，東至吴坂，凡十一名，隨州縣分之。歷山南有舜井。"[①] 胡渭引《括地志》云：此山長數百里，又引《蒲州新志》云："山狹而長，西起雷首，迤邐而東，直接太行，南跨芮城、平陸，北跨臨晋、解州、安邑、夏縣、聞喜、垣曲諸境，凡數百里。"[②]

但壺口山之位置有争議。《地理志》河東郡北屈，班固自注："《禹貢》壺口山在東南。"[③] 但《括地志》謂在吉昌西南[④]，二者稍有不同（漢代北屈在今吉縣北，而唐代吉昌即今吉縣）。但兩種説法都與雷首的位置不協調，因此都不準確。

前面説過，"逾于河"是在龍門山渡河，則壺口當在龍門山之對岸。胡渭："《導山》自荆逾河爲壺口，故於冀言壺口，於雍言龍門。《漢志》亦云壺口在北屈，龍門在夏陽。則兩山夾河而峙，東爲壺口，西爲龍門明矣。"[⑤] 後來改河東皮氏縣爲龍門縣，故《漢書》"遷生龍門"，顔師古注："龍門山，其東則在今秦州龍門縣北，其西則在今同州韓城縣北，而河從其中下流。"[⑥] 龍門縣後又改爲河津縣，因此《禹貢》之壺口當在今河津。

因此從壺口山往東，在聞喜一帶即入雷首山，轉往北即到達霍太山，故"壺口、雷首，至于太嶽"實即由壺口沿汾水至霍太山。

3. "砥柱、析城，至于王屋"

這是在山西省南部沿砥柱山、析城山而至於王屋山。《集解》："孔

① （唐）李泰等：《括地志輯校》，第 51 頁。
② （清）胡渭：《禹貢錐指》，第 345 頁。
③ 《漢書・地理志》，第 1550 頁。
④ （唐）李泰等：《括地志輯校》，第 63 頁。
⑤ （清）胡渭：《禹貢錐指》，第 344 頁。
⑥ 《漢書・司馬遷傳》，第 2714、2715 頁。

安國曰：‘此三山在冀州南河之北。’”《正義》引《括地志》云：“厎柱山，俗名三門山，在陝州硤石縣東北五十里黄河之中。”“析城山在澤州陽城縣西南七十里。”“王屋山在懷州王屋縣北十里。”[①]

4.“太行，常山（《禹貢》作恒山），至于碣石，入于海”

這是從晋南沿太行山、常山到達晋北，轉入冀北到達渤海。

5.“西傾、朱圉、鳥鼠，至于太華”

當爲“西傾、鳥鼠、朱圉”，這是沿渭水南從西傾山到華山。

西傾山在臨潭西南、青海瑪曲以北，即《括地志》：“西傾山，今彊臺山，在洮州臨潭縣西南三百三十六里。”[②]西傾山位於甘肅與青海、四川交界，位於黄河北側，有白龍江發源於其東、洮水發源於其北。《讀史方輿紀要》：“《紀勝》云：‘西傾山綿亘深遠，接番族中。白水江出其陽，即《禹貢》之桓水’云。”又：“洮河……源出西傾山，其上源亦曰瀰川。”[③]

朱圉山，《索隱》：“朱圉山在天水冀縣（今甘谷）南。”[④]《通典》：秦州上邽縣（今天水）有朱圉山。[⑤]《元和郡縣志》：朱圉山在伏羌縣（今甘谷）西南六十里。[⑥]大體在天水一帶。

鳥鼠山，《地理志》隴西郡首陽，班固自注：“《禹貢》鳥鼠同穴山在西南，渭水所出。”[⑦]

①《史記·夏本紀》，第68頁。
②（唐）李泰等：《括地志輯校》，第224頁。
③（清）顧祖禹：《讀史方輿紀要·陝西九》，第2893頁。
④《史記·夏本紀》，第68頁。
⑤（唐）杜佑：《通典·州郡四》，第4545頁。
⑥（唐）李吉甫：《元和郡縣圖志·隴右道上》，第981頁。
⑦《漢書·地理志》，第1610頁。

從地理來看，“西傾、朱圉、鳥鼠”當是“西傾、鳥鼠、朱圉”，而《禹貢》之西傾爲西傾山。蓋由西傾山出發，沿洮水至渭水上源鳥鼠山，然後沿渭水到朱圉山，然後沿渭水南側至華山。故胡渭云：“竊疑古《經》元作‘鳥鼠、朱圉’，自秦禁學，口説流行，顛倒其字耳。”①

6. “熊耳、外方、桐柏，至于負尾（《漢書》作陪尾）”

《索隱》：“熊耳山在弘農盧氏縣東……外方山即潁川嵩高縣嵩高山，《古文尚書》亦以爲外方山。桐柏山一名大復山，在南陽平氏縣東南。陪尾山在江夏安陸縣東北，《地理志》謂之横尾山。負音陪也。”②《地理志》江夏郡安陸，班固自注：“横尾山在東北，古文以爲陪尾山”。③

因此這是從熊耳山出發往東至嵩高山，然後南下至平氏縣（今桐柏縣），再沿溳水南下至陪尾（今安陸），就接近武漢了。

7. “道嶓冢，至于荆山”

此嶓冢山當指金牛嶓冢山，在漢中郡，胡渭引後魏《地形記》：“華陽郡嶓冢縣有嶓冢山，漢水出焉。《唐六典》山南道名山曰嶓冢，嶓冢縣故城在今陝西漢中府沔縣西南四十里，西南接寧羌州界。”④此處之嶓冢山即金牛嶓冢山。

荆山，前邊“［導］汧及岐至于荆山，逾于河”已經提到荆山，此處之荆山當是另一個荆山。《正義》引《括地志》云：“荆山在襄州荆山縣西八十里也。”又云：“荆山縣本漢臨沮縣地也。沮水即漢水也。”⑤荆山在今湖北中西部，在襄陽、宜昌之間，即“荆及衡陽維荆州”之荆。

---

①（清）胡渭：《禹貢錐指》，第364頁。

②《史記·夏本紀》，第69頁。

③《漢書·地理志》，第1567—1568頁。

④（清）胡渭：《禹貢錐指》，第369頁。

⑤《史記·夏本紀》，第69頁。

故“道嶓冢，至于荆山”爲一漫長之旅程，從武都沿漢水至湖北襄陽南荆山。

8. “内方至于大别”

這實際上是從荆山往東到大别，是“道嶓冢，至于荆山”的延伸。

内方，《地理志》江夏郡竟陵（今潛江），班固自注：“章山在東北，古文以爲内方山。”[①] 章山在今鍾祥、潛江之間。

大别，《地理志》六安國安豐，班固自注：“《禹貢》大别山在西南。”[②]但在湖北另有大别，《左傳》“乃濟漢而陳，自小别至于大别”，杜預注：“《禹貢》：漢水至大别南入江，然則此二别在江夏界。”[③] 此大别正是《禹貢》之大别。

故“内方至于大别”爲從荆山沿漢水自内方山至於大别（即今漢口），此亦轉而證明荆山之解釋不誤。

9. “汶山（《史記》作岷山）之陽至衡山，過九江，至于敷淺原”

《正義》：“《括地志》云：‘岷山在茂州汶川縣。衡山在衡州湘潭縣西四十一里。’”《集解》：“孔安國曰：‘敷淺原一名傅陽山，在豫章。’”[④] 因此這是一條漫長的旅程，從武都沿岷江、嘉陵江南下，最後到達湖南，並進入江西。從四川怎麽抵達湖南南部，這個問題此處不進一步討論。

從這九條路綫來看，實際上爲兩條：

第一條是從隴山地區出發經渭水兩側東進到達華山（由 1、5）。然後

① 《漢書・地理志》，第 1567 頁。

② 《漢書・地理志》，第 1638 頁。

③ 《春秋左傳正義・定四年》，《十三經注疏》，第 2136 頁。

④ 《史記・夏本紀》，第 69 頁。

分兩路：一路往北到達恒山（由 2），再往東到渤海（由 3、4）；另一路往東南到河南中南部，再到湖北大洪山北麓漢水流域（由 6）。

第二條是從隴山地區出發南下武都。然後分兩路：一路從武都東進漢水流域進入湖北荊山地區，再東進到湖北漢口（由 7、8）；另一路從武都南下再往東進入湖南、江西（由 9）。

這兩條路綫可能正好反映夏族從隴山地區出發的東進路綫。所以整個“道九山”是以隴山地區爲中心的扇形展開。《禹貢》所描繪的全國這九條陸路交通大道，也反映了以隴山地區爲出發點的民族大遷徙之路徑，這正是炎黄後裔遷移過程的遺迹。

（二）“道九川”

再看“道九川”。

1. 弱水、合黎、流沙

“［導］弱水至於合黎，餘波入于流沙”。

通常將弱水理解爲張掖之弱水，《地理志》張掖郡删丹，班固自注：“桑欽以爲道弱水自此，西至酒泉合黎。”又張掖郡居延，班固自注：“居延澤在東北，古文以爲流沙。”① 則弱水爲源出删丹縣境，往西北方向流入居延澤之内陸河流，長不過三四百千米，整個河流位於張掖郡内（只中間部分進入酒泉郡），與“中國”並無多大關聯，爲什麽道九川以弱水爲首？

我们疑弱水並非指張掖之弱水，班固注有誤。弱水當指黄河上游之河溝，即今寧夏中衛至靈武之間，而流沙則指河套西端之磴口一帶（有關弱水及流沙見論文［07］）。但合黎不知爲何處。故此水道當自寧夏北上。

① 《漢書·地理志》，第 1613 頁。

2. 黑水、三危、南海

“道黑水，至于三危，入于南海”，黑水當指白水（白龍江）之河段，該處有黑水城。南海指南方蠻荒之地，即四川南部。《漢書·司馬相如傳》“三危”顔師古注引張揖曰：“三危山在鳥鼠山之西，與嶓山相近，黑水出其南陂，《書》曰：‘導黑水至于三危’也。”①

故此水道當自甘肅南部往南。有關之詳細討論見論文［07］。

3．河水

“道河積石，至于龍門，南至華陰，東至砥柱，又東至于盟津，東過雒汭，至于大邳（《禹貢》作大伾），北過降水，至于大陸，北播爲九河，同爲逆河，入于海”。這一條水道就是黄河，不過以積石山爲起點。

古代把積石山看作中原王朝區域内的黄河源頭，故稱“道河積石”。積石山在河關，《地理志》金城郡河關縣，班固自注：“積石山在西南羌中。”②《郡國志》隴西郡河關縣，劉昭注補：“故屬金城。積石山在西南，河水出。”③古代以河關一帶爲黄河之源頭，但古人亦深知，此處並非黄河之發源地，因此積石山成爲中原王朝區域内的黄河之源頭。故《禹貢》之河水指自甘肅南部以下之黄河，與黄河源無關。

4．漢水

“嶓冢道瀁（《禹貢》作漾），東流爲漢，又東爲蒼浪之水，過三澨，入于大别，南入于江，東匯澤爲彭蠡，東爲北江，入于海”。

① 《漢書·司馬相如傳下》，第 2598 頁。

② 《漢書·地理志》，第 1611 頁。

③ 《後漢書·郡國五》，第 3516 頁。

這一條水道基本上就是從漢水源頭出發，然後往東通過整個漢中地區進入湖北，東南流至武漢匯入長江，然後東下入於東海。

5. 岷水

“汶山道江（《禹貢》作岷山），東別爲沱，又東至于醴，過九江，至于東陵，東迤北會于匯，東爲中江，入于海”。

這一條水道大體上是從今四川北部往南往東，直至長江之南，由湖南入江西，東入“中江”（當爲長江之分流），然後東下入於東海。

6．濟水

“道沇水，東爲濟，入于河，泆爲滎，東出陶丘北，又東至于荷，又東北會于汶，又東北入于海（《禹貢》作北東）”。

這一條水道即濟水。

7．淮水

“道淮自桐柏，東會于泗、沂，東入于海”。

這一條水道即淮水。

8．渭水

“道渭自鳥鼠同穴，東會于灃，又東北至于涇（《禹貢》作東），東過漆、沮，入于河”。

這一條水道即渭水。

9．雒水

“道雒自熊耳，東北會于澗、瀍，又東會于伊，東北入于河”。這一條水道即河南之洛水。

在這九條水道中，弱水、黑水、河水、漢水、岷水、渭水等六条都是從甘肅東部出發的河流，它們流向北方、南方、東方各地。其餘濟水、淮水、雒水，可說是外延水道。所以“道九川”的內容也反映了《禹貢》的水道都是以隴山地區爲出發點的情況，亦揭示了夏族是以隴山地區爲起源地的。

[補注一] 隴 山 地 區

(一)隴山地區

所謂隴山地區指的是甘肅的蘭州以東地區(在漢代屬於隴西郡、天水郡、安定郡)。

隴山地區的核心在今甘肅秦安、清水一帶(漢代屬天水郡東部),其中有大隴山、小隴山。《讀史方輿紀要》:"大隴山,在(秦安)縣東六十里,即隴坻之險也。"又"隴山,在(清水)縣東百里。《寰宇記》:'大隴山在縣境,亦曰邽山,亦曰關山,連綿凡百餘里'。……小隴山,在縣西南三十五里"。[①] 在這個地區内有隴山、隴坻、隴水等。

隴山地區的核心部分還包括黄河以南今甘肅天水、西和一帶(漢代屬隴西郡東部)。其中有嶓冢山、朱圉山、仇池山,這些地方在上古史中是經常出現的,還包括今甘肅岷縣、武都一帶。

隴山地區的西側爲青藏高原。因此許多河流從隴山地區發源,往北、往東、往南流向全國。黄河往北,渭水及漢水往東,而嘉陵江、岷江往南。這樣的地理形勢有重要的意義,一方面大量河谷盆地給原始居民提供了優越的生活環境,另一方面又給他們提供了向四面八方遷移的條件。炎黄子孫在五帝時代正是沿着這一些河谷陸續移殖到了黄河、淮河與長江的中游,所以中國的上古史是沿着這些水系展開的。

① (清)顧祖禹:《讀史方輿紀要・陝西八》,第2840—2845頁。

（二）嶓冢山

在隴山地區有两座嶓冢山，其一在甘肅天水，不妨稱之爲（北）嶓冢山，而陝西勉縣之嶓冢山則不妨稱之爲（南）嶓冢山。

在譚其驤《中國歷史地圖集》中，在西漢時期及東漢時期，只有一處嶓冢山，即（北）嶓冢山。[①]在隋代也只有一處嶓冢山，是（南）嶓冢山。[②]在唐代有兩處嶓冢山［（南）嶓冢山衹標注了“嶓冢”二字，未標嶓冢山］[③]。只有明、清兩代，兩個嶓冢山都標注清楚。

在譚其驤的《中國歷史地圖集・唐時期》中，金牛縣西距嘉陵江約三四十里，而圖中把“嶓冢山”標注在金牛與略陽之間，即在金牛之西北。《元和郡縣志》謂嶓冢山在金牛之東。二者不一致。在《中國歷史地圖集・清時期》中，標注的“嶓冢山”，位置在略陽與大安驛（即金牛縣治所）之間，稍偏西，與《元和郡縣圖志》也不一致。

從《中國歷史地圖集・唐時期》中可以看到，金牛（大安驛）位於漢水的上游，但圖上没有標注該河道之名稱。從各種角度來看，該河道當即《禹貢》之漾水，該水與西漢水絶然不同。爲了清楚，此漾水可稱之爲（東）漢水。這樣一來，西漢水出於（北）嶓冢山，而（東）漢水則出於（南）嶓冢山。

（三）西漢水上游

西漢水上游是重要的歷史遺址，有發達的仰韶文化。“1947 年裴文中先生曾在渭河上游做過考古調查，把‘隴南（包括渭河上游和西漢水流域）史前文化’分爲三期：彩陶文化鼎盛期、彩陶文化衰落時期、彩陶文化極衰時期；並推斷‘齊家文化未傳播到渭河上游’。（裴文中：《甘肅史前考古報告》，油印本，1947年）1958 年甘肅省博物館對西漢水流域進行了考古調查……認爲仰韶文化的遺存

---

① 譚其驤主编：《中國歷史地圖集》第二册，北京：中國地圖出版社，1996 年，第 33—34、57—58 頁。

② 譚其驤主编：《中國歷史地圖集》第五册，第 11—12 頁。

③ 譚其驤主编：《中國歷史地圖集》第五册，第 61—62、52—53 頁。

在這裏極爲豐富，齊家文化却很不發達”[①]。因此在仰韶時期（前 5000—前 3000 年）可能就包含黄帝時代，西漢水上游是一個文化非常發達的地區。

這裏也是秦國早期的都城所在。在秦代，西犬丘就在禮縣。1993 年發現了甘肅禮縣縣城以東 1.3 千米的永坪鄉大堡子山秦公墓地，很可能就是秦文化的發祥地。大堡子山經過 2006 年上半年度的再次勘察及鑽探，發現幾段夯土墻可以連接閉合成一個長方形的城址，大體呈東北—西南方向，面積約 20 萬平方米。“《史記·秦紀》：‘出子享國六年，居西陵’。……出子所居的‘西陵’，就應是大堡子山城址。……《秦紀》又云憲公居‘西新邑’。‘西新邑’與‘西陵’其實是一回事，衹是叫法不同”[②]。

① 甘肅省文物考古研究所等：《西漢水上游考古調查報告》，北京：文物出版社，2008 年，第 3 頁。

② 甘肅省文物考古研究所等：《西漢水上游考古調查報告》，第 289、290 頁。

［補注二］江　水

在上古時期，中國的兩條大水就是“河水”與“江水”。“河水”是指黄河，而“江水”是指長江。

但是在徐中舒《甲骨文字典》（1989 年）與劉興隆《新編甲骨文字典（增訂版）》（2007 年）中，都没有收“江”字。從上古以來，對“江水”的認識逐步變化，可以分爲下列階段：

第一階段（上古時代），“江水”指的是下列水道：（藍田）丹江—（襄陽）漢水—（武昌）長江。即從源自藍田秦嶺之丹江，東南流至襄陽入漢水，再東南流至武昌入長江，然後東流入海。故所謂“江”是指“丹江—漢水—長江”這條水道。

第二階段（當已是夏商周之世），“江水” 指的是下列水道：（沔陽）漢水—（武昌）長江。即從源自武都沔陽之漢水，東流至漢中、襄陽，再東南流至武昌入長江。因此，所謂“江”是指“漢水—長江”這條水道。

第三階段（秦漢時期），“江水”指的是下列水道：（岷山）岷江—（宜賓）長江。即指源自岷山之岷江，南流至宜賓入長江，因此，所謂“江”是指“岷江—長江”這條水道。

第四階段，“江水”指金沙江，源自青海。因此，所謂“江”是指下列水路：（青海江源）金沙江—（宜賓）長江。在此階段，“江”指現在的長江。

在譚其驤的《中國歷史地圖集》中，對與長江有關的水道標志如下：

西周時期到西晋時期，岷江注明爲“江水”，長江自宜賓以下亦注明爲“江水”，則“江水”爲“岷江—長江”。

東晋時期，把岷江注明爲“長江”，長江自宜賓以下亦注明爲“長江”，則“長江”爲“岷江—長江”。

隋朝，把岷江注明爲“江水”，長江自宜賓以下注明爲“長江”。

唐朝，把岷江注明爲“大江”，長江自宜賓以下注明爲“長江”。

清朝，把岷江注爲“大江”，長江自宜賓以下亦注明爲“大江”。

所以根據《中國歷史地圖集》，從西周到清朝，一直把岷江與宜賓以下的長江看成是同一條水道。其名稱可能是江水、大江或長江。至於夏商時期，則對長江没有任何標注。

［06］夏族上古時代之四境

夏族在隴山地區形成之後，與其他族群不斷衝突、交流與融合，逐步壯大，並開始沿着各條水道，向東移殖。到五帝時期，夏族已成爲東亞大陸上之主幹族群。在整個黄河中下游以及淮河中上游，均有夏族之踪迹，這個地域即稱爲夏或華夏。在此基礎上，夏族在距今四千年左右，建立了夏朝。

夏朝建立以後，中國的地域大致東至濟水，西至甘肅黄河，北抵長城，南至桐柏山。在此之後，北方、東方、西方的邊界趨於穩定，惟有南方不斷外擴，最後到達南海。漢朝之後，南方亦趨於穩定，於是夏族的領域基本上確定，同時夏族亦改稱漢族。

對於一個族群來説，地域極其重要。一個族群必須占據足够大的地域，纔得以维持與發展，因此古籍中有不少關於地域之記載。中國古代學者往往也重視地理及其沿革，所以最古老的典籍中亦有不少地理記載，除《禹貢》《周禮·職方氏》等儒家經書外，從《漢書》以後，許多史書都有地理志。此外還有諸子書以及《山海經》等。

然而幾千年來地名頻繁更改，一個地點會有許多不同的名稱，而同一名稱却在全國許多地方出現。以至像泰山、衡山、江水這樣的名山大川，在上古時代究竟所指爲何山何水，亦不能完全確定。至於昆侖、弱水、流沙之類，更爲渺茫，因此，爲了研究夏族地域之四至，需要對上古與夏族有關之地名，進行仔細審察。

本文探討五帝時期華夏之地域範圍。

一、夏族地域之北界

（一）釜山、涿鹿、阪泉

1. 釜山、涿鹿、阪泉

《史記・五帝本紀》謂黄帝“北逐葷粥，合符釜山，而邑于涿鹿之阿”，此處即明確提示黄帝時夏族之北界爲釜山與涿鹿。《正義》引《括地志》云：“釜山在嬀州懷戎縣北三里。”① 懷戎縣即在今河北省涿鹿縣附近（後齊置北燕州。）②，因此黄帝時北界即在今河北涿鹿，離長城不遠。

在涿鹿附近，不止有釜山、阪泉，還有崆峒山，《讀史方輿紀要》順天府薊州，“崆峒山，在州東北五里。相傳黄帝问道處”。又薊州平谷縣，“縣東北十里有漁子山，上有大冢，相傳爲黄帝陵也”③。

和黄帝有關的具體事迹，最重要的莫過於阪泉與涿鹿之戰，《五帝本紀》記載如下：“（軒轅）以與炎帝戰於阪泉之野。……蚩尤作亂，不用帝命。於是黄帝乃徵師諸侯，與蚩尤戰於涿鹿之野，遂禽殺蚩尤。而諸侯咸尊軒轅爲天子，代神農氏，是爲黄帝。”④ 阪泉位於何處？

《括地志》：“阪泉，今名黄帝泉，在嬀州懷戎縣東五十六里。出五里至涿鹿東北，與涿水合。又有涿鹿故城，在嬀州東南五十里，本黄帝所都也。晋《太康地理志》云：‘涿鹿城東一里有阪泉，上有黄帝

① 《史記・五帝本紀》，第 6 頁。
② 《隋書・地理志中》，第 857 頁。
③ （清）顧祖禹：《讀史方輿紀要・北直二》，第 494、503 頁。
④ 《史記・五帝本紀》，第 3 頁。

祠’。”[①] 因此釜山、涿鹿、阪泉在同一個地區，相互之距離不超過幾十里。

《水經注》：“涿水出涿鹿山……東北流，逕涿鹿縣故城南……黄帝與蚩尤戰于涿鹿之野，而邑于涿鹿之阿，即於是也。其水又東北與阪泉合……《晉太康地理記》曰：阪泉，亦地名也。（楊守敬注：軒轅與炎帝戰於阪泉之野，即此）”[②]

故釜山、涿鹿、阪泉的位置是明確的。上古夏族北面之以長城爲界，自阪泉戰後，一直到周秦之際，都有很明顯的史實，似乎無待徵引。長城作爲界綫亦極清晰，但地名之變化亦多，因此文獻中對於涿鹿的位置還有其他異説。

有謂涿鹿在彭城。《御覽》引《帝王世紀》：“黄帝都涿鹿，於《周官》幽州之域，在漢爲上谷。而《世本》云：‘涿鹿在彭城南。’然則，上谷本名彭城。”[③] 此處彭城僅是提供上谷的另一個名稱，因此不存在另一個涿鹿。但有人認爲彭城並非上谷，而是徐州，故《世本》謂涿鹿在徐州南。但《世本輯補》：“黄帝居涿鹿。涿鹿在鼓城南。”秦嘉謨注：“案《御覽》、《路史》鼓城皆誤作彭城，今據《郡國志》注校正。”[④] 那麽根本無所謂徐州的問題，是因爲把鼓城誤認爲彭城引起的。

究竟黄帝的涿鹿之戰會不會發生在今之徐州？

黄帝戰勝蚩尤，爲黄帝征服天下之最後一戰。《五帝本紀》説：“與蚩尤戰於涿鹿之野，遂禽殺蚩尤。而諸侯咸尊軒轅爲天子，代神農氏，是爲黄帝。”[⑤]《括地志》謂涿鹿“本黄帝所都”，恐係誤會。黄帝由西向東發展，黄河中游與汾水流域當是黄帝統治的核心地區，不可能以上

---

① 《史記·五帝本紀》注，第 5 頁。

② （後魏）酈道元注，（清）楊守敬、熊會貞疏：《水經注疏·㶟水》，第 1183 頁。

③ （宋）李昉等：《太平御覽》卷 155，第 753 頁。

④ （漢）宋衷注，（清）秦嘉謨等輯：《世本八種》，北京：中華書局，2008 年，第 345 頁。

⑤ 《史記·五帝本紀》，第 3 頁。

谷的涿鹿爲都。但由於太行山之阻擋，桑乾河谷成爲從山西進入河水下游之主要通道，故涿鹿之重要性在於其戰略位置，而不在於其爲都城。從這個角度來看，所有關於彭城之説都是誤會，黄帝不會在徐州進行最後决戰。

有謂涿鹿、阪泉在山西。《解縣志》謂解縣古曾稱涿鹿。又據傳説，永稷縣蒲州鎮即炎帝都城蒲阪，因此阪泉在運城解州鎮，而涿鹿、阪泉在晋西南部。晋西南部可能是黄帝的都城，但不會是戰略要地。故作爲戰場之涿鹿、阪泉不可能位於山西之西南部。

2．祝栗

祝栗見於《爾雅·釋地》，其中講到四極，"北至於祝栗"[①]。郝懿行："祝栗者，《史記·周紀》'封黄帝之後於祝'……疑祝即祝栗也。"祝與祝栗不能合而爲一，栗字從何而來？"邵氏（晋涵）《正義》以祝栗即'涿鹿'之轉聲。"[②] 此説較爲有理，故《爾雅》之北極當即今河北北部之涿鹿縣。

（二）幽都、幽陵

1．幽都、幽陵

《尚書·堯典》謂堯"申命和叔，宅朔方，曰幽都"[③]。這是將幽都作爲西北方一種理想上的境界，其實古代幽都當爲確定的小地名。

《山海經》："北海之内有山，名曰幽都之山。"[④]《淮南子·墬形訓》説："北方之美者，有幽都之筋角焉。"高誘注："古之幽都在雁門以北。"《淮南子·脩務訓》又謂堯"北撫幽都"，高誘注："陰氣所聚，

①《爾雅注疏·釋地》，《十三經注疏》，第 2616 頁。
②（清）郝懿行：《爾雅義疏·釋地》，《郝懿行集》，第 3386 頁。
③《尚書正義·堯典》，《十三經注疏》，第 119 頁。
④（清）郝懿行：《山海經箋疏·海内經》，第 117 頁。

故曰幽都，今雁門以北是。”[①]

《五帝本紀》謂顓頊“北至于幽陵”，舜“請流共工於幽陵，以變北狄”[②]。《大戴禮·五帝德》亦謂顓頊“乘龍而至四海，北至於幽陵”[③]。

幽陵當爲北方之大陵。《爾雅·釋地》“北陵，西隃、鴈門是也”。郭璞注：“即鴈門山也。”[④] 郝懿行疏：“西隃者，《史記》作‘先俞’。……《北山經》注：‘鴈門山即北陵，西隃鴈門之所出，因以名云’。”[⑤]《史記·趙世家》謂秦“反巠分、先俞於趙”，即秦國將巠分、先俞二地交還趙國，《正義》以爲西先聲相近，先俞即西隃。至於巠分，《正義》謂分“當作‘山’”，而巠當即陘，故巠分當即陘山，“蓋陘山、西隃二山之地並在代州雁門縣，皆趙地也”。《正義》又引《括地志》云：“句注山一名西陘山，在代州雁門縣西北四十里。”[⑥]

故幽陵當即北陵，亦即西隅、雁門，亦即陘山、勾注。一直到魏晋時期，該地仍爲漢族之北界。顧祖禹：“《河東記》：‘勾注以山形勾轉水勢注流而名。’亦曰陘嶺，自雁門以南謂之陘南，以北謂之陘北。自漢中平以後，羌、胡大擾，陘北之地皆爲荒外，魏晋時並以勾注爲塞。……晋永嘉四年（310年）鮮卑拓跋猗盧帥部落自雲中入鴈門，從并州刺史劉琨求陘北地，琨徙樓煩、馬邑、陰館、繁峙、崞五縣民於陘南，以其地與之（曹魏時五縣俱已遷陘南，遺民猶有陘北也）。”[⑦] 如此，則《大戴禮》之幽陵當在雁門，正位於今長城。

但唐時幽都縣在今北京附近，後世亦往往以古代之幽都、幽州在

① 《淮南子》，《諸子集成》，第59、331頁。
② 《史記·五帝本紀》，第11、28頁。
③ （清）王聘珍：《大戴禮記解詁·五帝德》，第120頁。
④ 《爾雅注疏·釋地》，《十三經注疏》，第2615頁。
⑤ （清）郝懿行：《爾雅義疏·釋地》，《郝懿行集》，第3368頁。
⑥ 《史記·趙世家》，第1819頁。
⑦ （清）顧祖禹：《讀史方輿紀要·山西一》，第1786頁。

此，如《讀史方輿紀要》："順天府，《禹貢》冀州地。其在顓頊時曰幽陵，帝堯時曰幽都，帝舜時爲幽州地，夏、商時皆爲冀州地。周亦置幽州，春秋、戰國時爲燕國。"① 將幽陵、幽州、幽都合爲一地，並置於北京附近，不符合上古的實際，但亦離長城不遠。

2. 朔方

《尚書・堯典》謂堯"申命和叔，宅朔方，曰幽都"②。《史記・五帝本紀》則謂堯"申命和叔，居北方，曰幽都。"③ 朔方猶如北方，是大地名，漢武帝在河套置朔方郡。《地理志》："至武帝攘却胡、越，開地斥境，南置交阯，北置朔方之州。"顏師古注："分雍州置朔方刺史。"④ 刺史、郡、縣都以朔方爲名，朔字本没有北的意義，前人因這朔方在北方纔將朔引申爲北之稱（關於朔方可參看本書［07］中有關北岳的討論）。

後世一直有朔方之建制，清代則設朔平府（治所在右玉），包括今山西右玉、左雲及内蒙古凉城等地。大約以今之大同爲界，其東邊爲代，而西邊爲朔。代與朔即表示北方。

根據剛纔的討論，從黄帝以來，夏族之北部邊境就穩定在長城沿綫。在今山西境内即雁門以北，在今河北境内即涿鹿以北。

二、夏族地域之南界

與北部邊境不同，夏族之南界變化不定，同一地名往往相隔千里再一次出現。此即族群遷徙在地名上之反映，給地域研究帶來混亂。

① （清）顧祖禹：《讀史方輿紀要・北直二》，第 439 頁。

② 《尚書正義・堯典》，《十三經注疏》，第 119 頁。

③ 《史記・五帝本紀》，第 17 頁。

④ 《漢書・地理志》，第 1543 頁。

（一）“南至于江，登熊、湘”

《五帝本紀》謂黄帝“南至于江，登熊、湘”，那麼黄帝時之南界在江與熊、湘。熊當指熊耳山，《正義》説：“《括地志》云：‘熊耳山在商州上洛縣西十里，齊桓公登之以望江漢也。’”湘指湘山，《正義》説：“湘山一名艑山，在岳州巴陵縣南十八里也。’”《集解》則説：“《地理志》曰，湘山在長沙益陽縣。”[①] 顧祖禹説湘山即君山：“君山，在（岳州）府西南十五里洞庭湖中，一名湘山。《史記》：‘黄帝南至于江，登熊、湘。’湘即湘山也。”又：“艑山，在府南五里君山東，洞庭之涯，狀如浮舟，《水經注》謂之編山，《括地志》以爲即湘山。”[②] 因此《五帝本紀》所説乃黄帝南至長江，遂登熊耳山、湘山。但熊耳山與長江相距幾近千里，所謂至長江登熊耳山，是説不通的。此處必有誤釋。

《正義》提到齊桓公，按《封禪書》謂齊桓公“南伐（楚）至召陵，登熊耳山，以望江漢”[③]，則齊桓公登熊耳山以望長江、漢水。但熊耳山在豫西，離漢水五六百里，離長江則幾近千里，因此登熊耳山望江、漢，也不合實際。而且按《正義》引《括地志》云：“召陵故城在豫州郊城縣東四十五里也。”[④] 則召陵當在今南召縣。南召境内有伏牛山，離漢水不過二三百里，距長江大約五六百里，爲何齊桓公到了召陵，不登伏牛山，反而西去熊耳山以望江、漢？此處之地理解釋亦當有誤。

齊桓公伐楚爲自東北往西南，至召陵，再西進則南臨淅水，北鄰熊耳山，再西進則南臨丹水、漢水，北鄰熊耳山。故《封禪書》所謂“登

① 《史記·五帝本紀》，第 6、7 頁。
② （清）顧祖禹：《讀史方輿紀要·湖廣三》，第 3629 頁。
③ 《史記·封禪書》，第 1361 頁。
④ 《史記·封禪書》，第 1363 頁。

熊耳山，以望江、漢”當指登熊耳山以南望丹水、漢水。此處的江不是指長江，而是指丹水，即丹江。我們認爲江最初原指丹江（這是一個重要問題，見論文［05］的［補注二］）。

《五帝本紀》謂黃帝“南至于江，登熊、湘”。黃帝與齊桓公不同，齊桓公自東北往西南，而黃帝則自北往南。黃帝“南至于江”，其中的江亦當指丹江，因此當黃帝由中原南進丹江，必定先到達今河南淅川縣一帶。在淅川縣有淅水，一名析水（今名老灌河）。淅川、西峽一帶曾置淅州，亦稱析州。故淅亦作析。《隋書·地理志》：淅陽郡（西魏置淅州）內鄉，“有淅水”。[①]又《漢書·地理志》弘農郡“析”，班固自注：“黃水出黃谷，鞠水出析谷，俱東至酈入湍水。”顏師古注：“鞠水即今所謂菊潭也。”[②]顧祖禹：“菊潭，在（內鄉）縣北。源出縣西北之石澗山，亦曰析谷，亦名石馬峰。”[③]析谷當即淅谷，故在淅川一帶有淅谷之山。又顧祖禹：“熊耳山，（內鄉）縣東十二里。峰巒聳峙，連亘甚遠。其北麓接盧氏縣界。”[④]

故《五帝本紀》黃帝“南至于江，登熊、湘”，湘當爲淅，因形近致訛。黃帝南進至於丹江，遂登熊耳之山與淅谷之山，即所謂“登熊、淅”。丹江、熊耳山、淅川當爲黃帝時之南界，故黃帝時夏族南界當在今河南南部。

（二）蠻荆

漢元帝時賈捐之在召對中說：“武丁、成王，殷、周之大仁也，然

① 《隋書·地理志中》，第 841 頁。

② 《漢書·地理志上》，第 1549 頁。

③ （清）顧祖禹：《讀史方輿紀要·河南六》，第 2423 頁。

④ （清）顧祖禹：《讀史方輿紀要·河南六》，第 2421 頁。

地東不過江、黄，西不過氐、羌，南不過蠻荆，北不過朔方。”[①]何處爲蠻荆？《水經注》：“《吕氏春秋》曰：堯有丹水之戰，以服南蠻。即此水也。又南合均水，謂之析口。”[②]因此堯舜時期所謂南蠻就在豫西。荆之地域不一，《禹貢》“荆及衡陽惟荆州”，“荆、河惟豫州”，則荆爲豫州之南界而荆州之北界。《地理志》南郡臨沮，班固自注：“《禹貢》南條荆山在東北。”[③]即今湖北南漳以西之荆山。因此堯舜時期所謂蠻荆實際上還是在豫西南。

堯舜時期之豫西往往誤釋爲湘南，如《史記・五帝本紀》：“（舜）南巡狩，崩於蒼梧之野。”《集解》：“舜冢在零陵營浦縣。”[④]《水經注》又説是蒼梧之野九疑山，而且“大舜窆其陽，商均葬其陰”。[⑤]但所謂“蒼梧之野”當爲蒼野，在今陝西省商洛市商州區東南，《水經注》“丹水自蒼野”，注：“蒼野，在上洛。”[⑥]故舜“崩於蒼梧之野”，實際上舜當崩於陝西東南而不是崩於湖南至廣西一帶。

（三）交趾

1. 南交、交趾、大交

《五帝本紀》謂帝顓頊“南至于交阯”，謂堯“申命羲叔，居南交”，又謂舜“南撫交阯、北發”。《索隱》：“北發當云‘北户’。南方有地名北户。”[⑦]則南界爲交阯、南交或北户。《大戴禮・五帝德》謂舜

① 《漢書・賈捐之傳》，第 2831 頁。
② （後魏）酈道元注，（清）楊守敬、熊會貞疏：《水經注疏・丹水》，第 1734 頁。
③ 《漢書・地理志上》，第 1566 頁。
④ 《史記・五帝本紀》，第 44 頁。
⑤ （後魏）酈道元注，（清）楊守敬、熊會貞疏：《水經注疏・湘水》，第 3124 頁。
⑥ （後魏）酈道元注，（清）楊守敬、熊會貞疏：《水經注疏・丹水》，第 1728 頁。
⑦ 《史記・五帝本紀》，第 11、16、43 頁。

“南撫交趾、大教”，王聘珍：“大教，未詳。或云當爲‘北發’。”[①] 俞樾曰：“大教，即大交也。《通鑒前編》引《書大傳》‘中祀大交’。……教與交聲近。《孟子・滕文公篇》：‘校者，教也。’交之爲教，猶校之爲教矣。”[②] 但此處爲“交趾、大教”，既有交趾，何以又講大交？可能後人以大教爲不辭，故擅加交趾二字。故俞樾之説當爲確解，即舜時夏族之南界爲大交。

再看諸子書，《墨子》：“古者堯治天下，南撫交阯，北降幽都。”[③]《韓非子》説：“昔者堯有天下……其地南至交趾，北至幽都。”[④]《淮南子》則説：“昔者神農之治天下也……其地南至交阯，北至幽都。”又謂紂之地，“前交趾，後幽都”。[⑤] 則從神農氏到商紂王，南界均爲交阯或交趾。

《釋名》：“水中可居者曰洲。洲，聚也，人及鳥獸所聚息之處也。小洲曰渚。……小渚曰沚。沚，止也，小可以止息其上也。”又：“水出其前曰阯丘。阯，基阯也，言所出然。”[⑥] 故阯表示濱水之地，人及鳥獸可以聚息之處。故南交、交趾、大交等稱呼，實際衹是一個“交”字。

“交趾”有不少解釋，如《後漢書》：“其俗男女同川而浴，故曰交阯。”[⑦]《元和郡縣圖志》則説：交州，“古越地也。……元封五年置刺史以部之。名曰交趾者，交以南諸夷，其足大趾廣，兩足並立則交焉。”[⑧]其中對交趾的解釋當系望文生義，不爲大家所接受。但《元和郡

① （清）王聘珍：《大戴禮記解詁・五帝德》，第 123 頁。

② （清）俞樾：《春在堂全書・群經平議・大戴禮記平議》，南京：鳳凰出版社，2010 年，第 290 頁。

③ 《墨子閒詁・節用中》，《諸子集成》，第 102 頁。

④ 《韓非子集解・十過》，《諸子集成》，第 49 頁。

⑤ 《淮南子》，《諸子集成》，第 127—128、361 頁。

⑥ （東漢）劉熙撰，（清）畢沅疏證，（清）王先謙補：《釋名疏證補》，第 36—37、40 頁。

⑦ 《後漢書・南蠻列傳》，第 2834 頁。

⑧ （唐）李吉甫：《元和郡縣圖志・嶺南道五》，第 956 頁。

縣圖志》稱"交以南諸夷"，可知"交"當爲地名，而諸夷在其南。

2．南交之位置

"交"字在地名中常見，如交河、交水。凡水道交叉，二水合流或一水分流之處往往稱之爲交河或交水，如河北交河縣："以滹沱、高河二水交流而名。……合處蓋在縣北。"[①]如雲南有"交河"，"志云：南盤江與蠣溪之水合流於此，故名"[②]。一水分流，如《漢書・西域傳》"河水分流繞城下，故號交河"[③]，《元和郡縣圖志》隴右道西州交河縣："交河，出縣北天山，水分流於城下，因以爲名。"[④]

所謂"交阯"當指兩河相交地帶之陸地，而"大交"可能是指比較大的河流分叉地。故所謂"南交"當指南邊之交（相對於北方而言）。

最早出現的"交趾"可能就是堯舜時代，當夏族向南方大力擴張時，他們首先到達丹江與漢水之間的交趾。可能由於其面積較大，故稱之爲南交或大交。

春秋時有絞國，《左氏桓十二年傳》"楚伐絞"。[⑤]顧棟高謂絞"在今湖廣鄖陽府西北"[⑥]。絞其實當爲交，當以江、漢之交而得名（漢爲漢水，江爲江水亦即丹江）。《水經注》楊守敬疏："今丹水自商州東南流……又西南經内鄉縣，至均州東入漢。"[⑦]均州（今丹江口市）正當丹江、漢水之交。故均州、鄖陽（今鄖縣）一帶當即稱爲"交趾"。當即絞國所在之地。

因此春秋時期在今山東也有"絞"。《左氏哀二年傳》："春，（魯）

① （清）顧祖禹：《讀史方輿紀要・北直四》，第560頁。
② （清）顧祖禹：《讀史方輿紀要・雲南二》，第5082頁。
③ 《漢書・西域傳》，第3921頁。
④ （唐）李吉甫：《元和郡縣圖志・隴右道下》，第1032頁。
⑤ 《春秋左傳正義・桓十二年》，《十三經注疏》，第1756頁。
⑥ （清）顧棟高輯：《春秋大事表・春秋列國爵姓及存滅表》，第577頁。
⑦ （後魏）酈道元注，（清）楊守敬、熊會貞疏：《水經注疏・丹水》，第1734頁。

伐邾，將伐絞。邾人愛其土，故賂以漷、沂之田而受盟。”杜預注：“絞，邾邑。”當年《春秋經》謂魯“取漷東田及沂西田”[①]。故漷水在西而沂水在東。又《春秋經》“取邾田自漷水”，杜預注：“漷水出東海合鄉縣西南，經魯國至高平湖陸縣入泗。”又《左氏襄十八年傳》“東侵及濰，南及沂”，杜預注：“沂水出東莞蓋縣，至下邳入泗。”[②]故漷水、沂水俱入泗水，則絞必與漷水、沂水、泗水均接近，當位於其中某二水之交。

3．交趾的轉移

夏族的地域進一步向南方擴張，交趾之名遂轉移到嶺南。

《地理志》：“漢興……至武帝攘却胡、越，開地斥境，南置交阯，北置朔方之州。”顔師古注：“胡廣記云，漢既定南越之地，置交阯刺史，别於諸州，令持節治蒼梧，分雍州置朔方刺史。”[③]“交阯刺史”轄南海郡、鬱林郡、蒼梧郡、交趾郡、合浦郡、九真郡、日南郡。其中之交趾郡，班固自注：“武帝元鼎六年開”，有人口近 75 萬，而其餘六郡總共約 62 萬。[④]故在秦漢時期，交趾已轉移到嶺南。

但在吴越地區仍有“交趾”。隋代交趾郡位於嶺南，但在揚州還有其他地方名爲交趾。隋代之揚州範圍極廣，實爲漢武帝之揚、交二州，即包括江都郡、弋陽郡、淮南郡等，又包括丹陽郡、吴郡、會稽郡、東陽郡、永嘉郡等，還包括豫章郡、鄱陽郡、廬陵郡等，共有二十五郡。此外還包括“自嶺以南二十餘郡，大率土地下濕，皆多瘴厲”，其中有

① 《春秋左傳正義·哀二年》,《十三經注疏》，第 2155 頁。

② 《春秋左傳正義》,《十三經注疏》，第 1967、1965 頁。

③ 《漢書·地理志上》，第 1543 頁。

④ 《漢書·地理志下》，第 1629 頁。

南海郡、欝林郡、交趾郡、九真郡、日南郡等。[1]

但《隋書》記載高祖十年（590 年）十一月之大叛亂："婺州人汪文進、會稽人高智慧、蘇州人沈玄懀皆舉兵反，自稱天子，署置百官。樂安蔡道人、蔣山李稜、饒州吴代華、永嘉沈孝澈、泉州王國慶、餘杭楊寶英、交趾李春等皆自稱大都督，攻陷州縣。詔上柱國、内史令、越國公楊素討平之。"[2] 其中樂安當指東晋之樂安縣，今浙江仙居；蔣山即鐘山，隋代蔣州治南京；饒州在今江西鄱陽。故叛亂者除交趾外，泉州在福建，其餘均在江蘇、浙江、江西。

在《隋書·楊素列傳》中又詳細叙述了楊素平定叛亂的經過如下："江南人李稜等聚眾爲亂，大者數萬，小者數千……賊朱莫問自稱南徐州刺史，以盛兵據京口。……晋陵（即毗陵，即今常州）顧世興自稱太守……無錫賊帥葉略……吴郡沈玄懀、沈傑等以兵圍蘇州……玄懀勢迫，走投南沙賊帥陸孟孫。素擊孟孫於松江，大破之。……黝（即黟）、歙賊帥沈雪、沈能據栅自固，又攻拔之。浙江賊帥高智慧自號東揚州刺史……智慧逃入海，素躡之，從餘姚泛海趣永嘉。……擒獲數千人。賊帥汪文進自稱天子，據東陽。署其徒蔡道人爲司空，守樂安。……悉平之。又破永嘉賊帥沈孝徹。於是步道向天台，指臨海郡。（以上均在江蘇、安徽、浙江境内）……前後百餘戰，智慧遁守閩越。"[3] 這一次叛亂之中心在太湖流域、浙江以及相鄰的皖南、福建地區。

由於高智慧從浙江沿海之寧波、温州逃亡到福建沿海之福州、泉州，楊素再一次來到浙江，並轉向福建。《隋書》説，由於他收買了南安（即今莆田）豪族王國慶，"（王）執送智慧，斬於泉州。自餘支黨，悉

① 《隋書·地理下》，第 886—887 頁。
② 《隋書·高祖下》，第 35 頁。
③ 《隋書·楊素列傳》，第 1284 頁。

來降附，江南大定”。[①] 於是楊素班師回京。因此楊素第二次的鎮壓行動規模比較小，基本上限於浙江、福建之沿海，後來煬帝在詔書中表彰説：“南指而吳、越肅清，北臨而獯、獫摧服。”[②] 所以叛亂力量主要來自江蘇、浙江境内。值得注意的是《高祖紀》提到了“交趾李春”，因此在吳越當另有交趾。

（四）濮鉛

《爾雅・釋地》講到四極，“南至於濮鉛”。[③]濮鉛爲《爾雅》所謂之南界。《左盦集・〈爾雅〉誤字考》説：“《輔行記》第一之三引《爾雅》‘東至濮盆’，今《釋地》盆作鉛，蓋鉛即盆之訛。（盆從分聲，即《周禮・考工記》之妢胡也。胡承珙以妢爲汝墳之墳。……蓋古文從皿之字，或體恒作金，如鎜、盤是也。‘㕣’又‘分’訛。《輔行記》所引蓋係未訛之本。）”[④] 這以鉛即盆，盆即妢胡之妢，其説甚確。《考工記》“妢胡之笴”，鄭玄注：“妢胡，胡子之國，在楚旁。”孫詒讓疏：胡城在汝陰或郾城，“未知孰是”。[⑤]

又《左氏昭九年傳》：“遷城父人於陳，以夷濮西田益之。”杜注：“以夷田在濮水西者與城父人。”[⑥]《水經注》：“然則濮水即沙水之兼稱。”[⑦] 則濮爲水名，即沙水，當在襄城縣之東，與陳國相近。

因此所謂濮盆即在襄城（濮）與郾城（盆）附近之地，則南界濮鉛當在今河南南部。

---

① 《隋書・楊素列傳》，第 1285 頁。

② 《隋書・楊素列傳》，第 1287 頁。

③ 《爾雅注疏・釋地》，《十三經注疏》，第 2616 頁。

④ 劉師培：《左盦集・爾雅誤字考》，《劉申叔遺書》，南京：江蘇古籍出版社，1997 年，第 1225 頁。

⑤ （清）孫詒讓：《周禮正義・冬官・考工記總叙》，第 3119 頁。

⑥ 《春秋左傳正義・昭九年》，《十三經注疏》，第 2056 頁。

⑦ （後魏）酈道元注，（清）楊守敬、熊會貞疏：《水經注疏・淮水》，第 2524 頁。

從以上記載來看，五帝時期夏族的南界當在江、熊、湘、交阯（交趾）、南交一帶，綜合起來，則南界約在今河南南部。

後來當三代時期，“交趾”之名已經轉移到五嶺。

三、夏族地域之西界

夏族之西邊有遼闊之地域，與南邊相仿，但是二者之具體情況迥別。從黄帝以來，夏族之西界並無重大的變化。

（一）空桐與雞頭

《五帝本紀》謂黄帝“西至于空桐，登雞頭”，《正義》根據《括地志》給出空桐山的兩個解釋：一爲甘肅福禄縣（今甘肅酒泉）東南；另一爲原州平高縣（今寧夏固原）西，又名笄頭山或雞頭山，實即大隴山、當即今六盤山。全文如下：

> 《括地志》云：“空桐山在肅州福禄縣東南六十里。《抱朴子内篇》云‘黄帝……過空桐，從廣成子受自然之經’，即此山。”《括地志》又云：“笄頭山一名崆峒山，在原州平高縣西百里。《禹貢》涇水所出。《輿地志》云或即雞頭山也。酈元云蓋大隴山異名也。《莊子》云廣成子學道崆峒山，黄帝問道於廣成子，蓋在此。”案：二處崆峒皆云黄帝登之，未詳孰是。[①]

《隋書・地理志》也説張掖郡福禄，“有祁連山、崆峒山、崑崙山”。[②]

其實空峒山不止上述兩處，《讀史方輿紀要》謂天下空桐有三：一

① 《史記・五帝本紀》注，第6頁。

② 《隋書・地理上》，第815頁。

在安定（即平凉，即指大隴山或六盤山）；一在隴西臨洮；一在河南汝州，《莊子》稱黃帝問道空峒，游襄城，登具茨，訪大隗，即此。[①]照此説來，天下空桐有四：酒泉、臨洮、固原（即六盤山）、汝州。

但《秦始皇本紀》："始皇巡隴西、北地，出雞頭山，過回中。"[②]由於隴西郡在臨洮、天水一帶，而北地郡在慶陽、環縣一帶，故秦始皇所巡之雞頭山必定位於固原，亦即六盤山一帶。

後來漢武帝武功鼎盛，開疆辟土，從元鼎五年（前 112 年）至後元二年（前 87 年）去世，二三十年裏從長安出發在全國巡游。他多次東巡狩、南巡狩，到達今山東沿海，但在西面没有超過隴西、安定。如元鼎五年，"行幸雍，祠五畤。遂踰隴，登空同，西臨祖厲河而還"。顔師古曰："隴，即今之隴山"。後來元封元年（前 110 年），"巡邊垂，擇兵振旅"，也衹"行自雲陽，北歷上郡、西河、五原"，至朔方，臨北河而歸。[③]他在太始二年（前 95 年）説："往者朕郊見上帝，西登隴首。"最後征和三年（前 90 年），"行幸雍，至安定、北地"。[④]漢武帝西行没有超過隴西、安定，秦始皇也没有超出這個範圍。因此《五帝本紀》所説的空桐、雞頭，其位置大體上就在北地，即今甘肅的慶陽地區以及寧夏一帶。

因此黃帝所登之空桐、雞頭亦當爲六盤山，不會遠在酒泉。那麼黃帝時夏族之西界當在六盤山一帶。

---

① （清）顧祖禹：《讀史方輿紀要・河南六》，第 2438 頁。

② 《史記・秦始皇本紀》，第 241 頁。

③ 《漢書・武帝紀》，第 185、189 頁。

④ 《漢書・武帝紀》，第 206、209 頁。

（二）西與昧谷

《堯典》謂堯“分命和仲，宅西，曰昧谷”[①]。《五帝本紀》謂堯“申命和仲，居西土”[②]，西當即《堯典》“宅西”之西，鄭注：“西者，隴西（郡）之西（縣），今人謂之兑山。”[③]《讀史方輿紀要》謂兑山在甘肅成縣。[④]但《後漢書・郡國志》劉昭注引鄭玄曰：“今謂之八充山。”[⑤]劉昭注之“八充”當爲“兑”字之誤。依《地理志》，漢時的西縣約當於今西河縣。班固自注謂嶓冢山在西縣，爲西漢水所出。[⑥]

（三）流沙、黑水與南海

《史記・五帝本紀》謂顓頊“西至于流沙”。《集解》：“《地理志》曰流沙在張掖居延縣。”《史記・夏本紀》則謂禹“西被于流沙”。[⑦]故流沙爲夏族之西界。但《王制》説：“自西河至於流沙，千里而遥。”[⑧]但西河至张掖約兩千里，夏族西界之流沙不可能在張掖。西河至六盤山約一千里，故西界必在六盤山一帶。至於流沙的位置，見論文［07］。

至於黑水，《禹貢》説“黑水、西河惟雍州”，又説“華陽、黑水惟梁州”。[⑨]《禹貢》又説：“導黑水，至于三危，入于南海。”[⑩]黑水有許

① 《尚書正義・堯典》，《十三經注疏》，第119頁。
② 《史記・五帝本紀》，第16頁。
③ （清）孫星衍：《尚書今古文注疏・堯典上》，第19頁。
④ （清）顧祖禹：《讀史方輿紀要・陝西八》，第2830頁。
⑤ 《後漢書・郡國五》注，第3518頁。
⑥ 《漢書・地理志下》，第1610頁。
⑦ 《史記》，第11、77頁。
⑧ 《禮記正義・王制》，《十三經注疏》，第1347頁。
⑨ （清）孫星衍：《尚書今古文注疏・禹貢下》，第177、171頁。
⑩ （清）孫星衍：《尚書今古文注疏・禹貢下》，北京：中華書局，1986年，第187頁。

多不同的解釋，此處之黑水當爲今白龍江之一個河段，而南海當指四川南部。我们將在論文［07］中對黑水與南海作進一步説明。

（四）邠國

《爾雅·釋地》講到四極，謂“西至於邠國”[①]。《讀史方輿紀要》講到邠州：“漢爲右扶風、安定、北地三郡地。後漢因之，興平元年（前194年）分安定、扶風置新平郡（治漆縣）。……西魏置南豳州（今慶陽府寧州爲北豳州），尋曰豳州（北豳州廢，故止曰豳州）。”[②] 漆縣即今陝西彬縣，古代此處曾稱爲南豳州，而甘肅寧縣爲北豳州。漢代邠州分屬右扶風、安定、北地三郡，涇水的中下游在右扶風，上游在安定郡，而主要支流泥水（即今馬蓮河）則在北地郡，所以古代豳地當包括整個涇水中上游，此處即《爾雅》所謂之西極，亦即夏族之西界。

把諸書綜合起來，則西界在六盤山以及河套往南之黄河一帶。故隋裴矩在其《西域圖記》序中説：“禹定九州，導河不踰積石；秦兼六國，設防止及臨洮。故知西胡雜種，僻居遐裔，禮教之所不及，書典之所罕傳。”[③] 西界最遠只到甘肅黄河一帶。

在上古時代，六盤山一帶亦稱爲昆侖，因此夏族的西界爲昆侖。從地名來看，中國今日的西界依然可以説是昆侖，但現在昆侖的位置在新疆。昆侖這個名稱是逐漸往西推進的。地域的名稱隨着時代而轉移，因此昆侖由六盤山一帶逐漸轉移到後來的甘肅以至新疆（見論文［07］），而夏族最初的西界應該在甘肅東部。

---

①《爾雅注疏·釋地》,《十三經注疏》, 第2616頁。

②（清）顧祖禹:《讀史方輿紀要·陝西三》, 第2625頁。

③《隋書·裴矩傳》, 第1578頁。

四、夏族地域之東界

涿鹿、阪泉爲黄帝時代之北界，同時亦爲東界。在文獻中還有其他有關夏族東界之記載。

（一）海、丸山、岱宗

《五帝本紀》謂黄帝“東至于海，登丸山，及岱宗”[①]，故黄帝時期之東界爲海、丸山、岱宗等。

1．海

《五帝本紀》謂黄帝“東至于海”，通常將“海”理解爲渤海或黄海，但“海”還有其他含義。《夏本紀》謂禹“東漸于海，西被于流沙，朔、南暨：聲教訖于四海。”[②]《五帝德》則説禹“據四海，平九州……四海之内，舟車所至，莫不賓服”[③]。又《爾雅》：“九夷、八狄、七戎、六蠻，謂之四海。”郝懿行疏：“《詩·蓼蕭》正義引孫炎曰：‘海之言晦，晦闇於禮義也。’《初學記》‘謂之四海’下言‘皆近於海也’，似引《爾雅》舊注之文，與諸家義異也。”[④]故所謂四海之海並非大海，當指四方邊緣之蠻荒地帶（在［04］中有詳細的討論）。

因此黄帝“東至于海”，此海可能指濟水以東的蠻荒之地。

2．丸山、岱宗

《正義》謂岱宗即泰山，在兖州境，而丸山即凡山，又謂丸音桓，

① 《史記·五帝本紀》，第6頁。
② 《史記·夏本紀》，第77頁。
③ （清）王聘珍：《大戴禮記解詁·五帝德》，第125頁。
④ （清）郝懿行：《爾雅義疏·釋地》，《郝懿行集》，第3387頁。

並引《括地志》謂“丸山即丹山，在青州臨朐縣界朱虛故縣西北二十里，丹水出焉”。[①]《讀史方輿紀要》以爲岱宗是東泰山而丸山爲丹山：“沂山，（臨朐）縣南百五十里。志所謂東泰山也，亦曰東鎮。……丹山，在縣東北三十里。一名丸山，《封禪書》所云‘黄帝封東泰山禪丸山’者也。《大事記》：‘軒轅征不道，東至海，登丸山。’或訛爲凡山，俗謂之丹山。”[②]

（二）蟠木、嵎夷

1．蟠木

《五帝本紀》謂顓頊“東至于蟠木”[③]，《五帝德》亦謂顓頊“東至于蟠木”[④]。

《五帝德》所謂之顓頊時代的東界爲蟠木。錢大昕説：“予謂蟠木者，扶木也。《吕覽·爲欲篇》：‘西至三危，東至扶木。’又《求人篇》：‘禹東至榑木之地’。……榑與扶通，扶木即扶桑。古音扶如酺，聲轉爲蟠也。《漢書·天文志》‘奢爲扶’，鄭氏云：‘扶當爲蟠。’”[⑤]《説文》：“叒，日初出東方湯谷所登榑桑，叒木也。”段玉裁謂當改爲：“叒木，榑桑也。日初出東方湯谷所登也。”段玉裁注又引《海外東經》曰：“湯谷上有扶桑。”[⑥]榑木即扶桑，而扶桑當即桑林。

扶桑不是具體地名，神話中往往指海上，但桑林則有具體所指，

---

① 《史記·五帝本紀》，第6頁。

② （清）顧祖禹：《讀史方輿紀要·山東六》，第1643頁。

③ 《史記·五帝本紀》，第11頁。

④ （清）王聘珍：《大戴禮記解詁·五帝德》，第120頁。

⑤ （清）錢大昕：《廿二史考異》卷一，上海：上海古籍出版社，2004年，第1—2頁。

⑥ （漢）許慎撰，（清）段玉裁注：《説文解字注》，第272頁。

《尸子》:“湯之救旱也,……禱於桑林之野。”[①] 湯起於衛,在今山東觀城縣,則桑林當在觀城一帶(今山東莘縣西南之觀城鎮)。《禮記·樂記》“桑間濮上之音。” 孔疏:“濮水之上,桑林之間。”[②] 因此蟠木當在今河南范縣與山東莘縣一帶。

2. 嵎夷、暘谷

《堯典》謂堯“分命羲仲,宅嵎夷,曰暘谷”。[③]《五帝本紀》則謂堯“分命羲仲,居郁夷,曰暘谷”,《索隱》:“舊本作‘湯谷’。”[④] 郁夷當即嵎夷。

所謂“宅嵎夷,曰暘谷”,其義是説宅於嵎夷中之暘谷,嵎夷(或郁夷)是大地名,暘谷(或湯谷)是小地名。

嵎夷似乎即《國語》防風氏“守封、嵎之山”[⑤] 的嵎山,其地亦在衛。但嵎夷或許地段更廣,無從考證其全境。

《淮南子·天文訓》:“日出于暘谷,浴于咸池,拂于扶桑。”同書《墬形訓》有扶木,高注:“扶木,扶桑也,在湯谷之南。”[⑥] 則暘谷與蟠木仍是一處,當即今山東西部與河南相鄰之處。

(三)泰遠

《爾雅·釋地》:“東至於泰遠。” 郝疏以爲即《大戴禮·千乘篇》之大遠,是地名。[⑦] 我以爲當即太原,而這個地域正是古代濟水經流之

---

① (清)汪繼培輯:《尸子》卷下,《二十二子》,第 376 頁。
② 《禮記正義·樂記》,《十三經注疏》,第 1528 頁。
③ 《尚書正義·堯典》,《十三經注疏》,第 119 頁。
④ 《史記·五帝本紀》,第 16 頁。
⑤ 徐元誥:《國語集解·魯語下》,第 203 頁。
⑥ 《淮南子》,《諸子集成》第七册,第 44、57 頁。
⑦ (清)郝懿行:《爾雅義疏·釋地》,《郝懿行集》,第 3386 頁。

地。因此《爾雅》的話可以換成“東至於濟水”，即今山東省西部之地。

把諸書綜合起來，則夏族東界當在今河北之東部以及今山東與河南之交界一帶，亦即河南東部與今山東之西部，並非大海。

五、夏族之四境與太原

（一）太原與夏族的地域

更有一件奇異的史迹，即是上文所説的夏族地域之四境，古代竟都稱之爲太原。《大戴禮·千乘篇》：“東辟之民曰夷，精以僥，至于大遠……南辟之民曰蠻，信以樸，至于大遠……西辟之民曰戎……至于大遠……北辟之民曰狄……至于大遠。”① 東、西、南、北四辟皆“至于大遠”。《爾雅·釋地》有“東至於泰遠”②，郝懿行疏：“泰遠者，《大戴禮·千乘篇》……皆云至於大遠。此之泰遠，則東極地名也。”③ 則大遠爲地名，我以爲大遠即太原。如從史迹上推求，則古代確是四面都有太原。

先討論一下原字。太原之原本當作邍。《周官·大司徒》“辨其山林川澤丘陵墳衍原隰之名物。”鄭注：“下平曰衍，高平曰原。”《釋文》：“原，本又作邍。”孫詒讓疏：“邍、原，古今字。經例用古字，當作‘邍’，注例用今字，當作‘原’。”④《説文》：“高平曰邍。”段注：“凡陸自陵阿皆高地，其可種穀給食之處皆曰原，是之謂高平曰原

① （清）王聘珍：《大戴禮記解詁·千乘》，第 162 頁。

② 《爾雅注疏·釋地》，《十三經注疏》，第 2616 頁。

③ （清）郝懿行：《爾雅義疏·釋地》，《郝懿行集》，第 3386 頁。

④ （清）孫詒讓：《周禮正義·地官·大司徒》，第 689 頁。

也。”[①] 所以原爲人類生活之高平地域。

原其實爲泉之本字，《説文》有：“厵，水本也……原，篆文，从泉。”段注：“後人以原代高平曰邍之邍，而别製源字爲本原之原。積非成是久矣。”[②] 故太原本當作太邍。邍又與遠兩字形近致訛，因而太原又稱爲太遠。

1．東面的太原

東面的太原即《爾雅》之泰遠、《大戴禮》之大遠，亦即《尚書》之東原。

《禹貢》徐州“東原厎平”[③]，《史記·夏本紀》“東原厎平”，《集解》引鄭玄曰：“東原，地名，今東平郡即東原。”《正義》：“廣平曰原。徐州在東，故曰東原。”[④] 或以東原在徐州之西，何以稱東爲疑。蔡沈説：“東原在徐之西北，而謂之東者，以在濟東故也。”[⑤] 此解釋極爲牽强，我以爲當是古人爲别於北方之太原而呼爲東太原，簡稱東原。

東原之地域不可考。但東原當包括漢代之東平國與平原郡，故大致北起安陵（今爲河北省吴橋縣），南迄任城、亢父等縣（今爲山東濟寧縣），而西達聊城、東武城。依《史記·平原君列傳》，東武城是平原君封邑，今爲山東武城縣。[⑥] 故東面之太原當是一個地域，不是一個小地名，而這個地域正是古代濟水流域。因此《爾雅》“東至於泰遠”的話可以換成“東至於濟水”。

① （漢）許慎撰，（清）段玉裁注：《説文解字注》，第 75 頁。
② （漢）許慎撰，（清）段玉裁注：《説文解字注》，第 569 頁。
③ （清）孫星衍：《尚書今古文注疏·禹貢》，第 154 頁。
④ 《史記·夏本紀》，第 57 頁。
⑤ （清）胡渭：《禹貢錐指》，第 124 頁。
⑥ 《史記·平原君虞卿列傳》，第 2365 頁。

2．北面的太原

北面在今日還有一個現存的太原，這個太原在清代是太原府，在漢代是太原郡。太原府只是太原郡之一角，如漢太原郡之葰人（即繁峙）、原平、廣武在清代屬於代州，汾陽屬於忻州，上艾屬於平定州。所以漢太原郡爲雁門山、長城之近緣。漢代的太原郡還衹是古太原之一角。

漢太原郡之西爲西河郡，還有定襄、雲中、五原郡，秦時爲上郡、雲中、九原郡。九原亦當是古太原的一部分。《史記・趙世家》："（武靈王）攘地北至燕、代，西至雲中、九原。"[①]《史記・匈奴列傳・正義》謂雲中在榆林東[②]，則九原當在榆林附近，亦與長城綫址相平行。

故古代北面之太原當在今晉、陝北部沿長城一帶。《秦本紀》莊襄王三年"攻趙榆次、新城（今原平、朔縣之間）、狼孟（今陽曲），取三十七城。……初置太原郡"，《正義》："上黨以北皆太原地，即上三十七城也。"[③]

3. 西面的太原

西面有太原。《詩・六月》"薄伐玁狁，至于大原"，由於詩中又有"玁狁匪茹……侵鎬及方，至于涇陽。"故顧炎武説："古之言大原者多矣，若此詩則必先求涇陽所在，而後大原可得而明也。"又説："《漢書・地理志》安定郡有涇陽縣……《後漢書・靈帝紀》注：'涇陽縣屬安定，在原州。'《郡縣志》：'原州平凉縣，本漢涇陽縣地。'"因而顧炎武最後説："然則大原當即今之平凉，而後魏立爲原州，亦是取古大原之名爾。"[④]

---

① 《史記・趙世家》，第 1811 頁。
② 《史記・匈奴列傳》注，第 2892 頁。
③ 《史記・秦本紀》，第 219—220 頁。
④ （清）顧炎武著，（清）黄汝成集釋：《日知録集釋・大原》，長沙：岳麓書社，1994 年，第 94 頁。

又《後漢書・西羌傳》:“至穆王時，戎狄不貢，王乃西征犬戎……王遂遷戎於太原。夷王衰弱，荒服不朝，乃命虢公帥六師伐太原之戎，至於俞泉，獲馬千匹。厲王無道，戎狄寇掠，乃入犬丘，殺秦仲之族。”① 所有這些戎都與秦仲爲敵，皆指陝甘之戎，爲西戎，故太原必在西方，亦即西面之太原。胡渭《禹貢錐指》以爲太原在今固原縣，② 陳奂《毛詩傳疏》以爲在今鎮原縣。③

總之在六盤山地帶古代也是太原。

4. 南面的太原

南面的太原。據《國語・周語》:“宣王既喪南國之師，乃料民於大原。”韋昭注:“南國，江漢之間也，故《詩》云:‘滔滔江漢，南國之紀。’”④ 則太原當在江漢之間，前人誤以爲山西之太原，不知北太原非周地。正如《日知録》説的，春秋晋平公以前，“若霍太山以北大都皆狄地”⑤，故宣王料民之太原亦當於江漢之間求之。

（二）太原與中原

以上是四面都有太原之證，然則何以都稱太原呢？我以爲是由中原的名稱演繹出來的。

古人以太爲遠。夏族自西向東發展，西近東遠，因此常以西稱少而東稱太。如少華、太華；少室、太室；又陝西之吴山稱岳，山西之霍山稱太岳。又濟西稱少昊、濟東稱太昊。都是以太爲遠之證。

---

①《後漢書・西羌傳》，第 2871 頁。
②（清）胡渭:《禹貢錐指》卷二，第 35 頁。
③（清）陳奂:《詩毛氏傳疏・小雅・六月》卷十七，北京：北京市中國書店，1984 年，第 19 頁。
④ 徐元誥:《國語集解・周語上》，第 23—24 頁。
⑤（清）顧炎武著，（清）黄汝成集釋:《日知録集釋・晋國》，第 1110 頁。

太原即遠原，這站在中原的角度説的。蓋夏族有一段時期是居在高平之原，因之所居之地都稱原。其可考者如漢時的五原郡，據《郡縣志》："五原，謂龍游原、乞地千原、青領原、可嵐貞原、横槽原也。"[①]《地理志》謂五原郡下轄"九原""五原"等縣。[②]大概太原之中有許許多多的原，中原人以其距離遠，因通稱之爲太原。

（三）結論

書傳所載上古"中國"之四境爲夏族勢力所及的範圍，即蠻夷戎狄的位置，亦即所謂的四海。《五帝德》謂禹"據四海、平九州……四海之内，舟車所至，莫不賓服"[③]，故堯舜時期"中國"的四境亦即蠻夷戎狄之地域。從今地考釋出來諸界點與彩陶傳播的區域相印證，二者基本一致，可信其爲夏族真實地域。夏族之勢力範圍在歷史中是有變化的。

《王制》："自恒山至於南河，千里而近；自南河至於江，千里而近；自江至於衡山，千里而遥。自東河至於東海，千里而遥；自東河至於西河，千里而近；自西河至於流沙，千里而遥。……凡四海之内，斷長補短，方三千里。"[④]這就是對夏族勢力範圍之描述，但没有説明有關之年代。

漢元帝時賈捐之在召對中説："武丁、成王，殷、周之大仁也，然地東不過江、黄，西不過氐、羌，南不過蠻荆，北不過朔方。"[⑤]則殷周之際，自北至南即由恒山至於江，約二千里；自東至西則由東河至於流沙，亦約二千里。故殷周之際"中國"之地域爲方二千里（即大约四

① （唐）李吉甫：《元和郡縣圖志·關内道四》，第 99 頁。
② 《漢書·地理志下》，第 1619 頁。
③ （清）王聘珍：《大戴禮記解詁·五帝德》，第 125 頁。
④ 《禮記正義·王制》，《十三經注疏》，第 1347 頁。
⑤ 《漢書·賈捐之傳》，第 2831 頁。

百萬平方里）。

至戰國時期，疆域變化比較顯著。南方從江擴充至衡山，由長江至於衡山，千里而遥。東方從東河擴充至東海，所謂東河當指河水下游，所謂東海當指山東半島之東部，則《王制》説“自東河至於東海，千里而遥”。故戰國時期，往南擴充千里，往東擴充千里，則戰國時期，自北至南、自東至西，均約三千里。由此看来，《王制》所謂方三千里，當爲戰國時期之地域。

無論方二千里或方三千里，地域均近方形。《帝王世紀》：“諸子言神農王天下，地東西九十萬里，南北八十五萬里。”因此在上古时代，“中國”之東西距離與南北距離相差不大。《帝王世紀》又謂夏禹時：“四海之内，則東西二萬八千里，南北二萬六千里。”[①] 東西與南北也相差不大，則《帝王世紀》所説當戰國之前的情况。

秦漢以後，南界由衡山擴充至南海，自衡山至於南海，千里而遥，因此四境當成爲東西三千里，南北四千里，地域非正方了。

① 徐宗元輯：《帝王世紀輯存》，第 121、119 頁。

[補注] 考古文化與夏族的東界

《史記·夏本紀》“堣夷既略”,《索隱》:“孔安國云:‘東表之地稱堣夷。’按:《今文尚書》及《帝命驗》並作‘禺鐵’,在遼西。鐵,古‘夷’字也。”① 堣、嵎爲古今字。今文尚書有嵎夷在遼西之説,而隋唐以後以日本爲扶桑,則對嵎夷、扶桑的解釋也逐步向東轉移,猶如昆侖逐步向西轉移。但最初的嵎夷、扶桑當在河南、山東交界一帶。

幾十年來,在許多地方都發現了“前仰韶文化”,其中最著名的是黄河中游的裴李崗遺址,因而稱之爲裴李崗文化。在河南境内的裴李崗文化遺址當然不止裴李崗一處,據統計,到 2009 年底,河南境内發現的裴李崗文化遺址共計 169 處,其中經過試掘和發掘的遺址 30 處。這些裴李崗文化遺址主要集中分布在黄河以南、伏牛山以北、賈魯河以西的地區,共 133 處。特别集中的地方是三門峽、洛陽、鄭州、許昌、平頂山、漯河等六個地區。“嵩山周圍縣市境内爲多。其中登封 5 處、新密 14 處、新鄭 9 處、鄭州 8 處、滎陽 8 處、汝州 10 處、鞏義 9 處、偃師 6 處,以上 8 縣市共 69 處。”② 平均每個縣市有八九處。

河南其他各地的裴李崗文化遺址,在豫北總共只有 15 處(濟源市區、安陽縣、輝縣各 2 處,安陽市區、濮陽市區、林州、湯陰、淇縣、浚縣、沁陽、孟州、博愛各 1 處)。在豫南,也只有 15 處(上蔡、正陽各 3 處,駐馬店市區、新蔡各 1 處,信陽市區、潢川各 2 處,南陽市區、方城、鄧州各 1 處)。在賈魯河以

---

① 《史記·夏本紀》,第 55 頁。

② 楊肇清:《裴李崗文化聚落再研究——從莪溝北崗、賈湖、唐户遺址談起》,中國社會科學院考古研究所,鄭州市文物考古研究院編:《中國聚落考古的理論與實踐(第一輯)——紀念新砦遺址發掘 30 周年學術研討會論文集》,北京:科學出版社,2010 年,第 376 頁。

東則只有 6 處（杞縣、商水各 2 處，項城、太康各 1 處，商丘市及所轄縣區內則至今未發現裴李崗文化遺址）。

從這些考古發掘的結果來看，裴李崗文化没有越過今河南省的東部。因此上古時代夏族的東界可能還没有到達今山東。

［07］古代西部地理之若干考釋

中國西部的歷史地理很複雜，有一些地名極不確定，如河源、南海等。還有如昆侖、流沙、弱水、黑水等，這一些地名往往在下列五個地域中重複出現：一爲今甘肅東部（在漢代爲安定郡、天水郡）；一爲今甘肅、青海一帶（在漢代爲隴西郡、金城郡）；一爲今甘肅中部祁連山一帶（在漢代爲武威郡、張掖郡）；一爲今甘肅西部（在漢代爲酒泉郡、敦煌郡），還有一個爲青海與玉門關外的新疆地區。這五個地域覆蓋了甘肅省以及相鄰之青海、新疆地區。

這些地域與夏族之西部邊界有關。當夏族勢力向西推進時，同一個地名往往由安定、天水，轉移到金城、張掖，最後轉移到酒泉、敦煌以至敦煌塞外，但這種轉移並不表示夏族（或漢族）與異族的界綫往西推進。實際上儘管漢代曾在許多地方設置了郡縣，但那些地方基本上還屬於異族。雖然地名不斷轉移，但夏族並没有能够往西擴展，即使擴展了，但不久就退了回來，因而幾千年來夏族的西界並没有太大的變化。

實際上夏族最初自秦隴一帶出發，向東擴展到黄河中下游，以至東海之濱。當夏族控制了中原地區以後，北方的異族即不斷南下，於是夏族轉而往南擴張。迫使南方異族更往南撤退，其中一部分最後到了我國的西南以及相鄰的東南亞地區。由於夏族向南擴張，於是不少地名也隨之自北往南轉移了（見論文［08］）。

一、昆　侖

昆侖爲中國經傳中常見，是一個很重要的地點。但是昆侖究竟在何處，却没有定論。現在我們考察有關昆侖的各種記載。

（一）安定、天水之昆侖

最初，昆侖在六盤山、大隴山一帶。如《逸周書·伊尹四方令》："正西崐崘、狗國、鬼親、枳已、闟耳、貫胸、雕題、離丘、漆齒。"孔晁注："九者，西戎之别名也。"[①]則昆侖不過是西戎的别名之一。在各種别名中，闟耳、貫胸、雕題、離丘、漆齒等都是以身體部分的毀損爲裝飾的習俗，如《王制》："南方曰蠻，雕題交趾。"鄭注："雕文，謂刻其肌以丹青涅之。"孔疏："題，謂額也。"[②]

闟耳、貫胸等部族分布於西方何處，難以考證。有人認爲"鬼、親、枳、已"爲四個國家，但也没有充分的證據。

狗國與鬼親當爲商代西方之異族，《後漢書·西羌傳》："后桀之亂，畎夷入居邠岐之閒，成湯既興，伐而攘之。及殷室中衰……至于武丁，征西戎、鬼方，三年乃克（李賢注：《易》曰：'高宗伐鬼方。'）。故其《詩》曰：'自彼氐羌，莫敢不來王。'及武乙暴虐，犬戎寇邊，周古公踰梁山而避于岐下。及子季歷，遂伐西落鬼戎。"[③]所謂畎夷、鬼方、犬戎、西落鬼戎當即"狗國"與"鬼親"。因此《逸周書·伊尹四方令》所說的西戎，其地域爲"邠、岐之閒"及"梁山、岐下"。

① 黄懷信、張懋鎔、田旭東：《逸周書彙校集注·王會解》，上海：上海古籍出版社，1995年，第976頁。

② 《禮記正義·王制》，《十三經注疏》，第1338頁。

③ 《後漢書·西羌傳》，第2870頁。

既然如此，則西戎別名之一的“昆侖”，亦當在秦隴地區一帶。

又《逸周書・伊尹四方令》還説到“正北空同”[①]，在討論夏族的西界時，已經説明空桐當在固原一帶（見論文［06］）。既然四方令説空桐在北，昆侖在西，則在夏商之際，昆侖在固原之南，因此昆侖可能就是六盤山或大隴山，位於漢代安定郡與天水郡的範圍。

（二）隴西、金城之昆侖

《禹貢》：“織皮昆侖、析支、渠搜，西戎即敘。”馬融注：“崐侖在臨羌西。”鄭玄注：“別有昆侖之山，非河所出者也。”[②]臨羌即今青海西寧之西的湟源，漢代屬金城郡。《地理志》金城郡臨羌，班固自注：“有弱水、昆侖山祠。”[③]故《禹貢》之昆侖在湟水上游，今湟源一帶。此處離黃河源還遠，故鄭玄謂昆侖非河所出者。

（三）酒泉、敦煌之昆侖

《晋書・張軌傳》謂晋穆帝永和時，酒泉太守馬岌上言：“酒泉南山，即昆侖之體也。周穆王見西王母，樂而忘歸，即謂此山。”[④]《括地志》云：“崑崙山在肅州酒泉縣南八十里。”[⑤]又《地理志》敦煌郡廣至，班固自注：“宜禾都尉治昆侖障。”[⑥]廣至在今甘肅安西。

故漢代之昆侖在祁連山，位於漢代之國境。

---

① 黄懷信、張懋鎔、田旭東：《逸周書彙校集注・王會解》，第980頁。

② （清）孫星衍：《尚書今古文注疏・禹貢中》，第180頁。

③《漢書・地理志》，第1611頁。

④《晋書・張軌列傳》，第2240頁。

⑤（唐）李泰等：《括地志輯校》，第225頁。

⑥《漢書・地理志下》，第1614頁。

（四）玉門關外之昆侖

古人以爲黄河源出敦煌塞外之于窴，《史記·大宛列傳》："于窴之西，則水皆西流，注西海；其東水東流，注鹽澤。鹽澤潛行地下，其南則河源出焉。多玉石，河注中國。"① 又説："漢使窮河源，河源出于窴，其山多玉石，采來，天子案古圖書，名河所出山曰崑崙云。"② 這個新疆的昆侖只是漢武帝所指擬者，並非真實地名。但漢代之昆侖已經移至敦煌塞外。故《説文》："河水，出敦煌塞外昆侖山。"段注："按于闐，今之和闐也。"③

古代"中國"之西界在昆侖，如《逸周書·伊尹四方令》謂"正西崑崙"。今日中國的西界依然可以説是昆侖，但昆侖這個名稱所指的地點則是逐漸向西推進的。關於上古時期昆侖之所在有許多争論，可以從這個角度加以回答。

二、流沙與弱水

（一）流沙

文獻中多處講到流沙，從晋陝、隴東經河西走廊至西域龜兹、鄯善、吐谷渾，多處被指爲流沙。

1. 新疆東南部之流沙

《周書》："鄯善，古樓蘭國也。東去長安五千里。……地多沙鹵，少

① 《史記·大宛列傳》，第 3160 頁。
② 《史記·大宛列傳》，第 3173 頁。
③ （漢）許慎撰，（清）段玉裁注：《説文解字注》，第 516 頁。

水草。北即白龍堆路。……西北有流沙數百里，夏日有熱風，爲行旅之患。風之欲至，唯老駞知之，即鳴而聚立，埋其口鼻於沙中。”[①]此流沙當指今庫姆塔格沙漠，位於敦煌與羅布泊之間。故《晋書》:“（張駿）使其將楊宣率衆越流沙，伐龜兹、鄯善，於是西域並降。”[②]又:“（吕）光乃進及流沙，三百餘里無水，將士失色。……進兵至焉耆，其王泥流率其旁國請降。龜兹王帛純距光。”[③]所説之流沙實際是指庫姆塔格沙漠。

流沙實即沙漠，與水無關。《楚辭》王逸注；“流沙，沙流如水也。”洪興祖補注引張揖云:“流沙，沙與水流行也。”[④]王逸的意思很清楚，既然説沙流如水，當然流沙是沙，不過流動如水。王逸的説法是正確的。張揖却講到水，謂沙與水一起流行爲流沙，是不正確的。在流沙，非但没有水流行，實際上乾旱缺水，故《周書》謂鄯善“地多沙鹵，少水草”，而《晋書》謂“三百餘里無水”。

《山海經·海内東經》:“國在流沙中者，埻端、璽㬇，在崑崙虚東南……國在流沙外者，大夏、豎沙、居繇、月支之國。西胡、白玉山，在大夏東。蒼梧在白玉山西南，皆在流沙西、崑崙虚東南。崑崙山在西胡西，皆在西北。”郭璞注：“《地理志》崑崙山在臨羌西，又有西王母祠也。”郝懿行箋疏:“詳此經所説，蓋《海内西經》注所云：海外復有崑崙者也。郭引《地理志》，復以海内崑崙説之，似非。”[⑤]其中提到的一些流沙，當指今新疆之沙漠。

2．敦煌之流沙

敦煌亦有流沙，《隋書·地理志》敦煌，“有神沙山，三危山，有流

①《周書·異域列傳下》，第915—916頁。

②《晋書·張軌列傳》，第2237頁。

③《晋書·吕光載記》，第3054頁。

④（宋）洪興祖:《楚辭補注·離騷經》，北京：中華書局，1983年，第44—45頁。

⑤（清）郝懿行:《山海經箋疏·海内東經》，第93頁。

沙。”[①]《元和郡縣圖志》:“鳴沙山，一名神沙山，在縣南七里。今按其山積沙爲之……人登之即鳴，隨足頹落，經宿風吹，輒復如舊。”故周武帝曾改敦煌爲鳴沙縣[②]，則敦煌亦當有沙漠稱爲流沙。

3．張掖之流沙

通常都説流沙在張掖。《五帝本紀》謂帝颛顼時“西至于流沙”[③]，《地理志》張掖郡居延，班固自注：“居延澤在東北，古文以爲流沙”。[④]《元和郡縣圖志》甘州張掖縣，“居延海，在縣東北一百六十里。即居延澤，古文以爲流沙者，風吹流行，故曰流沙”[⑤]。

實際上在張掖以北，土地沙化，沿額濟納河北上，基本上是一個沙漠地區。所謂居延海或居延澤已縮小爲西居延海（嘎順諾爾）與東居延海（蘇古諾爾）了。

4．長城與流沙

《淮南子·人閒訓》説：“（秦皇）使蒙公（恬）、楊翁子將，築脩（長）城，西屬流沙，北擊遼水，東結朝鮮。”[⑥]則流沙在長城之西端。考秦時蒙恬所築之長城西端僅達高闕。《史記·秦始皇本紀》:“始皇乃使將軍蒙恬發兵三十萬人北擊胡，略取河南地。……西北斥逐匈奴。自榆中並河以東，屬之陰山，以爲四十四縣，城河上爲塞。又使蒙恬渡河取高闕、陽山、北假中，築亭障以逐戎人。”《正義》:“高闕，山名，在五原北。兩山相對若闕。”《索隱》:“高闕，山名；北假，地名。

① 《隋書·地理志上》，第 816 頁。
② （唐）李吉甫:《元和郡縣圖志·隴右道下》，第 1026 頁。
③ 《史記·五帝本紀》，第 11 頁。
④ 《漢書·地理志》，第 1613 頁。
⑤ （唐）李吉甫:《元和郡縣圖志·隴右道下》，第 1022 頁。
⑥ 《淮南子·人閒訓》，《諸子集成》，第 322 頁。

近五原。”[①]

這段話應分爲五件事：①北擊胡，略取河南地（即河套）；②西北斥逐匈奴（匈奴也有地在河套，是補及上句）；③自榆中（即今甘肅榆中縣）並河以東屬之陰山，以爲四十四縣；④城河上爲塞；⑤渡河取高闕、陽山、北假中，築亭障。

前人把第③與第④混爲一談，乃說秦時長城起自榆中，其實蒙恬所築長城只有河上（即河套）一段，即所謂“城河上爲塞”。自河套以東只是把舊日趙國所築長城加以修整，而高闕一帶，似乎還只是築亭障，所以蒙恬所築長城西端可以説起於高闕，不會更遠。

但《正義》謂高闕在五原北，是不對的。《史記·匈奴列傳》：“（趙武靈王）築長城，自代並陰山下，至高闕爲塞。”《正義》：“《地理志》云朔方臨戎縣北有連山，險於長城，其山中斷，兩峰俱峻，土俗名爲高闕也。”[②] 此謂高闕在臨戎縣北，並非五原北。漢代臨戎縣屬朔方郡，不在五原郡，故高闕當位於河套西端北河之北。

《淮南子》謂長城西屬流沙，而高闕既在河套西端，則流沙當指磴口一帶之沙漠。

5．秦晋北部之流沙

秦晋北部亦有流沙。《國語》：“（齊桓公）西征，攘白狄之地，至於西河，方舟設泭，乘桴濟河，至於石枕，懸車束馬，逾大行與辟耳之溪拘夏，西服流沙、西吴。南城周，反胙於絳。嶽濱諸侯莫不來服。”韋昭注：“流沙、西吴，雍州之地。”[③] 類似的話在許多地方都有記載，

① 《史記·秦始皇本紀》，第252—254頁。
② 《史記·匈奴列傳》，第2885—2886頁。
③ 徐元誥：《國語集解·齊語》，第233—235頁。

大同小異，但此處最爲詳細。《齊太公世家》："於是桓公稱曰：'寡人南伐至召陵，望熊山；北伐山戎、離枝、孤竹；西伐大夏，涉流沙，束馬懸車登太行，至卑耳山而還。'"《正義》："大夏，并州晉陽是也。"① 《封禪書》也有類似記載，《索隱》："（卑耳）在河東大陽。"② 故齊桓公所涉之流沙必定在秦晉範圍。

（二）弱水

1．西域之弱水

《大宛列傳》："安息長老傳聞條枝有弱水、西王母，而未嘗見。"《索隱》："《魏略》云：'弱水在大秦西。'《玄中記》云：'天下之弱者，有崑崙之弱水，鴻毛不能載也。'"《正義》："先儒多引《大荒西經》云，弱水云有二源，俱出女國北……南流會於女國東……深丈餘，闊六十步，非毛舟不可濟，南流入海。"③ 故所謂弱水指"天下之弱者……鴻毛不能載也"。

弱水同流沙一樣，位於不同之地點。凡水流極爲弱小，所謂鴻毛不能載，即得謂之弱水。揚雄《甘泉賦》"梁弱水之濎濙兮"，顏師古注："濎濙，小水之貌。"④

以下是幾條比較著名的弱水。

2．張掖之弱水

《説文》："溺水，自張掖删丹至酒泉合黎，餘波入于流沙。从水弱

① 《史記·齊太公世家》，第1491頁。
② 《史記·封禪書》，第1361頁。
③ 《史記·大宛列傳》，第3163—3164頁。
④ 《漢書·揚雄傳上》，第3531、3532頁。

聲。”[①] 又《説文》：“岉，岉山也（岉山即今張掖之雞山）。或曰溺水之所出。从山几聲。”段注：“溺，各本作弱，誤，今正。”[②] 段玉裁指出，張掖之“弱水”爲誤字，本當爲“溺水”。但溺字去掉水旁就是弱，故《説文》之溺水實即弱水，不得謂之誤字。

《禹貢》：“導弱水，至于合黎，餘波入于流沙。”孔傳：“合黎，水名，在流沙東。”[③]《史記》：“弱水至於合黎，餘波入于流沙。”《正義》：“《括地志》云：‘蘭門山，一名合黎，一名窮石山，在甘州刪丹縣西南七十里。《淮南子》云弱水源出窮石山’。……今按：合黎水出臨松縣臨松山東，而北流歷張掖故城下……又北流經合黎山，折而北流，經流沙磧之西入居延海，行千五百里。合黎山，張掖縣西北二百里也。”[④] 此解釋最爲合理。合黎亦在張掖，流沙即指沿弱水北上至居延澤一帶之沙漠地區。

但《漢書·地理志》：“道弱水，至于合藜，餘波入于流沙”，顔師古注：“合藜山在酒泉。流沙在敦煌西。”[⑤] 則合藜爲山名。又《漢書·地理志》張掖郡刪丹縣，班固自注：“桑欽以爲道弱水自此，西至酒泉合黎。”[⑥] 那麽弱水當從张掖刪丹（今山丹縣）往西至酒泉合黎，甚至再往西到敦煌以西，但對弱水的這種解釋與實際情況不符。

3．甘肅南部之弱水

《地理志》除張掖郡刪丹之弱水外，還有金城郡臨羌，班固自注：

① （漢）許慎撰，（清）段玉裁注：《説文解字注》，第 520—521 頁。
② （漢）許慎撰，（清）段玉裁注：《説文解字注》，第 438 頁。
③ 《尚書正義·禹貢》，《十三經注疏》，第 151 頁。
④ 《史記·夏本紀》，第 69—70 頁。
⑤ 《漢書·地理志上》注，第 1534 頁。
⑥ 《漢書·地理志下》，第 1613 頁。

“有弱水、昆侖山祠。”[①]“(魏)正始元年……焉耆、危須諸國，弱水以南，鮮卑名王，皆遣使來獻。”[②]

又《隋書·地理志》同昌郡，常芬(今甘肅迭部)“有弱水”。[③]此又一弱水。乞伏熾磐“使征西孔子討吐谷渾覓地于弱水南，大破之。覓地率衆六千降于熾磐，署爲弱水護軍。”《校勘記》云：“各本‘孔子’作‘他子’。”[④]當即此弱水。

4. 陰山、狼山一帶之弱水

《魏書》：“蠕蠕，東胡之苗裔也。”[⑤]其後阿那瓌受北魏册封，爲蠕蠕主。北魏孝莊帝初，詔曰：“蠕蠕主阿那瓌鎮衛北藩，禦侮朔表，遂使陰山息警，弱水無塵，刊跡狼山，銘功瀚海。”[⑥]故弱水當位於陰山、狼山一帶。北魏攻蠕蠕時，“世祖沿弱水西行，至涿邪山”。[⑦]涿邪山可能在今蒙古南部。

《晋書》：“(苻)堅既平凉州，又遣……苻洛爲北討大都督，率幽州兵十萬討代王涉翼犍。又遣……率步騎二十萬東出和龍，西出上郡，與洛會於涉翼犍庭。翼犍戰敗，遁於弱水。苻洛逐之，勢窘迫，退還陰山。”[⑧]《魏書》：“帝自長川(今内蒙古興和西北)詔……薛繁率高車丁零十二部大人衆北略，至弱水，降者二千餘人，獲牛馬二萬餘頭。”[⑨]

因此弱水與流沙類似，除北方地區外，東自秦隴地區，西至玉门關

---

①《漢書·地理志上》，第1611頁。
②《晋書·宣帝紀》，第13頁。
③《隋書·地理志上》，第821頁。
④《晋書·乞伏熾磐載記》，第3125頁。
⑤《魏書·蠕蠕列傳》，第2289頁。
⑥《魏書·蠕蠕列傳》，第2303頁。
⑦《魏書·崔浩列傳》，第818頁。
⑧《晋書·苻堅載記上》，第2898頁。
⑨《魏書·太宗紀》，第58頁。

外，多處有關於弱水的記載。弱水也與沙漠有關，因此亦隨着夏族的往西發展而逐步西移。

（三）夏族之西界

文獻中一直以流沙爲夏族之西界，如《大戴禮·五帝德》謂顓頊“乘龍而至四海，北至於幽陵，南至于交趾，西濟于流沙，東至于蟠木”。王聘珍引《王制》曰：“自西河至於流沙，千里而遥。”[①]《夏本紀》謂禹“東漸于海，西被于流沙。”[②]故《周書》：“雖禹迹之東漸西被，不過海及流沙；《王制》之自南徂北，裁稱穴居交趾。”[③]一直到《魏書》還謂“西自流沙，東極滄海”[④]。《梁書》：“自桐柏以北，孤竹以南，碣石之前，流沙之後，延頸舉踵，交臂屈膝。”[⑤]則夏族之東界爲海，而西界則一致認爲是流沙。

作爲夏族西界之流沙，究竟是哪一個流沙呢？《王制》：“自西河至於流沙，千里而遥。”[⑥]距西河千里的只能是西部黄河或六盤山一帶，自西河至於張掖幾乎兩千里，作爲西界之流沙就不可能在張掖，更不可能比張掖更遠。因此在上古時期，夏族之西界就在河套、寧夏走廊至岷江一綫。

三、河　　源

與河源有關之學説有三，即“河出崑崙”“導河積石”以及“賜支

① （清）王聘珍：《大戴禮記解詁·五帝德》，第120頁。
② 《史記·夏本紀》，第77頁。
③ 《周書·異域載記上》，第884頁。
④ 《魏書·匈奴劉聰列傳》，第2042頁。
⑤ 《梁書·元帝本紀》，第122頁。
⑥ 《禮記正義·王制》，《十三經注疏》，第1347頁。

河首”。

（一）有關河源之學説

1．河出昆侖

黄河源出昆侖山是很早就流行的説法，《爾雅·釋水》：“河出崐崘墟。”①《史記·大宛列傳》：“《禹本紀》言：‘河出崑崙’”②《説文》：“河，河水。出敦煌塞外崑崙山。”③《山海經》更有許多增飾：“海内崑崙之墟，在西北帝之下都。崑崙之墟方八百里，高萬仞。……赤水出東南隅……河水出東北隅……洋水、黑水出西北隅……弱水、青水出西南隅。”④

漢武帝肯定了河出昆侖的説法，《史記》：“漢使窮河源，河源出于窴，其山多玉石，采來，天子案古圖書，名河所出山曰崑崙云。”⑤漢武帝所肯定之昆侖山位於于窴（今和田），實爲離漢最遠之昆侖山。但漢武帝時，派出使節去西域各國，並未發現真正的黄河源，所以司馬遷説：“今自張騫使大夏之後也，窮河源，惡睹《本紀》所謂昆侖者乎？”⑥河出昆侖之説，完全出於不實之傳説，對河源的探索帶來極大的混亂。

（二）“導河積石”

1．河源在積石山

《禹貢》説：“導河積石，至于龍門。”《郡國志》説：“隴西郡河

①《爾雅注疏·釋水》，《十三經注疏》，第2620頁。
②《史記·大宛列傳》，第3179頁。
③（漢）許慎撰，（清）段玉裁注：《説文解字注》，第516頁。
④（清）郝懿行：《山海經箋疏·海内西經》，第85—86頁。
⑤《史記·大宛列傳》，第3173頁。
⑥《史記·大宛列傳》，第3179頁。

關，故屬金城。積石山在西南，河水出。”[①] 故“導河積石”的含義就是黄河源出積石山。

2. 治河起積石山

但是説積石山爲河源，無法令人信服。孔安國認爲“導河積石”是指禹從積石山開始治水，並非黄河發源於積石山，他説：“施功發於積石，至于龍門。”孔穎達疏：“河源不始於此，記其施工處耳。”[②]

胡渭在《禹貢錐指》中批评孔安國治水從積石開始之説：“渭按：導亦循行之謂，與導菏澤之導異。……及九州功畢……禹舟行從源至委，核其治否，故謂之導，非疏瀹決排之謂。先儒皆以導爲治。夫治河先積石，治江先岷山，有是理乎？”胡渭又説：“導者，循行之謂。先儒皆以爲施功，故其説多誤。洪水爲帝都切近之災，龍門未闢，而先從事於積石，舍近圖遠，無是理也。”[③] 胡渭之批评是有道理的，故“導河積石”並非表示禹從積石開始治水。但胡渭以爲“導河積石”表示禹從積石開始核查治水效果，也較爲牵强。

3. 河源在昆侖、潛行出積石

爲了調和昆侖與積石的矛盾，遂有潛行之説。《水經注》曰：“河出崑山，伏流地中萬三千里，禹導而通之，出積石山。”[④]《淮南子》：“河水出崑崙東北陬，貫渤海，入禹所導積石山。”高誘注：“河水自崑崙由地中行，禹導而通之，至積石山。《書》曰：導河積石。入猶出也。”[⑤] 段玉裁也説：“皆以爲潛行地下，南出於積石爲中國河云。”[⑥] 則昆侖爲

① 《後漢書·郡國五》，第 3516 頁。
② 《尚書正義·禹貢》，《十三經注疏》，第 151 頁。
③ （清）胡渭：《禹貢錐指》，第 387、409 頁。
④ （後魏）酈道元注，（清）楊守敬、熊會貞疏：《水經注疏·河水一》，第 3—4 頁。
⑤ 《淮南子·墬形訓》，《諸子集成》，第 57 頁。
⑥ （漢）許慎撰，（清）段玉裁注：《説文解字注》，第 516 頁。

整個河水之源頭，而積石山則爲“中國”河水之源頭，二者以潛行地下之水道相通。

潛水之説，流傳兩千多年，蓋由於學者惑於河出昆侖之説，其實“河出崑崙”原是《禹本紀》之“怪物”。事實是河水在積石山進入“中國”，故積石山是河水進入“中國”之始，並非河水的源頭。而且河水是“中國”之大水，即使在積石山，亦已是大水，故潛流之説無從談起。河水之真實源頭古代並未發現。

（三）“賜支河首”

賜支即析支，《水經注》謂不論河水源於積石山，抑或源於昆侖而重發於積石山，河水離開積石山之後，即進入析支之地：“河水屈而東北流，逕析支之地，是爲河曲矣。應劭曰：《禹貢》析支，屬雍州，……東去河關千餘里。”① 故賜支、河曲在今青海省之共和、貴德一帶（即今龍羊峽一帶）。賜支、河曲之東爲河關縣。西漢時河關屬金城郡，東漢時屬隴西郡。

《後漢書·西羌傳》講到河關西南的羌地所在：“濱於賜支，至乎河首，緜地千里。賜支者，《禹貢》所謂析支者也。南接蜀、漢徼外蠻夷，西北［接］鄯善、車師諸國。”②

東漢時，西羌迷唐在西北地區活動。其據點起初在“賜支河首”“賜支河曲”一帶，即在金城郡（郡治在今蘭州以西湟水上）、隴西郡（郡治在今臨洮）之界外。漢和帝永元十二年（100 年）迷唐叛，與校尉周鮪大戰：“明年，迷唐復還賜支河曲。……其秋，迷唐復將兵向塞，周鮪與金城太守侯霸，及諸郡兵、屬國湟中月氏諸胡、隴西牢姐羌，合三萬

① （後魏）酈道元注，（清）楊守敬、熊會貞疏：《水經注疏·河水二》，第 124—125 頁。
② 《後漢書·西羌傳》，第 2869 頁。

人，出塞至允川，與迷唐戰。……羌衆折傷，種人瓦解，降者六千餘口，分徙漢陽、安定、隴西。迷唐遂弱，其種衆不滿千人，遠踰賜支河首，依發羌居。”① 戰敗後迷唐退至河首以西，而降羌安置於河曲以東之隴西、漢陽（郡治在今天水以西）、安定等郡。

在漢代出現了所謂的賜支河首，表示人們對黄河源頭的探求有了巨大的進展，不像西域的昆侖山衹有神話的意義。

（四）“導河積石，至于龍門”之含義

《夏本紀》有“道九川”，即：

> 道九川，弱水至於合黎……道黑水，至于三危……道河積石，至于龍門……嶓冢道瀁，東流爲漢……汶山道江，東別爲沱……道沇水，東爲濟……道淮自桐柏……道渭自鳥鼠同穴……道雒自熊耳……東北入于河。②

《禹貢》也有類似内容，但“道”作“導”。

《説文》：“道，所行道也。”段注：“毛傳每云：‘行，道也。’道者，人所行，故亦謂之行。”又《説文》：“導，引也。”段注：“經傳多假道爲導，義本通也。”③ 按其本義，道爲通道，並無引導之義，故所謂“道九川”，乃描述九川之通道。

通常將“道九川”理解爲大禹治水之記録，其實並非如此。《禹貢》，孔安國傳：“禹制九州貢法。”④ 孫星衍疏：“古有税民之法及諸侯

① 《後漢書・西羌傳》，第 2884 頁。
② 《史記・夏本紀》，第 69—70 頁。
③ （漢）許慎撰，（清）段玉裁注：《説文解字注》，第 75、121—122 頁。
④ 《尚書正義・禹貢》，《十三經注疏》，第 146 頁。

貢法，堯時遭洪水，不能修其制，至禹始更作之。”① 因此《禹貢》主要是講貢賦之事，而有關之山水是作爲貢道來記載的，與夏禹治水没有多大關係。《禹貢》對全國水陸交通要道的描述，有重大的歷史價值，在論文［06］中已經有所説明。現在再來看其中“導河積石”的含義。

在九川中，有“導淮自桐柏”“導渭自鳥鼠同穴”“導洛自熊耳”，還有“嶓冢導漾”“岷山導江”，這一些當是説明河道的起點是桐柏、鳥鼠同穴、熊耳、嶓冢、岷山。至於“導弱水至于合黎”與“導黑水至于三危”，是説明通過弱水、黑水可以到達合黎、三危。至於“導河積石至于龍門”，則表示從積石通過河水可以到達龍門。没有河水發源於積石的意思。以往將其中的“導河積石”理解爲積石山爲河水之源頭，無論指整個河水還是“中國”河水，都是誤釋。

四、《禹貢》與黑水

（一）《禹貢》與黑水

1.《禹貢》與黑水

《禹貢》曾兩次提到黑水：“黑水西河惟雍州”，“華陽黑水惟梁州”②，那麽此黑水既是雍州之界河，又是梁州之界河，現在顯然没有這樣的水道。因此有人説，梁、雍二州各有一黑水，其實這樣的黑水也找不到。《禹貢》又説：“導黑水，至于三危，入于南海。”③ 作爲雍梁二州的州界，同時又在三危、又入于南海的黑水，更是找不到了。

---

①（清）孫星衍:《尚書今古文注疏・禹貢上》，第136頁。

②《尚書正義・禹貢》,《十三經注疏》，第150頁。

③《尚書正義・禹貢》,《十三經注疏》，第151頁。

爲了找到《禹貢》所説的黑水，學者到處搜索，如胡渭説："孔穎達援《水經》曰：黑山出張掖雞山，南流至燉煌，過三危山，南流入于南海。蓋交趾、二廣之海也。今輿地圖肅州有黑水，南流至積石幾及三百里，不與積石河通，此爲《禹貢》之黑水無疑。"① 其實《禹貢》之黑水顯然非此黑水。學者又提出黑水是張掖河、大通河、黨河、疏勒河、雅礱江、金沙江、瀾滄江等，也有認爲故道今已湮涸或改徙的，有斷定實無其水的。本文嘗試解決這個問題。

2．黑水

從《禹貢》來看，黑水應該是一條比較重要的水道。《淮南子》也説："何謂六水？曰河水、赤水、遼水、黑水、江水、淮水。"高誘注："黑水在雝州。"② 但是現在無法確定，黑水究竟是哪條水道。

實際上黑水很多，《水經注》有十餘條河流以黑水爲名，實際上在西北的各個水系中幾乎都有黑水，但大多是小水。不妨看若干例子：

（1）注入無定河之黑水

《水經注》："（黑）水出奢延縣黑澗，東南歷沙陵，注奢延水。""赫連龍昇七年。于是水（指奢延水）之北，黑水之南……改築大城，名曰統萬城。"③《讀史方輿紀要》榆林鎮，"黑水，在鎮西北。……一云黑水出朔方縣契吴山之麓。今城南有黑山，出黑水。與紅山之水合流爲大川河，繞鎮城又西流入於奢延水。"④ 奢延水亦曰朔方水，即無定河。

此黑水是小水，但因統萬城而著名。如《晋書》："發嶺北夷夏十萬人，于朔方水北、黑水之南營起都城。勃勃自言；'朕方統一天下，君臨

① （清）胡渭：《禹貢錐指》，第403頁。

② 《淮南子・墬形訓》，《諸子集成》，第56頁。

③ （後魏）酈道元注，（清）楊守敬、熊會貞疏：《水經注疏・河水三》，第259、258頁。

④ （清）顧祖禹：《讀史方輿紀要・陝西十》，第2930頁。

萬邦，可以統萬爲名’。……乃蒸土築城，錐入一寸，即殺作者而并築之。……以是器物莫不精麗。”[①] 不到二十年，北魏占領了統萬城，國滅。

（2）注入西部黄河之大黑水、小黑水

《讀史方輿紀要》平涼府固原州，“大黑水，在州北五十里，北流經寧夏境入黄河，又州北百二十里有小黑水流入焉。”又有“黑水苑堡”。[②]

（3）注入漢水之黑水

《水經注》:“漢水又東。黑水注之。水出北山，南流入漢。……諸葛亮《牋》云：朝發南鄭，暮宿黑水，四五十里，指謂是水也，道則百里也。”[③]《讀史方輿紀要》漢中府城固縣，“黑水，在縣西北百里。……或云褒水一名黑龍江，縣西北接褒城界，此即黑龍江矣”[④]。但褒水與黑水是完全不同的，褒水在褒城入漢水，但黑水在沔縣入漢水，完全不同。

蓋黑水與沮水俱爲漢水之源，二者至沔縣合爲沔水，再至漢中即稱爲漢水。

（4）注入岷江之黑水河

黑水河發源於松潘西北，經過今黑水縣西北，在茂州西北流入岷江。在黑水附近的黑水河南北兩側有大黑水司、小黑水司。

從上述情況來看，西北地區的黑水很多，但都不是重要的水道，而且也不可能是雍州、梁州的界河，也不可能流入南海。因此雖然有多條黑水，但至今無法對《禹貢》的黑水作出合理的解釋。

---

① 《晋書・赫連勃勃載記》，第 3205 頁。

② （清）顧祖禹：《讀史方輿紀要・陝西七》，第 2806 頁。

③ （後魏）酈道元注，（清）楊守敬、熊會貞疏：《水經注疏・沔水上》，第 2316 頁。

④ （清）顧祖禹：《讀史方輿紀要・陝西五》，第 2680 頁。

（二）白水與黑水

《隋書·地理志》同昌郡尚安（今甘肅舟曲）"有黑水"，鉗川（今四川南坪）"有白水"①。

1．白水及其支流

白水（今白龍江）是甘肅南部之主要水道，白水起源於西傾山，有黑水、洛和水、羌水與清水江等支流。白水東南流經葭萌附近，注入嘉陵江。《水經注》：

> 白水西北出于臨洮縣（今岷縣）西南西傾山……東南流與黑水合……白水又東逕洛和城南，洛和水……北注白水。……白水又東……又與羌水合，自下羌水又得其通稱矣。……白水又東南，逕白水縣故城東，即白水郡治也。……白水又東南，清水左注之。……白水又東南，逕吐費城南，即西晉壽之東北也。……西晉壽即蜀王弟葭萌所封，爲苴侯邑，故遂名城爲葭萌矣。劉備改曰漢壽……水有津關。"②

以下按次序説明其支流。

2．黑水與洛和水

黑水位於白水北側，洛和水位於南側。

在白水兩岸有南北兩座黑水城。爲了清楚，不妨稱之爲（北）黑水城與（南）黑水城。

①《隋書·地理志上》，第821頁。

②（後魏）酈道元注，（清）楊守敬、熊會貞疏：《水經注疏·漾水》，第1710—1719頁。

黑水發源於羌中，往南流經（北）黑水城西，入白水，《水經注》："（黑）水出羌中，西南逕黑水城西，又西南入白水。"[①]而洛和水起於和溪，往北流經（南）黑水城西，入白水，《水經注》："洛和水西南出和溪，東北流，逕南黑水城西，而北注白水。"[②]

因此，（北）黑水城位於白水北、黑水東，因此名爲黑水城，但（南）黑水城位於白水南、洛和水東，與黑水没有關係，爲何亦稱黑水城？熊會貞解釋説："上黑水城在白水北，此城在白水南，非黑水所逕。蓋以黑水入白水後，黑水得其通稱，故此亦名黑水城。"意思是，當黑水入白水以後，白水亦稱爲黑水，即所謂"黑水得其通稱"。因此在黑水入白水後，白水的一個河段亦以黑水爲名，因此有了（南）黑水城的命名。

水道名稱由於支流滙入而變化是常有的事。如沔水在沔縣注入漢水以後，漢水就稱爲漢水或沔水。因此《水經注》説："沔水又東南逕武當縣故城東。"[③]實際上在漢水入長江時往往也稱爲沔水，如"沔水與江合流"[④]。漢水在江夏沙羨縣北入江，"庾仲雍曰，夏口亦曰沔口矣"[⑤]。

其實當白水的另一條支流羌水注入白水以後，白水的一個河段就稱爲羌水："白水又與羌水合，自下羌水又得其通稱矣。……白水又東南，逕白水縣故城東，即白水郡治也。"[⑥]亦即羌水合於白水以後，白水的一個河段稱爲羌水。因此熊會貞認爲黑水合於白水以後，白水的一個河段同樣即稱爲黑水，情況與羌水類似。

值得注意的是，黑水不止是水道名稱，還是戰略要地。熊會貞説：

---

① （後魏）酈道元注，（清）楊守敬、熊會貞疏：《水經注疏·漾水》，第1710—1711頁。
② （後魏）酈道元注，（清）楊守敬、熊會貞疏：《水經注疏·漾水》，第1711頁。
③ （後魏）酈道元注，（清）楊守敬、熊會貞疏：《水經注疏·沔水中》，第2353頁。
④ （後魏）酈道元注，（清）楊守敬、熊會貞疏：《水經注疏·沔水下》，第2423頁。
⑤ （後魏）酈道元注，（清）楊守敬、熊會貞疏：《水經注疏·沔水中》，第2418頁。
⑥ （後魏）酈道元注，（清）楊守敬、熊會貞疏：《水經注疏·漾水》，第1714、1716頁。

“長安（武則天年號）二年，移尚安縣治黑水堡。《通鑒》唐貞元八年，山南西道節度使嚴震奏敗吐蕃於黑水堡。”① 尚安縣位於舟曲、南坪之間，黑水堡當在（南）、（北）黑水城附近。歷史上當地的藏、羌諸族一直有戰爭，當地還有羌的部族以黑水爲名：“《通鑒》宋元嘉二年，秦王熾磐遣將吉毗等，南擊黑水羌酋邱擔大破之。”② 又如《魏書》：“時莫折念生兄天生下隴東寇……賊衆甚盛，進屯黑水。詔延伯……與行臺蕭寶夤討之。……延伯選精兵數千，下渡黑水……大破之，俘斬十餘萬，追奔及於小隴。……延伯既破秦賊，乃與寶夤率衆會於安定，甲卒十二萬，鐵馬八千匹，軍威甚盛。”③ “寶夤初自黑水，終至平凉……關中保全，寶夤之力矣。”④

因此黑水是一個重要的水道與地域名稱。

3. 羌水與清江水

羌水，起源於臨洮（今岷縣）南，東南流經宕昌，於羌道（今舟曲）東南入白水。《水經》：“羌水出羌中參狼谷。”《水經注》：“彼俗謂之天池白水矣。……東南流逕宕昌城東，……羌水又東南流至橋頭，合白水，東南去白水縣故城九十里。”⑤ “自下羌水又得其通稱矣”即羌水注入白水後，白水之河段亦稱爲羌水。又《地理志》隴西郡羌道，“羌水出塞外，南至陰平入白水，過郡三，行六百里”。⑥

白水再東南流經今武都，至白水縣，有清水江（亦稱清水，今稱白水江）注之。清水，或稱清水江（今白水江），發源於今四川南坪，東南流經今

① （後魏）酈道元注，（清）楊守敬、熊會貞疏：《水經注疏・漾水》，第1710頁。
② （後魏）酈道元注，（清）楊守敬、熊會貞疏：《水經注疏・漾水》注，第1710頁。
③ 《魏書・崔延伯列傳》，第1637頁。
④ 《魏書・蕭寶夤列傳》，第1323頁。
⑤ （後魏）酈道元注，（清）楊守敬、熊會貞疏：《水經注疏・羌水》，第2712—2715頁。
⑥ 《漢書・地理志》，第1610頁。

文縣，再東南流，於今青川西北入白水。

因此，此處之黑水不過是白水的一個河段的名稱，猶如羌水是白水的一個河段的名稱。但白水是一條大水，此黑水與黑水城、黑水堡有關，因此“黑水”有了比黑水水道更爲重要的地位。

（三）“導黑水，至于三危，入于南海”

1．三危

三危最早見於《五帝本紀》，謂堯時：“三苗在江淮、荆州數爲亂。……遷三苗於三危，以變西戎。”《正義》引《括地志》云：“三危山有三峯，故曰三危……在沙州敦煌縣東南三十里。”[①] 則根據《括地志》，三危在敦煌。

《水經注》又說：“《山海經》曰：三危在燉煌南，與岷（嶓）山相接，山南帶黑水。”[②]則《山海經》也説三危在敦煌。但又説敦煌與岷山相接，則三危當在隴東。實際上《水經注》謂三危在鳥鼠山：“《山海經》曰：三危之山，三青鳥居之，是山也，廣圓百里，在鳥鼠山西，即《尚書》所謂竄三苗于三危也。”[③] 則三危在隴東鳥鼠山，即今渭源，帝堯將三苗從江淮、荊州遷於隴東渭源。

由於堯時夏族之西界在六盤山一帶，因此不可能將三苗遷於敦煌。如果堯將三苗遷於三危，則三危不可能在敦煌，除非敦煌也在隴東。還可以進一步來看。《五帝本紀》：“請流共工於幽陵，以變北狄；放驩兜於崇山，以變南蠻；遷三苗於三危，以變西戎。殛鯀於羽山，以變東

---

① 《史記・五帝本紀》，第28—29頁。

② （後魏）酈道元注，（清）楊守敬、熊會貞疏：《水經注疏・〈禹貢〉山水澤地所在》，第3360頁。

③ （後魏）酈道元注，（清）楊守敬、熊會貞疏：《水經注疏・江水一》，第2778頁。

夷。”[①]《正義》引《括地志》謂幽陵在檀州燕樂（今北京附近），《通典》謂崇山在湖南澧陽（今石門）[②]，而《讀史方輿紀要》謂崇山在今湖南溆浦[③]，《正義》引《括地志》謂三危在沙州敦煌，而羽山在山東臨沂縣界。

蠻夷戎狄的地域應位於四海。燕樂、澧陽（或溆浦）、臨沂均位於四海，但敦煌不是（敦煌當屬於四荒）。因此《山海經》謂三危位於隴東鳥鼠山，是合理的。從歷史來看，堯舜時期夏族的影響衹能到達隴東，到不了今之敦煌，故三危的位置衹能在隴東，不可能在敦煌。從各種記載來看，當時的敦煌當位於隴東。

2. 南海

何處爲南海？學者往往以爲是南部之海洋，如廣東、越南等國所面臨之海洋，甚至以泰國、緬甸等國所面臨之海洋爲南海。總之，以南部之大海爲“南海”。因此無法對黑水、三危以及“導黑水，至于三危，入于南海”作出正確的解釋。

樊綽的《蠻書》載蠻水入南海者有四：一爲西洱河與瀾滄江合；二爲麗水與瀰渃江合；三爲新豐川合勃弄諸水；四爲唐蒙所見盤江。樊綽認爲麗水爲黑水，一名樣，其上游出於西羌、吐蕃，經驃國（即緬甸）之東入海（按照這種説法，那麽《禹貢》的“南海”即指安達曼海或泰國海）。

如李元陽《黑水辯》曰：“黑水之源，固不可窮，而入南海之水則可數也。夫隴、蜀無入南海之水，唯今滇之瀾滄江、潞江（當即怒江），皆由吐蕃西北來……並入南海，豈所謂黑水者乎！然潞江西南趨，蜿蜒緬中，内外皆夷……唯闌滄足以當之。”[④]故李元陽以爲黑水就是湄公

① 《史記·五帝本紀》，第 28 頁。

② （唐）杜佑：《通典·州郡十三》，第 4883 頁。

③ （清）顧祖禹：《讀史方輿紀要·湖廣七》，第 3827 頁。

④ （清）胡渭：《禹貢錐指》，第 402 頁。

河上游之瀾滄江。

胡渭並不信從，他說：“説者多以蘭滄爲黑水，徒以東南至交趾入海，差近梁州之徼外耳。其實黑水下流之爲蘭滄，與東南至交趾入海，既非出於古記，又非得之目驗，憑虛測度，終難取信，何如闕疑之爲善乎！”“三危以南，未悉其形，即逢入南海之流，安知爲古之出張掖過三危者乎！幽荒之域，載籍無徵……雖復遣使，古今源流，無可參驗，亦何所得哉。”①

胡渭謂今之南海出於秦漢以後：“南海者，漲海也。秦置南海郡治番禺，其下縣揭陽，王莽改曰南海亭。蓋南海自此始。……東西相距六七千里，並稱漲海，即《禹貢》所謂南海者也。”②胡渭知漲海之南海起於秦漢以後，不知《禹貢》之南海與海洋毫無關係。以往對南海的解説都是不正確的。

《楚辭・天問》：“黑水玄趾，三危安在？”③胡渭説：“黑水今不可得詳。”④胡渭又説，“黑水，諸家遵孔傳謂出雍歷梁入南海，爲二州之西界。故其説穿鑿支離，不可得通”。⑤

以往幾乎一致認爲南海是與廣東以及東南亞相鄰之大海，但是那個海與甘、陝、四川不僅相隔遥遠，而且其間窮山惡水，交通閉塞。那個海怎麼會寫入《禹貢》呢？實際上中國古代能見到的海就是東海，所以有人認爲所謂南海也就是東海，如《禹貢》“導黑水，至于三危，入于南海”，《正義》解釋説：“南海即揚州東大海，岷江下至揚州東入海也。”這個解釋是講不通的，所以《正義》又補充説，“南海”一定是講

① （清）胡渭：《禹貢錐指》，第406頁。
② （清）胡渭：《禹貢錐指》，第406頁。
③ （宋）洪興祖：《楚辭補注・天問》，第96頁。
④ （清）胡渭：《禹貢錐指》，第301頁。
⑤ （清）胡渭：《禹貢錐指》，第261頁。

錯了，“古文故有疏略也。”①

中國古代所謂“四海”實際上是指夏族周圍的少數民族地區，並非指東西南北的四個海洋（見論文［04］）。

《地理志》曾對秦地作如下之描述：“巴、蜀、廣漢本南夷，秦并以爲郡。……及犍爲、牂柯、越巂，皆西南外夷，武帝初開置。……而武都近天水，俗頗類焉。故秦地天下三分之一，而人衆不過什三，然量其富居什六。”②《地理志》將四川各地分爲三種情況：第一種是武都郡、漢中郡，今四川北部，此處開發最早，只有少數氐羌雜居。武都近天水，則武都、漢中當與九州類似。第二種是巴郡、廣漢郡、蜀郡，今四川中部，《地理志》謂巴、蜀、廣漢“本南夷”，即表明當時已經不是南夷，則巴、蜀、廣漢已不屬於蠻夷戎狄，亦即屬於九州而不屬於四海（見論文［04］）。第三種是四川南部之犍爲、牂柯、越巂等，則皆西南外夷，在漢代纔開始置郡，那麼實際上還是“西南外夷”之社會，與巴、蜀、廣漢等郡有所不同。那麼它們可能都屬於四海，亦即屬於南海。南海并没有明確的界綫，因此《禹貢》所謂“南海”，是指今四川之南部，所謂“入于南海”即指進入四川南部，那麼嘉陵江、岷江都是“入于南海”的水道。以往之種種紛擾，於此當可冰釋。

從上面的討論中可以看到，《禹貢》“導黑水，至于三危，入于南海”的黑水，是黑水城附近的一個白水河段，從該處沿白水南下可以到達四川北部之三危。再從三危沿嘉陵江或岷江南下，即進入川南的蠻荒之地，亦即南海。此當即“導黑水，至于三危，入于南海”之準確含意。

① 《史記·夏本紀》，第 71 頁。

② 《漢書·地理志下》，第 1645—1646 頁。

（四）九州之邊界

現在考察《禹貢》對於九州邊界的刻畫。首先要説明以下兩點：第一，山脉或水道可以表示界綫，山峰或一個小河段也可以表示界綫；第二，九州之界是指兩個州之間的界綫，不考慮與四海（蠻夷戎狄）之間的界綫。

現在來看雍州與梁州的交界處。

《禹貢》對雍州的説明是“黑水、西河惟雍州”。首先，雍州的西、北兩邊都面臨蠻夷戎狄，不是州界，因此需要加以刻畫的爲雍州之東界與南界。雍州之東界（即雍州與冀州的界）爲西河，雍州的南界即雍州與梁州之界。前面説過，黑水是白水在舟曲、武都一帶之小河段，從位置來看，黑水（亦即通過黑水之東西綫）可以作爲雍州的南界。因此《禹貢》説“黑水、西河惟雍州”。

以往大家看到水道“西河”是雍州的東界，因此以爲水道“黑水”當爲雍州之西界。其實雍州的西界是與蠻夷戎狄爲鄰，不必考慮，要刻畫的州界是南界，而且也没有必要用一條水道充當南界，一個河段就够。以往由於大家尋找整條水道作爲州界，所以成了一個無法解答的難題。

《禹貢》對梁州的説明是“華陽、黑水惟梁州”。既然黑水可以作爲雍州的南界，當然黑水亦即梁州的北界。同樣，華陽（華山之陽）可以作爲梁州之東界。梁州的西邊與南邊是與蠻夷戎狄爲鄰，不必考慮。

以往對黑水一直找不到解答，特别是找不到一條“黑水”同時適用於雍州與梁州。因此衹好找兩條黑水來勉强解釋，如《正義》：“《括地志》云：‘黑水源出梁州城固縣西北太山’。”[①]而對“黑水西河惟雍州”，《索隱》云：“《地理志》益州滇池有黑水祠。鄭玄引《地説》云‘三危

①《史記·夏本紀》，第64頁。

山，黑水出其南。’《山海經》‘黑水出崑崙墟西北隅’也。”[①] 因此胡渭説：“梁州之黑水别是一川，非爲雍西界者也。”[②]

用河段作爲界綫是很合理的。山脉可以作爲邊界，山峰也同樣可以作爲邊界，如“岱”爲岱岳（即泰山），爲山峰。岱岳位於青州之西南角，可以用岱岳來確定青州之南界（東西綫）與西界（南北綫），至於東界、北界則是大海。因此《禹貢》有“海岱惟青州”。

岱岳位於徐州的西北角，故岱可以作爲徐州之北界（東西綫）及西界（南北綫）。徐州南界爲淮水，東界爲大海，故《禹貢》有“海岱及淮惟徐州”。

① 《史記·夏本紀》，第65頁。
② （清）胡渭：《禹貢錐指》，第301頁。

［08］五岳及其變遷

人類從遠古時期起就祭祀各種對象，其中包括高山大川，因此受到祭祀的“岳”很早就出現了，但是“四岳”則是在一定的社會條件下纔出現的。《堯典》“咨四岳”，孔傳：“四岳，即上羲和之四子，分掌四岳之諸侯，故稱焉。”① 因此所謂的岳本是上古宗社組織之首領，四岳有確定之地域與職責。對四岳之巡狩活動，就包括對四岳高山的祭祀。因此諸侯四岳的存在爲形成四岳祭祀之先决條件，從岳到四岳祭祀是一個很長的過程。

最初將全國劃分爲四岳，於是出現了對高山四岳的祭祀；後來將全國劃分爲九州，四岳就只保留爲祭祀中心的地位，不再與國家之區域劃分發生聯繫，失去了政治的重要性。在秦漢以後，四岳不再變化，逐步確定爲東岳泰山、南岳衡山、西岳華山、北岳恒山，再加上中岳嵩山，就成爲五岳。

五岳的出現表明夏族統一體之形成，而中岳則表明統一體中心之所在。因此遠古時代不會有五岳，胡渭說：“蓋自有宇宙便有此山，黄帝正名百物，蚤已定五嶽之稱。”② 此話没有根據。

---

①《尚書正義·堯典》,《十三經注疏》, 第 122 頁。

②（清）胡渭:《禹貢錐指》, 第 346 頁。

一、岱宗與南岳、北岳

（一）岱與岱宗

岱與岱宗都是指山東泰山，如《禹貢》“海岱惟青州”，《釋文》：“岱音代，泰山也。”[①] 又《舜典》“東巡守，至于岱宗”，孔傳：“岱宗，泰山，爲四岳所宗。”[②]

1. 岱

何謂岱？《説文》：“岱，大山也。从山，代聲。”段注：“大作太者，俗改也。域中最大之山，故曰大山，作太、作泰皆俗。……在今山東泰安府泰安縣北。”[③]《正字通》：“大、代音同，故借代加山。”[④] 則岱即大，故岱山即大山，而岱宗當即最大之山，“域中最大之山”，故爲各山所宗。而段玉裁以爲“泰”爲“岱”或“大”之俗寫，故泰山爲大山之俗寫。

有以岱爲取代告代之意。如《詩·崧高》“崧高維嶽”，孔穎達疏：“《風俗通》云：‘泰山，山之尊，一曰岱宗。岱，始也。宗，長也。’萬物之始，陰陽交代，故爲五岳長。王者受命，恒封禪之。”[⑤] 故《後漢書》李賢注：“太山，王者告代之處，爲五岳之宗，故曰岱宗。”[⑥] 告代之處亦必定爲大山或特大之山，許慎之説當有所本。

---

① 《尚書正義·禹貢》，《十三經注疏》第 147 頁。

② 《尚書正義·舜典》，《十三經注疏》，第 127 頁。

③ （漢）許慎撰，（清）段玉裁注：《説文解字注》，第 437 頁。

④ （明）張自烈、（清）廖文英編：《正字通》，第 293 頁。

⑤ 《毛詩正義·大雅·崧高》，《十三經注疏》，第 565 頁。

⑥ 《後漢書·孝安帝紀》，第 238 頁。

人類早就認識高山大川，對高山的膜拜必定出現於遠古。我認爲最早受到膜拜的山巒可能即“岱”，其中最高大者則爲“岱宗”。在高山中認定四岳必是後來之事，因此岱、岱宗與四岳未必有直接的關聯，岱與岱宗的觀念當早於四岳。

2. 岱與岱宗原在山西

《爾雅·釋山》：“河南，華；河西，嶽；河東，岱；河北，恒。江南，衡。”[①] 岱何以在河東？何謂河東？

河即黄河，黄河作爲秦晋界河之河段稱爲西河。故漢代之西河郡包括今山西河曲至石樓一帶的黄河兩岸地區，而河東郡包括今山西霍縣、臨汾、永濟、垣曲等地。《爾雅》之“河東”及“河西”即指西河之東及西河之西。如《六國年表》：“（魏）與秦河西地少梁。”[②] 少梁在今陝西韓城，在西河之西，故爲河西地。

黄河從潼關往東之河段稱爲南河，《禹貢》“逾于洛，至于南河”[③]。《爾雅》之“河南”及“河北”則指南河之南及南河之北。漢代河南郡包括今孟津、偃師、滎陽、鄭州等地。河南及河北的含義都很清楚。

此外尚有“河内”與“河外”。西河在秦晋之間南下，然後南河向東至鄭州，而古黄河轉而東北流，於天津附近入海，於是西河、南河與古黄河下游形成一個凹形，此凹形之内稱爲河内，而凹形之外則稱爲河外。因此“河東”“河北”在河内，而“河西”“河南”在河外。

如《左氏僖十五年傳》：“（晋）賂秦伯以河外列城五。”杜預注：“河外，河南也。”孔穎達疏謂“自華山而東盡虢之東界，其間有五城

① 《爾雅注疏·釋山》，《十三經注疏》，第 2617 頁。

② 《史記·六國年表》，第 729 頁。

③ 《尚書正義·禹貢》，《十三經注疏》，第 149 頁。

也”。[①]又如《張儀列傳》：“大王不事秦，秦下兵攻河外，據卷、衍、［燕］、酸棗。”《正義》：“河外即卷、衍、燕、酸棗。”又《正義》：“卷、衍屬鄭州；燕，滑州胙城縣；酸棗屬滑州：皆黄河南岸地。”[②]其中包括古黄河下游之東的部分地方。《趙世家》：“慶舍將東陽河外師，守河梁。”《正義》謂東陽“屬貝州，在河北岸也。”[③]貝州在今河北清河以及山東臨清一帶，因此東陽當在古黄河下游之東，亦在河外。

因此漢代河内郡包括今濟陽、沁陽、新鄉、安陽等地，而《孟子》：“河内凶，則移其民於河東。”[④]即從今豫北古黄河之西移民至晋南。因此《爾雅》謂 “河東，岱”，其中河東當指西河之東，亦即山西境内。故岱當爲今山西境内之山岳，不會指山東泰安之泰山。倘岱在今山東，則當云“河外，岱”，不當云“河東，岱”。

而且對於夏族來説，山東泰安僻在東隅，不可能成爲全國最重要的祭祀中心，因此在遠古時代，岱不會在今山東泰安（請參看論文［02］的［補注一］有關山東半島之海陸變遷的説明）。

文獻中還有“東河”的名稱，《爾雅·釋地》“兩河間曰冀州”，郭璞注：“自東河至西河。”邢昺疏：“（河水）至于大伾，折而北流……又北播爲九河，同爲逆河，入于海，謂之東河。”[⑤]邢昺疏又説：“（岱）在東河之東，一名岱宗，一名泰山。”[⑥]郭璞、邢昺均稱古黄河下游爲東河，但未見其他古籍中稱古黄河之下游爲“東河”，亦未見稱古黄河下游之東南側爲“河東”。

---

①《春秋左傳正義·僖十五年》，《十三經注疏》，第 1805 頁。

②《史記·張儀列傳》，第 2285—2286 頁。

③《史記·趙世家》，第 1831 頁。

④《孟子正義·梁惠王上》，《諸子集成》，第 31 頁。

⑤《爾雅注疏·釋地》，《十三經注疏》，第 2614 頁。

⑥《爾雅注疏·釋山》，《十三經注疏》，第 2617 頁。

《吕氏春秋·有始覽》:“兩河之間爲冀州，晉也。”高誘注:“東至清河，西至西河。”[①]則冀州兩側爲清河、西河，並非東河、西河，郭璞注與邢昺疏當與《爾雅》的本義不符。古籍中很少稱古黄河下游爲東河，更未見將古黄河下游相關之地域稱爲河西、河東。其原因可能是由於西河兩側已經稱爲河西、河東，不能再在“東河”兩側稱河西、河東。另一方面，古黄河下游是流向東北，故稱之爲“東河”並不恰當，而且古黄河下游河道歧出，《禹貢》所謂“九河既道”，故《漢書·溝洫志》載許商上書曰:“古記九河之名，有徒駭、胡蘇、鬲津，今見在成平、東光、鬲縣界中。自鬲津以北至徒駭，其間相去二百餘里。是知……徒駭是河之本道，東出分爲八枝也。……既知三河之處，則其餘六者……在東光之北，成平之南……在東光之南，鬲縣之北也。其河填塞，時有故道。”[②]因此九河歧出，相去二百餘里，往往分而復合，失去河道之基本形象，因此未見使用“河東”“河西”來稱呼與古黄河下游之相關地域。

至於清代有“東河總督”，亦稱“河東河道總督”，掌管山東、河南境内諸河，其中最重要的是黄河與運河。清代還有“南河總督”，亦稱“江南河道總督”，掌管江蘇、安徽境内之黄河、運河。這個“東河”亦非黄河河段之名稱，而“南河”也不是指河南省境内自潼關東流之黄河河段。

3．岱與恒山、霍山

在恒山周圍始終有地域其名稱爲代。周時恒山以西爲“代圍”之地，而恒山以東爲“代”地。又春秋時期代國在今河北蔚縣，戰國後

① 《吕氏春秋·有始覽》,《諸子集成》，第125頁。

② （清）胡渭:《禹貢錐指》，第68頁。

期恒山位於代郡，秦時恒山之東西兩側分别屬於雁門郡與代郡。《讀史方輿紀要》：蔚州代王城，“項羽徙封趙歇爲代王。歇遷趙，立陳餘爲代王。又漢高六年立兄喜爲代王，此其故城”[①]。唐代恒山南側爲代州。

代與岱或許同一語源。《説文》：“岱，大山也。”[②]山之最尊者可稱之爲岱宗。我們疑最初之岱宗當即今之恒山。今大同西尚有“岱岳鎮”（今山陰縣），故恒山在遠古時代可能稱爲岱岳。

由於霍山爲河東諸山之宗，因而霍山又可能稱爲岱，或稱爲岱宗。實際上霍山又有“霍太山”之稱，故霍山亦即太山或泰山。霍山在上古時代亦可能稱爲岱、岱宗或泰山。

因此恒山或霍山都可能曾稱爲岱、岱岳或泰山。傳説在泰山進行封禪者七十餘氏，“不可得而數者萬數”[③]，所謂之泰山實指恒、霍諸山。

（二）岳與太岳

1. 南岳與北岳

在上古時代，究竟會在何處對山川進行祭祀？顧祖禹曾描述山西之形勢爲：“東則太行爲之屏障，其西則大河爲之襟帶，於北則大漠、陰山爲之外蔽，而勾注、鴈門爲之内險……汾、澮縈流於右，漳、沁包絡於左。”[④]霍山（太岳山）位於山西南部，正是左爲汾、澮而右爲漳、沁；而恒山位於山西北部，正是勾注、雁門之所在。

山西之南部屬冀州而北部則屬并州《周禮・職方氏》：“河内曰冀

---

① （清）顧祖禹：《讀史方輿紀要・山西六》，第2044頁。

② （漢）許慎撰，（清）段玉裁注：《説文解字注》，第437頁。

③ （清）陳立：《白虎通疏證・封禪》，第280頁。

④ （清）顧祖禹：《讀史方輿紀要・山西方輿紀要序》，第1774頁。

州，其山鎮曰霍山。……正北曰并州，其山鎮曰恒山。”[①]《讀史方輿紀要》：“霍山，在平陽府霍州東南三十里。亦曰太岳，亦曰霍太山。”[②]故山西境内之山巒，最重要者有二，即霍山與恒山。因此從山川形勢看，遠古夏族之祭祀中心當爲南部之霍山與北部之恒山，此即當時中國最重要的祭祀所在。

由於中國當時之疆域所限，未必能有四岳。《爾雅》：“霍山爲南嶽，恒山爲北嶽”，此可能爲最早産生的岳。後來發展爲四岳、五岳時，這兩個名稱仍然不變，但加上東岳、西岳或再加上中岳，因此《爾雅》説：“泰山爲東嶽，華山爲西嶽，霍山爲南嶽，恒山爲北嶽，嵩高爲中嶽。”[③]《説文》也説：“嶽：東岱、南霍、西華、北恒、中大室。”[④]《尚書大傳》《白虎通》等也都説霍山是南岳，恒山爲北岳，與後世流行的説法不一致。後世的説法是衡山爲南岳，恒山爲北岳，比較合理。《爾雅》《説文》是不合理的，如果霍山是南岳，由於嵩高（或大室）在霍山南邊，就不可能是中岳。

因此，我們懷疑在産生四岳之前，有一個衹有南岳、北岳的兩岳時期。在兩岳時期，夏族之地域大體上衹有山西及其周圍地區。當夏族離開隴山地區，向東方的黄河中游地區擴張時，他們首先控制了陝西南部、山西南部、太行山東麓，以及黄河的兩岸的豫西以及豫北地區。因此山西南部成爲中心。山西在《禹貢》爲冀州，《淮南子》：“正中冀州曰中土。”高誘注：“冀，大也。四方之主，故曰中土也。”[⑤]《釋名》：“冀州……其地有險有易。帝王所都，亂則冀治，弱則冀彊，荒則冀豐

① 《周禮注疏・夏官・職方氏》，《十三經注疏》，第 863 頁。
② （清）顧祖禹：《讀史方輿紀要・山西一》，第 1785 頁。
③ 《爾雅注疏・釋山》，《十三經注疏》，第 2618 頁。
④ （漢）許慎撰，（清）段玉裁注：《説文解字注》，第 437 頁。
⑤ 《淮南子・墬形訓》，《諸子集成》，第 55 頁。

也。"[①] 冀州是所謂"中土"或"帝王所都"，爲黄帝時代之核心區域，也就是"中國"。既然山西之南部成爲中國古文明的中心，因此全國祭祀中心衹有南岳與北岳，就不奇怪了。

2. 岳與太岳

《爾雅·釋山》説："河西，嶽。"郭璞注："吴嶽。"[②]《周官·職方氏》："正西曰雍州，其山鎮曰嶽山。（王引之謂"山"字衍。）" 鄭玄注："嶽，吴嶽也。"[③]《地理志》亦説："正西曰雍州，其山曰嶽。"顔師古注曰："即吴嶽也。"[④] 故河西之山稱爲岳。

然《史記·封禪書》謂"自華以西，名山七，……曰華山，薄山（薄山者，衰山也），岳山，岐山，吴岳，鴻冢，瀆山。瀆山，蜀之汶山"[⑤]。其中有岳山，又有吴岳，二者如何區别?

《漢書·郊祀志》亦謂"自華以西，名山七"，其七山與《封禪書》相同，惟衰山作襄山，吴岳作吴山。則吴山又名吴岳。《地理志》班固自注又謂"吴山在西，古文以爲汧山"[⑥]。則吴山又名汧山（或岍山）。

《漢書·郊祀志》顔師古注謂岳山與吴岳不同："今志有岳，又有吴山，則吴岳非一山之名，但未詳岳之所在耳。"[⑦] 胡渭則認爲岳山與吴岳爲同一山："竊謂吴山《漢志》雖云在縣西，而岡巒綿亘，延及其南，與嶽山只是一山。自周尊岍山曰嶽山，俗又謂之吴山，或又合稱吴

① （東漢）劉熙撰，（清）畢沅疏證，（清）王先謙補：《釋名疏證補》，第 48 頁。

② 《爾雅注疏·釋山》，《十三經注疏》，第 2617 頁。

③ （清）孫詒讓：《周禮正義·夏官·職方氏》，北京：中華書局，1987 年，第 2668 頁。

④ 《漢書·地理志上》，第 1540 頁。

⑤ 《史記·封禪書》，第 1372 頁。

⑥ 《漢書·郊祀志上》，第 1206 頁；《漢書·地理志上》，第 1547 頁。

⑦ 《漢書·郊祀志上》，第 1207 頁。

嶽，《史記》遂析嶽山與吴嶽爲二山，而岍山之名遂隱。其實此二山者，《周禮》總謂之嶽山，《禹貢》總謂之岍山，當以《漢志》爲正。”孫詒讓：“胡説是也。”[①]

岳亦包括華山。薛綜《西京賦》“華嶽峩峩”注謂“華山爲西嶽”[②]。也就是説，雖然有許多混亂的名稱，但同稱爲岳，故岳當爲河西諸山之通稱。

何以河西諸山通稱爲岳？《説文》：“，（嶽）古文，象高形。”段注：“今字作岳，古文之變。”[③] 蓋岳之古文作，而當即丘形。（按《説文》，“四方高，中央下爲丘”[④]）蓋夏族起於河西，其時都是在山上巢丘而居，所以河西諸山都有岳之稱。故《周禮·大司樂》鄭玄注：“嶽在雍州。”[⑤]

其後夏族發展至河東，於是别稱河東之山爲太岳，太即遠，又即東面之意。在中國古代地理中，這種情況常見，如太昊、太室、太華，其中之“太”都是此意。（由於夏族在西，故東面爲遠。）故河西爲岳，則河東爲太岳。《禹貢》：“壺口雷首，至于太岳。”[⑥] 壺口、雷首、太岳爲三山，由黄河邊之壺口山，連接雷首山，最後到太岳山。《禹貢錐指》：“雷首山在今蒲州南。一名首陽山……又名中條山……《括地志》云：此山西起雷首，東至吴阪，長數百里，隨地異名。……迤邐而東，直接太行。……東盡於垣曲，王屋在焉。禹至此顧不東行，而北抵太岳。……太岳即霍山，又名霍太山，在平陽府霍州東三十里。”[⑦] 霍山稱爲太岳，

① （清）孫詒讓:《周禮正義·夏官下·職方氏》，第 2669 頁。

② （梁）蕭統編:《文選·西京賦》，上海：上海古籍出版社，1986 年，第 75 頁。

③ （漢）許慎撰，（清）段玉裁注:《説文解字注》，第 437 頁。

④ （漢）許慎撰，（清）段玉裁注:《説文解字注》，第 386 頁。

⑤《周禮注疏·春官·大司樂》，《十三經注疏》，第 791 頁。

⑥《尚書正義·禹貢》，《十三經注疏》，第 151 頁。

⑦ （清）胡渭:《禹貢錐指》，第 344—345 頁。

這是相對於河西之岳而言的，因此太岳也未必特指某山。

二、封泰山、禪會稽

（一）封禪之地點

《封禪書》記載管仲説："古者封泰山禪梁父者七十二家，而夷吾所記者十有二焉。"管仲所記的十二家，其中九家是無懷氏、伏羲、神農、炎帝、顓頊、帝嚳、堯、舜、湯都是"封泰山，禪云云"。唯有黄帝"封泰山，禪亭亭"，禹"封泰山，禪會稽"，而周成王"封泰山，禪社首"。[①]

以往對於封的地點没有置疑，一直就認爲在今山東之泰山，但禪的地點却不然。爲何十二家封的地方都在泰山，而禪的地方有云云、亭亭、會稽、社首之别？至於管仲説禪梁父者七十二家，那麽云云、亭亭、會稽、社首是否都在梁父？《白虎通》："梁甫者，泰山旁山名。正於梁甫何？以三皇禪於繹繹之山，明已成功而去，有德者居之。繹繹者，無窮之義也。五帝禪於亭亭之山。亭亭者，制度審諟，道德著明也。三王禪于梁甫之山。梁者，信也。甫者，輔也。信輔天地之道而行之也。"陳立引《風俗通·正失》云："繹繹者，無所指斥也。"又引《禮器》疏："繹繹，無窮之義。禪於有德者而居之，無窮已。"又引《廣雅·釋詁》："云云，遠也。"故陳立云："云云亦即取久遠之義。此之繹繹，或即《管子》之云云也。"[②]《説文通訓定聲》引《長門賦》注：亭亭，遠貌。魏文帝詩"亭亭如車蓋"注：迴遠無依之貌。[③]由此

① 《史記·封禪書》，第1361頁。
② （清）陳立：《白虎通疏證·封禪》，第280—281頁。
③ （清）朱駿聲編著：《説文通訓定聲》，第877頁。

可見，所謂繹繹、云云、亭亭，都是久遠之義。因而《封禪書》所謂歷代封禪之地，除"禪會稽"外，都是虛言，並非實指地名。所謂云云、亭亭，可能都不是地名。

《史記·封禪書》"古者，封泰山禪梁父者七十二家"，其實所謂之泰山當即指霍、恒諸山。蓋霍山稱太岳山，恒山稱太茂山，鮮山稱太行山（見論文［12］）。我們疑山西這些山，古代或許通稱之爲太山，即泰山。故遠古封禪之泰山非但不是指山東之泰山，而且也不是指山西之某山，而是指山西之群山。《韓詩外傳》云："孔子升泰山，觀易姓之王，可得而數者七十餘氏，不可得而數者萬數。"[①]亦可以群山解之。

（二）封泰山、禪會稽

《封禪書》說："禹封泰山，禪會稽。"《正義》引《括地志》云："會稽山……在越州會稽縣東南一十二里也。"[②]與"封泰山"顯然矛盾。泰山位於山東，會稽位於浙江，相距不止千里，何以進行封、禪之地相隔千里？本文將說明：古代所謂"封泰山，禪會稽"，其中泰山當指霍太山，而會稽當即塗山，在霍太山附近。

1．會稽又名塗山

《左氏哀七年傳》："禹合諸侯於塗山，執玉帛者萬國。"[③]鄭玄《皋陶謨》"州十有二師"注，引《左傳》此語，塗山作會稽。[④]而《國語》亦說："昔禹致羣神於會稽之山。"[⑤]故《水經注》："《春秋左傳·哀公七年》諸大夫對孟孫曰：禹會諸侯于塗山……仲尼曰：丘聞之，昔禹致

① （清）陳立：《白虎通疏證·封禪》，第280頁。
② 《史記·封禪書》，第1361、1362頁。
③ 《春秋左傳正義·哀七年》，《十三經注疏》，第2163頁。
④ （清）孫星衍：《尚書今古文注疏·皋陶謨下》，"禹朝群臣於會稽，執玉帛者萬國"，第117頁。
⑤ 徐元誥：《國語集解·魯語下》，第202頁。

羣神于會稽之山……又案劉向《説苑・辨物》，王肅之敍孔子廿二世孫孔猛所出先人書《家語》，竝出此事，故塗山有會稽之名。”①

2．會稽與浮山相距不遠

會稽在何處？據《淮南子・氾論訓》，“秦之時……丁壯丈夫，西至臨洮狄道，東至會稽浮石，南至豫章桂林，北至飛狐陽原，道路死人以溝量。”② 此處提到西方之地域爲臨洮、狄道；南方之地域爲豫章、桂林；北方之地域爲飛狐、陽原；東方之地域則爲會稽、浮石。

臨洮、狄道均在隴東，相距不遠。

飛狐、陽原相距不遠。陽原縣，按《地理志》在代郡，代郡又有廣昌縣。③《讀史方輿紀要》蔚州廣昌縣，“古飛狐口也，漢置廣昌縣，屬代郡。……隋仁壽初改曰飛狐縣”④。故飛狐、陽原均在代郡，相距不遠。

豫章、桂林也相距不遠。桂林之地域較爲確定，大體爲今廣西桂林，而豫章之地域極不確定，或謂江北，或謂江南。《地理志》“贛”，班固自注：“豫章水出西南，北入大江。”⑤ 豫章水源出大庾嶺，而豫章由此水得名，故《淮南子》之豫章當即大庾嶺一帶，並非鄱陽湖，更非淮南、江北之豫章。故此處之豫章與桂林相距不遠。

從臨洮、狄道，豫章、桂林，飛狐、陽原的情況來看，會稽、浮石亦當相距不遠。但歷史上未見浮石縣，唯《山海經》有浮石之山，浮石縣似即浮山縣。浮山縣在臨汾東南，《讀史方輿紀要》浮山縣有浮山，“相傳洪

① （後魏）酈道元注，（清）楊守敬、熊會貞疏：《水經注疏・淮水》，第 2533 頁。
② 《淮南子・氾論訓》，《諸子集成》，第 218—219 頁。
③ 《漢書・地理志》，第 1622 頁。
④ （清）顧祖禹：《讀史方輿紀要・山西六》，第 2048 頁。
⑤ 《漢書・地理志》，第 1593 頁。

水時此山隨時消長也，縣因以名。”[①] 浮石與浮山意義相仿，即洪水時，山石隨時消長，故稱浮石。浮石當即浮山。會稽當與浮山相距不遠。

3. 塗山在山西安澤以南

根據前邊的討論，塗山（即會稽）與浮山相距不遠。那麼塗山究竟在何處？

《説文》無塗字，有嵞字，“嵞，會稽山也……从屾、余聲。虞書曰：予娶嵞山。”段注：“嵞，塗古今字。……蓋大禹以前名嵞山，大禹以後則名會稽山，故許以今名釋古名也。”[②] 嵞字从屾。蓋自安澤（即岳陽縣）以南之山，中夾沁水，左右兩山綿亘。嵞似依地形爲義，故按文字學來看，嵞山當爲安澤以南之山。值得注意，此處正在浮山附近。

因此塗山（會稽）位於霍太山以南，古岳陽之地。蔣廷錫《尚書地理今釋》：“太岳一名霍太山……山周二百餘里，南接岳陽、趙城二縣。”[③] 霍山既稱太岳，故其南爲“岳陽”（今爲古縣）。《禹貢》有“既修太原，至于岳陽”。[④] 此岳陽並非湖南之岳陽。《讀史方輿紀要》平陽府霍州，“霍邑廢縣，今州治，《禹貢》岳陽地。”[⑤]

4. “禹封泰山，禪會稽”

泰山即太山或霍太山，會稽即塗山。塗山在霍太山南部不遠，書傳謂禹都安邑，又謂禹娶塗山，均在晉南，則“禹封泰山，禪會稽”是禹在山西境内進行的封禪。

那麼會稽究竟在山西還是在浙江？《夏本紀》：“帝禹東巡狩，至于會稽而崩。”又：“或言禹會諸侯江南，計功而崩，因葬焉，命曰會稽。

---

① （清）顧祖禹：《讀史方輿紀要・山西三》，第 1879 頁。

② （漢）許慎撰，（清）段玉裁注：《説文解字注》，第 441—442 頁。

③ （清）蔣廷錫：《尚書地理今釋・山》，《叢書集成初編》本，上海：商務印書館，1936 年，第 16 頁。

④ 《尚書正義・禹貢》，《十三經注疏》，第 146 頁。

⑤ （清）顧祖禹：《讀史方輿紀要・山西三》，第 1923 頁。

會稽者，會計也。”[①] 既然“因葬焉，命曰會稽”，非但不能説明會稽在江南，反而説明江南原來並無會稽，禹死之後纔以會稽命名。因此按《夏本紀》，在禹生前，會稽不在浙江。

因此書傳所謂“封泰山，禪會稽”，還有“東至會稽、浮石”，都表示會稽在泰山（霍太山）下、會稽在浮石（浮山）附近。可見秦漢以後還有人知道會稽舊地之所在，即禹之會稽在霍太山下岳陽之地，在安澤、浮山一帶。

三、四岳及其變遷

（一）四岳

1．堯舜時期之四岳

由於地域之拓展，出現了四岳，故書傳詳細記載了堯舜時期之全國巡狩與對四岳之祭祀，《舜典》説：

> 歲二月，東巡守，至于岱宗，柴。望秩于山川。肆覲東后（孔傳：遂見東方之國君），協時月正日，同律度量衡，修五禮。……五月南巡守，至于南岳，如岱禮。八月西巡守，至于西岳，如初。十有一月朔巡守，至于北岳，如西禮。[②]

巡狩爲重要的政治行動，“協時月正日，同律度量衡，修五禮”，是國家權力的顯示，不同於漢代之封禪。巡狩所至即爲四岳：岱宗、南岳、西岳、北岳。

《舜典》没有解釋四岳的具體位置，孔安國解釋説：“岱宗，泰

① 《史記·夏本紀》，第83、89頁。
② 《尚書正義·舜典》，《十三經注疏》，第127頁。

山，爲四岳所宗。”又說：“南岳，衡山。”“西岳，華山。”“北岳，恒山。”但孔安國並没有解釋泰山、衡山、華山、恒山的具體位置。

四岳的出現表明社會有了巨大的進步，其出現當有一個過程。夏族最初未必能够到達今山東之泰山，更未必能够到達今湖南之衡山。《水經注》：“丹水逕流兩縣（指順陽郡南鄉、丹水二縣）之間……《吕氏春秋》曰：堯有丹水之戰，以服南蠻。即此水也。又南合均水，謂之析口。”[①]因此堯舜時期所謂南蠻就在豫西。丹水位於今陝西東南部、河南西部與湖北西北部，如果這個地區還是南蠻的地域，夏族怎麽能够以湖南的衡山作爲南岳？

賈捐之召對中對漢元帝說：“武丁、成王，殷、周之大仁也，然地東不過江、黄，西不過氐、羌，南不過蠻荆，北不過朔方。”[②]何處爲蠻荆？吴起曾對魏武侯說：“昔三苗氏左洞庭，右彭蠡，德義不修，禹滅之。”[③]蠻荆在洞庭湖、鄱陽湖一帶。從這些情况來看，甚至到商周時代，夏族的地域未必包括湖南衡山。

由於“東不過江、黄”，江、黄在今河南東部，故夏族的地域也未必包括山東泰山。甚至他們是否能够牢固地控制嵩山，都很難說。夏族最初控制的地域大概是以山西南部爲中心的。因此僅從地域範圍來看，夏族最初不可能形成“四岳”的觀念，更不用說“五岳”。

2．四岳是邊區的標志

四岳本爲四個地方諸侯之稱，《堯典》“咨四岳”，孔安國傳：“四岳即上羲和之四子，分掌四岳之諸侯，故稱焉。”[④]所謂羲和之四子，指

① （後魏）酈道元注，（清）楊守敬、熊會貞疏：《水經注疏・丹水》，第1734頁。
② 《漢書・賈捐之傳》，第2831頁。
③ 《史記・孫子吴起列傳》，第2166頁。
④ 《尚書正義・堯典》，《十三經注疏》，第122頁。

羲仲、羲叔、和仲、和叔。此四人分駐全國東南西北四個地方，即四個社，此四地方即“中國”之四個邊區（見張肇麟《姓氏與宗社考證》的論文［13］）。因此四岳與巡狩有緊密的聯繫。四岳就是以山岳爲標志，反映了“中國”的四境。

岳最初往往並非指山峰而是指山脉。《秦始皇本紀》：“議封禪望祭山川之事。”①《封禪書》：“天子祭天下名山大川，五嶽視三公，四瀆視諸侯。”②大川尤爲明顯，整條河道皆可祭祀，並無一定地點。望祭名山，本不必指定山峰。《郊祀志》“望秩于山川”，顔師古注：“望，謂在遠者望而祭之。”③故各山川都可以有不同的祭祀地點。

如對恒山的祭祀，似乎在五代石晋以前，北岳廟本在山西渾源，石晋以後纔改至河北曲陽。《讀史方輿紀要》引志云：“石晉以山后諸州歸於契丹，中國乃於曲陽致祭。”④萬曆十四年（1586 年），巡撫胡來貢建議將北岳恒山神之祭祀改到渾源州，禮臣批駁説：“《大明集禮》載，漢、唐、宋北嶽之祭，皆在定州曲陽縣，與史俱合。渾源之稱北嶽，止見州志碑文，經傳無可考，仍祀曲陽是。”⑤清代後來改到渾源，《清史稿·地理志》：“順治末，改祀於山西渾源。”⑥以後北岳就專在山西省渾源進行祭祀。河北省曲陽似乎有更長遠的歷史背景，其實河北省曲陽與山西省渾源是相連的，二者都屬於恒山山脉。

又如四瀆江、淮、河、濟，其中江開始在四川之成都祭祀，以後改在江蘇之江都（即揚州）。《史記·封禪書》：“江水，祠蜀。”《正義》：

①《史記·秦始皇本紀》，第 242 頁。

②《史記·封禪書》，第 1357 頁。

③《漢書·郊祀志》，第 1191、1192 頁。

④（清）顧祖禹：《讀史方輿紀要·山西一》，第 1785 頁。

⑤《明史·禮志三》，第 1284—1285 頁。

⑥《清史稿·地理志一》，第 1923 頁。

“《括地志》云：‘江瀆祠在益州成都縣南八里，秦并天下，江水祠蜀。’”[①] 後宣帝改祠於江都，“江於江都”。[②] 故《索隱》：“蓋漢初祠之於源，後祠之於委也。”[③]

因此，山川祭祀地點的選擇，不一定合理。甚至山川的選擇就不一定合理，如唐高宗問：“天下洪流巨谷，不載祀典，濟甚細而在四瀆，何哉？”許敬宗對：“瀆之言獨也，不因餘水，獨能赴海者也。……濟潛流屢絕，狀雖微細，獨而尊也。”[④] 以獨能赴海來解釋瀆，没有多大道理。各個祭祀地點的確定都有其長期的歷史背景。

現在考察堯舜時期之四岳。

（二）北岳

1. 恒山

北岳爲恒山，史無異辭，然而恒山原是綿延於山西及河北北部的山脉，它南連太行，東接碣石。《禹貢》：“太行、恒山，至于碣石，入于海。”孔安國傳：“此二山連延東北，接碣石而入滄海。”[⑤]。

而且北岳原指河北上曲陽之恒山，《〈禹貢〉山水澤地所在》：“恒山爲北嶽，在中山上曲陽縣西北。”[⑥]《漢書・地理志》常山郡上曲陽，班固自注：“恒山北谷在西北……并州山。《禹貢》恒水所出，東入滱。”[⑦] 曲陽之恒山原指範圍廣闊之山脉，猶如太行山，並非一個山峰，上曲陽

① 《史記・封禪書》，第1372頁。
② 《漢書・郊祀志》，第1249頁。
③ 《史記・封禪書》，第1373—1374頁。
④ 《新唐書・許敬宗傳》，第6337頁。
⑤ 《尚書正義・禹貢》，《十三經注疏》，第151頁。
⑥ （後魏）酈道元注，（清）楊守敬、熊會貞疏：《水經注疏・〈禹貢〉山水澤地所在》，第3349頁。
⑦ 《漢書・地理志》，第1576頁。

之恒山不限於河北境内，它並綿亘於山西之北部，《讀史方輿紀要》：“恒山，亦曰常山，亦曰北岳……亘保定府以西及山西大同府東境。（《保定府志》：‘府境自唐縣以北接於易州，皆恒山也。’《山西渾源州志》：‘恒山在州南二十里，北接蔚州之境。’）……《括地志》：‘北嶽别名華陽臺，自上曲陽縣西北行四百五十里，得常山岌，號飛狐口，北則代郡也’。……沈括曰：‘北岳恒山一名大茂山，宋以大茂山脊與契丹分界’。……夫恒山挺峙於冀州之中，爲東西屏蔽，巖谷高深，道路阻險，出奇者所必由也。”①

通常所謂北岳恒山只是其中一個山巒與祭祀場所。從秦漢以來，恒山之祭祀場所可能起初爲今河北曲陽，至清代順治末以後，改爲山西渾源。

2．代、朔

大約以今之大同爲界，其東邊爲代，而西邊爲朔。代與朔代表了北方。《舜典》説“朔巡守，至于北岳”，似乎北岳當在朔方，即指陝北一帶諸山。

今山西北部除代州外還有朔州，而歷史上朔州曾包括應縣、山陰、河曲、偏關、准格爾、清水河、和林格爾、呼和浩特等地。清代設朔平府（治所在右玉），包括今山西右玉、左雲及内蒙古凉城等地。漢代朔方郡即在河套以南，唐代在靈武、銀川一帶設置朔方節度使。漢之朔方刺史轄地包括今陝西北部及相鄰之山西、内蒙古、甘肅地方，亦即漢之朔方、五原、雲中、定襄、西河、上郡、北地等郡，東接雁門、太原、代郡等。

朔方是大地名，漢武帝在鄂爾多斯置朔方郡。《地理志》：“至武帝

① （清）顧祖禹：《讀史方輿紀要·北直一》，第412—414頁。

攘却胡、越，開地斥境，南置交阯，北置朔方之州。”顔師古注：“分雍州置朔方刺史。”[①] 朔字本没有北的意義，前人因這朔方在北方纔引申爲北之稱，《水經注・河水篇》有奢延水“又謂之朔方水（即今無定河）矣”，其水源出奢延縣，經膚施，更東入河。[②] 賴此水保留一個朔方之名，并顯示朔方當在今長城之位置。

北岳當泛指陜、晋、冀北部諸山，實際上即“中國”之北部邊區。

（三）岱岳

1．黄帝時代

《五帝本紀》：“軒轅乃修德振兵……以與炎帝戰於阪泉之野。……黄帝乃徵師諸侯，與蚩尤戰於涿鹿之野，遂禽殺蚩尤。而諸侯咸尊軒轅爲天子。”《集解》謂阪泉在上谷。並引服虔曰：“涿鹿，山名，在涿郡。”又張晏曰：“涿鹿在上谷。”[③] 黄帝征戰之地正位於代郡之東側，因此《五帝本紀》所述黄帝之最主要的戰績就在於從代郡向東擴張，開拓了夏族的東界（關於這個問題見論文［05］）。因此夏族在黄帝之後纔可能控制山東之泰山，因此必定到五帝時期，岱岳的祭祀（很可能是國家最重要的祭祀）纔從山西代地轉移到山東泰安，岱的名稱亦隨之轉移到山東，而在山西只留下“岱岳鎮”這一點遺迹。

估計最初夏族地域之東部衹能到達涿鹿、阪泉一帶，夏族衹控制太行山東麓地區，未能到達今山東以及沿海地帶。霍山稱爲太岳山、太岳或岱宗，這些名稱都與四岳無關，但與東方有關。蓋太岳即指位於東方

① 《漢書・地理志》，第 1543 頁。

② （後魏）酈道元注，（清）楊守敬、熊會貞疏：《水經注疏・河水三》，第 257—263 頁。

③ 《史記・五帝本紀》，第 3、5 頁。

之岳，太岳即東方之岳，亦稱之爲岱宗。

2．顓頊時代

顓頊之後，夏族之地域在西方没有多大變化，但在東方有較大的擴張，如顓頊“都帝丘，今東郡濮陽是也”，而“顓頊冢在東郡濮陽頓丘城門外廣陽里中”。[①] 估計當時夏族已經控制山東半島西部。故堯時“分命羲仲，居郁夷，曰暘谷”。《正義》：“嵎夷，青州也。”[②]

當堯舜時代，山東之泰山成爲“中國”東部之大山，稱之爲岱宗，此名稱亦與四岳無關。故《舜典》説“南巡守，至于南岳”，“西巡守，至于西岳”，“朔巡守，至于北岳”，但是不説“東巡守，至于東岳”，而説“東巡守，至于岱宗”。那麼在進行巡狩之前，顯然已經有這個稱呼了，岱宗的名稱當是從山西轉移到山東來的。如果先有四岳，何以不講東岳而講岱岳？同樣，朔亦當是四岳之前産生的。

3．西泰山

《韓非子》記載師曠對晋平公説：“昔者黄帝合鬼神於西泰山之上。”王先慎注：“舊本無西字，《論衡》、《藝文類聚》、《御覽》七十九、……泰山上有西字，今據補。又《御覽》五百七十九及《事類賦》引作西山，無泰字，脱也。有小泰山稱東泰山，故泰山爲西泰山，淺人妄删西字耳。”[③] 現在山東有東泰山，是很小的山，有人把它與泰山相提並論，以爲西泰山即泰山。這兩座山相差縣殊，是不能以東、西相稱的。

實際上西泰山可能是指霍太山。當山東之泰山取代了霍太山之後，由於山東之泰山與霍太山都有泰山之稱，故將山東之泰山稱爲東泰山，

① 《史記·五帝本紀》，第 12、13 頁。
② 《史記·五帝本紀》，第 16、17 頁。
③ 《韓非子集解·十過》，《諸子集成》，第 44 頁。

而將霍太山稱爲西泰山，二者以東、西相區别。

（四）南岳

1. “南岳霍山”

《周禮·大宗伯》鄭玄注：“五嶽，東曰岱宗、南曰衡山、西曰華山、北曰恒山、中曰嵩高山。”[①] 這是現在流行的説法，其中南岳是衡山。但是《爾雅》:“泰山爲東嶽，華山爲西嶽，霍山爲南嶽，恒山爲北嶽，嵩高爲中嶽。”[②]《説文》:“嶽，東岱、南靃、西華、北恒、中大室。王者之所巳巡狩所至。”[③]《爾雅》《説文》都以霍山爲南岳。

刚纔解釋過，南岳衡山的説法不符合堯舜時期的現實情況，但是南岳霍山的説法也不通。因爲霍山在山西，而嵩高山在河南。霍山在北而嵩高山在南，怎麼可能嵩高山是中岳而霍山爲南岳呢?

段玉裁解釋説：“南霍者，衡山也。在今湖南衡州府衡山縣西北。《風俗通》曰：‘衡山，一名霍山。’”[④] 那麼《説文》所謂“南霍”實際上就是“南衡”,《風俗通》説：“南方衡山，一名霍山，霍者，萬物盛長，垂枝布葉，霍然而大。”[⑤] 那麼衡山之所以又名霍山，是由於“霍”字的字義，因此衡山又名霍山衹是文字變换。

事實未必如此。山西霍山可能本稱南岳，後來夏族向南方擴張，南岳也隨之南移，但仍然稱之爲霍山。因此在河南、安徽都出現了“霍山”。實際上安徽的天柱山稱爲“南岳霍山”，所在地域稱霍山縣。何時

① 《周禮注疏·大宗伯》,《十三經注疏》，第 758 頁。
② 《爾雅注疏·釋山》,《十三經注疏》，第 2618 頁。
③ （漢）許慎撰，（清）段玉裁注:《説文解字注》，第 437 頁。
④ （漢）許慎撰，（清）段玉裁注:《説文解字注》，第 437 頁。
⑤ （漢）應劭:《風俗通義校注·山澤》，北京：中華書局，2010 年，第 447 頁。

改天柱山爲霍山?《封禪書》説可能是漢武帝時:“其明年冬，上巡南郡，至江陵而東。登禮灊之天柱山，號曰南岳。”[①] 但《讀史方輿紀要》廬州府霍山縣霍山:“縣南五里，本名天柱山，亦曰南岳山……《水經注》:‘梁立霍州，治灊之天柱山。’隋開皇九年（589 年），詔定衡山爲南岳，而廢霍山爲名山。《唐六典》:‘江南道名山之一曰霍山。’”[②] 故安徽之天柱山改稱霍山，而且南北朝時曾經將天柱山一帶連帶稱爲霍州。究竟何時將天柱山改爲“南岳霍山”，不得而知。

河南亦有霍山。《左氏哀四年傳》:“（楚）襲梁及霍。”杜注：梁南有霍陽山。[③]《水經注》:“汝水之右，有霍陽聚……東合霍陽山水……杜預曰：河南梁縣有霍山者也。”疏引《一統志》云:“霍山在州西南六十里，一名霍陽山。”[④] 所以河南之霍山（霍陽山）在今河南汝州（臨汝）西南六十里，當在外方山北麓。

2. “南岳衡山”

什麼時候出現衡山，不得而知，但河南也有衡山。《地理志》“南陽郡雉縣”，班固自注:“衡山，澧水所出，東……入汝。”[⑤]《水經注》:“汝水又東，得醴水口，水出南陽雉縣，亦云，導源雉衡山，即《山海經》云衡山也。郭景純以爲南岳，非也。馬融《廣城頌》曰：面據衡陰，指謂是山，在雉縣界，故世謂之雉衡山。”[⑥] 因此河南之衡山在雉縣（今南召縣），故稱爲雉衡山，即雉縣之衡山。

《山海經・中山經・中次十一經》:“又東四十五里曰衡山。”畢沅

---

① 《史記・封禪書》，第 1400 頁。
② （清）顧祖禹:《讀史方輿紀要・南直八》，第 1296 頁。
③ 《春秋左傳正義・哀四年》,《十三經注疏》，第 2158 頁。
④ （後魏）酈道元注，（清）楊守敬、熊會貞疏:《水經注疏・汝水》，第 1747 頁。
⑤ 《漢書・地理志上》，第 1564 頁。
⑥ （後魏）酈道元注，（清）楊守敬、熊會貞疏:《水經注疏・汝水》，第 1768 頁。

曰："山在今河南南陽縣北。……《荆州記》：衡山有石室，甚整飭，相傳名皇后室。"[①] 此衡山當即雉衡山，在外方山之南麓。郭璞以爲雉衡山亦稱南岳，則南岳在南遷到河南之後，已棄去霍山之名，改爲衡山。那麽"南岳衡山"的名稱可能是在河南産生的。

最後，"南岳衡山"又轉移到湖南，可能已經在周代了。《風俗通》説："南方衡山，一名霍山。"[②] 則湖南之南岳亦稱霍山，當是山西"南岳霍山"之最後遺迹。

在堯舜時期，夏族之南界在豫西外方山一帶，因此該處之霍山（霍陽山）與衡山（雉衡山）即成爲南岳。後來夏族向南擴張到五嶺，湖南成了"中國"之南部邊區，此時該處之衡山即成爲南岳。

（五）西岳

關於夏族之西界，當指河西諸山，即"岳"。在本文前面第一部分"岳與太岳"已經説明過。

四、中岳及五岳

（一）中岳的形成

從觀念來看，四方與中央並無先後。如果有四方的觀念，必然就有中央的觀念，反之亦然。但是從政治發展來看，情況就不同了。

四岳反映國家地域的劃分，其産生是由於全國四個社組織的形成，爲此首先需要有一個廣闊的地域。從地理範圍來看，"中國"在顓頊時代，

① 《山海經·中次十一經》，《二十二子》，第 1367 頁。
② （漢）應劭：《風俗通義校注·山澤》，第 447 頁。

產生四岳的條件當已具備。《封禪書》說：

歲二月，東巡狩，至于岱宗。岱宗，泰山也。柴，望秩于山川。遂覲東后。（孔傳：遂見東方之國君。），東后者，諸侯也。合時月正日，同律度量衡，修五禮……五月，巡狩至南嶽。南嶽，衡山也。八月，巡狩至西嶽。西嶽，華山也。十一月，巡狩至北嶽。北嶽，恒山也。皆如岱宗之禮。中嶽，嵩高也。五載一巡狩。①

將此段落與前面所引的《舜典》對比一下，就可以看到其中的兩個巨大區別：《舜典》沒有四岳的具體位置，《舜典》也沒有“中嶽，嵩高也”五字。也就是說，《封禪書》所說的四岳位置可能與《舜典》時代的不同。而且《封禪書》講的是五岳，而《舜典》講的是四岳，那麽中岳在《舜典》的時代可能不存在。段玉裁早就指出，《堯典》只講四岳：“按《堯典》…… 不言中嶽也。而《封禪書》、《郊祀志》述《堯典》皆云：‘中嶽，嵩高也。’何氏注《公羊》則稱《堯典》而補其文，曰：‘還至嵩，如初禮。’應劭《風俗通》則曰：‘中嶽，嵩高也。王者所居，故不巡焉。’其說乖異。”②

段玉裁是正確的，中岳是後起的。《昭四年傳》提到“四嶽，三塗，陽城，大室”，《釋文》：“大室即中嶽嵩高山也。”③ 可見最初嵩山只是大室，不在四岳之列。五岳是在四岳的基礎上產生的，關鍵就是將大室轉變爲中岳。

四岳反映地方政權，而中岳則反映中央政權。中岳是嵩山，正是夏

① 《史記・封禪書》，第 1355 頁。

② （漢）許慎撰，（清）段玉裁注：《説文解字注》，第 437 頁。

③ 《春秋左傳正義・昭四年》，《十三經注疏》，第 2033 頁。

朝的中央所在。《地理志》潁川郡陽翟，班固自注："夏禹國。"顏師古注："應劭曰：'夏禹都也。'臣瓚曰：'《世本》禹都陽城，《汲郡古文》亦云居之，不居陽翟也。'師古曰：'陽翟本禹所受封耳，應、瓚之說皆非。'"[①]《郡國志》潁川郡陽翟縣，劉昭補注："禹所都。有鈞臺（《左傳》曰'夏啓有鈞臺之享'，杜預曰有鈞臺陂。《帝王世紀》云在縣西）。"[②]陽翟即今禹縣，陽城即今登封縣東南三十五里之告成鎮，都距嵩山不遠。

在初期氏族聯盟的時代，没有强大之中央機構，到王朝時代，中央機構之重要性就突出起來了。中央有了凌駕四方之勢，那麼突出中岳就理所當然了。但中央政權有一個長期發展的過程，《明堂位》："有虞氏官五十，夏后氏官百，殷二百，周三百。"[③]從氏族聯盟到王朝的演變，其分界綫當在禹、啓之時，這個問題將在其他地方作進一步説明。故在夏代以後纔可能有中岳與五岳。

（二）五岳的位置

中岳可能是夏代以後纔出現的，當時的五岳當爲泰山、霍山、華山、恒山、嵩山。[④]其中南岳霍山當在河南。

到周代，五岳是泰山、衡山、岳山、恒山、華山[⑤]。周代都豐鎬，就全國來看，居於西面。如果以華山爲西岳，則中央機構就處於西岳之西了。故從地理位置來看，華山不能爲西岳；從政治地位來看，嵩山不能爲中岳。因此周代以岳山爲西岳，而以華山爲中岳。故陳立曰："鄭注《大宗伯》云：'五岳……中曰嵩山。'而《詩》疏引《鄭志·雜問》

---

① 《漢書·地理志》，第1560頁。
② 《後漢書·郡國二》，第3421—3422頁。
③ 《禮記正義·明堂位》，《十三經注疏》，第1492頁。
④ （漢）許慎撰，（清）段玉裁注：《説文解字注》，第437頁；《爾雅注疏》，第2618頁。
⑤ 《周禮注疏·大司樂》，《十三經注疏》，第791頁。

云：‘周都豐、鎬，故以吳岳爲西岳。’是周家定以岳山爲西岳，故以華山爲中岳，以周都成周……不以嵩爲中岳也。”[1]

秦漢之後，五岳確定爲泰山、衡山、華山、恒山、嵩山[2]。

由於五岳有比較複雜的演變過程，在同一本古書中就可能出現不同之説法，如《爾雅·釋山》開頭謂中岳是華山，而最後却説中岳是嵩山。兩種説法矛盾，因此邵晋涵説：“《釋山》末所言之五岳，自後儒竄入之文。”[3]其實《爾雅·釋山》是兩個不同時代的兩種説法，不是竄入。

① （清）陳立：《白虎通疏證·巡狩》，第300頁。
② 《周禮注疏·大宗伯》，《十三經注疏》，第758頁。
③ （清）陳立：《白虎通疏證·巡狩》，第301頁。

第三部分 商　　族

[09] 伏羲氏與神農氏

在中國歷史的帝王中，五帝之前爲三皇。三皇有各種説法，但其中必有伏羲氏與神農氏，其他一人則爲燧人氏或祝融、或共工、或女媧、或黄帝，究竟何人，均無合理的説明，《淮南子》説："泰古二皇，得道之柄，立於中央。"高誘注："二皇，伏羲、神農也。"[①] 蔡邕《獨斷》曰："皇、王、后、帝，皆君也。上古天子庖犧氏、神農氏稱皇，堯、舜稱帝，夏、殷、周稱王。"[②] 因此伏羲氏與神農氏可作爲三皇時代之代表，爲中國文明之起始。

一、伏羲氏之地域與世系

（一）伏羲氏之都城與葬地

伏羲氏之地域在東方。《太平御覽》引《皇王世紀》曰："燧人氏没，庖犧氏代之。繼天而生，首德於木，爲百王先。帝出於震……故位在東方，主春，象日之明，是稱太昊。制嫁娶之禮，取犧牲以充庖厨，故號曰庖犧皇。後世音謬，故或謂之密犧。"[③] 以上所説首德於木、帝出於震、位在東方、主春、象日之明等，都是指的東方。這一類説法在

① 《淮南子・原道訓》,《諸子集成》, 第 1 頁。

② （漢）蔡邕:《獨斷》,《漢魏叢書》, 長春：吉林大學出版社，1992 年，第 180 頁。

③ （宋）李昉等:《太平御覽》卷 78，第 364 頁。

古典文獻中常見，但這一些所謂的東方其實是與五德終始有關的玄學觀念，並不能作爲地理學上東方的證據。但是從文獻資料中，可以得到下列有關伏羲氏的資料，能够説明伏羲氏之地域當在東方。

1．都城

古人大多認爲伏羲氏都陳（即今河南淮陽），鄭玄《詩·陳風》陳譜箋："陳者，大皞虙戲氏之墟。"① 《帝王世紀》：庖犧氏"都陳。"② 《水經注》："（沙水）又東南逕陳城北，故陳國也。伏羲、神農並都之。"③《讀史方輿紀要》："陳州，古庖犧氏所都，曰太昊之墟。"又西華縣媧城："女媧氏所都也。"④ 西華東距淮陽約 50 千米。故陳當在東方。

2．葬地

伏羲氏之陵墓傳説不一，如《帝王世紀》："伏羲葬南郡。或曰：冢在山陽高平之西也。"⑤《路史》謂伏羲"葬山陽"。⑥ 山陽國原在今山東巨野，西漢時封梁孝王子，故在東方。至於在今河南輝縣出現的山陽國，是三國時退位的漢獻帝之封地，那是後來出現的山陽，當與伏羲無關。

雖然從都城、葬地以及其他一些記載來看，伏羲氏的地域在東方，但也有伏羲氏的地域在西方的傳説，特别是説伏羲氏出生在成紀（或仇池），如《帝王世紀》："太皞帝庖犧氏，風姓也，母曰華胥。燧人之

① 《毛詩正義·陳風》，《十三經注疏》，第 375 頁。
② （晋）皇甫謐撰，（清）宋翔鳳、錢寶塘輯：《帝王世紀》，第 2 頁。
③ （後魏）酈道元注，（清）楊守敬、熊會貞疏：《水經注疏·濄水》，第 1914 頁。
④ （清）顧祖禹：《讀史方輿紀要·河南二》，北京：中華書局，2005 年，第 2174、2180 頁。
⑤ （晋）皇甫謐撰，（清）宋翔鳳、錢寶塘輯：《帝王世紀》，第 3 頁。
⑥ （宋）羅泌：《路史·太昊》，第 61 頁。

世，有大人之迹出于雷澤之中，華胥履之，生庖犧于成紀。”[①] 此説爲多數人所接受。成紀通常都認爲在甘肅天水，如《水經注》："瓦亭水又南，逕成紀縣東……帝太皞庖犧所生之處也，漢以屬天水郡。”[②]

此外，有説伏羲氏都陳倉，如羅苹在《路史》注中，謂伏羲治陳倉："《開山圖》云：伏羲生城起，徙治陳倉。……起、紀本通用。《詩》'有紀有堂'作有起。”[③] 其實所謂“徙治陳倉”當是從伏羲出生於成紀演繹出來的。由於他們把伏羲出生地定在天水，但接受伏羲“都陳”的説法，因此將“陳”解釋爲“陳倉”。但《路史》又説：伏羲氏“年百九十有四，葬山陽。都於宛丘，故陳爲太昊之墟”。又講到“宛丘”。羅苹也問：“豈其先後徙邪？”[④] 有關伏羲的傳説中其實衹有成紀，很少提到陳倉，而且陳倉並無伏羲遺迹，因此所謂“徙治陳倉”之説，完全没有説服力。

因此伏羲生於成紀或生於仇池之説，均爲孤證。雖然還有雷澤、陳倉，但通常説雷澤在山東西南部或山西西南部，與天水地區距離遥遠。一方面有大量旁證可以説明伏羲氏出生於東方，而另一方面没有任何旁證可以説明伏羲氏出生於成紀，因此伏羲氏屬於東方應當可以肯定，他不屬於西方。

當夏族從隴山地區遷移到黄河中下游時，當時伏羲氏是東方最强大的政治權威，炎黄子孫在黄河中下游立定脚跟以後，認爲自己繼承了伏羲氏的傳統，正如以後商族、周族建立政權之後自稱爲夏，並宣稱自己繼承了大禹。情况是類似的。估計夏族在控制了東方以後，張冠李戴地宣稱自己繼承了伏羲氏，因此出現了伏羲氏同夏族一樣出生於西方的傳説。

---

① （晋）皇甫謐撰，（清）宋翔鳳、錢寶塘輯：《帝王世紀》，瀋陽：遼寧教育出版社，1997年，第2頁。

② （後魏）酈道元注，（清）楊守敬、熊會貞疏：《水經注疏・渭水上》，第1482—1483頁。

③ （宋）羅泌：《路史・太昊》注，第59頁。

④ （宋）羅泌：《路史・太昊》，第61頁。

（二）伏羲氏之姓與世系

1. 伏羲氏之姓

《帝王世紀》："太皞帝包犧氏，風姓也。……包犧氏没，女媧氏代立爲女皇，亦風姓也。女媧氏没，次有大庭氏、柏黄氏、中央氏、栗陸氏……無懷氏，凡十五世，皆習包犧氏之號也。"① 《明道經注》："燧人謂人皇，在伏羲前，風姓。"② 那麽伏羲氏爲風姓；在伏羲氏之前，燧人氏爲風姓；在伏羲氏之後，女媧氏亦爲風姓。那麽所謂大庭氏、柏黄氏等是何人？他們"皆習包犧氏之號"，是否亦爲風姓？

傳説伏羲氏爲最早之王，更早之燧人氏就已經有姓，且爲風姓，而其後之女媧氏又爲風姓。如此看來，所有風姓之説，恐怕均非事實。蓋姓氏制度，約在萬年之前於隴山地區形成，因此伏羲氏未必有姓氏。何況有關之傳説矛盾百出，如《路史》引《古史考》："燧人次有三姓，乃至伏羲。"譙周云："伏羲以次有三姓，始至女媧；女媧以後五十姓至神農；神農至炎帝一百三十三姓。"③ 這種混亂表示伏羲氏可能根本没有姓。

在姓氏制度下，至少兩個姓，尤其伏羲氏地域廣闊，决不止兩姓。傳説伏羲氏有五十姓，甚至百餘姓，何以衹見到風姓？因此在伏羲時代，未必有姓。《古今姓氏書辯證》："風，太皞伏羲氏之姓也。……太皞東方之帝，木生風，故伏羲以風爲姓，實象其德。"④ 可能道出了風姓之真正来歷，風爲伏羲之德，並非伏羲父母之姓，因此風並非真正的姓，真正的姓與德無關。姓氏制度是夏族的特點，由於伏羲氏可能没有

① 徐宗元輯：《帝王世紀輯存》，第 2 頁。
② （清）陈立：《白虎通疏證・號》，第 50 頁。
③ （清）陈立：《白虎通疏證・號》，第 50 頁。
④ （宋）鄧名世：《古今姓氏書辯證》，南昌：江西人民出版社，2006 年，第 8 頁。

姓，因此伏羲氏當不屬於夏族。

伏羲氏之後裔自然可能爲風姓，如山東須句、任、宿、顓臾諸國，《左傳》:“任、宿、須句、顓臾，風姓也，實司太皞與有濟之祀。”杜預注：“四國，伏羲之後。”[①]不知此四國之國民還有哪些姓，亦不知其風姓是如何得到的。從其他部族的歷史來看，伏羲後裔大概在融入夏族的時候，得到了姓，中國的許多部族都是如此。

2. 伏羲氏之世系

《帝王世紀》:“包犧氏没，女媧氏代立爲女皇……女媧氏没，次有大庭氏、柏黄氏、中央氏、栗陸氏、驪連氏、赫胥氏、尊盧氏……無懷氏，凡十五世，皆習包犧氏之號也。”[②] 此十五世是否伏羲之子孫？類似的世系亦見於《莊子》:“子獨不知至德之世乎，昔者容成氏、大庭氏、伯皇氏、中央氏、栗陸氏、驪畜氏、軒轅氏、赫胥氏、尊盧氏、祝融氏、伏羲氏、神農氏，當是時也，民結繩而用之……民至老死而不相往来。若此之時，則至治已。”[③] 雖然兩個名單有許多共同之處，但按第二個名單，則大庭氏、伯皇氏、中央氏等均爲伏羲氏之祖先，而在第一個名單中，大庭氏、伯皇氏、中央氏等則是伏羲氏之後裔。雖然伏羲氏可能有很長的世系，但《帝王世紀》的記載是不可信的。

（三）伏羲氏在山東之後裔

1. 任、宿、須句、顓臾

山東有伏羲氏之後裔，《左氏僖二十一年傳》:“任、宿、須句、顓臾，風姓也。實司大皞與有濟之祀。”杜預注：“大皞，伏羲。四國，伏

① 《春秋左傳正義·僖二十一年》,《十三經注疏》，第1811頁。

② 徐宗元輯:《帝王世紀輯存》，第2頁。

③ 《莊子集解·胠篋》,《諸子集成》，第61頁。

羲之後。”[①]

須句，據《水經注》及杜預釋地，須句在今東平。《地理志》東郡須昌，班固自注：“故須句國，大昊後，風姓。”[②]《讀史方輿紀要》兖州府東平州，“須城廢縣，今州治。古須句國地。”[③]

宿，《水經注》及杜預釋地，宿在今東平縣。《春秋大事表》：“今山東泰安府東平州東二十里無鹽城是。太昊後，風姓。”[④]《讀史方輿紀要》兖州府東平州，“無鹽城，州東二十里。春秋時宿國也”[⑤]。須句爲州治，而宿在州東二十里，即宿在須句東二十里。

任，《地理志》東平國任城，班固自注：“故任國，太昊後，風姓。”[⑥]但《水經注》及杜預釋地，都説任在今山東濟寧縣，《讀史方輿紀要》兖州府濟寧州，“任城廢縣，今州治。春秋時任國”[⑦]。

顓臾，《讀史方輿紀要》兖州府沂州費縣，“顓臾城，縣西北八十里，在蒙山之陽”[⑧]。《論語・季氏篇》：“季氏將伐顓臾……夫顓臾，昔者先王以爲東蒙主。”何晏引孔安國曰：“顓臾，伏羲之後，風姓之國，本魯之附庸。”又：“使主祭蒙山。”[⑨]以此推之，顓臾當在今費縣之西北而蒙陰縣之西南。

故四國由西而東爲須句、宿、任、顓臾。四國所在的地域，西起東平附近而東至平邑附近，相距約三百里。都在古濟水以東，即在太皞。故自東平至平邑一帶當爲山東戎族的一個重要的聚居地。

---

① 《春秋左傳正義・僖二十一年》，《十三經注疏》，第1811頁。
② 《漢書・地理志上》，第1557頁。
③ （清）顧祖禹：《讀史方輿紀要・山東四》，第1552頁。
④ （清）顧棟高輯：《春秋大事表・春秋列國爵姓及存滅表》，第571頁。
⑤ （清）顧祖禹：《讀史方輿紀要・山東四》，第1553頁。
⑥ 《漢書・地理志下》，第1637頁。
⑦ （清）顧祖禹：《讀史方輿紀要・山東四》，第1544頁。
⑧ （清）顧祖禹：《讀史方輿紀要・山東四》，第1587頁。
⑨ 《論語正義・季氏》，《緒子集成》，第645頁。

2．密、鄅、瀘

《路史》所列舉之“太昊後風姓國”中，有密與鄅：“密，男爵。今高密有密鄉，本密水名。……春秋之萊夷維邑也。”又：“鄅……按《太康地記》有東西二鄅……東鄅即此（羅苹注：在今沂州沂水有員亭，即鄅亭城。）。”[①] 因此密、鄅當是伏羲氏後裔。

《路史》列舉“商世侯伯”，其中有瀘：“盧，戎也。古文作纑。齊之長清南五十有盧城。”[②] 瀘當爲戎族。

二、伏羲氏之起源與事迹

（一）伏羲氏之起源地

1．山東不會是伏羲氏的起源地

伏羲氏稱太昊或太皞，太皞是地名，亦稱有皞。《詩·巷伯》：“取彼譖人，投畀豺虎。豺虎不食，投畀有北。有北不受，投畀有昊。”[③] 傳統觀念上以有皞爲遐荒的惡劣環境之代名詞，既然如此，則包犧這樣古老的部族不會定居於此，而且也無定居之可能，因此有皞不可能是伏羲氏的起源地。

濟水流域即《禹貢》沇州之地。《夏本紀》：“濟、河維沇州。”[④]《尚書·禹貢》：“濟、河惟兖州。”注：史遷“兖”作“沇”。疏：“兖即沇字。”[⑤]《説文》謂沇之古文作㕣。又：“㕣，山間陷泥地，从口从

① （宋）羅泌：《路史·國名記甲》，第317頁。

② （宋）羅泌：《路史·國名記己》，第384頁。

③ 《毛詩正義·小雅·巷伯》，《十三經注疏》，第456頁。

④ 《史記·夏本紀》，第54頁。

⑤ （清）孫星衍：《尚書今古文注疏·禹貢上》，第145頁。《尚書正義》作兖州。

水，敗貌，讀若沇州之沇，九州之渥地也，故以沇名焉。”[①]在古人治水未有辦法之前，這地所以棄爲遐荒之理由在此。

2．伏羲氏從燕山地區南遷到山東

古書上往往稱伏羲氏爲太皞伏犧氏，太皞是指濟水以東之地，實際上這是它後裔的移殖地，而伏羲氏的原住地當在北方。《路史》：“（伏羲）自有句而應世，故又曰有句氏。”羅苹注：“句即庖，乃國名，蓋其始迹之地。”[②]倘句爲伏羲始迹之地，則句水當即其遺迹。句即泃，而羅苹謂句即庖，是附會，句與庖沒有共通的理由。所謂“自有句而應世”，當表示伏羲氏從句地遷來。這可從它的後裔須句國作爲綫索來探尋。

須句之句本音讀爲勾，但由方音轉變讀爲劬。《韻會》：“句，權俱切（音與渠同）。……須句地名，《左傳》任、宿、須句。又冤句，曹州縣名。”[③]

而北方有一條泃河（《正字通》：“泃，其余切，音劬，水名。”[④]）。顧祖禹《讀史方輿紀要》三河縣，“泃河，在縣北。自薊州平谷縣流入縣境，又東南流入寶坻縣界合於鮑丘河。《竹書》：‘梁惠成王十六年，齊師及燕戰於泃水，齊師遁。’或以爲即是水也。又《唐志》：‘縣北十二里有渠河塘……’渠河即泃河之訛矣。”[⑤]三河今仍原名，所謂三河“以地近七渡、鮑丘、臨泃三水而名”。[⑥]《水經注》泃河“水出右北平無終縣”[⑦]。泃水以東爲今玉田、盧龍、秦皇島，其地周代爲無終、令支、孤竹等國。

---

① （漢）許慎撰，（清）段玉裁注：《說文解字注》，第528、62頁。

② （宋）羅泌：《路史·太昊》，第59頁。

③ （元）黄公紹、熊忠：《古今韻會舉要》，北京：中華書局，2000年，第70頁。

④ （明）張自烈、（清）廖文英編：《正字通》，第582頁。

⑤ （清）顧祖禹：《讀史方輿紀要·北直二》，第459頁。

⑥ （清）顧祖禹：《讀史方輿紀要·北直二》，第458頁。

⑦ （後魏）酈道元注，（清）楊守敬、熊會貞疏：《水經注疏·鮑邱水》，第1227頁。

倘句爲伏羲始迹之地，則句水當即其遺迹。句水當即泃河，可能須句原来即在泃河流域，句也讀爲𠛎音，所以方音相同。

根據以上討論，可知伏羲系統當由燕山地區南下的。在南下的過程中，沿途亦留下關於伏羲之傳説，如《讀史方輿紀要》定州新樂縣，“《寰宇記》：‘縣西十五里有伏羲故城，中有羲臺。’”[①]此外還有另一種實物憑證。據《左氏成二年傳》：“（晋與魯衛伐齊，）齊候使賓媚人…… 致賂（請和）。晉人不可，曰：‘必以蕭同叔子爲質，而使齊之封内，盡東其畝。’”[②]《公羊傳》也載此事説，晋郤克曰“使耕者東畝”，（齊）國佐曰“使耕者東畝，是則土齊也”。服虔、何休等都釋爲齊的隴畝是由北向南行，而晋的隴畝是由西向東行。如果把齊變爲由西向東行，則便於晋國奪取齊之土地（土齊）。[③]這個隴畝伸展的方向即是人類遷移方向的真實記録，蓋古人類的農地都在住宅的前面，其後裔便沿着這個方向繼續發展下去。齊國的農地是南畝，所以可推斷齊國部分最早的古人類是由北方南下的。

3．伏羲氏可能從遼西遷來

因此燕山南麓之泃水流域當有伏羲氏之後裔，但是泃水流域不會是伏羲氏的起源地。從戎族的分布地域來看，泃河流域的伏羲氏後裔可能是從遼西遷來的（見論文［10］關於山戎、令支的討論）。

（二）伏羲氏與龍

1．伏羲氏與戎

伏羲氏與龍有密切的聯繫。《左氏昭十七年傳》：“大皞氏以龍紀，

---

①（清）顧祖禹：《讀史方輿紀要・北直五》，第 620 頁。

②《春秋左傳正義・成二年》，《十三經注疏》，第 1895 頁。

③《春秋公羊傳注疏・成二年》，《十三經注疏》，第 2290 頁。

故爲龍師而龍名。”[①]

《周官·庾人》:“馬八尺以上爲龍，七尺以上爲騋，六尺以上爲馬。”[②]鄭玄《禮記·月令》“駕倉龍”注也有此語。[③]而《爾雅》:“馬八尺爲駴。”[④]龍與駴古音同。因此龍就是駴，亦即戎。伏羲氏當爲戎族。

2．伏羲氏與馬圖騰

然則包犧氏亦可稱爲有龍氏，近人都以爲這暗示包犧是龍圖騰。龍是一種神化之動物，那是後來形成的觀念。龍原爲馬。高誘《吕氏春秋》及《淮南子》注也説“馬八尺以上爲龍。”[⑤]《公羊隱元年傳》何休注:“天子馬曰龍，高七尺以上；諸侯曰馬，高六尺以上；卿大夫士曰駒，高五尺以上。”徐彦疏引《易經》云:“時乘六龍以馭天下也。”[⑥]故《儀禮》:“天子乘龍。……升龍降龍。”[⑦]《大戴禮》:“（帝嚳）春夏乘龍，秋冬乘馬。”[⑧]而《後漢書》注亦引《周官》此語。蓋古人以龍爲最龐大的動物，因而八尺以上的大馬便稱爲龍。漢武梁祠畫象，西王母所乘的龍也畫爲馬，蓋漢人尚深知古人所説龍只是大馬而已。

但龍並非特别高大之馬，亦非罕有之物。《周禮》謂“校人掌王馬之政，辨六馬之屬”。所謂六馬，即種馬、戎馬、齊馬、道馬、田馬、駑馬。前四種稱爲國馬，前五種稱爲良馬。鄭玄注謂良馬每種 432 匹，共 2160 匹，駑馬共 1296 匹。[⑨]“國馬”“田馬”“駑馬”鄭玄注:“國

① 《春秋左傳正義·昭十七年》,《十三經注疏》, 第 2083 頁。
② 《周禮注疏·夏官·庾人》,《十三經注疏》, 第 861 頁。
③ 《禮記正義·月令》,《十三經注疏》, 第 1355 頁。
④ 《爾雅注疏·釋畜》, 第 2653 頁。
⑤ 《吕氏春秋·孟春紀·孟春》,《諸子集成》, 第 1 頁。又見《淮南子·時則訓》,《諸子集成》, 第 69 頁。
⑥ 《春秋公羊傳注疏》,《十三經注疏》, 第 2199 頁。
⑦ 《儀禮注疏·覲禮》,《十三經注疏》, 第 1093 頁。
⑧ （清）王聘珍:《大戴禮記解詁·五帝德》, 第 121 頁。
⑨ 《周禮注疏·夏官·校人》,《十三經注疏》, 第 860 頁。

馬，謂種馬、戎馬、齊馬、道馬，高八尺。”又“田馬七尺”“駑馬六尺”。[①] 則在王馬之中，龍（八尺以上）1728 匹，騋（七尺以上）432 匹，馬（六尺以上）1296 匹。故龍並不稀罕。

包犧之龍也是馬，還有“龍馬”之稱。孔安國《書》傳説：“伏羲王天下，龍馬出河。”[②]《禮記・禮運》也説“河出馬圖”。鄭玄注：“馬圖，龍馬負圖而出也。”孔穎達疏引《中候・握河紀》注云：“龍而形象馬，故云馬圖”。[③] 實際上水産動物的龍，即使有亦早已絶迹，古人早以大馬爲龍。如《左氏桓五年》“龍見而雩。”杜預注龍爲“蒼龍宿之體”。[④]《史記・天官書》：“東宫蒼龍，房、心。……房爲府，曰天駟。”[⑤]

至於近人以包犧爲龍圖騰的假設已有實證，其説已可認爲成立。龍圖騰實即馬圖騰。據《後漢書・東夷傳》：“（夫餘國）以六畜名官，有馬加、牛加、狗加，其邑落皆主屬諸加。”[⑥] 蓋夫餘於包犧的馬圖騰外尚有分化出來的牛圖騰、狗圖騰。近日人類學家研究圖騰制度之結果斷定，如僅以動物之類的名字爲族群名還不能認爲是行著圖騰制度。圖騰乃是宗教之一種形式，必須其確定的社會單位與具有感情價值之物件或符號有發生聯繫之傾向。就是説，社會單位與這物件或符號發生宗教禁忌或信仰之類，纔能被認爲是圖騰制度。今據《晋書・韓國傳》：“（韓國）不知乘牛馬，畜者但以送葬。”[⑦] 朝鮮半島之韓國即夫餘的後裔，在晋代其文化程度已相當高，豈有牛馬不知騎乘，其不乘牛馬乃是宗教

① 《周禮注疏・冬官・輈人》,《十三經注疏》, 第 913 頁。
② 《尚書正義・顧命》,《十三經注疏》, 第 239 頁。
③ 《禮記正義・禮運》,《十三經注疏》, 第 1427 頁。
④ 《春秋左傳正義・桓五年傳》,《十三經注疏》, 第 1749 頁。
⑤ 《史記・天官書》, 第 1295 頁。
⑥ 《後漢書・東夷列傳》, 第 2811 頁。
⑦ 《晋書・四夷》, 第 2533 頁。

禁忌，而用以送葬則是宗教信仰。這一事實足以證明上述龍圖騰説之可以成立。

推想夫餘之先的濊族稱貉，可能是貉圖騰。《戰國策》："北有胡貉代馬之用。"[①] 北方的貉與馬都足以引起古人類的感情。所以在北方便最先出現了馬圖騰。

（三）伏羲氏之事蹟

《淮南子》説："夫神農伏羲，不施賞罰而民不爲非。"[②] 又説："故不言之令，不視之見，此伏羲、神農之所以爲師也。"[③] 而《易·繫辭》介紹伏羲氏的特點爲"始作八卦"，又發明網罟，"以佃以漁"：

古者包犧氏之王天下也，仰則觀象於天，俯則觀法於地。……於是始作八卦，以通神明之德，以類萬物之情。作結繩而爲罔罟，以佃以漁。[④]

故《世經》説："《易》曰：'炮犧氏之王天下也。'言炮犧繼天而王，爲百王先，首德始於木，故爲帝太昊。作罔罟以田漁，取犧牲，故天下號曰炮犧氏。"[⑤] 因此伏羲與太昊常連在一起，稱爲"太昊伏羲氏"。

伏羲氏"爲百王先"，是最早出現的國家政權。總起来説，伏羲氏時代的特點是發明網罟而建立了一個漁獵社會，而且他發明八卦，能够通過占卜得到天神的旨意。八卦與卜筮是伏羲氏權力的基礎，他就是通

① 《戰國策·秦一》，第 78 頁。
② 《淮南子·氾論訓》，《諸子集成》，第 215 頁。
③ 《淮南子·主術訓》，《諸子集成》，第 129—130 頁。
④ 《周易正義·繫辭下》，《十三經注疏》，第 86 頁。
⑤ 《漢書·律曆志下》，第 1011 頁。

過八卦與卜筮在一定程度上達到了“不施賞罰而民不爲非”的效果。因此伏羲氏代表了一種社會，其經濟基礎爲漁獵，而其政治權力的基礎是八卦卜筮，也就是某種神權。此即中國最早的文明時代。

三、神農氏之事迹

（一）神農氏之地域

雖然神農氏與伏羲氏並稱三皇，但神農氏與伏羲氏有很大的不同。首先，伏羲氏屬於東方而神農氏却屬於南方，如唐代還在東郊祭祀伏羲而在南郊祭祀神農：“每歲立春之日，祀青帝於東郊，帝宓羲配……立夏，祀赤帝於南郊，帝神農氏配。”① 又如春秋戰國時神農學派就活躍在南方，《孟子》：“有爲神農之言者許行，自楚之滕。”② 關於神農氏的傳説也大多集中於南方。

1. 出生地

神農氏的出生地在何處？傳説神農氏生於今湖北隨縣。《水經注》：“(賜水）分爲二水，一水西逕厲鄉南，水南有重山，即烈山也。山下有一穴，父老相傳，云是神農所生處也。故《禮》謂之烈山氏。……故賴國也，有神農社。”③《括地志》：“厲山在隨州隨縣北百里。山東有石穴，［或］曰神農生於［此］，所謂［厲］山氏也。春秋時爲厲國。”④

由於神農氏教民耕農，故神農氏當出生在南方。因此傳説他出生於今湖北隨縣之烈山，是很有可能的。

---

①《舊唐書·禮儀志四》，第 909 頁。

②《孟子正義·滕文公上》，《諸子集成》，第 214 頁。

③（後魏）酈道元注，（清）清楊守敬、熊會貞：《水經注疏·溳水》，第 2656 頁。

④（唐）李泰等：《括地志輯校》，第 190 頁。

傳説他還發展了商業,《史記》曾説:“楚越之地,地廣人希,飯稻羹魚,或火耕而水耨,果隋蠃蛤,不待賈而足……以故呰窳偷生,無積聚而多貧。”[①]意思是楚越之地不利於商業之發展,那麼神農氏爲何能發明日中爲市?這説明神農氏後來離開了南方,往北遷徙。神農氏必定最初在“楚越之地”發展農業,而後在中原一帶從事商業之發展。

2. 都城

許多記載都説神農氏都陳,如《帝王世紀》:“神農氏……初都陳(今河南淮陽),又徙魯(今山東曲阜)。”[②]由於神農氏生於今湖北,有可能北上河南建都,故“初都陳,又徙魯”都是可能的。

神農氏“初都陳,又徙魯”的説法,從來没有受到質疑。因此伏羲氏可能出生於北方,然後南下,建都於陳,而神農氏則可能出生於南方而北上,最終建都於陳、魯。

3. 葬地

《帝王世紀》謂神農氏“葬長沙”[③],而《路史·炎帝》謂:“崩葬長沙茶鄉之尾,是曰茶陵(在今炎陵縣),所謂天子墓者。”[④]從出生與都邑的地點來看,神農葬在長沙是可能的。

山西高平有“炎帝陵”之傳説,但《元豐九域志》謂潞州“古余吾城,漢縣也。神農廟,有神農井,神農得嘉穀之所,見《地形志》”[⑤]。如果真是“得嘉穀之所”,則高平可能有神農陵,但不會有炎帝陵。

---

① 《史記·貨殖列傳》,第3270頁。

② 《史記·五帝本紀》注,第4頁。

③ 徐宗元輯:《帝王世紀輯存》,第11頁。

④ (宋)羅泌:《路史·炎帝》,第72頁。

⑤ (宋)王存:《元豐九域志·附録(古蹟)》卷四,北京:中華書局,1984年,第600頁。

（二）神農氏之事迹

1．神農氏與農業

《淮南子》:“古者民茹草飲水，采樹木之實，食蠃蛖之肉，時多疾病毒傷之害。於是神農乃始教民播種五穀，相土地……嘗百草之滋味，水泉之甘苦。令民知所辟就。當此之時，一日而遇七十毒。”① 此爲神農氏最大的功績，因此後世稱之爲神農氏。雖然神農氏還是很原始的社會，人民還剛剛學會耕作，但農業工具已經出現。而且他不止從土地取得果腹的糧食，傳説神農氏發展了中草藥，“嘗百草之滋味”，《帝王世紀》:“嘗味草木，宣藥療疾，救夭傷之命。”② 但神農氏發明了農業，則是没有疑問的。

2．神農氏與商業

《繫辭》談到商業，説神農氏“致天下之民，聚天下之貨”，《路史》也説神農氏“列廛於國，日中爲市，致天下之民，聚天下之貨。交易而退，各得其所，而有亡於是俱興”③。

因此神農氏同時發展了農業與商業。因爲神農氏並非一個歷史人物，他是代表一個很長的歷史時代，《尸子》説“神農氏七十世有天下”④。因此上述文獻記載説明了，在神農氏的時代，農業與商業都有了巨大的進步。

3．神農氏的時代

《莊子》説:“神農之世，臥則居居，起則于于，民知其母，不知

①《淮南子・脩務訓》,《諸子集成》，第 331 頁。

② 徐宗元輯:《帝王世紀輯存》，第 13 頁。

③（宋）羅泌:《路史・炎帝》，第 70 頁。

④（清）汪繼培輯:《尸子》卷下，《二十二子》，第 374 頁。

其父……无有相害之心，此至德之隆也。”[①] 因此神農爲遠古至德之世的人物，其實莊子的話，不是歷史，神農之世絶不是“至德之隆”。神農氏代表一個很長的時代，《五帝本紀》説：“軒轅之時，神農氏世衰。諸侯相侵伐，暴虐百姓，而神農氏弗能征。”[②] 那麽在神農氏强大的時候，必定已經有了一個有效的統治系統。

根據《易・繫辭》，神農氏已經有農業、工業與商業，“日中爲市”，不會那麽懵懵懂懂的。所謂“臥則居居，起則于于，民知其母，不知其父……无有相害之心”，是不可能的。《易・繫辭》説：

> 包犧氏没，神農氏作，斲木爲耜，揉木爲耒。耒耨之利，以教天下。……日中爲市，致天下之民，聚天下之貨，交易而退，各得其所。[③]

《漢書・食貨志》：

> 《洪範》八政，一曰食，二曰貨。食謂農殖嘉穀可食之物，貨謂布帛可衣，及金刀龜貝，所以分財布利通有無者也。二者，生民之本，興自神農之世。“斲木爲耜，煣木爲耒，耒[耨]之利以教天下”，而食足；“日中爲市，致天下之民，聚天下之貨，交易而退，各得其所”，而貨通。食足貨通，然後國實民富，而教化成。[④]

因此伏羲氏與神農氏雖然先後繼承，但事迹已有很大的不同，伏羲

① 《莊子集解・盜跖》，《諸子集成》，第 197 頁。
② 《史記・五帝本紀》，第 3 頁。
③ 《周易正義・繫辭下》，《十三經注疏》，第 86 頁。
④ 《漢書・食貨志上》，第 1117 頁。

氏“以佃以漁”，而神農氏“耒耨之利”“聚天下之貨”，已不可同日而語。

（三）神農氏與炎帝

在古籍中，往往將炎帝與神農氏合而爲一，稱“炎帝神農氏”。但仔細檢查就可以看到，這個稱呼是不正確的，神農氏與炎帝完全不同。

1．神農氏與炎帝的時代不同

神農氏與炎帝屬於不同之歷史年代，神農氏在黄帝之前，而炎帝與黄帝同時，《五帝本紀》説：

> 軒轅之時，神農氏世衰。諸侯相侵伐，暴虐百姓，而神農氏弗能征。於是軒轅乃習用干戈，以征不享，諸侯咸來賓從。而蚩尤最爲暴，莫能伐。炎帝欲侵陵諸侯，諸侯咸歸軒轅。軒轅乃修德振兵……以與炎帝戰於阪泉之野。三戰，然後得其志。蚩尤作亂……於是黄帝乃徵師諸侯，與蚩尤戰於涿鹿之野，遂禽殺蚩尤。而諸侯咸尊軒轅爲天子，代神農氏，是爲黄帝。①

在神農氏世衰之後，黄帝（軒轅）纔與炎帝争奪最高权力，因此炎黄之争發生在神農氏以後的年代。黄帝攻打蚩尤與炎帝的時候，神農氏的權威早已不存在，故神農氏與炎帝當爲完全不同的兩支力量。《封禪書》説：“無懷氏封泰山，禪云云；虙羲封泰山，禪云云；神農封泰山，禪云云；炎帝封泰山，禪云云；黄帝封泰山，禪亭亭。”② 這段話清楚地説明“神農氏”與“炎帝”是古代兩個不同的歷史人物。而且二者稱號

① 《史記·五帝本紀》，第3頁。
② 《史記·封禪書》，第1361頁。

不同，“神農氏”稱“氏”，而“炎帝”稱“帝”。不同的稱號，就代表了不同的時代，神農氏與炎帝代表兩個完全不同的族群。

《尸子》：“神農氏七十世有天下，豈每世賢哉，牧民易也。”汪繼培注：“《吕氏春秋·慎勢篇》云：‘神農十七世有天下，與天下同之也。’此云七十世，未知孰是。”[①]《吕氏春秋》：“神農十七世有天下，与天下同之也。”[②]《路史》説：“夫古之有天下最長世者，無神農若也。故尸子曰：神農七十世有天下。……《吕覽》亦曰神農七十世有天下，豈不足信如後世之書耶！”[③]七十世則接近兩千年，神農氏有這麼長的歷史，則顯然早於黄帝的時代。雖《吕氏春秋》有作十七世的，但無論是七十還是十七，神農氏應早於黄帝。

炎帝却與黄帝同時。《淮南子》説：“黄帝嘗與炎帝戰矣，顓頊嘗與共工争矣……自五帝而弗能偃也。……夫兵者，所以禁暴討亂也。炎帝爲火災，故黄帝禽之。共工爲水害，故顓頊誅之。”[④]這里説的是“炎帝”，炎帝與黄帝曾在阪泉大戰，且“爲火災”。

2．炎帝與黄帝構成兩分組織

炎帝與黄帝非但同時，還構成兩分組織，《晋語》：“昔少典娶於有蟜氏，生黄帝、炎帝。黄帝以姬水成，炎帝以姜水成。成而異德，故黄帝爲姬，炎帝爲姜。”[⑤]故夏族自稱“炎黄子孫”。炎帝、黄帝之出生地不會距離很遠（見論文［04］）。《新書》説：“炎帝者，黄帝同父母弟也，各有天下之半。黄帝行道，而炎帝不聽，故戰涿鹿之野，血流漂杵。”[⑥]

①（清）汪繼培辑：《尸子》卷下，《二十二子》，第374頁。

②《吕氏春秋·審分覽·慎勢》，《諸子集成》，第211頁。

③（宋）羅泌：《路史·炎帝紀下》，第75頁。

④《淮南子·兵略訓》，《諸子集成》，第251頁。

⑤ 徐元誥：《國語集解·晋語四》，第336頁。

⑥（漢）賈誼：《新書校注·制不定》，北京：中華書局，2000年，第70頁。

3．文獻的混淆

由“炎帝神農氏”這個稱號所引起的混淆，由來已久。針對“姜姓，炎帝神農氏後”的説法，《世本》就加以批評，認爲這種説法要修改，當删去“神農氏”三字，衹留下“姜姓，炎帝後”。秦嘉謨認爲這是古書傳播中産生的差錯，他説：“《水經・陰溝水》注。《左・昭十七年正義》引‘炎帝神農氏’五字。《水經・渭水》注及《太平御覽》五十九，皆引作‘炎帝姜姓’。按《陰溝水》注本無‘神農氏’三字，據《左氏正義》所引補入。”[①] 看來《世本》的“姜姓，炎帝神農氏後”，其原文本是“姜姓，炎帝後”，神農氏三字是後來加進去的。秦嘉謨説，《左氏正義》多“神農氏”三個字，後人也跟着錯，於是這個錯誤一直延續下來，並在擴散。其實這種錯誤也許早就出現了，不一定是《左氏正義》開頭的。

實際上古籍中牽涉到神農氏與炎帝的記載，都必須加以仔細修正。如《帝王世紀》説：“炎帝神農氏，長於姜水，始教天下耕……嘗味草木，宣藥療疾，救夭傷之命。”[②] 由於“長於姜水”的是炎帝而不是神農，而“始教天下耕”的是神農而不是炎帝，“嘗味草木，宣藥療疾，救夭傷之命”的也是神農而不是炎帝。因此上述段落應修改爲：“神農氏，始教天下耕……嘗味草木，宣藥療疾，救夭傷之命。”或者修改爲：“炎帝，長於姜水。”實際上文獻中的每個牽涉“炎帝神農氏”的段落，都應根據其内容分拆爲神農氏與炎帝的兩個段落。衹有將文獻進行修正之後，纔得以瞭解神農氏與炎帝的基本歷史。雖然這樣做需要修改的地方很多，但由於神農與炎帝區别明顯，所以做起来一般還是比較容易的。

---

① （漢）宋衷注，（清）秦嘉謨等輯：《世本八種》，第 178 頁。

② 徐宗元輯：《帝王世紀輯存》，第 13 頁。

例如看《帝王世紀》的下列段落：

炎帝神農氏，姜姓也。母曰任己，有蟜氏女，名曰女登，爲少典正妃。游華山之陽，有神龍首感女登於尚羊，生炎帝。人身牛首，長於姜水，有聖德，繼無懷之後。本起烈山，或稱烈山氏。在位一百二十年而崩。納奔水氏女，曰聽談，生帝臨魁，次帝承，次帝明，次帝直，此帝釐，次帝哀，次帝榆罔，凡八代，及軒轅氏也。[①]

上述記載應該分解爲兩個段落，第一個爲關於炎帝的段落，如下：

炎帝，姜姓也。母曰任己，有蟜氏女，名曰女登，爲少典正妃。游華山之陽，有神龍首感女登於尚羊，生炎帝。人身牛首，長於姜水。

第二個爲關於神農氏的段落，如下：

神農氏，有聖德，繼無懷之後。本起烈山，或稱烈山氏。在位一百二十年而崩。納奔水氏女，曰聽談，生帝臨魁，次帝承，次帝明，次帝直，此帝釐，次帝哀，次帝榆罔，凡八代，及軒轅氏也。

但這個分解是否準確？其中“生帝臨魁，次帝承，次帝明，次帝直，此帝釐，次帝哀，次帝榆罔，凡八代及軒轅氏”究竟是指神農氏還是指炎帝？從稱呼來看，似乎應當指炎帝，但是既然説“凡八代及軒轅

① 徐宗元輯：《帝王世紀輯存》，第 10 頁。

氏”，就不会是炎帝了。炎帝與黄帝是同時的，不可能相隔八代之久，因此八代之説當歸之於神農氏。

（四）神農氏之姓與世系

1．姓

將古典文獻中所有關於“炎帝神農氏”的記載加以修正之後，關於姓的記載就衹留下“炎帝姜姓”一個内容，没有關於神農氏姓的記載。因此神農氏當没有姓，神農氏當非夏族。

2．世系

《尸子》説“神農七十世有天下”，《吕氏春秋》説十七世有天下，但《帝王世紀》謂神農氏“生帝臨魁，次帝承，次帝明，次帝直，此帝氂，次帝哀，次帝榆罔，凡八代及軒轅氏”。七十世可能是兩千年上下，八世則不過二百年，兩種説法相差太大。但是司馬貞《補三皇本紀》：“神農納奔水氏之女……生帝魁，魁生帝承……克生帝榆罔，凡八代，五百三十年，而軒轅氏興焉。”① 此又是一説，我疑七十世或十七世當係七世之誤，在如此古老的傳説中，七世與八代就無甚區别了。

3．後裔

文獻中缺少對神農後裔的記載。《周本紀》謂“武王追思先聖王，乃褒封神農之後於焦”，《集解》：“《地理志》弘農陜縣有焦城，故焦國也。”② 《水經注》：“昔周、召分伯，以此城爲東西之别。東城即虢邑之上陽也。虢仲之所都爲南虢。三虢，此其一焉。其大城中有小城，故

① 徐宗元輯：《帝王世紀輯存》，第 11 頁。

② 《史記・周本紀》，第 127 頁。

焦國也。武王以封神農之後于此。……戴延之云：城南倚山原，北臨黃河，懸水百余仞，臨之者咸悚惕焉。”[①] 因此在河南陝縣可能還有神農後裔。

但神農氏之後裔不僅僅在河南陝縣。《魏書》上黨郡長子，“羊頭山下神農泉，北有穀關，即神農得嘉穀處”。[②] 因此在山西之東南部，亦可能有神農後裔。神農氏的後裔似乎分布在晉南、豫北一帶，但神農氏的後裔爲甚麽會如此渺茫？這個值得進一步深入研究。

四、戎族的伏羲—神農時期

在論文［02］中給出的戎族部族如下：須句、顓臾；令支、孤竹、商族；夫餘、高句驪、沃沮、濊貉；越族。

伏羲氏之都城在豫東，後裔在魯南，其起源地在冀北，因此伏羲氏的地域在我國的東方，即從冀北往南到魯南、豫東。因此伏羲氏的範圍基本上覆蓋了須句、顓臾、令支、孤竹與商族。神農氏之都城亦在豫東，其出生地、葬地在長江流域，因此神農氏的地域在我國的南方，即從豫東往南包括長江流域的廣大區域。因此神農氏的範圍基本上覆蓋了商族與越族。

因此伏羲氏與神農氏當爲三皇時期在中國東部及南部的兩個戎族族群。

（一）戎族的伏羲—神農時期

1．伏羲—神農時期

在三皇時期，夏族還没有形成，但戎族已經有了。伏羲氏與神農氏

① （後魏）酈道元注，（清）楊守敬、熊會貞疏：《水經注疏・河水四》，第344—346頁。

② 《魏書・地形志二》，第2467頁。

應該就是戎族的兩個最大的族群，也許戎族當時還有其他族群，而且在這些族群之間可能還有某種聯繫與組織，但現在不得而知。當時除戎族、胡族之外周圍是否還有其他的族群，現在也不得而知。

戎族的伏羲氏與神農氏是相對獨立的。伏羲氏起源於北方，後來生活於黄河中下游，從事漁獵與畜牧，最後建都於陳；神農氏起源於南方，後來生活於長江中下游，從事農業，在伏羲氏之後神農氏也建都於陳。伏羲氏、神農氏先後以陳爲都。

在伏羲氏、神農氏時代，社會有了高度發展，《尚書序》説："古者伏羲氏之王天下也，始畫八卦，造書契以代結繩之政，由是文籍生焉。"[①]《易・繫辭》則説："包犧氏没，神農氏作。……耒耨之利，以教天下。……日中爲市，致天下之民，聚天下之貨。"[②] 這説明伏羲、神農是相繼執政，因此這兩個並行存在的族群構成一個歷史時代，不妨將其稱之爲伏羲—神農時代。

從上述事實可以看到，戎族是一個包括衆多族群的社會共同體，這個共同體控制了黄河的中下游、長江的中下游與江南地區。他们有畜牧业、農業，還有一定的商業，還可能有八卦、卜筮，有某種書契與文籍。他們還有一個共同的中央都邑，即陳。因此在夏族形成之前，戎族控制了相當廣闊的領地，其内部有南北兩個强大的族群，具有南北對立的結構。

2．伏羲、神農不同於炎、黄

夏族有炎、黄之分，而戎族有伏羲、神農之分，這是兩種完全不同的劃分。夏族的炎黄是姓氏制度下的"兩分組織"（見張肇麟《姓氏與宗社考

①《尚書正義・尚書序》，《十三經注疏》，第113頁。

②《周易正义・繫辭下》，《十三經注疏》，第86頁。

證》)。“兩分組織”的起源是兩姓的互爲婚姻，而戎族没有姓氏制度，因此也不會有强大的“兩分組織”。戎族之所以形成兩個部分當是由於擴張而産生的分裂。

戎族對立的南北兩極，有不同的起源神話，北方爲伏羲—女媧，而南方則起自盤古。不過傳説又認爲盤古也是從伏羲氏來的，因此整個戎族可能來自伏羲氏這一個源頭。

（二）戎族融入夏族

1．黄帝的征服

夏族是在甘肅隴山地區形成的。夏族從隴山地區逐步向黄河中下游遷移，因此立即與戎族發生接觸與衝突。《五帝本紀》説：“軒轅之時，神農氏世衰。諸侯相征伐，暴虐百姓，而神農氏弗能征。於是軒轅乃習用干戈，以征不享，諸侯咸來賓從。而蚩尤最爲暴，莫能伐。……於是黄帝乃徵師諸侯，與蚩尤戰於涿鹿之野。遂禽殺蚩尤，而諸侯咸尊軒轅爲天子，代神農氏，是爲黄帝。”[①] 因此黄帝從隴山地區一直擴張到燕山地區，征服了沿路的“諸侯”，纔最後打敗神農氏，建立了夏族的統治。這所謂“諸侯”就是戎族的族群。

從隴山到燕山，這一路有哪些族群，黄帝究竟征服了其中的哪些族群？這個問題將在其他地方討論，現在來分析一下黄帝征服戰爭的後果，以及征服戰爭對戎族的影響。

2．伏羲氏的特點

伏羲氏有許多特點，首先是八卦與卜筮。在遠古的政治領袖中唯有

① 《史記·五帝本紀》，第3頁。

伏羲氏帶有特別濃厚的神秘色彩，因此八卦可以說是伏羲氏最鮮明的特色。

這個現象戎族繼承下來了。雖然每個上古族群都有其鬼神信仰與占卜活動，但戎族最爲突出。以夏、商、周三族來說，商族就有其特殊之處。《表記》："子曰：'夏道尊命，事鬼敬神而遠之，近人而忠焉。……殷人尊神，率民以事神，先鬼而後禮。……周人尊禮尚施，事鬼敬神而遠之，近人而忠焉。'"① 在夏、商、周三者之中，商族對於鬼神與懲罰之重視，超過了夏族與周族。商族是"先鬼"而夏族與周族則是"近人"，因此《荀子》說："善爲《易》者不占。"② 商族"率民以事神，先鬼而後禮"，因此與夏族、周族有明顯的區別。

商族對占卜的重視也由於甲骨文的發現而得到了證實，而且商族對占卜的重視，是繼承了戎族的傳統，實際上是戎族的特點。如《三國志》說到倭人："其俗舉事行來，有所云爲，輒灼骨而卜，以占吉凶，先告所卜，其辭如令龜法，視火坼占兆。"③

在"通神明之德"與"類萬物之情"方面，那是每個民族都會有所發明，不會衹限於戎族，但是在夏族的經典中，只有《洪範》對此給出詳盡深入的說明。周武王在打敗殷紂王之後，對箕子說，"惟天陰騭下民……我不知其彝倫攸叙"④，於是箕子對周武王發表了這個長篇談話，成了儒家經典中非常有特色的一篇文獻。箕子是殷人，是戎族。因此《洪範》就體現了戎族在"通神明之德"與"類萬物之情"方面的特色。

對鬼神的尊重，導致對民的失禮，"殷人尊神，率民以事神，先鬼而後禮"。因此在戎族國家比較普遍地導致嚴刑酷法，所謂"先罰而後

① 《禮記正義·表記》，《十三經注疏》，第 1641 頁。
② 《荀子集解·大略》，《諸子集成》，第 333 頁。
③ 《三國志·烏丸鮮卑東夷傳》，第 856 頁。
④ 《尚書正義·洪範》，《十三經注疏》，第 187 頁。

賞”。在這一點上商族也很突出，“刑名從商”就表現了這一點。

3．神農氏的演變

同爲戎族，神農氏的傳説中缺少“率民事神”的内容。雖然《帝王世紀》也提道：“庖犧氏作八卦，神農重之，爲六十四卦。黄帝堯舜引而伸之，分爲二易。”[①]但是很明显可以看到，神農與黄帝、堯舜一樣處於陪衬的地位，神農氏没有神秘力量。例如《越絶書》載風胡子對楚王説：“時各有使然。軒轅、神農、赫胥之時，以石爲兵。……至黄帝時，以玉爲兵。……禹穴之時，以銅爲兵。……當此之時，作鐵兵，威服三軍。天下聞之，莫敢不服。此亦鐵兵之神。”[②]神農與軒轅、黄帝、夏禹一樣，他依靠武器，依靠現實的力量。

因此神農氏往往與夏族的聖人（黄帝、堯、舜、禹、湯、文、武）相提並論，例如《淮南子》：“昔夏商之臣，反讎桀纣而臣汤武，宿沙之民，皆自攻其君，而歸神農，此世之所明知也。”[③]將神農比諸湯武。《吕氏春秋》：“然而以理義斲削，神農黄帝猶有可非，微獨舜湯。”又：“以德以義，不賞而民勸，不罰而邪止。此神農、黄帝之政也。”[④]將黄帝、德、義作爲最高標準，這是夏族的政治倫理。

雖然《商君書》説：“伏羲神農，教而不誅。黄帝堯舜，誅而不怒。及至文武，各當時而立法，因事而制禮。”[⑤]但是在其他許多地方，總是將神農與伏羲分開，而與黄帝、堯舜、湯武歸併在一起。如：“故神農教耕而王天下，師其知也。湯武致彊而征諸侯，服其力也。今世巧而民淫，方傚湯武之時，而行神農之事，以隨世禁，故千乘惑亂，此其

① 徐宗元輯：《帝王世紀輯存》，第8頁。

② 李步嘉校釋：《越絶書校釋·越絶外傳記寶劍第十三》，北京：中華書局，2013年，第303頁。

③《淮南子·道應訓》，《諸子集成》，第202頁。

④《吕氏春秋·離俗覽》，《諸子集成》，第236、241頁。

⑤《商君書·更法》，《諸子集成》，第2頁。

所加務者，過也。”[①]“神農之世，男耕而食，婦織而衣，刑政不用而治，甲兵不起而王。神農既没，以彊勝弱，以衆暴寡，故黄帝作爲君臣上下之義、父子兄弟之禮，夫婦妃匹之合，内行刀鋸，外用甲兵，故時變也。由此觀之，神農非高於黄帝也，然其名尊者，以適於時也。”[②]當《吕氏春秋》强調尊師的重要性時，就説：

> 三曰：神農師悉諸，黄帝師大撓，帝顓頊師伯夷父，帝嚳師伯招，帝堯師子州支父，帝舜師許由，禹師大成贄，湯師小臣，文王武王師吕望周公旦，齊桓公師管夷吾，晉文公師咎犯隨會，秦穆公師百里奚公孫枝，楚莊王師孫叔敖沈尹巫，吴王闔閭師伍子胥文之儀，越王句踐師范蠡大夫種。此十聖人六賢者，未有不尊師者也。[③]

神農成了一個普通的聖人賢者，或者説成了一個夏族的聖人。因此越王問范蠡説：“上不逮於神農，下不及於堯舜，今子以至聖之道以説寡人，誠非吾所及也。”[④]因此神農是最高的聖人，堯舜則是最起碼的聖人，但他們都衹是世俗的聖人。《古史考》説：“庖犧氏作卦，始有筮。其後殷時巫咸善筮。”[⑤]則伏羲氏的鬼神與占卜信仰衹有商族有所繼承，實際上在文獻中，很少提到神農、黄帝、少昊、顓頊、堯、舜等在八卦卜筮方面的成就，《越絶書》説：“神農嘗百草、水土甘苦，黄帝造衣裳，后稷産穡、制器械，人事備矣。”[⑥]

---

① 《商君書·算地》，《諸子集成》，第 14 頁。
② 《商君書·畫策》，《諸子集成》，第 31 頁。
③ 《吕氏春秋·孟夏紀·尊師》，《諸子集成》，第 37 頁。
④ 李步嘉校釋：《越絶書校釋·越絶外傳枕中第十六》，第 342 頁。
⑤ 馬驌：《繹史·太皞紀》，第 17 頁。
⑥ 李步嘉校釋：《越絶書校釋·越絶外傳記地傳第十》，第 221 頁。

所有這一些現象説明神農氏實際上已失去戎族之基本特性。當夏族擴張到黄河中下游之後，就對戎族産生影響。夏族雖然繼承了伏羲氏的一些傳統，但是夏族具有更先進的社會制度與政治倫理（這個問題將在其他地方討論），於是戎族部族最後幾乎全部融入了夏族，神農氏也成了夏族的聖人。神農氏不同於伏羲氏正反映了戎族與夏族接觸之後所發生的演變。

［補注一］伏羲氏與考古文化

與伏羲氏直接有關的考古文化有二，即山東地區的考古文化和燕山南北的考古文化。在論文［02］的［補注一］中説明全國的黑陶遺址時，已經講到了這兩個地區的考古文化。現在再簡單地作一些説明。

（一）山東地區的伏羲考古文化

1．任、宿、須句、顓臾的遺迹

從地理環境來看，山東的開發時間是比較晚的。在遠古時代，現在的山東半島曾經是東、西兩個海島，後來由於海平面下降，兩個海島就與華北平原連在一起，形成了山東半島。因此現在山東半島可以劃分爲四個部分：膠東地區（原來的東島）、泰沂地區（原來的西島）、膠萊平原（原兩島之間的海峽）與魯西平原（原西島與大陸間的海峽）。據考證，現今的山東半島是公元前兩三千年時形成的，而且海島的痕迹現在還很明顯："西部平原則包含着由東平湖、獨山湖、微山湖構成的帶狀湖區。百分之九十以上的魯西北衝積平原在海拔 50 米以下，低矮的地勢使西邊湖帶周圍形成沼澤。"① 因此從地理環境來看，在公元前四五千年以前的三皇時代，今山東地區不大可能出現稠密的居民點，也就是説，伏羲氏的起源地當不會在今山東境内。實際上傳説伏羲氏都陳，那麼伏羲氏的中心地區不在今山東半島，而是在今河南東部。在山東半島留下的是伏羲後裔任、宿、須句、顓臾的遺迹。

根據考古資料，山東地區的黑陶遺址主要在原来西島的範圍，其中有兩個核

① 巫鴻：《從地形變化和地理分布觀察山東地區古文化的發展》，見蘇秉琦主編：《考古學文化論集（一）》，第165頁。

心地帶：一個在北部泰沂山脉北麓，即自濟南至濰坊一綫；另一個在南部從梁山經兖州、泗水至臨沂一帶。現在任、宿、須句、顓臾的地域爲東平至平邑一綫，正好位於南部的黑陶遺址地帶，即梁山、兖州、泗水、臨沂一帶的範圍。黑陶的分布可以作爲戎族的標志，這也正好説明：任、宿、須句、顓臾當屬於戎族，他們正是傳説的伏羲後裔。

2．關於兩城鎮類型

此外，在原来的東島上也是一個極爲重要的黑陶區域，但嚴文明認爲，它逐漸融合爲"膠東地區……自有起源和自己的發展譜系，只是後來同魯中南等地的文化聯繫越來越密切，相互影響越來越深，纔逐漸融合爲一個較大的大汶口—龍山文化體系。即使到那時，膠東地區原始文化的若干地方特性，仍是不應當忽視的"[①]。因此原来東島的居民與西島的居民可能並不屬於同一個系統。

實際上在東島的蓬萊紫荆山遺址，其考古文化分爲兩期。遺址的下文化層（一期）以紅陶、彩陶爲主，占 94%，而上文化層（二期）黑陶占 96.1%，並有蛋殼陶片。在這兩個文化層中難以找到任何直接繼承的關係。[②]因此東島的黑陶部族並不是最早到來的，巫鴻懷疑他們是從海上過來的。[③]現在看來，這些黑陶部族與跨湖橋—河姆渡文化有某種聯繫。

原来東島的文化曾經發展輝煌，日照兩城鎮遺址是他們的代表。"姚官莊有一整套以黑陶爲主、工藝技術高超，造型規整複雜的器物群……胎薄至 0.1 釐米以下的刻花鏤空蛋殼陶器爲當時並存的諸文化中所僅見，代表了這一文化製陶工藝的頂峰"[④]。

因此，在山東半島在遠古時代可能存在一個與伏羲系統不同的部族，他們可能源自杭州灣，由海路來到山東半島東部。

① 嚴文明：《膠東原始文化初論》，《史前考古論集》，第 236 頁。
② 山東省博物館：《山東蓬萊紫荆山遺址試掘簡報》，《考古》1973 年第 1 期。
③ 巫鴻：《從地形變化和地理分布觀察山東地區古文化的發展》，蘇秉琦主編：《考古學文化論集（一）》，第 177 頁。
④ 吴秉楠、高平：《對姚官莊與青堌堆兩類遺存的分析》，《考古》1978 年第 6 期。

（二）燕山南北的伏羲考古文化

1．上宅文化與雪山文化

燕山以南的考古文化有新石器時代中晚期的的上宅文化與雪山文化。

平谷的上宅遺址、北埝頭遺址等地的考古發掘，清楚表明遼西地區史前考古文化的時間序列是：興隆窪文化（公元前六千紀初—五千紀初）、趙寶溝文化（公元前五千紀前葉）、紅山文化（公元前五千紀後葉—四千紀末）、小河沿文化（公元前三千紀初年），然後是夏家店下層文化。小河沿的磨光黑陶具有“劃時代性”。①

（1）上宅文化

上宅遺址位於平谷縣城東北 17 公里處，南臨泃河，北靠燕山，因此上宅文化位於泃河流域。

上宅遺址的年代爲公元前 5400—前 4300 年。上宅遺址分三期，最早第 8 層屬於興隆窪文化，第 3—8 層屬於趙寶溝文化，而第 3 層相當於紅山文化中期。

（2）雪山文化

雪山文化遺址位於北京昌平縣城西 4 千米的雪山村，分爲兩期。雪山一期文化大约红山文化晚期，而二期文化當早於夏家店下層文化。二期文化之陶器，以夹砂和泥質褐陶爲主，其次是泥質黑陶、灰陶和红陶。

房山鎮江營遺址的新石器第三期當屬於雪山一期，發現了少量黑陶。在新石器第四期則有較大數量的黑陶。

因此在泃河流域及北京地區是一個黑陶區域，它與西遼河的黑陶區域是聯繫在一起的。《路史》謂伏羲氏“自有句而應世”，則此泃河流域與伏羲氏可能是有聯繫的，可能伏羲氏就是從這裏出發遷移到山東地區去的。

2．關於龍的考古發現

伏羲氏與龍有密切的聯繫，因此值得注意一下有關龍的考古發現。

---

① 楊虎：《遼西地區新石器——銅石并用時代考古文化序列與分期》，見河北省文物研究所編：《環渤海考古國際學術討論會論文集》，北京：知識出版社，1996 年，第 171、167 頁。

在全國考古發掘中所發現的最早的龍，當是在興隆窪文化的阜新查海遺址，該遺址的年代爲公元前 6000 年。“在整個聚落遺址的中心部位設有一個小型廣場，在廣場内用較均匀的紅褐色石塊擺塑一個龍的形象，在大型龍形堆塑的南側有墓葬及祭祀坑。在遺址中心偏北處發現一座大型房址（46 號房址），面積爲 120 平方米，在該房子中出土一對石鏟，比其他房址出土的石鏟大一倍”，“龍全長 19.7 米，龍身寬 1.8—2 米”①。

後來在趙寶溝文化的敖漢旗小山遺址中發現的“尊形器所飾三種動物紋飾中的豬首龍，與紅山文化豬首玉龍相比照……被認爲是最早的龍的形象之一”。在南臺地房址出土尊形器上紋飾的“鹿首龍”可能就是後來“龍”的形象。這些尊形器的年代約爲前 5200—前 4200 年。這一些情況説明：“中華民族最早的龍，可能首先誕生於北方地區。”②

後來在河南濮陽西水坡遺址仰韶文化中，出土了大型“蚌殼龍”，長 1.78 米，相當完整地表現了龍的基本特徵，與後世的龍基本相似，不過年代已經比較晚，這時候夏族可能已經到達黄河中下游，時間約爲公元前三四千年。③因此伏羲氏的時代可以約略估計爲距今萬年以前。從龍的發現情況來看，伏羲氏很可能是從西遼河流域遷移到洵河流域，然後往南遷移到山東地區。

無獨有偶，在大溪文化時期，在湖北黄梅白湖鄉張陳村焦墩遺址，“發現了一條與河南濮陽龍圖案時代大體相當的用河卵石擺塑的巨龍圖案。[《中國文物報》1993 年 8 月 22 日報導：《黄梅發現新石器時代卵石擺塑巨龍》（陳樹祥）] 這一龍形圖案全長 4.46 米，頭朝正西……頸至頭頂高達 2.26 米。龍頭形爲牛頭，上有冠狀飾。……色彩各異的河卵石使龍圖案顯得鱗光閃閃。……這一龍形象是同時代已發現的最大者，爲長江流域第一龍。它的發現，表明長江流域和黄河流域同是龍文化的故鄉”④。

龍塑的出現應該説明差不多同時，龍從遼西傳播到了河南濮陽，也可能從吳越傳播到了湖北黄梅。這一些都是戎族社會的現象。考古文化顯示了長江下游對中游的傳播。

① 田廣金、郭素新：《北方文化與匈奴文明》，第 53、58 頁。
② 田廣金、郭素新：《北方文化與匈奴文明》，第 77—78、66、78 頁。
③ 鄭傑祥：《新石器文化與夏代文明》，第 93、218、101 頁。
④ 劉彬徽：《江漢文化與荆楚文明》，第 40—41 頁。

［補注二］神農氏與考古文化

（一）有關農業的考古

神農氏的特徵就是發展農業，特别是種植水稻，那麼中國的水稻種植是從什麼地方開始的?

1．長江中游

嚴文明説："公元前 1 萬年以前至前 7000 年的新石器時代早期，可視爲稻作農業的萌芽期或發韌期。現知屬於這一時期的遺址還衹有玉蟾岩、仙人洞和吊桶環三處。……新石器時代中期（前 7000—前 5000 年）稻作農業得到初步發展……這時期稻作農業的中心區當在長江中游的彭頭山文化和城背溪文化範圍内。……可以把這一時期作爲稻作農業的確立期。新石器時代晚期（前 5000—前 3000 年）是稻作農業发展的重要时期，發現有稻作遺存的地點約有 60 處之多，其中長江中下游約有 50 處，其餘在黄淮流域。……各種迹像表明，這時稻米已成爲人們的主要食糧。"①

湖南道縣玉蟾岩出土了距今 12000—10000 年的水稻遺存。"經鑒定，1993 年出土的稻穀爲普通野生稻，但具有人類初期干預痕迹。1995 年出土的稻穀爲栽培稻，兼具野、秈、粳的特徵，是一種由野生稻向栽培稻演化的古栽培稻類型"②。

後來湖南澧縣八十壋遺址出土了距今約 9000—8000 年的水稻遺存，爲原始古

① 嚴文明：《農業發生與文明起源》，北京：科學出版社，2000 年，第 20—21 頁。

② 張文緒、裴安平：《湖南道縣玉蟾岩古栽培稻的初步研究》，《作物學報》1998 年第 4 期。轉引自席道合：《史前農業發展歷程與炎帝時代中國文化格局》，劉正主编：《炎帝文化與 21 世紀中國社會發展》，長沙：岳麓書社，2002 年。

栽培稻。“從湘江中上游到洞庭湖區，都已栽培水稻。發現水稻遺存的數量較前大大增加……八十壋遺址已收集的稻穀和稻米就有 1.5 萬粒。……八十壋遺址出土了大量的木耒、木鏟、木杵、木鑽……單個遺址規模擴大，出現了像八十壋那樣的環壕聚落”。1997 年在湖南澧縣城頭山遺址的城墻下發現了三丘古稻田，距今約 6500—6200 年，“是目前已揭露的世界最早的水稻田。在水稻田附近，還有人工開挖的水溝和水坑，説明了原始的灌溉系统已經形成”[①]。

從考古文化可以看到，中國的水稻種植最早可能是在洞庭湖地區發展起来的。

2．長江下游

（1）蕭山跨湖橋遺址

浙江蕭山跨湖橋遺址，位於浦陽江下游。

1990 年發現並初步發掘，2001 年 、2002 年連續發掘，遺址的年代確定爲距今 8000 多年到 7000 年。

跨湖橋遺址發現稻作農業，“稻遺存在跨湖橋遺址的分布是比較廣泛的。……在 1000 餘粒稻遺存中，稻穀 196 粒，占 18.4%；稻米 369 粒，34.7%；秘穀 498 粒，46.9%”。“從粒形分析結果看，跨湖橋遺址的古稻明顯區別於野生稻，是人類馴化後的栽培稻”[②]。

跨湖橋的稻作農業並不是孤立的。在距今 7000—6000 年。浙江河姆渡遺址、羅家角遺址，江蘇草鞋山遺址，上海崧澤遺址都發現了大量的稻遺存。[③]

（2）浦江上山遺址

在長江下游，跨湖橋遺址的農業還不是最早的。上山遺址位於跨湖橋遺址南約 100 千米，在浦陽江上游。

上山遺址的年代爲距今 11000—9000 年。“上山遺址夾炭陶片的表面有大量的穀殼印痕，胎土中夾雜大量的穀殼。……對陶片中穀殼形狀的初步觀察是，粒的

① 席道合：《史前農業發展歷程與炎帝時代中國文化格局》，劉正主编：《炎帝文化與 21 世紀中國社會發展》，第 128、129 頁。

② 浙江省文物考古研究所、蕭山博物館編：《跨湖橋》，北京：文物出版社，2004 年，第 273 頁。

③ 浙江省文物考古研究所、蕭山博物館編：《跨湖橋》，第 275 頁。

長度比野生爲短，粒的寬度比野生稻大，與野生稻有所不同，可能是一些經人類選擇的早期栽培稻”[①]。

（3）與皂市下層文化的聯繫

因此從年代來看，杭州灣與洞庭湖流域是中國兩個農業發展最早的地區，許多人都注意到這兩個地區之間是有聯繫的。特別跨湖橋文化與皂市下層文化的聯繫，即跨湖橋遺址與皂市、胡家屋場、湯家崗等遺址（年代爲距今 8000—7000 年）的聯繫。在跨湖橋發掘報告中就説：“皂市下層文化的主要特徵是，陶系以夾炭紅衣陶爲主。陶器總體以圜底器、平底器爲主，不見或少見三足器。……從陶器的製作水平、風格形態，到石器的粗樸特徵，與跨湖橋遺址相比，區别是明顯的。……問題在於，正是一些與本區域文化傳統不相容的因素，却在長江中游地區找到了參照系。……實際上，兩地間的聯繫，從羅家角遺址出土白陶開始，已經提了出來。白陶是長江中游陶器的創造性成就。……跨湖橋遺址爲長江中下游地區文化上的這種交流現象提供了新的證據。”[②] 儘管長江中、下游之間的聯繫十分令人矚目，但是其間的區别也不能忽略。

例如有學者提出水稻與旱稻的問題。張崇根説：“水田和灌溉系统的出現是水稻栽培的主要標志。跨湖橋遺址不具備栽培水稻的要素。……蔣樂平先生……明確地説：《跨湖橋》報告‘之所以没有引出“水田稻”的概念，是因爲所在位置不具備相應的遺迹特徵。’”張崇根進一步説：“‘跨湖橋人’使用簡單的工具説明，他們衹能種陸稻，而不可能種水稻。”[③]

跨湖橋生産的究竟是水稻還是旱稻，需要進一步研究。但是 1997 年在澧縣城頭山遺址已經發現了距今約 6500—6200 年的古稻田，還有灌溉系统，因此洞庭湖地區生産的一定是水稻。那麽跨湖橋所代表的農業文化與城頭山所代表的農業文化，儘管有一定的聯繫，但很可能屬於不同的系統。

---

① 蔣樂平、鄭建明等：《浙江浦江縣發現距今近萬年的早期新石器時代遺址》，《中國文物報》2003 年 11 月 7 日。轉引自浙江省文物考古研究所、蕭山博物館編：《跨湖橋》，第 331 頁。

② 浙江省文物考古研究所、蕭山博物館編：《跨湖橋》，第 333 頁。

③ 張崇根：《跨湖橋文化先民栽培的可能是陸稻》，林華東、任關甫主编：《跨湖橋文化論集》，第 92、93頁。

水稻生產在江漢平原有巨大的發展，例如："大溪文化不少遺址的周圍有大面積的水田，表明稻作農耕水平有了進一步的提高，已進入了鋤耕甚至犁耕（石木結合）階段。……例如，在松滋桂花樹遺址的大溪文化層内，就有厚達數十釐米密結成層的炭化稻穀灰。"①

因此可以初步得到下列結論：洞庭湖、江漢平原是我國最重要的、也是最早出現的水田農業地區。再聯繫仙人洞與吊桶環遺址（在江西東北部的萬年，1995年發掘），看來稻作農業发展最早的地方當在長江中游。

（二）神農氏的地域與年代

1．神農氏與炎帝

對神農氏的地域與年代，文獻記載非常混亂，原因是古籍中常把神農氏與炎帝混淆起來了。由於把神農氏稱爲炎帝，對神農氏的研究就容易走進誤區。如王獻唐把神農氏看成炎帝，因此他認爲神農氏是從西方來的，他種的是"麥"。他再就從漢字的發音來研究，認爲麥就是"來"，也就是"賴""列""厲"等。於是他解釋了神農氏又稱列山氏、連山氏、麗山氏的緣由。②其實神農氏種的應該是稻而不是麥。

神農氏與炎帝混淆，這個問題到現在都没有解决。2001 年在北京召開了一次"炎帝文化與 21 世纪中國社會發展"的學術研討會，名爲炎帝，但所講的實際上幾乎全是神農氏。例如："中國古史傳説時代的炎帝時期，其分布地區，主要是在長江中游的湖北和湖南北部。"又説這個地區的考古文化是彭頭山文化、城背溪文化以及後來的大溪文化、屈家嶺文化、石家河文化。③這裏對所謂的"炎帝"的地域與文化都説得很明確，顯然這個"炎帝"正是神農氏，絶不是與黄帝一起的那個炎帝。與黄帝、炎帝有關的文化應該是仰韶文化與龍山文化而不是城背溪文

① 劉彬徽：《江漢文化與荆楚文明》，第 36 頁。
② 王獻唐：《炎黄氏族文化考》，濟南：齊魯書社，1985 年，第 272、406 頁。
③ 吴汝祚：《談炎帝時期的文化及其特點和意義》，劉正主編：《炎帝文化與 21 世纪中國社會發展》，第 86頁。

化與大溪文化，與黃帝、炎帝有關的地域應該是陝西、山西、河南、河北而不是湖南、湖北。

又如劉彬徽說，對炎帝文化“存在着南、北兩個系統的不同説法”[①]，也就是説，有兩種炎帝文化，一種是北方系統的炎帝文化，那個炎帝可以歸併於黃帝的系統，如《國語·晋語》“黃帝以姬水成、炎帝以姜水成”；另一種是南方的炎帝文化，這個炎帝是南方地區的遠古人物，是“早期農耕文明的代表和象徵”。他説，由於存在兩種炎帝文化，近代學者就分成“北方派”與“南方派”兩類，如徐旭生屬於北方派，蒙文通屬於南方派，劉彬徽本人是南方派，他的理由是中國文化中存在一個南方系統，與北方系統是並立的，如北方系統中四方名以東方爲首，而南方系統以南方爲首。兩個系統中，月份名稱不一樣，音律的名稱也不一樣等。

其實問題不在於中國有兩個文化系統，問題在於以往把神農氏與炎帝混淆了。炎帝是夏族的祖先，他與黃帝構成姬、姜兩個對偶姓組，因此“黃帝以姬水成、炎帝以姜水成”，那就是炎帝，不是神農氏。神農氏是戎族的祖先，是農耕文明的代表，這就是神農氏，不是炎帝。

因此，所謂北方的炎帝文化，就是炎帝文化，其實就是夏族文化，而所謂南方的炎帝文化，就是神農氏文化，也就是戎族文化。是兩回事，並没有什麼矛盾或混亂。之所以產生混亂無非是把神農氏叫作南方的炎帝，因而把神農氏文化也叫作炎帝文化，於是“炎帝文化”的含义就很混亂了。這就是劉彬徽所説的“我國自東漢以後以中原爲中心的正統論的影響，對南方系統的古籍及各種有關南方的説法，往往予以失載失傳，甚至曲解”[②]。其實這個問題並不複雜，“有關南方的説法”既没有“失載”，也没有被特別“曲解”，衹不過誤把神農氏説成炎帝，產生了混亂。並不是對炎帝文化有什麼不同的看法，衹要把南方的炎帝還原爲神農氏，就没有兩個學派的問題了。

---

① 劉彬徽：《炎帝文化研究再論》，劉正主編：《炎帝文化與21世紀中國社會發展》，第14頁。

② 劉彬徽：《炎帝文化研究再論》，劉正主編：《炎帝文化與21世紀中國社會發展》，第14頁。

2. 有關神農氏地域與年代的記載

關於神農氏的記載相當多，有的互相矛盾。例如出生地就有各種不同的説法，但是關於神農氏有一個共同的説法，就是他發明農業，“教天下種穀”，可謂衆口一词。關於炎帝也有許多記載，但也有一個共同點，就是炎帝與黄帝有無法分割的關係，或者是兄弟或者是死對頭。這兩點就足以把神農氏與炎帝區别開來了。因此許多關於神農氏的記載應該删除，例如：“神農氏姜姓也。母曰任姒，有喬氏之女，名登爲少典妃。”[①]這個神農氏實際上是炎帝，並非神農氏，因此應該删除。這樣一來，有關神農氏的記載就不太多了。大體上祇有：

> 神農氏起列山，謂列山氏，今隨厲鄉是也。
>
> 初都陳，又徙魯。又曰魁隗氏，又曰連山氏，又曰列山氏。[②]
>
> 神農始教天下種穀，故人號曰神農。”“始教天下耕，種五穀而食之，……嘗味草木，宣藥療疾。……著《本草》四卷。[③]
>
> 在位百二十年而崩，葬長沙。
>
> 神農葬茶陵。[④]
>
> 本起烈山，或稱烈山氏。在位一百二十年而崩。納奔水氏女，曰聽談，生帝臨魁，次帝承，次帝明，次帝直，次帝釐，次帝哀，次帝榆罔，凡八代，及軒轅氏也。[⑤]
>
> 在位百二十年而崩，至榆罔，凡八世，合五百三十年。[⑥]

因此長江中游的水稻種植似乎正是神農氏的事迹，神農氏不代表農業最原始的萌芽時代，也不代表農業繁荣的時代，神農氏應該代表農業從正式産生到成熟

---

① 徐宗元輯：《帝王世紀輯存》，第11頁。
② 徐宗元輯：《帝王世紀輯存》，第12頁。
③ 徐宗元輯：《帝王世紀輯存》，第13頁。
④ 徐宗元輯：《帝王世紀輯存》，第11、14頁。
⑤ 徐宗元輯：《帝王世紀輯存》，第10頁。
⑥ 徐宗元輯：《帝王世紀輯存》，第12頁。

的時代。

玉蟾岩、仙人洞和吊桶環是農業的萌芽期，距今 12000—9000 年。另一方面彭頭山、八十壋、皂市、湯家崗等，是農業技术成熟期，距今 9000—7000 年。因此不妨將距今 11000—8000 年作爲神農氏時代。

（三）伏義氏與神農氏

1．兩個獨立的族群

根據農業考古，中國的水稻種植應該起源於湖南的澧陽平原與湖北的江漢平原。因此傳説神農氏生於湖北隨縣，葬於湖南長沙或茶陵。這些地方正位於水稻區域内。那麽千百年來的傳説應該反映了真實的歷史。

與神農氏有關的還有黑陶。中國的黑陶遺址比較集中地分布於下列四個地區：東北地區、山東地區、太湖—杭州灣地區以及江漢—洞庭湖地區（見論文［02］的［補注一］）。因此黑陶族群可以分爲南北兩個部份：北部的黑陶族群分布於渤海沿岸（即東北地區與山東地區）；南部黑陶族群分布於長江南岸（即太湖—杭州灣地區以及江漢—洞庭湖地區）。從黑陶遺址來看，戎族必定存在一個南北對立的結構。

在［補注一］中已經看到，伏羲氏的地域是在燕山南北至山東半島一帶，現在看到神農氏的地域在長江中游，那麽伏羲氏與神農氏可能正是北、南的兩個戎族族群的代表。當然這是很粗略的説法。山東的戎族部族未必屬於一個單一的系統，例如從考古文化來看，在魯東地區沿海的戎族部族，與魯中地區的戎族可能不屬於同一個系統（見論文［02］的［補注一］）。同樣，杭州灣的戎族部族與洞庭湖地區的戎族也可能不屬於同一個系統（見前邊關於跨湖橋農業的討論）。很可能有一個沿海的黑陶族群分布於東海、黄海沿岸。

雖然三皇時代的歷史還是很不清晰，但是從黑陶的情况來看，三皇時代的居民可能由北、南兩個主要部族組成。這兩個部族有密切的聯繫，因爲傳説伏羲氏與神農氏先後以陳爲都，這個現象説明這兩個部族已經組成某種共同體。

由於伏羲氏與神農氏先後以陳爲都，因此三皇時代可能分爲兩個時期，即伏羲時期與神農時期，伏羲氏早於神農氏。再從農業以及陶器的發展情况來看，可以對三皇時代的起始時代作出粗略的估計。

前面我們說過，農業可能是距今 12000 年時開始出現的。再看陶器的生産，嚴文明說陶器可能是距今 15000 年時開始出現：

陶器的發明已經有一萬多年的歷史。泥土的主要成分含水矽酸氧化鋁，只要加熱到 600℃以上，就會失去結構水而陶化。中國大約是距今 15000 年左右出現陶器的。在廣西桂林的廟岩、湖南道縣的玉蟾岩、江西萬年的仙人洞和吊桶環都發現了距今一萬五六千年的陶片或陶器。玉蟾岩的陶器最爲完整。此外，又在河北陽原泥河灣發現了距今 12000 年以前的陶片，而在河北徐水南莊頭發現距今 11000 年的陶器。①

那麽中國陶器生産的歷史可以追溯到距今 15000 年。

前面說過，從距今 11000 年到距今 8000 年，可以看作神農氏的時代，那麽從距今 15000 年到距今 11000 年，可以初步估計爲伏羲氏的時代。

2．並立族群的淵源

爲什麽會形成南北兩個戎族族群呢？

從近代民族遷移以及從地理形勢來看，中國的戎族可能來自東南亞、太平洋的遷移活動。在遠古時代，戎族可能是從東南亞或密克羅尼西亞等太平洋島嶼出發，他們可能沿臺灣島、琉球群島北上，或者他們在大陸上沿東海、黄海的海岸地區北上，到達朝鮮半島以及東北地區。這就是伏羲氏的族群，他們形成在前。

另一方面，戎族也可能從中國的東南沿海出發，向鄱陽湖、洞庭湖地區推進，最後到達江漢平原。之所以認爲戎族可能從東南沿海出發，其理由是在黑陶遺址中，杭州灣的黑陶年代最早而且數量多，很可能是黑陶的起源地。因此長江中游之戎族當是以杭州灣等東南沿海爲中心，向内陸推進。這當即神農氏的族群。

在論文［01］的［補注一］曾說明，從彩陶遺址的分布中可以看到中國的彩陶可能起源於隴山地區，那麽類似的，中國的黑陶可能起源於東南沿海。

---

① 嚴文明：《農業發生與文明起源》，第 27 頁。

[10] 山戎與海濱之戎族

在五帝时期，生活於現在中國境内的部族大體上分属夏、戎、胡三族。那麼有哪些部族屬於戎族？根據對黑陶的分析，東北之濊貉、夫餘、高句驪等屬於戎族，杭州灣地區之百越也當屬於戎族（見論文［01］）。根據對於伏羲氏的分析，山東半島的伏羲後裔當屬於戎族（見論文［09］）。本文將説明，遼西之山戎、孤竹與令支，還有河北渤海沿岸之宿沙氏亦當屬於戎族。

正是由於存在這些戎族，後來商族纔能够順利地從東北通過燕山地區進入易水、滹沱河流域，然後向南擴展，建立了商朝。過了幾百年，當商朝最後崩潰時，部分商族正是反過來向北走，通過燕山地區撤退到遼東與朝鮮半島，在那裏建立了箕氏朝鮮，又维持了近八百年。

一、山　戎

（一）山戎

1．山戎的歷史

山戎在五帝时期即已出現，《五帝本紀》謂堯舜時："北山戎、發、息慎。"[①] 又《匈奴列傳》："唐虞以上有山戎、獫狁、葷粥，居于北

①《史記·五帝本紀》，第 43 頁。

蠻，隨畜牧而轉移。”[①] 因此山戎分布於北方，與肅慎、獫狁相提並論，即所謂北蠻。但《逸周書・王會解》“北方臺正東”爲高夷、獨鹿、孤竹、不令支、不屠何、東胡、山戎[②]。則山戎當位於東北。

燕山南北是交通要道，許多部族通過這裏來去遷徙，但這個地區歷史上最重要的部族是山戎。春秋時，山戎非常强大。《匈奴列傳》：“燕北有東胡、山戎。”[③]《左氏僖九年傳》謂周天子之使宰孔對晋侯説：“齊侯不務德而勤遠略，故北伐山戎、南伐楚。”[④] 當時是齊桓公霸業鼎盛的時候，所謂“三匡天子、九合諸侯”，而最主要的“遠略”還是北伐山戎而南伐楚。《管子》説：“（齊桓公）三年教人，四年選賢以爲長，五年始興車踐乘。遂南伐楚，門傅施城；北伐山戎，出冬蔥與戎叔，布之天下。果三匡天子而九合諸侯。”[⑤] 故在齊桓公的霸業中，南伐楚與北伐山戎是兩個最重大的事件，可見得山戎力量之强大。

但在戰國之後，山戎銷聲匿迹了。

2. 對山戎的誤釋

對山戎的理解一直很混亂。許多人以爲山戎即匈奴。如《五帝本紀》謂黄帝“北逐葷粥”，《索隱》：“匈奴别名也。唐虞已上曰山戎，亦曰熏粥，夏曰淳維，殷曰鬼方，周曰玁狁，漢曰匈奴。”[⑥]

也有人以爲山戎即鮮卑或北狄。如《國語》“北伐山戎”，韋昭注：“山戎，今之鮮卑。”[⑦]《封禪書》“寡人北伐山戎”，《索隱》：“服虔

---

①《史記・匈奴列傳》，第 2879 頁。

② 黄懷信、張懋鎔、田旭東：《逸周書彙校集注》，第 933 頁。

③《史記・匈奴列傳》，第 2883 頁。

④《春秋左傳正義・僖九年》，《十三經注疏》，第 1800 頁。

⑤《管子校正・戒》，《諸子集成》，第 157 頁。

⑥《史記・五帝本紀》，第 6 頁。

⑦ 徐元誥：《國語集解・齊語》，第 233 頁。

云：‘蓋今鮮卑是。’”[①] 又如《春秋經》“齊人伐山戎”，杜注：“山戎，北狄。”[②]

這些注解把山戎與鬼方、玁狁、匈奴、鮮卑、北狄、北戎混爲一談。其實鮮卑（即東胡）與匈奴都是胡族，肅慎也是胡族（見論文［01］、［02］），而山戎是戎族，蒙文通謂山戎與穢貉屬於同一個民族。[③] 這個意见是正確的。

（二）春秋時山戎之地域

在齊桓公時山戎之地域比較明確，《匈奴列傳》説“燕北有東胡、山戎”，山戎當爲燕之北鄰。燕是夏族，山戎是戎族，因此當山戎南下時，就要與燕國直接衝突。而齊是夏族的侯伯，因此山戎就必須與齊國作戰。《匈奴列傳》曾記載山戎歷史的重大事件如下：“山戎越燕而伐齊，齊釐公與戰于齊郊。其後四十四年，而山戎伐燕。燕告急于齊，齊桓公北伐山戎，山戎走。”[④]

《穀梁莊三十年傳》記載這件事説：“齊人伐山戎。……桓内無因國，外無從諸侯，而越千里之險，北伐山戎，危之也。……燕，周之分子也（范寧注：分子謂周之别子孫也），貢職不至，山戎爲之伐矣（范寧注：言由山戎爲害，伐擊燕，使之隔絕於周室）。”[⑤] 原来山戎控制了燕國，使其無法與周朝往來，於是齊國伐山戎。《穀梁莊三十年傳》又説：齊桓公“越千里之險，北伐山戎，爲燕辟地。”[⑥] 齊桓公如何爲燕辟地？

當時在燕國附近還有其他國家。首先是孤竹、令支，還有黄洛，他們

---

① 《史記・封禪書》，第 1361、1362 頁。

② 《春秋左傳正義・莊三十年》，第 1782 頁。

③ 蒙文通：《赤狄東遷考》，見《禹貢》第 7 卷第 1、2、3 期。

④ 《史記・匈奴列傳》，第 2881 頁。

⑤ 《春秋穀梁傳注疏・莊三十年》，《十三經注疏》，第 2388 頁。

⑥ 《春秋穀梁傳注疏・莊三十一年》，《十三經注疏》，第 2389 頁。

都是商朝的諸侯國，因此都是戎族。《讀史方輿紀要》：“令支城，在府（永平府）東北。春秋時山戎屬國也。……《水經注》：‘濡水東南經令支故城。’舊志云：城蓋在遷安縣東也。”又：“孤竹城，府西十五里。《世記》：‘湯十有八祀，封墨胎氏孤竹國，後九葉孤竹君二子伯夷、叔齊以讓國逃去’。……《括地志》：‘孤竹古城在盧龍城南十二里。’”①

因此齊桓公伐山戎，是進入戎族的聚集地，如《秦本紀》：“成公元年……齊桓公伐山戎，次于孤竹。”《正義》：“《括地志》云：‘孤竹故城在平州盧龍縣十二里，殷時諸侯竹國也。’”② 又如：“灤州……本古黄洛城。……齊桓公伐山戎，見山神俞鬼，即此。”③《讀史方輿紀要》：“義豐廢縣，今州（灤州）治。……《郡縣志》：‘黄洛故城，殷時諸侯國。’《古史》：‘武丁析孤竹之地封功臣黄洛爲侯國。’又《遼志》云：‘黄洛水北出盧龍山，南流入濡水，城因以名。’”④ 齊桓公戰勝，因而鞏固了他的霸主地位。

這一次山戎受到齊桓公沉重的打擊，《説苑》：“齊桓公將伐山戎孤竹，使人請助於魯。魯君進羣臣而謀。皆曰：‘師行數千里，入蠻夷之地，必不反矣。’於是魯許助之而不行。齊已伐山戎孤竹……桓公乃分山戎之寶，獻之周公之廟。”⑤ 既然山戎國家之寶器成了齊桓公的戰利品，山戎必是大敗，以後不見於史籍。

因此山戎在商周之際南下河北盧龍一帶，春秋時被齊桓公打敗，领土被燕國吞併。

---

①（清）顧祖禹：《讀史方輿紀要・北直八》，第751、752頁。

②《史記・秦本紀》，第185頁。

③《遼史・地理志四》，第500頁。

④（清）顧祖禹：《讀史方輿紀要・北直八》，第771頁。

⑤（漢）劉向：《説苑校證・權謀》，第324頁。

（三）古代山戎之地域

山戎本是五帝时期的古族，在春秋時期生活於燕山南北，那麼山戎以前生活於何處?

1．大寧衛

明代的北京城爲“順天府”，其東邊爲“永平府”（其轄區爲灤河下游及山海關）。在順天府與永平府的北邊設置了三個保衛京城的軍事警戒區，自西而東爲“萬全都司”（即“萬全都指揮使司”）、“北平行都司”（即“北平行都指揮使司”）以及“遼東都司”（即“遼東都指揮使司”）。這是明代的體制。在軍事警戒區内部，不設府、縣而設置衛、所。萬全都司下設15個衛，北平行都司下設10個衛。而遼東都司下設25個衛。

最值得注意的是北平行都司，它在順天府的正北邊。北平行都司的面積很大，其南界爲長城，北界爲西遼河，西至今内蒙古正鑲白旗，而東至今遼寧北票、朝陽。

北平行都司内設置10個衛，其中最重要的是大寧衛（位於今内蒙古寧城），其次爲開平衛（位於今内蒙古多倫）。《明史》:“大寧衛，（洪武）二十年八月置衛。九月分置左、右、中三衛，尋又置前、後二衛。二十八年四月改左、右、後三衛爲營州左、右、中三護衛。……洪武二十四年四月，寧王府建於此。”[①] 因此大寧衛是一個很重要的地域，明太祖封其兒子權爲寧王，就封在這個地方。不僅地位重要，而且領域面積也很大。

《讀史方輿紀要》:“大寧衛，古营州地，夏、商時冀州地，周爲幽州地，春秋時亦爲山戎地，戰國時屬燕。秦屬遼西郡，兩漢因之，漢末

---

① 《明史·地理志一》，第906頁。

爲奚所據。……元至元七年改曰大寧路。……（洪武）二十年建大寧衛。……永樂初廢。（鄭曉云："永樂初以大寧地盡畀兀良哈……失計甚矣！"）"[①]根據顧祖禹的説法，春秋時山戎控制了大寧衛的地域。那麽在春秋時期之前，山戎在何處？

2．兀良哈

《讀史方輿紀要》："兀良哈，在大寧衛北。其地東接海西（泛指牡丹江以西地），西連開平（開平衛在今内蒙古正藍旗、多倫一帶），北抵北海（當指北方僻遠之處）見［04］四海）。古山戎地，秦爲遼西郡北境。漢爲奚人所據。"[②]看來山戎原是從兀良哈南下大寧衛的。

山戎故地兀良哈，北起嫩江流域，包括洮兒河與綽爾河，南到西遼河，因此兀良哈是一個很大的地域，《明史》謂兀良哈即明代朵顏衛、福餘衛、泰寧衛等三衛之地："朵顏、福餘、泰寧，高皇帝所置三衛也。其地爲兀良哈，在黑龍江南，漁陽塞北。漢鮮卑、唐吐谷渾、宋契丹皆其地也。元爲大寧路北境。"[③]因此兀良哈位於今内蒙古東部，但是其界綫不清楚，大體上就是北自嫩江下游，南抵西遼河下游。

根據顧祖禹的説法，在上古時期，山戎當控制了嫩江下游，因此與吉林西部的濊貊集團（夫餘、高句驪等）相鄰。然後逐步南下，控制了從嫩江到西遼河的南北地帶。最後進一步南下，進入老哈河流域與灤河流域。

值得注意的是，當山戎逐步南下時，在東邊的夫餘、高句驪也逐步南下，來到了鴨緑江流域。這一些是戎族古代的重要遷徙活動（見本文的［補注一］）。

---

①（清）顧祖禹：《讀史方輿紀要・北直九》，第826—828頁。

②（清）顧祖禹：《讀史方輿紀要・北直九》，第847頁。

③《明史・外國列傳九》，第8504頁。

二、令支、孤竹、無終

在燕山南北，曾有許多與山戎有關之國家，包括令支、孤竹、無終等。《國語》謂齊桓公“北伐山戎，刜令支，斬孤竹而南歸”，韋昭注謂令支、孤竹“二國，山戎之與也”。[①] 還有無終，《國語》韋昭注謂“無終，山戎之國”[②]。這些國家都有悠久的歷史，但没有得到仔細的研究。

（一）令支與孤竹

山海關是中原與東北之間的重要關口，此處在清代爲永平府，隋唐時稱爲平州。《太平寰宇記》：“平州……春秋時爲山戎孤竹、白狄肥子二國地。……戰國時地屬燕。秦兼天下，爲右北平及遼西二郡之地。……領縣三：盧龍、石城、馬城。”[③]

1. 令支與孤竹之位置

令支與孤竹在今河北盧龍縣，盧龍縣在漢代爲肥如縣，縣有令支城、孤竹城、朝鮮城。“孤竹城，在今縣東。殷之諸侯，即伯夷、叔齊之國。又按《縣道記》云：‘孤竹城在肥如縣南十二里。’”[④]

根據《水經注》，令支與孤竹即位於濡水及玄水之會合處。濡水即今灤河[⑤]；而玄水即今青龍河[⑥]。二水會合處即今河北之盧龍。

① 徐元誥：《國語集解·齊語》，第233頁。
② 徐元誥：《國語集解·晋語七》，第411頁。
③（宋）樂史：《太平寰宇記·平州》，第1417頁。
④（宋）樂史：《太平寰宇記·平州》，第1419頁。
⑤（清）胡渭：《禹貢錐指》，2013年，第62頁。
⑥（後魏）酈道元注，（清）楊守敬、熊會貞疏：《水經注疏》注，第1252頁。

2．孤竹

孤竹是商代的一個重要的諸侯國，《伯夷列傳》："伯夷、叔齊，孤竹君之二子也。"《索隱》："孤竹君，是殷湯三月丙寅日所封。……其君姓墨胎氏。"[①]《讀史方輿紀要》永平府盧龍縣，"孤竹城，府西十五里。《世記》：'湯十有八祀，封墨胎氏孤竹國，後九葉孤竹君二子伯夷、叔齊以讓國逃去。'"[②]伯夷、叔齊爲商之遺老，在商朝亡國後，不食周粟而死。（他倆似乎在讓位後，南下居於首陽。）

孤竹的領域可能是比較大的，《遼史》："興中府……古孤竹國。"[③]《讀史方輿紀要》龍城，"商、周爲孤竹國地，春秋時爲山戎地，戰國屬燕"[④]。興中府或龍城即今遼寧朝陽。

因此孤竹國至少從灤河下游延伸到大凌河流域，控制了遼西走廊的很大一部分。孤竹爲湯所封，又與箕子有關。箕子從中原遷往朝鮮時，似曾在孤竹停留。《寰宇記》：平州盧龍縣有朝鮮廢城，即箕子受封之地。[⑤]隋裴矩《西域圖記序》："高麗之地，本孤竹國也，周代以之封于箕子。"[⑥]孤竹本是商代諸侯國，還曾擁有高麗。孤竹國必爲戎族。

平谷、玉田一帶的泃河流域可能是伏羲氏的起源地（見論文［09］），因此孤竹等也有可能爲伏羲氏之後裔。

3．令支

《讀史方輿紀要》永平府盧龍縣，"令支城，在府東北，春秋時山

①《史記·伯夷列傳》，第2123頁。

②（清）顧祖禹：《讀史方輿紀要·北直八》，第752頁。

③《遼史·地理志三》，第486頁。

④（清）顧祖禹：《讀史方輿紀要·北直九》，第829頁。

⑤（宋）樂史：《太平寰宇記》，第1419頁。

⑥《隋書·裴矩列傳》，第1581頁。

戎屬國也。……漢置令支縣，屬隴西郡，後漢因之”[①]。

《地理志》遼西郡令支縣，班固自注：“有孤竹城。”[②]令支縣有孤竹城，則令支與孤竹是很近的鄰國。但《讀史方輿紀要》永平府盧龍縣，“孤竹城，府西十五里。……《史記》：‘齊桓公北伐山戎，至於孤竹。’是也。《漢志》注：‘令支縣’，《括地志》：‘孤竹古城在盧龍城南十二里。’今故蹟已不可考，城或後人所築，而冠以故名云”[③]。因此所謂令支城、孤竹城等，未必是古代的真正遺址。但是在盧龍一帶，曾有孤竹、令支等與商族有密切關係的戎族國家。

（二）無終與肥如

1．無終

在同一地域還有其他屬於山戎的戎族國家，如無終。《左氏襄四年傳》杜預注：“無終，山戎國名。”[④]又《左氏昭元年傳》杜預注：“無終，山戎。”[⑤]《讀史方輿紀要》順天府薊州玉田縣，“無終城，在縣治西。春秋時山戎國也，秦置無終縣”[⑥]，杜預注謂：“無終，山戎國名。”但孔穎達疏：“《釋例・土地名》以北戎、山戎、無終三名爲一。”[⑦]三名爲一的説法不妥。既然説“無終，山戎國名”，則無終衹是山戎之一部分，則山戎與無終並非一事。

無終有複雜的歷史，《左氏昭元年傳》：“晉中行穆子敗無終及羣狄于大原”，孔穎達疏：“北平有無終縣，大原即大原郡晋陽縣是也。計無

① （清）顧祖禹：《讀史方輿紀要・北直八》，第751頁。
② 《漢書・地理志下》，第1625頁。
③ （清）顧祖禹：《讀史方輿紀要・北直八》，第752頁。
④ 《春秋左傳正義・襄四年》，《十三經注疏》，第1933頁。
⑤ 《春秋左傳正義・昭元年》，《十三經注疏》，第2023頁。
⑥ （清）顧祖禹：《讀史方輿紀要・北直二》，第496頁。
⑦ 《春秋左傳正義・昭元年》，《十三經注疏》，第2023頁。

終在大原東北二千許里，遠就大原來與晋戰，不知其何故也？”[①] 顧祖禹解釋説：“無終山，縣（玉田縣）東北三十里。《圖經》云：‘無終子國於此’。……蓋無終本在晋陽之境，後爲晋所敗，因徙於此也。”[②] 則無終曾有長途之遷徙，並非其領地同時包括北平與大原。

無終是從山西太原一帶由於戰敗而遷徙到河北北平的，他們是什麽時候來到山西，又爲什麽戰敗後遷到河北？據研究，商族是從東北越過燕山南下，進入河北、山西等地，當商朝亡國時，許多商族就退回到燕山地區，又回到東北。很可能無終的祖先也是離開東北的戎族，當他們在山西戰敗後，就向燕山與東北撤退。這可能就是對無終國行動的合理解釋。

至於北戎，《左氏隱九年傳》：“北戎侵鄭。”[③]《左氏桓六年傳》：“北戎伐齊，齊使乞師于鄭。”[④] 則北戎包括的範圍較大，恐山戎不能包括北戎。

2．肥子

無終從山西太原遷徙到北京附近的玉田，此類遷徙是常有的，肥子是又一個例子。《讀史方輿紀要》永平府，“盧龍縣，附郭。古肥子國。”又永平府盧龍縣，“肥如城，府西北三十里。應劭曰：‘春秋晋滅肥，肥子奔燕，燕封之於此。’”[⑤] 原来肥子也是由於戰敗從山西遷來的。至於肥子爲何奔燕，其原因可能與無終國類似。

3．其他戎族國家

在永平府一帶，還有其他戎族國家，如黄洛。《讀史方輿紀要》永

① 《春秋左傳正義・昭元年》，《十三經注疏》，第 2023 頁。
② （清）顧祖禹：《讀史方輿紀要・北直二》，第 497 頁。
③ 《春秋左傳正義・隱九年》，《十三經注疏》，第 1734 頁。
④ 《春秋左傳正義・桓六年》，《十三經注疏》，第 1750 頁。
⑤ （清）顧祖禹：《讀史方輿紀要・北直八》，第 750 頁。

平府灤州，“府南四十里。……古孤竹國地，戰國時屬燕”[①]，又永平府灤州，“義豐廢縣，今州治。……《郡縣志》：‘黄洛故城，殷時諸侯國。’《古史》：‘武丁析孤竹之地封功臣黄洛爲侯國。’又《遼志》云：‘黄洛水北出盧龍山，南流入濡水，城因以名。’”[②]

又如《太平寰宇記》：“朝鮮城，即殷箕子受封之地，今有廢城。”[③]不過《讀史方輿紀要》：“朝鮮城，在府北四十里。……後魏主燾延和初徙朝鮮民於肥如，置朝鮮縣，并置北平郡治此。”[④]

總起来看，在永平府一帶，聚集了許多戎族小國。

三、海濱諸侯與朝鮮

（一）“海濱諸侯”

春秋時齊桓公武功鼎盛，《國語》很誇張，説齊桓公“遂南征伐楚……荆州諸侯莫不來服。遂北伐山戎，刜令支，斬孤竹而南歸，海濱諸侯莫不來服（韋昭注：海濱，海北涯也）。……西征，攘白狄之地，至於西河，方舟設泭，乘桴濟河，至於石枕……西服流沙、西吴。南城周，反胙於絳，嶽濱諸侯莫不來服（韋昭注：嶽，北嶽常山。俞樾曰：嶽，吴嶽也）。”[⑤]因此韓非子説：“齊桓公并國三十，啓地三千里。”[⑥]

《管子》在講述齊桓公之武功時説：“中救晋公，禽狄王，敗胡貉，破屠何（尹知章注：屠何，東胡之先也。），而騎寇始服。北伐山戎，制泠

① （清）顧祖禹：《讀史方輿紀要・北直八》，第770頁。

② （清）顧祖禹：《讀史方輿紀要・北直八》，第771頁。

③ （宋）樂史：《太平寰宇記・河北道十九・平州》，第1419頁。

④ （清）顧祖禹：《讀史方輿紀要・北直八》，第751頁。

⑤《國語集解・齊語》，第233—235頁。

⑥《韓非子集解・有度》，《諸子集成》，第21頁。

支，斬孤竹，而九夷始聽，海濱諸侯，莫不來服。”[①] 因此齊桓公一方面是制服騎寇，即打敗胡族的胡貉、屠何（東胡）；另一方面是討伐山戎、制服令支、孤竹、九夷與海濱諸侯。故齊桓公伐山戎，既懾服了九夷，又懾服了“海濱諸侯”。何謂海濱諸侯？

遼西走廊是重要的咽喉之地，歷來是中原與東北之間的重要通道。遼寧的渤海、黄海沿岸是東方的邊防要地。例如在明代，這裏設置了遼東都指揮使司（全國設置 15 個都指揮使司，以指揮“衛所番漢諸軍”），“東至鴨緑江，西至山海關，南至旅順海口，北至開原”。而且在明代初年在其中還密集地建立了四個王府，在廣寧衛建遼王府（在今遼寧北鎮），在瀋陽中衛建瀋王府（在今瀋陽），在三萬衛建韓王府（在今遼寧開原）[②]。此外在大寧衛建有寧王府（即今遼寧建平西北）。[③]

在上古時代，這裏的戎族、胡族勢力犬牙交錯。《遼史・地理志二・東京道》有下列記載（其中標注的今地地名，是參考譚其驤《中國歷史地圖集》第六册第 8—9 頁來確定的。）[④]：

遼陽府（今遼陽），“本朝鮮之地。周武王釋箕子囚，去之朝鮮，因以封之”。（戎）

海州（今海城），“本沃沮國地”。（戎）

辰州（今蓋縣），“本高麗蓋牟城”。（戎）

開州（今鳳城），“本濊貊地”。（戎）

瀋州（今瀋陽），“本挹婁國地”。（胡）

雙州（今法庫南、鐵嶺西），“本挹婁故地”。（胡）

---

① 《管子校正・小匡》，《諸子集成》，第 126 頁。

② 《明史・地理志二》，第 952、954、956、957 頁。

③ 《明史・地理志一》，第 906 頁。

④ 《遼史・地理志二》，第 455—469 頁。

通州（今吉林四平），“本扶餘國王城，渤海號扶餘城”。（戎）

韓州（今吉林四平西），“本槀離國舊治柳河縣”。（戎）

咸州（今開原北），“本高麗銅山縣地”。（戎）

前面已經看到，燕山南北地區有令支與孤竹等屬於山戎，他們屬於戎族；現在又看到，在山海關與鴨緑江之間，是地域互相穿插的戎族與胡族國家，即所謂“海濱諸侯”。再往東就是玄莵、樂浪與朝鮮半島了。

（二）玄菟、樂浪

在上古時代，夫餘、高句驪、沃沮、濊貊等部族均位於第二松花江之中上游（今吉林省之中西部），後來逐步南遷。

後來高句驪遷到松花江上游至渾江流域，都城在紇升骨城，即今遼寧桓仁之五女山城。之後又遷移到鴨緑江邊之丸都（即今吉林之集安）。故《三國志》:“高句麗在遼東之東千里，南與朝鮮、濊貊，東與沃沮，北與夫餘接。都於丸都之下，方可二千里，户三萬。多大山深谷，無原澤。”[①] 該處即漢代玄莵郡、樂浪郡的範圍。因此玄莵、樂浪是戎族的一個聚居區。

還要指出一點，《後漢書·郡國志》玄菟郡，“高句驪，遼山、遼水出。”[②] 提到了高句驪境内有遼山，爲遼水之源。這是一個很重要的事實。《荀子》曾説：“契玄王，生昭明，居于砥石遷于商。”[③] 因此商族的起源

① 《三國志·東夷傳》，第 843 頁。

② 《後漢書·郡國志五》，第 3529 頁。

③ 《荀子集解·成相篇》，《諸子集成》，第 308 頁。

地可能在砥石。而《淮南子·墬形訓》:“遼出砥石。”[①]則遼水之發源地在砥石，那麼商族的起源地就是遼水的發源地。《後漢書·郡國志》認爲遼水之源在高句驪遼山，則商族的起源地砥石可能就在高句驪，也就是説商族的起源地可能就在高句驪境内（關於商族起源地，見論文［11］）。

（三）箕氏朝鮮

當周武王推翻商紂王之後，箕子建立了一個朝鮮國，亦稱箕氏朝鮮。這個朝鮮是如何建立的，是何時建立的，在何處建立的，歷史上没有明確的記載。

《宋微子世家》:“箕子者，紂親戚也。……箕子諫，不聽。……乃被髮詳狂而爲奴。……武王既克殷。訪問箕子。……於是武王乃封箕子於朝鮮而不臣也。”[②]按這個記載，箕子在紂時佯狂爲奴，《殷本紀》説“紂又囚之”[③]，紂死，周武王訪問箕子，在談話之後，封箕子於朝鮮。

有另一種説法，當紂王倒行逆施之時，箕子並没有被囚禁，他離開殷都流亡朝鮮，《地理志》:“殷道衰，箕子去之朝鮮，教其民以禮義，田蠶織作。”[④]那麼在殷紂王亡國之前，箕子就流亡到朝鮮去了。

還有另一種説法，當紂王失敗後，周武王還没有控制殷都，箕子就帶領部分殷人逃亡到朝鮮。從一些基本事實來看，這種説法是比較合理的。不論何種説法正確，一個基本事實爲箕子曾率領殷人撤退到朝鮮，吕思勉引鮮于氏奇氏譜牒説：“武王克殷，箕子耻臣周，走之朝鮮，今平壤也。殷民從之者五千人，詩書禮樂及百工之具皆備。”[⑤]

① 《淮南子·墬形訓》,《諸子集成》，第65頁。

② 《史記·宋微子世家》，第1609、1611、1620頁。

③ 《史記·殷本紀》，第108頁。

④ 《漢書·地理志下》，第1658頁。

⑤ 吕思勉:《中國民族史》，第120頁。

在文獻中，有多處地方提到周武王封箕子於朝鮮。

1．盧龍之箕氏朝鮮

《寰宇記》：平州盧龍縣有“朝鮮城，即殷箕子受封之地，今有廢城。”[①] 盧龍縣位於灤河下游，在唐山東北。《隋書》：“舊置北平郡，領新昌、朝鮮二縣。後齊省朝鮮入新昌。……（開皇）十八年改名盧龍。”[②] 那麼箕子的受封之地可能即在今河北盧龍。

隋裴矩《西域圖記序》也說：“高麗之地，本孤竹國也，周代以之封于箕子。”[③] 則孤竹“高麗之地”即箕子受封處。商周時期孤竹就在盧龍附近，《讀史方輿紀要》永平府，“孤竹城，府西十五里，《世記》：‘湯十有八祀，封墨胎氏孤竹國，後九葉孤竹君二子伯夷、叔齊以讓國逃去’。……《括地志》：‘孤竹古城在盧龍縣南十二里。’”[④] 這兩個記載是一致的。因此所說箕子在盧龍受封的朝鮮或高麗，可能即商湯賜予墨胎氏之封地，亦即爲孤竹之故地。正如王國維轉述之沈曾植語：“頗疑商人於古營州之域，夙有根據，故周人因而封之。”[⑤] 盧龍“有虞時分爲營州地”，這是孤竹即商人之根據。

2．遼東之箕氏朝鮮

還有其他關於朝鮮的記載。《遼史·地理志》：“東京遼陽府，本朝鮮之地。周武王釋箕子囚，去之朝鮮，因以封之。作八條之教，尚禮義，富農桑……傳四十餘世。”東京遼陽府統縣九，即：遼陽（漢浿水）、仙鄉（漢遼隊）、鶴野（漢居就）、析木（漢望平）、紫蒙（漢鏤芳）、興遼（漢平郭）、

① （宋）樂史：《太平寰宇記》，第1419頁。

② 《隋書·地理志中》，第858頁。

③ 《隋書·裴矩列傳》，第1581頁。

④ （清）顧祖禹：《讀史方輿紀要·北直八》，第752頁。

⑤ 王國維：《觀堂集林》，第884頁。

肅慎（今黑龍江寧安附近），歸仁（今遼寧昌圖）、順化（今遼寧普蘭店）。[①] 那麼箕子的受封之地在今遼寧遼陽。

遼陽在漢代爲遼東郡。《漢書・地理志》遼東郡有十八縣，其中有遼陽、遼隊、居就、望平、平郭等。故箕子在遼陽受封的朝鮮，就在今遼陽、海城、本溪一帶。《舊唐書》:"遼水之東，朝鮮之地,《禹貢》以爲荒服，周王棄而不臣，示以羈縻。"[②]

3．樂浪之箕氏朝鮮

《漢書》"樂浪郡"，顏師古注:"應劭曰:'故朝鮮國也。'" 有二十五縣，其中有"朝鮮"，顏師古注:"應劭曰:'武王封箕子於朝鮮。'"[③] 因此，箕氏朝鮮在樂浪郡，在今朝鮮平壤。這樣就有了第三個箕氏朝鮮。

箕氏朝鮮從箕子起，一直延續到準,《後漢書》:"其後四十餘世，至朝鮮侯準，自稱王。"[④] 吕思勉《民族史》引朝鮮于氏、奇氏譜牒，載箕氏凡五十三王，起於箕子，至"哀王準"。[⑤] 則朝鮮君主具有箕子之血統，歷時幾近八百年。

三個朝鮮都説是周武王封予箕子的，應該如何理解盧龍、遼東、樂浪這樣三個箕氏朝鮮呢？由於箕子是從商朝流亡到朝鮮的，因此他必須通過遼西走廊，沿遼寧海濱往東、最後到達玄菟、樂浪。因此三個朝鮮當是箕氏朝鮮的遷徙紀録，從盧龍東遷遼陽，再東遷樂浪。究竟哪一個朝鮮是武王所封，這裏不去討論，很可能三個都不是武王所封的。

① 《遼史・地理志二》，第455頁。

② 《舊唐書・李密列傳》，第2214頁。

③ 《漢書・地理志下》，第1627頁。

④ 《後漢書・東夷列傳》，第2817頁。

⑤ 吕思勉:《中國民族史》，第120、122頁。

《漢書》說："殷道衰，箕子去之朝鮮。"對此，顏師古評論說："《史記》云'武王伐紂，封箕子於朝鮮'，與此不同。"[①] 則箕子去朝鮮的時間可能不是在殷衰時而是在殷亡後的流亡。但是這個並不重要，重要的是箕子爲什麽去朝鮮。

四、河北及渤海海濱

（一）有易與河伯

在《竹書紀年》中可以看到今冀中、冀南一帶有相對獨立之部族首領河伯、洛伯、有易、商侯（即殷侯）等，現在來研究他們之間的關係。

1．有易與商族之關係

有易氏之地域未見記載，當位於河北之易水流域。

《山海經》曾講到有易殺王亥之事："有困民國勾姓……有人曰王亥，兩手操鳥，方食其頭。王亥託于有易，河伯僕牛（郭璞注：'河伯、僕牛，皆人姓名。託，寄也。'）。有易殺王亥，取僕牛。河念有易，有易潛出，爲國于獸方食之，名曰揺民（郭璞注："河伯……哀念有易，使得潛化而出，化爲揺民國。"）。"[②] 此事《竹書紀年》亦有記載："（帝泄）十二年，殷侯子亥賓于有易，有易殺而放之。"沈約附注："殷侯子亥賓于有易而淫焉，有易之君綿臣殺而放之。"但《竹書紀年》没有提到河伯僕牛，徐文靖根據《山海經》說："河伯，伯爵。……僕牛，地名也。殷侯亥賓于有易，托處于河伯僕牛之地。"[③]

① 《漢書・地理志下》，第1658頁。

② （清）郝懿行：《山海經箋疏・大荒東經》，第100—101頁。

③ （清）徐文靖：《竹書紀年統箋》，《二十二子》，第1058—1059頁。

有易殺了王亥（即殷侯子亥），但糾紛没有結束。《竹書紀年》："（帝泄）十六年，殷侯微以河伯之師伐有易，殺其君綿臣。"①《山海經》則説："河念有易。有易潛出，爲國于獸方食之，名曰摇民。"郭璞注："言有易本與河伯友善。上甲微，殷之賢王，假師以義伐罪，故河伯不得不助滅之。既而哀念有易，使得潛化而出，化爲摇民國。"②

也就是説，有易殺了殷侯子亥，上甲微繼位。上甲微是商族最著名的先王，他在河伯的支援下殺了有易之君綿臣。《竹書紀年》謂王亥"賓于有易"，何謂賓？《山海經》謂"王亥托于有易，河伯僕牛"，究竟是何含義？

我認爲商族與有易氏當是姻親部族，所謂賓，即表示王亥成婚於有易（見張肇麟《姓氏與宗社考證》的論文［04］）。因此有易氏當屬於戎族，而且爲商族之盟邦。郭璞《山海經》注謂有易本與河伯友善，非但與河伯友善，與商族亦友善。那麼王亥與有易的衝突因何而起？當與財産有關。"僕牛"當指財産，故有易殺王亥後，即取其僕牛。《周易·旅》"上九。鳥焚其巢，旅人先笑後號咷。喪牛于易，凶"③也許與此有關，喪牛即喪僕牛。

2. 河伯與商族

河伯作爲水神，原來並無具體所指。如《晏子》："齊大旱逾時……（景）公曰：'不然，吾欲祠河伯，可乎？'晏子曰：'不可。河伯以水爲國，以魚鼈爲民。……彼獨不欲雨乎，祠之何益！'"許多人還把大黿看成河伯："津人皆曰：'河伯也。'視之，則大黿之首也。"④其他自

---

①（清）徐文靖：《竹書紀年統箋》，《二十二子》，第1059頁。

②（清）郝懿行：《山海經箋疏·大荒東經》，第100頁。

③（清）李道平：《周易集解纂疏·旅》，北京：中華書局，1994年，第494頁。

④《晏子春秋校注》，《諸子集成》，第21—22、65頁。

然界的神祇還有風伯、雨師等。

各種自然界的神祇往往同世俗人物聯繫起來，如以飛廉爲風伯，以馮夷爲河伯。如王逸《楚辭章句》中，即謂河伯爲馮夷："《抱樸子·釋鬼篇》曰：馮夷以八月上庚日渡河溺死，天帝署爲河伯。"① 對河伯還有其他説法，《莊子》成玄英疏云："河伯、河神也，姓馮名夷，華陰潼堤鄉人。"成玄英除講到黄河之神河伯外，還講到泰山之神名肩吾，昆侖之神名堪坏，此外還有大海之神海若等。② 但如何將塵世之人與神聖相聯繫，必定各地有所不同。在河北還有河伯娶婦的故事，《水經注》："漳水又北逕祭陌西。戰國之世，俗巫爲河伯取婦，祭於此陌。"③ 那就是河北省之河伯了。

顧炎武認爲《竹書紀年》之河伯爲"國居河上而命之爲伯，如文王之爲西伯"④。顧説合理。《竹書紀年》之河伯與水神河伯當不能混爲一談。《竹書紀年》又有下列記載："（帝芬）十六年，洛伯用與河伯馮夷鬬。"《水經注》將洛伯、河伯均解釋爲神："《竹書紀年》曰：洛伯用與河伯馮夷鬬。蓋洛水之神也。"⑤ 對此，徐文靖説："河伯、洛伯皆當時諸侯，伯爵。用與馮夷，其名也。"⑥ 徐文靖之説較爲正確。

河伯爲諸侯，猶如《穆天子傳》之河宗氏。《穆天子傳》："天子西征，鶩行至于陽紆之山，河伯無夷之所都居，是惟河宗氏。河宗伯夭逆天子燕然之山。……己未，天子大朝于黄之山。"河宗氏在"陽紆之山"，其西爲西夏氏。當周穆王經過河宗氏時，河宗柏夭送往迎来，而

① （宋）洪興祖：《楚辭補注·九歌章句》，第78頁。
② （清）郭慶藩：《莊子集釋》，《諸子集成》第三册，第247、113、248頁。
③ （後魏）酈道元注，（清）楊守敬、熊會貞疏：《水經注疏·濁漳水》，第942頁。
④ （清）顧炎武著，（清）黄汝成集釋：《日知録集釋·河伯》，第874頁。
⑤ （後魏）酈道元注，（清）楊守敬、熊會貞疏：《水經注疏·洛水》，第1333頁。
⑥ （清）徐文靖：《竹書紀年統箋》，《二十二子》，第1058頁。

且周穆王還“大朝于黄之山”。顧實謂黄之山即阿爾坦山：“《水道提綱》曰：‘黄河東折處，正當阿爾坦山之南。’蒙古語凡謂金黄色，輒曰阿爾坦。……董祐誠曰：‘高闕，當即今鄂爾多斯右翼後旗西北河外之阿爾坦山。’”[①]河宗是河套一帶之諸侯，實可稱之爲河伯。實際上《水經注》就稱之爲河伯：“《穆天子傳》曰：天子西征，至陽紆之山，河伯馮夷之所都居，是惟河宗氏。天子乃沈珪璧禮焉。河伯乃與天子披圖視典……河伯以禮穆王。”[②]

《穆天子傳》所説的河伯爲周朝穆王時今内蒙古河套一帶之諸侯，那麽《竹書紀年》所説的河伯當爲夏帝芬時河水下游（今河北省）之諸侯。當時在河水下游還有有洛伯、有易氏以及商侯冥、子亥、微（此三人當即《殷本紀》之冥、振、微三代）。

商族與河伯有密切聯繫，河伯曾協助商族進攻有易，殺其君。現在把有關之記載羅列如下[③]：

帝少康十一年，使商侯冥治河。
帝杼十三年，商侯冥死于河。
帝芬十六年，洛伯用與河伯馮夷鬭。
帝芒三十三年，商侯遷于殷。
帝泄十二年，殷侯子亥賓于有易，有易殺而放之。
帝泄十六年，殷侯微以河伯之師伐有易，殺其君綿臣。
帝癸二十一年，商師征有洛，克之。

從這裏不難看到，在夏代商侯冥治河，又死於河。此事亦見於其他

① 顧實：《穆天子傳西征講疏》，第34頁。
② （後魏）酈道元注，（清）楊守敬、熊會貞疏：《水經注疏·河水一》，第12頁。
③ （清）徐文靖：《竹書紀年統箋》，《二十二子》，第1058頁。

古書，如《國語》説："冥勤其官而水死。"又説："商人禘譽而祖契，郊冥而宗湯。"[①]《禮記・祭法》："夫聖王之制祭祀也，法施於民則祀之，以死勤事則祀之。……冥勤其官而水死……此皆有功烈於民者也。"[②]但《殷本紀》却未提及此事，只注解中有所提及，《集解》："宋忠曰：'冥爲司空，勤其官事，死於水中，殷人郊之。'"《索隱》："《禮記》曰：'冥勤其官而水死'，殷人祖契而郊冥也。"[③]

雖然没有説明地點，但冥治河之事當發生於河水之下游，即今河北境内。實際上當商人南下進入易水流域之後，即已進入河水下游，此地支流歧出，從古就有水害，故商族即面臨治水任務。從大禹以來，人們對治水已非常重視，治水就會産生水神，如《左傳》説："臺駘能業其官。宣汾、洮，障大澤，以處大原。帝用嘉之，封諸汾川。……則臺駘，汾神也。"[④]故在河水下游一帶，必定早就出現"河伯"了。"河"即指河水下游。

但是在易水流域一帶，在夏商時代，正好有一個諸侯河伯，他還有一支能够上戰場的"河伯之師"，因此不能與神话之河伯混淆。此河伯並非商侯冥，但商侯冥水死，也與河有關，故商王冥當與此河伯有關。河當爲商之盟邦，助上甲微打敗有易氏。有易氏原是商族之姻親部族，因此所有商族、有易與河伯等，均屬戎族。

因此在河水下游，今河北之易水、滹沱河、漳水一帶，有商族、有易氏、河伯等戎族部族。

① 徐元誥：《國語集解・魯語上》，第158、160頁。
② 《禮記正義・祭法》，《十三經注疏》，第1590頁。
③ 《史記・殷本紀》，第92頁。
④ 《春秋左傳正義・昭元年》，《十三經注疏》，第2024頁。

（二）夙沙氏

1. 夙沙氏與神農

上古時有夙沙氏，夙沙氏亦作宿沙氏。《淮南子》："昔夏商之臣，反讎桀紂而臣湯武；宿沙之民，皆自攻其君而歸神農。"高誘注："伏羲、神農之間，有共工、宿沙，霸天下者也。"[①]《吕氏春秋》："夙沙之民，自攻其君而歸神農。"高誘注："夙沙，大庭氏之末世也。其君無道，故自攻之。神農，炎帝。"[②]

《吕氏春秋》與《淮南子》均説宿沙之民歸於神農，高誘也説夙沙在"伏羲、神農之間"，又説夙沙在"大庭氏之末世"，而且是"霸天下者"，那麽夙沙氏當爲距今五六千年之前的極古老之著名部族。但高誘在注解的最後加上"神農，炎帝"，容易將神農與炎帝誤混。也有不少文獻將夙沙氏説成炎帝的諸侯，如《帝王世紀》："炎帝時，諸侯夙沙氏叛不用命。炎帝退而修德，夙沙之民自攻其君而歸炎帝。營都于魯。"[③]但營都於魯的是神農而不是炎帝，因此其中的"炎帝"都應改爲"神農"。

由於伏羲氏、神農氏都是五帝之前的部族首領，而且都是戎族之祖先。宿沙氏在伏羲、神農之間，故宿沙氏當屬於戎族。

2. 夙沙氏與制鹽

《世本》："宿沙作煮鹽。宿沙氏，炎帝之諸侯。"[④]《世本》謂宿沙氏煮鹽，實際上夙沙之名稱可能即提示其制鹽的特徵。《説文》："鹽，

---

① 《淮南子·道應訓》，《諸子集成》，第 202 頁。

② 《吕氏春秋·離俗覽·用民》，《諸子集成》，第 245 頁。

③ （晋）皇甫謐撰，（清）宋翔鳳、錢寶塘輯：《帝王世紀集校》，第 4 頁。

④ （漢）宋衷注，（清）秦嘉謨等輯：《世本八種》，第 76 頁。

鹵也。天生曰鹵，人生曰鹽。……古者夙沙初作煑海鹽。”段玉裁注：“夙，大徐作宿。古宿、夙通用。……《困學紀聞》引魯連子曰：古善漁者宿沙瞿子。又曰：宿沙瞿子善煑鹽。許所説蓋出《世本·作篇》。”故鹵亦鹽也。《説文》：鹵，“東方謂之㡿，西方謂之鹵。”[①] 但在東方，㡿亦鹽也。

夙借爲㡿，即制鹽。字書以㡿即斥字，如《説文通訓定聲》：“㡿，今字作斥。”[②] 其實㡿有讀朔與讀斥兩個音。從溯字作㴓、作泝、亦作㴑可證，這是方音關係。故夙亦有讀朔與讀斥兩音。而夙沙氏《逸周書》作“質沙”[③]，故夙沙蓋即㡿之異譯，其義是制鹽之部族。

3．夙沙氏與濊族

我疑夙沙氏來自濊族。《集韻》：“濊，衰夬切，水多皃。”[④]《説文通訓定聲》：“濊，水多皃，从水歲聲。”[⑤] 因此濊、㡿與夙沙，音都相近，猶亳與蒲吾之比。考濊族當即穢族或貉族、貊族，故夙沙氏屬於戎族。

周代貉族尚顯著。《論語》説：“雖蠻貊之邦行矣。”[⑥]《孟子·告子》：“大貉小貉也。”[⑦]《詩·韓弈》：“王錫韓侯，其追其貊。”[⑧] 固時時見於載籍。金文有貉蓋、貉子卣，其文化亦不甚落後。但周以前没有什麽史實，似乎古族别有異名。

---

① （漢）許慎撰，（清）段玉裁注：《説文解字注》，第 586 頁。

② （清）朱駿聲編著：《説文通訓定聲》，第 473 頁。

③ 黄懷信、張懋鎔、田旭東：《逸周書彙校集注·史記解》，第 1015 頁。陳逢衡注：“質沙，炎帝時諸侯。質一作夙，又作宿。《路史·後紀》：‘炎帝魁之立，……質沙民始叛。’”

④ （宋）丁度等編：《集韻》，第 529 頁。

⑤ （清）朱駿聲編著：《説文通訓定聲》，第 681 頁。

⑥ 《論語正義·衛靈公》，《諸子集成》，第 334 頁。

⑦ 《孟子正義·告子下》，《諸子集成》，第 506 頁。

⑧ 《毛詩正義·大雅·韓弈》，《十三經注疏》，第 572 頁。

4．夙沙氏之分布地域

夙沙氏與濊族，二者均爲製鹽之部族，都在今河北、山東接壤之渤海沿岸。今河北境内，亦有濊族後裔，《水經注》:“清、漳逕章武縣故城西，故濊邑也。枝瀆出焉，謂之濊水。”[①] 章武在今河北省渤海沿岸之大城、滄二縣境。

此外春秋時齊有寺人夙沙衛，見於《左傳》[②]，又鼓有夙沙釐，見於《國語》[③] 夙沙衛在齊，而夙沙釐在鼓，鼓即今河北之晋縣。

濊族分布得非常分散，爲什麽呢？可能是受了生產手段的支配。他們的主要生產似乎即是製鹽。

製鹽的部族不限於山東、河北之渤海沿岸，據《明史》，渤海北岸也是歷史上的產鹽與產鐵地區，如遼東的廣寧前屯衛（今遼寧绥中西南，西有鐵場，東有鹽場）、廣寧中屯衛（今錦州，南有鹽場二、鐵場一）、廣寧右屯衛（南有鹽場，東有鐵場）、海州衛（今海城，西南有鹽場，東有鹽場）、蓋州衛（今蓋縣，東北、西北、東有鹽場）、復州衛、金州衛等[④]，因此夙沙氏還可能生活於遼寧之渤海沿岸。

① （後魏）酈道元注，（清）楊守敬、熊會貞疏:《水經注疏・濁漳水》，第 1000 頁。

② 《春秋左傳正義》，《十三經注疏》，第 1929、1964、1965 頁。

③ 《國語集解・晋語九》，第 444 頁。

④ 《明史・地理志二》，第 955、953、954 頁。

［補注一］兀良哈的地域

（一）元明時代的兀良哈

1. 元明時代的兀良哈

兀良哈不是一個重要的地名。在元朝之前，史籍中未見。在《元史》中有“兀良哈千户所”，因此兀良哈是一個不大的地域名。到了明朝，兀良哈就比較出名了，既是地名也是部族的名稱。

明朝初年，瓦剌與韃靼是中國北方兩個最强大的國家。瓦剌位於烏蘭巴托的西北。不過瓦剌後來分裂了，“瓦剌，蒙古部落也，在韃靼西。元亡，其强臣猛可帖木兒據之。死，衆分爲三，其渠曰馬哈木，曰太平，曰把禿孛羅。”[①] 韃靼位於今烏蘭巴托東南，而兀良哈位於韃靼以東。

韃靼最强大。“始，韃靼之來也，或在遼東、宣府、大同，或在寧夏、莊浪、甘肅，去來無常，爲患不久。景泰初，始犯延慶，然部落少，不敢深入。”“韃靼地，東至兀良哈，西至瓦剌。當洪、永、宣世，國家全盛，頗受戎索，然畔服亦靡常。正統後……迭出與中夏抗。邊境之禍，遂與明終始云。”[②]

明正統十四年（1449 年），發生了“土木之變”，韃靼在兀良哈的配合下，打敗明朝軍隊，俘虜了明英宗：“十四年七月，遂誘脅諸番，分道大舉入寇。脱脱不花以兀良哈寇遼東，阿剌知院寇宣府，圍赤城，又遣别騎寇甘州，也先自寇大同。參將吴浩戰死貓兒莊，羽書踵至。太監王振挾帝親征，羣臣伏闕争，不得。”[③] 明军戰敗，英宗被俘。

① 《明史・瓦剌列傳》，第 8497 頁。
② 《明史・韃靼列傳》，第 8472、8494 頁。
③ 《明史・朶顔列傳》，第 8500 頁。

2. 元明時期兀良哈的地域

最初，當元朝亡國後，兀良哈附屬於明朝。明朝在兀良哈建立了衛、所，《明史》說："朵顔、福餘、泰寧，高皇帝所置三衛也。其地爲兀良哈，在黑龍江南，漁陽塞北。漢鮮卑、唐吐谷渾、宋契丹，皆其地也。元爲大寧路北境。"①

日本學者箭内亘認爲，可以從朵颜、福餘、泰寧的名稱看到兀良哈的地理位置。"三衛中泰寧之名，以前朝之泰寧路爲其起源；福餘之名，以唐代以前之扶餘爲其起源"。元泰寧路在今吉林白城。扶餘在今吉林農安縣以北，隔松花江與黑龍江肇州相對。至於朵颜，箭内亘認爲與乃顔（元之叛王）有關，而乃顔之根據地當在肇州。②

因此朵颜、福餘、泰寧三衛以及兀良哈當位於今吉林省西北部，即位於今内蒙古與黑龍江、吉林的交界地區。 由於元代"朵因温都兒兀良哈千户所"就位於今齊齊哈爾南側③，故兀良哈地域的北界當在齊齊哈爾，而南界當在西拉木倫河以北。④

（二）明代兀良哈南擴

後來三衛逐步向南擴充。明成祖在争奪王位時，依靠了三衛的軍力，因此三衛的勢力在明代中葉即越過西拉木倫河，擴張到大寧衛，到達長城：

> 成祖從燕起靖難，患寧王躡其後，自永平攻大寧，入之。謀脅寧王，因厚賂三衛説之來。成祖行，寧王餞諸郊，三衛從，一呼皆起，遂擁寧王西入關。成祖復選其三千人爲奇兵，從戰。天下既定，徙寧王南昌，徙行都司於保定，遂盡割大寧地畀三衛，以償前勞。⑤

因此後來明代的兀良哈包括西拉木倫河以南的地域。

---

①《明史・朵顔列傳》，第8504頁。

②〔日〕箭内亘著，陳捷、陳清泉譯：《兀良哈及韃靼考》，太原：山西人民出版社，2015年，第18頁。

③《元史》卷88，第2237頁。並譚其驤主编：《中國歷史地圖集》第七册，13—14。

④ 譚其驤主编：《中國歷史地圖集》第七册，82—83。

⑤《明史・朵顔列傳》，第8504頁。

[補注二] 山戎的早期地域及其遷徙

山戎在五帝时期即已出現。《史記·匈奴列傳》:“唐虞以上有山戎、獫狁、葷粥，居于北蠻，隨畜牧而轉移。”[①] 但書傳中很少講述山戎的具體情況。顧祖禹《讀史方輿紀要》:“兀良哈，在大寧衛北。其地東接海西，西連開平，北抵北海。古山戎地，秦爲遼西郡北境。漢爲奚人所據。”[②] 這個説明太含糊，遼西郡北境何以能“北抵北海”? 現在可以利用考古文化來研究古代山戎的地域與遷移。

西拉木倫河南北的考古研究從20世紀二三十年代就開始了。從大量的調查、發掘工作中大家逐步認識到這裏存在着兩種類型的文化，可以分别由紅山文化與富河文化作爲代表。

(一) 紅山文化與夏家店下層文化

在西拉木倫河 (西遼河) 以南有老哈河、教來河流域 (在内蒙古東南部) 與大淩河流域 (在遼寧的西部), 二者之間爲努魯兒虎山。老哈河流域是考古遺址最集中的地方。

1. 紅山文化

(1) 趙寶溝文化 (前5200年—前4200年)

趙寶溝文化的主要遺址有内蒙古敖漢旗趙寶溝遺址、内蒙古林西白音長汗遺址、河北遷西東寨、西寨遺址等。

趙寶溝文化的陶器，“以加砂陶質爲主，泥質陶很少。……黑色陶較少。黑色

① 《史記·匈奴列傳》, 第2879頁。

② (清) 顧祖禹:《讀史方輿紀要·北直九》, 第847頁。

陶器的器壁較薄，有的可與蛋殼陶相媲美。”[①] 因此在距今六七千年的趙寶溝文化中已經出現黑陶。

（2）紅山文化（前4500—前3000年）

老哈河流域的赤峰、敖漢一帶是紅山文化的中心區域。

“紅山文化的陶器主要爲夾砂灰陶和泥質紅陶兩大類，也見少量泥質黑陶和泥質灰陶”。“泥質黑陶器發現較少，却代表着一種新的製陶工藝的出現”[②]。“史前玉器的綫雕，以良渚文化爲最精，紅山文化玉器上的綫雕，雖不如良渚文化那樣細致，却採用了……往往起到更佳的藝術效果”[③]。

2．夏家店下層文化（前2000—前1500年）

夏家店下層文化在20世紀之初即已發現（見濱田耕作：《貔子窩》，1929年），但到60年代纔引起大家注意，隨後又大量發現，因此一些考古學家將夏家店文化與二里頭文化、岳石文化合稱爲三大文化系統。

夏家店遺址在内蒙古赤峰東三十里英金河北岸夏家店村東北三個山崗上，文化層最厚可達四米，遺址可分上下兩層。夏家店下層文化的主要遺址還有内蒙古赤峰药王廟遺址、遼寧北票豐下遺址（最下層出有較多“具龍山文化典型特徵的泥質黑陶器”[④]）

中心區域是老哈河流域與大凌河流域。向北未越過西拉木倫河，向東未越過醫巫閭山，西界在張家口壺流河流域，向南直達渤海沿岸，最遠超過拒馬河流域。“夏家店下層文化由中心區向外的擴展，其主要目標在南部的渤海和華北平原，而不在北部草原，這同紅山文化既向南發展，又有北向蒙古草原繼續深入的發展趨勢有所不同”[⑤]。

對於夏家店下層文化的陶器，“主要由夾砂灰陶、夾砂褐陶、泥質灰陶和黑

① 郭大順、張星德：《東北文化與幽燕文明》，第148頁。
② 郭大順、張星德：《東北文化與幽燕文明》，第138、140頁。
③ 郭大順、張星德：《東北文化與幽燕文明》，第142頁。
④ 郭大順、張星德：《東北文化與幽燕文明》，第297頁。
⑤ 郭大順、張星德：《東北文化與幽燕文明》，第296頁。

陶、紅陶五系構成”[①]。黑陶是其主要陶器之一。

（二）富河文化與夏家店上層文化

1. 富河文化（前5000—前4000年）

内蒙古巴林左旗富河溝門遺址（位於西拉木倫河以北三百里地，烏爾吉木倫河東岸富河村北的南坡上）。遺址範圍6萬平方米（南北200米，東西300米）。“遺物以石器最爲多見，出土石器達2700餘件。可分爲大型石器和細石器兩類”，“與石器相比，富河文化的陶器比較單一”，“發現卜骨。……未經修整，僅有灼痕。……這是國内目前發現時代最早的卜骨標本”[②]。

富河文化中未見黑陶。

2. 夏家店上層文化（前1500—前400年）

考古學家清楚地辨認了夏家店上層文化與夏家店下層文化的區别。“夏家店上層文化的青銅器中，以兵器居多，而最常見的是帶有北方文化特徵的各式曲刃青銅短劍、刀、管銎戰斧等……還有大量的動物骨骼，其數量超過夏家店下層文化，而且還有夏家店下層文化未曾見過的馬骨骼”[③]。

但“上層文化……陶器質較疏松……容器多呈紅色，炊器多爲褐色，但大部色不純一。器多手製……夏家店下層文化的年代，下限大約不晚於西周初期，上層文化下限約在戰國中期以前。但這兩種文化性質絶然不同，在陶器等各方面有很大區别。……從文化發展上看，下層文化先進，上層文化不够發達。兩者當屬不同文化系統。這一遺址的上下兩層文化，反映了這一地區早商、商與西周初年到春秋時期的歷史發展面貌”[④]。

---

① 張忠培等：《夏家店下層文化研究》，蘇秉琦主編：《考古學文化論集（一）》，第61頁。

② 郭大順、張星德：《東北文化與幽燕文明》，第155頁。

③ 林幹：《東胡史》，呼和浩特：内蒙古人民出版社，2007年，第253—254頁。

④ 孫進己、王綿厚主編：:《東北歷史地理》第一卷，第134頁。

（三）對西拉木倫河流域考古文化的分析

1. 考古文化的變遷

現在來分析一下上述考古文化的變遷關係。

按照劉觀民的分析，在西拉木倫河流域的考古文化可以分爲三個階段：第一個階段，紅山文化覆蓋了西拉木倫河的南北兩岸，但在北岸出現了富河文化，並逐步擴大。第二個階段，富河文化在北岸逐步取代了紅山文化；南岸的紅山文化發展爲夏家店下層文化。第三個階段，夏家店上層文化逐步覆蓋了整個南北岸。

因此，在距今七八千年到距今兩千年間，在西拉木倫河北岸經歷了紅山文化、富河文化、夏家店上層文化；而在西拉木倫河南岸經歷了紅山文化、夏家店下層文化、夏家店上層文化。富河文化演變爲夏家店上層文化，紅山文化演變爲夏家店下層文化。劉觀民爲此製作了一個圖表（《西拉木倫河流域考古學文化分布區域變遷圖》）以表示這一些關係。他並且説："一個農業比較發達的紅山文化系統，在公元前第四千年間已存在於西拉木倫河南北。至公元前第四千年後半，在西拉木倫河南北都出現了變化。河以北代之以細石器文化系統中的富河文化；河以南的紅山文化系統演變出幾種較晚的面貌。"所以他説："夏家店上層文化與夏家店下層文化各有不同的傳統。" 更具體説，在西拉木倫河以南，紅山文化繼續發展爲所謂的夏家店下層文化，而在西拉木倫河以北，紅山文化讓位給富河文化。在公元前 1000 年左右，富河文化在西拉木倫河以北發展成爲夏家店上層文化，並且向南越過西拉木倫河而取代了河以南的夏家店下層文化。也就是説，距今 6000 年，紅山文化已分布在西拉木倫河南北兩岸。到了大約距今 5000 年，紅山文化逐步轉移到西拉木倫河以南。到距今 3000 年左右（西周初年），紅山文化消失，爲富河文化所代替。[①]

① 劉觀民：《西拉木倫河流域不同系統的考古學文化分布區域的變遷》，蘇秉琦主編：《考古學文化論集（一）》，第 55、54、53 頁。

2．山戎與西拉木倫河流域的考古文化

由於西拉木倫河是胡族、戎族、夏族三族交錯的地方，因此西拉木倫河流域考古文化呈現了複雜的面貌，這是很自然的。在全國來説，很少有這樣的情况。

要確定考古文化屬於什麽族系，這是很困難的，過去較少討論，即使有一些學者考慮了这方面的問題，也得不出明確的結論。如關於夏家店上層文化，朱永剛説："無論是東胡名稱本身的含意，還是其出現的時間及地理位置的考察，把夏家店上層文化與東胡聯繫起來考慮顯然是不合適的。""夏家店上層文化遺存應是山戎活動所留下的。"[①] 田廣金、郭素新説："關於夏家店上層文化的族屬問題，長期以來有山戎説和東胡説兩種。我们……也曾提到屬東胡族，但在以後的文章中則改爲山戎族。現在的研究者也多主山戎説。……關於夏家店上層文化爲山戎説，以韓嘉谷的考證最詳。……但又認爲夏家店上層文化屬東北夷，似有可商之處。"[②] 韓嘉谷對山戎考證最詳，但又説是東北夷。林沄則认爲夏家店上層文化是貊，既非东胡，亦非山戎。[③]

從有關的討論中可以看到，研究族屬問題必須對於古代的基本族群有明確的理解。本書建立了夏戎胡是基本族群的概念，現在就從這裏出發來分析西拉木倫河流域的考古文化。

（1）兀良哈

［補注一］説過，兀良哈最初就位於齊齊哈爾附近，包括今吉林的西北部以及黑龍江省的西南部，因而與夫餘、高句驪等戎族國家可能是相鄰的。當時兀良哈的居民屬於山戎，那麽他們會不會是戎族？

在考古發掘中，可以看到在吉林白城地區有通榆敖包山遺址，"遺址面積很大，達一百萬平方米，遺物豐富。……（陶器）顏色以黄褐爲主，灰褐次之，黑色較少"。還有長嶺腰井子遺址，面積 4 萬平方米。"遺物非常豐富。……陶器數

① 朱永剛：《夏家店上層文化的初步研究》，蘇秉琦主編：《考古學文化論集（一）》，第 125、126 頁。

② 田廣金、郭素新：《北方文化與匈奴文明》，第 365—366 頁。

③ 林沄：《東胡與山戎的考古探索》，見《環渤海考古國際學術討論會文集》，北京：知識出版社，1996 年。

量最多……器以黄褐色居多，也有黑色。”[1] 這些地方離開兀良哈不遠，也許就在兀良哈内部。既然這些地方出現黑陶，儘管數量可能很少，但可以説明，兀良哈可能屬於黑陶區域，那麽山戎可能就是黑陶部族。因此他們與夫餘、高句驪可能都屬於戎族，甚至可能有共同的祖先。

（2）紅山文化、夏家店下層文化

趙寳溝文化、紅山文化、夏家店下層文化都是黑陶文化，因此他們都應該是戎族文化。趙寳溝遺址、紅山遺址都位於老哈河流域，那麽這些戎族是從哪里來的？前面討論過，在上古時代，兀良哈位於吉林西北部，他們是山戎。剛纔説過，他們與夫餘、高句驪等可能都是黑陶部族。因此當夫餘、高句驪南遷時，山戎可能出於同樣的原因也南遷了。夫餘、高句驪在東邊，他們南遷到松花江上游與鴨緑江流域，兀良哈在西邊，就可能遷到西拉木倫河流域。因此可能就是他們發展了趙寳溝文化與紅山文化，後來又進一步發展爲夏家店下層文化。

因此夏家店下層文化是戎族文化。他們後來又從西拉木倫河流域向東發展到遼寧的渤海、黄海沿岸（見［補注三］）。

（3）富河文化、夏家店上層文化

富河文化與夏家店上層文化不見黑陶，他們應該屬於胡族。原来西拉木倫河以北是紅山文化區域，是戎族的地域。可能有一支胡族部族由西部侵入，因此在林西出現了富河文化。隨後又逐步占領了西拉木倫河以北地區。大部分戎族居民可能因此被迫南遷到西拉木倫河以南。因此西拉木倫河以北由紅山文化轉變到富河文化，而在西拉木倫河以南則由紅山文化轉變到夏家店下層文化，仍是戎族文化。

從考古文化來看，胡族占領西拉木倫河北部以後，又進一步越過西拉木倫河占領了南部，結果南部形成了夏家店上層文化。夏家店上層文化是比較落後的胡族文化，於是在整個西拉木倫河流域出现了文化倒退。山戎被迫離開西拉木倫河流域，先進的夏家店下層文化就向南方轉移，也向東方轉移。這些夏家店下層文化所代表的戎族勢力，最後可能都加入了商族。

① 孫進己、王綿厚主編:：《東北歷史地理》第一卷，第95、93頁。

［補注三］遼寧沿海的戎族

西漢後期，在今遼寧的渤海、黄海沿岸，自西往東的行政區域是右北平郡（約自寶坻至唐山）、遼西郡（自唐山經樂亭、昌黎、秦皇島至錦州）、遼東郡（自盤山、營口，經大連、丹東至朝鮮半島上清川江口）。遼西、遼東以醫巫閭山爲界。

上述右北平郡、遼西郡、遼東郡之北界爲燕長城。燕長城大約位於圍場、赤峰、敖漢、阜新、新民、鐵嶺一綫的北邊，[①] 然後燕長城折而往南，位於鐵嶺、撫順、本溪、鳳城、丹東一綫之東側，成爲遼東郡之東界，然後燕長城繼續往南，直至清川江口。在遼東郡的東邊（即燕長城以東）爲玄菟郡，在玄菟郡的南邊爲樂浪郡。

在灤河以西的右北平郡南部有無終（在今薊縣），在遼西郡南部有令支（在今遷安西）、肥如（在今遷安東）、孤竹（在今盧龍），在遼西郡東部有徒河（今錦州）。近年來在右北平郡、遼西郡、遼東郡及其附近地區進行了大量的考古發掘，發現了下列許多青銅時代的考古文化。

（一）大凌河流域

在醫巫閭山以西爲大凌河流域，在大凌河上游的建平、喀左、建昌（在右北平郡東南），大凌河中游的朝陽、北票（在遼西郡西部）以及大凌河下游的義縣、錦州（在遼西郡東部）。其中重要的考古遺址有建平喀喇沁遺址、朝陽魏营子遺址、北票豐下遺址等。最重要的考古文化爲夏家店下層文化。

① 見譚其驤主編：《中國歷史地圖集》第二册，第 27—28 頁。但是在《中國歷史地圖集》第一册，第 41—42 頁，燕長城位於赤峰、敖漢的南邊，與第二册不同。

1．建平喀喇沁遺址

喀喇沁遺址在建平東北一百二十里（此處已接近内蒙古邊界），遺址文化層厚四五米。“有三層不同時期的文化，即爲夏家店下層文化、夏家店上層文化和戰國文化遺物。夏家店下層文化房址……陶器以夾砂灰陶、夾砂褐陶爲主，泥質灰陶次之，夾砂紅陶和泥質黑陶極少”。在夏家店下層文化早期地層中出土一件石磬。①

從這裏可以看到，雖然戎族（夏家店下層文化）在這個地區曾取得統治地位，但是後來還是受到胡族勢力（夏家店上層文化）的侵蝕，這些胡族文化可能是從内蒙古南下的。

2．北票豐下遺址

豐下遺址位於北票西北三十二里豐下村。陶器比較發達，掌握了快輪製陶技術，並有彩繪黑陶器。下層文化距今約四千年，“較爲發達的農業是其主要社會經濟活動”，“與夏家店下層文化相一致”。②

（二）醫巫閭山以東、遼河以西的考古文化

在醫巫閭山以東、遼河以西地區，最重要的考古文化爲高臺山文化。

1．新民高臺山遺址

高臺山遺址（1973 年發現）位於柳河與遼河交滙處的遼河西岸與柳河東岸，由東高臺山、腰高臺山與西高臺山等三座小山組成，遺址分上下兩層。“下層與新樂下層文化相同，是屬於同一時期的遺存”。③

高臺山文化（前 1700—前 1335 年）分布在醫巫閭山以東，“醫巫閭山可定爲夏家店下層文化的東界。而醫巫閭山以東到遼河下游之間的大片平原上，則是高臺山文化的勢力範圍，形成東西兩種早期青銅文化，以醫巫閭山爲天然分界的形

① 孫進己、王綿厚主編：《東北歷史地理》第一卷，第 130 頁。

② 孫進己、王綿厚主編：《東北歷史地理》第一卷，第 129、130 頁。

③ 孫進己、王綿厚主編：《東北歷史地理》第一卷，第 61 頁。

勢。這種形勢一直延續到商周時期”。“由於夏家店下層文化發展水平遠高於高臺山類型，所以表現爲它在吸收高臺山類型某些因素的同時，給予後者以更强烈的影響”。①

夏家店下層文化當屬於戎族，而高臺山文化當屬於胡族，從陶器來看，二者“涇渭分明”，就最好地説明了這一點。故醫巫閭山之西側當爲戎族，而東側爲胡族。

2．康平順山屯遺址

遼寧康平順山屯遺址下層的測定年代爲前 1600 年，遺址上層爲前 1100 年，出土遺物“與夏家店上層文化和高臺山文化類型比較有許多共同因素”。②既然它與夏家店上層文化和高臺山文化有許多共同點，那麼正是胡族文化。

（三）遼河以東的考古文化

在遼河以東，新樂文化分布於渾河流域的瀋陽與撫順一帶，而馬城子文化分布於太子河上游的本溪與新賓洞穴地帶。

1．瀋陽新樂遺址

新樂遺址位於瀋陽北郊昭陵西側的“新樂”工廠宿舍區内，1973 年發現，分爲上下兩層，下層年代爲公元前 5000 年（仰韶時代），稱爲新樂文化。

新樂文化陶器以夾砂紅褐陶爲主，有少量夾滑石黑陶、泥質紅陶和泥質灰褐陶。細石器發現甚多，“是該文化石器的一個重要特點”。2 號房址位於遺址中心附近，面積達 95.5 平方米，出土器物 540 多件。③

上層屬青銅時代，“陶器較下層文化更粗，係泥片接築而成。……新樂遺址上層，反映了遼寧中部地區西周至春秋時期的文化面貌。與新樂上層文化年代相同的，還有新民高臺山遺址”。新民高臺山遺址分上下兩層。“下層與新樂下層文化相同”。④

① 郭大順、張星德：《東北文化與幽燕文明》，第 341、342 頁。

② 孫進己、王綿厚主編：：《東北歷史地理》第一卷，第 128 頁。

③ 郭大順、張星德：《東北文化與幽燕文明》，第 218、219 頁。

④ 孫進己、王綿厚主編：：《東北歷史地理》第一卷，第 120—121、61 頁。

2．本溪馬城子文化

馬城子文化是洞穴文化。遼寧太子河流域的本溪及新賓先後（1979 年、1981 年）發現洞穴墓葬，其中本溪山城子鄉廟後山遺址、本溪南甸鄉馬城子村遺址最著名。[①] 馬城子文化延續近千年，其上限已進入夏代紀年。

馬城子文化的陶器均爲手製。陶色以紅褐色爲主，晚期出現少量黑砂陶。“火葬作爲馬城子文化埋葬習俗的一個重要特徵……焚燒情況是有區別並分層次的，是根據年齡、輩份、性别、地位來決定其焚燒程度、火温。……原地火葬墓的葬式比較複雜，有仰身葬、屈肢葬，偶見俯身葬和側身葬”。“墓葬無明顯墓穴……有相當一部份墓骨架下鋪石板，少數墓並用石塊砌築石壙，個别墓更用石板築石棺”。[②]

“馬城子文化以洞穴爲墓地到火葬等葬俗，以及成組合的陶、石器所反映的特殊文化面貌，代表着當時活動於遼東山地的一支獨立的民族文化，發掘者認爲，馬城子文化爲古貊族，屬九夷，是馬城子文化之後當地出現的曲刃青銅短劍文化的始祖”[③]。但從火葬、墓葬中的石板、曲刃青銅短劍來看，馬城子文化是比較典型的胡族文化，與新樂文化相似，不能説是“獨立的民族文化”，更不是古貊族（戎族）。

（四）遼東半島及黄海沿岸

1．旅順于家遺址

于家遺址位於大連旅順口于家村，這個類型的遺址分布比較廣，包括新金單坨子遺址、莊河鹽坨子遺址等。

于家下層文化的年代在前 2000 年左右，“陶器以夾砂黑褐陶爲主，黑皮陶次之，有的用紅、白、黄彩繪幾何圖案紋飾”。于家上層文化年代爲公元前一千多

① 遼寧省文物考古研究所、本溪市博物館編：《馬城子——太子河上游洞穴遺存》，北京：文物出版社，1994 年。
② 郭大順、張星德：《東北文化與幽燕文明》，第 348、347 頁。
③ 郭大順、張星德：《東北文化與幽燕文明》，第 349 頁。

年，“陶器以夾砂黑褐陶爲主，有少量夾砂褐陶和泥質黑陶，多手製”。[①]

2．長海小珠山遺址

長海小珠山遺址在廣鹿島上，下層文化的年代爲前 4000 年之前，“與瀋陽新樂下層文化年代相當，並有其相同之處”。中層文化爲公元前三四千年，大體與山東大汶口文化年代相當，並有一定聯繫。上層文化爲前 2000 年以上，“與山東龍山文化年代大體相當，並可明顯看出其影響”。

上層文化陶器，“以夾砂黑褐陶爲主，其次爲紅褐陶……還有夾砂黑陶和泥質紅陶。……也有一些磨光蛋殼陶，出現快輪製法”。[②]

小珠山遺址中上層文化與于家文化顯然受到山東文化的重大影響。從陶器來看當時遼東半島以及遼寧黄海沿岸當屬於戎族。

3．丹東小娘娘山遺址

遺址在丹東振安區，“這種類型的遺址，在丹東地區分布較多”，時代當爲青銅時代初期，“陶器以夾砂紅陶爲主，有少量夾砂黑陶”。[③]

4．東溝後窪遺址

後窪遺址位於遼寧東溝三家子村後窪屯東的臺地上，文化堆積 1 米左右。分四層：第一層耕土；第二、第三爲黑土、黑褐土層，爲上層；第四是黄土層，爲下層。

後窪遺址下層的居民是“長期定居，過着以農業爲主兼營狩獵捕撈活動的生活”。“從出土的陶器來看，它的器類比較簡單，生産工具比較原始，年代應該偏早。後窪下層無論陶罐和壓印編織蓆紋等，都與小珠山下層文化相似。後窪下層的壓印之字紋是横排豎壓，又與瀋陽新樂下層文化風格一致。因此我們推斷後窪下層的年代應該接近新樂下層文化和小珠山下層文化，大約在公元前 6000 年左

① 孫進己、王綿厚主編：《東北歷史地理》第一卷，第 122、123 頁。
② 孫進己、王綿厚主編：《東北歷史地理》第一卷，第 62、63 頁。
③ 孫進己、王綿厚主編：《東北歷史地理》第一卷，第 127 頁。

右”。“後窪下層的文化遺存主要分布在丹東地區大洋河以東的黄海沿岸，向北已延伸到鴨緑江流域的蒲石河地區”。“後窪下層的文化遺存與新樂下層文化應是兩個不同的文化系統”。[①]

後窪上層文化陶器，“火候較低，器壁較薄。手製。主要是夾砂紅陶和夾砂黑褐陶，其次是夾砂紅褐陶，夾砂黑陶增加”。“我們認爲後窪上層的年代，大約應在前 5000 年左右”。[②]

根據以上簡單的分析，在渤海沿岸，從灤河到鴨緑江，戎族的力量還是比較强大的。首先由於山戎曾控制了老哈河流域與大凌河流域，因此從灤河到醫巫閭山，都是戎族的勢力範圍。由於夫餘、高句驪的長期控制，從第二松花江到清水江，都是戎族的勢力範圍。在二者之間，從醫巫閭山以東，到遼河以東到鴨緑江，在這個範圍戎族的力量比較小，但還是存在的，可以稱之爲以“遼東半島及黄海沿岸”爲中心的戎族文化。因此在這整個範圍内，戎族與胡族的力量並存，是互相穿插的。

在《方言》中，有“朝鮮洌水之間”，郭璞注：“朝鮮，今樂浪郡是也。洌水在遼東。”[③]還有“燕代朝鮮洌水之間”，“燕之北郊朝鮮洌水之間”，“燕之外鄙朝鮮洌水之間”等[④]，這一些都是位於燕山與朝鮮之間（包括遼寧之沿海地區）的方言區，可能即原来的戎族語言區。

總起來看，從遼西走廊到朝鮮半島，戎族的力量綿延不斷。這樣看來，箕子可以輕易地通過遼西走廊與渤海、黄海沿岸到達朝鮮半島，這可能就是箕子采用這條流亡路綫的原因。

① 許玉林：《後窪遺址考古新發現與研究》，中國考古學會編：《中國考古學會第六次年會論文集》，北京：文物出版社，1987 年，第 15、17—18 頁。

② 許玉林：《後窪遺址考古新發現與研究》，中國考古學會編：《中國考古學會第六次年會論文集》，第 16 頁。

③ 周祖謨校箋：《方言校箋》，北京：中華書局，1993 年，第 3 頁。

④ 周祖謨校箋：《方言校箋》，第 11、16 頁。

[11] 商族與戎族

論文［01］、［02］説明了上古時代的基本族群爲夏族、戎族、胡族，其中戎族包括夫餘、高句驪、穢貊、新羅、百濟等，而胡族則包括肅慎、東胡、匈奴、蒙古、契丹等。在討論的過程中也提到了，商族屬於戎族。本文將從三個方面進一步説明商族屬於戎族：第一是商朝的起源傳説，第二是商朝力量的基礎，第三是商朝亡國時箕子的流亡。

一、商朝之起源傳説

（一）戎族部族之誕生神話

戎族包括許多部族，其中最著名的是夫餘、高句驪、濊貉、東沃沮、百濟等，這些部族最初分布於第二松花江之中上游。

各個族群往往都流行自己荒誕不經的起源神話。但是在荒誕的背后，却深藏了重大的現實。我們可以看到，上述这些部族的誕生神話都有不同一般的雷同之處，即卵生的神話。这當反映上述这些部族都屬於戎族這個事實。

1. 夫餘、高句驪的誕生神話

《後漢書》記載夫餘之誕生神話如下：

> 夫餘國，在玄菟北千里。……初，北夷索離國王出行，其侍兒

於後娎身，王還，欲殺之。侍兒曰："前見天上有氣，大如雞子，來降我，因以有身。"王囚之，後遂生男。王令置於豕牢，豕以口氣噓之，不死。復徙於馬蘭，馬亦如之。王以爲神，乃聽母收養，名曰東明。東明長而善射，王忌其猛，復欲殺之。東明奔走，南至掩淲水（李賢注：今高麗中有蓋斯水，疑此水是也），以弓擊水，魚鼈皆聚浮水上，東明乘之得度，因至夫餘而王之焉。①

因此在夫餘的誕生神話中，始祖名東明，其神迹則爲卵生。

百濟之始祖亦爲東明，《隋書·百濟列傳》："（高麗）國王有一侍婢，忽懷孕……婢云：'有物狀如雞子，來感於我，故有娠也'。……後遂生一男，棄之廁溷，久而不死，以爲神，命養之，名曰東明。"②後來東明成爲百濟之始祖。這個神話傳説比較簡短，但是與夫餘有基本的共同點，即始祖爲東明，其神迹爲卵生。

在高句驪的傳説中，誕生神話爲：

夫餘王嘗得河伯女，因閉於室内，爲日光隨而照之，感而遂孕，生一大卵，有一男子破殼而出，名曰朱蒙。夫餘之臣以朱蒙非人所生，咸請殺之。……其母以告朱蒙，朱蒙棄夫餘東南走。遇一大水……於是魚鼈積而成橋……朱蒙建國，自號高句驪，以高爲氏。③

此處高句驪之始祖名朱蒙，朱蒙當爲東明之聲轉。此外朱蒙也由卵生，

① 《後漢書·東夷列傳》，第2810頁。

② 《隋書·百濟列傳》，第1817—1818頁。

③ 《隋書·東夷列傳》，第1813頁。

回應了“天上有氣，大如雞子”的情節，但卵由河伯之女所生。故事中又說明高句驪出自夫餘，因此高句驪的誕生神話是夫餘誕生神話的翻版。因此吕思勉說：“夫餘、句驪、百濟開國之事，相似太甚。其實爲一事可知。”①

2．其他部族之起源神話

其他一些戎族部族也都有這種神話，而且流傳的時間很長，連徐偃王就有這種神話。《後漢書》李賢注引《博物志》曰：“徐君宫人娠而生卵，以爲不祥，棄於水濱。孤獨母有犬名鵠倉，［得］所棄卵，銜以歸母，母覆暖之，遂成小兒……長襲爲徐君。”②徐偃王已是周代，還有這樣的神話傳説，在夏族與胡族恐怕是不可能的。

周族也有誕生神話，《周本紀》說：“周后稷，名弃。其母有邰氏女，曰姜原。姜原爲帝嚳元妃。姜原出野，見巨人迹，心忻然説，欲踐之，踐之而身動如孕者。居期而生子，以爲不祥，弃之隘巷，馬牛過者皆辟不踐；徙置之林中，適會山林多人，遷之；而弃渠中冰上，飛鳥以其翼覆薦之。姜原以爲神，遂收養長之。初欲弃之，因名曰弃。”③因此周族的誕生神話與商族差别很大，商族是“卵生”，而周族的誕生是“巨人迹”，這種情況也許就表明周族與商族没有共同的起源。

《夏本紀》講述夏族之起源如下：“夏禹，名曰文命。禹之父曰鯀，鯀之父曰帝顓頊，顓頊之父曰昌意，昌意之父曰黄帝。”④没有一點神話，可見夏族與商、周完全不同。但夏族其實也有誕生神話，如《帝王世紀》：“伯禹，夏后氏，姒姓也。母曰修己，見流星貫昴，夢接

① 吕思勉：《中國民族史》，第119頁。
② 《後漢書·東夷列傳》，第2809頁。
③ 《史記·周本紀》，第111頁。
④ 《史記·夏本紀》，第49頁。

意感。又吞神珠薏苡，胸拆而生禹於石紐。”[①]然而司馬遷捨去不用，這個事實表明，在司馬遷看來，夏族屬於與商、周完全不同的族群。

滿族的誕生神話是：“相傳三天女浴於池，有神鵲銜朱果置季女衣，季女含口中，忽已入腹，遂有身。”[②]説的是吞朱果，與卵生有很大的區别。

在各部族的起源傳説中，除誕生神話外，更多的往往是關於始祖的政治性編造。例如秦漢之後，在中國活動的大部分異族都自稱夏族，北周宇文氏自稱“其先出自炎帝神農氏”[③]，北魏拓跋氏自稱“昌意少子”之後[④]，燕國慕容氏自稱“其先有熊氏之苗裔”[⑤]，而苻秦自稱“其先蓋有扈之苗裔”[⑥]等。這一些附托夏族之傳説，其作用與誕生神話是一樣的。

（二）商朝的起源傳説

在夫餘、高句驪等的誕生神話中，除了卵生以外，還包含一個現實的人物，就是部族的始祖。如“夫餘始祖東明”“高句驪始祖朱蒙”“百濟始祖東明”等。故戎族的神話傳説中，除卵生以外，東明（或朱蒙）是最重要的内容。

現在來看商朝的起源傳説，《殷本紀》：“殷契，母曰簡狄，有娀氏之女，爲帝嚳次妃。三人行浴，見玄鳥墮其卵，簡狄取吞之，因孕生契。……契卒，子昭明立。昭明卒，子相土立。”[⑦]又《五帝本紀》：

---

① 徐宗元輯：《帝王世紀輯存》，第50頁。

② （清）阿桂等：《满洲源流考》，沈陽：遼寧民族出版社，1988年，第1頁。

③《周書·文帝紀上》，第1頁。

④《魏書·序紀》，第1頁。

⑤《晋書·慕容廆載記》，第2803頁。

⑥《晋書·苻洪載記》，第2867頁。

⑦《史記·殷本紀》，第91—92頁。

“帝嚳高辛者，黄帝之曾孫也。”[1] 因此有下列世系：黄帝—……—嚳—契—昭明—相土……湯。

因此商族的神話傳説包含兩個内容：一是卵生的神話，二是夏族的來歷。前面説過，秦漢以後的許多非夏族部族，往往都加上一個夏族（或漢族）的來歷，把自己説成夏族（即漢族）的後裔。在夏族成爲十分强大的主幹部族以後，許多異族就用夏族的來歷來提高自己的身份。看来這種做法在先秦就出現了，商族已經將卵生神話與攀附夏族這兩種神話傳説結合在一起了。商族所攀附的夏族祖先是黄帝—嚳—契。

因此《殷本紀》是在戎族古老的誕生神話（卵生）上再加一個後世攀附夏族的傳説（黄帝—嚳—契）。從這個觀點來看，在研究商族歷史的時候，首先需要捨去攀附的夏族，那麼商族的始祖實際上當爲昭明。

昭明顯然即朱蒙，亦即東明。由於夫餘、高句驪、百濟等國都晚於商族，故東明、朱蒙可能都是由昭明演化而來的，而昭明（即東明或朱蒙）就成了東北上古時代各戎族部族之始祖。這也就説明了商族當爲戎族之一員。

《荀子》説：“契玄王，生昭明，居于砥石遷于商。”[2] 由於契並不是商族真正的始祖，就如神農氏不是宇文氏的真正始祖，昌意也不是拓跋氏的真正始祖一樣，都是後來的冒名顶替。昭明纔是商族真正的始祖（就是商族傳説故事中真正的始祖），而砥石纔是商族真正的起源地（就是商族傳説故事中的真正起源地）。

昭明本來可能是地名。朝鮮本即東明，新羅僧無極《東事古記》説：“中國唐堯時有檀君者，立國於今平壤，號曰朝鮮。言東方之地，

① 《史記・五帝本紀》，第13頁。
② 《荀子集解・成相》，《諸子集成》，第308頁。

受朝日光鮮也。”[①] 但所謂東方受日，顯然是商族人南下後的口吻，朝鮮人不會自認爲東方之地。據此則東明、朱蒙、昭明皆由朝鮮這一語源蛻變出來的。

後來昭明也成爲朝鮮半島上的地名，《漢書·地理志》樂浪郡，應劭注：“故朝鮮國也。”漢之樂浪郡有二十五縣，其中有朝鮮（爲郡治）、昭明（班固自注：南部都尉治）。[②] 據此則昭明與朝鮮本爲一地。

故昭明可能本爲地名，而且可能即朝鮮，後來纔成爲人名。亦謂“朝鮮”二字來自水名，《集解》：“張晏曰：‘朝鮮有濕水、洌水、汕水……疑樂浪、朝鮮取名於此也。’”《索隱》：“朝音潮……鮮音仙。以有汕水，故名也。”[③]《讀史方輿紀要》：“潮河，在（昌黎）縣南二十五里，即縣境群川之下流也。”又有陷河。[④] 莫非由潮河、陷河得到“朝鮮”之名？但這種地理的説法都没有確實的證據。

所謂檀君是有怎樣母題無從考求，但所謂時當唐堯，必不是什麼史册的紀年作爲推溯，無非暗示朝鮮的命名甚古，可能是在昭明年代。在一般人若聯繫到契，很可能會把昭明看作與帝堯同時，而且朝鮮、東明、朱蒙可能還與昭明同一語源。

因此從起源神話來看，商族當屬於戎族。

二、徐戎與淮夷

在商朝統治崩潰以後，對周族反抗最激烈的地方是山東西部。周族在打敗商紂王之后，不久就東征，《尚書·序》：“武王崩，三監及淮夷

① 吕思勉：《中國民族史》，第120頁。

② 《漢書·地理志下》，第1627頁。

③ 《史記·朝鮮列傳》注，第2985頁。

④ （清）顧祖禹：《讀史方輿紀要·北直八》，第769、773頁。

叛。”“成王東伐淮夷，遂踐奄。”“成王既黜殷命，滅淮夷，還歸在豐，作《周官》。”[①]《帝王世紀》説：“王既营都洛邑，復居酆鎬。淮夷、徐戎及商奄又叛。王乃大蒐于岐陽，東伐淮夷。”[②]

淮夷、徐戎的叛亂影響了魯國，《魯周公世家》説：“伯禽即位之后，有管、蔡等反也，淮夷、徐戎亦並興反。”[③]《尚書·费誓》：“魯侯伯禽宅曲阜，徐、夷並興，東郊不開。（孔安國傳：徐戎、淮夷並起爲寇於魯，故東郊不開。）”[④]“徂兹淮夷、徐戎并興。”[⑤]孔傳：“淮浦之夷，徐州之戎。因此周曾把徐、奄看作主要的敵人，所謂“虞有三苗，夏有觀扈，商有姺邳，周有徐奄”。[⑥]

因此徐戎、淮夷當爲戎族，他們在商朝得到很大的發展，已成爲商朝的侯伯。到周朝，他們成了敵對勢力，最終被消滅。

（一）徐戎

1．徐屬於戎族

徐也是夷人的一部分，因此也稱徐夷，如《後漢書·東夷列傳》：“後徐夷僭號，乃率九夷以伐宗周。”[⑦]但更多是稱之爲徐戎。爲什么称之爲戎？羅泌提出一种解释，説稱呼反映力量盛衰，他説：“徐之初也稱戎（羅苹注：隱元以徠），盛而稱徐（羅苹注：莊二十六秋），又盛而人之（羅苹注：僖三），又盛而子之（羅苹注：昭四）。”[⑧]羅泌没有解釋，徐究竟

① 《尚書正義》,《十三經注疏》，第197、227、234頁。
② 徐宗元輯：《帝王世紀輯存》，北京：中華書局，1964年，第91頁。
③ 《史记·魯周公世家》，第1524頁。
④ 《尚書正義·費誓》,《十三經注疏》，第254頁。
⑤ 《尚書正義·費誓》,《十三經注疏》，第255頁。
⑥ 《春秋左傳正義·昭元年》,《十三經注疏》，第2021頁。
⑦ 《後漢書·東夷列傳》，第2808頁。
⑧ （宋）羅泌：《路史·國名記丙》，第339頁。

爲何稱戎。雖然有許多稱呼是反映政治地位的，但有的不是，徐稱徐戎並非由於政治地位。

實際上徐與夫餘、高句驪一樣，正是戎族，這個事實可以從徐族的神話傳説中看到。前面説過，《博物志》説："徐君宫人娠而生卵，以爲不祥，棄於水濱。孤獨母有犬名鵠倉，［得］所棄卵，銜以歸母，母覆暖之，遂成小兒……長襲爲徐君。"[①] 徐偃王時已是周代，他還有這樣的神話傳説，當可以説明：徐偃王屬於戎族。

而且徐氏與殷商有密切的聯繫，《左氏定四年傳》："分魯公以……殷民六族，條氏、徐氏、蕭氏、索氏、長勺氏，使帥其宗氏，將其分族。"[②] 其中的徐氏當與徐戎有關。

2．徐之地域

徐縣在今泗洪縣，後爲徐城縣，有徐君廟。《括地志》："徐君廟在泗州徐城縣西南一里，即延陵季子挂劍之徐君也。"[③]《讀史方輿紀要》鳳陽府泗州，"徐城廢縣，州西北五十里。古徐子國。《春秋·莊二十六年》：'齊人伐徐。'自是徐屢見於《春秋》。……志云：今州東北八十里有古城，相傳徐偃王所築，《郡國志》亦謂之薄城"[④]。

徐可説是地方大國，《韓非子》："徐偃王處漢東，地方五百里。"[⑤]《後漢書》："後徐夷僭號，乃率九夷以伐宗周，西至河上。……偃王處潢池東，地方五百里。"潢池不知所指。有潢河經潢川縣東北流入淮，故潢池可能指潢河。徐夷依九夷以伐宗周，故九夷並不包括徐。又可説明九夷當位於今河南中部，接近宗周。《後漢書》又説："穆王後得驥騄

①《後漢書·東夷列傳》，第2809頁。
②《春秋左傳正義·定四年》，《十三經注疏》，第2134頁。
③《史記·吴太伯世家》，第1459頁。
④（清）顧祖禹：《讀史方輿紀要·南直三》，第1037頁。
⑤《韓非子集解·五蠹》，《諸子集成》，第341頁。

之乘，乃使造父御以告楚，令伐徐，一日而至。於是楚文王大舉兵而滅之。”[①] 故楚與九夷俱位於周、徐之間，周王令楚伐徐，猶徐率九夷伐周也。因此徐所率之九夷當分布於今河南之東部，兼及安徽西北部與山東西南部。徐在九夷之東。

《後漢書》李賢注：“《水經注》曰：黄水一名汪水，與泡水合，至沛入泗。自山陽以東，海陵以北，其地當之也。”[②] 山陽當指西漢山陽國或山陽郡，在今山東巨野。海陵郡在江蘇泰州，後徙建陵，建陵故城在今江蘇沭陽。因此徐偃王之地域約在今駱馬湖以北，微山湖以東的範圍。

3．徐之歷史

（1）融入夏族

文獻中記載了徐氏的世系，《通志・氏族略》：“徐氏，子爵，嬴姓，皋陶之後也。皋陶生伯益，伯益佐禹有功，封其子若木於徐，在今徐城縣北三十里。徐城併入臨淮，今泗州臨淮有徐城。自若木至偃王，三十二世，爲周所滅，復封其子宗爲徐子。宗十一世孫章羽，昭三十年爲吴所滅。子孫以國爲氏。又一族出於嬴氏，十四姓之一也。”[③] 所謂出於嬴氏當指《秦本紀》：“秦之先爲嬴姓。其後……有徐氏、郯氏……秦氏。”[④] 因此有一部分徐氏當是嬴姓之後。

徐本爲東夷，本無姓氏與爵位，既然爲嬴姓，且稱子，則上述記載是指徐融入夏族之後的歷史。因此皋陶並非徐氏的始祖，皋陶是徐戎標榜的夏族祖先，實際上徐戎並非夏族，但後來融入少昊系。關於徐的世

①《後漢書・東夷列傳》，第 2808 頁。
②《後漢書・東夷列傳》，第 2809 頁。
③（宋）鄭樵：《通志・二十略》，北京：中華書局，1995 年，第 61 頁。
④《史記・秦本紀》，第 221 頁。

系，將在其他地方進一步討論。

對於古代部族來説，最主要的問題是他們與夏族的關係。《漢書》："昔《書》稱'蠻夷帥服'，《詩》云'徐方既倈'，《春秋》列潞子之爵，許其慕諸夏也。"[①]也就是説，如果一個部族"帥服""既倈"，或是有了"爵位"，那麽這個部族已經發生根本的變化，開始融入夏族了。實際上到商朝，徐氏早已經融入夏族。

（2）徐與周朝

在西周初，徐氏成了敵對勢力。《竹書紀年》："（成王）二年，奄人、徐人及淮夷入于邶以叛。""（成王四年）王師伐淮夷，遂入奄。"[②]於是徐受到了沉重的打擊。但是徐氏並没有被消滅，到周穆王時，徐氏已經成爲淮河下游的一個大國，周朝也衹得封其爲侯伯。《竹書紀年》："（穆王）六年春，徐子誕來朝，錫命爲伯。"[③]但根據《後漢書》，周是被迫承認徐的霸主地位的："後徐夷僭號，乃率九夷以伐宗周，西至河上。穆王畏其方熾，乃分東方諸侯，命徐偃王主之。偃王處潢池東，地方五百里，行仁義，陸地而朝者三十有六國。"[④]

周穆王隨即利用楚國消滅了徐偃王，矛盾因何而起？《竹書紀年》："（穆王）十三年，徐戎侵洛。"似乎徐偃王首先挑釁，於是"（穆王）十四年王帥楚子伐徐戎，克之"[⑤]。徐亡。

《後漢書》記載了有關的經過："穆王後得驥騄之乘，乃使造父御以告楚，令伐徐，一日而至。於是楚文王大舉兵而滅之。偃王仁而無權，不忍鬬其人，故致於敗。乃北走彭城武原縣東山下，百姓隨之者以

① 《漢書·景武昭宣元成功臣表》，第635頁。
② （清）徐文靖：《竹書紀年統箋》，《二十二子》，第1074頁。
③ （清）徐文靖：《竹書紀年統箋》，《二十二子》，第1078頁。
④ 《後漢書·東夷列傳》，第2808頁。
⑤ （清）徐文靖：《竹書紀年統箋》，《二十二子》，第1079頁。

萬數，因名其山爲徐山。”[①] 責任似乎不在徐偃王，《淮南子》謂其“知仁義而不知世變者也”，終爲楚所滅。《淮南子》：“夫徐偃王爲義而滅，燕子噲行仁而亡，哀公好儒而削，代君爲墨而殘。……四君獨以仁義儒墨而亡者，遭時之務異也。”[②]因之有人在評論劉璋時說：“斯亦宋襄公、徐偃王之徒，未爲無道之主也。”[③] 徐偃王與宋襄公、魯哀公相提並論，因此不是他挑起事端的。

無論如何，徐偃王可以表明，徐已完全融入夏族，而且甚至比楚國更接近諸夏。就在周穆王之世，諸夏曾助徐抗楚，如《竹書紀年》：“(穆王）三十五年，荆人入徐。毛伯遷帥師敗荆人于泲”，徐文靖箋：“按羅泌曰：自若木至偃王三十二世，爲周所滅。後封其子宗爲徐子。按徐亡于穆王十四年，至是僅二十一年而荆人入徐，正徐子宗紹封之時也。”[④]

到春秋時期，周襄王七年（前 645 年）《左氏僖十五年傳》：“春，楚人伐徐，徐即諸夏故也。三月，盟于牡丘（魯及齊、宋、陳、衛、鄭、許、曹等國會盟），尋葵丘之盟，且救徐也。孟穆伯（魯公孫敖）帥師及諸侯之師救徐，諸侯次于匡以待之。……秋，伐厲，以救徐也。……冬……楚敗徐于婁林（婁林，徐地），徐恃救也（杜預注：恃齊救）。”[⑤]《穀梁僖十五年傳》：“楚人敗徐于婁林，夷狄相敗志也。”[⑥] 在諸夏看來，楚、徐都是夷狄，但齊、魯諸夏结成同盟反楚而保徐。

（3）徐滅

周敬王八年（前 512 年），《左氏昭三十年傳》：“（吴子）滅徐，徐

---

①《後漢書·東夷列傳》，第 2808 頁。

②《淮南子·人間訓》，《諸子集成》，第 324 頁。

③《三國志·劉二牧傳》，第 870 頁。

④（清）徐文靖：《竹書紀年統箋》，《二十二子》，第 1080 頁。

⑤《春秋左傳正義·僖十五年》，《十三經注疏》，第 1805 頁。

⑥《春秋穀梁傳注疏·僖十五年》，《十三經注疏》，第 2398 頁。

子章禹斷其髮，攜其夫人，以逆吴子。吴子唁而送之，使其邇臣從之。遂奔楚。楚沈尹戍帥師救徐，弗及，遂城夷，使徐子處之。”杜預注：“夷，城父也。”[①]於是徐滅，亦即完全融入夏族，入於楚。

周顯王三十四年（前 335 年），《竹書紀年》：“王與諸侯會于徐州”[②]。春秋以後，東夷都已完全融入夏族，徐戎、淮夷已不存在。

（二）淮夷

1．淮夷的歷史

淮夷也是古族，《禹貢》：“海岱及淮惟徐州。……淮夷蠙珠暨魚。”對淮夷有不同之解釋。馬融曰：“淮、夷二水，出蠙珠與魚。”則淮、夷爲地名。《禹貢》中還有“鳥夷皮服”“嵎夷既略”“萊夷作牧”“和夷厎績”等，[③]馬融也認爲嵎夷、和夷是地名。

鄭玄曰：“淮夷，淮水之上夷民。”孫星衍疏：“淮夷，《詩傳》云：‘東國，在淮浦而夷行也’。……云‘二水’，未詳。……云‘淮水之上夷民’者，《費誓》云‘淮夷、徐戎’，則徐州實有夷民在淮水之上，與《詩傳》異也。”[④]則“淮夷蠙珠暨魚”的解釋當以鄭玄爲是。

夏代已有淮夷。《竹書紀年》：“（帝相）元年，征淮夷。”[⑤]可見得早在夏代，淮夷已經是一支對抗夏族的强大力量。

但是在商代，《竹書紀年》只提到藍夷與昆夷。在仲丁六年與河亶甲四年“征藍夷”，但是東夷中未見到藍夷。帝辛三十四年，提到“昆夷侵周”，而在帝辛三十六年，“遂伐昆夷”。此昆夷當非東夷，東夷在

---

① 《春秋左傳正義·昭三十年》，《十三經注疏》，第 2126 頁。
② （清）徐文靖：《竹書紀年統箋》，《二十二子》，第 1098 頁。
③ （清）孫星衍：《尚書今古文注疏·禹貢上》，第 144、151、153、174 頁。
④ （清）孫星衍：《尚書今古文注疏·禹貢上》，第 156 頁。
⑤ （清）徐文靖：《竹書紀年統箋》，《二十二子》，第 1056 頁。

商王帝辛時不會侵周，此昆夷當爲戎狄。《詩·緜》“混夷駾矣”，鄭箋：“混夷，夷狄國。”《釋文》：“混音昆。”故昆夷即混夷。又《逸周書·序》：“文王立，西距昆夷，北距玁狁。”[①] 故昆夷與東夷無關。在《竹書紀年》的記載中，商代與東夷有關的衹有太戊六十一年，“東九夷來賓”。故商代與東夷相安無事，蓋二者皆爲戎族，所謂“受有億兆夷人”。

但當武王推翻紂王統治之後，淮夷又成爲敵對勢力。《書·大誥序》：“武王崩，三監及淮夷叛，周公相成王，將黜殷，作《大誥》。”[②]《魯周公世家》則説：“管、蔡、武庚等果率淮夷而反。周公乃奉成王命，興師東伐…… 寧淮夷東土，二年而畢定。”[③]

從西周至春秋戰國，淮夷與徐戎之經歷相仿。

2．淮夷融入夏族

《世本》：“淮夷，嬴姓。”[④] 那麽淮夷也早已開始融入夏族。但是一直到西周晚期，淮夷與徐戎一樣與周朝是對立的，《竹書紀年》：“（厲王）三年，淮夷侵洛。王命虢公長父伐之，不克。”“（宣王）六年，召穆公帥師伐淮夷，王帥師伐徐戎。皇父休父從王伐徐戎，次于淮。王歸自伐徐，錫召穆公命。”[⑤] 淮夷與徐戎的完全融入是在春秋戰國年代。

淮夷比徐戎落後一步。徐稱徐夷，亦稱徐戎，徐子。但淮夷則始終稱夷，如《春秋昭四年經》：“夏，楚子、蔡侯、陳侯、鄭伯、許男、徐子、滕子、頓子、胡子、沈子、小邾子、宋世子佐、淮夷，會于

① 黄懷信、張懋鎔、田旭東：《逸周書彙校集注·周書序》，第1198頁。
② 《尚書正義·大誥序》，《十三經注疏》，第197頁。
③ 《史記·魯周公世家》，第1518頁。
④ （漢）宋衷注，（清）秦嘉謨等輯：《世本八種》，第46頁。
⑤ （清）徐文靖：《竹書紀年統箋》，《二十二子》，第1081、1083頁。

申。楚人執徐子。秋，七月，楚子、蔡侯、陳侯、許男、頓子、胡子、沈子、淮夷，伐吴。執齊慶封，殺之。遂滅賴。”[①] 徐已經快亡國，淮還未有爵稱，仍被稱爲夷。淮夷亦當爲戎族，但未完全融入夏族。但淮夷成爲楚國“執徐子”“執慶封”“滅賴”的軍事盟友。

三、“億兆夷人”

（一）“億兆夷人”

《書・泰誓》説：“受有億兆夷人。”[②] 因此“億兆夷人”當是紂的力量基礎，也就是商朝晚期的力量基礎。又《左氏昭十一年傳》：“紂克東夷，而隕其身。”[③] 因此紂由於戰勝東夷而導致滅亡。《書・泰誓》又説：“受有臣億萬，惟億萬心；予有臣三千，惟一心。”[④] 又説：“受有億兆夷人，離心離德；予有亂臣十人，同心同德。”[⑤] 因此商族的成功或失敗，都要看夷人或東夷是否支持。實際上也就是説，“億兆夷人”是紂的力量基礎，商朝的命運是由他們決定的。

《周本紀》：“帝紂聞武王來，亦發兵七十萬人距武王。”[⑥] 紂王在崩潰前夕，還有如此雄厚的力量，可見得所謂“億兆夷人”，不是空話。“億兆夷人”亦當爲商湯興起以及商朝長期統治的力量基礎。何謂“億兆夷人”？他們究竟是什麽人？當紂王被推翻之後，這“億兆夷人”也露出了真實面目。

---

① 《春秋左傳正義・昭四年》，《十三經注疏》，第 2032 頁。

② 《尚書正義・泰誓中》，《十三經注疏》，第 181 頁。

③ 《春秋左傳正義・昭十一年》，《十三經注疏》，第 2060 頁。

④ 《尚書正義・泰誓上》，《十三經注疏》，第 181 頁。

⑤ 《尚書正義・泰誓中》，《十三經注疏》，第 181 頁。

⑥ 《史記・周本紀》，第 124 頁。

1．萊夷

當武王占領了商朝的都城，隨即在東方建立齊國與魯國。當太公受封去齊國時就受到了萊夷的抵制，《史記》："於是武王已平商而王天下，封師尚父於齊營丘。東就國，道宿行遲。……萊侯來伐，與之争營丘。營丘邊萊。萊人，夷也……是以與太公争國。"[①]

萊後來一直與齊、魯等國發生衝突，如《春秋宣七年經》"（魯）公會齊侯伐萊"，杜注："萊國，今東萊黄縣。"[②] 又孔疏："《世族譜》不知萊國之姓。"[③] 似乎萊很晚還没有姓，也就是還没有融入夏族。《春秋大事表》中將萊標爲姜姓，是誤會。姜太公初到山東之時，萊即加以抵制，以後矛盾不斷，萊與齊必非同姓。萊當爲戎族之後，可能還没有姓氏制度，故《世族譜》不知其姓。"萊人，夷也"，因此與齊太公争營丘的萊就是"億兆夷人"的一部分。

最後齊國滅萊。《春秋襄六年經》："齊侯滅萊。"《左傳》："遷萊於郳。"孔疏："郳即小邾（今滕縣）也。"[④] 將萊人從黄縣遷於滕縣，猶如西周初年將商族由殷都遷於成周。此後萊夷當快速融入夏族了。

2．徐戎、淮夷

在"亿兆夷人"中，當然也包括徐戎、淮夷。武王在封太公於齊的同時，封周公於魯。封太公是對付萊夷，而封周公是爲了對付徐戎、淮夷。魯刚刚建國，"淮夷、徐戎亦並興反。於是伯禽率師伐之於肹"[⑤]。在《書·費誓》就記載這次叛亂。所謂徐戎、淮夷與萊夷他們

①《史記·齊太公世家》，第1480頁。

②《春秋左傳正義·宣七年》，《十三經注疏》，第1873頁。

③《春秋左傳正義·襄二年》，《十三經注疏》，第1929頁。

④《春秋左傳正義·襄六年》，《十三經注疏》，第1937頁。

⑤《史記·魯周公世家》，第1524頁。

一樣，都是夷人。他們的地域在山東的東海沿岸以及淮河流域。

3. 九夷

所謂“受有億兆夷人”，當即指山東半島以及淮河流域中下游的夷人，他們屬於戎族，爲商朝最重要的支柱，其中最主要的是萊夷、徐戎、淮夷，此外還有九夷。在周代萊夷分布在山東半島的東部，徐戎、淮夷當分布於山東半島南部以及安徽、江蘇境内淮水下游，而九夷則分布於河南與安徽境内渦水、汝水中游，九夷在西而淮夷在東。

不過在春秋戰國時期，“億兆夷人”逐步銷聲匿迹了，但並不是被消滅而是徹底融入了夏族。關於這一點歷史中也有記載。《魯周公世家》：

> 魯公伯禽之初受封之魯，三年而後報政周公。周公曰：“何遲也？”伯禽曰：“變其俗，革其禮，喪三年然後除之，故遲。”太公亦封於齊，五月而報政周公。周公曰：“何疾也？”曰：“吾簡其君臣禮，從其俗爲也。”及後聞伯禽報政遲，乃嘆曰：“嗚呼，魯後世其北面事齊矣！夫政不簡不易，民不有近；平易近民，民必歸之。”①

這裏雖然表明周公不赞成魯國的政策，但是“革其禮”的意義在於用周禮代替夷禮，因此“變其俗，革其禮”是不能不進行的，實際上這是周朝的國策，周朝的强大就在於實行周禮。齊國“簡其君臣禮，從其俗”，也許就是因此而萊遲遲没有融入夏族。

以下再對九夷作進一步的分析。

①《史記·魯周公世家》，第1524頁。

（二）九夷

古書中有九夷的説法。但文獻中蠻夷的數字一般都不是確數，如《爾雅・釋地》：“九夷、八狄、七戎、六蠻，謂之四海。”郭璞注：“次四荒者。”① 而《周禮・職方氏》則謂四夷、八蠻、七閩、九貉、五戎、六狄，故蠻夷並無定數。又如《書・旅獒》：“惟克商，遂通道於九夷八蠻。西旅底貢厥獒。”孔傳：“九、八言非一。”② 還有《後漢書》：“其山有六夷七羌九氐，各有部落。”③

因此蠻夷没有定数，但《史記・孔子世家》説：“昔武王克商，通道九夷百蠻。”《集解》：“王肅曰：‘九夷，東方夷有九種也。百蠻，夷狄之百種。’”④ 百蠻的“百”肯定不是確數，而且“蠻”也不會指“夷狄”，由於已經有九夷，百蠻中不會再包括夷，蠻不會指夷狄。因此王肅謂百蠻指夷狄，是不可靠的，那麼所謂東方夷有九種的説法也不一定可靠。王肅之解説過於拘泥，“百”可能爲“八”字之誤。《書・旅獒》就作九夷、八蠻，《周禮・職方氏》亦作八蠻。

雖然蠻夷没有確數，不過在文獻記載中，“九夷”却往往指九種具體夷人。如《爾雅》“九夷”，邢昺疏：“依《東夷傳》，夷有九種，曰畎夷、于夷、方夷、黄夷、白夷、赤夷、玄夷、風夷、陽夷。又一曰玄菟，二曰樂浪，三曰高驪，四曰滿飾，五曰鳧更（當作鳧臾，即夫餘），六曰索家，七曰東屠，八曰倭人，九曰天鄙。”⑤ 第二種九夷“玄菟、樂浪、高驪、滿飾、鳧更（即夫餘）、索家、東屠、倭人、天鄙”，與第一種

①《爾雅注疏・釋地》，《十三經注疏》，第 2616 頁。

②《尚書正義・旅獒》，《十三經注疏》，第 194 頁。

③《後漢書・南蠻西南夷列傳》，第 2858 頁。

④《史記・孔子世家》，第 1922 頁。

⑤《爾雅注疏・釋地》，《十三經注疏》，第 2616 頁。

不同，第二種九夷常見於記載，此九夷指朝鮮半島一帶之戎族，他們不在中國，更不是夏族，因此《晋書·摯虞列傳》説："元憝委命，九夷重譯。"[①] 此九夷均爲遠夷，因而必是重譯。

雖然《爾雅》的九種遠夷有具體的名目，但九也不一定是準確的數字。實際上這九夷中的滿飾、索家、東屠、天鄙似乎也是湊數的，因此這九夷也不是明確的概念。至於《爾雅》的第一種九夷是畎夷、于夷、方夷、黄夷、白夷、赤夷、玄夷、風夷、陽夷，他們當是近夷。雖然可能是九種夷，但究竟是哪九種夷，也無法確切説明。至於他們的具體情况，現在更已無法知曉。

（三）歷史中的九夷

在不同的時代有不同的九夷，在歷史記載中有下列九夷。

1. 越地之九夷

禹時就有九夷。《墨子》："禹東教乎九夷，道死，葬會稽之山。"其中九夷或作"於越"，孫詒讓説，"當以作於越者爲是"[②]。但《論衡》："唐虞國界，吴爲荒服，越在九夷。"[③] 則九夷不等於越，九夷大於越，故謂越在九夷。故《墨子》當以作九夷爲是，何況該處上文爲"堯北教乎八狄……舜西教乎七戎"，與九夷正好呼應。因此在五帝时期當已有"九夷"之名，而九夷之地點則在今江浙一帶。

在漢人著作中，九夷往往與越地聯繫在一起，如《鹽鐵論》："孝武皇帝攘九夷，平百越"[④]；又《説苑》："越王勾踐與吴人戰，大敗之，

① 《晋書·摯虞列傳》，第 1424 頁。
② 《墨子閒詁·節葬下》，《諸子集成》，第 113 頁。
③ 《論衡·恢國篇》，《諸子集成》，第 193 頁。
④ 《鹽鐵論·復古》，《諸子集成》，第 7 頁。

兼有九夷。”①越王勾踐打敗吴國，兼有九夷，則九夷必在吴越地區。

2. 魯西南之九夷

但是史籍中之九夷往往不在同一個地方，更不在江南。《韓非子》：“周公旦已勝殷，將攻商蓋（江聲曰：“商蓋，商奄也。”）。辛公甲曰：‘大難攻，小易服，不如服衆小以劫大。乃攻九夷而商蓋服矣。’”②則此九夷當位於商奄附近，實即魯西南。

3. 南陽之九夷

戰國時期出現的“南陽九夷”，即分布在南陽一帶之九夷。《史記·李斯列傳》李斯曰：“惠王用張儀之計……南取漢中，包九夷，制鄢、郢。”《正義》：“惠王十三年，攻楚漢中，取地六百里。”《索隱》：“九夷即屬楚之夷也。”③按《秦本紀》：“十三年（惠王後十三年），庶長章擊楚于丹陽……又攻楚漢中，取地六百里，置漢中郡。”④漢時漢中郡在今陝西安康，所謂南取漢中當即丹水中下游商於之地，則九夷當在南陽郡一帶，故取漢中、包九夷，即可制鄢、郢。鄢當指今河南之鄢陵，郢則爲今湖北之江陵。有關之時事，《戰國策》有記載，《魏策》：“張儀曰：‘楚破南陽九夷，内沛，許，鄢陵危。’”鮑彪注：“（沛）豫州郡。［内］，言入其地。”⑤若九夷在南陽郡，則九夷在鄢陵西，而沛、許在鄢陵東。故楚破九夷、入沛許，則鄢陵難保。説明九夷當在南陽郡一帶。

4. 豫南、皖北之九夷

《秦策》：“楚苞九夷，又方千里，南有符離之塞，北有甘魚之口。

① （漢）劉向：《说苑校證·君道》，北京：中華書局，1987年，第18頁。

② 《韓非子集解·説林上》，《諸子集成》，第132頁。

③ 《史記·李斯列傳》，第2542頁。

④ 《史記·秦本紀》，第207頁。

⑤ 《戰國策·魏一》，第809頁。

權縣宋、衛，宋、衛乃當阿、甄耳。”鮑彪注：符離“屬沛”，甘魚“疑爲濟陰高魚”。吴師道校正曰：“王應麟云：鮑説非。《左氏昭十三年傳》‘次於魚陂’注：‘竟陵縣城西北有甘魚陂。’”[①] 但從地理形勢看，吴説非是。符離在今安徽宿州北，而竟陵在今湖北潛江西北，是完全不相干的。濟陰在今山東曹縣、定陶，故鮑彪説可信。若楚北有濟陰，南有宿州，則可控制宋、衛，故宋、衛之地位猶如齊邑阿、甄。此九夷當在豫南、皖北之地。

5. 豫東之九夷

《後漢書・東夷列傳》：“後徐夷僭號，乃率九夷以伐宗周，西至河上。穆王畏其方熾，乃分東方諸侯，命徐偃王主之。”[②] 故九夷並不包括徐夷，而徐夷依之以伐宗周，則亦可説明九夷接近宗周。九夷當接近今河南中部。另一方面，穆王“十四年，王帥楚子伐徐戎，克之”[③]，故楚與九夷俱位於周、徐之間，周王率楚伐徐，猶徐率九夷伐周也。因此徐所率之九夷當分布於今河南之東部，兼及安徽西北部與山東西南部。故《淮南子・齊俗訓》：“越王句踐……泗上十二諸侯，皆率九夷以朝。”[④]

因此戰國時期中國内部之九夷，其地域不一，但大體上均位於今河南南部、山東西南部、安徽、江蘇北部之淮河流域内。

（四）“子欲居九夷”

《論語》説：“子曰：‘道不行，乘桴浮于海。’”[⑤] 又説：“子欲居

① 《戰國策・秦三》，第 178 頁。
② 《後漢書・東夷列傳》，第 2808 頁。
③ （清）徐文靖：《竹書紀年統箋》，《二十二子》，第 1079 頁。
④ 《淮南子・齊俗訓》，《諸子集成》，第 174—175 頁。
⑤ 《論語正義・公冶長》，《諸子集成》，第 90 頁。

九夷。或曰：‘陋，如之何？’子曰：‘君子居之，何陋之有！’”通常將這兩段話聯繫起來，認爲此處所謂九夷是指朝鮮一帶之遠夷，因此馬融注：“九夷，東方之夷，有九種，君子所居則化。”馬融的解釋是對的。劉寶楠疏：“子欲居九夷，與乘桴浮海，皆謂朝鮮。夫子不見用於中夏，乃欲行道於外域。……九夷者，夷有九種，朝鮮特九夷之一。”[①] 因此“欲居九夷”與“乘桴浮于海”是同一件事，孔子認爲在中國無法行道，不如去朝鮮等戎族國家。不過劉寶楠認爲“君子居之，何陋之有”的君子是指箕子，他説：“君子居之，指箕子言，非孔子自稱爲君子。”[②] 劉寶楠這個解釋比較牽强。

一般人認爲九夷是蠻荒之地，“陋”，但孔子却答覆説“君子居之，何陋之有”。孔子對九夷社會有良好的評價。雖然夷屬於“蠻夷戎狄”，但歷來對夷有不同的看法，如《説文》：“夷，東方之人也，从大从弓。”段注：“惟東夷从大。大，人也。夷俗仁，仁者壽，有君子不死之國。”[③] 如《隋書·東夷列傳》史臣曰：“九夷所居，與中夏懸隔，然天性柔順，無獷暴之風。……今遼東諸國，或衣服參冠冕之容，或飲食有俎豆之器，好尚經術，愛樂文史……非先哲之遺風，其孰能致於斯也？”[④]《地理志》曾對此作了説明：“玄菟、樂浪……皆朝鮮、濊貉、句驪蠻夷。殷道衰，箕子去之朝鮮，教其民以禮義，田蠶織作。……可貴哉，仁賢之化也！然東夷天性柔順，異於三方之外，故孔子悼道不行，設浮於海，欲居九夷，有以也夫！”顔師古注：“言欲乘桴筏而適東夷，以其國有仁義之化，可以行道也。”[⑤] 孔子作爲殷人，對朝鮮半島當有所瞭解，纔能如此答覆。

---

① 《論語正義·子罕》，《諸子集成》，第185頁。
② 《論語正義·子罕》，《諸子集成》，第186頁。
③ （漢）許慎撰，（清）段玉裁注：《説文解字注》，第493頁。
④ 《隋書·東夷列傳》，第1828頁。
⑤ 《漢書·地理志下》，第1658、1659頁。

吕祖謙却認爲孔子所説之九夷爲河南南部之九夷，故在《大事記》中説，由於孔子在陳、蔡，與九夷相去不遠，所以説欲居九夷。[1]劉寶楠不同意吕祖謙的説法，他説："案吕氏誤也。南方曰蠻……況楚地之夷，其風俗獷悍，至今猶然……夫子不應欲居之矣。"[2]劉寶楠之説不符合實際，楚莊王之時太子的師傅向申叔時请教，申回答説："教之《春秋》"，"教之《詩》"，"教之《禮》"，"教之《語》，使明其德，而知先王之務，用明德於民也"。[3]這次談話的時候，孔子還没有誕生，但當時楚國已經不是蠻荒之地，可能比朝鮮要先進得多。孔子豈能以楚地爲蠻荒不可教？何況孔子説過："言忠信，行篤敬，雖蠻貊之邦行矣。"劉寶楠的解釋完全不可取。

孔子是宋襄公之後，經常在談話中自稱殷人，商族屬於戎族。由於遼東諸國屬於戎族，"天性柔順，異於三方之外"，此可以解釋"道不行，乘桴浮于海"的道理。從這個角度看，"子欲居九夷"也可作爲商族屬於戎族的一個旁證。

總之九夷可能分布在今河南的中部、南部，但不是孔子欲居之九夷。

四、箕子與戎族

（一）箕子與箕國

箕子是商的王族。《宋微子世家》："箕子者，紂親戚也。……紂爲淫泆，箕子諫，不聽。……乃被髮詳（"詳"通"佯"）狂而爲奴。"《索

① （宋）王應麟：《通鑒地理通釋·七國形勢考下》卷十，《叢書集成初編》本，上海：商務印書館，1936年，第150、156頁。
② 《論語正義·子罕》，《諸子集成》，第186頁。
③ 徐元誥：《國語集解·楚語上》，北京：中華書局，2002年，第485頁。

隱》:“箕，國；子，爵也。司馬彪曰‘箕子名胥餘’。馬融、王肅以箕子爲紂之諸父。服虔、杜預以爲紂之庶兄。杜預云‘梁國蒙縣有箕子冢’。”[①] 無論箕子的身份如何，箕子屬於商族是沒有疑問的。

周武王在推翻紂王之後，除封紂子武庚祿父於殷都以外，還封微子於宋。微子的封國爲微，孔安國曰：“微，畿内國名。子，爵也。爲紂卿士。”[②]《讀史方輿紀要》:“微子城，在（潞城）縣東北十五里。紂都朝歌，潞在畿内，微子蓋食采於此也。”[③] 故微子爲商朝之畿内諸侯。武王封微子於宋，宋在今商丘，仍在殷王畿之内，故稱“復其位如故”[④]（殷代王畿的問題，見論文［13］）。亦謂微子城在山東聊城，《讀史方輿紀要》:“微子城，在（東昌）府東北十八里。《城冢記》:‘商受封微子於此，周改封之於商丘。’”[⑤]

箕子的封國在箕，《古今姓氏書辯證》説：“箕，出自子姓。商之季世，封其父師爲畿内諸侯，謂之箕子，其地太原陽邑縣（今太谷縣）箕城是也。”[⑥] 據此，箕亦爲商朝之畿内諸侯國，位置在今太谷縣東三十五里[⑦]。

當時稱箕的地方很多，而且往往都傳説與箕子有關，如河南登封、蒙縣、宋城縣都有箕，《水經注》説：“杜預曰：梁國蒙縣北有薄伐城，城中有成湯冢，其西有箕子冢。”熊會貞疏：“《續漢志・注》其西有微子冢。當是。蓋箕子封朝鮮，不得有冢在此也。而《寰宇記》云，箕子

①《史記・宋微子世家》，第1609頁。
②《史記・宋微子世家》，第1607頁。
③（清）顧祖禹：《讀史方輿紀要・山西四》，第1965頁。
④《史記・宋微子世家》，第1610頁。
⑤（清）顧祖禹：《讀史方輿紀要・山東五》，第1593頁。
⑥（宋）鄧名世：《古今姓氏書辯證》，第56頁。
⑦（清）顧祖禹：《讀史方輿紀要・山西二》，第1819頁。

家在宋城縣（今商丘南睢陽）北……則相傳有箕子冢久矣。”[①] 更著名之箕在山東，如《地理志》琅邪郡（郡治在今諸城縣）箕縣（今莒縣），班固自注：“侯國。《禹貢》濰水北至都［昌］入海。”[②]

許多人認爲箕在山東，如果箕在山東，當時周武王大軍與紂王大軍在豫北、魯西一帶決戰，箕子的幾千人恐怕難以通過，而且箕如果本來在山東，周武王對箕子可能會像對待微子一樣，“復其位如故”，那就沒有箕子朝鮮了。因此箕子之封地當以山西爲是。

《宋微子世家》説在紂王時，箕子“被髮詳狂而爲奴”[③]。紂王被周武王打敗，箕子即帶領五千人流亡朝鮮。因此箕子到朝鮮，當爲其獨立之行動。紂王被推翻的兩年之後，箕子回來朝見周武王，《周本紀》：“武王已克殷，後二年，問箕子殷所以亡。”[④] 這纔有了《洪範》。這個説法當是事實，與《宋微子世家》所説的不同。如果箕子與微子一樣，在紂王身亡之後仍在殷都，則周武王也必定會“復其位如故”，絶不會封他於幾千里之外的朝鮮。因此箕子當是在周武王控制局勢之前，千里迢迢越過遼西、遼東而流亡朝鮮。而所謂 “武王乃封箕子於朝鮮而不臣也”[⑤]，則不過是事後承認而已，與吴國的情況類似。《吴太伯世家》説：“是時周武王克殷，求太伯、仲雍之後，得周章。周章已君吴，因而封之。”[⑥] 周武王封吴國只是承認現實，“因而封之”，封朝鮮亦不過承認朝鮮的現實，“因而封之”。

---

① （後魏）酈道元注，（清）楊守敬、熊會貞疏：《水經注疏・汳水》，第 1973 頁。
② 《漢書・地理志上》，第 1586 頁。
③ 《史記・宋微子世家》，第 1609 頁。
④ 《史記・周本紀》，第 131 頁。
⑤ 《史記・宋微子世家》，第 1620 頁。
⑥ 《史記・吴太伯世家》，第 1446 頁。

（二）箕子與戎族

1. 箕子的遷徙行動

據記載，在商朝滅亡時，箕子率領五千族人出走，五千是很大的數目。在春秋時期，衛國是一個重要的國家，在前 660 年當衛國都城被狄人攻破時，衛遺民只有男女 730 人。由於齊、宋等國的支援，將衛國其他地方的居民集中起來，達到五千人，於是衛文公纔得以復國。[①] 因此箕子轉移到朝鮮與衛文公的復國是類似的，但是衛國並不需要長途跋涉，只是從衛渡河到楚丘，齊、宋等國在那裏爲衛國建成了新都。楚丘還是衛國境内的地方，因此文公復國其困難無法與箕子建立朝鮮相比。箕子的流亡過程，遠比衛國曲折。

《太平寰宇記》説盧龍縣有“朝鮮城，即殷箕子受封之地，今有廢城”[②]。隋裴矩《西域圖記序》也説：“高麗之地，本孤竹國也，周代以之封于箕子。”[③] 故箕子可能曾在孤竹建立朝鮮國。

不止孤竹，根據《遼史》的下列記載，箕子還可能在遼陽建立朝鮮國：“東京遼陽府，本朝鮮之地。周武王釋箕子囚，去之朝鮮，因以封之。”[④]《舊唐書》也説：“遼水之東，朝鮮之地，《禹貢》以爲荒服，周王棄而不臣，示以羈縻。”[⑤] “遼水之東，朝鮮之地”不會指朝鮮半島，從遼河到鴨緑江至少五百里地，因此所謂“朝鮮之地”必定指今遼陽一帶。

因此箕子朝鮮可能原在遼西郡，後遷遼東郡，最後纔東遷於朝鮮半

---

① 《春秋左傳正義·閔二年》，《十三經注疏》，第 1788 頁。

② （宋）樂史：《太平寰宇記·河北道十九》，第 1419 頁。

③ 《隋書·裴矩列傳》，第 1581 頁。

④ 《遼史·地理志二》，第 455 頁。

⑤ 《舊唐書·李密列傳》，第 2214 頁。

島。雖然箕子也可能只在孤竹與遼陽做短時間停留，究竟如何，不得而知。但朝鮮肯定曾包括遼東郡甚至遼西郡的部分地方。如《三國志》裴松之注引《魏略》："昔箕子之後朝鮮侯，見周衰，燕自尊爲王……朝鮮侯亦自稱爲王……燕乃遣將秦開攻其西方，取地二千餘里，至滿番汗（位於清川江入海口北岸，即大寧江會合清川江處）爲界，朝鮮遂弱。……及漢以盧綰爲燕王，朝鮮與燕界於浿水（即清川江）。"[①] 故朝鮮在戰國時失去西部二千餘里之後，還保有朝鮮清川江以南的地方。那麼在戰國以前，朝鮮的西境可能到達醫巫閭山，因此朝鮮除玄菟、樂浪之外可能還包括遼東郡，甚至包括部分遼西郡地方。

不論情況如何，箕子的流亡過程反映了燕山南北的兩個情況：第一，燕山南北爲古代之交通要道；古代從汾水流域往北，可以進入桑乾河谷，再沿燕山南麓到達遼西走廊，立即進入松遼平原。因此晉中與冀北之間往來頻繁。如無終在北平玉田，但《左氏襄四年傳》謂"無終子嘉父使孟樂如晉，因魏莊子納虎豹之皮，以請和諸戎"[②]《左氏昭元年傳》謂"晉中行穆子敗無終及羣狄于大原"，故孔疏："計無終在大原東北二千許里遠，就大原來與晉戰，不知其何故也。"[③] 無終（在北平）當通過桑乾河谷而與太原（晉國）之間頻繁來往。

第二，燕山南北與戎族有密切的聯繫。從燕山南麓一直到遼西走廊，沿途是山戎之活動地域。實際上箕子進入冀北，就到達山戎之地域，所以傳説他在孤竹建立了朝鮮。中間途經漢代漁陽郡、右北平郡、遼西郡、遼東郡，在這四郡的範圍內，有一系列戎族的力量，因此傳説他在遼東也建立了朝鮮。到了遼東郡，再往東就進入了戎族的核心地

① 《三國志·烏丸鮮卑東夷傳》，第 850 頁。

② 《春秋左傳正義·襄四年》，《十三經注疏》，第 1933 頁。

③ 《春秋左傳正義·昭元年》，《十三經注疏》，第 2023 頁。

帶。在遼東郡北邊有夫餘，遼東郡東邊有高句驪，高句驪東邊有沃沮，南邊有濊貉，再南邊則爲馬韓等，全爲戎族，此即箕氏朝鮮之外部环境（見論文[10]）。

2. 建立了强大的朝鮮國

箕氏朝鮮一共维持了八九百年，到西漢初被衛滿推翻，於是建立了衛氏朝鮮，但衛氏朝鮮只维持了一百年就被漢武帝消滅了。關於箕子所建立的國家，歷史上多有提及，如《後漢書》："昔武王封箕子於朝鮮，箕子教以禮義田蠶，又制八條之教。……其後四十餘世，至朝鮮侯準，自稱王。漢初大亂，燕、齊、趙人往避地者數萬口，而燕人衛滿擊破準而自王朝鮮。"① 因此箕子所開創的朝鮮王朝從西周初年一直維持到西漢初年，至少長達七八百年，在歷史上亦屬罕見。箕子之所以能在朝鮮建立一個長期穩定的王朝，也表明箕子依靠了戎族力量。穩定的箕氏朝鮮也是商族屬於戎族的一個證據。

因此箕子流亡的情况不同於衛國，却類似於蒙元。在元朝崩潰時，元朝的統治者向北方逃亡。至正二十八年（1368 年）明軍占領大都（即今北京），元惠宗向北逃亡到上都（即開平，在今内蒙古正藍旗以北）。1369 年，明軍進攻上都，惠宗又向北逃亡到應昌（在今内蒙古克什克騰旗西北）。他們就是向他們的起源地逃亡，企圖依靠其本族的力量以求发展。在清朝被推翻以後，溥儀也期望在其起源地東北復辟。故王國維説："往者嘉興沈乙庵先生語余，箕子之封朝鮮事，非絶無淵源。頗疑商人於古營州之域，夙有根據，故周人因而封之。及示以此器拓本，先生又謂《北史》及《隋書・高麗傳》之大兄，或猶殷之遺語乎！"② 沈曾植已經看

① 《後漢書・東夷列傳》，第 2817 頁。

② 王國維：《商三句兵跋》，《觀堂集林》，第 884 頁。

到，朝鮮一帶之戎族實爲商之親族。非但是親族，根據我的分析，朝鮮緊鄰高句驪，而高句驪正是商族之起源地。正由於有這樣一個地區存在，所以箕子纔投奔東北。蓋箕子時的社會中氏族力量極爲强大，箕子不會遠涉千里外自辟一個族區，同樣任何部族也不會擁戴外來人爲自己部族長。許多人都已經注意到商族與夫餘、高句驪社會的類似之處，因此箕氏朝鮮顯然是箕子率其族屬參加了某一個戎族族群。因此箕子去朝鮮，是投奔戎族，與元順帝逃亡漠北是一樣的道理。

五、商族與戎的稱呼

（一）商族與戎

1. 有娀氏

《詩・長發》："有娀方將，帝立子生商。"[①]《殷本紀》："殷契，母曰簡狄，有娀氏之女，爲帝嚳次妃。三人行浴，見玄鳥墮其卵，簡狄取吞之，因孕生契。"《集解》："《淮南子》曰：'有娀在不周之北。'"《正義》："《記》云：'桀敗於有娀之墟'，有娀當在蒲州也。"[②] 故商族出於有娀氏。以偏旁後加之例推之，"有娀"古字當爲"有戎"。商族出於有戎氏，故商與戎有密切的關係。有娀氏爲商的母族，在遠古社會，母族是極爲重要的力量基础。

（1）有娀氏之地域

《正義》謂有娀在山西蒲州，商族怎麽可能與山西蒲州發生聯繫呢？這是由於《正義》對有娀地點的誤釋。那麽有娀氏在何處？

---

① 《毛詩正義・商頌・長發》，《十三經注疏》，第626頁。

② 《史記・殷本紀》，第91頁。

《淮南子》:“有娀在不周之北，長女簡翟。”[①] 這裏所説的簡翟當即簡狄，故有娀氏在不周之北。但不周又在何處？不周山帶有神話色彩，有不同之解説。

通常謂不周山在西北，如《山海經》有關於不周山的説明。《大荒西經》:“西北海之外，大荒之隅，有山而不合，名曰不周。……有禹攻共工國山。”[②]《西山經》:“又西北三百七十里曰不周之山。”郝懿行箋疏：“《離騷》云‘路不周以左轉，指西海以爲期’，王逸注云：‘不周，山名，在崑崙西北。’高誘注《吕氏春秋·本味篇》亦云：‘不周山在崑崙西北。’並非也。……《漢書·司馬相如傳》注：‘張揖云：不周山在崑崙東南二千三百里。’亦非也。不周去崑崙一千七百四十里。”[③] 又如《淮南子》:“昔共工之力，觸不周之山，使地東南傾，與高辛争爲帝。”高誘注：“不周山，崑崙西北。”[④] 高誘亦謂不周山在崑崙西北，有娀又在不周之北，則有娀遠在西北地區。但傳説中共工與高辛争爲帝，而高辛在東方，故不能協調，故西北之説未必成立。《吕氏春秋》:“飯之美者，玄山之禾，不周之粟，陽山之穄，南海之秬。”高誘注：“不周，山名，在西北方，崑崙之西北。”[⑤] 但昆侖之西北能生産“飯之美者”不周之粟嗎？所以高誘注極爲可疑。

有謂不周山在海隅，《淮南子》:“玄燿、不周、申池在海隅。”[⑥] 什麼是海隅？《淮南子》:“何謂九藪？曰：越之具區……齊之海隅……”[⑦] 故不周山在齊之海隅。《爾雅·釋地》“齊有海隅”，郝懿行

① 《淮南子·墬形訓》,《諸子集成》, 第63頁。

② （清）郝懿行:《山海經箋疏·大荒西經》, 第107頁。

③ （清）郝懿行:《山海經箋疏·西山經》, 第15頁。

④ 《淮南子·原道訓》,《諸子集成》, 第 7 頁。又見《淮南子·天文訓》,《諸子集成》, 第 35 頁，但所説不是高辛，而是高陽。

⑤ 《吕氏春秋·孝行覽·本味》,《諸子集成》, 第142頁。

⑥ 《淮南子·墬形訓》,《諸子集成》, 第64頁。

⑦ 《淮南子·墬形訓》,《諸子集成》, 第55頁。

疏："今自登萊之黄縣、掖縣以西，歷青州之壽光、樂安以東，及武定之海豐（即無棣）、利津以北，延袤千餘里閒，皆海隅之地。"[①] 則今山東渤海沿岸爲海隅澤。渤海之沿海澤地不限於今山東境内，從利津、無棣以北即進入今河北沿海，仍爲海隅。

不周山既在山東及河北之渤海沿岸，則有娀氏"在不周之北"即在海隅以北，則當在今河北省東北部之長城、燕山一帶。如果海隅包括渤海北岸，則不周之北即在東北地區了。故有娀氏的地域在長城、燕山一帶或在東北地區。因此把有娀氏的所在地解釋爲山西蒲州是錯誤的。

（2）有娀氏與山戎、伏羲氏

由於有娀氏在長城、燕山一帶或在東北地區，因此有娀氏可能與山戎同族，或者就是山戎之一部分。伏羲氏可能來自洵河流域或遼西，因此有娀氏也可能與伏羲氏同族（見論文［09］），或者就是伏羲氏之後裔。因此就可以得到下列結論：商族也可能與伏羲氏同族，或者就是伏羲氏之後裔。

2．戎殷或戎商

（1）戎殷或殷戎

周人稱呼商族爲"戎殷"。《康誥》："天乃大命文王，殪戎殷。"孔傳："殺兵殷。"[②] 蓋以殺釋殪，以兵釋戎。但何謂"殺兵殷"？義不可通。《左氏宣六年傳》中行桓子引《康誥》"殪戎殷"，杜預注："《周書·康誥》也，義取周武王以兵伐殷，盡滅之。"[③] 孔穎達亦不以爲然，云："如杜所注……殪字宜在下。"故此處戎並非兵，乃戎族之戎。故殪戎殷即殪殷。

① （清）郝懿行：《爾雅義疏·釋地》，《郝懿行集》，第 3365 頁。

② 《尚書正義·康誥》，《十三經注疏》，第 203 頁。

③ 《春秋左傳正義·宣六年》，《十三經注疏》，第 1872 頁。

殪戎殷亦見於他處，如《武成》："一戎衣，天下大定。"孔傳："衣，服也。一著戎服而滅紂。"[①]《中庸》："壹戎衣，而有天下。"鄭玄注："戎，兵也。衣讀如殷，聲之誤也。齊人言殷聲如衣。……今姓有衣者，殷之胄與？壹戎殷者，壹用兵伐殷也。"[②] 蓋一即壹，亦即殪，戎衣即戎殷，故一戎衣（或壹戎衣）即殪戎殷。鄭玄以殷釋衣，但誤以兵釋戎，故不得其解，孔傳則全誤。

戎殷亦可作殷戎。《逸周書·商誓解》："命予小子，肆我殷戎。"但孫詒讓疑此處當作"肆伐戎殷"。[③]

（2）戎商或商戎

戎殷亦作戎商，如《國語·周語》單襄公引逸書《泰誓》"戎商必克"，韋昭注："戎，兵也。"[④] 韋昭注仍以兵釋戎，非是。同樣，戎亦稱商戎。

對戎商、商戎、戎殷、殷戎等往往没有準確的解釋。誤將戎釋爲兵。其實戎正是戎族之戎，故對商族的稱呼中包含"戎"，這就是本書所要說明的。戎族實際上是商族力量之基础。

① 《尚書正義·武成》，《十三經注疏》，第 185 頁。

② 《禮記正義·中庸》，《十三經注疏》，第 1628 頁。

③ 黄懷信、張懋鎔、田旭東：《逸周書彙校集注·商誓解》，第 492 頁。

④ 徐元誥：《國語集解·周語下》，第 91 頁。

［補注］起 源 神 話

戎族的起源神話，往往有各種變異，但是都包含卵生這個核心。因此卵生應該可以看作戎族起源神話的主要特徵。

在《三國史記》中這個神話被演繹得更爲曲折複雜。事情發生在夫餘。夫餘王解夫婁無子，祭山川求子，在石縫中找到了一個小兒，稱爲金蛙。解夫婁死後，金蛙嗣位。以下是金蛙娶柳花的經歷："於是時，得女子於太白山南優渤水，問之，曰：'我是河伯之女，名柳花，與諸弟出游，時有一男子，自言天帝子解慕漱，誘我於熊心山下……父母責我無媒而從人，遂謫居優渤水。'金蛙異之，幽閉於室中。爲日所照……因而有孕，生一卵，大如五升許。王棄之與犬豕，皆不食；又棄之路中，牛馬避之；後棄之野，鳥覆翼之。……其母以物裹之，置於暖處，有一男兒，破殼而出……年甫七歲，嶷然異常。自作弓矢射之，百發百中。扶餘俗語，善射爲朱蒙，故以名云……王子及諸臣又謀殺之，朱蒙母陰知之……朱蒙乃與烏伊、摩離、陝父等三人爲友，行至淹淲水，欲渡無梁。……告水曰：'我是天帝子，河伯外孫。今日逃走，追者垂及如何？'於是，魚鱉浮出成橋，朱蒙得渡，魚鱉乃解。……俱至卒本川（注：《魏書》云至紇升骨城）……遂欲都焉。……國號高句驪，因以高爲氏。時朱蒙年二十二歲，是漢孝元帝建昭二年。……王升遐，時年四十歲。葬龍山，號東明聖王。"①

儘管情節已經很複雜，但關鍵還是卵生。因此即使最簡化的傳說，也總講到卵生，如《好太王碑》說："惟昔始祖鄒牟王之創基也，出自北夫餘，天帝之子，母河伯女郎，剖卵降世，生有聖德。"② 始祖鄒牟當即朱蒙。

卵生的神話不限於始祖，徐偃王不是始祖，也有卵生的神話。

---

① ［高麗］金富軾：《三國史記（校勘本）》，長春：吉林文史出版社，2003年，第174—176頁。

② 轉引自耿鐵華：《好太王碑一千五百八十年祭》，北京：中國社會科學出版社，2003年，第411頁。

又如《三國史記》新羅始祖赫居世居西干，其本紀説："高墟村長蘇伐公，望楊山麓蘿井傍林間，有馬跪而嘶，則往觀之，忽不見馬，祇有大卵。剖之，有嬰儿出焉，則收而養之。……辰人謂瓠爲朴，以初大卵如瓠，故以朴爲姓。居西干，辰言王。"①

後來第四世王脱解尼師今，其本紀説："脱解本多婆那國所生也……初，其國王娶女國王女爲妻，有娠七年，乃生大卵。王曰：'人而生卵，不祥也，宜棄之。'其女不忍，以帛裹卵，并寶物置於櫝中，浮於海。"②

徐偃王與新羅的這些神話的核心是卵生。因此卵生也許可以看作戎族起源神話的主要特徵。《論衡》："北夷橐離國王，侍婢有娠，王欲殺之。婢對曰：'有氣大如雞子，從天而下，我故有娠。'後産子……名東明。……東明走，南至掩淲水……因都王夫餘，故北夷有夫餘國焉。"③ 在《後漢書·東夷列傳》有類似記載，但"橐離"作"索離"，"掩淲水"作"掩滮水"。④在《魏略》中也有類似的記載，但"橐離"作"高離"，"掩淲水"作"施掩水"。⑤所謂"橐離"亦即"索離"或"高離"，一定都是戎族。

---

①［高麗］金富軾：《三國史記（校勘本）》，第1頁。

②［高麗］金富軾：《三國史記（校勘本）》，第8頁。

③《論衡·吉驗篇》，《諸子集成》，第18—19頁。

④《後漢書·東夷列傳》，第2810頁。

⑤《三國志·烏桓鮮卑東夷傳》，第842頁。

［12］ 商族之起源地及其南遷

一、商族的歷史時期

在中國的發展史中，商族起了重大的作用，他們建立了商朝。甲骨文就是商朝的文字，到現在爲止還沒有發現比它更早的文字，因此商族的歷史對於中國文明起源的研究十分重要。現在先説明商族歷史的分期。

（一）商族的世系

《殷本紀》記載了商族的全部世系（共 43 世），這個世系可列图 12-1 如下[①]：

契—昭明—相土—昌若—曹圉—冥—振—上甲（微）—報丁—報乙—報丙—主壬—主癸—

天乙（湯）—┬太丁……太甲（太宗）—┬沃丁
　　　　　　├外丙　　　　　　　　　└太庚—┬小甲
　　　　　　└中壬—　　　　　　　　　　　　├雍己
　　　　　　　　　　　　　　　　　　　　　　└太戊（中宗）—┬中丁
　　　　　　　　　　　　　　　　　　　　　　　　　　　　　　├外壬
　　　　　　　　　　　　　　　　　　　　　　　　　　　　　　└河亶甲—

① 圖中實綫表示王位繼承，水平實綫或虛綫表示父子關係。

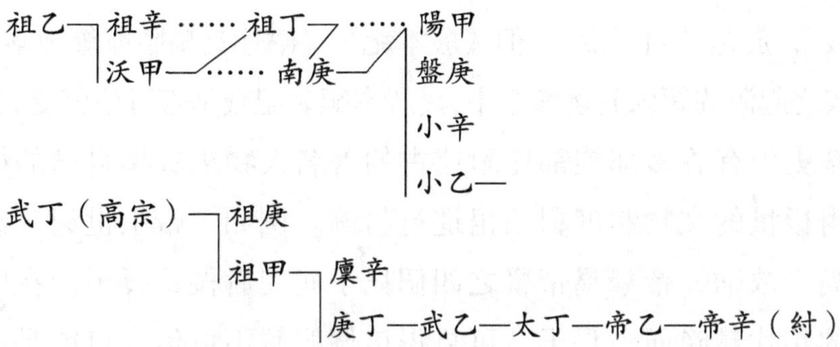

图 12-1 《殷本紀》中的所記商族世系

這個世系是否正確？王國維根據他對卜辭的研究，斷定《殷本紀》的世系是正確的。王國維也發現記載中存在問題。首先，他發現振即王亥，而王亥之後還有弟王恒，《殷本紀》缺失這一世。其次，王國維認爲在上甲微之後，當爲報乙—報丙—報丁—主壬—主癸，因此《殷本紀》所記載的次序有誤。[①]王國維的意見爲大家所接受。

（二）商史之六個時期

根據《殷本紀》的世系以及《竹書紀年》的紀録，再參照《魯語》有關禘、郊、祖、宗、報的説明，可以將商族之歷史分爲下列六個時期：

1．契時期（神話傳説時期）

《史記·殷本紀》説，商族的始祖契是帝嚳之子："殷契，母曰簡狄，有娀氏之女，爲帝嚳次妃。三人行浴，見玄鳥墮其卵，簡狄取吞之，因孕生契。"[②]雖然嚳是一個歷史人物，而且契的時代也不遥遠，"興於唐、虞、大禹之際"，"佐禹治水有功"，又爲舜之"司徒"，"敬

① 王國維：《殷卜辭中所見先公先王考》，《觀堂集林》，第 409、438 頁。
② 《史記·殷本紀》，第 91 頁。

敷五教"，於是"封于商"，但《殷本紀》又講述玄鳥墮卵等神話傳說，使得商族之起源問題處於迷霧之中，《殷本紀》記載是否可信就受到懷疑。

歷史中有許多部族都比附遠古的著名人物來宣揚自己的始祖，而且比附後世的文物制度對始祖進行粉飾。例如《帝王世紀》甚至稱后稷、卨、放勛、帝摯爲帝嚳之四個兒子而周后稷爲長子。在四人中，后稷的年代最晚而爲長子，可見得這個記載不可信，可能是周人编撰的。商族也不例外，商族的"帝嚳—契"的時期也是可疑的。因此商族歷史的契時期是神話傳說時期，亦即史實缺失的時期（見論文［11］的"戎族之起源神話"）。

2．昭明時期

昭明時期衹留下"昭明"一代。《殷本紀》説："契卒，子昭明立。昭明卒，子相土立。"但昭明並非著名的歷史人物，不會是比附的對象，因此有關的記載可能是部族的古老記憶，也許比較可靠。在論文［11］討論過，昭明當即商族之始祖。但關於他的事迹記載很少，衹有《世本》説"昭明居砥石"[①]，《荀子》則説："契玄王，生昭明，居于砥石遷于商。"[②]因此在商族起源的研究中，昭明時期應該是注意的焦點。

3．相土時期

相土之地位值得注意。《商頌》是表彰商族先祖之頌詩，共五首。據詩序，其中《那》"祀成湯也"，《烈祖》"祀中宗（大戊）也"，而《玄鳥》"祀高宗（武丁）也"，《殷武》"祀高宗也"，都是祭祀一個商王，即歌頌天乙（成湯）、大戊（中宗）或武丁（高宗），惟有《長發》是贊頌全部先祖的。《長發》序："大禘也。"鄭箋："大禘，郊祭天

① 《史記·殷本紀》，第92頁。又見（漢）宋衷注，（清）秦嘉謨等輯：《世本八種》，第68頁。

② 《荀子集解·成相篇》，《諸子集成》，第308頁。

也……以其祖配之。”[①] 但《長發》中實際上也只講到三個先祖，即契、相土與湯。因此相土當是商族歷史中最重要的人物之一。

《世本》說：“相土徙商邱。”[②]《竹書紀年》：“（帝相）十五年，商侯相土作乘馬。”[③]相土已經稱爲“商侯”，而且有了年代記載（即夏朝帝相十五年）。雖然這個年代是否準確，没有其他證據。但相土时期必定是商族發生重大變化之時期。當然，所謂 “商侯”“乘馬”，還有商邱的具體位置，都還有待進一步的研究。

那麼相土的主要功績是什麼？《商頌·長發》：“相土烈烈，海外有截。”鄭箋：“四海之外率服，截爾整齊。”[④] 故相土之主要功績在四海之外，表明商族已經開始崛起。他們自稱爲商侯，這就表明商族已經受到夏族的深刻影響。相土當爲商族第一個離開原始時期的先公，猶如周族之公劉，因此商族之先公時期不妨稱之爲“相土時期”。

4．冥時期

冥即卜辭之季，冥之子爲王亥與王恒，王國維說：“季亦殷之先公，即冥是也。《楚辭·天問》曰：‘該秉季德，厥父是臧。’又曰：‘恒秉季德’，則該與恒皆季之子，該即王亥，恒即王恒，皆見於卜辭，則卜辭之季，亦當是王亥之父冥矣。”[⑤] 到冥时期，商族已進入四海之内，並擔當夏王朝的正式職務，《竹書紀年》：“（帝少康）十一月，使商侯冥治河。”“（帝杼）十三年，商侯冥死于河。”[⑥] 因此冥當已成爲夏朝邊境諸侯，稱號爲“商”，冥的歷史地位猶如周族之高圉（高圉成爲商朝邊境諸侯，稱號爲“邠”）。

---

① 《毛詩正義·商頌·長發》，《十三經注疏》，第 625 頁。

② （漢）宋衷注，（清）秦嘉謨等輯：《世本八種》，第 68 頁。

③ （清）徐文靖：《竹書紀年統箋》，《二十二子》，第 1057 頁。

④ 《毛詩正義·商頌·長發》，《十三經注疏》，第 626 頁。

⑤ 王國維：《殷卜辭中所見先公先王考》，《觀堂集林》，第 414—145 頁。

⑥ （清）徐文靖：《竹書紀年統箋》，《二十二子》，第 1058 頁。

5．上甲微時期

上甲微在商族有特殊之地位。《國语·鲁语》："上甲微，能帥契者也，商人報焉。"① 從上甲微起，商族首領即以日干稱呼，《殷本紀》："振卒，子微立。"《索隱》："皇甫謐云：'微字上甲，其母以甲日生故也。'商家生子，以日爲名，蓋自微始。"② 此話未必準確，但上甲微之後，先公即以日干爲稱號。王國維説："商之先人王亥始以辰名，上甲以降皆以日名。是商人數先公當自上甲始。"③ 這種稱號的變化，反映上甲微在建立商朝的基本制度上的功績。

上甲微的統治是强有力的，他在繼位之初就打敗有易，報王亥被殺之仇。《竹書紀年》又説："（帝不降）三十五年，殷滅皮氏。"徐文靖箋："按周左史戎夫記曰'信不行，義不立，則哲士陵君政而生亂，皮氏以亡'，謂此也。"④ 則當上甲微時，其稱號已改爲"殷"，可能已成爲夏之侯伯，上甲微在商族之歷史地位猶如周族之太王。

6．湯時期（商王時期）

自成湯至帝辛即爲商朝，可稱爲商王時期，歷時約六百年，其世系是完整的。特别是盤庚遷都之後，在地下保存了中國最早的文字——甲骨文，中國確定無疑地進入了有史時期。在商王時期，商族完全融入了夏族（商族的整個歷史與周族及拓跋氏極爲類似，見論文［03］）。

根據政治地位，商族的主要歷史人物爲契（傳説之商族始祖）、昭明（商族始祖）、相土（夏朝海外諸侯）、冥（夏朝海内諸侯）、上甲微（夏朝侯伯）、湯（商朝之始祖）。昭明、相土、冥、上甲微、湯是商族上古史的五個轉捩點。

---

① 徐元誥：《國語集解·魯語上》，第161頁。

② 《史記·殷本紀》，第92頁。

③ 王國維：《殷卜辭中所見先公先王考》，《觀堂集林》，第423頁。

④ （清）徐文靖：《竹書紀年統箋》，《二十二子》，第1059頁。又見（宋）羅泌：《路史》："禁之生亂而亡"，《路史·國名紀己·古之亡國》，第391頁。

（三）商史之三個階段

因此整個商族歷史還可以分爲三個階段：

原始階段 包括契時期與昭明時期，以昭明分前後兩段。

先公階段 包括相土時期、冥時期與上甲微時期，以上甲微分前後兩段。

商王階段 包括湯時期，以盤庚分前後兩段。

在商族歷史的三個階段中，通常將商王階段的文化稱爲商文化。那麼原始階段與先公階段的文化通常就合稱爲先商文化。爲了便於研究，現在將商族原始階段的文化稱爲商族原始文化，而將商族先公階段的文化稱爲商族過渡文化，所謂过渡是指商族由原始文化过渡到商文化。

本文研究商族歷史的原始階段與先公階段。首先研究原始階段，即研究商族之起源地；然後研究先公階段，即商族從起源地向中原地區的过渡。

二、商族之起源地

（一）起源地問題及其解决

1. 起源地問題

幾千年來，商族之起源地始終是一個争論的題目，各種學説分歧很大。

根據《殷本紀》，商族始祖爲契，帝舜封契“于商”，而第一代商王湯則居亳。[①]《書序》:"自契至于成湯，八遷。湯始居亳，從先王居。"孔安國傳:"契父帝嚳都亳，湯自商丘遷焉，故曰從先王居。"[②]雖然商族八次遷徙。但湯最後還是回到亳。因此通常認爲商族的起源地是亳或商。

至於商與亳的位置，孔穎達疏:"鄭玄云'契本封商，國在太華之陽'。皇甫謐云'今上洛商是也'。"又:"鄭玄云'亳，今河南偃师縣有湯亭'"[③]但《説文》:"亳，京兆杜陵亭也。"徐廣曰:"京兆杜縣有亳亭。"[④]與鄭玄之説不同。

關於商、亳之所在，許多人提出各種不同的看法。如王國維説商不在陝西而在今河南商丘:"鄭玄、皇甫謐以爲上雒之商，蓋非也。古之宋國，實名商邱……杜預《春秋釋地》以商邱爲梁國睢陽。又云宋、商、商邱，三名一也，其説是也。"[⑤]。稱亳的地方在河南就有三個。王國維説:"古地以亳名者甚多,《周書·立政》云'三亳阪尹'……皇甫謐則云:三處之地，皆名爲亳。蒙爲北亳，穀熟爲南亳，偃師爲西亳。《括地志》申之曰:宋州穀熟縣西南三十五里南亳故城，即南亳湯都也。……《漢書·地理志》山陽郡之薄縣（即皇甫謐之北亳），臣瓚曰:湯所都。……余案瓚説是也。"[⑥]

由於幾千年來，地名不斷地更改，特别是在遷徙過程中，地名往往隨之遷徙。因此同一個地名，會在全國不同的地方出現。同時漢字有各種假借與變化，地名隨之而變，更是無所適從。因此如果僅僅根據地名來進行起源地的研究，總是争執不下，很難得到結論。

---

① 《史記·殷本紀》, 第 91、93 頁。

② 《尚書正義·帝告釐沃》,《十三經注疏》, 第 158 頁。

③ 《尚書正義·帝告》序,《十三經注疏》, 第 158、159 頁。

④ （漢）許慎撰,（清）段玉裁注:《説文解字注》, 第 227 頁。

⑤ 王國維:《説商》,《觀堂集林》, 第 516—517 頁。

⑥ 王國維:《説亳》,《觀堂集林》, 第 518—520 頁。

2．起源地問題的解决

其實部族的起源地，即使没有留下起源地名字，也可以根據部族之整个發展過程，作出合理的推斷，本文將用這個思路來解决起源地問題。

首先研究整個戎族的分布。戎族主要分布於東北、山東以及渤海—黄海沿岸，還有長江以南之太湖—杭州灣一帶。商族屬於戎族，因此商族的起源地必定與上述地區有一定的聯繫。實際上商族的起源神話與濊貉集團（即東北地區的夫餘、高句驪等）十分類似，因此商族的起源地可能與夫餘、高句驪的地域鄰近。

此外商族在今河北、山東等地有强大的盟友，所謂“紂有億兆夷人”。商朝的成功在於存在億兆夷人，紂王之所以失敗也是由於失去億兆夷人的支持，周武王説：“受（即紂）有臣億萬，惟億萬心；予有臣三千，惟一心。”[①] 又説：“受有億兆夷人，離心離德；予有亂臣十人，同心同德。”[②] 又《左氏昭十一年傳》：“紂克東夷，而隕其身。”杜預注：“紂爲黎之蒐，東夷叛之。”[③] 因此紂之所以身死國滅就是由於紂王手下的東夷首領“離心離德”，而周武王手下的大臣“同心同德”。

河北、山東等地的“億兆夷人”是商朝興亡的决定性因素。正是由於這支力量的存在，因此湯纔能在豫東向夏桀發動進攻並得到勝利；也由於這支力量後期反叛，因此商朝的統治崩潰。在崩潰的時候箕子逃亡，通過遼西走廊成功地流亡到朝鮮半島，並在該處建立箕氏朝鮮。箕子的流亡路綫，實際上當是“億兆夷人”的地域，該處之“億兆夷人”給箕子的成功奠定了基礎。

湯的建國與箕子的流亡，都是由戎族的整個發展形勢决定的。因此

① 《尚書正義・泰誓上》，《十三經注疏》，第181頁。

② 《尚書正義・泰誓中》，《十三經注疏》，第181頁。

③ 《春秋左傳正義・昭十一年》，《十三經注疏》，第2060頁。

應該從戎族的整個發展形勢來探索商族的歷史，包括商族的起源。

（二）昭明居砥石

1.“昭明居砥石”

在商族起源地的研究中，第一個重要綫索就是砥石。《荀子·成相篇》説：“契玄王，生昭明，居于砥石遷于商。”楊倞注：“砥石，地名。未詳所在。或曰即砥柱也。”[①] 楊倞説砥石未詳所在，却又説了一個砥柱。但用砥柱來解釋砥石，是不合理的。

《禹貢》：“導河積石，……東至于厎柱。”（厎，《史記》作砥）孔傳：“厎柱，山名。河水分流，包山而過。山見水中，若柱然，在西虢之界。”[②] 胡渭曰：“西虢今河南府之陜州是也，厎柱在州東四十里黄河中。”[③] 則砥柱爲黄河水流中之孤山，何能成爲昭明之地域？

孔穎達早就説過：“砥石，先儒無言，不知所在。”[④]

2.“遼出砥石”

文獻中牵涉砥石者只有一處，即《淮南子·墬形訓》：“遼出砥石。”高誘注：“砥石，山名，在塞外。遼水所出，南入海。”[⑤] 因此砥柱之説越發靠不住了，砥石爲遼水之起源地，絶不會是黄河中的孤山。那麼遼水爲何水？按高誘注，遼水爲塞外之水，南流入海。但仍無法確定是哪一條水，因此必須首先將“遼水”確定下來。

既然“遼出砥石”，那麼砥石就是“遼”的發源地。所謂“遼”應

① 《荀子集解·成相篇》，《諸子集成》，第 308 頁。
② 《尚書正義·禹貢》，《十三經注疏》，第 151 頁。
③ （清）胡渭：《禹貢錐指》，第 443 頁。
④ 《尚書正義·胤征》，《十三經注疏》，第 158 頁。
⑤ 《淮南子·墬形訓》，《諸子集成》，第 65 頁。

指遼河，但遼河有東西二源，分别稱爲東遼河與西遼河，都可以稱遼，此外遼河還有其他很多支流，亦可稱遼。那麽這里所謂的“遼”究竟爲哪條水道呢？

3.“遼”是哪條水道？

遼河古稱大遼水。遼河上游分爲兩支，即西遼河與東遼河。西遼河與東遼河在吉林省雙遼附近（雙遼位於遼寧、吉林、内蒙古之交界處）合流以後，稱爲遼河，然後南流入海。

西遼河古稱西拉木倫河或潢水，來自内蒙古，水道由西往東。西遼河很長，但在内蒙古境内以遼命名的地方少見。因此“遼出砥石”的“遼”當不會指西遼河。

東遼河在遼東，水道由東往西，河道很短，發源於“吉林哈達嶺”北麓。在今吉林、遼寧境内不少地方以遼命名，與内蒙古境内的情况不同，現在該處還有“遼源縣”（附近還有“遼河源鎮”）。因此“遼出砥石”的“遼”有可能指東遼河。如果这样，則砥石當在遼東，也許就在今遼源縣一帶，位於“吉林哈達嶺”北麓。

在今遼寧、吉林境内，遼河還有其他支流，其中一條叫渾河，值得注意的是渾河古稱爲遼水或小遼水，因此從水道命名來看，“遼出砥石”的“遼”當指今渾河。如果“遼”是指渾河，則砥石在渾河之發源地，即遼寧省清原之英額門，位於“吉林哈達嶺”南麓。

文獻中出現的混亂，妨碍了進一步的討論。桑欽《水經》説：“大遼水出塞外衛白平山（白平山又作皋山，“白平”當爲“皋”字之誤）。東南入塞，過遼東襄平縣西（襄平爲漢遼東郡治，即今遼陽）。又東南過房縣西（當在今鞍山一帶）。又東過安市縣西南，入于海。”① 由於“大遼水”出塞外，

①（後魏）酈道元注，（清）楊守敬、熊會貞疏：《水經注疏·大遼水》，第1266、1268、1276頁。

東南入塞，過遼陽、鞍山入海，則桑欽所謂之“大遼水”即今西遼河—遼河。《水經》又説：“又玄菟高句麗縣有遼山，小遼水所出，西南至遼隊縣（隊音遂，在今海城縣西約六十里），入于大遼水也。”[①]“小遼水”由東北至西南於遼隊入遼河，即今之渾河，故《水經》的説明是清楚的。它衹説大遼水源出塞外之衛皋山，小遼水源出高句驪之遼山，它没有提到砥石。《水經》雖然没有解决問題，但整個説明没有抵牾之處。

《地理志》遼東郡望平，班固自注：“大遼水出塞外，南至安市入海。”又玄菟郡高句驪，班固自注：“遼山，遼水所出，西南至遼隊入大遼水。”[②]由於《水經》説“遼山，小遼水所出”，故遼水即小遼水，因此《地理志》與《水經》就説明了遼水即小遼水，亦即渾河。

但是酈道元《水經注》則有了錯誤，他將大遼水改爲遼水，他説：“遼水亦言出砥石山（熊會貞注：今遼河上源曰西拉木倫河，出古北口外，克西克騰部界内山）。自塞外東流，直遼東之望平縣西（郭守敬注：在今鐵嶺縣西）……屈而西南流，逕襄平縣故城西。秦始皇……置遼東郡，治此。……又南逕遼隊縣故城西。……遼水又南歷縣，有小遼水，其流注之也。”[③]《水經注》謂“遼水”起源於砥石，東流經望平、襄平……入海，此“遼水”實爲西遼河—遼河。因此《水經注》（謂西遼河發源於砥石）與《水經》（謂西遼河發源於衛皋山）不符，實際上《水經注》是錯的（見後邊的分析），這個錯誤在文獻中不斷傳播。

如《郡國志》“（玄菟郡高句驪）遼山，遼水出”，劉昭注：“《山海經》曰：‘遼水出白平東。’郭璞曰：‘出塞外（衔）［衛］白平山。遼山，小遼水所出。’”[④]《郡國志》的“遼水”與班固自注相同，指小遼

① （後魏）酈道元注，（清）楊守敬、熊會貞疏：《水經注疏·大遼水》，第1276頁。

② 《漢書·地理志下》，第1626頁。

③ （後魏）酈道元注，（清）楊守敬、熊會貞疏：《水經注疏·大遼水》，第1266—1267頁。

④ 《後漢書·郡國五》，第3529頁。

水，而《山海經》的“遼水出白平東”是指大遼水，實際上《山海經》將“大遼水”改爲“遼水”，劉昭注引用《山海經》也就錯了。

4．砥石在吉林哈達嶺一帶

《水經注》的主要錯誤在於將遼水誤解爲西遼河—遼河，其實遼水即小遼水，爲渾河。因此遼出砥石，説明砥石在遼寧省清原之英額門，位於吉林哈達嶺南麓，而不是位於内蒙古克什克騰旗。

因此在糾正《水經注》的誤釋之後，砥石的位置就可以確定了，其就位於遼寧省清原之英額門。由《地理志》班固自注，砥石當即高句驪之遼山。

實際上，大遼水在遼東的幾條支流，其發源地都位於吉林哈達嶺北麓或南麓。因此砥石一定位於吉林哈達嶺一帶，不管“遼”究竟是大遼水的哪條支流，衹要不是西遼河，都起源於吉林哈達嶺一帶，因此砥石就在這個範圍。雖然衹是確定了一個範圍，但當是一個正確的範圍。

5．遼水與高句驪

由於文獻中存在的錯誤，使得尋找商族起源地的問題長期不能解決。但是就遼水的分析來説，問題在於《水經注》，錯誤其實並不嚴重，也不複雜。根本的原因是大部分人忽略了東北地區，以爲夏、商、周三族都起源於中原内部。雖然大家都熟悉元朝、清朝是少数民族入主中原，也熟悉魏晋以後建立的幾十個少數民族政權，但是對於傳統的聖人禹、湯、文、武、周公，却没有人將他們同少數民族聯繫起來。據《帝王世紀》，周公時全國人口一千三百多萬人。[①] 這一千多萬人分布在全國，可謂地廣人稀，當時夏族也没有後來那樣明顯的壓倒優勢。因

① 徐宗元輯：《帝王世紀輯存》，第119頁。

此異族入主中原的可能性比後來更大。

文獻記載本來還是清楚的,《地理志》玄菟郡高句驪，班固自注：“遼山，遼水所出。”[1]故商族之起源地正在夫餘、高句驪的範圍。夫餘、高句驪是古代戎族的聚居之地，爲商族所熟悉，他們會記得砥石這個地名。另一方面，内蒙古西拉木倫河上游是胡族匈奴、東胡故地，學者可能不具備相應的地理知識。實際上《水經》没有錯誤,《水經注》有了錯誤。這樣的情況應該可以辨别的。問題在於大家通常都認爲商族與夏族同爲中原部族，如果没有這個先入之見，通過對文獻資料的分析，應該不難確認商族的起源地是在東北。

（三）從相土看商族之起源地

相土可能是商族最初離開砥石的先王，因此從相土起，商族就開始了南遷的過程。

1. 相土之地域

相土之地域究竟何在？且看《商頌・長發》。《商頌・長發》歌頌的是契、相土與湯，謂契的功績是“受小國是達，受大國是達”,《鄭箋》:“始堯封之商爲小國，舜之末年乃益其土地爲大國。”故契之功績爲起先將小國治理好，後來將大國也治理好。因此契使商族成爲一個治理得很好的地區大國。

《商頌・長發》謂相土之功績爲“相土烈烈，海外有截”。鄭箋：“截，整齊也。……入爲王官之伯，出長諸侯，其威武之盛烈烈然。四海之外率服，截爾整齊。”孔疏：“《僖四年左傳》管仲説太公爲王官之伯云：五侯、九伯，汝實征之以夾輔周室，是王官之伯分主東西，得征

① 《漢書・地理志下》，第 1626 頁。

其所職之方，故得云威武烈烈。”[①]孔穎達認爲商族相土的地位類似於齊桓公的“王官之伯”，此話雖有一定道理，但相土與齊桓公有根本的不同。古代中國之主體爲九州，九州之外爲四海，四海之外爲異族國家四荒（見論文［04］）。齊桓公稱伯，是在四海之内，在青州、兖州一帶爲霸主。而相土“海外有截”，是在海外爲霸主。海内與海外的權力結構完全不同，而相土之功績在於控制海外。鄭箋謂相土“入爲王官之伯，出長諸侯”，也是與孔疏相仿，將相土視爲夏朝海内之諸侯，這是不準確的。

《商頌·長發》最後謂湯之功績爲“帝命式于九圍”，毛傳：“九圍，九州也。”鄭箋：“天於是又命之使用事於天下，言王之也。”[②]九州即四海之内，故湯之功績爲控制海内，即控制了九州。因此商族之歷史爲相土先控制海外，然後湯控制海内。

何謂海外？當突厥沙鉢略可汗向隋高祖表示“永爲藩附”時，高祖下詔曰：“沙鉢略稱雄漠北，多歷世年，百蠻之大，莫過於此。往雖與和，猶是二國，今作君臣，便成一體。……荷天之休，海外有截。”[③]此海外即指漠北，而海外有截即指漠北之突厥成爲隋朝的藩附。班固《封燕然山銘》：“剿凶虐兮截海外。”[④]指漢朝降服了燕然山一帶之匈奴。故此處所謂海外是指漠北與燕然山一帶（燕然山在今蒙古之杭愛山，離寧夏二千多里），那麽相土所控制的海外所指何地？雖然現在尚無法確定，但相土的地域必不在中原。根據這一點，可以得到下列結論：商族的起源地在海外，不會在陝西、山西，更不會在河南或相鄰的山東、河北等地方。

---

① 《毛詩正義·商頌·長發》,《十三經注疏》, 第626頁。

② 《毛詩正義·商頌·長發》,《十三經注疏》, 第626頁。

③ 《隋書·北狄列傳》, 第1870頁。

④ （漢）班固:《封燕然山銘》,（梁）蕭統編:《文選》, 第2408頁。

2．商族的過渡時期

在商族歷史的原始階段，他們生活於東北，那時還是戎族的一部分。因此商族文化即戎族文化，亦即當時東北地區的夫餘文化、高句驪文化。

在商王時期，商族已經生活於以洛陽爲中心的中原地區，他們推翻了夏朝，同時他們已完全融入夏族。他們失去了自己的語言、姓氏制度、政治倫理特点。因此商王時期的商族文化就是夏文化。孔子說："殷因於夏禮，所損益，可知也"[①]故殷禮"因於夏禮"，實質上就是夏禮，《商書》與《夏書》並無根本的差别。因此所謂商文化實質上即夏文化。

所謂過渡時期，實即從原始文化過渡到商文化，亦即商族從戎族文化過渡到夏文化。因此從相土時期開始，商族在整齊海外時，由於與夏族發生接觸，開始受到夏文化的强烈影響，在戎族文化中引進夏族因素。如《左氏襄九年傳》："陶唐氏之火正閼伯，居商丘，祀大火，而火紀時焉。相土因之，故商主大火。"[②]就是一個例子。到冥時期商族已經能够擔當夏王朝的正式職務，是其融入夏族過程中的巨大進展。在上甲微時期之後，湯成爲中國歷史中的聖人。周成王對微子說："乃祖成湯，克齊聖廣淵。皇天眷佑，誕受厥命。撫民以寬……德垂後裔。"[③]可見商湯時期的商文化已經是夏文化，商族完全融入了夏族，過渡時期结束。

三、商族之南遷與都城

（一）商族之南遷

在相土時期，商族成了松遼平原的大國，所謂"海外有截"，"四海

① 《論語正義・爲政》，《諸子集成》，第39頁。
② 《春秋左傳正義・襄九年》，《十三經注疏》，第1941頁。
③ 《尚書正義・微子之命》，《十三經注疏》，第200頁。

之外率服”，但没有同夏族發生密切的接觸。因此在商族歷史中，相土没有最高的地位，他仍然衹是戎族。在相土之後，商族從松遼平原南遷，越過了灤水、燕山，與夏族的接觸就十分密切了，因而商族開始迅速發展。

1．從東北到易水、滹沱河流域

根據歷史記載，到了冥時期，商族已經南遷到易水流域。

《竹書紀年》：“（帝少康）十一月，使商侯冥治河。”又：“（帝杼）十三年，商侯冥死于河。”[①] 因此在夏少康時（距今约 3900 年），商族已經成爲夏朝海内之諸侯，負責治河。冥之子爲王亥，《竹書紀年》謂“亥賓于有易”，則商族與有易氏可能是姻親。有易氏當爲易水流域之部族。則商族當時的地域應該是易水流域與河水下游。所謂“河”或“河水”當指古黄河，古黄河自鄭州一帶轉向東北，在今天津入海。《水經注》：“《方輿紀要》曰樂史云：易水有三源，流經易州南三十里者曰中易水，出州西北三十里窮獨山者，謂之濡水，亦曰北易水。出州西南六十里石獸岡者，謂之雹水，亦曰南易水［蒲水在曲逆（今河北完縣）東入濡水］。”[②]因此商族在冥—亥（或冥—振）時期，其地域應在易水—滹沱河流域。

當商族越过燕山以後，商族就進入了夏族地區。由於兩族直接接觸，戎族開始融入夏族，而且成爲夏朝諸侯，負責治水。

2．從易水、滹沱河流域到漳河流域

商族到了上甲微時期，力量已經相當强大。夏帝泄十六年，“殷侯

① （清）徐文靖：《竹書紀年統箋》，《二十二子》，第 1058 頁。

② （後魏）酈道元注，（清）楊守敬、熊會貞疏：《水經注疏·易水》疏，第 1043 頁。又根據譚其驤主編：《中國歷史地圖集》第二册，第 26 頁。

微以河伯之師伐有易，殺其君綿臣”。帝不降三十五年，“殷滅皮氏”。[①]上甲微當已成爲夏朝之侯伯。

上甲微時期政治穩定，一直建都於殷。雖然史書說商族經常遷徙，但是根據《竹書紀年》，帝芒三十三年，“商侯遷于殷”，徐文靖說：“此遷殷蓋子亥也。”後來帝孔甲九年時，“殷侯復歸于商丘”，徐文靖說：“此復歸者爲主壬或主癸。”[②]故商族遷殷是在上甲微之前，而離開殷而復歸商丘則是在上甲微之後。上甲微可能始終以殷爲都。很可能由於上甲微居殷而商族纔得到了“殷”的稱號，猶如周族由於太王居周原而得到“周”的稱號一樣。《魯語》說：“上甲微，能帥契者也，商人報焉。高圉、大王，能帥稷者也，周人報焉。”[③]則上甲微受到商人的報祭，而太王受到周人的報祭，他二人有類似的歷史地位。

上甲微繼位之初，進攻有易，故殷與有易之距離不會太遠（殷與河伯的距離可能更近），殷可能位於今漳河流域。

3．過渡時期

在先公階段（即在相土時期、冥時期、上甲微時期），商族可能自東北南遷，越過燕山，進入易水、滹沱河、漳水流域，最後到達豫北。在此期間，商族與夏族長期密切接觸，於是逐步融入了夏族，这就是商族過渡時期歷史的重大意義。

在商族的先公階段（即过渡時期）中，除商侯微以外，商侯冥也有重要的地位，《國語》說：“凡禘、郊、祖、宗、报，此五者，國之典祀也。”又說：“商人禘嚳而祖契，郊冥而宗湯。”“上甲微能帥契者也，商

① （清）徐文靖：《竹書紀年統箋》，《二十二子》，第1059頁。

② （清）徐文靖：《竹書紀年統箋》，《二十二子》，第1058、1059頁。

③ 徐元誥：《國語集解・魯語上》，第161頁。

人报焉。”[①] 因此商族國家祭祀的對象就是嚳、契、冥、上甲微、湯五人。商族重要祖先除了契與湯之外，就是冥與上甲微了。冥可能最早成爲夏朝諸侯，而上甲微則可能是最早的夏朝侯伯。因此冥與上甲成爲商族过渡時期的最重要的人物。

在其他許多部族的歷史中，亦有其過渡時期及其重要人物。如周族則爲高圉與太王，《魯語》:“高圉、大王，能帥稷者也，周人報焉。”[②] 其中高圉是周族最早成爲諸侯的，稱邠侯，而周族因此得到第一個國號“邠”，而太王是周族最早成爲侯伯的，得到國號“周”。同樣，拓跋氏的过渡時期的主要人物爲力微與拓跋珪。

（二）商族之都城

1. 亳、商、殷

文獻中有“殷人屢遷，前八而後五”，“不常厥邑”等記載，因此大家認爲商族是一個不能安居的民族，許多學者往往對十幾個都城進行排比討論，企圖闡明商族不斷遷徙的原因。現在且看《竹書紀年》有關商族之遷徙記録，共 13 條，羅列如下［見《二十二子》，（每個紀録之後的數字表示從這個紀録到後一個紀録之間的時間）］。

第一個記録 帝相十五年，商侯相土作乘馬。遂遷于商丘。（約160年）

第二個記録 帝芒三十三年，商侯遷于殷。（135年）

第三個記録 帝孔甲九年，“殷侯復歸于商丘”。（25年）

① 徐元誥:《國語集解 · 魯語上》，第 161、160 頁。
② 徐元誥:《國語集解 · 魯語上》，第 161 頁。

第四個記録 帝癸十五年，商侯履遷于亳。（163 年）

第五個記録 仲丁元年，自亳遷于囂，于河上。（18 年）

第六個記録 河亶甲元年，自囂遷于相。（9 年）

第七個記録 祖乙元年，自相遷于耿。（1 年）

第八個記録 祖乙二年，自耿遷于庇。（47 年）

第九個記録 南庚三年，遷于奄。（21 年）

第十個記録 盤庚十四年，自奄遷于北蒙曰殷。（144 年）

第十一個記録 武乙三年，自殷遷于河北。（12 年）

第十二個記録 武乙十五年，自河北遷于沬。（20 年）

第十三個記録 文丁元年，即位居殷。（74 年）

雖然一共有十三條記録，但其中七个記録的時間不超過 25 年，還有一個耿是 47 年，故超過 50 年者衹有五个，即商丘（160 年）、殷（135 年）、亳（163 年）、殷（144 年）、殷（74 年）。因此最重要的都邑實際上衹有亳、商、殷三個，特别是殷。其他短期的居留之地似乎不能稱之爲都城。關於這個問題將在其他地方進一步討論。因此，研究商族之都邑，主要應該针對“亳”“商”“殷”進行，不能把它们與其他城邑混爲一談。這些記録（特别是有關的年份數字）來自《竹書紀年》。

但是地名與部族稱號之間的實際情況是很複雜的，“亳”“商”“殷”存在大量的問題。

2．不同的地方有相同的名稱

首先，地名有派生現象，即地名在空間上會傳遞到其他地方。如商族在亳建都之後，亳就隨着商族之遷徙而向各地傳播。因此在各地有大量城邑以亳命名。最初産生之亳可以稱之爲原生的亳，而其他地方的亳則是派生的。派生現象還會重複，還會有第二次、第三次的派生。因此在一個省就可能出現幾個亳、幾個商。試看下列出自不同来源的簡單記載：

契“封于商”。①
相土“遷于商”。②
夏帝相十五年，“遂遷于商丘”。③
夏帝芒三十三年，“商侯遷于殷”。④
夏帝孔甲九年，“殷侯復歸于商丘”。⑤
湯“始居亳，從先王居”。⑥
盤庚“自奄遷于北蒙曰殷”。⑦

看了這些記載，我們不禁會產生疑問：契所封的商、相土所遷的商、夏帝相十五年所遷的商丘、夏帝孔甲九年復歸的商丘，這些“商”與“商丘”是同一個地方還是不同的地方？自夏帝相十五年至帝孔甲九年，相隔三百多年，商族是一個經常遷徙的部族，那麽這兩個“商丘”是同一個地方還是兩個地方？會不會因爲商族在遷徙中把“商丘”帶到了另一個地方，因此那個地方也就稱爲“商丘”？還有殷，帝芒三十三年遷殷，盤庚又遷殷，二者之間相隔差不多四百年，此兩個“殷”是否指同一個地方？亳也類似，湯居亳，亳又是先王居，自先王至湯中間已相隔很多年，所謂的亳是指同一個地方吗？遷都是常有的事，但是從一個地

① 《史記·殷本紀》，第 91 頁。
② 《荀子集解》，《諸子集成》第二册，第 308 頁。
③ （清）徐文靖：《竹書紀年統箋》，《二十二子》，第 1057 頁。
④ （清）徐文靖：《竹書紀年統箋》，《二十二子》，第 1058 頁。
⑤ （清）徐文靖：《竹書紀年統箋》，《二十二子》，第 1059 頁。
⑥ 《史記·殷本紀》，第 93 頁。
⑦ （清）徐文靖：《竹書紀年統箋》，《二十二子》，第 1065 頁。

方遷走又再遷回來，這樣的事幾乎没有發生過。因此歷史上記載的亳、商、殷，雖然名稱相同，却未必是相同的都邑，需要作進一步研究。

地名除了隨遷徙而産生的改變外，還可能由於漢字的同音、假借和其他變易帶来的誤會。例如鄭玄、皇甫謐説商在今陝西，在陝西東部至今尚有商縣、商南縣；而許多人認爲商在河南，商即商丘，在豫東至今尚有商水縣、商城縣。但鄭玄認爲商不同於商丘，“經典之言商者，皆單謂之商，未有稱爲商丘者”[①]。那麽商與商丘究竟是不是同一個地方？商族的商與商均之族地如何區分與識别？所以“商”這個地名情况很複雜。

其次，部族稱號或地名，在時間上也會轉移，即後來之名稱往往也追用於過去，如《史記》將契稱爲“殷契”，《索隱》：“契始封商，其後裔盤庚遷殷，殷在鄴南，遂爲天下號。……契是殷家始祖，故言殷契。”[②]那麽契的子孫盤庚遷於殷，得到了殷的稱號，於是盤庚的祖先契也隨之稱爲殷契。而且《史記》就將商族的歷史稱爲“殷本紀”。在《殷本紀》中，對於商朝或商代一般都稱“殷”而不稱“商”。如在盤庚之前，謂雍己立，“殷道衰”；河亶甲時，“殷復衰”；祖乙立，“殷復興”等。在盤庚之後當然一概稱殷，如“帝武丁即位，思復興殷”。最後講到“其後分封，以國爲姓”，其中有“殷氏”“北殷氏”，却没有“商氏”。

《索隱》謂盤庚遷殷之後纔稱殷，有人反駁這種説法，如徐文靖説：“周希聖曰：‘商人稱殷自盤庚始。’據《竹書》……帝芒三十三年，商侯遷于殷。……是商之稱殷，始自夏世。‘宅殷土芒芒’，豈謂

① 《毛詩正義·商頌譜》疏，《十三經注疏》，第619頁。

② 《史記·殷本紀》，第91頁。

盤庚已後乎？”[①]但無論如何，在《史記》中商族一開始就稱殷，並非當時的現實，當是記載中采用了後來的稱號。

3．同一個地方有不同的名稱

根據《竹書紀年》的記載，可以看到商族南遷過程中所建都邑的名稱是亳、商、殷。但是如果要對它們作進一步的研究，立刻會發現，這些都城的名稱很不確定。

先看亳。關於亳的研究有很多爭論，研究者很快就發現，連“亳”字本身也成爲爭辯的題材。《殷本紀》謂“湯始居亳，從先王居”，則嚳都亳，契都亳，湯亦都亳。《孟子》也都作亳[②]。但《逸周書》[③]《公羊傳》[④]《墨子》[⑤]《管子》[⑥]《吕氏春秋》[⑦]及其他一些書都作薄。於是或以爲應作亳，或以爲應作薄。有的同一本書也不統一，如《左傳》作亳或薄[⑧]。

還有謂契所居之亳應作蕃，如《水經注》：“渭水又東逕鄕都城北，故蕃邑，殷契之所居。《世本》曰：契居蕃。闞駰曰：蕃在鄭西。然則今鄕城是矣。”[⑨]

其次還有“番”“播”“潘”以及“番吾”。

進一步“亳”還作“蒲”“蒲吾”等。如《公羊哀四年傳》“蒲社災”，《釋文》：“蒲社，左氏作亳社。”[⑩]

---

①（清）徐文靖：《竹書紀年統箋》，《二十二子》，第1065頁。

②《孟子正義・滕文公下》，《諸子集成》，第254頁。

③ 黃懷信、張懋鎔、田旭東：《逸周書彙校集注・殷祝解》，第1116頁。

④《春秋公羊傳注疏・僖二十一年》，《十三經注疏》，第2257頁。

⑤《墨子閒詁・非攻下》，《諸子集成》，第94頁。

⑥《管子校正・地數》，《諸子集成》，第382頁。

⑦《吕氏春秋・審應覽・具備》，《諸子集成》，第233頁。

⑧《春秋左傳正義》，《十三經注疏》，第1770、1811頁。

⑨（後魏）酈道元注，（清）楊守敬、熊會貞疏：《水經注疏・渭水下》，第1648頁。

⑩《春秋公羊傳注疏・哀四年》，《十三經注疏》，第2347頁。

再看商。有謂商即商丘，亦即宋。《左氏襄九年傳》"陶唐氏之火正閼伯，居商丘"，杜預注："然則商丘在宋地"。孔穎達疏引《釋例》："宋、商、商丘，三名一地"。[①] 故王國維説："商之國號，本於地名。《史記·殷本紀》云：'契封於商，鄭玄、皇甫謐以爲上雒之商，蓋非也。古之宋國，實名商邱。邱者，虚也。宋之稱商邱，猶洹水南之稱殷虚。是商在宋地。'"[②]

《説文》："商，从㕯，章省聲。"段注："漢《律曆志》云：'商之爲言章也'。…… 按《費誓》'我商賚女'，徐仙民音章，此古音也。"[③] 王念孫讀《荀子》"審詩商"爲"審詩章"。故王引之曰："商讀爲章，章與商古字通。"[④] 因此商與章、漳可能指相同的地方。

最後看殷。殷是最著名的商族都城，《殷本紀》"帝紂……益廣沙丘苑臺"，《正義》引《竹書紀年》："自盤庚徙殷至紂之滅二百五十三年，更不徙都。"[⑤] 因此殷是商族最後的一個都城，最爲大家所熟悉，其地點也是明確的，即今河南安陽。但是殷也有不同的叫法，如衣、郼。《吕氏春秋》："湯立爲天子，夏民大説。……親郼如夏。"高誘注："郼讀如衣，今兖州人謂殷氏皆曰衣。"[⑥] 又"湯其無郼，武其無岐，賢雖十全，不能成功。"高誘注："郼、岐，湯、武之本國。"[⑦] 因此殷、郼、衣可能是指相同的地方。

由於大家對亳、商、殷的理解混亂，因此從文獻中的地名出發來研究商族起源地，結果就是一片混亂。可以提出各種説法，每一種説法都

---

① 《春秋左傳正義·襄九年》，《十三經注疏》，第 1941 頁。

② 王國維：《説商》，《觀堂集林》，第 516 頁。

③ （漢）許慎撰，（清）段玉裁注：《説文解字注》，第 88 頁。

④ （清）王念孫：《讀書雜志·荀子第三·王制·審詩商》，南京：江蘇古籍出版社，2000 年，第 676 頁。

⑤ 《史記·殷本紀》，第 105、106 頁。

⑥ 《吕氏春秋·慎大覽》，《諸子集成》，第 160 頁。

⑦ 《吕氏春秋·審分覽·慎勢》，《諸子集成》，第 211 頁。

可以提出或多或少的文獻證據，但都没有很大的説服力。自漢代以迄今日，參加争辨的人至少亦當數十家，争辨的文章可集成一專册，然皆没有真確根據，其争辨當然没有結果。

四、亳、商、殷的地理位置

爲了探求商族都邑“亳”“商”“殷”的具體位置，本文采取兩個辦法。

第一個是自然地理的辦法。我以爲有關的真確根據，當首先於自然地理上找其遺迹。蓋凡古代非常顯著的大地名必於山或水一類自然物上保留這個古名，尤其是族群的原住地必於其後裔史據上留下這個族名演變的遺痕。至於這個名稱所用的字，亦應儘量尋求其當時命名的意義所在。

第二個辦法是探求真實的範圍。要找到上古時代城邑的準確位置，在許多情况下是不可能的，因爲當時可能根本没有留下可供發掘的遺址。但是探求一個儘量準確的範圍，却有很大的可能性，因爲一個重要的都邑，往往有許多相關的地名。因此就可以確定一個相關的範圍，本文稱之爲“亳地”“商地”“殷地”。因此對於亳、商、殷的確定，可以得到某種程度的解決。

（一）對於亳的考證

1. 鮮

亳有其他的稱呼，首先是鮮。

《爾雅・釋山》：“小山岌（郭注：岌謂高過）大山，峘。…… 大山宫（郭注：宫謂围绕之）小山，霍。小山别（郭注：不相連）大山，鮮。”邢昺疏引李巡云："大山少，故曰鮮。"[①]邢疏未得其實。前人將《釋山》之文釋爲小山跨（即岌）大山名峘山，大山圍繞（即宫）小山名霍山，而小山與大山不相連（即别）則名鮮山。

峘山即恒山，錢大昕《潜研堂答問》謂："（錢）坫嘗引《晉書·地道記·恒山》'北行四百五十里得恒山岌。'"[②]正是小山跨在大山之上，證實峘山即今恒山。而霍山當然即今霍太山，《讀史方輿紀要》："（霍）山下有觀堆，高二里，周十里。趙襄子滅智氏，祠霍太山於此。"[③]《水經注》謂之觀阜。[④]此當即所謂"大山宫小山"。故《釋山》之峘、霍皆山西境内之山，則鮮當亦山西境内之山。

鮮山實即太行山。據顧祖禹引郭緣生《述征記》："太行首始河内，北至幽州，凡百嶺（諸山皆因地立名，實一太行也），連亘十三州之界。有八陘。"[⑤]既然太行山凡百嶺、有八陘，則必大山、小山斷續，參以《爾雅》"山絶，陘。"郭璞注："連中斷絶。"邢昺疏："謂山形連延中忽斷絶者名陘。"[⑥]則太行山正合於"小山别大山"之形，故太行山當即鮮山。

2．"鮮"之異稱

（1）"鮮"通作"析"

"鮮"又通"斯"，王念孫《讀書雜志》："鮮之言斯也。"並列舉《尚書》"惠鮮鰥寡"以及《小雅·瓠葉》鄭箋爲證。[⑦]

---

① 《爾雅注疏·釋山》，《十三經注疏》，第2618頁。
② （清）錢大昕：《潛研堂集·答問七·爾雅》卷十，上海：上海古籍出版社，1989年，第152頁。
③ （清）顧祖禹：《讀史方輿紀要·山西一》，第1785頁。
④ （後魏）酈道元注，（清）楊守敬、熊會貞疏：《水經注疏·汾水》，第546頁。
⑤ （清）顧祖禹：《讀史方輿紀要·河南一》，第2094頁。
⑥ 《爾雅注疏·釋山》，《十三經注疏》，第2618頁。
⑦ （清）王念孫：《讀書雜志·史記第六·太史公自序·姜姓解亡》，第171頁。

“斯”即“析”,《詩・墓門》“斧以斯之”，毛傳：“斯，析也。”[①]故古字鮮通作析。《禹貢》“析支”[②],《大戴禮・五帝德》作“鮮支”[③]。

蓋山名之字本當爲析，而方音讀爲鮮，乃轉爲鮮。《詩・瓠葉》“有兔斯首”，鄭玄箋：“斯，白也。今俗語斯白之字作鮮，齊魯之間聲近。”[④]又劉熙《釋名》：“青徐謂癬爲徙。”[⑤]這是方音讀析爲鮮之證。由於字依音譯，所以語尾並留着韵母組成的于字，稱爲鮮于。

（2）“鮮”方音爲“播”

原來“鮮”“斯”音還是山東一帶古代方音，而戎族的族語却不是如此。戎族之方音正是“播”。揚雄《方言》：“斯、播，離也。齊、陳曰斯，燕之外郊、朝鮮洌水之間曰播（今本播訛作掬，依盧文弨考釋校正）。”[⑥]蓋鮮山按這族族語稱之爲播，而這個方音乃是有音無字。由是古書紛紛異譯，鮮非但譯作播，也譯作亳、作薄，並有譯作蒲。

鮮也稱爲鮮于，于即古所謂語詞。鮮于亦即鮮虞，虞爲於聲之轉，故又有鮮于、鮮虞、蒲吾、番吾等名稱。

由於有許多同音異譯，即亳、蒲、番、蕃、播等，但是所有这些字其實指的往往是同一個地方。研究亳的地域時要注意這一點。不同部族之間的語言差異，正是同一個地方有不同名稱的基本根源。

---

① 《毛詩正義・陳風・墓門》,《十三經注疏》，第378頁。
② 《尚書正義・禹貢》,《十三經注疏》，第150頁。
③ （清）王聘珍：《大戴禮記解詁・五帝德》，第123頁。
④ 《毛詩正義・小雅・瓠葉》,《十三經注疏》，第499頁。
⑤ （東漢）劉熙撰，（清）畢沅疏證，（清）王先謙補：《釋名疏證補・卷八・釋疾病》，第279頁。
⑥ 周祖謨校箋：《方言校箋》，第48頁。

3. 鮮于水與鮮

《山海經·北次三經》有鮮于水："又北三百里，曰泰戲之山。…… 北三百里曰石山…… 鮮于之水出焉，而南流注於虖沱。"[①] "鮮于之水" 注入滹沱河，故鮮于水當即爲滹沱河之上源。

由於鮮于水流經太行山之陘，該地當名爲鮮，當有山名鮮山，且有大山、小山中斷之象，故《爾雅》謂"小山別大山，鮮"。

（二）地名之傳播

《史記·六國年表》："湯起於亳。"而《殷本紀》謂"湯始居亳，從先王居"[②]。不少作者以爲湯所在的亳即先王所居之亳。再加上《世本》謂"契居蕃"[③] 而蕃即亳，因此不少作者以爲湯所在的亳即契所居之亳。既然湯所在的亳在今河南，則契所居之亳亦在河南，由此就得到商族起源地在河南的結論。其實湯居於河南之亳，此亳爲派生之亳，是從河北之亳（亦即先王之居）派生來的。所謂"從先王居"，應該表示派生的意思，是表示其名稱是從先王之居派生而來的。

還有亳社。《春秋經》"亳社災"，杜預注："亳社，殷社。諸侯有之，所以戒亡國。"孔穎達疏："蓋武王伐紂，以其社班賜諸侯，使各各立之，所以戒亡國也。"[④] 因此亳成了殷之代詞，魯國亦有亳社，並非亳地之社。

由於音譯和遷徙的關係，致令亳的名稱罩上迷霧。但其演變過程終究磨滅不了。亳即太行山、滹沱河流域一帶之若干山水地名。爲明瞭起

---

① （清）郝懿行：《山海經箋疏·北山經·北次三經》，第 34 頁。

② 《史記·六國年表》，第 686 頁。《史記·殷本紀》，第 93 頁。

③ （漢）宋衷注，（清）秦嘉謨等輯：《世本八種》，第 68 頁。

④ 《春秋左傳正義·哀四年》，《十三經注疏》，第 2158 頁。

見，筆者把“小山别大山”的鮮的演化列表 12-1 如下：

表 12-1 “小山别大山”的鮮的演化表

名稱之起源	名稱之展開爲山水	名稱之應用到族名	名稱之應用到地名
族語稱爲析 方音轉爲鮮	鮮于山 鮮于水	鮮虞	亳、薄
族語稱爲播	蒲陽山 薄水、蒲水、蒲吾渠	番吾、蒲吾	蒲、蕃

依據以上的分析，可以找到商族母族原住地亳的種種名稱，因而可以確定亳的大致範圍，我稱此範圍爲“亳地”。

（三）亳地

爲了探求亳地的位置，先來考察現代稱亳之山、水與城邑，這些地理位置當是古亳留下之踪迹。滹沱河發源於山西境内五臺山，然後東南流，最後進入河北。滹沱河在河北境内東南流，經今石家莊之北，然後東流入海。亳有許多不同的叫法，如蒲、番、蕃、播等，因此在滹沱河流域，現代稱亳之地可列舉如下。

1. 蒲水、蒲吾渠

（1）蒲水

在保定西有蒲水。此蒲水爲小水，從發源地至滙入濡水不到一百里。《地理志》中山國曲逆（今完縣），班固自注：“蒲陽山，蒲水所出，東入濡（即衛水）。” 顔師古注引張晏謂東漢章帝時，曲逆改名蒲陰。①蒲陰、蒲陽皆以蒲水得名。

（2）蒲吾渠

《讀史方輿紀要》真定府平山縣，“蒲吾渠，在縣西。亦曰蒲水，

① 《漢書 · 地理志下》，第 1632、1633 頁。

後漢明帝引而爲渠。《古今注》：‘後漢永平十年作常山滹沱河蒲吾渠，通漕舡。又《後漢紀》：明帝治滹沱、石臼河，從都盧至羊腸倉，欲令通漕太原……章帝建初三年從鄧訓言，罷之。’都盧，或言即蒲吾。羊腸倉，在山西嵐州。”①

2．蒲吾、番吾

（1）蒲吾

《地理志》常山郡蒲吾，顔師古注引應劭曰：“蒲水出中山蒲陰。”蒲水流經蒲吾縣，又稱蒲吾渠。《讀史方輿紀要》真定府，“靈壽縣，府西北六十里。……後周置蒲吾郡”。又：“平山縣，府西九十里。……春秋時晉之蒲邑，漢因置蒲吾縣。”②

（2）番吾

《讀史方輿紀要》真定府平山縣，“蒲吾城，縣東南二十里。戰國時曰番吾……即蒲吾也”。《趙世家》烈侯六年（前 403 年）有番吾君，又趙王遷四年（前 232 年）有秦攻番吾，《集解》引徐廣曰：“常山有番吾縣。”而《正義》：番“音婆……又作蒲。”③因此番吾實即蒲吾。

3．蒲城、蒲

（1）蒲城

《水經注》：“徐水又東，逕蒲成北（趙云：按蒲城，今直隸之滿城縣也）。”④

（2）蒲

又蒲吾之名亦漸忘記其爲譯音而截去語尾，逕譯爲蒲。《郡國志》

① （清）顧祖禹：《讀史方輿紀要・北直五》，第 611 頁。
② 《漢書・地理志上》，第 1576 頁；（清）顧祖禹：《讀史方輿紀要・北直五》，第 602、609 頁。
③ （清）顧祖禹：《讀史方輿紀要・北直五》，第 609 頁；《史記・趙世家》，第 1797、1832 頁。
④ （後魏）酈道元注，（清）楊守敬、熊會貞疏：《水經注疏・滱水》，第 1086 頁。

蒲吾注，引杜預曰："晋之蒲邑也。"[①]可證春秋時晋人稱其地爲蒲。

4．薄水、鮮于水

（1）薄水

今考自然地理，古代本有一條薄水，《山海經》："北次三經之首曰太行之山，……又東二百里曰虫尾之山，……薄水出焉，而東南注于黄澤。"[②]我以爲薄水當即源出太行山之滹沱河支流。

（2）鮮于水

《山海經·北山經》又有鮮于水："北次三經之首曰太行之山……鮮于之水出焉，而南流注於虖沱。"[③]故鮮于水當即爲滹沱河之上源。

5．鮮虞

（1）鮮虞

《史記》譯作番吾。《續漢書·郡國志》正譯爲蒲吾[④]。吾古與虞同音，如《山海經》[⑤]之騶吾，《墨子》作騶虞。[⑥]

上述亳水、薄水、蒲水、亳城、番吾等都位於今石家莊、保定一帶。儘管商族的"亳"可能來自一條水道名，但未能確定究竟是哪一條水道。因此本文用"亳地"來稱呼這個地域，表示"亳"的起源地當在此"亳地"之内。

關於這個亳地，晚周時人還有知道得很清楚的，古書上也有明確的記載，即《左氏昭九年傳》周詹桓伯曰："武王克商……巴、濮、楚、

① 《後漢書·郡國二》，第3434頁。

② （清）郝懿行：《山海經箋疏·北山經》，上海：中華書局四部備要本，第30、31頁。

③ （清）郝懿行：《山海經箋疏·北山經》，第30、34頁。

④ 《後漢書·郡國二》，第3434頁。

⑤ （清）郝懿行：《山海經箋疏·海内北經》，第90頁。

⑥ 《墨子閒詁·三辯》，《諸子集成》，第24頁。

鄧，吾南土也；肅慎、燕、亳，吾北土也。”杜預注：“肅慎，北夷，在玄菟北三千餘里。”孔穎達疏：“建寧郡（即今雲南曲靖）南有濮夷地，然則巴、楚、鄧，中夏之國，唯濮爲遠夷耳。……燕國，薊縣也。亳是小國，闕，不知所在，蓋與燕相近，亦是中國也。唯肅慎爲遠夷。”[①]孔穎達認爲亳是小國，不知所在，其實詹桓伯已經説明了亳的大致位置。在南土中，濮爲遠夷而巴、楚、鄧爲近夷；在北土中，肅慎爲遠夷，而燕、亳當爲近夷。孔穎達謂燕在易水流域，而亳不知所在。但亳既然同爲近夷，則亳地當即太行山東麓之易水流域與滹沱河流域。因此現在亳水、薄水、蒲水、亳城、番吾等集中之地當即“亳地”。

（四）商地

商當來自地名。

前面説過，商與章、漳可能是指同一個地名。因此首先考察以商、章、漳等爲名稱的水道，其中最著名者爲今河北之漳水。漳水流經清代廣平府、順德府、大名府，然後流經真定府東部及河間府入海。在真定府、順德府、河間府的範圍，許多水道均以漳命名。實際上，在今河北境内的古黄河下游，水道歧出，十分混亂。本文用“商地”表示今石家莊、邢臺一帶的漳水流域，此處有產生“商”這個稱號的極大可能性。商族抵達漳水應該晚於滹沱河，因此商應該晚於亳。文獻的記載也反映了這一點，《殷本紀》説契“封于商”，而其父帝嚳“都亳”。

在“商地”有下列稱商、章、漳的水道、地名。

1．漳水

濁漳水、清漳水源出山西，在今河北入境後，二者合流爲漳水。《水經注》：“漳水于縣（武安縣）南，清漳水自涉縣東南來流注之，世謂

① 《春秋左傳正義·昭九年》，《十三經注疏》，第 2056 頁。

決入之所爲交漳口也。”楊守敬疏：“蓋《漢志》、《説文》以清漳爲正流，《山海經》、《水經》以濁漳爲正流，酈氏亦因《水經》爲文。……今臨漳縣西清、濁二漳合流處，仍名交漳口。”①

漳水由臨漳東北流，經成安、肥鄉、曲周，往北至平鄉，經任縣東，北至新河縣，再往東北至衡水、武邑、武强等縣而合於滹沱河。此一河道“或謂之衡水。或謂之枯洚水，或謂之葫蘆河，或謂之長蘆河，其實皆漳水也”②。

此爲河北境内之漳水經流。

2．臨漳之支流：漳衛横流

臨漳有往東之支流，《讀史方輿紀要》：“從臨漳縣東入北直大名府魏縣界，經縣南分新舊二漳……東北流入山東東昌府館陶縣西境（今屬河北）而合於衛河。漳濁衛清。……過臨清西而合運河。運河弱而衛强……謂之‘出口’，東北達於天津由小直沽入海。……是後臨漳、濬縣、内黄、魏縣之境往往決塞不時，蓋水流淤濁之故也。”③

《讀史方輿紀要》大名府元成縣（附郭），“漳河，府西北二十里。……《河渠攷》：‘漳水流濁，最多決溢。……自宣德以後，横流決齧，不可勝紀。其最甚者莫如嘉靖三十六年，漳、衛横流，盤旋於元城、大名、南樂、魏、濬、内黄等縣境，民至有攀木而栖者’。……又云：‘漳、衛二河並在府境，大抵衛常安流，漳善決齧。’”④

3．衡漳

曲周與鉅鹿之間爲衡漳。曲周與鉅鹿之間今尚有滏陽河、洺河、沙

① （後魏）酈道元注，（清）楊守敬、熊會貞疏：《水經注疏・濁漳水》，第929頁。
② （清）顧祖禹：《讀史方輿紀要・北直一》，第422頁。
③ （清）顧祖禹：《讀史方輿紀要・北直一》，第422—423頁。
④ （清）顧祖禹：《讀史方輿紀要・北直七》，第700頁

河、泜河等漳水支流。

《水經》:“（漳水）又東北過斥漳縣南（今河北曲周縣南）。”《水經注》:“應劭曰：其國斥鹵，故曰斥漳。……《尚書》所謂覃懷厎績，至于衡漳者也。孔安國曰：衡，横也，言漳水横流也。”①

《水經》:“（漳水）又東北過曲周縣東，又東北過鉅鹿縣東。”《水經注》:“衡漳故瀆，東北逕南曲縣故城西（今丘縣西北）。《地理志》，廣平有南曲縣。應劭曰：平恩縣北四十里有南曲亭，故縣也。……衡漳又北，逕巨橋邸閣西。舊有大梁横水，故有巨橋之稱。昔武王伐紂，發巨橋之粟。……服虔曰：巨橋，倉名。許慎曰：鉅鹿水之大橋也。”②

又《水經注》:“衡漳又逕沙邱臺東，紂所成也，在鉅鹿故城東北七十里。……其水與隅醴通爲衡津。”此處水道變遷分合極爲複雜，楊守敬注：“惜《濅》、《洺》、《隅》、《醴》篇亡，無從考其分合。”③

《讀史方輿紀要》順德府平鄉縣，“《括地志》:‘濁漳水即《禹貢》之横漳。’……志云：今縣東二十餘里爲舊漳河，又東十二里有新漳河。漳水流濁易决，舊漳河久填淤不能容水，每至漲溢則西入滏陽，東入新漳，而沙、洺諸流亦不時泛濫，與漳、滏諸流合爲一壑，民被其害。”④

4．商河（小漳河）

許多地方都有漳河，河北有小漳河，亦稱商河，《水經注》:“商河首受河水……亦曰小漳河，商、漳聲相近，故字與讀移耳。商河又北，逕平原縣東。……商河又東北，逕富平縣（即厭次縣）故城北。”然後東入海。⑤小漳河（即商河）在河水之東，經今山東省平原、樂陵入海，是一條小水道。

---

①（後魏）酈道元注，（清）楊守敬、熊會貞疏：《水經注疏·濁漳水》，第951—952頁。
②（後魏）酈道元注，（清）楊守敬、熊會貞疏：《水經注疏·濁漳水》，第952—954頁。
③（後魏）酈道元注，（清）楊守敬、熊會貞疏：《水經注疏·濁漳水》，第962—964頁。
④（清）顧祖禹：《讀史方輿紀要·北直六》，第668頁。
⑤（後魏）酈道元注，（清）楊守敬、熊會貞疏：《水經注疏·河水五》，第493—496頁。

（五）殷地

殷地在漳河流域及以南地區，這個地域可能是“殷”的起源地。在真定、大名亦有殷地。但是“殷州”的出現，當説明在石家莊、邢臺一帶，古代可能曾存在“殷”的地名。

稱殷的地名略舉如下：

1．殷州

《讀史方輿紀要》真定府趙州，“隆平縣，州東南百里。……孝昌二年又置殷州於此。北齊改殷州曰趙州。”①《魏書》：“殷州，領郡三，縣十五。”即趙郡（今趙縣、元氏、高邑等）、鉅鹿郡（今臨城、柏鄉、寧晋等）、南趙郡（今内丘、鉅鹿、平鄉等）。②

故殷州包括明代真定府南部以及順德府的範圍，大體上是從石家莊到邢臺之間。故《魏書》説尒朱兆“率步騎二萬出井陘，趨殷州”③，而當時之封賞中往往有“定殷二州”“殷滄二州”，或“相殷滄三州”等④，但由於避諱，“殷州”使用的時間不長，北齊天保二年（551 年），“改殷州爲趙州以避太子之諱”。⑤

2．殷城

《讀史方輿紀要》大名府元城縣，“元城故城，在府東。劉昫曰：‘隋元城治古殷城，在今朝城東北十二里。’”⑥

---

①（清）顧祖禹：《讀史方輿紀要·北直五》，第 644 頁。
②《魏書·地形志上》，第 2470 頁。
③《魏書·廢出三帝紀》，第 277 頁。
④《魏書》，第 393、841、1857 頁。
⑤《北史·齊本紀中》，第 248 頁。
⑥（清）顧祖禹：《讀史方輿紀要·北直七》，第 698 頁。

又《讀史方輿紀要》大名府内黄縣，“殷城，在縣東南十三里。《括地志》：‘河亶甲居相時所築，因名。’志云：縣西南二十五里又有亳城，城東有殷中宗陵。今爲亳城集”[1]。内黄實際上與安陽相距不過一百里。

商族在過渡時期中，部族得到了亳、商、殷等名稱，它們均與地域有聯繫。上述亳地、商地、殷地當是商族南遷時留下的踪迹。

① （清）顧祖禹：《讀史方輿紀要 · 北直七》，第713—714頁。

[補注一] 關於商族歷史的分期

(一) 關於商族歷史分期的研究

1. 商族的歷史分期

根據本書的研究，商族歷史當分爲原始階段（契時期、昭明時期）、過渡階段（相土時期、冥時期、微時期）、商王階段（湯時期）。原始階段與過渡階段包括契、昭明、相土、冥、微五個時期，商王階段衹包括湯一個時期。原始階段與過渡階段的文化就稱爲先商文化。

其他學者有不同的分期，如鄒衡把整個商文化分爲三期、七段、十四組。三期是先商期（包括第一段）、早商期（包括第二段、第三段、第四段）、晚商期（包括第五段、第六段、第七段）。然後每一段都分爲兩組，共十四組。鄒衡說："先商期也可叫作先商文化。絕對年代約相當於成湯滅夏以前。"① 因此先商文化就是先商期的文化。

鄒衡劃分的先商期從契（或帝嚳）到湯，至少上千年，但他把這一千年劃爲第一段。他劃分的早商期與晚商期，從湯到紂，共約六百年，他把這六百年劃分爲第二段到第七段，共六段。因此鄒衡把商族歷史總共分爲七段，其中先商時期（近千年）就是一段，而商王時期（六百年）包括六段。這是由於先商時期雖然長達千年，但資料欠缺，研究難以進行，是不得已的。實際上大家對先商期進行研究時，往往用考古學代替歷史學，把先商期的研究寄托給考古發掘，希望以考古來彌補資料的欠缺。

① 鄒衡：《試論夏文化》，《夏商周考古學論文集》，北京：文物出版社，1980年，第106頁。

本書把商族歷史總共分爲六期，其中先商（原始階段與過渡階段）占五期，而商王階段占一期，與鄒衡的架構正好相反。這不是偶然的，因爲本書是歷史學，即使對於文獻資料十分欠缺的先商史，也着重歷史學的研究。在歷史學的基礎上，考古學的作用纔能得到充分發揮。

2．商族歷史的轉捩点

王國維將商史分爲前後兩個時期，以湯爲分界，湯之前爲先公，湯之後爲先王。陳夢家亦將商史分爲兩個時期，以上甲微爲分界，上甲微之前爲先公，上甲微之後爲先王。王國維忽略相土這個界，又忽略上甲微這個界。陳夢家忽視相土，又忽視湯。其實相土、上甲微、湯應該是商族歷史的轉捩点。

（1）相土

王國維、陳夢家都忽略了相土這個界。上面說過，《竹書紀年》明確表明相土爲夏朝諸侯，而《商頌·長發》將相土與成湯相提並論。相土是文獻中看到的第一個"商侯"，而且在他之後的王亥、王恒還稱王，因此不能抹殺相土之前與相土之後的區别。在没有其他材料之前，從相土到主壬、主癸稱爲商族之先公時期，應該是正確的。因此相土是不能抹殺的。

相土爲什麼能够與成湯相提並論？從《長發》全詩來看，相土的功績是"海外有截"，這不是一般性的功績，是表示商族相土控制了海外。

不少學者探討過"海外有截"的含意，如有的學者認爲這"説明相土已活動到沿海地區"，具體説是"天津以南的渤海灣地區"。[①] 但是把天津以南的渤海灣沿岸地區稱爲海外是没有根據的。渤海沿海地區在古籍中常稱爲"海"，如《五帝本紀》有"東至於海"，不能稱之爲"海外"。因此相土時代的海外當指東北與朝鮮半島一帶。

（2）上甲微

再看上甲微。王國維以湯之前爲先公，無論在上甲微之前还是之後，同樣都是先公，而陳夢家認爲上甲微之前與之後是完全不同的。陳夢家利用卜辭的祭祀

① 楊錫璋：《殷人尊東北方位》，《慶祝蘇秉琦考古五十五年論文集》，北京：文物出版社，1989年，第313頁。

記録，研究先公的情况，發現文獻中上甲微之前的昭明、相土、昌若、曹圉等“複名”的先王（實際上就是冥、振之外的全部先王），在卜辭中毫無踪影。另一方面卜辭中又有許多人（他列舉了其中的二十多人，並列出其中最重要、最常見的十人），他們都有可能是先王，但是在這些人中，除王亥外在文獻中却不見踪影。陳夢家曾經對照卜辭的祭祀記録，指出文獻與目前釋讀的卜辭可以説完全不能配合，“學者之間用對音的方法比附，總嫌其勉强”。[①]所以上甲微是一個明確的界綫。

雖然陳夢家的理由並不充分，但是上甲微的重要地位是不能忽視的。所謂“上甲六示”有其特點，從稱呼上看就與以前的先公完全不同，而且他們完全按照甲乙丙丁排序，所以與以後的商王也不一樣。許多人認爲上甲六示像是後代的追封，這個説法很有道理。因此從上甲微開始的這種稱呼改變，就顯示了上甲微時期的重要性，因此陳夢家將上甲微作爲一個界綫，是有道理的。但是他們與後來正式的商王還是不一樣，因此湯這個界綫是不能忽視的。

（3）湯

再看湯。由於在周祭中包含上甲以後的六示，因此陳夢家認爲，“由於系統祭祀（周祭）的發現，王國維以爲上甲至示癸六示爲先公的説法，已不能成立”[②]。周祭中包含商王與上甲至示癸的六示，並不能説明上甲至示癸的六示與商王没有區别。湯以後的商王纔是真正的王，湯以前的王可能是追封的，與真正的商王還差很遠，猶如清朝的肇祖、興祖、景祖、顯祖，他們不過是不大的部落酋長，明朝就曾封肇祖（猛哥帖木爾）爲“建州衛指揮使”，其地位與後來的太祖（努爾哈赤）還差很遠，更不用説順治皇帝了。所以湯這個分界是不能抹殺的，這一點應該是很明顯的。

事實上，本文采用的商族歷史分期就是以相土、上甲微、湯作爲分界點的。

---

① 陳夢家：《殷虚卜辭綜述・先公舊臣》，第345頁。

② 陳夢家：《殷虚卜辭綜述・先公舊臣》，第336頁。

[補注二] 關於商族的起源地

(一) 關於起源地的研究

(1) 關於起源地的學説

對於商族的起源地，近百年來出現了許多學説，有的學者把它們歸納成“西方説”（陝西關中）、“東方説”（豫東、魯西）、“北方説”（豫北、冀南、冀北）、“東北説”（燕山南北、遼水流域）、“晋南説”（山西的西南角）、“中原説”（河南中西部）、“江浙説”等。幾乎全國都説到了。[①]而且每一説又有不同的發揮，例如“西方説”就有華縣、商縣、關中東部、關中西部的不同。各種學説合起來共有一百種之多。除了新疆、西藏及甘青、雲貴地區之外，幾乎全國都提到了，把它們羅列起來竟可以製成一個長達 7 頁的“一覽表”。[②]這種情況説明這個問題重要，也説明這個問題難以解决。

早在 20 世紀 30 年代，傅斯年、李濟、梁思永、董作賓等都認爲商族起源於東方，因此許多學者都特别重視在豫東、魯西進行調查研究。1936 年李景聃就在商丘一帶尋找商族起源地的踪迹，一個多月的調查没有結果。但這種期望始終存在，六十年後還出現中美考古隊。1991 年他們在商丘地區開始勘探，1994 年開始的調查發掘，進行了六年之久，發現了面積超過 10 平方千米的宋城，但始終没有找到他們所期待的商族起源地。[③]

我國現代的考古學是從安特生開始的，至今近一百年，成绩巨大。有關商族的成就考古，成就尤其突出。在我國考古學中，對殷墟的發掘有最輝煌的成就，

---

① 王震中:《商族起源與先商社會變遷》，北京：中國社會科學出版社，2010 年，第 7、8 頁。

② 朱彦民:《商族的起源、遷徙與發展》，北京：商務印書館，2007 年，第 45—51 頁。

③ 張長壽、張光直:《河南商丘地區殷商文明調查發掘初步報告》，《考古》1997 年第 4 期。

但是對於先商期的歷史研究，却進展有限，至今還完全不知道商族的起源地究竟在何處。

這種情況可以説明，在資料嚴重欠缺的情況下，如果衹圍繞地名而忽略大局，如果把探索局限於與起源地直接有關的時間與空間，問題是很難解決的。其實如果考慮到商族屬於戎族這個事實，那麼起源地的“西方説”“晉南説”“江浙説”是不必考慮的，“中原説”（河南中西部）也是不必考慮的，因爲戎族與這些地點相距過於遥遠。另一方面，一定會把目標首先集中到東北，因爲那裏有强大的戎族，而且有廣闊的腹地。可是在朱彦民所收集的上百種學説中，衹有少數人主張東北説，最著名的是傅斯年，他認爲“商族發迹於東北，建業於渤海與古兖州，滅夏以後而占有中原”。金景芳認爲商人起源於克什克騰旗的西拉木倫河源。還有于志耿等認爲紅山文化是商史遺迹，那麼也是以西遼河爲發源地。這些學説雖然也提出一些論據，但是同其他的説法一樣，都沒有很大的説服力。

還有不少人從其他各種角度來尋求商族的起源地，例如埋葬的方向。美國學者詹姆斯認爲：現在的後進部族在埋葬死人的方向問題上，基本上有三種不同的信仰，即族源地方向、陰冥域界方向和太陽西落方向。其中族源地方向即墓葬中頭朝着老家的那一方向。[①]

對於商族墓地的方向，特别是殷墟墓地的方向，有了不少的研究，楊錫璋説：“在殷墟已發掘的數千座墓葬中（不包括祭祀坑），墓的方向東西南北都有，但以北向居多。例如，殷墟西區 1969—1977 年發掘的九百三十八座墓中，東、南、西、北向墓分别爲一百零四、三百二十八、一百零七、三百九十九座。……這是一般的長方竪穴墓的情況，帶墓道的大墓則不同。”他又説：“自殷墟發掘以來……共發現了帶墓道的大墓三十二座。……除大司空村有兩座一條墓道的墓其墓道是在墓室北側外，其餘全在南側，即有三十座是北向的。……並不是正北向的，而是北偏東。”[②]

因此從墓葬的方向來看，殷墟的商族當來自東北。但是並不能確定商族具體

① 朱彦民：《商族的起源、遷徙與發展》，第 180 頁。

② 楊錫璋：《殷人尊東北方位》，《慶祝蘇秉琦考古五十五年論文集》，第 308—309 頁。

的起源地究竟在哪裏。

（2）尋找起源地的方法

尋找起源地的最直接、最明顯的辦法，就是分析文獻中有關起源地的傳説。

許多人集中分析商、亳等地之所在，還有有娀氏、砥石等。但是正如前邊提到的，這樣分析没有多大效果。大家發現一個地名往往在許多地方出現，這種情況可能是由於部族遷徙産生的，但是也可能是其他偶然的原因，例如漢字的假借、方言的誤讀等。因此基于漢字地名的分析往往没有足够的説服力。

因此不少人放棄了這種努力，他們不考慮地名而另找出路，例如探求“商”的其他含義。一些作者將商族與商業聯繫起來，其實這種做法是根據不足的。

還有許多人根據甲骨文的商字，提出種種解釋。有的認爲商字表示祭祀底座上置火，表明商爲大火；有認爲商字是祭祀底座上置物，但未知何物；有人認爲商族之圖騰爲鳥，商即表示其圖騰；有人認爲商字即鳥之居穴；有認爲商字像商族之主要農業工具；有人認爲商字爲樂章；還有人認爲商字來自商族祖先高辛之辛。[①] 這些研究雖然各有其道理，但並没有提出多少證據，所以得不到令人信服的結論。而且商族的起源比甲骨文早很多，甲骨文在商朝中晚期纔出現，因此甲骨文未必能够反映商字的本義。

對“商”的比較可信的解釋還是來自地名，特别是水道的名稱。許多人注意到漳水。漳水是該地區的大水，但作爲地名並不一定是大水。大家都認爲，周族的“周”來自岐下的周原，但是周原並非大地名，現在也没有發現周原的遺迹。還有，“酆”“鎬”來自水道，但酆水、鎬水現在已經没有什麼痕迹。因此儘管商族的“商”可能來自一條水道，但很難確認究竟是哪條水道。在譚其驤《中國歷史地圖集》中未標出商河或滴河（在《中國歷史地圖集》第一册，第 13—14 頁有滴水，但那是今山西境内之沁河），在譚其驤的《西漢以前的黄河下游河道》中，“商河”的位置爲從高唐往東北入海，基本上位於今山東境内。[②]

我們在研究过程中還發現許多具有派生名的地點，這種現象與商都之遷徙有關。派生的名稱可能是由於方言或部族融合産生的。以亳爲例，可以找到許多地

① 朱彦民：《商族的起源、遷徙與發展》，第 263—270 頁。

② 孫亞冰、林歡：《商代地理與方國》，北京：中國社會科學出版社，2010 年，第 10 頁。

方以亳爲名，還有更多的地方以薄、蒲、蕃、番、播、潘等爲名，這些由亳派生出來的地名，實際上也就是亳。

同名或者派生名的現象産生了混亂，妨礙了對真正都城的辨認，但是在這種混亂中出現了“亳地”的現象。所謂“亳地”是指一個相對較小的地域，但其中有許多地名爲“亳”或由“亳”派生的。當商族遷徙到滹沱河流域的時候，就在新地點形成了以“亳”或其派生字爲名的地點、水道或山丘，這就是一個“亳地”。“亳地”類似於近似值，它不准确，但還是有一定的参考價值。確定“商地”遠比確定“商”容易。本書確定了商族遷徙過程中形成的一系列“亳地”“商地”“殷地”，這可能提供了一條研究亳、商、殷的途徑。

（二）本書的基本結論

由於先商文化的資料非常欠缺，因此必須擴大視角，否則研究工作難以進行下去。本書首先研究商族的民族屬性，並説明商族屬於戎族。在這個基礎上，就可以説明：在原始階段，商族文化是戎族文化的一部分。另一方面，本書説明在商王階段，商族已經融入夏族。在這個基礎上，就可以説明：在商王階段，商族文化實質上就是夏族文化。因此在過渡階段，商族文化必然是逐步融入夏族的戎族文化，也就是説，對商族來説，所謂“過渡”，其含義就是從戎族文化过渡到夏族文化。

本書在上述基礎上回答商族的起源地問題。本書的結論是商族的起源地在今吉林哈達嶺南北麓，這裏是戎族的一個集聚地。因此商族的过渡時期，從地理來看，是從東北越過燕山，通過滹沱河、漳河流域進入河南、山東、安徽交界處，而從文化來看，則是從戎族文化融入夏族文化，這就是商族南遷過程，亦即所謂的“過渡”。

在上述工作中，僅僅依靠文獻資料是不够的，在建立夏族與戎族的概念上，在闡明夏族文化與戎族文化時，都需要考古學提供的證據，在確定商族南遷的路徑時也需要考古學的證據。實際上在先商文化的研究中，每一步歷史學的論證都離不開考古學，但是考古學的每一步分析也都離不開歷史學。因爲考古學的基礎是物質文化，是房址、墓葬、石器、陶器等遺物，而文化在本質上是抽象的。因此考古學衹有緊密地與歷史學聯繫，纔能够在先商文化的研究中做出貢獻。

［補注三］考古文化與商族南遷

（一）關於先商文化的核心問題

先商文化包括原始階段與過渡階段。對於原始階段來説，核心問題是商族之起源地的地理位置；對於過渡階段來説，核心問題是商族之遷徙路綫。

（1）商族的遷徙與都邑

關於商族從起源地逐步向外的遷移，歷史記載説“殷人屢遷，前八而後五”，那麼在湯建立商朝之前，商族遷移了八次。商族最後在河南推翻了夏桀的統治，他們從起源地是怎麼來到河南的？他們既然遷徙了八次，那麼至少建立了八個都邑，這些都邑在哪里？

商族在先商時期的最後一次遷徙有比較具體的記載。湯的都城爲亳。

但是亳在哪里？《孟子》説：“湯居亳，與葛爲鄰。……湯始征，自葛載。十一征而無敵於天下。”[①] 根據《漢書·地理志》，葛在今河南寧陵，在商丘以西幾十里地。離開鄭州有三百里。又《商頌·長發》説：“韋、顧既伐，昆吾、夏桀。”根據《竹書紀年》，夏桀二十八年“商師取韋（今河南滑縣）”，二十九年“商師取顧（今山東范縣）”，三十一年“克昆吾（在今河南許昌）”，“桀出奔三朡，商師征三朡。……獲桀于焦門”。[②] 所以在夏桀二十八年以後，商湯伐韋、伐顧、伐昆吾，四年之後俘獲了夏桀。從這些情況來看，商族是從葛、韋、顧、昆吾等地出發向桀進攻的。因此商族南遷的終點在河南、山東、安徽交界處。

因此需要回答的問題是：商族是如何從起源地遷徙到河南、山東、安徽交界處的。

---

① 《孟子正義·滕文公下》，《諸子集成》，第254—255頁。

② （清）徐文靖：《竹書紀年統箋》，《二十二子》，第1061頁。

（二）鄭州附近的先商文化

1. 鄭州附近的考古遺址及其識別問題

在 20 世紀 50 年代，在鄭州地區發現了許多夏商時代的文化遺址，其中最重要的有下列四個考古遺址：

鄭州商城遺址（1955 年發現，在今鄭州市内）
二里崗遺址（1952 年發現，在鄭州商城東南，距鄭州舊城 2 里地）
南關外遺址（1955 年發現，在鄭州商城南）
洛達廟遺址（1956 年發現，在鄭州商城西南）

這些遺址相距很近，如南關外遺址與洛達廟遺址相距只有 25 里。上述遺址的發現開啓了對先商文化的考古學研究。

在發現這些遺址以後，大家認識到它們是夏商時代的文化遺址，洛達廟遺址當是夏文化，鄭州商城遺址、二里崗遺址當爲商文化，這些没有很大的異議，但是南關外遺址却立即引起了激烈的争論。鄒衡認爲南關外是商文化而相距 25 里地的洛達廟遺址則是夏文化。

鄒衡認爲：洛達廟遺址屬於二里頭文化，是夏文化，而南關外遺址與二里崗遺址都是商文化。鄒衡又説："還應該提到的是先商文化南關外型。到目前爲止，還僅在鄭州市一地發現，因而這可能是先商文化在黄河以南唯一的分布點。同時，其所包含的年代也較爲短暫，説明它是從外地侵入夏文化分布區域的。"[①] 因此鄒衡認爲在夏代晚期，在鄭州一帶流行的是夏文化（如洛達廟遺址所代表的），其間只孤立地分布有一些商文化（如南關外遺址所代表的）。

一些學者不同意鄒衡的觀點。趙芝荃説，南關外中下層文化與洛達廟文化屬於同一個文化，他認爲不可能出現兩種不同的文化長期並存的現象。他説："夏人

① 鄒衡：《試論夏文化》，《夏商周考古學論文集》，第 139 頁。

與商人同時共存於古代的鄭州，犬齒交錯的共居在一起……各自按照自己的習俗生活繁衍，涇渭分明，從不相擾……這種隔絶相處關係，無論在理論上和現實生活中都是不能成立的。”他認爲：“鄭州從洛達廟期文化發展到南關外期文化，再發展到二里崗期文化，它們和二里頭遺址一到四期文化發展的序列相同，都是一脈相承的。”[①] 因此趙芝荃認爲洛達廟與南關外中下層一樣，都是夏文化，而南關外上層與二里崗一樣，都是商文化。那樣一來，就没有夏人與商人共處、夏文化與商文化並存的現象了。

學者面對南關外出土的遺物，要判斷遺物的主人究竟是夏族還是商族，於是發生了分歧。根據遺物來判斷遺物主人的民族屬性，這是真正的難題。

在 20 世紀五六十年代，中國進行民族调查時，最初填報統計，全國有四百多個民族。經過長期的民族識别研究，最後確定爲五十六個民族。雖然，民族確定下來了，但是中國的民族識别工作並没有真正完成，還需要不断完善。民族識别非常複雜困難，在進行民族識别時，要分析他們的語言、風俗習慣、宗教信仰、倫理道德，還有他們的生産技术等，而且必要時得與他們直接面談，然後對各方面的情况進行綜合分析，作出判斷。現在考古學家就面臨類似的工作。

考古学家要識别的是無法見面的古代民族，而且考古学家不瞭解他們的語言、風俗習慣、宗教信仰等。衹能看到他們留下來的零碎遺物（最主要是一些陶器）以及坟墓、房址與殘垣斷壁，憑這一些能够確定他們的民族嗎？陶器的大小、高矮和紋飾能準確地反映出使用者的民族屬性嗎？

2. 鄭州商城遺址有没有先商文化

鄒衡認爲鄭州商城是商代的早期都城，代表早商文化，那麼比它更早的商族文化，就是先商文化。因此他説“早於早商的先商期（被壓在鄭州商城之下）”。[②] 這話牽涉到一個根本問題，即壓在鄭州商城之下的是先商文化嗎？這個問題似乎無法回答，因爲壓在鄭州商城之下，就無法進行考古發掘，也就無法進行考古學研究，但是從歷史學來看，倒是不難回答的。

---

① 趙芝荃：《趙芝荃考古文集·小議鄭州南關外期商文化》，北京：科學出版社，2008 年，第 218、219 頁。

② 鄒衡：《夏商周考古學論文集》，第 106 頁。

商族是什麼時候占領鄭州的？在夏桀二十八年商湯開始伐韋、伐顧、伐昆吾，四年之後俘獲了夏桀。從這些情況來看，商湯打敗夏桀之前，並沒有長期占領鄭州的歷史，商族是在最後一刻纔進入鄭州的。因此鄭州商城之下埋藏的不是商族文化，而是夏族文化。真正的先商文化衹能埋藏在商族曾經長期逗留的地方，因此如果在鄭州商城之下進行發掘，也衹能找到夏文化，不會有先商文化。

3．南關外遺址是不是先商文化

南關外中層究竟是夏文化還是先商文化？趙芝荃根據鄒衡的分析説，南關外中層（據認爲是商族的文化遺址）與洛達廟（據認爲是夏族的文化遺址）的宫殿建築一樣，石、骨、蚌質武器和生産工具一樣，陶鼎、大口尊、盆等也一樣，“只有收割工具石鐮一種”不同。因此他説實際上南關外中層與洛達廟就是一樣的。[①] 趙芝荃又説：“《試論》中三個類型的先商文化都是二里頭文化。介於河南龍山文化和商代二里崗文化之間的二里頭文化，普遍地存在於河南龍山文化分布地區，它是包括夏、商在内居住在這裏的先民共同創造出來的。由於地域或其他方面的原因，夏文化與商文化可能存在某些差異，但非性質不同的兩個文化。”[②] 趙芝荃的分析是正確的，二者應該都是夏文化或者都是商文化，絶不能用“石鐮”來區分兩種對立的文化。非但石鐮不行，就是利用某種陶器的形狀或其他一種器物來作爲民族界綫，恐怕都是不行的。

其實商族發展到鄭州地區以後，就與夏族融合了，正如滿族進到北京以後，就和漢族進行融合了一樣。雖然清廷希望滿族與漢族互不干擾，獨立共存，並且極力阻止滿族與漢族的密切接觸，但是它要統治全中國，不得不要求滿人學習漢語，學習漢文化，另一方面無法要求漢人學習滿語與滿文化（只有髮式與官員的衣冠，漢人纔不得不效法滿人）。其實在滿族進關以前，滿人就開始逐步接受漢文化，滿人學習漢語，適應漢族的生活，很快就逐步與漢族發生了融合。

努爾哈赤最初建立的國號爲“金”，以“後金”自居。從皇太極繼位後，就學習明朝的文化，建立明朝的政治制度。於是改國號爲“清”。這個國號的改變反映

① 趙芝荃：《趙芝荃考古文集・小議鄭州南關外期商文化》，第219頁。
② 趙芝荃：《趙芝荃考古文集・小議鄭州南關外期商文化》，第221頁。

了一個重大的變化，即滿族要建立一個繼承明朝的新王朝，而不是金的延續。所以事實是：當滿人進入漢人地域時，就被逐步同化了，也就是説，滿人接受漢文化，因此滿文化發生了一定程度的變化。另一方面，漢文化没有改变自己的基本軌迹，也就是不改變自己的語言文字、倫理道德、社會制度等。當一個非主幹部族與主幹部族接觸時，都會發生這種情況。何況商族與滿族同樣都是起源於東北的部族，商族進入夏族的地域，猶如滿族進入漢族的地域。因此商族發生與滿族類似的演變是不奇怪的。實際上在中國歷史中這種演變一再重復，中國文化就是在無數次這種演變過程中形成的（見論文［03］）。

因此當商人進入燕山以南的夏族地域後，商文化是不可能與夏文化長期共存的。商族在進入鄭州的時候，基本上已經融入夏族，孔子説："殷因於夏禮，所損益可知也。"也就是説，商族在過渡階段的後期，所謂的"先商文化"實際上就是夏文化，區别是不大的。正如對"南關外類型"的激烈争論中，趙芝荃説："鄭州從洛達廟期文化發展到南關外期文化，再發展到二里崗期文化，它們和二里頭遺址一到四期文化發展的序列相同，都是一脈相承的。"[①] 趙芝荃實際上認爲洛達廟與南關外下層、中層一樣，都是夏文化。羅彬柯也説，南關外中下層文化就是二里頭四期文化。[②] 而安金槐認爲南關外類型可能是從淮河中游來的。[③]李伯謙則認爲南關外類型可能"是夏之某一與國的文化遺存"。[④]

根據前面的分析，在商朝建立之前，鄭州地區本來就長期在夏朝的統治之下，所以鄒衡找到的所謂"先商文化"都屬於夏文化。實際上到夏朝末期，商族已經融入夏族，這個時段的商族文化實際上也屬於夏文化（或者説帶有戎族因素的夏文化），所以這些所謂的"先商文化""商文化"或"夏文化"實質上是同一個文化，正好比語言，在夏商之際，夏人、商人使用的可能是兩種不同的方言，但實質上當是夏族的語言。

① 趙芝荃：《趙芝荃考古文集・小議鄭州南關外期商文化》，第218、219頁。
② 羅彬柯：《小議鄭州南關外期商文化——兼評"南關外型"先商文化説》，《中原文物》1982年第2期。
③ 安金槐：《對於鄭州商代南關外期遺存的再認識》，《華夏考古》1989年第1期。
④ 李伯謙：《先商文化探索》，《慶祝蘇秉琦考古五十五年論文集》，第288頁。

（三）太行山東麓的若干考古文化

1．“輝衛類型”與“漳河類型”是不是先商文化

太行山東麓發現了許多考古遺址，鄒衡認爲其中“輝衛類型”與“漳河類型”是先商文化。但他們究竟是不是先商文化，張光直也表示懷疑，他説：“鄒衡先生在豫北、冀南漳河流域一帶找到了‘先商文化’，但它的内容只有日用的陶器，缺乏王族、貴族的重器，不能作爲統治王朝——殷商王朝的代表。”[①]有没有王侯、貴族重器還不是根本問題，那些東西也许有朝一日會發現的，問題是豫北、冀南漳河流域會不會有先商文化。

“輝衛類型”與“漳河類型”究竟是不是先商文化？

鄒衡説是，理由是：“與夏文化相比，先商文化分佈的範圍要小得多。據目前的考古材料得知，先商文化的分佈比較集中在太行山東麓一綫，也就是戰國時期的黄河以北和黄河以西之地。這一地區，不僅没有發現典型的夏文化遺址，而且連文獻上有關夏人的傳説也很少。尤其是在漳河及其以北，根本找不到有關夏人的記載：……這就清楚地説明，先商文化的分佈地區，不是夏人活動的範圍，而是商人的老家。”[②]鄒衡認爲先商文化與夏文化是截然有别的，没有夏文化的地方纔會有先商文化。

鄒衡認爲在太行山東麓不是夏人的區域，而是商人的老家，所以應該有先商文化。其實太行山東麓也是夏人的區域，並不是商人的老家。説到文獻記載，那麼早在夏族的初期，黄帝、炎帝的阪泉、涿鹿之戰就發生在太行山以東、燕山南麓之桑乾河流域。《括地志》甚至説：“涿鹿山在嬀州東南五十里，山側有涿鹿城，即黄帝、堯、舜之都也。”[③]《讀史方輿紀要》薊州平谷縣，“縣東北十里有漁子山，上有大冢，相傳爲黄帝陵也”，“崆峒山，在州東北五里。相傳黄帝問道處”。[④]

① 張光直：《商名試釋》，中國社會科學院考古研究所編：《中國商文化國際學術討論會論文集》，北京：中國大百科全書出版社，1998年，第111頁。

② 鄒衡：《夏商周考古學論文集》，第139頁。

③（唐）李泰等：《括地志輯校》，第109頁。

④（清）顧祖禹：《讀史方輿紀要·北直二》，第503、494頁。

陶唐氏則生活於唐，《集解》引張晏曰："堯爲唐侯，國於中山，唐縣是也。"[①]後世中山國或中山郡就在定州，今保定與石家莊之間。因此不能説漳河以北"根本找不到有關夏人的記載"。而且帝堯之後裔一直還在那裏，《周本紀》説周武王封"帝堯之後於薊"，《集解》："《地理志》燕國有薊縣。"[②]薊、燕都位於太行山東麓，其居民都是夏族，則是無疑的。因此説太行山東麓是唐堯的老家，是夏族的老家是不會錯的，但説太行山東麓是商族的老家則靠不住。

當然到了夏朝，商族控制了太行山東麓的許多地區。《魯語》："冥勤其官而水死。"韋昭注："冥……爲夏水官，勤於其職而死於水也。"[③]冥稱爲商侯，則當冥在易水流域的時候，他本人就已經是夏朝的職官。在冥之後上甲微又成爲夏朝的殷侯，而當時夏王則是這個地區的最高統治者，而且這裏離開夏朝的中心地區並不遠，在這樣的政治環境中，就不能説在這裏"找不到有關夏人的記載"了。

商侯冥、殷侯微在夏朝幾百年的統治下，不可能仍然是商文化，更不可能是"纯粹的商文化"。商族在夏朝的統治下來到太行山東麓，身份是夏王朝的諸侯。作爲諸侯，他們必須接受夏族的控制。如果夏族當時有文字，則商族也必須使用夏朝的文字；如果商族與夏族有不同的語言，那麼他們必須能够理解夏族的語言。因此商族必定已經開始融入夏族，更不能説他們還是"纯粹商文化"。因此"輝衛類型"與"漳河類型"衹能是帶有商族因素的夏族文化，或者是帶有夏族因素的商族文化，無論是哪一種情況，他們都是先商文化，而且這種先商文化必定是夏文化與商文化的融合，固然不是单纯的夏文化，但更不會是單纯的商文化。

"輝衛類型"與"漳河類型"正位於商族南遷的通道上，從南遷的角度來看，當是漳河類型在前而輝衛類型在後，也就是説，漳河類型比輝衛類型包含更多的商文化因素。

2. 如何尋找先商文化遺址

許多人在辨認先商文化遺址的先後時，采取逐步推進的辦法。例如，他們首

---

① 《史記·五帝本紀》，第46頁。

② 《史記·周本紀》，第127頁。

③ 徐元誥：《國語集解·魯語上》，第158頁。

先肯定鄭州南關外爲先商遺址，然後推進到輝衛型先商遺址，再推進一步到漳河型先商遺址："學者們大多首先確定何爲早商文化，然後由此上溯其先行文化。"首先確定晚期先商文化，然後上溯早期先商文化，因此張立東説，在探索晚期先商文化的時候，"探索早期先商文化的條件是不成熟的"。[①] 這種逆推法怎麼有效地進行呢？從晚期先商文化怎樣逆推早期先商文化呢？

鄒衡曾説，尋找先商文化要利用"前後一致的發展演化和繼承關係"，這正是他學説的脆弱環節。什麼叫前後一致的發展演化繼承關係？具體來看，如果下七垣文化是晚期先商文化，那麼怎樣從下七垣文化推出更早的先商文化呢？究竟什麼是比下七垣文化更早的先商文化，不少人在探索這個問題，有人認爲更早的先商文化可能的是晋中地區的龍山文化，有人指望忻州游邀遺址，有人認爲是晋南地區的文化，有的人則指望河南龍山文化後崗類型。[②]

可是他們發現，西面在沁河西南是二里頭文化分布區，於是他們認爲越過沁河就不會是先商文化了。同樣他們認爲：由於山東濟寧、菏澤、聊城以及豫東柘城等地的調查與發掘表明魯西南及豫東一帶是岳石文化分布區，因此他們認爲也不會是先商文化。至於北邊，由於拒馬河以北就是夏家店下層文化區，因此拒馬河以北也不會是先商文化。因此有學者説，首先可以排除有關先商文化源於遼西（包括幽燕一帶和豫南）的説法。又因爲晋南、豫西屬於二里頭文化分布區，山東屬岳石文化分布區已爲學術界所共識，而且這兩支考古學文化特徵距先商文化特質相差甚遠，可以視作不同族屬所創造的考古學文化而予以排除。晋中屬光社文化分布區南緣，光社文化據研究族屬包括鬼方、土方、𢀛方、燕京之戎，其與先商文化雖然關係密切，但也非同一支考古學文化，故而晋中地區亦可排除先商文化發源地。於是他們説："分布於豫北—冀南地區的漳河型是目前所知時代上限最早的先商文化遺存，可以視作先商文化播化的源頭。"[③]

① 張立東：《先商文化的探索歷程》，《三代文明研究（一）——1998 年河北邢台中國商周文明國際學術研討會論文集》，北京：科學出版社，1999 年，第 203、204 頁。

② 張立東：《先商文化的探索歷程》，《三代文明研究（一）——1998 年河北邢台中國商周文明國際學術研討會論文集》，第 204 頁。

③ 李維明：《先商文化淵源與播化》，《三代文明研究（一）——1998 年河北邢台中國商周文明國際學術研討會論文集》，第 210、211 頁。

這種探索可以表明逆推法是無效的。爲什麼“漳河型是目前所知時代上限最早的先商文化遺存”？ 漳河型絶不會是最早的先商文化。實際上比下七垣文化更早的先商文化應該是與夏文化相差較大的文化，應該是與戎族文化更爲接近的文化。因此在周圍的文化中，最有可能的應該是夏家店下層文化，因爲它更接近戎族文化。如果要找比下七垣文化更早的先商文化，就應該到拒馬河以北去尋找，這樣纔能擺脱困境。

因此衹有在歷史學的輔助下，考古學纔能比較順利地進行。

［13］王畿與亳、商、殷

一、商代之王畿與國境

在周代，形成了王畿以及九州、四海、四荒的劃分，還有五服、九服之説（見論文［05］）。那麽商代有無此類劃分？雖王畿爲周代之用語，但其基本觀念可能在夏代就已産生。《玄鳥》："邦畿千里，維民所止。"①説明商代當存在千里王畿之觀念。

王畿與封建相辅相成，《舊唐書》："自太昊已降……迄于殷湯……但設均平之化，未聞封建之名。洎乎周、漢，始以子弟建侯樹屏。"②商代是否封建諸子，姑置勿論，但商代有内服、外服。《酒誥》："自成湯咸至于帝乙……越在外服，侯甸男衛邦伯；越在内服，百僚庶尹，惟亞惟服宗工，越百姓里居，罔敢湎于酒。"③從《禹貢》之五服來看，商代之内服就相當於周代之甸服，当即王畿，而商代之外服，"侯甸男衛邦伯"，相當於周代之侯服與綏服，故商代必定存在某種封建制度。

（一）王畿

古典文獻中曾分析過商代之王畿。如《漢書·地理志》："河内本殷之舊都，周既滅殷，分其畿内爲三國，《詩·風》邶、鄘、衛國是

① 《毛詩正義·商頌·玄鳥》，《十三經注疏》，第 623 頁。
② 《舊唐書·德宗順宗諸子列傳》，第 4049—4050 頁。
③ 《尚書正義·酒誥》，《十三經注疏》，第 207 頁。

也。”[①] 又如鄭玄《詩·邶鄘衛譜》:“邶、鄘、衛者，商紂畿内方千里之地。……其封域在《禹貢》冀州太行之東，北逾衡漳，東及兗州桑土之野。”[②] 鄭玄認爲商代之王畿亦爲方千里，其北界過衡漳，當在滹沱河流域，西界爲太行山，而東至“兗州桑土之野”。《禹貢》:“濟河惟兗州。……雷夏既澤，灉沮會同。桑土既蠶，是降丘宅土。”[③] 雷夏澤在今山東荷澤東北，故商王畿之東界當在今山東鄄城、鄆城一帶。鄭玄所說之王畿範圍比較準確，但他未提及南界。

吴起說：“殷紂之國，左孟門，右太行，常山在其北，大河經其南。”[④] 此所謂“殷紂之國”當即商代之王畿，即王朝之直接統治區，其範圍東至孟門，西至太行山，北界在常山之南，而大河在其南部通過。但“左孟門”不可解。《左氏襄二十三年傳》:“齊侯遂伐晋，取朝歌，爲二隊，入孟門，登大行。”杜預注：“孟門，晋隘道。大行山在河内郡北。”[⑤] 那麼孟門也在王畿的西邊，因此“左孟門”無法理解。《讀史方輿紀要》講到另一個孟門，平陽府蒲州河津縣：“龍門山，縣西北三十里，即大禹所鑿處。河經其中。一名孟門。吴起曰：‘殷紂之國，左孟門。’是也。《水經注》:‘龍門上口在北屈縣西，所謂孟門也。’”[⑥] 越發不對。《索隱》給出另一個解釋：“紂都朝歌，今孟山在其西。今言左，則東邊别有孟門也。”但東邊的孟門究竟在何處？仍不可知，故“左孟門”之説没有意義，但“大河經其南”正好補充了鄭玄之不足。既然大河在其南部通過，則南界在大河之南，故南界當即郑州、開封、洛陽一綫。

① 《漢書·地理志》，第 1647 頁。
② 《毛詩正義·邶風·邶鄘衛譜》，《十三經注疏》，第 295 頁。
③ 《尚書正義·禹貢》，《十三經注疏》，第 147 頁。
④ 《史記·孫子吴起列傳》，第 2166—2167 頁。
⑤ 《春秋左傳正義·襄二十三年》，《十三經注疏》，第 1977 頁。大行即太行。
⑥（清）顧祖禹：《讀史方輿紀要·山西三》，第 1901 頁。

因此根據書傳的記載，則商王畿的範圍大致是西至太行，而東至聊城、鄆城、亳縣；北近滹沱河，而南至商丘、開封、洛陽。因此商之王畿包括冀南、魯西與豫北，粗略估計面積當有方八百里（略小於周王畿方千里）。

（二）商代之諸侯國

在五帝時代，“中國”的領土範圍基本上已經穩定下來。《五帝本紀》謂顓頊“北至于幽陵，南至于交阯，西至于流沙，東至于蟠木”。又謂堯東方爲暘谷（與蟠木差不多，並非普通的地名），南方爲南交（當即交趾），西方昧谷，北方爲幽都。二者大體上一致。①

又《淮南子》謂“紂之地，左東海，右流沙，前交趾，後幽都”②。而賈捐之説：“武丁、成王，殷、周之大仁也，然地東不過江、黄，西不過氐、羌，南不過蠻荊，北不過朔方。”③ 則殷周時期之領土與五帝時仍然區别不大。

因此從五帝到三代。“中國”的地域範圍，除南方外，大體上是穩定的。至於南方，由於交趾位置之改變，南方有較大之擴充（見論文［06］）。

在國境之内，有衆多之諸侯國。關於商代之諸侯國，留下的資料很少。從周代的情況來看，諸侯國面積不大，最大不過方百里，即一萬平方里。據説湯爲諸侯時，領土只有七十里，約五千平方里。上面説過，商代王畿可能有方八百里，即六十四萬平方里，那麽王畿的面積相當於五六十個大諸侯國。

1．東方之諸侯國

東方有徐、奄。《左氏昭元年傳》：“周有徐、奄。”杜預注：“徐即

---

①《史記·五帝本紀》，第 11、16 頁。
②《淮南子·泰族訓》，《諸子集成》，第 361 頁。
③《漢書·賈捐之傳》，第 2831 頁。

淮夷。”[①]《括地志》：“泗州徐城縣（今江蘇泗洪）北三十里古徐國，即淮夷也。”又：“兖州曲阜縣奄里即奄國之地也。”[②]

杜預説徐即淮夷，但《费誓》：“徂兹淮夷，徐戎並興。”孔安國傳：“淮浦之夷，徐州之戎。”而孔穎達引《詩・常武》“率彼淮浦，省此徐土”，説明“淮夷是淮浦之夷，徐戎是徐州之戎”。[③]蓋徐土指今江蘇泗洪、邳縣一帶，而淮浦則指淮水下游淮陰、漣水一帶。二者爲同一個地域之鄰國，關係密切，故往往不加區別（見論文［11］）。

徐、奄位於曲阜、徐州一綫。該處不止徐、奄兩國，例如《讀史方輿紀要》兖州府泗水縣，“卞城，在縣東五十里。古卞國。記曰：湯伐有卞。是也”[④]。則東方至少還有卞國。

2．南方之諸侯國

商代南方有應國。《括地志》：“故應城，殷時應國，在父城（今寶豐）。”又：“故應城，古應鄉，在汝州魯山縣東［三］十里。”[⑤]故應爲商代諸侯國。

商代之南方還有劉累之後。劉累爲夏諸侯，《括地志》：“劉累故城在洛州緱氏縣南五十五里，乃劉累之故地也。”夏代事孔甲，爲御龍氏。劉累之後又爲商諸侯。贾逵曰：“劉累之後至商不絶，以代豕韋之後。祝融之後封於豕韋，殷武丁滅之，以劉累之後代之。”[⑥]

但在南方最重要的還是蠻荆。

---

①《春秋左傳正義・昭元年》，《十三經注疏》，第2021頁。

②（唐）李泰等：《括地志輯校》，第132、118頁。

③《尚書正義・費誓》，《十三經注疏》，第255頁。

④（清）顧祖禹：《讀史方輿紀要・山東三》，第1523頁。

⑤（唐）李泰等：《括地志輯校》，第184頁。

⑥《史記・夏本紀》，第87—88頁。

3．西方之諸侯國

今山西西南部是商代的重要地區，如《讀史方輿紀要》平陽府蒲州河津縣，“耿城，在縣南十二里，殷王祖乙所都。《史記》：‘祖乙遷邢。’司馬貞曰：‘邢音耿，即耿也。’”[①]在夏代也是如此，《讀史方輿紀要》平陽府蒲州榮河縣，“古綸地，夏后少康所邑也。……汾陰城，縣北九里。……志云：故汾陰城俗名殷湯城，以城北四十三里有湯陵云”[②]。甚至比夏代更早，《讀史方輿紀要》平陽府解州安邑縣，“故夏都也。……開皇十六年置虞州。……武德初改置虞州……安邑故城，縣西二里。皇甫謐云：‘舜、禹皆都於此。’……鳴條岡，縣北三十里。……或云舜所葬也。孟子曰：‘舜卒於鳴條。’《尚書大傳》：‘伊尹相湯伐桀，戰於鳴條，即此。’又虞阪，志云：在縣南二十里，以舜嘗都此而名”。[③] 王朝之西境當在陝西。

西方最突出的諸侯國爲位於關中的周族。早在祖乙十五年，“命邠侯高圉”，則高圉已進入商代之體制。盤庚十九年，“命邠侯亞圉”。到武乙三年，“命周公亶父，賜以岐邑”。後來周公季歷（周文王之父）爲商朝討伐有功，商朝“命爲牧師”。到殷紂王時，“命九侯、周侯（即周文王）、邘侯”。[④]《戰國策》：“昔者，鬼侯（即九侯）、鄂侯、文王，紂之三公也。”[⑤]

又如“（漳水）又東，逕長子縣故城南，周史辛甲所封邑也（熊會貞疏：《漢志》，長子，周史辛甲所封。《地形志》，長子有辛城，在今長子縣東十九里，周一里許。）”[⑥]。

① （清）顧祖禹：《讀史方輿紀要・山西三》，第1901頁。
② （清）顧祖禹：《讀史方輿紀要・山西三》，第1897頁。
③ （清）顧祖禹：《讀史方輿紀要・山西三》，第1905、1906頁。
④ （清）徐文靖：《竹書紀年統箋》，《二十二子》，第1065—1068頁。
⑤ 《戰國策・趙三》，第707頁。
⑥ （後魏）酈道元注，（清）楊守敬、熊會貞疏：《水經注疏・濁漳水》，第913頁。

4．北方之諸侯國

商朝在北方之國境，特别是東北方面，比夏族遠。《括地志》："孤竹故城在平州盧龍縣南十二里，殷時諸侯孤竹國也，姓墨胎氏。"[①] 孤竹國地域很大，《讀史方輿紀要》："營州故城（在今遼寧朝陽）……商、周爲孤竹國地。"[②] 故孤竹國從灤河下游延伸到大凌河流域。

在孤竹附近還有令支。

二、殷都與邶、鄘、衛

（一）大邑商

1．大邑商

商代未見王畿的稱呼，但商代有一個核心部分，稱爲"大邑商"或"大邦殷"。《召誥》："皇天上帝改厥元子，兹大國殷之命"，"天既遐終大邦殷之命。"《康王之誥》："皇天改大邦殷之命。"[③]大邑商指商之國都，當即商王畿。王畿是王的直接統治區，諸侯國則是諸侯之統治区。

整個大邑商北過漳水，南至黄河，西至洛陽、太行，而東至魯西鄄城、鄆城，其面積約方八百里。

邑其實就是國家，《説文》："邑，國也。"段注："《左傳》凡偁人曰大國，凡自偁曰敝邑。古國邑通偁。《白虎通》曰：夏曰夏邑，商曰商邑，周曰京師。《尚書》曰西邑夏，曰天邑商，曰作新大邑於東國

① （唐）李泰等：《括地志輯校》，第110頁。但《秦本紀》孤竹國作竹國，見《史記·秦本紀》，第185頁。
② （清）顧祖禹：《讀史方輿紀要·北直九》，第829頁。
③ 參見《尚書正義·召誥》，《十三經注疏》，第212頁；《尚書正義·康王之誥》，《十三經注疏》，第244頁。

雒，皆是。”[①]

天邑商與大邑商没有什麽區别，羅振玉甚至認爲“天邑即大邑之譌”。[②]如《多士》“肆予敢求爾于天邑商”。[③]

周王畿面積爲方千里，稱爲大邑周。《武成》：“昭我周王，天休振動，用附我大邑周。”《康誥》：“周公初基，作新大邑于東國洛。”[④]從《武成》來看，大邑周指新建的王畿成周，位於今洛陽。

至於中商，“中”是對商的修飾，則可能是指大邑商的一部分，如《讀史方輿紀要》引《國都城記》謂“安陽城一名殷中，即北冢也”[⑤]。殷中猶如中商，可能是指安陽、淇縣一帶，亦即殷墟。

2．大邑

大城邑亦稱大都，《左傳》：“嬖子配適，大都耦國，亂之本也。”[⑥]又：“先王之制，大都不過參國之一。”[⑦]“若入於大都，而乞師於諸侯。”[⑧]

大都亦稱爲大城，如“國有大城，何如？”[⑨]亦即大邑，如“若大盜禮焉，以君之姑姊與其大邑”。[⑩]故大邑並非指具體之城邑，所謂“大官大邑，所以庇身也”。[⑪]

① （漢）許慎撰，（清）段玉裁注：《説文解字注》，第283頁。

② 羅振玉：《增訂殷虚書契考釋》，羅繼祖主編：《羅振玉學術論著集》第一集，第408頁。

③《尚書正義·多士》，《十三經注疏》，第220頁。

④《尚書正義·武成》，《十三經注疏》，第185頁；《尚書正義·康誥》，《十三經注疏》，第202頁。

⑤ （清）顧祖禹：《讀史方輿紀要·河南四》，第2320頁。

⑥《春秋左傳正義·閔二年》，《十三經注疏》，第1789頁。

⑦《春秋左傳正義·隱元年》，《十三經注疏》，第1716頁。

⑧《春秋左傳正義·昭十三年》，《十三經注疏》，第2069頁。

⑨《春秋左傳正義·昭十一年》，《十三經注疏》，第2061頁。

⑩《春秋左傳正義·襄二十一年》，《十三經注疏》，第1970頁。

⑪《春秋左傳正義·襄三十一年》，《十三經注疏》，第2016頁。

（二）殷墟與邶、鄘、衛

周武王推翻殷紂王之後，他把大邑商劃分爲四個部分：殷都（即殷墟）以及邶、鄘、衛。

殷都或殷墟，當即殷中，《讀史方輿紀要》引《汲冢古文》："盤庚自奄遷北冢，曰殷墟。"又《國都城記》："安陽城一名殷中，即北冢也。"《相州圖經》："安陽，紂都也。"《戰國策》曰："紂聚兵百萬，左飲淇水竭，右飲洹水不流。"今邑在二水間[①]，故殷墟即豫北之安陽、淇縣一帶，北至洹水，南至淇水。粗略估計，殷都之面積未必超過四萬平方里。故殷都只占據大邑商的一個小部分。

《詩·邶鄘衛譜》説："邶、鄘、衛者，商紂畿内方千里之地。"故大邑商的面積可能方千里（一百萬平方里），實際上大邑商的面積可能衹有方八百里（六十四萬平方里）。除殷都四萬平方里外，還有六十萬平方里，因此邶、鄘、衛的面積都很大，平均每一個都有一二十萬平方里。因此邶、鄘、衛每一個都至少相當於一二十個大諸侯國。可見得邶、鄘、衛的首長不是諸侯，只能是"方伯"。

但對於這四個部分如何劃分，説法不一。

1.《邶鄘衛譜》的説法

鄭玄在《詩·邶鄘衛譜》中對殷都以及邶、鄘、衛之設置，作了最清楚的説明：

> 邶、鄘、衛者，商紂畿内方千里之地。其封域在《禹貢》冀州太行之東。北逾衡漳。東及兗州桑土之野。周武王伐紂，以其京師封紂子武庚爲殷後。庶殷頑民被紂化日久，未可以建諸侯，乃三分

① （清）顧祖禹：《讀史方輿紀要·河南四》，第2320頁。

其地，置三監，使管叔、蔡叔、霍叔尹而教之。自紂城而北謂之邶，南謂之鄘，東謂之衛。”①

所謂“紂城”即京師（殷都），位於大邑商之内部。周武王將殷都封武庚，而将大邑商的其他地方分爲邶、鄘、衛三部分，由管叔、蔡叔、霍叔分别管理，稱爲三監。《邶鄘衛譜》未説明管叔、蔡叔、霍叔之監管地區如何分配。至於邶、鄘、衛之位置，鄭玄説邶在北、鄘在南、而衛在東。鄭説有誤，其實鄘在東而衛在南。

2.《帝王世紀》的説法

《帝王世紀》説：“自殷都以東爲衛，管叔監之；殷都以西爲鄘，蔡叔監之；殷都以北爲邶，霍叔監之。”②《帝王世紀》未提到殷都，但説明管叔監衛，蔡叔監鄘，而霍叔監邶。其位置則邶在北、鄘在西、而衛在東。但這個説法中，管叔、蔡叔的監管地是错的，鄘、衛的位置也是错的。

3.《漢書·地理志》的説法

《漢書·地理志》最爲混亂，整個説明如下：

周既滅殷，分其畿内爲三國，《詩·風》邶、庸、衛國是也。鄁，以封紂子武庚；庸，管叔尹之；衛，蔡叔尹之：以監殷民，謂之三監。③

①《毛詩正義·邶風·邶鄘衛譜》,《十三經注疏》, 第295頁。
②（晋）皇甫謐撰,（清）宋翔鳳、錢寶塘輯:《帝王世紀·周》, 第36頁。
③《漢書·地理志下》, 第1647頁。

顔師古注："自紂城而北謂之邶，南謂之庸，東謂之衛。邶……字或作鄁。庸，字或作鄘。"

《漢書·地理志》説"周既滅殷，分其畿内爲三國"，前面説過，這個説法是不正確的。《漢書·地理志》未提到殷都，而以邶封武庚，這是錯誤的。未提霍叔，而以武庚、管叔、蔡叔爲三監是錯誤的。顔師古注謂邶在北，鄘在南，衛在東，鄘、衛的位置也是错的。

4.《逸周書》的説法

《逸周書》："武王克殷，乃立王子禄父，俾守殷祀。建管叔于東，建蔡叔、霍叔于殷，俾監殷臣。"[①]下面將看到，《逸周書》的説法不太確切，但基本上正確。

（三）邶、鄘、衛的範圍

1. 邶的範圍

邶在殷都之北部，這一點諸説一致。《説文》："邶，故商邑，自河内朝歌以北是也。"[②]《郡國志》劉昭注補也説：朝歌"紂所都居，南有牧野，北有邶國"[③]。即邶在朝歌之北，當在今河北境内邯鄲以北，即今冀南之漳水流域。

王國維認爲邶當在冀中："直隸淶水縣張家窪又出北伯器數種。……北，蓋古之邶國也。自來説邶國者……皆於朝歌左右求之，今則殷之故虚得於洹水，大且、大父、大兄三戈出於易州，則邶之故地自

① 黄懷信、張懋鎔、田旭東：《逸周書彙校集注·作雒解》，第544頁。
② （漢）許慎撰，（清）段玉裁注：《説文解字注》，第288頁。
③《後漢書·郡國一》，第3395頁。

不得不更於其北求之。余謂邶即燕、鄘即魯也。”[①]但邶爲王畿一部分，商由漳水得名，故大邑商當包括漳水流域，但未必能到滹沱河。故邶當在今冀南、魯西北。

邶雖不包括今易縣、淶水一帶，但這並非説商族勢力不能到達那個地區。由於商族原是從東北南下的（王國維没有看到這一點），因而在冀北各地都可能發現商族的遺址，而且商族最初當是從滹沱河流域之薄山、薄水得到亳的名稱。但那些地方並不屬於商王畿，商族領地並不等於商王畿，故不能由於在淶水發現北伯器而將商王畿的北境估計得過遠。

對於邶之位置，諸説大體一致，但對鄘、衛的位置則有嚴重分歧。

2．鄘的範圍

（1）鄘在小東

《地理志》謂“庸，管叔尹之”，而《逸周書》謂“建管叔于東”，則東當即鄘，其監爲管叔。故王先謙：“陳氏奂云：‘《周書》云：建管叔於東，《漢志》云：庸，管叔尹之。是鄘在朝歌東矣。’證合經史，陳説爲長。”[②]故鄘當在殷都之東，而《邶鄘衛譜》《地理志》顔注謂鄘在南，《帝王世紀》謂鄘在西，都是不正確的。

東亦當爲地名。《逸周書》謂“建管叔于東”，又云“俾康叔宇于殷，俾中旄父宇于東”[③]，《竹書紀年》謂“武庚以殷叛。周文王（王當爲公）出居于東”[④]，則東當地名，可能即東郡所在。

又《小雅·大東》：“小東大東，杼柚其空。”[⑤]小、大當爲近、遠，故以中原爲准，小東較近，而大東較遠。《魯頌·閟宫》：“奄有龜

① 王國維：《觀堂集林》，第885頁。

② （東漢）劉熙撰，（清）畢沅疏證，（清）王先謙補：《詩三家義集疏·柏舟》，第126頁。

③ 黄懷信、張懋鎔、田旭東：《逸周書彙校集注·作雒解》，第547、555頁。

④ （清）徐文靖：《竹書紀年統箋》，《二十二子》，第1074頁。

⑤《毛詩正義·小雅·大東》，《十三經注疏》，第460頁。

蒙，遂荒大東。”毛傳：“荒，有也。”[①]《讀史方輿紀要》：“蒙山，（費）縣西北五十里，跨蒙陰、沂水二縣界。……《論語》謂之東蒙。《孟子》云：‘孔子登東山而小魯。’東山即蒙山也。……一云泗水縣之龜山，其址與蒙山相接，綿亘蓋二百餘里，故《詩》以龜、蒙並稱也。”[②]故“奄有龜蒙”與“遂荒大東”即指擁有膠萊河以西的齊魯一帶。故大東當在今山東之中部，而小東則在豫北至濮陽、商丘一帶。鄘的地域大致是小東的範圍，在殷都之東。

（2）鄘的重要性

對於商都來説，其西邊有太行山的屏障，其東邊就成了保衛商都的門户。殷都之東方實即魯西，是商族之重要聚居地。當商族南下時，首先就是控制這個地區。商湯在此積蓄力量，最後打敗韋（在今河南滑縣東南）、顧（在今山東鄄城東北）、昆吾（在今河南濮阳西南）之後即向西進軍消滅了夏桀，所謂“韋顧既伐，昆吾夏桀”[③]。韋、顧、昆吾正處於今豫北與魯西交界一帶。因此對於商族，魯西極爲重要。

所以在三監中，管叔最重要，劉師培《周書補正》以爲殷之監爲蔡、霍二人，而管叔爲建東之君，大意也是正確的[④]。所謂“建管叔于東”就是由管叔駐於東方門户以控制武庚以及小東地區的商族。

東與管叔的封邑没有直接的聯繫。《地理志》河南郡中牟，班固自注：“有筦叔邑。”[⑤]《郡國志》河南尹中牟，“有管城”，劉昭注：“杜預曰管國也，在京縣東北。《漢書音義》曰：‘故管叔邑。’”[⑥]

① 《毛詩正義·魯頌·閟宫》，《十三經注疏》，第617頁。
② （清）顧祖禹：《讀史方輿紀要·山東四》，第1588頁。
③ 《毛詩正義·商頌·長發》，《十三經注疏》，第627頁。
④ 劉師培：《周書補正》，《劉申叔遺書》，南京：江蘇古籍出版社，1997年，第748頁。
⑤ 《漢書·地理志上》，第1555頁。
⑥ 《後漢書·郡國一》，第3389頁。

3．衛的範圍

（1）衛的範圍

周初三監之衛，是一個廣闊的地域，而且在商湯時代就是商族的中心區，它當包括今河南之焦作、新鄉，西達山西而東至山東荷澤、曹縣；還包括今偃師、鄭州、曹縣，大致今河南境内黄河兩側。

（2）鄭玄爲何認爲衛在東？

鄭玄《邶鄘衛譜》謂“南謂之鄘，東謂之衛”，孔穎達認爲，鄭玄關於邶、鄘、衛位置的解説，是從《國風》的分析中得出的。

其實利用《國風》來分析邶、鄘、衛的位置是靠不住的。如《鄘風・柏舟》“汎彼柏舟，在彼中河”，“汎彼柏舟，在彼河側”。毛傳：“中河，河中。”中河與河側一樣，都説明不了鄘在何處，但孔穎達説：“紂都河北，而《鄘》曰‘在彼中河’，鄘境在南，明矣。”[①] 如此解释鄘在南，是站不住脚的。

又如《衛風・氓》：“送子涉淇，至于頓丘。”孔穎達説：“頓丘今爲郡名，在朝歌紂都之東也。”[②] 因此衛當在東。但是頓丘在今清豐西南。紂都在朝歌（淇縣），則頓丘在朝歌的東北。從朝歌來看，既可以説在東，亦可説在北，故孔穎達的分析没有根據。

由於《邶風》《鄘風》《衛風》的編排混亂，如《衛風》的詩不一定是三監中的衛地的詩。所以利用《國風》來確定邶、鄘、衛的位置，是不可靠的。

（3）歷史中的衛

歷史上衛國有三，一爲周武王三分大邑商所建立之衛；另一爲成王平定武庚與三監叛亂後，所建立的康叔之衛；還有第三個衛，即齊桓公主持下重建之衛。

① 《毛詩正義・鄘風・柏舟》，《十三經注疏》，第312頁；《毛詩正義・邶鄘衛譜》，《十三經注疏》，第295頁。
② 《毛詩正義・衛風・氓》，《十三經注疏》，第324頁；《毛詩正義・邶鄘衛譜》，《十三經注疏》，第295頁。

前面所討論的即三分大邑商所建立之衛，此衛之面積可能相當於幾十個諸侯國。因此以武王之弟蔡叔爲監，進行監管。據《管蔡世家》，武王“封叔度於蔡”，《集解》：“《世本》曰：‘居上蔡。’”[①] 故蔡叔監管之衛並非諸侯國，鄭玄《邶鄘衛譜》説得很清楚：“庶殷頑民被紂化日久，未可以建諸侯，乃三分其地，置三監。”[②]

但在管、蔡與武庚叛亂之後，周公廢除三監制度，在大邑商的範圍内同樣建立了諸侯國。其中最重要的是以殷墟封其弟康叔（康叔名封），國名爲衛：“以武庚殷餘民封康叔爲衛君，居河、淇閒故商墟。”[③] 此衛地域不大，同三監之衛大小懸殊，且不在同一地點。《讀史方輿紀要》大名府濬縣，“衛縣城，縣西五十里。古朝歌也，殷武乙所都，紂因之。亦曰沬邑。周武王滅殷，封其弟康叔於此”[④]。

康叔的衛在春秋時期爲翟所占領，衛懿公被翟所殺。齊桓公遷衛於楚丘（今山東成武），該衛爲康叔之衛的重建，即第三個衛。

三、中原地區亳、商、殷之分布

在商族南遷時，在今河北境内即形成亳地、商地、殷地。所謂亳地並非是一個稱亳之城邑，而是一個地域，其中有多個稱亳之城邑或山水。同樣還有商地、殷地。在商族取得政權之後，在今河南又形成新的亳地、商地、殷地，這些地方當爲商族聚居之地。

（一）亳地

由於亳是湯之始居地，又是商族的先王之居，多年來，許多學者對“亳”進行了研究，於是發現有關問題的複雜程度超出想象。王國維説：

① 《史記·管蔡世家》，第1564頁。
② 《毛詩正義·邶風·邶鄘衛譜》，《十三經注疏》，第295頁。
③ 《史記·衛康叔世家》，第1589頁。
④ （清）顧祖禹：《讀史方輿紀要·北直七》，第717頁。

古地以亳名者甚多。《周書·立政》云："三亳阪尹"，鄭玄謂……東成皋、南轘轅、西降谷也。皇甫謐則云：……蒙爲北亳、穀熟爲南亳、偃師爲西亳。……二説不同。……又春秋襄十一年，同盟於亳城北，則爲鄭地之亳。《史記·五帝本紀》《集解》引《皇覽》云：帝嚳冢在東郡濮陽頓邱城南亳陰野中，則爲衛地之亳。《左氏傳》公子禦説奔亳，則爲宋地之亳。與皇甫謐所舉三亳，以亳名者八九，然則湯之所都，果安在乎？……湯起於亳，徐廣以京兆杜陵之亳亭當之。……班固於《地理志》則云：偃師尸鄉，殷湯所都。……而《漢書·地理志》山陽郡（今山東巨野一帶）之薄縣，臣瓚曰湯所都。是湯所都之亳，亦有四説，余案瓚説是也。[①]

他舉出三個理由來證明山陽郡之薄縣爲湯之都城。但是其他學者則舉出種種理由證明湯之都城爲其他都邑。

許多人指出，除王國維所説之薄縣外，其他一些名爲薄、蕃、番、蒲的地方實際上也都是亳。因此對於確定湯之都城來説，需要對這些亳加以甄别，但是所有這些亳雖然未必是都邑，但均可能爲商族之聚居地。因此從商族的發展來看，亳的大量出現很自然的，亳並非專指湯之都邑，凡與商族（或商族之某一分支）之聚居地有關的地域、山水，均可稱亳。而且後代稱亳之城邑、州縣，即使本身並非商邑，但可能表示其附近曾有商亳，故亳之出現往往就表示該地與商亳有關。

1．豫北東部

《讀史方輿紀要》大名府内黄縣，"殷城，在縣東南十三里。《括地志》：'河亶甲居相時所築，因名。'志云：縣西南二十五里又有亳城，

① 王國維：《説亳》，《觀堂集林》，第518—520頁。

城東有殷中宗陵。今爲亳城集”。“應劭曰：‘魏以河北爲内，河南爲外。陈留有外黄，故此曰内。’”①

在長垣有蒲城、蒲邑。《水經注》：“濮渠又東，逕蒲城北，故衛之蒲邑，孔子將之衛，路出于蒲者也。……子路爲蒲宰。”楊守敬注：“《左傳·桓三年》杜注，在長垣縣西南。《地形志》‘長垣有蒲城。’”②

2．曹縣、商丘一帶

在所謂的“三亳”之中，北亳（今商丘北）與南亳（今虞城）位於商丘附近。《讀史方輿紀要》歸德府商丘縣，“亳城，在府西北。杜預曰：‘在蒙縣西北。’故湯都也，春秋時宋邑。……《書》所稱三亳者，蒙縣之亳曰北亳，湯所興；穀熟之亳曰南亳，湯所都；偃師之亳爲西亳，湯所遷也。”③其實在商丘一帶還有其他亳城。

在北亳之北，有薄縣。《地理志》山陽郡薄縣，顏師古注：“臣瓚曰：‘湯所都。’”④薄縣在今曹縣附近，在商丘北约一百里。《水經注》：“崔駰曰：湯冢在濟陰薄縣北。《皇覽》曰：薄城北郭東三里，平地有湯冢。”⑤濟陰在今曹縣、定陶一帶。故《讀史方輿紀要》兖州府曹州曹縣：“亳城，在縣南二十里曹南山之陽。旁有蒙城。又漆園城……今與蒙、亳等城俱見河南商丘縣。”⑥

此外還有亳州，位於商丘之南大約一百五十里。亳州原爲南兖州，北周時改置。《魏書》南兖州北梁郡，“孝陽，孝昌中置。治亳城。”《校勘記》指出：“《隋志》‘考城，後魏曰考陽。’此‘孝’爲‘考’之誤。”⑦

---

①（清）顧祖禹：《讀史方輿紀要·北直七》，第713—714、712頁。

②（後魏）酈道元注，（清）楊守敬、熊會貞疏：《水經注疏·濟水二》，第713頁。

③（清）顧祖禹：《讀史方輿紀要·河南五》，第2339、2342—2343頁。

④《漢書·地理志上》，第1571頁。

⑤（後魏）酈道元注，（清）楊守敬、熊會貞疏：《水經注疏·汳水》，第1972頁。

⑥（清）顧祖禹：《讀史方輿紀要·山東四》，第1576頁。

⑦《魏書·地形志二中》，第2542、2600頁。

因此在商丘一帶，許多地方均有亳城，這是亳城密集之區域。

豫北東部與商丘地區其實是連在一起的，故内黄、長垣、曹縣、商丘、亳州一綫爲亳地。

3．西亳

在三亳中，西亳在洛陽地區，該處有亳城，又有亳坂。《讀史方輿紀要》河南府偃師縣，“帝嚳所都，古亳邑也。亦曰西亳，成湯都焉，爲三亳之一。又盤庚自耿徙此，改號曰殷。周武王伐紂，迴師息戎，因名偃師”。又“亳城。縣西十四里，古西亳也，春秋爲鄭地。……孔安國曰：‘契父帝嚳居亳，湯自商丘遷焉，盤庚亦徙都之’。……又《晋太康地記》：‘尸鄉南有亳坂，東有桐城，太甲所放處亦曰桐宫，湯墓在焉。’”①

（二）商丘—商奄之商地

1．商丘

商族與商丘有直接的聯繫，最初相土居商丘。《左傳》：“陶唐氏之火正閼伯，居商丘，祀大火，而火紀時焉。相土因之，故商主大火。”又：“昔高辛氏有二子，伯曰閼伯，季曰實沈。……遷閼伯于商丘，主辰，商人是因。”②《鄭世家》有同樣的記載，《集解》引杜預曰：“商丘，宋地。”《集解》又引服虔曰：“商人，契之先，湯之始祖相土封閼伯之故地，因其故國而代之。”③

相土之後，商人離開商丘，但《竹書紀年》謂帝孔甲九年，“殷侯

① （清）顧祖禹：《讀史方輿紀要·河南三》，第2241頁。

② 《春秋左傳正義·襄九年》，《十三經注疏》，第1941頁；《春秋左傳正義·昭元年》，《十三經注疏》，第2023頁。

③ 《史記·鄭世家》，第1773頁。

復歸于商丘”[①]。商丘長期以來成爲商族的重要聚居地。

商亡後，周武王將宋封於商丘。《讀史方輿紀要》歸德府，“古曰商丘。商湯爲亳邑地。周武王以封微子啓，是爲宋國”[②]。故《春秋釋例》：“宋、商、商丘，三名一地。梁國睢陽縣也。”[③]

2．商奄

商奄是在商代形成的，是商族與夏族混居之處。《左氏昭九年傳》：“魏、駘、芮、岐、畢，吾西土也。及武王克商，蒲姑、商奄，吾東土也。”[④]商奄成了周的東土，故商奄爲殷墟之東鄰。很難確定商奄地域的四至，祇能作一個很粗略的估計。

商奄的南方當是徐戎、淮夷。《帝王世紀》：“淮夷、徐戎及商奄又叛，（成）王乃大蒐于岐陽，東伐淮夷。”[⑤]商奄與九夷接近，《韓非子》：“周公旦已勝殷，將攻商蓋（王先慎注：‘江聲曰：商蓋，商奄也’）。辛公甲曰：‘大難攻，小易服，不如服衆小以劫大。’乃攻九夷，而商蓋服矣。”[⑥]因此商奄比九夷强大，而且與九夷距離不遠。《後漢書》：“後徐夷僭號，乃率九夷以伐宗周。”[⑦]可見得九夷屬於徐戎。

商奄的東邊當爲魯國。因爲武王占領殷墟之後，馬上準備進攻商奄。後來武王利用商奄之民來統治魯國。西周封建魯國時，在曲阜有“商奄里”，當即曲阜地區商奄遺民之地域。《左氏定四年傳》：“因商奄之民，命以伯禽，而封於少皞之虚。”[⑧]商奄是周族控制魯國的跳板。

---

① （清）徐文靖：《竹書紀年統箋》，《二十二子》，第 1059 頁。
② （清）顧祖禹：《讀史方輿紀要 · 河南五》，第 2339 頁。
③ 《春秋左傳正義 · 襄九年》，《十三經注疏》，第 1941 頁。
④ 《春秋左傳正義 · 昭九年》，《十三經注疏》，第 2056 頁。
⑤ 徐宗元輯：《帝王世紀輯存》，第 91 頁。
⑥ 《韓非子集解 · 説林上》，《諸子集成》，第 132 頁。
⑦ 《後漢書 · 東夷列傳》，第 2807、2808 頁。
⑧ 《春秋左傳正義 · 定四年》，《十三經注疏》，第 2134 頁。

從以上情況來看，商奄的位置可以大致確定爲，即在奄（曲阜）之西的魯西南，可能包括部分豫北之地，與商丘地區相接，南接徐戎、淮夷、九夷，此處亦以商爲名。因此曲阜、商丘一綫爲商地。

（三）豫北之殷地

豫北之殷地分布於豫北之西部，有下列稱殷的城邑：

1．殷墟

殷墟位於豫北北部（漢代河内郡北部），今安陽一帶。《竹書紀年》：“(盤庚）十四年，自奄遷于北蒙曰殷。十五年，營殷邑。”徐文靖箋：“《史記・索隱》……蒙譌爲冢也。”① 盤庚所遷之北蒙即現在的殷墟。《讀史方輿紀要》彰德府安陽縣，“殷墟，在府城北。《汲冢古文》：‘盤庚自奄遷北冢，曰殷墟’。……《國都城記》：‘安陽城一名殷中，即北冢也’。《相州圖經》：‘安陽，紂都也。’”② 其中之“北冢”俱當改爲“北蒙”。

《殷本紀》謂帝紂益廣沙丘苑臺，《正義》：“《竹書紀年》自盤庚徙殷至紂之滅二百五十三年，更不徙都，紂時稍大其邑，南距朝歌，北據邯鄲及沙丘，皆爲離宫别館。”③ 則紂都從殷墟擴大到邯鄲一帶。

2．殷城

大名府元城縣有殷城。《舊唐書》魏州元城縣，“隋縣，治古殷城”④。《讀史方輿紀要》大名府元城縣，“元城故城，在府東。劉昫曰：‘隋元城治古殷城，在今朝城東北十二里。’”⑤

---

①（清）徐文靖：《竹書紀年統箋》，《二十二子》，第1065頁。

②（清）顧祖禹：《讀史方輿紀要・河南四》，第2320頁。

③《史記・殷本紀》，第105—106頁。

④《舊唐書・地理志二》，第1494頁。

⑤（清）顧祖禹：《讀史方輿紀要・北直七》，第698頁。

大名府内黄縣（漢代爲魏郡）亦有殷城。《殷本紀》："河亶甲居相。"《正義》引《括地志》："故殷城在相州内黄縣東南十三里，即河亶甲所築都之，故名殷城也。"①《讀史方輿紀要》大名府内黄縣，"殷城，在縣東南十三里。《括地志》：'河亶甲居相時所築，因名。'"②

3．殷城、殷州

懷慶府武陟縣（漢代河内郡南部）亦有殷城。《讀史方輿紀要》懷慶府武陟縣，"懷城，縣西南十一里。……《水經注》：'懷城東有殷城……'《元和志》：'殷城在縣東十里。'"③《水經注》："（朱溝水）又東逕殷城北。郭缘生《述征記》曰：河之北岸，河内懷縣有殷城。或謂楚、漢之際，殷王卬治之，非也。余按《竹書紀年》云：秦師伐鄭，次于懷，城殷，即是城也。然則殷之爲名久矣，知非從卬始。昔劉琨以郭默爲殷州刺史，督缘河諸軍事，治此。"④秦漢时期曾在此設置殷國，隋唐时期則在此設置殷州，這一些説明此地與殷可能存在歷史淵源。故《隋書》："汲郡、河内，得殷之故壤，考之舊説，有紂之餘教。"⑤

從上述情況來看，豫北西部爲殷地。

四、中原以外亳、商、殷之分布

（一）邊緣地區之亳、商、殷

在中原地區之外也有不少地方，其中多處地點或山水以亳命名，因而可稱之爲亳地。同樣還有殷地、商地。這種地方的出現亦可能表示存在商

①《史記·殷本紀》，第100、101頁。
②（清）顧祖禹：《讀史方輿紀要·北直七》，第713—714頁。
③（清）顧祖禹：《讀史方輿紀要·河南四》，第2296頁。
④（後魏）酈道元注，（清）楊守敬、熊會貞疏：《水經注疏》，第843—844頁。
⑤《隋書·地理志中》，第860頁。

族之聚居點。出現這種聚居點的主要地區有二，即豫東及關中、晉南。

1．豫東

漢代賈捐之曾說："武丁、成王，殷、周之大仁也，然地東不過江、黄，西不過氐、羌，南不過蠻荆，北不過朔方。"① 因此江、黄一帶是商族的邊境地區。

江、黄是指江國、黄國。《春秋僖二年經》："齊侯、宋公、江人、黄人盟于貫。"杜預注："江國在汝南安陽縣。"②《左氏桓八年傳》"黄、隨不會"，杜預注："黄國，今弋陽縣。"③ 又《左氏僖五年傳》謂"江、黄、道、栢，方睦於齊"④。故江、黄是安陽、弋陽一帶的小國。實際上江、黄位於今河南正陽與光山之間。既然江、黄是邊境，這當可以解釋，爲何商族會在汝水中游與淮水上游聚集，那是爲了邊防，而亳、商、殷的遺迹就是他們留下來的。

2．關中與晉南

賈捐之的話説明氐羌是商代西部邊界所在。《詩・殷武》："昔有成湯，自彼氐羌，莫敢不來享，莫敢不來王。"鄭箋："氐羌，夷狄國在西方者也。"⑤因此在氐羌附近亦必定會有商族的大量聚集。

那麼氐羌在西方何處？商朝的時候，氐羌在秦隴之西，如《讀史方輿紀要》漢中府寧羌州，"古白馬氐、羌之地"⑥。但氐羌力量在山西、陝西北部最爲深入夏族地域，因此就在該處與商朝戰爭不斷（見論文［14］）。這種情況當可以説明在晉南與關中會有大量商族的聚集。

① 《漢書・賈捐之傳》，第 2831 頁。
② 《春秋左傳正義・僖二年》，《十三經注疏》，第 1791 頁。
③ 《春秋左傳正義・桓八年》，《十三經注疏》，第 1754 頁。
④ 《春秋左傳正義・僖五年》，《十三經注疏》，第 1795 頁。
⑤ 《毛詩正義・商頌・殷武》，《十三經注疏》，第 627 頁。
⑥ （清）顧祖禹：《讀史方輿紀要・陝西五》，第 2692 頁。

從亳、商、殷的分布情況來看，商族當聚集在明代西安府（包括西安、華州、商州）以及平陽府（包括夏縣、臨汾、蒲縣），關中與晉南是連在一起的，他們可以防範隴東、陝北、晉北的氐羌。

因此分析亳、商、殷的分布，可以揭示商族力量之聚集情況。

（二）豫東之殷地

此處所謂豫東大體上指位於汝水中游以及淮河上游，約爲開封府南部以及陳州府、汝寧府的範圍。

殷亦作溵、潁或隱。溵即爲潁，徐文靖："鄭氏《通志》曰：'溵水出陽城東，至西華、汝陽入于潁，與潁水合流。古人并謂潁爲殷，故命以殷焉。'"[①] 故潁亦爲殷，溵亦作隱。

1. 潁水、汝水中游

（1）溵州、溵水縣（商水縣）

溵水縣即今商水縣，《讀史方輿紀要》開封府陳州商水縣，"隋置溵水縣，屬陳州。唐建中二年隸溵州……宋改商水縣。……溵水舊城，在縣西三十里"[②]。《舊唐書》陳州溵水縣，"漢汝陽縣。改爲溵水。建中二年，隸溵州。興元元年，廢溵州，縣隸陳州"[③]。《新唐書·地理志》許州潁川郡郾城縣，"建中二年，以郾城、臨潁，陳州之溵水置溵州。貞元二年州廢……元和十二年，復以郾城、上蔡、西平、遂平置溵州。長慶元年州廢"[④]。

① （清）徐文靖：《竹書紀年統箋》，《二十二子》，第1061頁。

② （清）顧祖禹：《讀史方輿紀要·河南二》，第2177頁。

③《舊唐書·地理志一》，第1437頁。

④《新唐書·地理志二》，第988頁。

（2）郾城縣、臨潁縣

《隋書》潁川郡郾城縣，“有溵水”[①]。《舊唐書》蔡州郾城縣，“本治溵水南。開元十一年，因大水，移治溵水北”[②]。《舊唐書》：“戰淮西賊於小溵河，王師不利。……與蔡賊將吴少誠戰於溵水南，王師敗績。”[③]又：“光顔……破元濟之衆於小溵河……光顔以小溵橋賊之堡也。”[④]

《魏書》鄭州潁川郡臨潁縣，“有殷湯城”。《校勘記》：“《水經注》卷二十二《潁水篇》云：‘潁水又東逕隱陽城南，《竹書紀年》曰：孫何取隱陽。’楊疏以《地形志》‘殷湯城’即‘隱陽’，云：‘溵與隱同，殷爲溵之省，湯爲陽之誤。’”[⑤]

《讀史方輿紀要》開封府許州臨潁縣，“豢龍城，《郡國志》：‘在縣西四十里。’……又《城冢記》：‘縣東北有商城，商高宗巡狩時所築。’”臨潁縣西南有小溵水。《水經注》：“小溵水自潁分支，復入潁水。”小溵水上有小商橋。[⑥]

（3）襄城縣

《隋書》潁川郡襄城縣，“有溵水”。[⑦]

由於汝水中游有許多以殷命名的水道與地域，故爲殷地。

2．殷城、殷州

《舊唐書》光州殷城縣，“漢期思縣地，屬汝南郡。……隋改爲殷

①《隋書·地理志中》，第838頁。
②《舊唐書·地理志一》，第1435頁。
③《舊唐書·德宗本紀下》，第392頁。
④《舊唐書·李光進列傳》，第4219頁。
⑤《魏書·地形志二中》，第2527頁。
⑥（清）顧祖禹：《讀史方輿紀要·河南二》，第2186、2187頁。
⑦《隋書·地理志中》，第838頁。

城，取縣東古殷城爲名。”[①]

《隋書》淮安郡比陽縣，“又有後魏城陽縣，置殷州、城陽郡”[②]。《讀史方輿紀要》汝寧府光州，“息縣……成陽城……後魏太和中始置城陽郡，兼置殷州，治定安縣”[③]。

殷城縣即今商城縣，《讀史方輿紀要》汝寧府光州商城縣，“隋初州郡俱廢，改置殷城縣，屬光州。……宋建隆初以宣祖諱改曰商城縣”。又：“殷城，在縣南。”[④]故當先有殷城，後有殷城縣，然後有商城縣。

還曾有小殷關，《魏書》：“（曹世表）出行豫州刺史。值蕭衍將湛僧珍陷東豫州……於時賊衆强斷小殷關，驛使不通。”[⑤]因此，在淮河上游也有許多以殷命名的地域。

（三）晋西南之亳地

晋南爲上古之重鎮，傳説中此處有堯、舜、禹之都城，與商族也有密切的關聯。在晋南有不少以唐、虞、夏命名的地點，也有與亳、商、殷有關的，在全國其他地方没有這種情况。

1．蒲州

《讀史方輿紀要》平陽府蒲州河津縣，“古耿邑，殷王祖乙嘗都此。……耿城，在縣南十二里，殷王祖乙所都。《史記》：‘祖乙遷邢。’司馬貞曰：‘邢音耿，即耿也。’”[⑥]

---

① 《舊唐書·地理志三》，第1578頁。

② 《隋書·地理志中》，第842頁。

③ （清）顧祖禹：《讀史方輿紀要·河南五》，第2389頁。

④ （清）顧祖禹：《讀史方輿紀要·河南五》，第2392頁。

⑤ 《魏書·曹世表列傳》，第1623頁。

⑥ （清）顧祖禹：《讀史方輿紀要·山西三》，第1900、1901頁。

2．蒲縣、蒲水

《讀史方輿紀要》平陽府蒲縣，“漢河東郡蒲子縣地”。“蒲縣城，在今縣西南二里。……志云：縣東北有故箕城，隋初蒲縣治也”。平陽府隰州，“隰川廢縣，今州治。春秋時晉蒲邑。……《括地志》：‘蒲邑故城，在隰川縣南，蒲水經其南，亦曰蒲陽。’……《通釋》：‘蒲陽故城在隰川縣北四十五里蒲水北，即重耳所居。’《括地志》悮也。漢置蒲子縣，魏、晉因之”。“蒲水，在州城西。源出汾州府石樓縣之石樓山，流經此，又南流……而入黃河”①。

3．蒲州、薄山

有蒲州與薄山。《讀史方輿紀要》平陽府蒲州，“中條山，州東南十五里。……亦曰薄山。……蒲津關，在州西門外黃河西岸。……亦曰蒲渡”②。

《讀史方輿紀要》平陽府解州芮城縣，“首陽山，縣北十五里，北與蒲州接界。《郡國志》：‘薄山在縣城北十里，以其南北狹薄，謂之薄山，即中條之異名也。’《封禪書》：‘自華以西名山七，薄山其一也。’《水經注》：‘薄山亦名襄山云。’”③

4．亳城

有亳城縣，即今垣曲縣，傳說該地與湯有關。《讀史方輿紀要》平陽府絳州，“垣曲縣，州東南二百三十里。……漢河東郡垣縣地……後周兼置邵州，改縣曰亳城。”又說：“亳城，在縣西北十五里。相傳湯克夏歸亳，嘗駐於此，因名。後周以此名縣。”④

① （清）顧祖禹：《讀史方輿紀要・山西三》，第1887、1932、1933頁。
② （清）顧祖禹：《讀史方輿紀要・山西三》，第1892、1893頁。
③ （清）顧祖禹：《讀史方輿紀要・山西三》，第1913頁。
④ （清）顧祖禹：《讀史方輿紀要・山西三》，第1920、1921頁。

（四）關中之亳、商

1. 亳

《讀史方輿紀要》西安府華州，“赤城，在州西。亦曰巒城。《水經注》：‘渭水又東逕巒都城北，故潘邑，殷契所居也。’《世本》曰：‘契居蕃。’闞駰曰：‘蕃在鄭西，即巒城也。’俗名爲赤城。”①

《讀史方輿紀要》西安府華州，“蒲城縣，州北百二十里”②。

2. 商

《讀史方輿紀要》西安府商州，“古商國也”。“上洛廢縣，即州治”。“商洛廢縣，州東九十里。古商邑，契所封也。戰國時爲商於地……漢置商縣，屬弘農郡”。“商洛山，州東南九十里。皇甫謐曰：‘南山曰商山……亦稱楚山’。……蓋商洛爲山之統名”。③《水經注》：“契始封商，《魯連子》曰：在太華之陽。皇甫謐、闞駰竝以爲上洛商縣也，殷商之名，起于此矣。”④

《讀史方輿紀要》西安府同州，“商原，州北三十五里。《水經注》：‘洛水南經商原西。’”“朝邑縣，州東三十里。東至山西蒲州五十里。古大荔戎國，漢爲臨晉縣地”。⑤

《讀史方輿紀要》西安府三原縣，“蕩社，在縣西南。《史記》：‘秦寧公三年遣兵伐蕩社。’司馬貞曰：‘西戎之君，號曰亳王，蓋成湯之胤，其邑曰蕩社。’《括地志》：‘三原縣有湯陵。’又有蕩臺，在始平縣西北。蕩社蓋在三原、始平之界”⑥。

---

①（清）顧祖禹：《讀史方輿紀要·陝西三》，第2584頁。

②（清）顧祖禹：《讀史方輿紀要·陝西三》，第2590頁。

③（清）顧祖禹：《讀史方輿紀要·陝西三》，第2592—2595頁。

④（後魏）酈道元注，（清）楊守敬、熊會貞疏：《水經注疏·丹水》，第1728—1729頁。

⑤（清）顧祖禹：《讀史方輿紀要·陝西三》，第2601、2604頁。

⑥（清）顧祖禹：《讀史方輿紀要·陝西二》，第2576頁。

第四部分 周　族

[14] 周族屬於胡族

雖然周族自稱黃帝之後，然而周族並不屬於夏族，也不屬於戎族而當屬於胡族。

吕思勉曾將匈奴史與周族史對比，他認爲淳維猶如弃，在弃之後亦有“其名與世次皆不可考”的時期，因此他認爲匈奴也與周族一樣，屬於夏族。[①]周族與匈奴有類似之處，這是事實，匈奴並非夏族，這也是比較明顯的事實。故所得之結論不是匈奴屬於夏族，而是周族與匈奴一樣都屬於胡族。這正是本文所要説明的。

一、周族之起源及建國

（一）從傳説來看周族之起源

王國維在其《殷周制度論》中提出了有關東方與西方的考察：“虞、夏、商皆居東土，周獨起於西方，故夏、商二代文化略同。……故夏、殷間政治與文物之變革，不似殷、周間之劇烈矣。”[②]這種東方、西方的分析，又發展爲傅斯年的《夷夏東西説》，傅斯年以地理爲基礎劃分了民族界綫：一個爲諸夏，在西邊，包括夏族、周族（夏、周亦分爲東西，西爲周，東爲夏）；另一個在東邊，爲諸夷，包括太昊、少昊、夷

① 武沐：《匈奴史研究》，北京：民族出版社，2005年，第4頁。

② 王國維：《殷周制度論》，《觀堂集林》，第452—453頁。

羿、商族、夷方、淮夷等。傅斯年認識到中國分爲東、西兩個部族，即夷族與夏族，二者存在重大的區别。他又看到周族與夏族也有東、西之不同。其實地理方位並不能作爲族群區分的基礎。如果從族群的起源神話來看，就可以看到夏族與商、周兩族之間的確存在根本的區别。

1．起源神話

古典文獻顯示，在部族的起源傳説方面，夏族與商、周兩族有很大的不同。現在列舉如下，以資比較。

《殷本紀》："殷契，母曰簡狄，有娀氏之女，爲帝嚳次妃。三人行浴，見玄鳥墮其卵，簡狄取吞之，因孕生契。"[①]短短幾句，就包含有一個神話故事。

《周本紀》則説："周后稷，名弃。其母有邰氏女，曰姜原。姜原爲帝嚳元妃。姜原出野，見巨人迹，心忻然説，欲踐之，踐之而身動如孕者。居期而生子，以爲不祥，弃之隘巷，馬牛過者皆辟不踐；徙置之林中，適會山林多人，遷之；而弃渠中冰上，飛鳥以其翼覆薦之。姜原以爲神，遂收養長之。初欲弃之，因名曰弃。"[②]其中講述了兩個神話故事。下面來看夏族。

《夏本紀》："夏禹，名曰文命。禹之父曰鯀，鯀之父曰帝顓頊，顓頊之父曰昌意，昌意之父曰黄帝。禹者，黄帝之玄孫而帝顓頊之孫也。禹之曾大父昌意及父鯀皆不得在帝位，爲人臣。"[③]

用不着多分析就可以看到，《夏本紀》《殷本紀》與《周本紀》有根本的不同。《殷本紀》《周本紀》首先講母及母族，後來纔提到父，再没有提其他親屬，還講了一兩個神話故事，但《夏本紀》説清楚父、祖、

① 《史記·殷本紀》，第91頁。

② 《史記·周本紀》，第111頁。

③ 《史記·夏本紀》，第49頁。

曾祖三代之名字及身份，但未提及其母或母族，更無半點神話。

禹並不是没有神話故事，更不是無母。《帝王世紀》："顓頊生鯀，堯封爲崇伯，納有莘氏女，曰志，是爲修己。山行，見流星貫昴，夢接意感，又吞神珠薏苡，胸坼而生禹于石紐。"① 但司馬遷將其中的母系事實以及神话故事完全删除，以示夏族到禹的時代，早已越過神話傳説與母系階段，因而在叙述其起源時，不再保留其神話成分。禹有治水以及其他之功績，不待其母之"流星貫昴"與"夢接意感"，即可得到其崇高的歷史地位。凡一個部族有了長期的發展經歷之後，就會捨棄其原始神話。儘管《五帝本紀》説禹、契、弃都是舜時代的人，但有關夏、商、周起源的記載却如此不同，清楚地表明夏族與商、周兩族有重大的區别。

2．姜嫄

在《夏本紀》的起始傳説中没有提到禹之母族，但《殷本紀》《周本紀》中都提到了母族，殷契之母爲有娀氏簡狄，而周弃之母爲有邰氏姜原。

對於有娀氏並没有過多的頌揚，後來契封於商，與有娀氏没有多大關係。有娀氏的作用無非是《詩·長發》所説的"有娀方將，帝立子生商"。② 有邰氏就不一樣了。有邰氏的地位很重要，《周本紀》説，帝舜"封弃於邰"③，因此邰爲弃之母家，亦爲弃之封地，則周族是依傍母族的。

周族對姜嫄的尊崇異乎尋常。魯國有姜嫄廟，《魯頌·閟宫》："赫赫姜嫄，其德不回，上帝是依。"閟宫是姜嫄之廟，鄭箋："閟，神也。

① （晋）皇甫謐撰，（清）宋翔鳳、錢寶塘輯：《帝王世紀集校》，第17頁。

② 《毛詩正義·商頌·長發》，《十三經注疏》，第626頁。

③ 《史記·周本紀》，第112頁。

姜嫄，神所依，故廟曰神宮。”[①] 姜嫄在周族有至高无上的地位，例如在《周禮·大司樂》奏六樂，分别祭祀“天神”“地示”“四望”“山川”“先妣”“先祖”（鄭玄注：先妣，姜嫄也。先祖謂先王先公）。[②]先妣之地位在先祖之上。

但對於夏族，雖《世本》《帝王世紀》俱謂禹母爲有莘氏女，但未見關於有莘氏之頌詩。夏史與有莘氏並無多大糾葛。因此，商族母系的影響比夏族母系的影響大。而周族母系的影響比商族大，更比夏族大。這反映了周族社會的發展比商族遲緩，更比夏族遲緩。

從種種迹象來看，不能把夏、商、周看作一個統一體的三個部分，也不能想當然地將周族看作一個與商族並駕齊驅之部族，與夏族更是如此。周族與商族應該屬於與夏族不同的族群。實際上商族屬於戎族，而周族當屬於胡族。

（二）從建國經過來看周族之起源

1. 建國之經過

《夏本紀》：“帝舜薦禹於天，爲嗣。十七年而帝舜崩。三年喪畢，禹辭辟舜之子商均於陽城。天下諸侯皆去商均而朝禹。禹於是遂即天子位，南面朝天下，國號曰夏后，姓姒氏。”[③] 不管真實情況如何，《夏本紀》所説的還是一種比較成熟的權力繼承。

《殷本紀》：“當是時，夏桀爲虐政淫荒，而諸侯昆吾氏爲亂。湯乃興師率諸侯……以伐昆吾，遂伐桀。湯曰：‘……今夏多罪，天命殛之。……夏德若兹，今朕必往。爾尚及予一人致天之罰……女毋不信，朕

① 《毛詩正義·魯頌·閟宫》，《十三經注疏》，第614頁。
② 《周禮注疏·春官·大司樂》，《十三經注疏》，第788頁。
③ 《史記·夏本紀》，第82頁。

不食言。女不從誓言，予則帑僇女，無有攸赦’。……於是湯曰‘吾甚武’，號曰武王。”[①] 這是一篇替天行道的武力宣言；也是一篇恫嚇告示，要百姓隨他行動，否則嚴懲。湯自稱武王，表明這是一種暴力行動。

下邊看周族推翻商朝的經過。《周本紀》：“聞紂昏亂暴虐滋甚，殺王子比干，囚箕子。……於是武王遍告諸侯曰：‘殷有重罪，不可以不畢伐。’乃遵文王，遂率戎車三百乘，虎賁三千人，甲士四萬五千人，以東伐紂。……武王朝至于商郊牧野……武王曰：‘嗟！我有國冢君，司徒、司馬、司空，亞旅、師氏，千夫長、百夫長，及庸、蜀、羌、髳、微、纑（《尚書》作盧）、彭、濮人，稱爾戈，比爾干，立爾矛，予其誓。’王曰：‘……今予發維共行天罰。……勉哉夫子！爾所不勉。其于爾身有戮。’誓已，諸侯兵會者車四千乘，陳師牧野。”[②] 其結果極爲血腥殘酷：

> 帝紂聞武王來，亦發兵七十萬人距武王。……武王馳之，紂兵皆崩畔紂。紂走，反入登于鹿臺之上，蒙衣其殊玉，自燔于火而死。武王持大白旗以麾諸侯……遂入，至紂死所。武王自射之，三發而後下車，以輕劍擊之，以黃鉞斬紂頭，縣大白之旗。已而至紂之嬖妾二女，二女皆經自殺。武王又射三發，擊以劍，斬以玄鉞，縣其頭小白之旗。[③]

這裏還沒有講到戰果，《尚書》也沒有講，有關的篇章失傳了，但在《逸周書》中保留了一篇《世俘解》：

① 《史記・殷本紀》，第95頁。
② 《史記・周本紀》，第121—123頁。
③ 《史記・周本紀》，第124—125頁。

> 武王遂征四方，凡憝國九十又九國，馘魔億有十萬七千七百七十有九，俘人三億萬有二百三十。凡服國六百五十又二。……武王在祀，太師負商王紂懸首白旂，妻二首赤旂，乃以先馘入，燎于周廟。……凡武王俘商，得舊寶玉萬四千，佩玉億有八萬（從王念孫改）。①

據潘振解釋，“億數不定，少數以十爲等，十萬爲億；大數以萬爲等，萬萬爲億”，則“馘魔億有十萬”之十字當刪。按此解释，則武王在征戰中殺戮十多萬，俘虜三十多萬。

武王滅紂造成之死傷人數引起震动，《武成》：“前徒倒戈……血流漂杵。”②《论衡》謂“察《武成》之篇，牧野之戰，血流浮杵，赤地千里”③。當然，“血流漂杵”不能按字面理解，故《孟子》爲之辯解，他說：“盡信書，則不如無書。吾於《武成》，取二三策而已矣。仁人無敵於天下，以至仁伐至不仁，而何其血之流杵也。”④但是從《世俘解》來看，武王伐紂，死人無數，在歷史上也是少有的。孟子説武王是“至仁”，他没有注意到周族的胡族背景。

在中國歷史上，胡族的暴力行動造成多次大屠殺。如在五胡十六國的混戰中，有許多此類例子。

2. 周族之武力

周族打敗商朝，使用了强大的武力，在打敗商朝之後，爲了鞏固其統治，更需要强大的武力。周族人數很少，在牧野之戰中，據説周族兵

① 黄懷信、張懋鎔、田旭東：《逸周書彙校集注·世俘解》，第461、467、473頁。
② 《尚書正義·武成》，《十三經注疏》，第185頁。
③ 《論衡·語增篇》，《諸子集成》，第75頁。
④ 《孟子正義·盡心下》，《諸子集成》，第565頁。

力四五萬人，而紂王的兵力七十萬，周族連同其同盟軍，比七十萬要少得多，但他们的戰鬥力遠超對方，因此戰争很快结束。

周族重視武備，具有胡族驍勇的習性。早在公劉時就武裝移民，《詩·公劉》：“弓矢斯張，干戈戚（即斧）揚（即鉞），爰方啓行。”又如《詩·緜》：“虞芮質厥成，文王蹶厥生。予曰有疏附，予曰有先後，予曰有奔奏，予曰有禦侮。”[①] 考疏附等都是軍事組織的隊伍名稱。

“疏附”當即“胥靡”。按《説文》段注：疋即胥，“同音假借”；又“疋、疏古今字”，故疏可作胥，《尚書大傳》即作“胥附”。[②]附與靡義近，《廣雅》：“附，近也。”《荀子》楊倞注：“靡謂相順從也。”[③]靡與附都有切近義。故胥附即胥靡。《史記·殷本紀》：武丁“得（傅）説於傅險（即巖）中。是時説爲胥靡，築於傅險”[④]。故胥靡蓋爲役徒，猶後世之徒兵。

“先後”當即《周官》之虎賁。《周官》：“虎賁氏，掌先後王而趨以卒伍。”鄭注：“王出將虎賁士居前後。”[⑤] 故又名先後。

“奔奏”，《釋文》：奏，“本亦作走”[⑥] 故本奏即奔走。又《漢書·百官表》“旅賁”，顔注：“賁與奔同，言爲奔走之任也。”[⑦] 故旅賁當即奔走，故奔奏當即旅賁。《周官》：“旅賁氏，掌執戈盾，夾王車而趨。”[⑧]

“禦侮”，當即漢代之執金吾。《後漢書·百官志》“執金吾……主

① 《毛詩正義·大雅》,《十三經注疏》，第541、512頁。
② （漢）許慎撰，（清）段玉裁注：《説文解字注》，第84頁；（清）皮錫瑞：《尚書大傳疏證》卷三，《皮錫瑞集》，長沙：岳麓書社，2012年，第896頁。
③ （清）王念孫：《廣雅疏證》，第91頁；《荀子集解·性惡篇》,《諸子集成》，第299頁。
④ 《史記·殷本紀》，第102頁。
⑤ 《周禮注疏·夏官下·虎賁氏》,《十三經注疏》，第850頁。
⑥ 《毛詩正義·大雅·緜》,《十三經注疏》，第512頁。
⑦ 《漢書·百官公卿表》，第728頁。
⑧ 《周禮注疏·夏官下·旅賁氏》,《十三經注疏》，第850頁。

兵器。吾猶禦也”，注引應劭曰：“執金革以禦非常。”注又引《漢官》曰：“執金吾緹騎二百人，持戟五百二十人，輿服導從，光滿道路，群僚之中，斯最壯矣。”[①]其制當出於禦侮。

這都是王朝的基本隊伍。《孟子·盡心篇》：“武王之伐殷也，革車三百兩，虎賁三千人。”《尚書·牧誓》鄭注：“兵車，百夫長所載車稱兩。一車步卒七十二人，凡二萬一千人。”[②]《周本紀》謂武王率戎車三百乘，虎賁三千人，甲士四萬五千人，以東伐紂，可謂精兵强將，其軍容之盛概可想見。相形之下，紂王所發之七十萬人猶如烏合之衆，《周本紀》云：“紂師雖眾，皆無戰之心，心欲武王亟入。”[③]七十萬人頃刻瓦解，更顯得周族武力的强大。

周族的武力貫注於整個體制之中，如《書·顧命》謂成王臨終時，“乃同召太保奭、芮伯、彤伯、畢公、衛侯、毛公，師氏、虎臣、百尹、禦事”。[④]在六卿之後首爲師氏、虎臣，他們位居百尹之前。根據《周禮》，師氏的職責如下：“以媺詔王，以三德教國子。……居虎門之左，司王朝。（鄭玄注：虎門，路寢門也。王日視朝于路寢，門外畫虎焉，以明勇猛，於守宜也）……使其屬帥四夷之隸，各以其兵服守王之門外，且蹕。朝在野外，則守内列。”[⑤]故師氏並非文人學士，他掌控由“四夷之隸”所組成的周王最貼身的禁衛，在他之後是“虎臣”。成王崩後：

> 王崩…… 齊侯吕伋，以二干戈，虎賁百人，逆子釗於南門之

① 《後漢書·百官四》，第3605、3606頁。
② 《孟子正義·盡心下》，《諸子集成》，第566頁；《尚書正義·牧誓》，《十三經注疏》，第182頁。
③ 《史記·周本紀》，第121、124頁。
④ 《尚書正義·顧命》，《十三經注疏》，第237頁。
⑤ 《周禮注疏·地官下·師氏》，《十三經注疏》，第730頁。

> 外。…… 二人雀弁執惠（斜刃），立于畢門之内；四人綦弁，執戈上刃夾兩階戺，一人冕執劉（鑱斧），立于東堂；一人冕執鉞，立于西堂；一人冕執戣（戟屬），立于東垂；一人冕執瞿（亦戟屬），立于西垂；一人冕執鋭（矛屬），立于側階。[①]

蓋其殿陛之上亦滿布武衛，這當是周族所特有之制。

從周族對武備的重視來看，周族與夏、商不同，顯示了胡族之特點。

二、周族與其他部族之關係

從周族與其他部族的關係中，也可以看到周族屬於胡族的迹象。

（一）周族與夏族

1．關於始祖的傳説

周族自稱屬於夏族，其根據是弃爲帝嚳之子。《周本紀》説："周后稷，名弃。其母有邰氏女，曰姜原。姜原爲帝嚳元妃。"[②]《帝王世紀》又説："（帝嚳）亦納四妃，卜其子皆有天下。元妃有邰氏女，曰姜嫄，生后稷；次有娀氏女，曰簡狄，生卨；次陳鋒氏女，曰慶都，生放勳；次娵訾氏女，曰常儀，生帝摯。"[③] 弃非但是嚳之子，而且是嫡長子。契（商族之祖）是第二子，而歷史上道德名聲最高的帝堯是第三子，還有一個帝摯（黄帝的繼承人）則是第四子。如此世系實在令人難以置信。《史記·三代世表》帝嚳之子惟提到三人，其次序爲堯、契、弃[④]，與

---

① 《尚書正義·顧命》，《十三經注疏》，第238、240頁。

② 《史記·周本紀》，第111頁。

③ （晋）皇甫謐撰，（清）宋翔鳳、錢寶塘輯：《帝王世紀集校》，第9頁。

④ 《史記·三代世表》，第489頁。

《帝王世紀》相反。

關於弃，王符《潛夫論》謂弃爲伏羲之後：“伏羲……作八卦，結繩爲網以漁。後嗣帝嚳……後嗣姜嫄，履大人迹生姬弃。”[①] 那麽嚳爲伏羲之後，而姜嫄爲帝嚳之後，而《周本紀》《帝王世紀》謂帝嚳爲黄帝之後，姜嫄爲嚳之妃，完全不同，因此《周本紀》的説法是靠不住的。《帝王世紀》就更靠不住了。異端之説一定還很多，所以王符説：“凡斯數□，其於《五經》，皆無正文，故略依《易繫》，記伏羲以來，以遺後賢。雖多未必獲正，然罕可以浮游博觀，共求厥真。”[②] 要把幾千年中的傳説人物都理出真實的世系，真是不可能的。

從歷史記載中，却可以清楚看到，有關部族始祖的傳説可能完全是編造的。如匈奴劉元海（即劉淵）在西晋時自稱漢族，當時天下大亂，大家希望劉元海以“匈奴五部之衆”來拯救西晋王室。於是劉元海宣布要平定叛亂，但他不是爲了拯救晋朝而是恢復漢朝，他認爲“漢有天下世長，恩德結於人心，是以昭烈崎嶇於一州之地，而能抗衡於天下。……且可稱漢，追尊後主（指劉備之子劉禪），以懷人望”。也就是説他認爲漢朝有號召力，就認定漢朝是自己的祖先，於是以“漢高祖以宗女爲公主，以妻冒頓”爲辭，自認爲漢族，自立爲漢王以繼承漢朝，年號“元熙”。當時距漢高祖已經五百年，劉元海宣布：“昔我太祖高皇帝（即劉邦）以神武應期，廓開大業。太宗孝文皇帝重以明德，升平漢道。世宗孝武皇帝拓土攘夷，地過唐日。……後帝（指劉禪）窘辱。……宗廟之不血食四十年于兹矣。……孤今猥爲羣公所推，紹修三祖之業。”[③]於是追尊劉禪爲孝懷皇帝，立漢高祖以下“三祖、五宗”神主而祭之。他完全以漢族自居，稱自己爲漢，稱匈奴爲夷，稱漢武帝攻打匈奴爲“拓土攘夷”。

---

① 《潛夫論·五德志》，《諸子集成》，第161—162頁。

② 《潛夫論·五德志》，《諸子集成》，第161頁。

③ 《晋書·劉元海載記》，第2649—2650頁。

匈奴劉元海由於一個女性祖先是漢公主，因此他姓劉完全是冒姓，是大家都知道的。後來其子劉聰繼位後，皇后死，聰欲娶太保劉殷之女，由於同姓，遭到大家反對，有大臣指出，劉聰是冒姓，劉殷的姓是真的，因此可以締結婚姻，“聰大悦”。[①]

劉元海的一個後裔認爲由於一個漢公主而姓劉，是不合理的，所以他説自己不姓劉而姓姒，爲大禹之後。他説：“朕大禹之後，世居幽朔。祖宗重暉，常与漢魏爲敵國。中世不競，受制于人。……今將應運而興，復大禹之業。”他宣布：“朕之皇祖，自北遷幽朔，姓改姒氏，音殊中國，故從母氏爲劉。子而從母之姓，非禮也，古人氏族無常……帝王者，係天爲子，是爲徽赫實與天連，今改姓曰赫連氏，庶協皇天之意。……其非正統，皆以鐵伐爲氏，庶朕宗族子孫剛鋭如鐵，皆堪伐人。”[②] 他改姓赫連，名勃勃，公元 407 年（晋安帝義熙三年）赫連勃勃稱天王，年號龍昇，國號爲夏（407—428 年）。

因此劉元海自稱漢劉氏之後，或赫連勃勃自稱夏后氏姒姓之後，這一類關於始祖的傳説，非常普遍，但都是編造的。因此周族自認是帝嚳之子，而且還是帝嚳的嫡長子，次子爲契而三子爲堯，過於神奇，正説明是編造的，周族可能根本不是夏族。

2. 夏族後裔與戎狄

許多少數民族自稱炎黄之後，當然不一定完全是編造的，劉元海的一位女性祖先的確是漢室宗女，但這個事實並不能説明刘元海屬於夏族。《史記·匈奴列傳》追溯匈奴之起源爲淳維，據説：“匈奴，其先祖夏后氏之苗裔也，曰淳維。”[③] 即使某個夏后氏苗裔及其部衆的確來到北方，那麼他們必然進入北方社會，必定是跟北方土著一樣“隨畜牧而

---

①《晋書·劉聰載記》，第 2660 頁。

②《晋書·赫連勃勃載記》，第 3205、3206 頁。

③《史記·匈奴列傳》，第 2879 頁。

轉移。……毋城郭常處耕田之業……毋文書，以言語爲約束”。因此淳維必定會被北方部族所同化，而不是北方的部族被淳維同化。所以即使夏族的淳維北奔，也不可能把北方部族變成炎黄子孫。北方部族接收夏族移民，並不能改變其部族的特徵。如昭君之子孫是匈奴而不是漢族，王昭君本人也融入了匈奴。她號“寧胡閼氏”，她的兒子名 “伊屠智牙師”，她的兩個女兒稱“須卜居次”與“當于居次”（根據顔師古注，“須卜”與“當于”是夫家氏族名，“居次”即公主之意）[①] 昭君的子孫參與了匈奴的政治鬥争，他們屬於匈奴。由於族系的基礎爲文化而非血缘，一個部族不會由於接受少量移民而改變其部族特徵，因此即使有祖先屬於夏族，也不能斷定其後裔屬於夏族。

因此有關始祖的種種傳説，如《周本紀》謂弃爲帝嚳之嫡長子，這一類主張衹是一種攀附，如果没有其他有力的佐證，就不能因此認爲弃是夏族。

（二）周族在伐商戰争中之盟邦

周武王向紂王發動最後的攻擊時，他率領的周族軍隊大約五萬人，但同時來到戰場的有大量盟邦之軍隊。《周本紀》謂武王 “率戎車三百乘，虎賁三千人，甲士四萬五千人，以東伐紂”[②]，而諸侯兵會者車四千乘。《周本紀》説：“是時，諸侯不期而會盟津者八百諸侯。”[③] 那麼周族都有哪些重要盟邦呢？

周族最重要的盟邦當爲《牧誓》所提到的八個，即庸、蜀、羌、髳、微、盧、彭、濮，孔安國傳：“八國皆蠻夷戎狄屬文王者國名。羌在西蜀，叟、髳、微在巴蜀，盧、彭在西北，庸、濮在江漢之南。”孔

① 《漢書·匈奴傳下》，第 3806 頁。
② 《史記·周本紀》，第 121 頁。
③ 《史記·周本紀》，第 120 頁。

穎達疏："此八國皆西南夷也。……盧、彭在西北者，在東蜀之西北也。"[①] 這些解釋不準確。

1．庸、彭、盧

庸，在今湖北竹山。《括地志》："房州竹山縣，本漢上庸縣，古之庸國，昔周武王伐紂，庸蠻在焉。"又："上庸，今房州竹山縣及金州是也。"[②]

彭，《春秋桓十二年傳》："伐絞之役，楚師分涉於彭。"杜預注："彭水在新城昌魏縣。"[③]《讀史方輿紀要》謂房縣曾爲房陵郡、新城郡，又曾爲房州。[④] 故彭在房縣一帶。

盧，《左氏文十六年傳》：楚伐庸，"自廬以往，振廪同食。……使廬戢黎侵庸"。杜預注："往，往伐庸也。""戢黎，廬大夫。"[⑤] 盧，當即廬，當在今湖北南漳縣。《讀史方輿紀要》："（南漳縣）中廬城，縣東北五十里。春秋時盧戎國。……《左傳·文十八年》楚伐庸，'自廬以往'，即此。"[⑥]

故庸（在竹山一帶）、彭（在房縣一帶）、盧（在南漳一帶），分布於湖北、陝西、四川三省交界一帶往東至漢水。

2．濮

濮，孔安國傳："庸、濮在江漢之南。"[⑦]《左氏昭十九年傳》："楚子爲舟師以伐濮。"杜預注："濮，南夷也。"[⑧] 故濮在盧、彭之南。

① 《尚書正義·牧誓》，《十三經注疏》，第 183 頁。
② （唐）李泰等：《括地志輯校》，第 203 頁。
③ 《春秋左傳正義·桓十二年》，《十三經注疏》，第 1756 頁。
④ （清）顧祖禹：《讀史方輿紀要·湖廣五》，第 3733 頁。
⑤ 《春秋左傳正義·文十六年》，《十三經注疏》，第 1859 頁。
⑥ （清）顧祖禹：《讀史方輿紀要·湖廣五》，第 3716 頁。
⑦ 《尚書正義·牧誓》，《十三經注疏》，第 183 頁。
⑧ 《春秋左傳正義·昭十九年》，《十三經注疏》，第 2087 頁。

3．蜀、羌、髳

蜀，《括地志》："益州及巴、利等州，皆古蜀國。"[①] 益州今成都，巴州今重慶，而利州包括青川、廣元、旺蒼、寧强等地。

羌，《括地志》："隴右岷、洮、叢等州以西，羌也。"岷州及洮州在今臨洮。[②] 叢州（羈縻州，以黨項歸附置，屬松州都督府）在今松潘。故羌之地在蜀之北邊。

髳，《後漢書》："武王伐商，羌、髳率師會于牧野。"[③] 故髳與羌必鄰近。

故蜀、羌、髳之地域位於四川岷江流域及以東地區。

4．微

微，王國維謂"古眉、微二字又通用……《春秋左氏傳》莊二十八年築郿。公、穀二傳作'築微'"。故《牧誓》《立政》之"微"即"郿"，漢右扶風有郿縣。《詩·大雅》"王餞于郿"，則宗周時已有此地，蓋因此族得名。[④] 故微之地在渭水中游。

從這些情況來看，周族之盟國分布於秦、隴南部，四川北部，湖北西北部。這些部族都非夏族，正如孔安國傳所説的："八國皆蠻夷戎狄。"[⑤] 由此不難看到，周族也不會是夏族，如果是夏族，不會全部最重要的盟邦均爲蠻夷戎狄。

---

① 《史記·周本紀》，第 123 頁。
② （唐）李泰等：《括地志輯校》，第 223 頁。
③ 《後漢書·西羌傳》，第 2871 頁。
④ 王國維：《散氏盤跋》，《觀堂集林》，第 888 頁。
⑤ 《尚書正義·牧誓》，《十三經注疏》，第 183 頁。

（三）四夷之隸

周朝的“師氏”掌管“四夷之隸”，而“四夷之隸”組成周王之主要警衛，這是周代的基本制度。《周禮》：“司隸，掌五隸之法……帥其民而搏盜賊……邦有祭祀、賓客、喪紀之事，則役其煩辱之事。掌帥四翟之隸，使之皆服其邦之服，執其邦之兵，守王宮與野舍之厲禁。”鄭玄注：“五隸謂罪隸、四翟之隸也。”[①] 所謂“四翟之隸”亦即“四夷之隸”，指蠻隸、閩隸、夷隸、貉隸，即由蠻夷戎狄組成之警衛部隊，而且他們要服用本部族之衣飾、武器。周族何以專門招收蠻夷戎狄來保衛王宮，而且還服用部族衣飾、武器，以顯示其蠻夷戎狄的身份？這個問題可以借用一個歷史事實來解釋。

當西晉時，由於八王之亂，漢族的中央政權瓦解，大量北方異族進入中原地區，於是從公元 290 年（晉惠帝永熙元年）至公元 589 年（陳後主禎明三年）的三百年間，出現了無數的地方政權，所謂“五胡十六國”。其中秦國（史稱前秦，是氐族）是比較强大的。在其最强大時，曾經“平燕定蜀，擒代吞梁。跨三分之二，居九州之七”[②]。苻堅（357—384 年）爲了統治鞏固，效法周代的封建制度，將氐族子孫十五萬户分駐於全國各要地，《晋書》記載苻堅爲此徵求群臣的意見，結果都説：“此有周所以祚隆八百，社稷之利也。”[③] 因此苻堅君臣采取這個措施是有意效法周朝。

氐族之所以采取這個措施也是爲形勢所迫。氐族是少數，爲了控制廣大的漢族，衹能把氐族分派到全國戰略要地。但氐族一分散到全國，

① 《周禮注疏·秋官·司隸》，《十三經注疏》，第 883 頁。
② 《晋書·苻登載記》，第 2956 頁。
③ 《晋書·苻堅載記上》，第 2903 頁。

秦地本身的安全就衹能依靠其他匈奴、鮮卑、羌、羯等部族，亦即其他五胡來维持。因此其弟苻融説：苻堅將氐人安排到各地，而讓鮮卑、羌、羯保衛都城，這是“寵育鮮卑、羌、羯，布諸畿甸，舊人族類（指氐族），斥徙遐方”[①]。

周族的情况也一樣，由於周族是一個少数的部族，爲了鞏固對全國夏族的控制，於是實行封建制度，將周族分散在全國，而將宫城的安全警衛，委托給其他少數族裔，此即周朝“四翟之隸”的制度，正好提示周族不屬於夏族。

（四）周穆王西行中的友邦

《穆天子傳》記載周穆王西行的故事，“自宗周瀍水以西，北至于河宗之邦（今河套一帶）陽紆之山三千有四百里。自陽紆西至于西夏氏，二千又五百里。自西夏……及河首，千又五百里。自河首……至于春山、珠澤、崑崙之丘七百里。自春山……至于西王母之邦”三千三百里。[②]

根據《穆傳西征年曆》，周穆王在十三年閏二月初一從洛陽出發，行程三千四百里，三月初四到達河宗之邦。[③]《史記・趙世家》“奄有河宗”，《正義》：“《穆天子傳》云：‘河宗之子孫……蓋在龍門河之上游，嵐（在今山西西北）、勝（今内蒙古鄂爾多斯）二州之地也。”[④]

周穆王受到河宗子孫在托克托迎接（據顧實考證），河宗柏夭逆天子燕然之山，舉行大朝。“天子西濟于河。□爰有温谷樂都，河宗氏之所游居。”此爲穆王在河宗氏停留之最後地點。[⑤]周穆王在此期間所進行之活動，包括兩次“大朝”，又“披圖視典”。後來在周穆王離開前，河

① 《晋書・苻堅載記下》，第2913頁。

② 顧實：《穆天子傳西征講疏》，第240頁。

③ 顧實：《穆天子傳西征講疏》，第9頁。

④ 《史記・趙世家》，第1795頁。

⑤ 顧實：《穆天子傳西征講疏》，第43頁。

宗又向周穆王“致河典”。在這期間，河宗兩次禱告時都稱呼周穆王爲“穆滿”，又稱他爲“汝”。顧實解釋説：周成王生前就已稱“成”，故周穆王生前也可以稱“穆”；《左傳》載荀偃濟河時禱告，稱晋平公的名字彪，故河宗禱告中亦可稱周穆王爲滿；此外古代君臣通稱爾汝。①

在《穆天子傳》中“大朝”總共只有四次，頭兩次都在河宗氏，“天子大朝于燕然之山”；“天子大朝于黄之山”。②離開河宗氏以後第三次“天子大朝于平衍之中”。最後西征結束，第四次“天子大朝于宗周之廟”。③“大朝”的安排即充分顯示出河宗在周族生活中之重要地位。

故河宗之邦的範圍大體上爲内蒙古托克托沿黄河直至青海樂都。這是北方胡族的一條重要交通走廊（見論文［03］），周穆王在這條走廊上的種種活動與受到的異乎尋常的接待，可以作爲周族屬於胡族的一個旁證。

三、周族之生活、婚俗與語言

（一）生活習俗

1．葬俗的問題

胡族古代有火葬的習俗，如《墨子》：“秦之西有儀渠之國者，其親戚死，聚柴薪而焚之，燻上謂之登遐，然後成爲孝子。”④《荀子》《吕氏春秋》都講道：“氐羌之虜也，不憂其係纍也，而憂其不焚也。”⑤《周書》記載突厥之葬俗：“死者，停屍於帳……擇日，取亡者所乘馬

① 顧實：《穆天子傳西征講疏》，第33頁。

② 顧實：《穆天子傳西征講疏》，第28、34頁。

③ 顧實：《穆天子傳西征講疏》，第121、238頁。

④《墨子閒詁·節葬下》，《諸子集成》，第116頁。

⑤《荀子集解·大略篇》，《諸子集成》，第330頁。

及經服用之物，并屍俱焚之，收其餘灰，待時而葬。”[①] 後來唐太宗還説：“（突厥）俗死則焚，今葬皆起墓，背父祖命。”[②]

另一方面，《禮記·曲禮》：“天王崩……告喪曰：‘天王登假。’”《釋文》假音遐，故登假當即登遐。[③] 周族的登假必是其祖先也曾行過火葬。

2．婆娑

《詩·東門之枌》：“東門之枌，宛丘之栩。子仲之子，婆娑其下。”毛萇傳：“婆娑，舞也。”孔穎達疏：“李巡曰：‘婆娑，盤辟舞也。’”鄭玄《詩譜》説：“大姬（周武王之女，即陳國祖先胡公之妃）無子，好巫覡禱祈鬼神歌舞之樂，民俗化而爲之。”[④] 是説這是受之於周族的習俗，即周族之俗不同於陳地原有之俗，此所謂周族之俗即指婆娑。

《説文》無婆字，有媻字。郝懿行：“婆者，《説文》作媻。……《文選·神女賦》注：‘婆娑猶媻姍也。’按媻姍猶般旋也。般旋、婆娑，俱字之疊韵。”[⑤]故婆娑應作媻娑，段玉裁《説文》般字注：“《釋言》曰：‘般，還也。’還者，今之環字，旋也。”[⑥] 據此則子仲之子即是環繞枌栩而舞，其名爲媻娑，而這個習俗見之於鮮卑。

《史記·匈奴列傳》：“秋，馬肥，大會蹛林。”《正義》引顏師古云：“蹛者，遶林木而祭也。鮮卑之俗，自古相傳，秋祭無林木者，尚豎柳枝，衆騎馳繞三周乃止，此其遺法也。”[⑦] 蹛林蓋即媻娑，也見於突厥。《舊唐書》：“（武延秀）久在蕃中，解突厥語，常於主第，延秀唱突厥歌，作胡旋舞。”[⑧]

---

① 《周書·突厥列傳》，第 910 頁。
② 《新唐書·突厥傳上》，第 6034 頁。
③ 《禮記正義·曲禮下》，《十三經注疏》，第 1260 頁。
④ 《毛詩正義·陳風·東門之枌》，《十三經注疏》，第 376、375 頁。
⑤ （清）郝懿行：《爾雅義疏·釋訓》，《郝懿行集》，第 3176 頁。
⑥ （漢）許慎撰，（清）段玉裁注：《説文解字注》，第 404 頁。
⑦ 《史記·匈奴列傳》，第 2892、2893 頁。
⑧ 《舊唐書·武延秀傳》，第 4733 頁。

（二）婚俗

1．同姓不婚的問題

姓氏制度是夏族的一個最基本的制度，周代以後尤其如此。《禮記·大傳》："六世親屬竭矣……昏姻可以通乎？……雖百世而昏姻不通者，周道然也。"孔穎達疏：由於"殷人五世以後可以通婚"，故"以殷法而問周，五世後昏姻可以通否"。[①]夏殷的情況未見詳細記載，但周法很清楚，同姓百世不通婚。

兩三千年來，這個原則很少受到明目張膽之違反。歷史上僅有極少同姓婚姻的記載，但都與少数民族有關。前面説過，西晋時漢王劉聰迎娶太保劉殷之女，此舉受到强烈的反對，劉聰之弟大司徒劉乂也堅决反對。其實劉聰是匈奴族，他姓劉是冒姓。大家知道劉聰是冒姓，也爲他辯護，說他"姓同而源異"。[②]因此對於夏族來説，同姓不婚是絶對的，即使冒姓也要引起激烈的争論。現在来看一下周代的情況。

在周代，周族自稱姬姓，但晋獻公就娶同姓。《左氏莊二十八年傳》："晋獻公娶于賈，無子。烝於齊姜，生秦穆夫人。及太子申生。又娶二女於戎，大戎狐姬生重耳，小戎子生夷吾（杜預注：小戎，允姓之戎，子，女也）。晋伐驪戎，驪戎男、女以驪姬。歸，生奚齊，其娣生卓子。"[③]因此晋獻公娶了賈姬、齊姜、狐姬、小戎子、驪姬及其娣等六人，其中賈姬、狐姬、驪姬及其娣等四人爲姬姓，與晋獻公同姓。

晋獻公（周族）之娶賈姬、狐姬、驪姬（俱爲姬姓，故稱姬），便無避忌。《左氏僖四年傳》："太子（申生）曰：'君（指獻公）非姬氏（指驪姬）居不

---

① 《禮記正義·大傳》，《十三經注疏》，第1507頁。

② 《晋書·劉聰載記》，第2660頁。

③ 《春秋左傳正義·莊二十八年》，《十三經注疏》，第1781頁。

安、食不飽。'”[①]可見晋獻公娶姬姓女子毫不避忌。晋平公得病，鄭伯派子産問疾，子産對叔向説：“僑又聞之，内官不及同姓，其生不殖。……男女辨姓，禮之大司也。今君内實有四姬焉，其無乃是也乎！”[②]在春秋之世，晋侯連同姓不婚的原則都不管。晋獻公怎麽敢這樣公然締結同姓婚姻？也許大家都知道周的姬姓其實是冒姓，猶如劉聰的臣子都知道他的劉是冒姓一樣。

晋國且不説，周禮之邦魯國亦是如此。《論語》記載陳司敗曰：“君娶于吴爲同姓，謂之吴孟子。君而知禮，孰不知禮？”何晏集解：“魯、吴俱姬姓……當稱吴姬，諱曰孟子。”[③]故《哀十二年春秋經》“孟子卒”，《左傳》解釋説：“昭夫人孟子卒。昭公娶于吴，故不書姓。”[④]《公羊傳》：“孟子者何？昭公之夫人也。其稱孟子何？諱娶同姓，蓋吴女也。”何休注：“不稱夫人、不言薨、不書葬者，深諱之。”[⑤]雖然將吴姬稱爲吴孟子，將魯昭公娶同姓之事加以遮掩，但實際上大家都知道魯昭公娶同姓，大概也都知道魯昭公是冒姓。

連周天子也無所避忌，《穆天子傳》載有悼盛姬篇，周穆王（周族）也娶姬姓之盛姬，但没有受到非議。凡此種種，俱説明周族實非姬姓。周代許多娶同姓的事實，可能就是由於大家知道，締結同姓婚姻的一方是冒姓，也就是説至少其中一方是胡族或戎族。

2．倫常的破壞

在《匈奴列傳》説：“父死，妻其後母；兄弟死，皆取其妻妻

① 《春秋左傳正義・僖四年》，《十三經注疏》，第1793頁。
② 《春秋左傳正義・昭元年》，《十三經注疏》，第2024頁。
③ 《論語正義・述而》，《諸子集成》，第150頁。
④ 《春秋左傳正義・哀十二年》，《十三經注疏》，第2170頁。
⑤ 《春秋公羊傳注疏・哀十二年》，《十三經注疏》，第2351頁。

之。”[①]《後漢書・西羌傳》：“十二世後，相與婚姻。父没則妻後母，兄亡則納釐㛐（即嫂）。”[②] 這種情况在漢代的和親中就引起了極大的矛盾，姑且將這種婚俗稱爲胡族婚俗。

周族實際上也有這種胡族婚俗。如晋獻公娶賈姬，是同姓，故此項婚姻是有問題的。賈姬去世後，晋獻公娶齊姜，齊姜爲姜姓，没有問題，但齊姜原是晋武公之妾，武公是獻公之父。因此晋獻公第二娶是“妻其後母”，是胡俗。後來晋獻公之子晋惠公娶獻公之妾賈君，也是胡俗。

鄭國的君主也有胡族婚俗的例子，如鄭文公娶其叔父子儀之妻陳嬀。[③]

最突出的是衛國。在衛國的實際生活中經常可以看到這種婚姻習俗，即詩序所説的“衛之公室淫亂，男女相奔。至于世族在位，相竊妻妾”[④]。如衛宣公娶庶母夷姜，生太子伋（即急子）及黔牟、頑；又娶宣姜，生壽及太子朔（即惠公）。太子伋及壽都死於權力鬥争。衛宣公卒，子惠公立。公子頑娶庶母宣姜（惠公之母），生申（即戴公）及燬（即文公）。按公子頑來看，申及燬是惠公之侄；按宣姜來看，申及燬是惠公之弟。惠公卒，子懿公立。申及燬與懿公之間就存在這種複雜的關係。

胡族婚俗與夏族社會是不相容的，會引起糾紛與嚴重的冲突。但是一直到春秋時代，胡族婚俗還在周族諸侯中公然實行，甚至還强迫實行。如衛國公子頑娶庶母宣姜就是被迫的：“齊人使昭伯（即公子頑）烝於宣姜，不可，强之。生齊子、戴公、文公，宋桓夫人、許穆夫人。”[⑤] 這種婚俗所生育的子女不會受到歧视，宣姜與衛宣公所生的儿

①《史記・匈奴列傳》，第 2879 頁。
②《後漢書・西羌傳》，第 2869 頁。
③《春秋左傳正義・宣三年》，《十三經注疏》，第 1868 頁。
④《毛詩正義・鄘風・桑中》，《十三經注疏》，第 314 頁。
⑤《春秋左傳正義・閔二年》，《十三經注疏》，第 1788 頁。

子繼位爲惠公，而宣姜與公子頑所生的兩個儿子繼位爲戴公、文公。

實際上魯、晋、衛、鄭爲春秋時期主要的周族大國，爲什麽這些國家都實行與夏族社會不協調的胡族婚俗呢？最合理的解釋就是，周族屬於胡族，因此所有這些現象無非是胡族習俗的殘餘。

（三）語言、文字

1．鮮卑語阿干

《水經注》："闞駰曰：（黄）河至金城縣（即今皋蘭）謂之金城河。……釋氏《西域記》曰：牢蘭海（楊守敬注：即蒲昌海）東伏流龍沙堆，在屯皇（即敦煌）東南四百里阿步干—鮮卑山。"全祖望校注：阿步干，鮮卑語也。慕容廆思其兄吐谷渾，因作阿干之歌。蓋胡俗稱其兄爲阿步干。今蘭州阿干峪、阿干河、阿干城、阿干堡，金人置阿干縣，皆以阿干之歌得名。阿干者，阿步干之省也。又有沃干嶺，亦阿干之轉音。[①]

鮮卑這個語音也見之周族。《説文》："周人謂兄曰罤（即昆）。"段玉裁注："謂兄罤者，周人語也。詩惟《王風》有昆字，此周人謂兄之證也。諸經皆言兄。……惟《禮·喪服》經傳，大功已上皆曰昆弟，小功已下同異姓，皆曰兄弟，不相淆亂……以爲立言之別也。"[②]罤正爲阿干之省文（見本文的［補注］）。

2．鮮卑方音中爲床母

又《周官·大司徒》"早物"，《釋文》早，"本或作皁"。阮元校勘記説："皁者，草之俗字。…… 自人用草爲艸木字，乃別制皁爲草斗

① （後魏）酈道元注，（清）楊守敬、熊會貞疏：《水經注疏·河水二》，第179頁。
② （漢）許慎撰，（清）段玉裁注：《説文解字注》，第236頁。

字。"[①]《説文》："草，草斗、櫟實也。"段玉裁注引陸璣云："其子爲皁，或言皁斗。其殼爲汁，可以染皁。"又説："俗作皁、作皂。於六書不可通。"[②]這是説草本爲染料，字或作早，俗作皁，訛作皂，與艸木之艸截然爲兩字。但艸木之艸亦非本字，本字爲屮。《説文》："屮，艸木初生也，象丨出形，有枝莖也。古文或以爲艸字，讀若徹。"[③]其實艸之義爲叢艸，猶林之義爲叢木。艸之個體本稱爲屮，古書於艸木之艸本作屮。《尚書·舜典》："疇若予上下草木鳥獸。"[④]《禹貢》："厥草惟繇。"馬融都説"'草'一作'屮'"。[⑤]漢人尚多作屮。然則既有屮字，何以復借用草斗之草字呢？

考借草爲屮，起自周人。《禮記·曲禮》："天子之六工，曰土工、金工、石工、木工、獸工、草工，典制六材。"[⑥]孫詒讓《周禮正義》謂此六工即《考工記》之六工，其中草工即《考工記》設色之工。草爲染料，故稱草工。鄭玄《禮記》注以爲《曲禮》六工乃殷時制。[⑦]據此可知商代還以草爲皁斗字，其借作屮字必起自周人。而周人之借用這個字必是方音關係（假借字皆由方音關係，將在其他地方進一步説明）。屮讀爲徹母，草讀爲床母。周人蓋讀屮爲床母，所以别借草字爲之。然讀屮爲床母，鮮卑的方音也是如此。《通志》："鮮卑……北俗呼草爲'俟汾'，音訛爲'宇文'。"[⑧]俟汾正是床母。

從上述種種情況來看，周族當屬於胡族。

① 《周禮注疏·地官·大司徒》，《十三經注疏》，第702、709頁。

② （漢）許慎撰，（清）段玉裁注：《説文解字注》，第47頁。

③ （漢）許慎撰，（清）段玉裁注：《説文解字注》，第21頁。

④ （清）孫星衍：《尚書今古文注疏·堯典下》，第67頁。

⑤ （清）孫星衍：《尚書今古文注疏·禹貢上》，第148頁。

⑥ 《禮記正義·曲禮下》，《十三經注疏》，第1261頁。

⑦ （清）孫詒讓：《周禮正義·冬官·考工記·總叙》，第3125頁。

⑧ （宋）鄭樵：《通志二十略·氏族略第五》，北京：中華書局，1995年，第174頁。

［補注］阿 干 與 昆

許多人注意到，鮮卑語“阿干”出現在阿爾泰語系的許多語言中。如伯希和在《吐谷渾爲蒙古語言人種説》中説：“阿干顯爲（蒙古語稱兄的）aqa 之對音。”白鳥庫吉在《東胡民族考》中説，阿爾泰諸語中，表示“兄”的詞彙 aka/akan、aga/agan、aki/akin 等，都與鮮卑語“阿干”相同。①

王力在《漢語史稿》中説，漢語的“哥”就來自“阿干”，他説自唐朝開始，在口语中“哥”代替了“兄”，而“哥”可能是外來語。漢語史研究者在對比後認爲漢語的“哥”“阿哥”來自鮮卑的“阿干”。因此“鮮卑語之‘阿干’在中古時代也進入了漢語”。②

其實早在三代，胡族的“阿干”已經通過周族進入了漢語，不過不是“哥”而是“昆”。借用王力的話來説，《儀禮·喪服》與《詩·王風》的“昆”可能是外來語。

---

①〔日〕白鳥庫吉著，方壯猷譯：《東胡民族考·慕容氏考》，太原：山西人民出版社，2015年，第72頁。

② 源志藩：《鮮卑遺民源氏源流：北方民族的生活變遷》，第45頁。

［15］周族之歷史及其起源地

一、周族歷史之分期

（一）周族之世系與年代

《史記·周本紀》所載周族之世系爲：

弃（后稷）—— 不窋——鞠——
公劉——慶節——皇僕——差弗——毀隃——公非——
高圉——亞圉——公叔祖類——
古公亶父——季歷——文王——武王

故按照《周本紀》，周族自弃（后稷）到周文王共十五世。此爲周族之正式的説法，《國語》記載周靈王時，太子晋對靈王的勸誡中講到周史，他説："自后稷以來寧亂，及文、武、成、康而僅克安民。自后稷之始基靖民，十五王而文始平之，十八王而康克安之，其難也如是。"[①] 作爲周之太子，對其父王説周史，當然絶對是官方的正式歷史，但他明確説從后稷到文王是十五世。《國語》又記載周敬王時衛大夫彪傒的一篇談話，他在訪周時對單穆公説："玄王勤商，十有四世而興。……后

① 徐元誥：《國語集解·周語下》，第100頁。

稷勤周，十有五世而興。”彪傒也說到十五世。[①]可見此“十五世”不是隨便說的，當爲周朝官方之正式說法，但此數字很不準確。

此外系譜中的名字有許多異說，根據《索隱》，在《世本》中有下列人名：公非辟方、高圉侯侔、亞圉雲都、太公組紺諸盩。[②]但皇甫謐說：公非字辟方，亞圉字雲都，“公祖一名組紺諸盩，字叔類，號曰太公”。《漢書・古今人表》則說雲都爲亞圉弟。[③]因此有人擬定下列序列：

公非——辟方——高圉——侯牟——亞圉——雲都——
太公組紺——諸盩——古公亶父

但如此修改並不解决根本問題，因爲十五世實在太少，不是相差幾個世代的事。

《周本紀》所講的十五世，其年代從弃到文王。但弃與禹、契是同時代的，都是堯舜時期之人，而文王是商紂時期。因此這十五世當歷經夏、商兩代。根據《夏本紀》與《殷本紀》，夏從禹到桀共十七世，商從湯到紂共三十世，因此夏、商兩代共四十七世（還没有算后羿時期）。可是這段時間，《周本紀》只有十五世，相差太大。一直有人以周族何以衹有十五世爲疑。這種疏略固然表示周族歷史記載的欠缺，但另一方面也由於所謂的系譜，實際上衹是部族移殖的傳説，其中一些是族名，而野史上乃把它們訛爲人名。因此這個祖先人名表在一定程度上衹反映周族的遷移路綫。故《周本紀》之“十五世”還有待進一步的深入研究。

---

① 徐元誥：《國語集解・周語下》，第131頁。

② 《史記・周本紀》，第114頁。

③ 《漢書・古今人表》，第887頁。

司馬遷説："余讀諜記，黄帝以來皆有年數。……古文咸不同，乖異。夫子之弗論次其年月，豈虚哉！"[①] 儘管如此，一些基本年數還是可以從經典書籍中得到。

首先是夏、殷、周之年數。《夏本紀》謂桀放而死，《集解》："徐廣曰：'從禹至桀十七君，十四世。'駰案：《汲冢紀年》曰'有王與無王，用歲四百七十一年矣。'"[②] 所謂有王與無王，其中"無王"當指后羿奪權的幾十年。那麼如果撇开"無王"的年代，夏代有四百二三十年。但今本《竹書紀年》記載了夏代各王之在位年數，從禹至桀十七王，將各王在位年數加在一起爲三百六十三年，還不到四百年。因此兩種《竹書紀年》的數字是矛盾的，一個偏大，一個偏小。尤其各王的在位年數，出錯的可能性很大。由於書籍流傳中發生很多差錯，因此這些記載只能作爲估計的基礎。如果包括"無王"年代，則可以估計夏代大致是四百年。

《殷本紀》謂周武王封紂子武庚以續殷祀，《集解》："譙周曰：'殷凡三十一世，六百餘年。'《汲冢紀年》曰：'湯滅夏以至于受（即紂）二十九王，用歲四百九十六年也。'"[③] 今本《竹書紀年》説："湯滅夏以至于受，二十九王，用歲四百九十六年。"[④] 但孟子説："由湯至於文王，五百有餘歲。"[⑤]《竹書紀年》的年數可能偏小。《竹書紀年》還記載了商代各王之在位年数，從湯到紂實際上共三十王，加在一起爲五百二十五年。所説的在位年數可能也偏小，因此可以估計商代大致是六百年。

---

①《史記·三代世表》，第488頁。

②《史記·夏本紀》，第89頁。

③《史記·殷本紀》，第108頁。

④（清）徐文靖：《竹書紀年統箋》，《二十二子》，第1071頁。

⑤《孟子正義·盡心下》，《諸子集成》，第609頁。

《周本紀》謂幽王被殺，《集解》：“《汲冢紀年》曰：‘自武王滅殷以至幽王，凡二百五十七年也。’”① 此爲西周之年數。《周本紀》謂王赧卒，“周既不祀”，《集解》：“皇甫謐曰：‘周凡三十七王，八百六十七年。’”② 此爲西周與東周之總年數。由於在東周最後的年代里，周室已經毫無實際的統治能力，因此周代大致是八百年。

周朝的八百年還可以從另一個角度来看。孟子説：“由文王至於孔子，五百有餘歲。”③ 由於孔子卒於春秋末，孔子歿後二百有餘歲周朝滅亡，故周朝約八百年。

周赧王末年爲公元前 256 年，距今約 2250 年，而周朝 800 年，故周朝起始於距今約 3050 年。由於商朝 600 年，故商朝起始於距今約 3650 年。夏朝 400 年，故夏朝起始於距今約 4050 年。因此作爲最粗略的估計，則夏代起始於距今 4000 年，商代起始於距今 3600 年，而周代起始於距今 3000 年。

（二）周史之分期及其年代

根據《周本紀》以及《竹書紀年》的記載，再參看《魯語》“周人禘嚳而郊稷，祖文王而宗武王……高圉、大王，能帥稷者也，周人報焉”④，那麽在整個系譜中，不窋、公劉、高圉、古公、武王爲轉捩點，周族上古史就有下列五個轉捩點。

1．武王

先從武王開始。剛纔説過，武王於距今約 3050 年推翻殷紂王。

---

①《史記·周本紀》，第 149 頁。

②《史記·周本紀》，第 170 頁。

③《孟子正義·盡心下》，《諸子集成》，第 609 頁。

④ 徐元誥：《國語集解·魯語上》，第 160—161 頁。

2．太王

《竹書紀年》有下列記載："武乙三年，命周公亶父賜以岐邑。"[①] 太王（即古公亶父）是武乙時期。根據《竹書紀年》，武乙、文丁、帝乙、帝辛（紂）在位共 109 年，約一百年，因此可以估計太王是在武王之前一百年南遷岐下的，即太王於距今約 3150 年南遷岐下的。

3．高圉

《竹書紀年》有下列記載："（祖乙）十五年，命邠矦高圉。"[②] 則高圉是祖乙時期。

再根據《竹書紀年》，從祖乙（高圉時）到武乙（太王時），共 14 王，在位大約二百年，故高圉距太王約二百年。太王距今 3150 年，故高圉距今約 3350 年。

高圉在周族歷史上有很重要的地位。陳奐說："周人立七廟，高圉、亞圉但報祭不立廟。《禮記・王制》疏引舊注云：'周人不毀其廟，報祭之'，非也。又引馬融說'周人所報而不立廟'，是也。"[③] 但《竹書紀年》說成王七年，周公復政於王。"冬，王歸自東都。立高圉廟。"[④] 所以陳奐之說不成立。

4．公劉

《匈奴列傳》："公劉……其後三百有餘歲，戎狄攻大王亶父，亶父亡走岐下。"[⑤] 故從公劉到太王有三百多年。太王距今 3150 年，故公劉

① （清）徐文靖：《竹書紀年統箋》，《二十二子》，第 1067 頁。

② （清）徐文靖：《竹書紀年統箋》，《二十二子》，第 1065 頁。

③ 徐元誥：《國語集解・魯語上》，第 161 頁。

④ （清）徐文靖：《竹書紀年統箋》，《二十二子》，第 1075 頁。

⑤ 《史記・匈奴列傳》，第 2881 頁。

距今約3500年。

公劉距今約 3500 年，則公劉當晚於商湯，更晚於報丙、主壬。但《漢書・古今人表》中，將公劉列於夏族帝皋的同時，而位於商族報丙、主壬之間。[①]看來《漢書・古今人表》有關公劉的年代很不準確。

5．不窋

《國語》說："昔我先王世后稷……。及夏之衰也，棄稷弗務，我先王不窋用失其官，而自竄於戎狄之閒。"[②]《周本紀》說："夏后氏政衰，去稷不務。不窋以失其官而犇戎狄之閒。"[③]因此"夏后氏政衰"爲不窋進入戎狄之間的年代，亦即不窋時期之起始。

夏后氏何時政衰？在夏朝四百年裏，曾多次政衰。第一次當爲后羿篡政，夏后氏失去政權幾十年，一直到少康復辟。《竹書紀年》："（少康）三年，復田稷。"[④]因此不窋"自竄於戎狄之間"必在后羿篡政之後，而在少康復辟之前。再根據《竹書紀年》，自禹至后羿篡政爲 63 年，則不窋時期之起始當在夏朝初期。

夏后氏再一次政衰爲帝孔甲時，《竹書紀年》沈約附注說："王（孔甲）好事鬼神，肆行淫亂，諸侯化之，夏政始衰。"[⑤]自禹至孔甲共三百多年，如夏后氏政衰乃指孔甲之時，則不窋時期之起始當在夏朝晚期。

當然夏后氏政衰亦可能指夏桀時，則不窋時期之起始當在夏末。但夏桀是亡國之君，不止是政衰而已，故不窋時期之起始不會在夏末。因此不妨估計不窋於距今约3800年奔戎狄之間。

---

① 《漢書・古今人表》，第883頁。

② 徐元誥：《國語集解・周語上》，第3—4頁。

③ 《史記・周本紀》，第112頁。

④ （清）徐文靖：《竹書紀年統箋》，《二十二子》，第1058頁。

⑤ （清）徐文靖：《竹書紀年統箋》，《二十二子》，第1059頁。

因此可以將周族歷史劃分爲下列七個時期：

后稷時期（神話傳説時期，七百年）約距今4500—3800年
不窋時期（戎狄時期，三百年）約距今3800—3500年
公劉時期（邊境時期，一百五十年）約距今3500—3350年
高圉時期（邠州時期，二百年）約距今3350—3150年
古公時期（周原時期，一百年）約距今3150—3050年
武王時期（西周時期，二百五十多年）約距今3050—2770年
平王時期（東周時期，五百五十年不到）約距今2770—2250年

因此整個周族歷史也可以分爲下列三個階段：

原始階段　包括后稷時期與不窋時期
過渡階段　包括公劉時期、高圉時期與古公時期
周王階段　包括武王時期、平王時期

其中原始階段以不窋爲界可分爲前後兩段；過渡階段以高圉爲界，可分爲前後兩段；周王階段以平王爲界，可分爲西周、東周兩段。

（三）周族之歷史與《禹貢》之五服

周族之歷史，清楚地體現了周族在發展中與夏族關係之變化，反映了五服的觀念。《禹貢》之五服爲甸服、侯服、綏服、要服、荒服。所謂甸服即是周王的直接統治區域，居民直接向王室繳納貢賦。侯服、綏服的居民並不直接向王室納貢，他們的主要任務是維護王國的安全，故

侯服、綏服是諸侯國。至於要服，孔安國傳："要，束以文教。"①故要服是指受到周王控制的異族，而荒服則指境外之異族（關於五服見論文［05］）。

周族之歷史分期體現了《禹貢》之五服，也體現了《爾雅·釋地》之九州、四海與四荒。

周族在后稷與不窋時期處於《爾雅》之"四荒"，亦即《禹貢》之"荒服"。馬融説"因其故俗而治之"，實際上在后稷時期與不窋時期，周族爲獨立之異族，爲"中國"商朝政教所不及，此即所謂因其故俗而治之。所謂故俗即指胡族文化。

在公劉時期，周族已進入"四海"，亦即"要服"，也就是説已受到商朝文教之影響，但是公劉時期，周族與商王朝没有直接的關係，既不需要爲商王朝的安全負責，更不必爲商王朝提供賦役。

根據《竹書紀年》，在商王祖乙十五年，高圉被任命爲"邠侯"，因此到高圉時期，周族已進入"九州"，亦即"綏服"，成爲商朝的諸侯，成爲的商朝安全體系的一部分。高圉時期大約長達二百年，是周族從戎狄轉變爲夏族的關鍵時期。

根據《竹書紀年》，在商王武乙三年，古公進一步被任命爲"周公"，則高圉與太王爲周朝的建立奠定了基礎，因此"高圉、大王，能帥稷者也，周人報焉"②。以後文王、武王建立了周朝。因此周族從后稷到武王，經歷了《禹貢》或《爾雅》自遠而近的各個階段。這也是商族之外，北方部族融入夏族的一個典型。與以後的拓跋氏歷史如出一轍。

① 《尚書正義·禹貢》，《十三經注疏》，第 153 頁。

② 徐元誥：《國語集解·魯語上》，第 161 頁。

二、關於周族起源地的傳説

周族留下不少有關原始時期的傳説，現在就來分析。

（一）關於帝嚳與有邰氏的傳説

爲了確定周族的起源地，首先要探求周族的始祖，特别是弃之父母。在傳説中，弃之父爲帝嚳而母爲有邰氏姜原。

1．帝嚳

《周本紀》在傳説時期衹有弃一個世代，而在弃之前則衹講述其父、母。《周本紀》説弃之父爲帝嚳，其母爲有邰氏女姜原。《索隱》説："譙周以爲'弃，帝嚳之胄，其父亦不著'，與此紀異也。"① 譙周認爲弃是帝嚳之後裔，不能説弃爲帝嚳之子。《帝王世紀》非但説弃是帝嚳之子，而且是嫡長子，次子爲契，而三子爲堯還有一個帝摯（黄帝的繼承人）則是四弟。不過按《史記·三代世表》，則帝嚳之子唯三人，其次序爲堯、契、弃。② 與《帝王世紀》相反。

這些矛盾的記載説明，非但帝嚳四子之説靠不住，連弃爲帝嚳之子的説法也靠不住。實際上從《周本紀》《殷本紀》的神話來看，弃、契未必與禹同屬於夏族（見論文［14］）。因此弃未必是帝嚳之後裔，更不會是帝嚳之嫡長子。因此，研究周族起源地，不必重視有關弃爲帝嚳長子之傳説。周族的后稷時期是神話傳説時期，同許多少數民族一樣，他們往往在其世系前面加上一位遠古的著名人物來作爲自己的始祖，因此"帝嚳—弃"就是這種性質的比附，實際上是歷史缺失的時期（見論文［12］）。

---

①《史記·周本紀》，第111頁。

②《史記·三代世表》，第489頁。

2. 有邰氏

《周本紀》:“周后稷，名弃。其母有邰氏女，曰姜原。……（帝舜）封弃於邰，號曰后稷，别姓姬氏。”《正義》:“《括地志》云:‘故斄城一名武功城，在雍州武功縣西南二十二里，古邰國，后稷所封也。有后稷及姜嫄祠。’”《索隱》:“邰即斄，古今字異耳。”[1] 因此邰既是后稷的外家所在，又是后稷的封地。邰亦即斄，《詩》“即有邰家室”，齊詩邰作斄，而魯、韓詩正作台。[2] 倘若后稷的母家與封地都在陝西武功，則武功爲周族的起源地了。

但《地理志》説：栒邑爲“公劉所都”，而美陽爲“周大王所邑”。[3] 如果情况真的如此，則周族從后稷到古公以至周文王，除戎狄時期外，其活動地域集中於漢右扶風之東半部。至於戎狄時期，《史記》注引《括地志》:“不窋故城在慶州弘化縣南三里，即不窋在戎狄所居之城也。”[4] 慶陽在扶風之北約四百里，也不遠。一個打敗商王朝建立了那麽强大王國的周族，一兩千年内始終生活於那麽局限的範圍内，似乎不太可能。

我認爲邰本爲文王受命之地，後乃附會爲后稷發祥之地。何以見得邰爲文王受命之地?《書·無逸》:“文王受命惟中身。”[5] 因而書傳與諸舊史都有“文王受命”之説。什麽叫受命? 按《詩·文王有聲》:“文王受命，有此武功。既伐于崇，作邑于豐。文王烝哉！”鄭箋:“武功，謂伐四國及崇之功也。作邑者，徙都于豐，以應天命。”《詩序》:

① 《史記·周本紀》，第 111、112 頁。

② （東漢）劉熙撰，（清）畢沅疏證，（清）王先謙補:《詩三家義集疏·生民》，第 881 頁。

③ 《漢書·地理志上》，第 1547 頁。

④ 《史記·周本紀》，第 113 頁。

⑤ 《尚書正義·無逸》，《十三經注疏》，第 222 頁。

“文王有聲，繼伐也。武王能廣文王之聲，卒其伐功也。”[①] 都將受命解釋爲武力討伐之功，這種解釋不正確。《文王有聲》之“文王受命，有此武功”，此處“武功”並非討伐崇與討伐四國之功，而是地名，即今陝西武功縣，亦即有邰之所在。

《文王有聲》並不是宣揚文王討伐之功，“有此武功”之“此”字在詩的上下文也没有着落，什麽武功？後文雖提到崇，但也没有暗示四國。而且從既字來看，可知詩之主旨爲“作邑于豐”，而非“既伐于崇”。因此《詩序》非確詁，鄭箋對武功的解釋也不正確，但他强調作邑是應天命，却很正確。應天命當然更爲重要，因此接下去第三章講“築城伊淢，作豐伊匹”，第四章是“王公伊濯，維豐之垣”第五章是“豐水東注，維禹之績”。下幾章還講到鎬京。所以《文王有聲》謂作豐京、鎬京，並非繼伐，其主旨在“作豐”而不是“伐崇”，這是没有疑義的。宣揚文王戰功的是《皇矣》:“帝謂文王，無然畔援。……密人不恭，敢距大邦，侵阮徂共。王赫斯怒，爰整其旅。”“以爾鉤援，與爾臨衝，以伐崇墉。”[②] 所以伐密、伐崇是文王的最大戰功，密還牽涉阮、共二國，範圍較大而崇有高大的城墻。

然則“邰”與“武功”，本爲文王受命之地，後乃附會爲后稷發祥之地，於是成爲周族之起源地。

（二）關於農業的傳説

1. 周族與農、牧業

在周族起源的傳説中，周族認爲自己的標志是農業。《國語》載祭

① 《毛詩正義·大雅·文王有聲》，《十三經注疏》，第526頁。

② 《毛詩正義·大雅·皇矣》，《十三經注疏》，第521、522頁。

公説："昔我先王世后稷，以服事虞、夏。"[①]《周本紀》説："弃……及爲成人，遂好耕農…… 帝堯聞之，舉弃爲農師……（帝舜）封弃於邰，號曰后稷，别姓姬氏。后稷之興，在陶唐、虞、夏之際，皆有令德。"《索隱》："譙周按《國語》云'世后稷以服事虞、夏'，言世稷官，是失其代數也。"[②]陶唐虞夏時期長達幾百年甚至上千年，因此后稷並非特指弃一人，而是指這個時期周族之所有首領。后稷是職官的名稱，所謂"皆有令德"，是指擔任后稷之人都有令德，不是指某一個具體之人。

因此后稷時期之特點爲相當發達之農業。這表示在弃之生活環境中，相對於周邊的其他部族，周族有比較發達之農業。但周族之農業曾出現衰退，一直到公劉時纔得以恢復，《周本紀》説："不窋末年，夏后氏政衰，去稷不務，不窋以失其官而奔戎狄之閒。……公劉雖在戎狄之閒，復修后稷之業，務耕種，行地宜。"[③]所以周族之農業有一個衰退及復興的過程。

這就提供了周族起源地的一個研究綫索，周族的起源地必須適合於農業的發展，但又便於在農業與牧業之間的轉換。

2．關於叔均（始均）的傳説

《山海經·大荒西經》："有西周之國，姬姓，食穀。有人方耕，名曰叔均。帝俊生后稷，稷降以百穀。稷之弟曰台璽，生叔均。叔均是代其父及稷播百穀，始作耕。"郭璞注："俊宜爲嚳。"郝懿行："帝嚳名夋，夋、俊疑古今字，不須依郭改。……然《經》中帝俊屢見，似非一

① 徐元浩：《國語集解·周語上》，第 3 頁。
②《史記·周本紀》，第 112、113 頁。
③《史記·周本紀》，第 112 頁。

人，未聞其審。”[①]但《路史》謂后稷生漦璽，“漦璽生叔均”。[②]故《海內經》：“稷之孫曰叔均，是始作牛耕。”[③]

傳説中還有叔均逐旱魃之神話，而叔均由此而成爲田祖，《山海經·大荒北經》：“黄帝乃下天女曰魃（郝懿行：《御覽》引此經，魃作妭），雨止，遂殺蚩尤。魃不得復上，所居不雨，叔均言之帝，後置之赤水之北，叔均乃爲田祖。”郭璞注：“《詩》云：‘田祖有神。’”[④]

《大荒西經》謂叔均之國在“西北海之外”，《大荒北經》則講到旱魃神話，此外又將旱魃神話聯繫於弱水。這一些資料對周族的起源地給出了有力的啓示，即起源地在西北方，與弱水有關。

《山海經》幾次提到后稷，如：“南望崑崙，其光熊熊……西望大澤，后稷所潛也。”郝懿行箋疏：“所潛即謂所葬也。”[⑤]“后稷之葬，山水環之，在氐國西。”[⑥]又：“西南黑水之閒，有都廣之野，后稷葬焉。”[⑦]從有關的地名來看，如西北海之外、南望崑崙、氐國西，只能在秦隴之西北方。（雖然“西南黑水之閒”，位置似有不同，亦不當在陝西，且《史記》注引此作黑水、青水之間。）故周族的起源地、后稷的出生地、葬地，都只能在秦隴的西北方而不會在陝西的渭水流域，更不會在山西、河南一帶。

除叔均外，《山海經》又有“始均”：“黄帝之孫曰始均。始均生北狄。”[⑧]

---

①（清）郝懿行：《山海經箋疏·大荒西經》，第107頁。

②（宋）羅泌：《路史·高辛》，第109頁。

③（清）郝懿行：《山海經箋疏·海内經》，第118頁。

④（清）郝懿行：《山海經箋疏·大荒北經》，第113頁。

⑤（清）郝懿行：《山海經箋疏·西次三經》，第16頁。

⑥（清）郝懿行：《山海經箋疏·海内西經》，第85頁。

⑦（清）郝懿行：《山海經箋疏·海内經》，第115頁。《周本紀》注引此作“黑水、青水之間有廣都之野”，見《史記》，第113頁。

⑧（清）郝懿行：《山海經箋疏·大荒西經》，第107頁。

始均與拓跋氏有聯繫。《北史・魏本紀》："魏之先出自黄帝軒轅氏，黄帝子曰昌意，昌意之少子受封北國，有大鮮卑山，因以爲號。其後世爲君長，統幽都之北，廣漠之野，畜牧遷徙，射獵爲業……其裔始均，仕堯時，逐女魃於弱水，北人賴其勳，舜命爲田祖。……而始均之裔不交南夏，是以載籍無聞。積六七十代，至成皇帝諱毛立，統國三十六，大姓九十九，威振北方。"[①]則始均逐女魃之處爲弱水，而其年代則爲北魏成皇帝之前六七十代。

其實始均也不是人名。《大戴禮・夏小正》："農率均田。…… 均田者，始除田也。"孔廣森補注："均讀爲耘。"[②]始均當是周族野史推其祖先爲發明耘田之人而已，當即《山海經》所謂"始作耕"或"始作牛耕"之意類似，於是"始均乃爲田祖"。

始均統幽都之北、廣漠之野，畜牧遷徙，射獵爲業。……逐女魃於弱水，北人賴其勳，舜命爲田祖。始均即叔均。

三、周族之起源地

（一）周族起源地的基本條件

根據前面的討論，周族的起源地應滿足以下條件。

1. 農業與牧業區

《山海經》謂"西周之國，姬姓，食穀。有人方耕，名曰叔均"，又謂"叔均是代其父及稷播百穀，始作耕"[③]。周族之起源地在農業

---

① 《北史・魏本紀》，第1頁。

② （清）孔廣森：《大戴禮記補注・夏小正》，北京：中華書局，2013年，第41頁。

③ （清）郝懿行：《山海經箋疏・大荒西經》，第107頁。

區，但其左近爲牧業區，又《周本紀》："不窋以失其官而奔戎狄之間。"但到了牧業區以後又能轉到更好的農業區。

2. 起源地的方位是西北

姬姓西周之國在"西北海之外"，后稷葬地在昆侖之北、氐國之西，有關叔均的記載見之於《山海經·大荒西經》與《山海經·大荒北經》。因此叔均之地域當在秦隴西北。拓跋氏之始均"生北狄"，"統幽都之北"，亦在北方。因此周族的起源地域在西北地區。

3. 起源地有弱水與旱魃

《大荒北經》有叔均與魃，而《北史》有"始均仕堯時，逐女魃於弱水"，故叔均（始均）與旱魃、弱水有關。

4. 從起源地可以進入牧區

不窋失去稷官之後，他進入了"戎狄之間"。《周本紀》没有説"戎狄之間"的具體所在，但《括地志》説得很具體："不窋故城在慶州弘化縣南三里，即不窋在戎狄所居之城也。"[①] 因此"戎狄之間"應該與慶陽有關。

（二）周族之起源地

在以上討論的指引下，可以作下列推測：周族起源地當在慶陽以北、弱水所經過之農業區。

1．農業區與弱水

在西北，有兩個特别引人注目的農業區：一個是内蒙古之河套，即

① 《史記·周本紀》注，第113頁。

黄河自磴口以東至烏梁素海一帶；一個在寧夏北部，即黄河自石咀山以南至青銅峽一帶。這兩個農業區都位於牧區與沙漠地帶。

周族起源地當與弱水相關。關於弱水，以往大家都以爲在張掖，都以爲是張掖之山丹河。鄭玄説："《地理志》：弱水出張掖。"①，班固《地理志》自注："桑欽以爲道弱水自此，西至酒泉合黎。"② 但該處與周族之起源地無關（關於弱水，見論文［07］）。

其實古代黄河上游之河溝亦爲弱水。《水經》講到黄河過青銅峽時説："又北，過北地富平縣（今吴忠）西。"《水經注》："河側有兩山相對，水出其間，即上河峽也。世謂之爲青山峽（楊守敬注：一名青銅峽）。河水歷峽北注，枝分東出。"③ 弱水並非指一條河道，而是指富平以北之"河溝"。《水經注》講述富平以北的情况如下：

> 河水又北，有薄骨律鎮城（楊守敬疏：薄骨律鎮，孝昌中改靈州。），在河渚上（熊會貞疏：《括地志》：城在河渚之中，隨水上下，未嘗陷没），……河水又逕典農城東，世謂之胡城。又北逕上河城東，世謂之漢城。……馮參爲上河典農都尉所治也。……河水又北，與枝津合。水受大河，東北逕富平城，所在分裂，以溉田圃。北流入河，今無水（熊會貞疏："《元和志》，漢渠在靈武縣南五十里，從漢渠北流四十餘里，始爲千金大陂，其左右又有胡渠、御史、百家等八渠，溉田五百餘頃。與《注》言所在分裂合，蓋至唐即復通流矣"）。《爾雅》曰：灉，反入，言河决復入者也。河之有灉，若漢之有潛也。"④

大概在富平、廉縣（今賀蘭縣）、靈武一帶（今吴忠、银川一帶），河水分裂爲

① 《史記·夏本紀》注，第70頁。
② 《漢書·地理志下》，第1613頁。
③ （後魏）酈道元注，（清）楊守敬、熊會貞疏：《水經注疏·河水三》，第203—204頁。
④ （後魏）酈道元注，（清）楊守敬、熊會貞疏：《水經注疏·河水三》，第205—209頁。

衆多之支流，古代當極淺，故有弱水之名。所謂弱水指“天下之弱者……鸿毛不能載也”，因此弱水與沙漠有關，東自秦隴地區，西至玉门關外，多處有弱水的記載（見論文［07］）。

2．農業

弱水的自然條件使得當地有可能成爲一個發達的農業區。在漢代，在今寧夏置典農都尉，《水經注》楊守敬疏：“蓋典農城有三……皆參所分屯。”①

周族之起源地當在今黄河（青銅峽至石咀山一段）與賀蘭山之間的地帶，即清代寧夏府之北部。其中水道縱横，即弱水所在。此處東接鄂爾多斯，爲河套之一部分。故周族后稷時期可能即生活於鄂爾多斯高原之西部。而始均逐旱魃於弱水的神話，當是指始均把在陰山地區所得的灌溉的知識，傳播到今青銅峽以北的新地區，建立起消除旱灾之業績，周族起源地當即在此。

四、不窋與戎狄區域

周族的起源地與周族的神話傳説時期是聯繫在一起的，因此對於周族歷史來説，最需要研究的是不窋，因爲他是第一個走出神話傳説的歷史人物，猶如商族的昭明。

（一）不窋時期

1．不窋時期的歷史

《周本紀》有下列説明：“后稷卒，子不窋立。不窋末年，夏后氏

① （後魏）酈道元注，（清）楊守敬、熊會貞疏：《水經注疏・河水三》，第208頁。

政衰，去稷不務，不窋以失其官而奔戎狄之間。”[①] 於是在夏朝“政衰”之時，周族離開原先生活的農業區，進入了畜牧區，此即不窋時期或戎狄時期。不窋爲周族歷史之一轉捩點，將周族轉爲畜牧業而獲得了再生的機會。故不窋一直受到尊重，魯宗伯夏父弗忌説：“子雖齊聖，不先父食久矣。故禹不先鯀，湯不先契，文武不先不窋。”[②] 宗伯“掌宗廟昭穆之禮”，因此夏父弗忌既然將不窋與夏鯀及商契相提並論，即可説明不窋當爲周族最重要的創業祖先。

今甘肅慶陽一帶長期以來屬於戎狄區域，在隋唐時又名安化。《寰宇記》：“（慶州）安化縣，本漢郁郅縣，屬北地郡。後漢迄晋，戎虜所侵，不立州縣。……《周地圖記》云：‘郁郅城，今名尉李城’……即今縣是也。《水經注》云：‘尉李城，亦曰不窋城。’”[③]《元和郡縣圖志》慶州，“古西戎地……今州理東南三里有不窋故城是也。春秋及戰國時爲義渠戎國。”[④] 那麽春秋及戰國時此地爲義渠所據，從東漢至魏晋還爲戎虜所侵。

現在再進一步考察有關之地理環境。

2．不窋時期之地域

古代慶陽一帶是廣大的牧區，該處歷代之政治疆域如下：

漢代：安定郡、北地郡

唐代：會州、原州、涇州、慶州

清代：鞏昌府、平凉府、涇州、慶陽府

① 《史記·周本紀》，第 112 頁。

② 《春秋左傳正義·文二年》，《十三經注疏》，第 1839 頁。

③ （宋）樂史：《太平寰宇記·關西道九》，第 708 頁。

④ （唐）李吉甫：《元和郡縣圖志·關内道三》，第 66—67 頁。

在上古時代，這個地域是畜牧區。例如顧祖禹説，清水河流域有原州（即固原），“當隴山之口。其西皆監牧故地，草肥水美”①。又如烏氏是著名的畜牧地，《貨殖列傳》：“烏氏倮畜牧……畜至用谷量馬牛。”《集解》：“韋昭曰：‘烏氏，縣名，屬安定。’”②《後漢書・隗囂傳》注：“烏氏，縣名，屬安定郡，故城在今涇州安定縣東也。”③涇州即平涼東南之涇川，靠近慶陽府，故烏氏在涇水上游。《史記・匈奴列傳》涇北有烏氏之戎。④

《括地志》：寧、原、慶三州本“義渠戎國之地”⑤。實際上到唐代，這裏還是重要的牧區，是群牧監的故地。《元和郡縣圖志》：“監牧。貞觀中自京師東赤岸澤移馬牧於秦、渭二州之北，會州（甘肅靖遠）之南，蘭州狄道縣之西，置監牧使以掌其事。仍以原州刺史爲都監牧使，以管四使。南使在原州（寧夏固原）西南一百八十里，西使在臨洮軍西二百二十里，北使寄理原州城内，東宫使寄理原州城内。天寶中，諸使共有五十監：……監牧地，東西約六百里，南北約四百里。天寶十二年，諸監見在馬總三十一萬九千三百八十七匹，内一十三萬三千五百九十八匹課馬。”⑥《讀史方輿紀要》：“羣牧監，舊在（平涼）府西。《唐書》‘天寶末太子自奉天至平涼，閲牧馬，得數萬匹’，蓋府境宜畜馬也。……領長樂、靈武……六監，開城、安定……二十四苑，俱在府境及慶陽、鞏昌境内。”⑦這個監牧地的範圍很大，所謂“秦、渭二州之北，會州之南”是指秦州（包括今秦安、天水）、渭州（包括今渭源、隴西）之

① （清）顧祖禹：《讀史方輿紀要・陝西七》，第2775頁。
② 《史記・貨殖列傳》，第3260頁。
③ 《後漢書・隗囂公孫述列傳》，第521頁。
④ 《史記・匈奴列傳》，第2883頁。
⑤ （唐）李泰等：《括地志輯校》，第42頁。
⑥ （唐）李吉甫：《元和郡縣圖志・關内道三》，第59頁。
⑦ （清）顧祖禹：《讀史方輿紀要・陝西七》，第2781頁。

北，會州（包括今靖遠、海原）之南，即西自鞏昌府（包括隴西、會寧），東至慶陽府，東西約六百里，南北約四百里。

在夏商之際，該處居民過畜牧生活，因此所謂"夏后氏政衰，去稷不務，不窋以失其官而犇戎狄之間"，當指不窋離開今寧夏北部而南下進入比鄰之甘肅牧區。實際上這條路綫是古代胡族南下的一條重要通道（見論文［03］）。因此《括地志》謂"不窋故城"在慶陽，這個記載大概是準確的。但不窋時期可能有三百年之久，那麼他們不可能固定在一個地方，更不會固定在牧區邊緣的慶陽地區。

又《穆天子傳》説："赤烏氏先出自周宗。"①赤烏氏當即烏氏，其地與烏氏頗合，似乎與不窋有關，故言出自周宗。因此在不窋時期，周族當生活於西自鞏昌府、東至慶陽府"東西約六百里"的甘肅牧區之内。

（二）不窋時期之世代

古公亶父之後，周族有了較爲明晰的歷史記載。在此之前，衹有公劉時期世代較多，比較完整。其他時期世代的數目都很少，尤其最初后稷時期與不窋時期，缺失很多。這有各種原因，其中一個原因是最初的世代名，往往是部族的名稱而不是首領個人的名稱，首領的世代可以很多，但部族名稱衹有一個。如周族的不窋時期，只留下不窋與鞠兩個世代。其實此二者非人名，而是部族之名稱。部族往往以地得名，因此許多世代名稱實際上都是地理名稱。

1. 不窋

窋即窟。古字不即丕，丕訓爲大，當是居住大土穴的部族。故不窋由居住条件得名。

① 顧實：《穆天子傳西征講疏》，第91頁。

2. 芮鞫

鞫當即鞫，古鞫、鞫通用，《詩》鞫育或作鞫育。《詩・篤公劉》結尾爲“止旅乃密，芮鞫之即”，此爲毛詩，而三家詩作芮阸”。[①]毛傳：“芮，水厓也。”鄭箋：“芮之言内也。水之内曰隩，水之外曰鞫。”[②]故鞫爲一種地貌之描述，似亦爲部族之稱呼。

但又有另一種解釋，將芮解釋爲芮水。《周禮・職方氏》：“正西曰雍州……其川涇汭。”鄭玄注：“汭在豳地，《詩・大雅・公劉》曰：‘汭垙之即。’”[③]同樣，《地理志》右扶風汧縣，班固自注：“芮水出西北，東入涇。《詩》芮［阸］雍州川也。”亦將芮解釋爲芮水。[④]《大雅・公劉》之詩曰“止旅乃密，芮鞫之即”，這兩句是《公劉》全篇末尾，是説他們在新地已經繁榮起來（即‘止旅乃密’。止即址，指土地。旅即衆，指人口。密即蕃盛），又要再遷新地的芮鞫去（見論文［16］）。芮是一條不小的水，正如《周禮》説的，雍州是“其川涇、芮”。

《讀史方輿紀要》汭水，“源出弦蒲藪，東北流入平凉府華亭縣界。”[⑤]因此周族後來離開牧區時可能在今華亭一帶（請參看下邊關於牧区位置的説明）。在不窋時期，周族並非固定在慶陽，那麼公劉離開牧區，其出發地可能不是慶陽而是慶陽往西的華亭、莊浪等地。

（三）對不窋時期的解説

1. 解説的混亂

《周本紀》對不窋時期作了下列解説：“不窋末年，夏后氏政衰，

① （東漢）劉熙撰，（清）畢沅疏證，（清）王先謙補：《詩三家義集疏・大雅・公劉》，第901頁。

② 《毛詩正義・大雅・公劉》鄭箋，《十三經注疏》，第543頁。

③ 《周禮注疏・夏官・職方氏》，《十三經注疏》，第862頁。

④ 《漢書・地理志上》，第1547頁。

⑤ （清）顧祖禹：《讀史方輿紀要・陝西四》，第2656頁。

去稷不務，不窋以失其官而犇戎狄之間。”[1]簡單明瞭，也合理。《周本紀》接下去説：“不窋卒，子鞠立。鞠卒，子公劉立。公劉雖在戎狄之閒，復脩后稷之業，務耕種，行地宜，自漆、沮度渭，取材用，行者有資，居者有畜積，民賴其慶。百姓懷之，多徙而保歸焉。周道之興自此始，故诗人歌樂思其德。公劉卒，子慶節立，國於豳。”[2]這一段話的基本描述也很清楚，與前面的叙説也是一致的，但古典文獻中出現不少與這些段落矛盾的解説，引起不少争論。

首先《史記》本身就出現了矛盾。《史記·匈奴列傳》：“夏道衰，而公劉失其稷官，變于西戎，邑于豳。”[3]根據《周本紀》，“失其稷官、變于西戎”者爲不窋而非公劉，而國於豳者爲慶節，亦非公劉。故《匈奴列傳》與《周本紀》不合。

《史記·劉敬列傳》説：“公劉避桀居豳。”[4]《吴越春秋》則説：“公劉避夏桀於戎、狄。”[5]也不合。而且前面説過，公劉的年代晚於湯，比任何一個夏王都要晚得多。因此如果公劉受到迫逐，那麼迫逐他的應該是商王而不是夏桀。

《大雅·公劉》第一章毛傳：“公劉居於邰，而遭夏人亂，迫逐公劉。公劉乃辟中國之難，遂平西戎而遷其民，邑於豳焉。”《大雅·公劉》的鄭箋也説：“公劉者，后稷之曾孫也。夏之始衰，見迫逐，遷於豳而有居民之道。”[6]根據《周本紀》，進入戎狄之間的是不窋，公劉本來就“在戎狄之閒”，並不“居於邰”。《周本紀》説公劉是“脩后稷之業”，企圖發展農業，因此他離開牧區，接近“中國”。他没有“遭夏人亂”，也没有被迫逐，更没有“辟中國之難”。公劉没有“邑於豳”。

① 《史記·周本紀》，第112頁。
② 《史記·周本紀》，第112頁。
③ 《史記·匈奴列傳》，第2881頁。
④ 《史記·劉敬列傳》，第2715頁。
⑤ 周生春：《吴越春秋輯校匯考·吴太伯傳》，上海：上海古籍出版社，1997年，第14頁。
⑥ 《毛詩正義·大雅·公劉》，《十三經注疏》，第541頁。

鄭玄在《豳譜》中又説："公劉者，自部而出，所徙戎狄之地名，今屬右扶風栒邑（即今陝西旬邑）。"又説："公劉以夏后大康時失其官守，竄於此地，猶修后稷之業。"① 鄭玄這段話説明他所謂的公劉，實際上爲不窋。而且由於誤會周族的起源地在陝西武功，所以斷定不窋是從武功出發遷移到戎狄之間的。此即《豳譜》的解説。但所謂戎狄之間其實並不在栒邑一帶，不窋並不是從武功出發的。

2. 從不窋到公劉

周族神話傳説時期之地域在今寧夏北部，亦即黄河之弱水地區。弱水地區作爲農業區，爲游牧與畜牧區所包圍。特别是其南邊的清水河以及涇水上游，正是重要的畜牧區。那麽當農業在弱水地區無法經營時，不窋當即南下進入安定郡（寧夏固原一帶）、北地郡（甘肅慶陽一帶）的畜牧區。

但是到了這個畜牧區，又必然會受到隴東的農業區所吸引。實際上幾千年來，大量北方部族都由寧夏穿過南部牧區到達甘肅東部。許多部族由此往東進入中原地區，還有不少部族由此往南進入川蜀，或者由此往西進入青海與河西走廊（關於北方部族由漠北遷徙到隴東，然後從隴東進入中原地區或進入川蜀、河西走廊的情况，見論文［03］）。在很長的歷史時期内，甘肅東部成爲北方部族南下之樞紐。

周族在不窋時期進入畜牧區，然後在公劉時期離開畜牧區而進入這個樞紐地。公劉由於引導周族進入這個樞紐地，並接近中原地區邊緣，於是爲周族融入夏族創造了條件。因此《周本紀》説"周道之興自此始"，這是對公劉歷史地位作出了恰當的評定。

（四）起源地位置的確定

一個部族的起源地問題本來是一個局部性的問題，衹牽涉到部族最

① 《毛詩正義·豳譜》，《十三經注疏》，第387頁。

初階段的歷史，但由於部族起初力量弱小，而且起源地往往比較偏僻，留下的遺迹較少，因此確定起源地的位置一般都比較困難，衹能通過其他綫索，從整個大局出發來分析，纔能解決。

幾千年來，無數的胡族由北方南下，在中原建立了政權，是中國歷史的一個重要部分。在二十五史中，其中有三分之一都是胡族南下的歷史。这些胡族歷史给周族史的研究提供了重要的啓示與綫索。寧夏走廊是秦漢以來胡族南下的最重要通道之一，胡族部族往往先聚集在河套地區，然後進入寧夏走廊，然後到達隴東。其中吐谷渾最爲突出，他率領部落從遼東“西附陰山”（即從松遼平原西遷至河套地區），又從河套經兩千里地“度隴而西”，來到“甘松之界”（即從河套通過寧夏走廊，南遷至今甘肅迭部一帶）。[①] 實際上他們走的是周族的老路，這些記載給周族歷史的研究提供了最重要的背景資料。

就周族而言，歷史記載説明他們在不窋時期生活於慶陽，這個事實表明，他們當時已經處於南下遷徙的過程之中，他們必將繼續南下。當時他們必定已經遠離他們的起源之地。按照胡族之遷徙規律來看，周族之起源地必定在今慶陽以北地區。因此胡族的整個歷史，對研究周族來説，至關重要。

① 《晋書·西戎列傳》，第 2537 頁。

[補注] 關於周族的起源地

(一) 邰

《周本紀》説，邰是后稷母姜原的氏，也是后稷的封地。但是何處爲邰？通常學界較接受武功有邰氏之説，認爲邰就在陝西武功縣境内，其實這種説法是没有根據的。一些學者認爲，多年的考古發掘，表明關中没有周族起源時期的遺物，因此周族起源於關中的説法是難以成立的。

傳説邰即今扶風縣絳帳附近之姜原嘴。鄒衡去當地考察過，他認爲“這個傳説完全出於後人的附會”。[①]

其實不僅姜原嘴是附會，有關邰在關中的説法就是附會。胡謙盈根據基本文獻的記載，得到了下列結論：“殷人和周人分屬中國古代分布在東、西不同地域的兩個不同淵源的古老民族，二者在族系上毫無聯繫。概括地説，周民族和殷民族不是從一個原始氏族中分化出來的，而是分别從居住在中國黄河流域的東部和西部兩個不同地區的兩個不同原始氏族中漸漸成長和壯大起來的。”他進一步説：“新中國成立後五十多年來，考古工作者在關中地區進行過大量的調查、發掘工作，迄今在這一地區所發現的先周文化遺址和墓葬，其中遺存年代最早者只能上溯到周先王古公亶父時代，而早於此時期的周文化遺址和墓葬則無發現。所以，即便我們將所謂‘邰都’的傳説地望範圍，從今日的扶風姜原嘴擴大到武功縣境，乃至岐邑故址（即今岐山、扶風兩縣接壤地區的鳳雛村和召陳村一帶）及其附近地區，也同樣可得出上述傳説出於後人附會的結論來。”[②]

---

① 鄒衡：《論先周文化》，見鄒衡：《夏商周考古論文集》，北京：文物出版社，1980年，第342頁。

② 胡謙盈：《三代都址考古紀實》，北京：中國社會科學出版社，2009年，第3、7頁。

既然關中地區遺存的年代，最早祇能上溯到古公時代，那麼周族的起源地絕不會在關中地區，那麼《括地志》謂斄（即邰）城一名武功城的說法是不正確的。鄒衡否定邰在武功之說，是爲了說明周族的起源地不是陝西而是山西，因此胡謙盈又說："所謂'邰都'在山西省稷山、聞喜縣一帶的傳說，包括認爲'豳邑'故址也在山西省南部的立說在内，問題出在後人的誤解和附會的道理更爲明顯。……基於上述種種理由，可以肯定地說，所謂'邰都'位於山西省稷山、聞喜縣一帶的傳說，是出於後人附會。所謂'豳、邠古今字，皆得名於汾（汾水、汾山）'，從而斷言'豳邑'遺址在晋西南地區的說法，也是屬於一種偌大的誤會。"①

（二）戎狄之間

1．戎狄地域

近代一些作者認爲周族起源於武功，而且周族是從武功出發遷移到戎狄之間的，如楊寬說戎狄之區在姬、姜兩姓的居地附近，他說："根據《水經·渭水注》，岐水東經姜氏城，南爲姜水，姜水東注雍水。……姜氏城正當后稷所居的邰（今陝西武功西南）的西北，太王遷居的周原（今陝西岐山東北）的東南。可知姬、姜兩姓居地原是緊密相鄰的，都在渭水上游的渭水以北地區。這一帶當時就是戎狄之區。"② 渭水上游姬、姜兩姓居地附近，實際上就是指渭水北邊的汧陽、清水、秦安一帶，但把渭水北邊的這些地區說成"戎狄之區"，是没有根據的。實際上戎狄之區與武功距離很遠。

但是楊寬說："唐代弘化縣在今甘肅慶陽縣。這個地方在邰以北（略偏西）四百多里，恐怕不窋不會遷得那麼遠，該是後人因不窋有自竄戎狄之説而附會上去的。"③ 楊寬認爲四百里就很遠了，其實從南北朝時期的民族遷徙來看，上千公里的遷徙都是平常的事，在甘肅、青海境内的許多部族，都是從長城以北地區遷徙過來的。所以對於周族來說，四百里大概都太近了，周族不可能在幾千年的歲月

① 胡謙盈：《三代都址考古紀實》，第7頁。

② 楊寬：《西周史》，上海：上海人民出版社，1999年，第28頁。

③ 楊寬：《西周史》，第28頁。

裏，都局限在右扶風幾百里的地域内。

2．不窋的時代

對於不窋，不少人作了研究，例如齊思和說：“不窋則殆係真人，其名字怪異，顯非華族。周人亦承認其屬於戎狄之間，則其原爲夷狄可知。”[①]但是“不窋”並不怪異，例如葛志毅說：“不窋一名是對周人早期居於大洞穴時代的紀念。”[②]不過李仲立不以爲然，他說：“這種說法是不妥當的。《詩·大雅·綿》載‘陶復陶穴’，就是說周人居住的是窑洞。”“丕窋是指當時住在大窑洞中的人。……也許那時人們稱住在大窑洞中的周部族首領爲不窋。”[③]

總之，不窋這個名稱反映了上古的居住狀況。相對於夏族的房屋結構來説，就居住條件來看，窑洞與穴居是差不多的，不必一定指窑洞還是洞穴。總的來說，不窋是指當時周族的居住地。作爲名字當然比較怪異，因此齊思和認爲周人原爲戎狄，這個看法是正確的。而且不窋之所以能够順利地進入戎狄之間，當是因爲周族本來就屬於胡族。

從命名來看，古公的兒子是太伯、虞仲、季歷，其中的伯、仲、季大概就是夏族的命名規律。至文王、武王、成王等，他們的名字是昌、發、誦等。因此在古公之後，周族祖先的名字不再怪異，説明他们已經融入夏族；在此之前，周族的命名與夏族大不相同，可能還是胡族的命名方式。

3．遥遠的朱開溝

許倬雲在得知朱開溝遺址的考古發掘情況以後，在《西周史》“三聯版”序中說：“遠在北方的朱開溝遺存的早晚兩段年代相當夏至殷商，其中有一些却與渭水流域的客省莊文化有親緣關係。是則涇渭地區與内蒙古西部（朱開溝遺存）之間，其關係之密切，又勝於渭水與中原之間。這種關係，是否可能也由於族群的

① 齊思和：《西周地理考》，轉引自李仲立：《論不窋》，見《慶陽先周歷史與農耕文化論叢》，北京：中國文史出版社，2009年，第171頁。

② 葛志毅：《周人變戎復夏考論》，轉引自李仲立：《論不窋》，《慶陽先周歷史與農耕文化論叢》第171頁。

③ 李仲立：《論不窋》，《慶陽先周歷史與農耕文化論叢》，第171頁。

移動？”其實朱開溝遺址的考古發現，給周族起源於寧夏北部的觀點提供了有力的佐證。不過許倬雲在《西周史》中，傾向於周族起源於山西之説，例如：“錢（穆）、鄒（衡）之説的結合，當可指出周人入陝西以前，原在山西汾水流域發展。”① 因此他無法把序言的上述觀點納入該書的論述。

（三）從公劉到文王

周族在公劉時期開始離開戎狄地區，進入周族的領地，從此周族逐步成爲商朝的諸侯。先是公劉之子高圉成爲邠侯，一直到太王纔成爲周公，隨即出現王季、文王。實際上周族的歷史分期，也反映了周族政治地位的重大變化，高圉、亞圉稱“邠侯”（商朝的諸侯），太王、王季稱“周公”（商朝的侯伯），而文王、武王由“西伯”而周王，由侯伯成爲天子。

楊寬認爲公劉是第一個稱“公”的人，根據後來季歷稱王季或公季來看，公與王應該是類似的。所以公劉是周族第一個建國的人。楊寬又説，如果用後世的習慣，那麼他也可以叫“劉公”，像劉邦叫“沛公”一樣。他引用崔述的觀點，認爲“古公亶父”本作“公亶父”，《詩經》爲了湊成四個字，纔加上“古”字，是往昔的意思。所以從公劉以後有公非、公叔祖類、公亶父，都是一樣的意思。②

但是用文字調動把公劉與古公亶父勉强統一起來，是沒有根據的，也是沒有多大意義的，反而混淆了周族歷史第三、第四、第五時期的區別。這種文字性質的統一，沒有多大意義。不能用“公”字將公劉與太王統一起來。

① 許倬雲：《西周史（增訂本）》，北京：生活・讀書・新知三聯書店，1994 年，第 10 頁、第 50 頁。
② 楊寬：《西周史》，第 33、40 頁。

[16] 從公劉、高圉到古公

一、周族之公劉時期

周族在原始階段中，長期生活於戎狄社會。《周本紀》說："公劉雖在戎狄之閒，復脩后稷之業，務耕種，行地宜。……周道之興自此始，故詩人歌樂思其德。"① 何謂"周道之興"？周族社會在公劉時期取得了何種進展？

（一）公劉爲武裝殖民時期

1．武裝殖民

《周本紀》所謂"時人歌樂思其德"，是指當時出現了《大雅·公劉》這樣的诗篇。《大雅·公劉》第一章毛傳："公劉居於邰，而遭夏人亂，迫逐公劉。公劉乃辟中國之難，遂平西戎而遷其民，邑於豳焉。"又說："蓋諸侯之從者，十有八國焉。"② 就是說公劉避"中國"之難，從邰遷於豳。毛傳對《公劉》的這個解釋完全不對，其實公劉之重大行動並非避難，而是武裝殖民。《公劉》第一章說：

篤公劉！匪居匪康，迺埸迺疆。迺積迺倉，迺裹餱糧。于橐于

① 《史記·周本紀》，第112頁。

② 《毛詩正義·大雅·公劉》，《十三經注疏》，第541頁。

囊，思輯用光。弓矢斯張，干戈戚揚，爰方啓行。

鄭箋："乃裹糧食於囊橐之中，棄其餘而去。"鄭箋亦爲誤釋。詩中之描述，决非被迫流亡。"迺積迺倉"不是"棄其餘而去"，而是公劉做了最好的準備，留守者有充分之生活儲備（"迺積迺倉"），出行者有强大之武裝與給養（"迺裹餱糧"）。正如《孟子》所説的："居者有積倉，行者有裹囊也。"或趙岐解釋的："乃積穀於倉，乃裹盛乾食之糧於橐囊也。"[①] 因此《鹽鐵論》説："居者有積，行者有囊。"[②]

毛傳還説："蓋諸侯之從者，十有八國焉。"如果真是那樣，更不可能是被迫流亡，當時公劉還不是諸侯，如果被迫逐，還會有十八個諸侯追隨他嗎？實際上公劉"弓矢斯張，干戈戚揚，爰方啓行"，是一次有目的、有充分準備的出征。不過從下面各章來看，並没有發生很多戰鬥，因此這不是一支遠征軍，當是武裝殖民，其目的爲獲得新的領地，不是簡單的遷徙，更不是毛傳、鄭箋所説的避難。

2．殖民的地點

（1）原

《公劉》第二章講到原，全文如下：

篤公劉！于胥斯原。既庶既繁，既順迺宣，而無永嘆。陟則在巘，復降在原。何以舟之？維玉及瑶，鞞琫容刀。

原，《説文》："高平曰邍。"段注："从辵从略省从录。人所登也，故从

① 《孟子正義·梁惠王章句下》，《諸子集成》第一册，第 81 頁。

② 《鹽鐵論·鹽鐵取下》，《諸子集成》第七册，第 44 頁。

辵。”[1]《正字通》：“高平曰邍……《爾雅》則變爲原也。”[2]

第二章講述公劉初至原地（“于胥斯原”），該處已有繁庶之土著，但與新來者融洽相處（“既順迺宣”），没有長嘆之聲（“而無永嘆”）。

（2）京

《公劉》第三四章講到京，全文如下：

篤公劉！逝彼百泉，瞻彼溥原。迺陟南岡，乃覯于京。京師之野，于時處處，于時廬旅。于時言言，于時語語。

篤公劉！于京斯依。蹌蹌濟濟，俾筵俾几，既登乃依。乃造其曹，執豕于牢，酌之用匏。食之飲之，君之宗之。

《説文》：“京，人所爲絶高丘也。”[3]京爲高地，可以建都。鄭箋：“絶高謂之京……於京，謂可營立都邑之處。”[4]故對京有地理環境的要求，所謂“逝彼百泉，瞻彼溥原。迺陟南岡，乃覯于京”，説明從水泉、平原等方面來看，所找到的京地均能滿足要求。

第四章講到他們在京停留下來，“于京斯依”，並開始建設。鄭箋：“蹌蹌濟濟，士大夫之威儀也。……厚乎公劉之居於此京，依而築宫室，其既成也，與群臣士大夫飲酒以樂之。”孔疏：“《曲禮下》云：凡行容，大夫濟濟士蹌蹌。是蹌蹌濟濟，大夫士之威儀也。”[5]

因此公劉的这一次殖民行動，在京建立了一個都城。在到達京城以前，並未提到渭水，故京當位於渭北秦安、天水一帶，接近渭水。

① （漢）許慎撰，（清）段玉裁注：《説文解字注》，第 75 頁。從段玉裁改。

② （明）張自烈、（清）廖文英編：《正字通》，第 122 頁。

③ （漢）許慎撰，（清）段玉裁注：《説文解字注》，第 229 頁。

④ 《毛詩正義·公劉》，《十三經注疏》，第 542 頁。

⑤ 《毛詩正義·大雅·公劉》，《十三經注疏》，第 542 頁。

（三）豳與渭

《公劉》第五、六章講到豳、渭水以及芮鞫，全文如下：

篤公劉！既溥既長，既景迺岡。相其陰陽，觀其流泉。其軍三單，度其隰原。徹田爲糧，度其夕陽，豳居允荒。

篤公劉！于豳斯館。涉渭爲亂，取厲取鍛。止基迺理，爰衆爰有。夾其皇澗，溯其過澗。止旅乃密，芮鞫之即。

1．豳與渭

京是公劉的都邑，但是公劉所開闢的地域不是一個都邑而是豳地。

以往對豳都有解釋，鄭玄在《豳譜》中說："豳者，后稷之曾孫曰公劉者，自邰而出，所徙戎狄之地名。今屬右扶風栒邑。"① 《地理志》《郡國志》也同此說。《括地志》則說："豳州新平縣（即今陝西彬縣），即漢漆縣也。《詩》豳國，公劉所邑之地也。"② 則豳即漆縣。《元和郡縣圖志》也說豳是公劉自邰遷往戎狄時所居住的地方，但他說豳是唐代寧州（即今甘肅寧縣）。③ 所說的地方不同，但這些地方相距都不遠，可能都是公劉豳地的一部分。

《讀史方輿紀要》描述邠州如下："古西戎地，後公劉居此，爲豳國。秦屬内史，漢爲右扶風、安定、北地三郡地。後漢因之，興平元年分安定、扶風置新平郡（治漆縣）。……西魏置南豳州（今慶陽府寧州爲北豳州），尋曰豳州（北豳州廢，故止曰豳州）。"④ 因此漢代邠州位於涇水流域

① 《毛詩正義・豳風》，《十三經注疏》，第387頁。關於鄭玄之説，見［15］第四節。

② （唐）李泰等：《括地志輯校》，第40頁。

③ （唐）李吉甫：《元和郡縣圖志・關内道三》，第60、64頁。

④ （清）顧祖禹：《讀史方輿紀要・陝西三》，第2625頁。

的右扶風、安定、北地三郡之相交地帶。實際上豳州包括涇水中上游及今馬蓮河流域［涇水之中下游在右扶風，上游在安定郡，而主要支流泥水（即今馬蓮河）則在北地郡］。但這個邠州不會是公劉的豳。

從《周本紀》來看，公劉之地域是與渭水相接的，《周本紀》說：“公劉雖在戎狄之間……務耕種，行地宜，自漆、沮度渭，取材用。”《正義》進一步說：“公劉從漆縣漆水南渡渭水，至南山取材木爲用也。”[①]《大雅·公劉》第六章說：“于豳斯館。涉渭爲亂，取厲取鍛。”鄭箋：“厚乎公劉，於豳地作此宮室，乃使人渡渭水，爲舟絶流而南，取鍛厲斧斤之石。”[②] 所以公劉曾南渡渭水，事實當是如此，豳必與渭水相接。但《周本紀》説公劉“自漆、沮度渭”則是有問題的，《正義》説公劉“從漆縣漆水南渡渭水”，問題就更大了，與地理不合。公劉“自漆、沮渡渭”的説法是錯誤的，可能由於把公劉渡渭與太王“自豳，度漆、沮，踰梁山”混淆之故。漆縣即今彬縣，漆水在縣西，與渭水相距很遠。因此豳之範圍不會局限於右扶風北部今彬縣一帶。

《公劉》第五章“豳居允荒”，第六章“于豳斯館”。毛傳：“館，舍也。”鄭箋：“厚乎公劉於豳地作此宮室。”[③] 但《説文》：“館，客舍也。”[④] 並無於豳地作宮室之義。因此公劉本人只“館”於豳，並未以豳爲邑。以豳爲都的是公劉之子慶節，《周本紀》：“公劉卒，子慶節立，國於豳。”因此《公劉》中之豳當是一個大地名，是一個大區域，可稱之爲豳原，而慶節之豳則是都邑，可稱之爲豳邑，猶如周原與周邑之比。周原也是一個地域，只有古公在其中建都之後，纔出現周邑。因此“豳居允荒”之豳，爲公劉活動的地域，是一個大地名。

① 《史記·周本紀》，第112、113頁。
② 《毛詩正義·大雅·公劉》，《十三經注疏》，第543頁。
③ 《毛詩正義·大雅·公劉》，《十三經注疏》，第543頁。
④ （漢）許慎撰，（清）段玉裁注：《説文解字注》，第221頁。

由於不窋所在之“東西六百里，南北四百里”的牧區，位於安定郡的東南部（即今甘肅慶陽與寧夏固原以南地區），因此當公劉在那裏“務耕種，行地宜”，尋找農業區時，既可能沿涇水來到今彬縣一帶，也可能沿葫蘆河等水道南下到達渭水沿綫今清水、秦安一帶。因此《公劉》說“于豳斯館。涉渭爲亂”，應該就是反映這個範圍。故公劉時代的豳當包括安定郡的涇水中游（今彬縣、涇川一帶）與天水郡的渭水沿綫（今清水、秦安一帶），比顧祖禹所説的邠州大得多。在長達一百五十年的公劉時期中，周族之游動地域不會局限於邠州。

（三）劉

爲何稱“公劉”？孔安國傳：“公，爵；劉，名也。”王肅說“公”是爵號，“劉”是名。王基認爲周人不能稱名，故“公劉”爲字。鄭玄未論及劉是名還是字。孔穎達則認爲，當時名與字還未十分區分，稱呼也可用名，如“姜嫄”即名。[①] 此類討論沒有結果。

1．劉是地名

公劉當爲部族之名稱，爲周族弃、鞠之後的第三個族名，而公劉之“劉”則當爲地名。周族先王之名往往是地名，或表示地勢，如慶節，節即卪。《集韻》：卪“通於節”[②]。徐鍇《説文繫傳》：“岊，陬隅，高山之節。從山卪，讀若隅。臣鍇曰：按山之陬隅，高處曰岊（當卽卪），卽血反。”[③]又如毀隃，《正字通》隃與逾、踰同[④]，當指地勢。公叔祖類，《世本》作諸盩。[⑤]《正字通》：“山曲曰盩。”[⑥]

---

① 《毛詩正義・大雅・公劉》詩序疏，《十三經注疏》，第 541 頁。
② （宋）丁度等編：《集韻》，第 700 頁。
③ （宋）徐鍇：《説文解字繫傳》卷十八，第 186 頁。
④ （明）張自烈、（清）廖文英編：《正字通》，第 1241 頁。
⑤ （漢）宋衷注，（清）秦嘉謨等輯：《世本八種》，第 10 頁。
⑥ （明）張自烈、（清）廖文英編：《正字通》，第 727 頁。

徐鍇《説文繫傳》以爲古無劉字，即留、鐂（鏀）等字也都是後起的，其字本當作丣（關於劉字，見《姓氏與宗社考證》的論文［03］）。因此地名“劉”應即地名“丣”。但丣與丣相似，以致地名“劉”誤爲地名“丣”，又誤爲“昧”或“昧谷”。故地名“劉”當即地名“昧谷”。

《三國志·虞翻傳》裴松之注謂翻“奏鄭玄解尚書違失事”，謂“古大篆丣字讀當爲柳，古柳、丣同字，而以爲昧。……甚違不知蓋闕之義”[①]。按今文家之言，公劉所居之地應爲柳谷（丣谷），由於鄭玄之違失，將丣誤爲丣，於是公劉所居之劉地就誤爲昧谷。

2. 劉的位置

那麽“昧谷”在何處？《尚書·堯典》“分命和仲宅西，曰昧谷”[②]，《五帝本紀》作“申命和仲，居西土，曰昧谷。”《集解》：“徐廣曰：一無“土”字。以爲西者，今天水之西縣也。……鄭玄曰：‘西者，隴西之西，今人謂之兑山。’”[③]因此“昧谷”當即“西”或“兑山”。

漢時的西縣，依《地理志》隴西郡西縣，班固自注：“《禹貢》嶓冢山，西漢所出。”《讀史方輿紀要》西縣城，“即所謂西犬丘也……秦并天下，改爲西縣”。又成縣，“有兑山，在廢歷亭縣北。《堯典》……或又以此山爲仲所宅云。又秦州西五十里有崦嵫山，或謂之昧谷”。[④]《清一統志》謂兑山在成縣東。

因此“昧谷”當即《地理志》之西縣，約當於今西和縣。[⑤]或爲西犬丘，在今天水西南，或爲成縣東，或爲秦州西五十里。值得徵引《讀史方輿紀要》對秦州的下列解説：“成紀廢縣，今州治。《帝王世紀》：

---

①《三國志·虞翻傳》，第1323頁。

②（清）孫星衍：《尚書今古文注疏·堯典上》，第19頁。

③《史記·五帝本紀》，第16頁。

④（清）顧祖禹：《讀史方輿紀要·陝西八》，第2836、2830頁。

⑤《漢書·地理志下》，第1610頁。

‘伏羲生於成紀’。……上邽城，在州西六十里。古邽戎邑。……天水城，州西南七十里。漢上邽縣地。……西縣城，州西南百二十里。即所謂西犬丘也。非子始都此。……嶓冢山，州西南九十里。”[①] 所以上邽、西犬丘、西縣、天水、成紀、秦州等，相距都不過幾十里地。古今地名、位置變化很多，所以這些地方可以認爲基本上是一個地方，即今天水之西南至東南幾十里地。該處即昧谷之所在，亦劉之所在，亦公劉之所居地。

因此在公劉時期，其所到的地域從平凉、莊浪一帶向南到天水一帶。歷史没有留下記載，但從鮮卑族南下的歷史看，他們都在隴東接近渭水，因此《公劉》之“渭”當指天水一帶之渭水，則“涉渭”當即指到達天水以南。故劉爲昧谷是順理成章的。

（四）公劉時期爲農業社會

1. 農業殖民

《公劉》第五章表明這支隊伍的農業殖民的特色，“相其陰陽，觀其流泉”是考察水利，而“度其隰原，徹田爲糧”就反映了經濟制度。所謂徹，即《孟子》“周人百畝而徹”的徹。公劉時代可能已經建立了夏族社會的土地制度。

再加上“執豕于牢，酌之用匏”。則周族在不窋時南下進入甘肅牧區，到公劉時離開牧區後，周族當是兼有畜牧業的農業社會。

2. “維玉及瑶，鞞琫容刀”

更值得注意的是第二章最後的兩句爲“維玉及瑶，鞞琫容刀”，講到

① （清）顧祖禹：《讀史方輿紀要 · 陝西八》，第 2834—2836 頁。

了生産工具。毛傳："瑶，言有美德也。下（飾）曰鞞，上（飾）曰琫，言德有度數也。容刀言有武事也。"[①]前人都主此説，其實是誤釋。

鞞琫亦見於《小雅·瞻彼洛矣》："瞻彼洛矣…… 鞞琫有珌。"毛傳："鞞，容刀鞞也。琫、上飾，珌、下飾也。天子玉琫而珧珌。"[②]與上述《公劉》之毛傳不同。據《説文》："鞞，刀室也。"[③]《方言》："劍削，自河而北燕趙之間謂之室，自關而東或謂之廓（彀）……自關而西謂之鞞（即鞞）。"[④]故《瞻彼洛矣》之毛傳是準確的，鞞爲劍匣而琫爲佩刀上飾。

鞞本無其他含義，乃劍匣之關西方音的後起字，琫則爲佩刀之上飾，故鞞、琫兩字並無聯繫。鞞、琫兩字連用，無論如何説不出什麼意義，當是方音的棒之假借字，棒爲鞞琫之合音。

棒即桃棒，並非木棍，又簡稱爲桃字。《周禮》有"桃氏爲劍"。又《淮南子·詮言訓》："羿死於桃棓。"[⑤]《玉篇》："棓，同棒，又連枷也。"[⑥]桃或作銚。《吕氏春秋·仲秋紀》所謂"長銚利兵"。《集韻》："銚，長矛也。"[⑦]

銚亦作斛、鍬。《説文》："銚……一曰田器。"段玉裁注："古田器銚，《釋器》、《方言》皆作斛。"[⑧]《爾雅·釋器》："斛謂之鍬。"郭注云："皆古鍬鍤字。"《集韻》："銚、斛，亦書作鍬。"[⑨]《儀禮·有司

①《毛詩正義·大雅·公劉》,《十三經注疏》, 第542頁。

②《毛詩正義·小雅·瞻彼洛矣》,《十三經注疏》, 第479頁。

③（漢）許慎撰,（清）段玉裁注:《説文解字注》, 第108頁。

④ 周祖謨校箋:《方言校箋》, 第55頁。

⑤《周禮注疏·冬官》,《十三經注疏》, 第915頁;《淮南子·詮言訓》,《諸子集成》, 第235頁。

⑥（梁）顧野王:《大廣益會玉篇》, 第63頁。

⑦《吕氏春秋·仲秋紀·簡選》,《諸子集成》, 第79頁;（宋）丁度等編:《集韻》, 第175頁。

⑧（漢）許慎撰,（清）段玉裁注:《説文解字注》, 第704頁。

⑨《爾雅注疏·釋器》,《十三經注疏》, 第2599頁;（宋）丁度等編:《集韻·宵第四》, 第178頁。

徹》“桃匕”，鄭玄注：“桃謂之歃（即臿）。”[①] 足爲鞞琫即臿之證。故鞞琫即臿，古代兼用之爲武器。

容刀當即今之鐮刀。古字容、臾通用。《史記》“鬼臾區”，《索隱》引李奇曰：“《藝文志》作‘鬼容區’者也。”《漢書・郊祀志》“鬼臾區”，顔師古注：“《藝文志》云鬼容區…… 臾、容聲相近，蓋一也。”[②]《説文》：“蕢，艸器也。……臾，古文蕢。”引用《論語》“有荷臾而過孔氏之門”[③]。臾本指刈艸，可證容刀當爲刈艸之刀。

至於瑤，《説文》説“石之美者”。《漢書・禮樂志》“眺瑤堂”，應劭曰：“瑤，石而似玉者也。”[④] 然則“維玉及瑤，鞞琫容刀”這兩句應釋爲美石制的臿（鞞琫）與玉制的鐮刀（容刀）。此兩種農具當顯示周族之特色。

3.“涉渭爲亂，取厲取鍛”

第六章的一個要點在於“涉渭爲亂，取厲取鍛”兩句。毛傳“正絶流曰亂”[⑤]，也是誤釋。“涉渭”是否“正絶流”（即横渡）没有説的必要，這亂當即《國語・魯語》“其輯之亂”，韋昭注：“曲終乃更，變章亂節，故謂之亂。”[⑥] 亂是轉變的意思。厲即礪之本字，也即鑢，其與鍛都是製造金屬器的工具，應釋爲涉渭取得製造金屬器的工具後，生產方法有一很大的轉變。因此在社會經濟方面，公劉時期在生産上已由石器進入金石器並用的時代。

第六章的意思是在公劉居住豳地之後（“于豳斯館”），復從渭河下

① 《儀禮注疏・有司》，《十三經注疏》，第 1209 頁。
② 《史記・孝武本紀》，第 467 頁；《漢書・郊祀志上》，第 1228 頁。
③ （漢）許慎撰，（清）段玉裁注：《説文解字注》，第 44 頁。
④ （漢）許慎撰，（清）段玉裁注：《説文解字注》，第 17 頁；《漢書・禮樂志》，第 1052 頁。
⑤ 《毛詩正義・大雅・公劉》，《十三經注疏》，第 543 頁。
⑥ 徐元誥：《國語集解・魯語下》，第 205 頁。

游的先進鄰族取得製造金屬器的工具，然後土地纔得大量墾辟（“止基迺理”）。由是人口增多，財富累積（“爰眾爰有”）。復聯繫了皇澗與過澗諸地同血緣的部族。待到地域（止）與武力（旅）達到高度發展，乃又移殖於“芮鞫”這個新地區去（關於“芮鞫”見論文［15］）。

（五）宗社制度

夏族社會的特點正在於宗社之建設，尤其是宗。因此在大小雅中經常提到宗廟之燕飲，如《湛露》：“厭厭夜飲，在宗載考。”[①]《鳧鷖》：“鳧鷖在潀，公尸來燕來宗。既燕于宗，福禄攸降。”故周常稱爲宗周，“赫赫宗周”[②]《公劉》第四章：“食之飲之，君之宗之”。那麼在公劉時期已經形成宗。

姓氏、宗社、農業是夏族社會的特徵，公劉時期中，“乃覯于京”，“于京斯依”，在京安排好農業生産，建立了宗、社，“度其隰原，徹田爲糧”，“食之飲之，君之宗之”。這反映了公劉在京的時期，周族已經受到夏族的深刻影響。

《周本紀》對公劉時期作了如下的説明：

> 公劉雖在戎狄之閒，復脩后稷之業，務耕種，行地宜，自漆、沮度渭，取材用，行者有資，居者有畜積，民賴其慶。百姓懷之，多徙而保歸焉。周道之興自此始，故詩人歌樂思其德。[③]

它説公劉在戎狄之間“復脩后稷之業”，放棄畜牧，發展農業，建立宗社。因此“周道之興自此始”。公劉時期成了周族發展的重要起點。

---

①《毛詩正義・小雅・湛露》，《十三經注疏》，第421頁。

②《毛詩正義・大雅・鳧鷖》，《十三經注疏》，第538頁；《毛詩正義・小雅・正月》，《十三經注疏》，第443頁。

③《史記・周本紀》，第112頁。

但周族還處於九州之外，没有受到夏族的直接統治。這一點當是公劉與高圉的根本區别。高圉成爲商朝之諸侯，從此周族開始融入夏族。

二、周族的高圉時期

（一）高圉時期

1．高圉的歷史地位

過去很少有人提到高圉，《周本紀》："毁隃卒，子公非立。公非卒，子高圉立。高圉卒，子亞圉立。"① 除此之外，《周本紀》没有再提到高圉，因此高圉不過是幾十個祖先的名號之一，没有半點事迹可言。但是《國語·魯語》記載展禽説："凡禘、郊、祖、宗、報，此五者，國之典祀也。"又説："周人禘嚳而郊稷，祖文王而宗武王。"至於報，展禽説："高圉、大王（即古公亶父），能帥稷者也，周人報焉。"② 展禽就是柳下惠，是魯國的公族，他應該熟知周族的歷史。因此對於周族來説，他們最偉大的祖先是帝嚳、后稷、高圉、古公、文王、武王，他们是所謂"禘、郊、祖、宗、報"的祭祀對象，而高圉與古公亶父地位一樣。值得注意的是在重大的國家祭祀中，没有提到公劉，而高圉受到報祭，可見他的重要性。

那麽高圉與古公有何功績？

2．公劉與高圉

在幾千年的歷史中，曾有大量的北方部族南下。他们穿過大漠，越

---

①《史記·周本紀》，第 113 頁。

② 徐元誥：《國語集解·魯語上》，第 161、160 頁。

過長城進入中原地區，而遼西走廊與寧夏走廊就是最重要的南下通道。北方部族的南遷，必然會出現部落混戰的局面。這一點從魏晋以後的慕容氏、拓跋氏、宇文氏、乞伏氏、禿髮氏等鮮卑部落的歷史記載中可以看得很清楚。

當公劉南遷時，他們是全副武裝的。在公劉時期，雖然周族在清水河以南活動了一百五十年之久，但没有留下長遠的遺迹。因此，公劉必定未能建立起穩固的領地。從《大雅・公劉》來看，周族在公劉的率领下，取得了成功，“君之宗之”，强调的是宗而不是社，這表明周族可能還没有鞏固的領地，没有建立起地方政權。

從以後的歷史記載來看，甘肅東部是蠻夷戎狄的集聚地，不斷地互相競争與發生衝突。蠻夷戎狄發展中的關鍵問題是他們與夏族的關係。公劉與夏族的關係未見於記載，但是公劉在各部族的競争中，一定與夏族合作，因此他能够進入豳（即邠），於是《周本紀》説“周道之興自此始”[1]。他的兒子慶節“國於豳”，開始融入“中國”。在高圉的時候，周族成爲豳地的諸侯，《竹書紀年》有下列記載：

> 祖乙十五年，命邠侯高圉。
>
> 盤庚十九年，命邠侯亞圉。
>
> 祖甲十三年，命邠侯組紺。
>
> 武乙元年，邠遷于岐周。
>
> 武乙三年，命周公亶父，賜以岐邑。

在商朝祖乙（商朝第 14 世王）時，周族之首領高圉成爲商朝之“邠侯”，到武乙時，周族之首領古公亶父（即古公或太王）成爲商朝之“周公”。因此

① 《史記・周本紀》，第 112 頁。

在周族的歷史上，最早成爲諸侯的是高圉，而最早成爲侯伯的是太王。由於高圉與太王，周族與商朝發生密切的聯繫，周族由戎狄演變爲商朝的諸侯。可能由於這個原因，高圉與太王受到周族的“報”祭。

（二）高圉時期的特點

在公劉時期，周族没有建立起穩固的地方政權，也没有與商朝發生密切的聯繫。但在高圉時期，周族既有了穩固的地域，又與商朝建立了密切的聯繫。但是周族的基本特點没有變化，仍然是戎狄部族。在公劉時期，正如《公劉》所説的“食之飲之，君之宗之”，亦即社會基礎主要爲宗的組織。那麽在高圉時期，周族可能還是這種情況。正如拓跋氏始祖力微定居於中原地區之邊緣地帶，在盛樂（今内蒙古之和林格爾）建立了地方政權。拓跋氏完全脱離游牧狀態，但當時拓跋氏内部組成各個大小部落，各部落“渠長皆自統衆”。這些部落基本上就是宗。

在高圉時期，周族進入中原地區，與商王朝發生直接的接觸。這正是商王祖乙的時期。當時商朝衰落，《殷本紀》説：“自中丁以來……弟子或爭相代立，比九世亂，於是諸侯莫朝。”[①] 在諸侯莫朝的形勢下，《竹書紀年》謂祖乙十五年，“命邠侯高圉”，高圉獲得“邠侯”的封賞。接着，亞圉（盤庚十九年）、組紺（祖甲十三年）又繼續得到“邠侯”的封賞。從祖乙十五年到祖甲十三年共 150 多年，可見得周族長時間的擔任邠侯，協助商朝控制邊境地區。可能就是由於這個原因，周族成了戎狄打擊的對象，於是古公被迫離開邠而南下。

因此在高圉時期，周族還没有革除戎狄之俗，大概還是“君之宗之”的社會。周族到古公太王的時期，“乃貶戎狄之俗”，即革除戎狄之俗，这纔完全融入了夏族。

---

① 《史記·殷本紀》，第 101 頁。

三、周族之古公時期

（一）古公南遷

1．“度漆沮”

《周本紀》對古公之南遷，有比較詳細的記載，它説：

> 古公亶父復脩后稷、公劉之業……薰育戎狄攻之，欲得財物，予之。已復攻，欲得地與民。……（古公）乃與私屬遂去豳，度漆、沮，踰梁山，止於岐下。豳人舉國扶老攜弱，盡復歸古公於岐下。及他旁國聞古公仁，亦多歸之。於是古公乃貶戎狄之俗，而營築城郭室屋，而邑别居之。作五官有司。民皆歌樂之，頌其德。①

《集解》引徐廣曰：“（漆、沮）水在杜陽岐山。杜陽縣在扶風。”《正義》：“鄭玄云：‘岐山在梁山西南。’然則梁山横長，其東當夏陽，西北臨河，其西當岐山東北，自豳適周，當踰之矣。”②

《周本紀》有關古公南遷的記載大概是正確的，古公“自豳，度漆、沮，踰梁山，止於岐下”是一條現實的行動路綫。古公從邠遷到岐下，目標明確，路徑也不遠，大約二三百里。《周本紀》説是“度漆、沮，踰梁山”。那麼漆、沮在何處？

《禹貢》中兩次提到漆沮，其一是：“弱水既西，涇屬渭汭。漆沮既從，灃水攸同。”孔穎達疏：“漆、沮本爲二水，《地理志》云：‘漆水

① 《史記・周本紀》，第113頁。
② 《史記・周本紀》，第114頁。

出扶風漆縣（今彬縣）西。’闞駰《十三州志》云：‘漆水出漆縣西北岐山，東入渭。’沮則不知所出，蓋東入渭時，已與漆合。”① 這説明涇是渭水支流，而漆爲涇水之支流，故漆並非直接東入渭。至於沮，則當爲漆水之支流。因此古公所經之漆水可能即此在彬縣入涇之漆水。

《禹貢》中另一漆沮是：“導渭自鳥鼠同穴，東會于灃，又東會于涇，又東過漆沮，入于河。”孔傳：“漆、沮二水名，亦曰洛水。”孔疏：“漆沮在涇水之東，故孔以爲洛水一名漆沮水。”②無論漆沮是否洛水，既然它在涇水之東，即不可能爲古公所經之漆、沮。

漆水還另有其説。《水經》：“漆水出扶風杜陽縣（在今陝西麟游縣西北）俞山，東北入于渭。”③ 這個解説不能成立，出於麟游縣之水如何東北入渭？爲此楊守敬作了下列重要解釋：

> 漆水在三代時最著，讀《詩》、《書》皆稱之。自秦漢已多變遷。故《漢志》但言在漆縣西。《説文》云，出杜陽岐山者，當得之古《尚書》家舊説。鄭箋《詩》，已不能詳，蓋堙滅殆盡矣。作《水經》者，其時已無漆水，但雜采《山海經》、《説文》成之。其云出扶風杜陽者，本《説文》也。其云俞山者，即《山海經》羭次之山也。其云東北入於渭者，東據《説文》，北據《山海經》也。然二説水地皆異，不可合爲一。且杜陽在渭北，安得漆水東北入渭？至酈道元時更無從實驗，故篇末以漆渠當之，仍不敢自信。惜其所引舊説，亦未能分明，又多錯簡。④

---

①《尚書正義·禹貢》,《十三經注疏》，第150頁。

②《尚書正義·禹貢》,《十三經注疏》，第152頁。

③（後魏）酈道元注，（清）楊守敬、熊會貞疏：《水經注疏·漆水》，第1445頁。

④（後魏）酈道元注，（清）楊守敬、熊會貞疏：《水經注疏·漆水》，第1445—1446頁。

楊守敬認爲，漆水在秦漢時期已經消失。故漢儒舊説已不可靠，無論毛傳、鄭箋，還是《説文》《山海經》，都是如此。因此《水經注》必不能給出漆水之真實情況，更不用説沮水了。

其實在扶風杜陽縣（今麟游）現在還有漆水，《正義》："《括地志》云：'漆水出岐州普潤縣（唐岐州普潤縣即今陝西麟游縣西北。）東南岐山漆溪，東入渭。'"[①] 故漆水源出麟游西北，流經麟游南、岐山北，東流再南流，在武功附近入渭，此即《元和郡縣圖志》所説之漆水："普潤縣……今城西有漆水。"[②] 普潤縣在今麟游縣西北。又《太平寰宇記》："普润縣……蓋以杜、漆、岐三水溉灌田疇，民獲利濟，以爲縣名。……杜水，源出縣東南溪澗閒。漆水，源出縣東南漆溪。……岐水，即大巒水也，源出縣，東南流入漆水，即古岐水是也。"[③]按地理位置來看，在武功入渭之漆水可能即爲古公所經之漆。

2．公劉與漆沮

至於公劉南遷，《周本紀》也説到漆、沮。公劉與古公之年代相差三四百年，其所在之地域不同，其南遷之目的亦不同。公劉是爲了"取材用"而沿漆、沮來到渭水，再渡渭至南岸。《周本紀》對公劉之南遷記載如下：

> 公劉雖在戎狄之閒，復脩后稷之業，務耕種，行地宜，自漆、沮度渭，取材用，行者有資，居者有畜積，民賴其慶。百姓懷之，多徙而保歸焉。周道之興自此始，故詩人歌樂思其德。[④]

---

① 《史記・周本紀》，第113頁。
② （唐）李吉甫：《元和郡縣圖志・關内道二》，第42頁。
③ （宋）樂史：《太平寰宇記・關西道六》，第643頁。
④ 《史記・周本紀》，第112頁。

這段話與古公南遷的記載有某些相似。都提到復脩后稷之業，都提到漆、沮，和百姓懷之，徙而保歸不過二者有根本的區别。

前面説過，古公是整個部族從豳出發，遷徙到岐下，整個活動是渭北的一個地點南遷到另一個地點。而公劉由漆水、沮水航行到渭水，過渡到對岸去獲取財物再回歸。因此公劉的活動是由渭北到渭南，再回到渭北，是一次跨過渭水的往返活動，不是古公那樣的部族遷徙。

如果公劉在慶陽、寧縣一帶，那麽到渭水南岸取材用就是不現實的；如果公劉在甘肅牧區以南，那麽到渭水南岸取材用是現實的，但是那里没有關於漆、沮的記載。因此《周本紀》謂公劉“自漆、沮度渭”的説法可能是錯誤地套用了有關古公的記載。

（二）古公之功績

周族古公時期有兩個重大之成就，一爲清除戎狄習俗；另一即成爲商王朝之武力支柱。

1．清除戎狄習俗

在不窋時期，周族到了戎狄之間。不窋時期可能長達三百年，那麽即使在不窋之前周族屬於夏族，在不窋时期中也必定已逐步融入胡族。後來公劉“復脩后稷之業”，離開了戎狄地區，但是周族的戎狄習性不會馬上變化。《周本紀》説：“古公乃貶戎狄之俗，而營築城郭室屋，而邑别居之。作五官有司。”[①]因此周族到古公時期，纔真正擺脱戎狄之俗而完全融入了夏族，這纔是古公時期的成就。《大雅・緜》對此有比較清楚的説明：

> 緜緜瓜瓞。民之初生，自土沮漆。古公亶父，陶復陶穴，未有

①《史記・周本紀》，第114頁。

家室。

乃召司空，乃召司徒，俾立室家。其繩則直，縮版以載，作廟翼翼。

迺立皋門，皋門有伉。迺立應門，應門將將。迺立冢土，戎醜攸行。

第一章説明在古公亶父初到岐下時，還是過去的居住習慣，過着戎狄社會的生活。“陶復陶穴”，當即窑洞，鄭箋謂“本其在豳時也”。[①] 他們還住在窑洞，没有夏族那樣的住宅。

第五章説明了古公作五官有司，即設置司空、司徒等五官，並營築城郭宗廟、皋門、應門。因此古公時期建立了夏族的政治體制，猶如拓跋氏在平城“典官制，立爵品”。

古公亶父時，周族南遷到岐山地區，開始稱“周”，商朝賜給他岐邑，稱古公亶父爲“周公”。古公亶父及其子季歷都稱“周公”。到季歷之子文王則稱爲“西伯”。西伯爲商朝的大諸侯，相當於周朝的霸或侯伯，因此在商朝末年，就已出現“諸侯朝周”。周族成爲商朝統治的高級部屬。

周族到古公亶父時纔得到了“周”的封號。因此在古公亶父之前，凡是稱周的都是追述，所謂“周本紀”“周后稷”，都是追述。“周族”的稱呼也是追稱。周族到古公纔與夏族發生密切的聯繫，最後完全融入了夏族。

古公對周族社會的影響還可以利用拓跋氏的歷史來説明。太祖拓跋珪從盛樂遷都平城（今山西大同），建立了魏國。拓跋氏的平城時代與拓跋氏的盛樂時代最根本的區别可能就是解散了部落組織，也就是削弱宗

---

①《毛詩正義·大雅·綿》，《十三經注疏》，第509頁。

組織，加强社組織，這纔真正融入了漢族。

2．成爲商王朝的武力支柱

周族本爲邠侯，但古公離開邠而轉移到了岐下。他爲何離開邠？《周本紀》説是他由於受到薰育、戎狄進攻，而被迫離開的。那麽戎狄爲何進攻周族？最大的原因應該是由於周族成了商族的武力支柱，因此當古公南遷後，就得到商朝的賞賜。武乙三年，“命周公亶父，賜以岐邑”。[①] 本来周族封爲“邠侯”，但在被迫南遷之後，却升級爲“周公”，可見得周族是商朝的忠誠部属。實際上周族在岐下立定脚跟以後，就向戎狄展開進攻。《竹書紀年》有下列記載：

武乙元年，邠遷于岐周。

武乙三十年，周師伐義渠，乃獲其君以歸。（“寧、原、慶三州……爲義渠戎國之地。”[②]）

武乙三十五年，周公季歷伐西落鬼戎，俘二十翟王。

文丁二年，周公季歷伐燕京之戎，敗績。[③]

文丁四年，周公季歷伐余無之戎，克之。命爲牧師。（《周禮》鄭注：“謂侯伯有功德者，加命得專征伐於諸侯。”[④]）

文丁七年，周公季歷伐始呼之戎，克之。

文丁十一年，周公季歷伐翳徒之戎，獲其三大夫來獻捷。

帝辛元年，命九侯、周侯、邘侯。

帝辛十七年，西伯伐翟。

---

①（清）徐文靖：《竹書紀年統箋》，《二十二子》，第 1067 頁。

②（唐）李泰等：《括地志輯校》，第 42 頁。

③《淮南子·墬形訓》高誘注：燕京，在太原汾陽縣。《諸子集成》，第 64 頁。

④《周禮注疏·大宗伯》，《十三經注疏》，第 761 頁。

帝辛三十年，西伯率諸侯入貢。

實際上周族遷到岐周之後，不斷地發動對戎狄的討伐，而商朝也不斷地對周族進行封賞，如文丁四年，周公季歷伐余無之戎，克之。命爲牧師。帝辛三十三年，"王錫命西伯得專征伐"。因此周族成爲侯伯，爲商朝末期的武力支柱。

但《魯頌·閟宫》説："后稷之孫，實維大王。居岐之陽，實始翦商。至于文武，纘大王之緒。"孔穎達疏："言有滅商之萌兆也。"①因此不少學者認爲周族從古公時期起，周族就决定推翻商朝了。這種説法與現實情況不符。徐文靖曰："《魯頌》曰'至于太王，居岐之陽，實始翦商。'毛傳曰：'翦，齊也。'鄭箋曰：'翦，斷也。'《説文》作戩……三説皆非也。《爾雅·釋詁》曰：'勞、來、强、事、謂、翦、篲，勤也。'實始翦商，蓋謂實始勤商耳，與《周書》'太王其勤王家'之意正自符合。齊、斷、勤三訓，皆見《爾雅》，注詩者未之考也。"②徐文靖認爲古公"實始翦商"，不是表示周族開始伐商，而是開始成爲商王朝的支柱，這個解釋是正確的。《爾雅》："翦、勤也。"郝懿行疏："段氏玉裁説云'翦之言盡也'，謂盡力之勤也。"③《左氏成二年傳》"余姑翦滅此而朝食"，杜預注："翦，盡也。"④故翦即勤之意，如《武成》"王季其勤王家"、《金縢》"昔公（指周公旦）勤勞王家"。⑤因此，周族在古公時期成了商朝的忠實下屬，同時就完全融入了夏族。

商王武乙時期，《殷本紀》："帝武乙無道……爲革囊，盛血，卬而

①《毛詩正義·魯頌·閟宫》，《十三經注疏》，第615頁。
②（清）徐文靖：《竹書紀年統箋》，《二十二子》，第1067頁。
③（清）郝懿行：《爾雅義疏·釋詁》，《郝懿行集》，第2802、2806頁。
④《春秋左傳正義·成二年》，《十三經注疏》，第1894頁。
⑤《尚書正義》，《十三經注疏》，第184、197頁。

射之，命曰‘射天’。武乙獵於河渭之閒，暴雷，武乙震死。”[①]武乙死後，繼位的是太丁（在位 13 年）、帝乙（在位 9 年），都是比較衰落的年代，但是《竹書紀年》記載了大量周族討伐戎狄的戰爭勝利，而且周族被任命爲“周公”，“命爲牧師”。[②]可見得在古公時期，周族已經成爲商王朝的主要武裝力量。

中國三四千年的歷史中，記載了許多胡族南下的例子，其中最突出的是東胡與氐羌。他們從漠北南下，經過幾百年的時間，紛紛融入了夏族。最值得注意的是許多胡族都曾成爲夏族（或漢族）武裝力量的一部分，甚至主要部分。

在東漢時期，竇固討伐匈奴的軍隊如下：“固與忠率酒泉、敦煌、張掖甲卒及盧水羌胡萬二千騎出酒泉塞，耿秉、秦彭率武威、隴西、天水募士及羌胡萬騎出居延塞，又太僕祭肜、度遼將軍吳棠將河東、北地、西河羌胡及南單于兵萬一千騎出高闕塞，騎都尉來苗……將太原、鴈門、代郡、上谷、漁陽……郡兵及烏桓、鮮卑萬一千騎出平城塞。”[③]又如：“顯宗初，西羌寇隴右，覆軍殺將，朝廷患之，復拜武捕虜將軍……將烏桓、黎陽營、三輔募士、涼州諸郡羌胡兵及弛刑，合四萬人擊之。到金城浩亹（今甘肅永登西南河橋驛），與羌戰。……羌乃率衆引出塞，武復追擊到東、西邯（今青海化隆有邯川水，東西分流），大破之。”[④]因此竇憲勒銘燕然山，銘中說：“爰該六師，暨南單于、東烏桓、西戎氐羌侯王君長之群。”[⑤]張璠《漢紀》說：“中國自光武以來，無雞鳴狗吠之警，百姓忘戰日久……且天下之權勇，今見在者不過并、涼、匈奴屠

---

① 《史記・殷本紀》，第 104 頁。

② （清）徐文靖：《竹書紀年統箋》，《二十二子》，第 1068 頁。

③ 《後漢書・竇融列傳》卷二十三，第 810 頁。

④ 《後漢書・馬武傳》卷二十二，第 786 頁。

⑤ 《後漢書・竇融列傳》卷二十三，第 815 頁。

各、湟中義從、八種西羌，皆百姓素所畏服。”[①]

當西晉永嘉之亂時，晉朝失去了對國家的控制，北方部族紛紛南下，互相混戰。苻氏（氐族）也起兵，在石氏（羯族，史稱後趙）統率下作戰。當時名義上還是晉朝的統治（史稱東晉），後來苻氏歸順晉朝，以晉朝的名義討伐北方部族。最後獨立稱王（史稱先秦）。當乞伏氏（鮮卑族）南下，不斷地與其他鮮卑部族作戰，在進入中原地區邊緣地帶之後，就在苻氏（前秦）统率之下與其他叛亂的戎狄部族作戰，最後獨立稱王（史稱西秦）。禿髮氏（鮮卑族）南下的過程中，也一直與其他南下之部族作戰，在進入中原地區邊緣地帶以後，就在吕氏（氐族、後凉）的统率下作戰，最後獨立稱王（史稱南凉）。

周族在他们之前，就經歷了類似的過程，即從一個胡族部族轉變爲王朝之武力支柱，然後奪取了政權。當古公遷到岐下之後，開始有了“周”的稱號，不過百年，周族就取得了全國政權。正如《周本紀》説的：“蓋王瑞自太王興。”[②]

《周本紀》説，在公劉時，“周道之興自此始”，當時周族開始融入夏族；到了古公亶父時，“蓋王瑞自太王興”，周族已經準備奪取商王的政權了。此即周族從公劉、高圉到古公的發展過程。這個發展過程在中國歷史中曾一再重復，幾千年來大量的北方部族，就是沿這條軌道往前發展的，衹不過規模的大小有所不同而已。

① 《三國志・鄭渾傳》，第 509 頁。
② 《史記・周本紀》，第 119 頁。

[補注一] 對先周文化的研究

(一) 先周文化

1. 周文化與先周文化

周族的歷史可以分爲下列七個時期：后稷時期、不窋時期、公劉時期、高圉時期、古公時期、武王時期以及平王時期。這七個時期（共約兩千二百年）可以分爲三個階段：原始階段、過渡階段以及周王階段。

可以把原始階段與過渡階段合稱爲先周階段，先周階段的文化稱爲先周文化。周王階段的文化則稱爲周文化。這裏周是代表周族稱王的時代，因此先周就是周族稱王之前的時代。

由於周既是年代的稱呼，又是部族的稱呼，因此周文化既可以指周王階段的文化，也可能指周族的文化。由於先周文化也是周族的文化，當然也是周文化。因此周文化這個稱呼的意義是含混的。

爲此可以不考慮平王時期，那麼周族歷史的三個階段爲原始階段、過渡階段、西周階段，兩個文化就是先周文化與西周文化。西周文化就没有含混之處。不過在使用中，周文化往往就是指的西周文化。這一點是要特別注意的，否則容易産生誤會。

2."早周文化"與"先周文化"

爲了研究周族的起源，當然就要研究原始階段與過渡階段，也就是研究先周文化。同商族一樣，周族起源的研究遇到了嚴重的困難，於是有的學者把周族史加以分解。他們認爲后稷時期可以置之不論，把后稷時期稱爲"先周族時期"。這裏“先周族”是一個新詞，表示一個不同於周族的古族。他們又認爲不窋時期雖然已具有一定的周族特點，但是太渺茫了，在周族史的研究中可以暫時擱置。因此他們把不窋時期稱爲“早周時期”，把不窋時期的文化稱爲“早周文化”；他們把過渡時期（即公劉時期、高圉時期以及古公時期）稱爲“先周時期”，而把過渡階段的文化稱爲“先周文化”。於是在他們的研究工作中，先周時期被分解爲“先周族時期”“早周時期”與“先周時期”，尹盛平説，“以往學術界……把先周文化與周族早期文化混二爲一。我們現在把后稷氏族，也就是先周族時期從周族歷史中劃分出去，那麽周族的起源問題就可以首先定論了”，“周族是起源於漆水流域和涇水的上游地區”。[①]

爲了討論周族的起源問題而把周族的原始階段棄之不顧，那是行不通的，何況周族對后稷與不窋很敬重，特別是后稷，《周頌》：“思文后稷，克配彼天。”孔穎達疏：“后稷之配南郊與文王之配明堂，其義一也。”[②] 而且周人叙述周史時總是從后稷開始，如太子晋對靈王説：“自后稷以来寧亂，及文、武、成、康而僅克安民。自后稷之始基靖民，十五王而文始平之，十八王而康克安之，其難也如是。”又衛彪傒對單穆公則説：“玄王（即契）勤商，十有四世而興。帝甲亂之，七世而隕。后稷勤周，十有五世而興，幽王亂之，十有四世矣。”[③] 周族對不窋也很敬重。如宗伯夏父弗忌説：“子雖齊聖，不先父食久矣。故禹不先鯀，湯不先契，文武不先不窋。”[④] 怎麽可以撇开后稷與不窋而討論周族的起源呢？

周族從公劉時期起，文獻記載比較多，考古材料也比較豐富，研究工作比較容易展開。但不能因原始階段的信息不多而置之不論。原始階段的資料雖少，但極爲重要。實際上由於忽略后稷時期與不窋時期，現在不少研究工作可能已經誤入歧途，因此撇開不窋時期來研究先周時期是不可行的。

---

① 尹盛平：《周原文化與西周文明》，南京：江蘇教育出版社，2005 年，第 99—100 頁。

②《毛詩正義 · 周頌 · 思文》，《十三經注疏》，第 590 頁。

③ 徐元誥：《國語集解 · 周語下》，第 100、131 頁。

④《春秋左傳正義 · 文二年》，《十三經注疏》，第 1839 頁。

（二）對先周文化的近代研究

1. 研究的範圍

從公劉以後，周族的地域範圍應該不超過渭水中上游，也就是陝西西部涇河、汧河流域以及甘肅的東部。例如《周本紀》説：公劉“自漆、沮度渭，取材用”，公劉的兒子慶節“國於豳”，而《大雅·公劉》説公劉“于京斯依”“于豳斯館”。沮、漆、渭、豳等都在這個範圍。後來古公亶父“去豳，度漆、沮，逾梁山，止於岐下”，還是在這個範圍。所以周族在高圉以後的地域是比較明確的，即涇河、汧河流域以及甘肅的東部。

近代對先周文化的研究往往限於這個地域範圍，因此他們的研究都是限於過渡階段的先周文化，如鄒衡説：“先周文化的年代，大約相當於商代祖甲以後，直到商紂滅亡。”①根據《竹書紀年》，從祖甲到商紂滅亡大約 150 年，那麼鄒衡所説的先周文化是指高圉時期後期與古公時期。

胡謙盈曾將先周文化遺存分爲三期：第一期“以長武縣碾子坡先周文化早期遺存爲代表，其年代大致與殷墟二期文化的年代相當，約爲公元前 1200 年或稍早”。第二期“以碾子坡先周晚期墓葬、岐邑劉家村先周墓葬和長武縣下孟村先周遺址爲代表，遺存的年代約略屬於周人遷岐前後，大致與殷墟三期文化的年代相當，約爲公元前 12 世紀中後期”。第三期“以豐邑先周文化遺存爲代表，其年代約略屬於文王、武王滅商時期，大致與殷墟四期文化的年代相當，約爲公元前 11 世紀後期”。胡謙盈所説的三期先周文化，相當於從公元前 1200 年或稍早到公元前 1050 年（武王灭商），實際上就是從高圉到武王的時期，因此所謂的先周文化實際上是過渡階段的文化或過渡文化。

學者把研究的重心放在高圉以後，這是因爲這些學者的工作都是以近代的考古學爲基礎來進行的。

---

① 鄒衡：《論先周文化（摘要）》，《夏商周考古學論文集（續集）》，北京：科學出版社，1998 年，第 256 頁。

2．考古文化

半個多世紀以來，考古工作有了很多的成就，在上述範圍内發現了許多古文化遺址，如禮泉（朱馬嘴），户縣鄠邑區（馬王村、黄家河），武功（鄭家坡、岸底），扶風（北吕、劉家村、壹家堡），岐山（賀家、王家嘴），鳳翔（西村），寶雞（紙坊頭、高家村），麟游（蔡家河、史家原、園子坪），彬縣（斷涇），長武（碾子坡），旬邑（孫家），耀縣（北村）等。在這些遺址中都發現了西周之前的文化遺存。以往根據出土陶器的器形把這些文化遺存分爲各種文化類型，如馬家嘴文化類型、鄭家坡文化類型、碾子坡文化類型、劉家文化類型等。

上述考古文化遺址都分布在涇河、汧河流域，因此它們都有可能屬於先周文化。但究竟哪一些是先周文化呢？却意見分歧，莫衷一是。

許多人在研究之後，認爲其中一些不可能是先周文化。例如，鄒衡認爲劉家文化是"姜戎文化"，不可能屬於先周文化；扶風壹家堡文化屬於岐山京當型商文化，所以也不可能屬於先周文化；碾子坡文化與劉家文化有許多共同點，它可能是劉家文化的分支，所以它大概也屬於姜戎文化，不屬於先周文化。[①]不少人接受這種觀點，因此他们認爲鄭家坡文化最有可能正是大家所尋找的先周文化。但是有人則認爲按地域來看，長武碾子坡更可能是真正的先周文化。

争論很多。甚至鄭家坡遺址的年代也還没有討論清楚，有人認爲它的最早期遺存屬於二里頭文化晚期，有人認爲是二里崗下層，有人認爲是二里崗上層，有人認爲是殷墟一期、三期（古公亶父遷岐的時候），也有人甚至認爲是在文王作豐的商朝末期。不同的説法前後相差六七百年之多。因此有學者把種種估計歸納成九種，認爲"很少見到還有哪一類考古學文化遺存年代的推斷，能有如此巨大的差異者"[②]。因此先周文化實際上無法確認。

---

① 鄒衡：《論先周文化》，《夏商周考古論文集》，1980年；鄒衡：《再論先周文化》，《夏商周考古論文集（續集）》，1998年。

② 張天恩：《關中商代文化研究》，北京：文物出版社，2004年，第226頁。

3．過渡文化的来源

既然過渡文化無法確認，對於過渡文化的來源，就更無法確認了。有人認爲過渡文化是在客省莊二期文化的基礎上，吸收齊家文化的因素而形成的。[①]有的研究者說：關中西部地區晚於龍山，相當於夏代或略晚的，以花邊罐爲代表的土著文化，有可能是過渡文化的真正來源。[②]有的研究者認爲只能肯定説：過渡文化來源於涇水上游地區一支更古老的考古學文化。至於那個古老的文化是什麽文化，却無法具體指明。[③]意見極爲分歧，實際上有人反對所有通常提到的考古文化，例如有研究者説：寺窪文化、辛店文化、齊家文化、劉家文化、客省莊二期文化、光社文化、商文化，統統都不是過渡文化的淵源。[④]衆多遺址的發現，雖然形成了一個討論的高潮，但似乎還没有找到過渡文化的一個真正的綫索。因此對於周族的起源地問題，就得不出什麽結論了。

---

① 徐錫台：《早周文化的特點及其淵源的探索》，《文物》1979年第10期；尹盛平、任周芳：《先周文化的初步研究》，《文物》1984年第7期；劉軍社：《鄭家坡文化與劉家文化的分期及其性質》，《考古學報》1994年第1期。

② 張天恩：《先周文化早期相關問題淺議》，《西周史論文集（上）》，西安：陝西人民教育出版社，1993年，第374頁。

③ 李峰：《先周文化的内涵及其淵源探討》，《考古學報》1991年第3期。

④ 張長壽、梁星彭：《關中先周青銅文化的類型與周文化的淵源》，《考古學報》1989年第1期；劉軍社：《試論先周文化與相鄰諸文化的關係》，《考古與文物》1994年第4期。

［補注二］高圉、古公與劉家、碾子坡、鄭家坡文化

在過渡文化的地域範圍内，已經發現劉家文化、碾子坡文化以及鄭家坡文化。其中劉家文化分布的範圍最廣，涉及關中、陝北、隴東及寧夏南部，碾子坡文化其次，而鄭家坡文化最窄。鄒衡曾説，“這一地區的遺址和墓葬，顯然可以分爲三類”。第一類，“絶大多數都是長方體瘪襠鬲……此類遺存衹分佈於周原和周原以東”，如扶風北吕墓地和武功鄭家坡遺址。第二類，“衹見高領袋足鬲……此類遺存衹分佈於周原和周原以西”，如扶風劉家墓地和寶雞紙坊頭遺址。第三類，“長方體瘪襠鬲和高領袋足鬲共同常見。此類遺存在涇渭地區普遍分佈”。[①]

下面我們着重分析劉家文化、碾子坡文化與鄭家坡文化，它們應該可以代表上述三類文化。

（一）劉家文化

劉家文化代表第二類文化。

1．劉家文化的地域與年代

幾十年來已經發現了六十多處劉家文化遺址，分布的範圍相當大，大體上東至涇河，西至洮河，南至渭河而北至隆德、會寧一綫。基本上可以分爲兩個部分：東部是涇河、汧河流域，而西部爲甘肅境内渭河以北、洮河以東地區。可惜對劉家文化缺少全面的發掘，到目前爲止，雖然發現的遺址不少，但發掘的數量有限。且所發掘的主要是墓葬，而不是住址。

發掘是從東部開始的。1981年發掘了扶風劉家村的墓葬16座，其中的1座是

① 鄒衡：《再論先周文化》，《夏商周考古學論文集（續集）》，第262頁。

帶頭龕的土壙竪穴墓，其餘的爲有帶竪穴墓道的偏洞室墓。隨葬品主要有高領分襠袋足鬲和高領圓腹罐（帶有單耳、雙耳、或腹耳）、折肩罐等。墓内普遍有隨葬石塊。與周原其他只有土坑竪穴墓的墓地有很大的不同，所以命名爲劉家文化。[①]接着發掘了寶雞高家村的劉家文化墓葬 19 座（共發現了 20 多座），其中偏洞室墓 4、土壙竪穴墓 1、其餘爲帶頭龕的土壙竪穴墓。隨葬品與劉家墓地一樣。[②]此外還有寶雞紙坊頭遺址。[③]

有人把劉家文化分爲四期。在劉家文化最早第一期時，遺址分布在以莊浪及寶雞爲中心的東西兩個地區。東邊還包括鳳翔、眉縣，而西邊則包括寧夏的隆德以及甘肅的平凉、會寧、臨洮。第二期仍然是以莊浪及寶雞爲中心的東西兩個地區。西邊的天水、禮縣也有發現，而東邊更多，岐山、麟游、禮泉、彬縣等地都有類似的陶器出土。到第三期，劉家文化在隴山以西分布模糊，但是在東邊分布比較清楚，除劉家墓地外，在扶風、岐山的周原遺址中，以及寶雞附近，都有新的遺址發現。劉家文化的分布重心似乎東移了。周原附近成了劉家文化的核心，同時該處的商文化被排擠出去了。但第三期之後，劉家文化並没有再往東擴展，在周原以東没有再發現劉家文化的新遺址。第四、五期劉家文化逐步消减，涌現大量先周文化因素。此後“呈現出一種文化融合，並以先周文化爲主體的局面”。“劉家文化是一支由西向東發展的考古學文化，最初的重心極可能是在隴山以西的莊浪及其附近地區”[④]。

根據碳 14 檢測，劉家文化遺址的年代大約從前 1500 年到前 1000 年，其年代大約從殷墟一期到西周初，正屬於過渡時期。

因此從時間段及地域範圍來看，劉家文化與過渡文化應該有密切的關係。究竟劉家文化是不是過渡文化？它與其他考古文化有哪些關係？先看劉家文化的特徵。

---

① 陝西周原考古隊：《扶風劉家姜戎墓葬發掘簡報》，《文物》1984 年第 7 期；尹盛平、任周芳：《先周文化的初步研究》，《文物》1984 年第 7 期。

② 寶雞市考古工作隊：《陝西寶雞市高家村遺址發掘簡報》，《考古》1998 年第 4 期；寶雞市考古工作隊：《寶雞市高家村劉家文化墓地發掘報告》，未刊。

③ 寶雞市考古隊：《寶雞市紙坊頭遺址試掘簡報》，《文物》1989 年第 5 期。

④ 張天恩：《關中商代文化研究》，第 304—308 頁。

2．劉家文化的特徵

劉家文化的特徵可以歸結爲三點：第一是石板墓的遺迹；第二是陶器的附加堆紋；第三是陶器的形制，也就是所謂的乳狀袋足鬲。（但是發掘報告把這第三點作爲劉家文化的特徵，忽略了第一、第二兩點）

（1）石板墓的遺迹

1981 年在岐邑劉家村清理 20 座先周墓葬，其中幾座墓中都有二層臺上放置小石塊的現象（2 至 5 塊）。劉家村的發掘簡報中說："成人墓及小孩墓墓室都填黄褐色土並夾雜許多小型河卵石。"胡謙盈説："劉家村先周墓内埋小石塊的情況很可能也是屬於石棺葬孑遺的一種現象。"[①] 這是正確的。但是在劉家村實際上並不只是放置小石塊，發掘簡報説，一直到最後，"墓葬習俗上仍隨葬大石塊，頭向東北等"。

（2）陶器的附加堆紋

在發掘簡報中就指出，值得注意的是堆紋，"附加堆紋的形式多樣，有雞冠狀、波折狀、帶狀、鋸齒狀等，常施於鬲的襠、領及口沿"。在簡報的墓葬舉例中描述了 53 件陶器，其中 21 件有堆紋，占 40%。高天麟曾研究了黄河流域龍山時代的陶鬲 190 多件，但只有十幾個有附加堆紋的，不到 10%[②]，因此附加堆紋應該看作劉家文化的一個特徵。

（3）陶器的器形

劉家以尖襠鬲爲主要器物組合。劉家早期的尖襠鬲（其口沿有附加堆紋花邊，有時口外帶紐或雞冠鋬的尖襠乳狀袋足鬲）與壹家堡三期鬲近似，是朱開溝—李家崖文化的典型器物。

3．劉家文化是不是"姜戎文化"？

鄒衡認爲聯襠鬲代表姬周文化，而袋足鬲代表另一種文化。於是在 1981 年發掘劉家村墓葬後，他就把劉家文化看作是與周原文化不同的文化系統，並且把劉

① 胡謙盈：《南邠碾子坡先周墓葬和西周墓葬》，《胡謙盈周文化考古研究選集》，成都：四川大學出版社，2000 年，第 171 頁。

② 高天麟：《黄河流域龍山時代陶鬲研究》，《考古學報》1996 年第 4 期。

家文化稱爲姜戎文化。1984 年的發掘報告的題目就是《扶風劉家姜戎墓葬發掘簡報》，把它定性爲“姜戎墓葬”。這個做法異乎尋常。有什麽根據使得簡報作者那麽快就確定了墓葬的性質呢？

鄒衡首先提到“寶雞、岐山兩地又都有名姜的古地”，其次他發現在岐山、寶雞出土的器物上出現一個不認識的符號，那個符號在洛陽出土的一個鼎上也出現，而且上邊有一個火字，而岐山、寶雞一帶出土的器物與火有關，“炎帝爲火師”，所以那個符號就表示在岐山、寶雞地區存在的姜姓、炎帝的族系。他並且説：“文獻上所説的姜姓族，也可能就是所謂炎帝族，最早是住在寶雞和周原一帶，大概是可以説得過去了吧。”[①]其實這是説不過去的。而且即使炎帝曾住在寶雞、周原，距今至少也有五千年，比后稷早很多，炎帝與距今兩三千年的西周有甚麽關係？與現在發掘的劉家墓地有什麽關係？

此外鄒衡又把羌與姜聯繫了起來。他認爲分襠鬲（即袋足鬲）與古代羌人有關，屬於“姜炎文化”。最後他又指認了另一個具體的姜炎文化，他説姬家店和晁峪一類遺址“又都地處寶雞，再結合以上羌、姜的有關論述，可以暫時叫它‘姜炎文化’”[②]。其實在關於羌與姜的關係，還有關於寶雞、岐山一帶存在所謂的“姜炎文化”以及對它的具體指認，都缺乏有力的論據。儘管如此，在劉家村遺存發掘以後，發掘報告中就强調劉家文化屬於羌族文化：“劉家文化墓地普遍隨葬石頭，與文獻中羌人崇拜白石的記載一致，死者頭部的雙聯小銅泡，可能是髮卡，反映了羌人披髮的習俗。”他又把羌稱爲戎，於是就把發掘簡報的題目定爲“劉家姜戎墓葬”。[③]把姜、戎、氐、羌這樣一些很複雜的概念輕易地結合在一起，這種做法是不恰當的。用“姜炎文化”來分析先周晚期文化，從根本上説就是不恰當的。[④]

---

① 鄒衡：《論先周文化》，《夏商周考古學論文集》，第 350、351 頁。

② 鄒衡：《論先周文化》，《夏商周考古學論文集》，第 350、351 頁。

③ 陝西周原考古隊：《扶風劉家姜戎墓葬發掘簡報》，《文物》1984 年第 7 期，第 16—29 頁。

④ 灃西張家坡曾發現了偏洞室墓（見中國科學院考古研究所灃西發掘隊：《長安張家坡 M183 號西周洞室墓發掘簡報》，《考古》1989 年第 6 期），發掘者認爲墓主是劉家文化後裔。從出土銅鼎上看到墓主是“孟員”，同時又提到了“孟狂父”，因此張政烺認爲這些人都出自孟氏。於是一些人認爲“劉家文化也就是羌族尚有孟氏族，故僅以其爲一姓如姜姓，並不盡善”，因而他們放弃了“姜戎文化”“姜羌文化”這一類名稱，但是他們仍然承認劉家文化是羌人文化，但不提姜（見張天恩：《關中商代文化研究》，第 93 頁）。不提姜字是對的，但這樣做與孟氏其實没有關係。氏與姓的性質不同，孟是氏，姜是姓，因此孟氏仍然可以是姜姓，出現孟氏並不須要去掉姜字（請參看張肇麟：《姓氏與宗社考證》）。去掉姜字的正確理由是姬、姜、炎、黃與晚期先周文化不相干，二者没有什麽直接的聯繫。

從姜戎墓葬這個説法，許多人就得出一個基本結論：劉家墓地不屬於先周文化，因爲姜戎與周族是完全不同的，所以劉家文化與先周文化屬於不同的文化系統。

不少學者有不同的看法，胡謙盈認爲這兩種鬲在先周早晚期的墓中都有出現，而且在第 663 號先周早期墓中共生，這就可以進一步説明“兩種形制不同的陶鬲在周文化中是同時並存、發展的……它們不存在分屬於不同譜系文化遺存的問題”①。用一種器物來區别兩種文化，實在是太簡單化了，“應注重其組合，而不應僅重一兩種器物”②。其實就是組合也是不够的，因爲器物組合與部族並不是緊密聯繫的。對於一個部族來説，有一些風俗與文化因素（例如語言、葬俗），比器物更能顯示出文化的特徵。因此器物並不是最有效的民族識别工具。

雖然劉家文化具有戎狄文化的性質，但把它叫作姜戎文化，而且把它與周族隔離開來，則是错误的。

4．劉家文化可能是初期的過渡文化

前面説過，劉家文化有明顯的石板墓的特點，而且發掘簡報説，一直到最後，“墓葬習俗上仍隨葬大石塊”。還有一個特點，即陶器上的附加堆紋，據説 40%的陶器都有，而高天麟報告説，黄河流域龍山時代的陶鬲中，有附加堆紋的不到10%。

這兩個特點説明了劉家文化不僅與黄河流域龍山文化不同，也與關中其他許多考古文化不同。但這一些特點却與其他地區的考古文化相同，例如朱開溝文化。在朱開溝，附加堆紋與石板墓也是顯著的特徵。朱開溝文化應該屬於一種戎狄文化，因此劉家文化具有戎狄文化的特點。

再看陶器。鄒衡説劉家文化與辛店文化、寺窪文化同樣有分襠鬲，“這種辛店式陶鬲的文化，已經超出了先周文化的範疇而不能再叫它先周文化了。……可以暫時叫它姜炎文化”。③ 鄒衡認爲，既然劉家文化與辛店文化、寺窪文化有密切的直接聯繫，辛店、寺窪，大體上都屬於戎狄勢力，因此劉家文化衹能屬於戎狄文

① 胡謙盈：《南邠碾子坡先周墓葬和西周墓葬》，《胡謙盈周文化考古研究選集》，第 173 頁。

② 王巍、徐良高：《先周文化的考古學探索》，《考古學報》2000 年第 3 期，第 285—310 頁。

③ 鄒衡：《論先周文化》，《夏商周考古學論文集》，第 351 頁。

化或者是戎狄文化的後繼。因此“不能再叫它先周文化了。……可以暂時叫它姜炎文化”。

鄒衡論點的根本問題在於他把戎狄與周族割裂開來。劉家文化帶有戎狄文化的特點，其實並不説明劉家文化不是先周文化，恰恰相反，這正好説明劉家文化可能是先周文化。因爲周族是胡族，即使不是胡族，也受到胡族的强烈影響。《周本紀》説得很清楚，在幾百年的不窋时期裹，周族生活於戎狄之中。因此不窋時期的文化必定具有戎狄的特點。

由於周族有一個長期的戎狄時期，因此先周文化與戎狄文化並不是對立的。相反，先周文化必定會帶有戎狄的特點，例如畜牧業因素。正如胡謙盈説的，“姬周是屬於戎狄族的一個分支”。[①] 實際上周族屬於胡族，這是本書所强調説明的，而且又經歷了不窋的戎狄之間的生活，那麽最初的先周文化根本就是戎狄文化。

劉家文化具有戎狄的特點，不能説明它不是先周文化，衹能説明它是初期的過渡文化。有些學者把公劉時期、高圉時期以及古公時期稱爲先周時期，他們研究先周文化時不考慮后稷與不窋，那樣一來就容易忽略先周文化是從戎狄文化開始的過渡文化，看不到先周文化必須帶有戎狄的特點。相反，他們以爲帶有戎狄特點的就不是先周文化。於是當他們發現劉家文化帶有戎狄特點（如堆紋與石板墓遺迹），就認定劉家文化是戎狄文化而不是先周文化，並稱之爲“姜戎文化”。其實劉家文化具有强烈的戎狄特性，無非説明它是早期的過渡文化。

那麽後期的過渡文化是什麽？爲此需要進一步分析陝西的其他考古文化。

（二）碾子坡文化

碾子坡文化的遺址分布於麟游、彬縣、長武及甘肅靈台等地，應該是在涇水中游與漆水之間的陝西、甘肅交界處一帶，因此包含在周族在先周時期的活動範圍内。

碾子坡遺址的碳 14 檢測結果爲前 1535 ± 160 年。

現在考察一下碾子坡的墓葬。碾子坡墓葬可分三期：早期、晚期、西周初

① 胡謙盈：《姬周族屬及其文化探源》，《胡謙盈周文化考古研究選集》，第 101 頁。

期。三種類型的墓葬有衆多共同性，也有十分明顯的差異。

1．碾子坡文化的特徵

（1）關於石板墓

碾子坡的墓葬都流行用木棺，但在第二期墓葬中發現一座石棺墓，還有 12 座墓，其墓室中放置不同數量的石板（1 至 4 塊）。這一些可以肯定是石棺葬的孑遺。在第三期墓葬中只有一座用石板和木板搭成長方形棺，未見石棺或石棺的孑遺。

因此從石板墓的特徵來看，在碾子坡遺址開始石板墓還明顯存在，但是最後衹留下了少量痕迹，即在木棺上包含部分石板。

（2）附加堆紋

關於陶鬲的紋飾。第一期鬲的口沿外多有附加堆紋、泥條等裝飾紋飾，第二期鬲的口沿外、耳部少見堆紋、泥條，第三期口沿外極少見到裝飾紋飾。所以這三期是同一文化自身發展演變的過程。這種情況更清楚地説明了，碾子坡遺址具有明顯的劉家文化的特徵，但是這種特徵逐步弱化，一直到最後，還留下痕迹。

（3）關於陶鬲的形制

在第一、第二期墓絶大多數是乳狀袋足鬲（高領袋足鬲）而癟襠鬲（聯襠鬲）極少；第三期則大多數爲癟襠鬲而袋足鬲少見。由於劉家文化全部是高領袋足鬲，故從陶鬲的形制來看，同樣説明碾子坡遺址具有明顯的劉家文化的特徵，但是這種特徵逐步弱化，一直到最後，還留下痕迹，即袋足鬲少見而不是没有。

2．碾子坡文化可能是中期過渡文化

從所有三個方面來看，碾子坡遺址在初期都有明顯的劉家文化的因素，而這種因素在逐步減少，但是即使到最後，劉家文化的痕迹始終存在。

值得注意的是碾子坡文化高領袋足鬲逐漸減少，聯襠鬲則逐漸增多；堆紋逐步減少。故器形、紋飾等方面的變化，與劉家文化同類器遵循同樣的規律。① 因此碾子坡文化還有戎狄遺迹，但是程度有所減輕。劉家文化可以看作公劉時期的

① 張天恩：《高領袋足鬲的研究》，《文物》1989 年第 6 期。

文化，就是過渡階段早期的文化。那麼碾子坡文化可能是過渡階段中期的文化。

但是許多人有不同的分析。鄒衡認爲乳狀袋足陶鬲與瘪襠陶鬲屬於不同譜系的文化遺存，所以碾子坡遺存可能屬於劉家文化或其分支。

胡謙盈則認爲這兩種鬲在早晚期的墓中都有出現，而且在 663 號早期墓中共生，這就可以進一步説明 “兩種形制不同的陶鬲在周文化中是同時並存、發展的……它們不存在分屬於不同譜系文化遺存的問題”。[①]因此胡謙盈認爲碾子坡文化是先周文化。

張天恩説：“碾子坡文化的經濟水平落後於先周文化，遺址中獸骨相當多，生産工具中不見農業工具石鐮等，説明其‘畜牧業相當發達’，而農業‘比較落後’（胡謙盈：《試論先周文化及相關問題》，《中國考古學研究——夏鼐先生考古五十年文集》（二），北京：科學出版社，1986 年；張長壽、梁星彭：《考古學報》1989 年第 1 期），有戎狄文化的經濟特點。……故其應屬於西方諸戎的一支。……一者事農，一者畜牧，與周人文化特點判然有别，絶不相混。”[②] 他們把碾子坡文化排除出周文化，也排除出劉家文化，張天恩説；“經過進一步的梳理，可以看出這類文化遺存雖分别具有先周和劉家文化各自的一部分特徵，但與兩者均有差别，無法歸入任何一個之中，而應是一支相對獨立的文化類型，故可稱爲‘碾子坡文化’。”[③] 其實碾子坡文化算不得什麼獨立的文化類型，它既是劉家文化的發展，又是先周文化的一部分。

（三）鄭家坡文化

鄭家坡文化的遺址分布於鄠邑、武功、扶風、鳳翔、岐山等地。

大家基本上都同意鄭家坡文化是先周文化。理由是鄭家坡遺址的早期與晚期遺存是連續的，而晚期遺存包含西周早期的文化，尹盛平説：“鄭家坡遺址晚期文化與西周早期相比，承襲連續性是十分清楚的。除陶器形制上 A 型鬲可以延續到西周早期，B 型、C 型、D 型鬲一直延續到西周晚期外，其他方面也可以看出這

① 胡謙盈：《南邠碾子坡先周墓葬和西周墓葬》，《胡謙盈周文化考古研究選集》，第 173 頁。

② 張天恩：《關中商代文化研究》，第 331 頁。

③ 張天恩：《關中商代文化研究》，第 94 頁。

一點。”[①] 所以大家認爲鄭家坡文化一定是周族的文化。

武功鄭家坡遺址分爲三期。早期木炭根據碳 14 測定，年代爲前 1380 年 ± 60 年，即前 1300 年左右。其早期年代比劉家文化、碾子坡文化要晚一點。鄭家坡遺址早期也可能是高圉的時期。

1．鄭家坡文化的特徵

（1）墓葬

墓葬方面是土壙豎穴式小墓，仰身直肢，無葬具或一棺。

（2）陶器紋飾方面

鄭家坡遺址出土的早期陶器，“附加堆紋較盛行，多用於器物口沿，作成鋸齒狀花邊或指窩紋口沿”。鄭家坡一期折襠鬲的口沿唇部多作鋸齒狀花邊，也與朱開溝文化鬲形器的作風一致。中期陶器有所減少。晚期陶器“基本特徵與中期相似”。[②]

（3）陶器的器形

既有西周的遺存，也有早於西周的遺存。早於西周時期的出土陶器與西周時期的陶器很接近（都以聯襠鬲、折肩罐等爲主體）。

2．鄭家坡文化可能是晚期過渡文化

鄭家坡遺址早期可能是高圉的時期，那麽鄭家坡遺址應該屬於過渡文化，但年代晚於碾子坡文化，更晚於劉家文化。因此可以得到下列考古文化的發展序列：

劉家文化→碾子坡文化→鄭家坡文化→西周文化。

因此劉家文化可能是高圉時期的周族文化，也就是陝西境内最早的先周文化，那麽劉家文化是從哪裏來的？

---

① 尹盛平、任周芳：《先周文明的初步研究》，《文物》1984 年第 7 期。

② 寶雞市考古工作隊：《陝西武功鄭家坡先周遺址發掘簡報》，《文物》1984 年第 7 期。

［補注三］不窋、公劉與寺窪文化

（一）甘肅的考古文化

1. 甘肅夏商時代的考古文化

安特生曾注意到甘肅考古文化與中原文化的區别。例如在商文化（前 1766—前 1122 年）中没有彩陶、但有文字、有青銅器藝術，另一方面在甘肅考古文化中却没有文字、青銅器少（而且多屬於鄂爾多斯式樣），因此他在 20 世紀 20 年代就認爲甘肅考古文化應早於公元前 1700 年。[①]

周族的戎狄時期（從不窋到公劉）的年代大約是前 1800 年到前 1400 年，大約是夏代晚期到商代中期，大約前 2000—前 1200 年的範圍。

近幾十年來，在陝西還發現了客省莊二期文化（前 2500—前 2000 年），而在甘肅則陸續發現了下列考古文化：

馬家窑文化（前 3369—前 3882 年）

半山文化（前 2180—前 1815 年）

齊家文化（前 2050—前 1915 年）

馬廠文化（前 2000—前 1800 年）

沙井文化（前 800—前 600 年）

卡約文化（約前 1000—前 600 年）

則比上述範圍爲晚。在甘肅的考古文化中，衹有辛店文化與寺窪文化是在上述年代範圍之内。因此從上述年代來看，衹有辛店文化、寺窪文化最有可能是“先周

① 陳星燦：《安特生與中國史前考古學的早期研究》，《華夏考古》1991 年第 4 期、1992 年第 1 期。

文化”。

許多人認爲齊家文化是“先周文化”，劉家文化就來自齊家文化。但是根據碳14測定，齊家文化的年代爲距今 2050±155 年—1915±155 年[①]，而劉家文化的年代爲二里崗上層或略早至殷墟四期或略晚[②]，也就是說劉家文化與齊家文化之間還有幾百年的時間間隔。齊家文化的地域可以分爲三個地區：甘肅東部地區、甘肅中部地區以及甘肅西部和青海東部地區，也與劉家文化接觸不多，而且齊家文化不具備劉家文化的基本特點。因此說劉家文化來自齊家文化是根據不足的，不能說劉家文化直接來自齊家文化。

2．辛店文化與寺窪文化

寺窪文化與辛店文化的早期階段都分布於洮河流域中下游，但沒有發現二者存在同一遺址，似乎二者之間有一條明確的界綫[③]。

寺窪文化分布區域東起陝甘省境，西至洮河，北至甘肅、寧夏省境，南抵白龍江、西漢水上游。包括了甘肅整個漢代牧區及其以南地區，大致包括了不窋時期與公劉時期周族的活動地域。辛店文化則分布於寺窪文化的東、西兩側，東側到達寶雞，而西側到樂都。

辛店文化與卡約文化有比較密切的聯繫，而寺窪文化則與周族有比較密切的聯繫："辛店文化向西發展中與卡約文化發生了密切的聯繫，而寺窪文化向東發展中，與周文化有一定的接觸和聯繫。"[④]

1945 年夏鼐認爲寺窪文化與辛店文化、沙井文化雖然時代基本相同，但來源顯然不同。他認爲寺窪文化與時代較早的馬家窑文化、齊家文化也沒有傳承關係，寺窪文化中發現火葬，夏鼐說：“（寺窪文化）是從外界侵入洮河流域的外來文化。”其族屬應是氐羌族系，但是夏鼐的這些意見並沒有嚴格的論證。[⑤]

---

① 中國社會科學院考古研究所編：《新中國的考古發現和研究》，北京：文物出版社，1984 年，第 118 頁。

② 張天恩：《關中商代文化研究》，第 283 頁。

③ 南玉泉：《辛店文化序列及其與卡約、寺窪文化的關係》，俞偉超主編：《考古類型學的理論與實踐》，北京：文物出版社，1989 年，第 73—109 頁。

④ 張學正、水濤、韓翀飛：《辛店文化研究》，《考古學文化論集（三）》，北京：文物出版社，1993 年，第 140 頁。

⑤ 夏鼐：《考古學論文集》，北京：科學出版社，1961 年。

以下討論究竟劉家文化來自什麽文化。

先回顧一下劉家文化。其分布範圍很大，有兩個部分：東部是涇河、汧河流域，而西部爲甘肅渭河以北、洮河以東地區。劉家文化遺址歷時從前 1500 年到前 1000 年。劉家文化的特徵有三：石板墓的遺迹；陶器的附加堆紋；陶器的形制，也就是所謂的乳狀袋足鬲。

（二）寺窪文化的類型與特點

1．寺窪文化的類型

寺窪文化可以分爲寺窪類型及安國類型。寺窪類型年代較早，大體上分布在六盤山西側天水地區；安國類型則分布在六盤山東側平凉、慶陽地區，這表明寺窪文化是由六盤山以西向以東推進的。近年也有把寺窪文化分爲寺窪、欄橋—徐家碾、九站等三個類型。[①]

2．寺窪文化的特點

打制石器表明其生産力還比較低下。家畜只見山羊。有骨鏃、彈丸，表明狩獵也是重要的生産活動。寺窪文化中未見文字，寺窪文化陶器底部發現穀物印痕，説明農業的發展。這種情况與周族公劉時期相同。

寺窪文化以馬鞍形高領大口雙耳罐爲特徵。[②] 寺窪陶器總體而言表面粗糙，色澤斑駁，製作簡陋，器形笨厚。1984 年考古工作者在慶陽合水九站遺址進行了發掘，把該處的遺存稱爲九站類型，認爲它是寺窪文化的地方類型，其主要特徵是單耳乳狀袋足鬲。[③] 因此寺窪文化（特别是九站類型）具有劉家文化乳狀袋足鬲的特點。

墓葬有竪穴土坑直肢葬、二次葬和火葬。後兩種較少。1947 年裴文中發現寺窪文化的積石葬俗（似曾經混亂者人骨之旁及下，均有排列之大礫石甚多，或與

---

① 趙化成：《甘肅東部秦和羌戎文化的考古學探索》，俞偉超主編：《考古類型學的理論與實踐》，第 145—176 頁。
② 陳平：《關隴文化與嬴秦文明》，南京：江蘇教育出版社，2005 年，第 81 頁。
③ 水濤：《西北地方史前考古研究的回顧與前瞻》，《考古學文化論集（三）》，第 7 頁。

墓葬有關)。[①] 因此寺窪文化應該具有劉家文化石板墓的特點。

3．寺窪文化與先周文化

由於寺窪文化的地域包括了不窋時期與公劉時期周族的活動地域，再從年代以及文化的特點來看，寺窪文化是不窋時期與公劉時期的先周文化，而劉家文化應該是從寺窪文化發展而來的。

（三）辛店文化的問題

1．辛店文化的類型

辛店文化之地域分爲西部與東部，二者之間爲寺窪文化。

西部辛店文化分爲姬家川類型與張家嘴類型，東部辛店文化則爲晁峪—石嘴頭類型。特別值得注意的是辛店文化的晁峪—石嘴頭類型。[②]

晁峪—石嘴頭類型廣泛分布於寶雞以西的山嶺川原之間。南不越秦嶺，北不越汧水，但西可達天水，東至寶雞、鳳翔。“該類型在陝西寶雞市的晁峪、石嘴頭及扶風的劉家和隴縣、千陽、鳳翔等地均有發現，而以劉家墓地較爲典型。其特點是：偏洞室的墓坑……高領袋足鬲、雙耳罐、單耳罐爲典型器，以河卵石隨葬。這些特點，都可以在姬家川類型中有較多的發現”。“是否因寺洼文化先民在夏商之際曾攔腰切入原本聯成一氣的辛店文化先民居息地纔造成這種局面的呢？”[③]

2. 辛店文化與先周文化

鄒衡認爲辛店是先周文化的來源之一，具體説即高領乳狀袋足鬲、雙耳罐、

① 水濤：《西北地方史前考古研究的回顧與前瞻》，《考古學文化論集（三）》，第 3 頁。

② 胡謙盈：《試論寺洼文化》，文物編輯委員會編：《文物集刊（2）》，北京：文物出版社，1980 年，第 118—125 頁；謝瑞琚：《略論辛店文化》，文物編輯委員會編：《文物資料叢刊（9）》，北京：文物出版社，1985 年，第 59—76 頁；李峰：《先周文化的內涵及其淵源探討》，《考古學報》1991 年第 3 期；陳平：《關隴文化與嬴秦文明》，第 73 頁。

③ 陳平：《關隴文化與嬴秦文明》，第 77、79 頁。

單耳罐、腹耳罐以及偏洞室墓和棺外放置石塊等。① 盧連成認爲辛店文化從甘肅西部向東發展，和寺窪文化發生關係，互相融合。他通過陶器的排比，提出了下列先周文化的形成過程：辛店文化姬家川類型、石咀頭—晁峪類型、劉家類型、鬥雞台類型，形成了先周文化石咀頭—晁峪類型、劉家類型。所以辛店文化最有可能是先周文化的母體。② 但是周族的起源地是農業地區，不大可能在甘肅西部，所以這個發展綫索是難以成立的。

按上述説法，所謂晁峪—石嘴頭類型可能實際上就是劉家文化。因此辛店文化當不包括所謂晁峪—石嘴頭類型。晁峪—石嘴頭類型應該看作是寺窪文化的一部分。以往只認識到晁峪—石嘴頭類型與寺窪文化交叉重疊分布，其實可能是同一個文化。

因此，從時間與地域來看，寺窪文化是最值得注意的。③ 因此可以得到下列考古文化的發展序列：

寺窪文化→劉家文化→碾子坡文化→鄭家坡文化→西周文化。

① 鄒衡：《再論先周文化》，《夏商周考古學論文集（續集）》，1998 年，第 257、263 頁。

② 盧連成：《扶風劉家先周墓地剖析——論先周文化》，《考古與文物》1985 年第 2 期；盧連成：《先周文化芻論》，《周秦漢唐考古與文化國際學術會議論文集》，《西北大學學報》增刊。

③ 王明輝對甘肅徐家碾寺窪文化的一份人骨研究中説："在人種成份上應屬於周人種族類型集團，這種體質類型與其他甘青地區新石器時代和青銅時代居民頗不一致。"（王明輝：《甘肅莊浪徐家碾寺窪文化人骨研究》，見《徐家碾寺窪文化墓地——1980 年甘肅莊浪徐家碾考古發掘報告》，北京：科學出版社，2006 年，第 215 頁）根據這個結論，那麼寺窪文化正屬於"先周文化"，正是西周文化的來源，而其他同時代的甘青文化可能都不是。

［補注四］后稷與朱開溝文化

寺窪文化的源頭在哪里？無論從地域與年代來看，或是從文化的特點來看，寺窪文化的源頭當爲朱開溝文化。李峰曾説，“先周文化”當來源於涇水中上游與内蒙古朱開溝文化時期相當的文化遺存[①]，這話很有道理，不過在涇水中游恐怕是找不到這個源頭的，“先周文化”的源頭當在内蒙古地區。

（一）朱開溝

1．朱開溝遺址（約前 2500—前 1500 年）

朱開溝遺址是在 20 世紀 80 年代以後纔引起大家注意的。1977 年至 1984 年在内蒙古伊金霍洛旗朱開溝遺址進行了四次發掘。

遺址位於内蒙古伊克昭盟伊金霍洛旗納林塔鄉朱開溝村，該村在東勝的東南約 30 公里，與成吉思汗陵很近。伊金霍洛是蒙語，意思是“聖主的陵園”。據説成吉思汗遠征西夏路過此處時，爲當地美麗的草原與濃密的森林所吸引，親自挑選爲葬地。但是今天的景象已面目全非。據發掘報告説：遺址總面積 50 萬平方米，“溝壑縱横……山溝裏的居民進出全靠步行……夏季雨後洪水滚滚，不能通行，洪水退後又亂石成堆。……由於遺址附近只有 3 户人家，既没有住處，又没有勞動力，工作人員只能住在緊靠崖畔臨時掘土搭建的‘土崖洞’内”。“朱開溝遺址被縱横交錯的沖溝切割得零散破碎、高低不平，無法統一佈方發掘”。[②]

在發掘了 2700 平方米，並經過清理之後，總共發現住房 83 座，灰坑 207

① 李峰：《先周文化的内涵及其淵源探討》，《考古學報》1991 年第 3 期。

② 内蒙古自治區文物考古研究所、鄂爾多斯博物館編：《朱開溝——青銅時代早期遺址發掘報告》，北京：文物出版社，2000 年，第 3 頁。

個，墓葬329座，瓮棺葬19座，出土可復原陶器約510件，石器270餘件，骨器420餘件，銅器50餘件[①]。埋藏在這個荒凉破碎的大地之下的這些遺存却具有“鮮明的特徵和旺盛的生命力”，因而稱之爲“朱開溝文化”。這種文化分布的範圍比較廣，性質相同、面貌相近的考古學遺存有准格爾旗的大口、張家塔，伊金霍洛旗的白敖包，清水河縣的白泥窑子，包頭阿善，呼和浩特郊區黄土坡，凉城縣毛慶溝，山西偏關老牛灣，面貌類似的考古學遺存就分布得更廣泛了，朱開溝文化代表了内蒙中南部的河套地區，西邊抵達賀蘭山，東至張家口，北達陰山，而南接晋、陝北部的類似文化遺存。[②]

2．朱開溝文化的分期

朱開溝文化延續了八百年，位於前2500—前1500年的範圍（正相當於后稷時期與不窋時期），遺址從早到晚可分爲以下五段[③]：

第一段“大體相當於龍山時代的晚期階段”。發現房址5座，墓葬7座。當時降雨量約600毫米以上。孢粉分析結果是蒿、藜花粉占全部花粉的50%。還有喬木，爲森林草原景觀。

第二段“晚於龍山時代晚期，已步入夏代的門檻”。發現房址22座，墓葬46座。降雨量約450—600毫米。蒿、藜花粉占全部花粉的70%以上。喬木減少，爲灌木草原景觀。

第三段“應大體相當於夏代的早期階段”（約前2000年）。發現房址35座，墓葬162座。開始出現青銅器，如錐、針、耳環等小型器物。有猪下頷隨葬，已看到男尊女卑。降雨量約450—600毫米。蒿、藜花粉占全部花粉的90%以上。

第四段“大體相當於夏代的晚期階段”。發現房址17座，墓葬76座。其年代據碳14測定距今1685±103年、1515±103年、1550±103年，故當爲夏代晚期。

① 内蒙古自治區文物考古研究所、鄂爾多斯博物館編：《朱開溝——青銅時代早期遺址發掘報告》，第4頁。
② 内蒙古自治區文物考古研究所、鄂爾多斯博物館編：《朱開溝——青銅時代早期遺址發掘報告》，第285—286頁。
③ 内蒙古自治區文物考古研究所、鄂爾多斯博物館編：《朱開溝——青銅時代早期遺址發掘報告》，第282—287、22、139頁。

第五段“可能相當於商代二里崗文化階段，下限不會晚於殷墟一期”。發現房址 4 座，墓葬 38 座。開始出現青銅容器、兵器及工具，是迄今發現的最早的北方式青銅器，已進入發達的青銅時代。蒿、藜花粉占全部花粉的 93%，已接近典型的草原景觀。

發掘報告説，前三段銜接比較緊密，在第四與第五段之間，年代上可能存在一定的缺環，但文化發展關係仍一目瞭然。“整個遺存前後延續了約 800 年。”[①] 那麼前三段應相當於堯、舜、禹、啓的年代。也就是説約公元前 2000 多年，那時朱開溝已經有發達的文化。如果周族的確起源於河套，那麼后稷時期周族就有可能生活在那個地區

（二）朱開溝文化

1．經濟形態

在生產工具中，以石斧、石刀、石磨盤……等農業生產與農產品加工的工具數量最多，反映了朱開溝文化是以農業爲主導的經濟。釀酒業、養猪業已有很大的發展。“朱開溝文化的社會經濟形態始終以原始農業爲主，同時兼營畜牧業，從發現的動物骨骼中野生動物約占 10.4%來看，狩獵業……也占有較爲重要的地位。”[②]

朱開溝遺址出土生產工具 495 件，其中用於農業的 170 件，占 34.4%；用於制陶、制骨、木作的 180 件，占 36.2%；用於狩獵及兵器的 70 件，占 14.2%；用於紡織的 75 件，占 15.2%。

朱開溝文化的猪與牛羊的比例（也可以看作農業與畜牧業的比例）：第一段猪與牛羊之比爲 1∶0.81；第二段猪與牛羊之比爲 1∶1.62；第三段猪與牛羊之比爲 1∶1.27；第四段猪與牛羊之比爲 1∶2.3；第五段猪與牛羊之比爲 1∶2。由於猪爲農業的象徵，而羊、牛則爲畜牧業的象徵，因此可以看到，朱開溝第一段是以

① 内蒙古自治區文物考古研究所、鄂爾多斯博物館編：《朱開溝——青銅時代早期遺址發掘報告》，第 285 頁。

② 内蒙古自治區文物考古研究所、鄂爾多斯博物館編：《朱開溝——青銅時代早期遺址發掘報告》，第 289 頁。

原始農業爲主，而從第二段起，畜牧業的發展就超過農業，到最後第五段就形成了半農半牧的形勢。也就是説在夏代之前，朱開溝農業已經比較發達。最值得注意的是第三段：

> 無論是房屋、窖穴、墓葬等的數量，還是出土的遺物等，都高居各段榜首，表明第三段是朱開溝文化最鼎盛的發展時期。僅從墓葬中隨葬的 99 副猪下頜骨、41 副羊下頜骨這一點，便可推測朱開溝文化的農業和家畜養殖業，在本階段發展到了空前的程度。……隨葬品和日常生活用具中出現部分砂質帶紐罐、蛇紋鬲等反映畜牧經濟特徵的陶質器皿來看，畜牧業在社會經濟中已處在十分重要的、不可缺少的地位。①

第四段農業滑坡，畜牧業不斷上升，砂質帶紐罐、蛇紋鬲繼續增多。到第五段，朱開溝經濟面貌發生了根本的變化：

> 房址、墓葬等不僅數量明顯減少，分佈也較分散。……殉牲數量少，種類僅見羊下頜骨。隨葬品不僅數量減少……隨葬品組合也發生了極大的變化。……代表畜牧經濟的砂質帶紐罐、蛇紋鬲等器物不僅數量增多，且成爲隨葬品組合中的主要成分。另外，有較多的墓葬隨葬綠松石、蚌珠、項飾及銅護牌、鍪、戈、短劍、刀等。這種隨葬隨身佩戴的兵器、工具及裝飾品的埋葬習俗，與後來内蒙古桃紅巴拉、毛慶溝等地發現的、代表典型游牧經濟的鄂爾多斯式青銅器墓的葬俗相同。②

朱開溝文化從農業經濟轉變爲草原畜牧經濟，成爲後來出現的桃紅巴拉、毛慶溝等地的文化。

---

① 内蒙古自治區文物考古研究所、鄂爾多斯博物館編：《朱開溝——青銅時代早期遺址發掘報告》，第 290 頁。

② 内蒙古自治區文物考古研究所、鄂爾多斯博物館編：《朱開溝——青銅時代早期遺址發掘報告》，第 290、291頁。

2．墓葬

朱開溝遺址的絶大多數墓葬都集中分布在數個墓區内，同一墓區内的各墓葬大多排列有序。規模大、隨葬品豐盛的墓葬，也不占據突出、醒目的地位。因此可以推測，“總體上還應處在血緣紐帶仍十分牢固的父權制階段，至少一至四段時的情形應該如此”。[①]

共發現的 329 座墓葬中，有隨葬品的 117 座，占 36%，有隨葬品或殉牲的共 142 座，占 43%。同時有隨葬品與殉牲的只有 14 座，占 4.2%。[②]

隨葬品的有無及數量、種類等和墓穴面積的大小、棺的有無等不成正比。比如在 23 座有棺的墓葬中，伴出隨葬品的墓僅 4 座。墓穴長度超過 2.5 米的大中型墓共發現近 90 座，有隨葬品的墓衹 26 座，均不及隨葬品伴出率的平均值。[③]

（三）朱開溝文化的特徵

劉家文化的特徵有三：石板墓的遺迹，陶器的附加堆紋，乳狀袋足鬲。朱開溝文化則有下列特徵。

1．大袋足鬲

朱開溝文化的陶器有兩個特點，第一個特點是大袋足鬲：“最有特徵的器物是高領鼓腹大袋足鬲”。[④]

2．花邊鬲、蛇紋鬲

朱開溝文化的陶器的第二個特點是紋飾方面是由於附加堆紋而形成花邊鬲及蛇紋鬲。

① 内蒙古自治區文物考古研究所、鄂爾多斯博物館編：《朱開溝——青銅時代早期遺址發掘報告》，第 291、292頁。
② 内蒙古自治區文物考古研究所、鄂爾多斯博物館編：《朱開溝——青銅時代早期遺址發掘報告》，第 133、292頁。
③ 内蒙古自治區文物考古研究所、鄂爾多斯博物館編：《朱開溝——青銅時代早期遺址發掘報告》，第 133 頁。
④ 田廣金、郭素新：《北方文化與匈奴文明》，南京：江蘇教育出版社，2005 年，第 253 頁。

花邊鬲“不僅是朱開溝文化陶器群中獨具特色的器種之一，而且數量衆多，貫穿始終，在陶器組合中從早到晚都占有醒目的位置。據目前已發表的資料可知，花邊鬲的分布範圍雖然十分廣闊，在西起陝甘，東迄遼西，沿中國北方長城地帶都有較多發現，但以内蒙古中南部發現的數量最多，所處的時代上限最早，自身發展序列亦最完備”。[①]

蛇紋鬲“是朱開溝文化獨具特色器物群中又一重要器類。……與蛇紋鬲的陶質、紋飾作風及製作工藝相同或相似的文化因素，在本區至少可上溯到仰韶時代中期階段”。泥條附加堆紋加固器物口沿的制法已經出現。“自商代中期以後廣泛流行於我國北方長城沿綫地帶的花邊鬲，很大程度上便是在其直接影響下産生的”。[②]

以京津唐爲中心的燕山地區多處發現花邊鬲、蛇紋鬲。

前面講過，中原地區的附加堆紋比較少，因此劉家文化的堆紋衹能在朱開溝文化中找到淵源。

3．北方式青銅器

朱開溝文化青銅器年代最早，有些小型青銅器約距今4000年初，不晚於殷墟一期。朱開溝文化的發現給整個北方草原青銅文化的研究提供了尺規。烏恩説，這些與商周青銅器不同的銅器群的“分布地域與花邊鬲和蛇紋鬲的分布區基本吻合”。他認爲：“中國北方、蒙古和外貝加爾地區在青銅時代分布有物質文化頗爲一致的文化帶，陶器以蛇紋鬲、花邊鬲爲代表，青銅器以獸首和鈴首匕首式劍、環首或三凸鈕環首及獸頭弧背彎刀爲代表。”在蒙古和外貝加爾地區普遍發現下列商周之際的北方青銅器：青銅短劍、青銅刀、管銎斧、管銎戈。這是四種最具代表的北方青銅器，在中原地區的商周文化中不見，或者形制完全不同。烏恩特别强調這些商周之際北方式青銅器與商周青銅器形成了鮮明的對比。[③] 首先器物的種類、形制不同，其次北方式青銅器普遍裝飾動物紋樣。

① 田廣金、郭素新：《北方文化與匈奴文明》，第288頁。

② 田廣金、郭素新：《北方文化與匈奴文明》，第289頁。

③ 烏恩：《朱開溝文化的發現及其意義》，中國社會科學院考古研究所編著：《中國考古學論叢——中國社科院考古所建所40年紀念》，北京：科學出版社，1993年，第259、264頁。

4．石板墓

值得注意的是許多人認爲蛇紋鬲與石板墓文化有密切的聯繫，在朱開溝遺址只有石板墓的遺迹。在 329 座墓葬中，23 座有葬具。"有少數墓葬在尸骨下部及周圍鋪放或竪立有石板。如 M1012、M1030 分別在墓底平鋪 5 塊石板；M1030 在……。M1008、M1017 分別在尸骨的頭部和足端竪立一塊石板。所用石板均未經進一步加工。"①

石板墓也正是劉家文化的特徵。因此劉家文化的特徵（石板墓、附加堆紋、乳狀袋足鬲）都可以在朱開溝文化中找到淵源。

（三）朱開溝文化與周邊文化的關係

朱開溝的周邊文化是指前 2500 年及前 1500 年之間的内蒙古周邊的上古文化（相當於從堯舜至夏代的文化）。

在發掘報告《内蒙朱開溝遺址》中，説明了朱開溝各個階段的文化與周邊文化的關係，它説朱開溝第一段與中原文化有比較緊密的聯繫，到第二段有所減弱，到第三段與隴東的文化聯繫緊密了，到第五段與中原文化又有了一定的聯繫："第一段遺存與豫西、晋南和關中地區的文化聯繫密切，某些器物與三里橋龍山文化的同類器極爲相似。第二段遺存與上述地區同時期遺存的文化聯繫減弱，個别器物出現了與齊家文化相似的因素。至第三段時，某些器物與齊家文化的同類器非常相似。但到第五段時，中原地區二里岡上層文化因素却占有一定比例。"②

1．齊家文化、客省莊文化

在朱開溝的西南方向是分布於青海、甘肅、寧夏的齊家文化，更遠一點是陝南的客省莊文化。

---

① 内蒙古自治區文物考古研究所、鄂爾多斯博物館編：《朱開溝——青銅時代早期遺址發掘報告》，第 132 頁。石棺葬在吉林、遼寧、河北、陝西、甘肅、青海、四川、雲南、西藏都有發現。（童恩正：《試論我國从東北至西南的邊地半月形文化傳播帶・石棺葬》，文物出版社編輯部編：《文物與考古論集——文物出版社成立三十周年紀念》，北京：文物出版社，1986 年。）

② 内蒙古文物考古研究所：《内蒙古朱開溝遺址》，《考古學報》1988 年第 3 期。

田廣金、郭素新説："朱開溝文化與客省莊文化應屬於因傳統相同的文化因素在異地並行發展、而保持一定相似性的兩種考古學文化。"①

因此朱開溝文化與陝西的客省莊文化較爲接近，是同一傳統文化在異地的並行發展；而與晋中的白燕文化則較爲疏遠，是獨立的兩種文化。

該報告在講到第二段遺存的一種雙耳罐時説："這種雙耳罐除在客省莊文化和齊家文化中能找到較多的相似標本外，在晋南和豫西龍山文化中少見。"講到三段遺存時説："除該遺址所固有的各種器物外，其他如單耳罐、雙耳罐、高領罐和雙大耳罐等，均可在齊家文化中找到相似的器形。"②

2. 光社文化、白燕文化

在朱開溝的東南方向是李家崖文化、光社文化、白燕文化，更遠一點是晋南的二里頭文化。田廣金、郭素新説：朱開溝文化與山西白燕文化有一定的聯繫，但二者是獨立發展的文化："朱開溝文化與晋中白燕四、五期遺存屬於既保持部分傳統性聯繫，又具有較强獨立性的兩個文化集團。"③

同時對於朱開溝具有特點的蛇紋鬲及花邊鬲，報告説："在晋中地區光社遺址中雖然也發現與朱開溝類似的三足甕和帶紐罐，但很少見到蛇紋鬲和花邊鬲……估計與朱開溝類似遺存分布的南界，可能在晋中以北和陝北地區……西界可能不會跨越賀蘭山。"④

3. 固原于家莊遺址

在鄂爾多斯、河套與"弱水"的農業區域南邊就是清水河流域。寧夏固原于家莊遺址位於清水河的上游。

從固原往西南三百里爲隴西，一百五十里爲静寧，往東南一百五十里即平凉，固原往東約三百里爲慶陽。從平凉、慶陽再往東南三百里就到了陝西的長

---

① 田廣金、郭素新：《北方文化與匈奴文明》，第296—297頁。

② 内蒙古文物考古研究所：《内蒙古朱開溝遺址》，《考古學報》1988年第3期。

③ 田廣金、郭素新：《北方文化與匈奴文明》，第298頁。

④ 内蒙古文物考古研究所：《内蒙古朱開溝遺址》，《考古學報》1988年第3期。

武、麟游、鳳翔等地。所以固原是從西北畜牧區進入關中農業區的咽喉。

1987年考古工作者對固原于家莊的春秋戰國墓葬進行了發掘。

值得特别注意的是，與于家莊遺址的青銅文化類似的文化遺址出現於内蒙古鄂爾多斯地區以及陝西扶風劉家的姜戎墓地。延世忠説："類似於于家莊墓葬的青銅文化遺址，除内蒙古鄂爾多斯地區以外，主要在隴山周圍地區。隴山以東，目前只有陝西扶風劉家的姜戎墓葬，在一些方面表現出與于家莊墓葬的相似性。劉家姜戎墓葬……頭向東北。……雖與于家莊墓地的年代相距久遠，但却表明扶風姜戎墓地和于家莊這類青銅文化遺存有密切關係。……于家莊墓地與内蒙古鄂爾多斯地區的青銅文化……表現出更多的相似性。"又説："與太行山以北、燕山周圍的所謂山戎文化也有許多相似的地方。"[①] 這個結果並不出人意外，它表明于家莊遺址文化可能正處於從朱開溝文化向扶風劉家文化的傳播路綫上。

這一些結論可以説明三點：第一，朱開溝第二、三期與甘肅隴東的考古文化和陝西的客省莊文化有密切的聯繫；第二，朱開溝與與豫西、晋南和關中地區的聯繫從朱開溝二期起就在減弱；所以第三，周文化可能與朱開溝文化有密切的聯繫，而與豫西、晋南和關中等地聯繫不多，那麽周文化不會起源於豫西、晋南，而可能起源於朱開溝。

（四）朱開溝文化與先周文化

朱開溝文化與周文化的聯繫是不難看到的。當"夏后氏政衰"，那就相當於朱開溝文化的第三、四段，那時朱開溝文化的農業已經衰退，而且研究者認爲，由於自然地理位置的原因，中國北方的畜牧業文化首先是在鄂爾多斯地區從農業中分離出來的。[②] 朱開溝較早地由農業轉變爲畜牧業，可能就是"夏后氏政衰，去稷不務，不窋以失其官而犇戎狄之間"從事畜牧業的根本原因，也就是朱開溝成爲周族起源地的根本原因。

這個族群本來在河套或"弱水"地區務農。由於改務畜牧業，遂逐步通過清

① 延世忠：《固原春秋戰國墓葬發掘親歷記》，《寧夏考古記事》，銀川：寧夏人民出版社，2001年，第38頁。

② 内蒙古自治區文物考古研究所、鄂爾多斯博物館編：《朱開溝——青銅時代早期遺址發掘報告》，第288頁。

水河流域來到隴東的牧區，最後進入涇水、汧水流域。對朱開溝的人骨研究似乎證實了這一點："朱開溝組的古代居民與時代相近以農業文化爲主的居民之間的關係較密切，而與代表游牧文化的居民（如崞縣窑子組）和具有較明顯北方蒙古人種因素（如殷墟3組）的居民之間的關係較疏遠。"[①]

考古文化能够反映周族的整個遷徙過程。但到現在爲止，沿着這條路綫的考古發掘還不够充分，特别是河套地區以及寧夏走廊，但是現有的考古成果已經提示了朱開溝文化可能正是劉家文化的源頭，那麽下列考古文化序列可能正提供了西周文化的發展綫索：

> 朱開溝文化→寺窪文化→劉家文化→碾子坡文化→鄭家坡文化→西周文化。

① 内蒙古自治區文物考古研究所、鄂爾多斯博物館編：《朱開溝——青銅時代早期遺址發掘報告》，第360頁。